AF288612

Werner Pilipp

GRÜNLAND

Wie eine grüne Sekte den Rest der Welt terrorisiert

amadeus-verlag.com

Copyright © 2023 by
Amadeus Verlag GmbH & Co. KG
Birkenweg 4
74579 Fichtenau
Fax: 07962-710263
www.amadeus-verlag.com
Email: amadeus@amadeus-verlag.com

Druck:
CPI – Ebner & Spiegel, Ulm
Satz und Layout:
Jan Udo Holey
Umschlaggestaltung:
Amadeus Holey

ISBN 978-3-98562-012-8

Danksagung

Bevor ich mit der Danksagung beginne, wollte ich zum Gedenken an Clemens Arvay aufrufen, einem Biologen, der sich in seinem Buch »Corona-Impfstoffe: Rettung oder Risiko?« differenziert mit den neuen genetischen Impfstoffen gegen das Coronavirus auseinandersetzte. Daraufhin musste er bösartige, jeglicher Sachlichkeit entbehrende öffentliche Angriffe erfahren, unter denen er anscheinend so sehr gelitten hatte, dass er aus dem Leben schied. Er hinterlässt neben einer großen Trauergemeinde seinen Sohn und seine Mutter. Er möge in Frieden ruhen.

Lieber Herr Arvay, ich bedanke mich bei Ihnen von Herzen für Ihren Einsatz für die Menschen und die Menschlichkeit.

Nach diesen traurigen Zeilen möchte ich die Gelegenheit nutzen, mich bei den Menschen zu bedanken, die maßgeblich dazu beigetragen haben, dass dieses Buch entstanden ist.

- Mein erster Dank geht an Herrn Erich von Däniken, der mich als junger Mann mit seiner damaligen Fernsehserie »Auf den Spuren der Allmächtigen« fasziniert hat. Ich kann zwar nicht beurteilen, ob sich dies wirklich alles so zugetragen hat, doch lehrte er mich, dass es neben der uns dargelegten Auffassung noch viele weitere gibt, die durchaus betrachtens- und auch beachtenswert sind.
- Auch Herrn Prof. Dr. Sucharit Bhakdi möchte ich von tiefstem Herzen danken. Trotz aller Widrigkeiten, die auf Sie einschlagen, kämpfen Sie unbeirrt für unser aller Leben und Gesundheit. Sie sind eine wirklich beeindruckende Persönlichkeit.
- Weiterhin bedanke ich mich bei meinem Verleger Jan van Helsing, der einem Menschen wie mir, einer Person also, die weder öffentlich bekannt ist, noch sich als Autor bisher einen Namen gemacht hat, die Chance gibt, ein Buch zu veröffentlichen.
- Mein größter Dank gilt meiner Frau Rosa María, die mich bei diesem Projekt von der ersten bis zur letzten Minuten mit Rat, Tat und manchmal auch Trost unterstützt hat, die mir sowohl die physische Kraft gegeben hat, dieses Buch neben meiner regulären Arbeit zu verfassen, als auch die psychische, die man braucht, sich mit all diesen unschönen Dingen zu konfrontieren, die im Laufe meiner Recherche so ans Tageslicht kamen.

Dir, liebe Rosa María, ist dieses Buch gewidmet.

Inhaltsverzeichnis

Vorwort

Bei Beobachtung der verschiedenen Entwicklungen in unserem Staat muss sich der noch selbst denkende Bürger doch fragen, wohin die Reise gehen soll. Eine nähere Beleuchtung dieser Frage soll in diesem Buch versucht werden, indem einige Teilbereiche unserer Politik dargestellt werden sollen. Diese Teilbereiche sind unser politisches System, unsere Gesellschaft, das Finanzsystem, die Coronapolitik, die Klimapolitik sowie die Russland-Ukraine-Krise. Die Analyse wird jedoch nicht vollumfänglich geschehen, da jeder dieser Punkte ein eigenes Sachbuch füllen kann, sondern wird nur einen Überblick geben. Abschließend erfolgt dann noch ein Lösungsversuch, wie eine funktionierende Demokratie aufgestellt sein könnte.

Warum ich mir diese Arbeit mache, drückt ein Zitat von Carl J. Burckhardt (1891-1974) sehr treffend aus:

> „Es gehört zum Schwierigsten, was einem denkenden Menschen auferlegt werden kann, wissend unter Unwissenden den Ablauf eines historischen Prozesses miterleben zu müssen, dessen unausweichlichen Ausgang er längst mit Deutlichkeit kennt. Die Zeit des Irrtums der anderen, der falschen Hoffnungen, der blind begangenen Fehler, wird dann sehr lang."[1]

Deswegen war es mir wichtig, meine Sichtweisen mitzuteilen. Ich weiß, dass die Meinung vieler Menschen in diesem Land durch die Massenmedien geformt wurde. Mir ist außerdem bewusst, dass festgefahrene Meinungen nicht so leicht aufgebrochen werden können. Denn wie formulierte es Mark Twain so schön: *Es ist leichter, die Menschen zu täuschen, als sie zu überzeugen, dass sie getäuscht worden sind.*[2] Deshalb möchte ich die Menschen hiermit anregen, selbst zu denken und zu recherchieren und nicht alles zu glauben, was in den Medien gesagt wird.

Allerdings wird diese Arbeit, die doch mittlerweile inflationär gebrauchten Begriffe „links" und „rechts" weitestgehend ausklammern, da sie mir nicht klar definiert zu sein scheinen. Sie werden hauptsächlich in Bezug auf verwendete Quellen genutzt, gehen sie doch auf die ursprüngliche Sitzordnung an der Constituante zurück, der verfassunggebenden Nationalversammlung von 1789 in Frankreich, die mit aktuellen Richtungen nichts gemein hat. Heutzutage werden diese beiden Begriffe dem Zeitgeist entsprechend dazu benutzt, eine Seite moralisch zu heben (links) oder die andere zu diffamieren (rechts). Beim Vergleich „rechter" Diktaturen (Hitler) mit „linken" (Stalin, Mao) sind keine großen Unterschiede festzustellen. Es ist wie bei einem Blick auf die Uhr bzgl. zwölf und ein Uhr.

Äußerst grob zusammengefasst könnte eine Staatsform in einer Matrix skizziert werden, wo die Abszisse die Anzahl der Entscheider und die Ordinate die Staatsquote bzw. -einflussnahme (oder umgekehrt) repräsentiert. Und auch bei einer solchen Betrachtungsweise stehen unsere oben aufgeführten Diktaturen an ähnlicher Stelle. Für die vielen Opfer solcher Staatsformen dürfte es unerheblich sein, ob sie unter „linkem" oder „rechtem" Terror ihr Leben lassen mussten.

Noch ein kleiner Hinweis vor der Lektüre der weiteren Kapitel: Dieses Werk könnte Ihr Weltbild erschüttern. Dafür übernehme ich keine Haftung. Das Lesen geschieht auf eigene Gefahr.

Kapitel 1
Die Demokratie in Deutschland – oder vom besten Deutschland, das es jemals gab

Die Gewaltenteilung in Deutschland

Betrachten wir die Gewaltenteilung in unserem Land, beginnend mit der Legislativen, dem Bundestag. Von den mindestens 598 Bundestagsabgeordneten wählen wir 299 direkt, also theoretisch die Hälfte. Durch Ausgleichs- und Überhangmandate wurde unser derzeitiger Bundestag auf 736 Parlamentarier aufgebläht. Dadurch sank die Quote der direkt vom Volk gewählten Parlamentarier auf gut 40% (299 von 736), während fast 60% durch die Parteien bestimmt werden. Nach Art. 21 I GG wirken Parteien bei der politischen Willensbildung des Volkes mit, wobei Art. 38 I GG die Abgeordneten als *„Vertreter des ganzen Volkes, an Aufträge und Weisungen nicht gebunden und nur ihrem Gewissen unterworfen"* sieht. Hebelt der derzeit praktizierte Fraktionszwang dies nicht aus und widersprechen Parteien in ihrer inneren Ordnung gar den ebenfalls in Art. 38 I GG geforderten *„demokratischen Grundsätzen"*? Jedenfalls kann die Abhängigkeit der Parlamentarier von Partei und Fraktionszwang dazu führen, diese über ihr Führungspersonal leicht beherrschbar werden zu lassen. Dies wird durch die Wahlrechtsreform, die am 17.3.2023 im Bundestag beschlossen wurde, noch verstärkt, da die Anzahl der Bundestagsmandate künftig auf 630 begrenzt wird und die Parteien im Verhältnis ihrer erzielten Zweitstimmen einziehen. Sollte nun eine Partei in einem Bundesland mehr Erststimmen erhalten, als ihr laut Zweitstimmen Parlamentarier zustehen, ziehen nicht alle direkt gewählten Kandidaten ein, sondern nur die mit den besten Ergebnissen.[3] Der Einfluss des Wahlvolks auf die Auswahl der Parlamentarier wird dadurch also weiter eingeschränkt.

Der Bundestag (Legislative) wählt mit Mehrheit den Bundeskanzler, der seine Minister vorschlägt. Dadurch werden Exekutive und Legislative von den Parteien bestimmt. Gewaltenteilung sucht man dadurch vergebens. Vereidigt wird unsere Regierung vom Bundespräsidenten, der über die Bundesversammlung (wiederum die Parteien) gewählt wird.

Die 16 Richter des Bundesverfassungsgerichts, unserer „obersten" Judikative, werden je zur Hälfte von Bundestag und Bundesrat ausgeklüngelt, also wiederum von den Parteien bestimmt. Beispielhaft sollen hier einige Aspekte der Lebenshistorie von Stephan Harbarth, dem derzeitigen Vorsitzenden des BVerfG, beleuchtet werden:

- Stephan Harbarth war fast dreißig Jahre aktiver CDU-Politiker, saß von 2009-2018 für die CDU im Bundestag und war ab Juni 2016 stellvertretender Vorsitzender der CDU/CSU-Fraktion.

- Nach seiner Promotion im Jahr 1998 studierte Harbarth von 1999-2000 an der Yale Law School, einer Elite-Kaderschmiede. Ab 2000 arbeitete er in der Wirtschaftskanzlei SZA (Schilling, Zutt & Anschütz) als Anwalt, deren Slogan *„Zu uns kommen Konzerne"* ist. Von 2000-2008 war die Kanzlei Teil der US-Kanzlei Shearman & Sterling LLP, welche auf Wirtschaftsrecht und Finanzwirtschaft für große Konzerne spezialisiert ist. Diese Kanzlei tüftelte die sog. Cum-Ex-Geschäfte aus. Im März 2017 verlieh die Uni Heidelberg Harbarth den Titel eines Honorarprofessors. Das *Handelsblatt* sieht die Uni Heidelberg in finanzieller und personeller Nähe zu Harbarths früherer Kanzlei SZA, die dort als Sponsor auftritt.

- Nach Erkenntnissen des Politmagazins *Der Spiegel* soll Harbarth im Jahr 2016 auf Einnahmen von über € 1.000.000 gekommen sein. Aus den Geschäftsberichten seiner Kanzlei geht hervor, dass er seine Tätigkeit dort hauptberuflich ausgeübt haben soll, wobei für Abgeordnete nach dem Abgeordnetengesetz nur nebenberufliche Tätigkeiten erlaubt sind. Es stellt sich daher die Frage, wofür Harbarth diese hohe Vergütung erhielt.

- Im Dezember 2017 taucht Harbarth plötzlich als Platznachbar von Angela Merkel während der Weihnachtsfeier der CDU/CSU-Fraktion auf. Die Welt berichtete damals, dass *„Harbarth offenbar für Höheres auserkoren sei"*. Am 22.11.2018 rückte er zum Bundesrichter und einen Tag später zum Vizepräsidenten des Bundesverfassungsgerichts auf, obwohl er kein Spezialist für Verfassungsrecht ist und über keinerlei richterliche Erfahrung verfügt.

- Als Politiker setzte sich Harbarth sehr für den umstrittenen UN-Migrationspakt und für die Vorratsdatenspeicherung ein, wobei er jetzt als Verfassungsrichter über Klagen dagegen entscheiden soll. Könnte hier Befangenheit unterstellt werden?

- Im Jahr 2021 fand ein gemeinsames Abendessen auf Einladung von Angela Merkel mit einigen Bundesrichtern, darunter Harbarth, statt. Einige Tage danach hatte der 2. Senat des Bundesverfassungsgerichts über eine Klage gegen Angela Merkel bzgl. derer eventueller Einmischung bei der Wahl des Ministerpräsidenten in Thüringen (Verletzung der Neutralitätspflicht) zu entscheiden. Die Klage wurde abgewiesen. Mit von der Partie: Stephan Harbarth.[4]

Doch ist dies nicht nur beim Bundesverfassungsgericht so. Auch die Richter des Bundesverwaltungsgerichts, die auf Lebenszeit ernannt werden, werden durch den von Politikern besetzten Richterwahlausschuss gewählt. *„Ihm gehören die für die Verwaltungsgerichtsbarkeit zuständigen Minister der Länder und eine gleiche Zahl durch den Bundestag gewählter Mitglieder an."*[5] Auch hier wird die Justiz von den Parteien bestimmt. Von Gewaltenteilung kann auch hier keine Rede sein.

Doch auch in der normalen Gerichtsbarkeit ist eine zunehmende Einflussnahme der Politik zu beobachten. So hatte ein Richter in Weimar einer Klage gegen die Coronaregeln an Schulen stattgegeben. Daraufhin ermittelte die Erfurter Staatsanwaltschaft (untersteht der Politik) wegen des Verdachts der Rechtsbeugung gegen ihn. Dabei kam es wiederholt zu Durchsuchungen der Privat- und Diensträume des Richters sowie bei acht Zeugen.[6] Wie lautet eine Aussage, die manche Quellen dem ehemaligen Führer der Kommunistischen Partei Chinas, Mao Tse-tung, zuordnen? *„Bestrafe einen, erziehe hundert."*[7]

Und jetzt soll es noch besser werden. *„Der Bund will Extremisten künftig schneller aus dem öffentlichen Dienst entfernen. Nun hat das Kabinett entschieden: Die Gesetzesverschärfung soll auch Verfassungsfeinde auf der Richterbank einschließen. ... In Zukunft sollen die zuständigen Behörden alle Disziplinarmaßnahmen per Verfügung aussprechen können und müssten dafür dann nicht mehr langwierige Disziplinarklagen vor Verwaltungsgerichten erheben. ... Die Betroffenen können sich dagegen allerdings im Anschluss vor Verwaltungsgerichten zur Wehr setzen."*[8] Kurz zusammengefasst würde dies bedeuten, dass man missliebige Richter unter Extremismusverdacht stellt und deswegen aus dem Dienst suspendiert. Der geschasste Richter müsste dann im Nachgang seine Unschuld beweisen. Also komplette Beweislastumkehr. So macht man Richter gefügig. Doch war da nicht mal etwas, wenn man in der Erinnerungskiste kramt? Ja, für diese Gesetzgebung gibt es ein „leuchtendes" Beispiel: *„Zwei Monate nach der nationalsozialistischen Machtübernahme verabschiedete die Reichsregierung am 7. April 1933 das ‚Gesetz zur Wiederherstellung des Berufsbeamtentums'. Das Gesetz diente als Handhabe zur Gleichschaltung des öffentlichen Dienstes und der Entlassung von Gegnern des NS-Regimes."*[9] So tief sind wir also in diesem Staat schon gesunken.

Zusätzlich sind unsere Staatsanwaltschaften laut EuGH nicht unabhängig genug. (z.B. [10]) Sie sind nämlich den Bundes- bzw. Landesjustizministern unterstellt.[11] Gut ersichtlich ist dies durch die Einstellung des Verfahrens, das ein Hamburger Rechtsanwalt gegen Bundeskanzler Olaf Scholz und Hamburgs regierenden Bürgermeister Peter Tschentscher im Zusammenhang mit der „Cum-Ex"-Affäre angestrengt hat. Die (weisungsgebundene!) Staatsanwaltschaft lehnte eine Ermittlung ab.[12]

Ein weiteres Beispiel ist das der deutschen Journalistin Alina Lipp, die sich derzeit im Donbass aufhält und täglich von dort berichtet. Da sie ukrainische Kriegsverbrechen dokumentiert, werden ihr Unterstützung des russischen Einmarsches vorgeworfen, weshalb ihr nun im Falle einer Rückkehr nach Deutschland bis zu drei Jahre Haft drohen könnten. Laut ihrer Aussage wurden € 1.600 von ihrem Bankkonto abgehoben und das ihres Vaters sei geschlossen worden.[13]

Das Ergebnis der Vermengung der Gewalten kann man überdeutlich bei den „Unregelmäßigkeiten" bei der Wahl zum Bundestag und dem Berliner Abgeordnetenhaus am 26. September 2021 sehen, wo die Politik aktiv bei der Verschleierung mitwirkte.[14] Hat man bisher Ergebnisse von Staatsanwaltschaft oder Justiz gehört? Zur Bundestagswahl eigentlich nicht. Und wie sieht es mit der Berichterstattung in den Mainstreammedien aus? Fand wohl nicht statt. Doch dazu später mehr. Lediglich die Wahl zum Berliner Abgeordnetenhaus wurde wiederholt.

Weiterhin sind die drei Geheimdienste der Exekutiven unterstellt. Der Auslandsgeheimdienst BND (Bundesnachrichtendienst) beschäftigt sich vornehmlich mit der Auslandsaufklärung und ist direkt dem Bundeskanzleramt unterstellt.[15] Der Militärgeheimdienst MAD (Militärischer Abschirmdienst), dessen Aufgabe sowohl die Spionage- als auch die Extremismusabwehr innerhalb der Bundeswehr ist, untersteht seit 2017 dem Bundesverteidigungsministerium.[16] Der Inlandsgeheimdienst BfV (Bundesamt für Verfassungsschutz) verantwortet, die demokratische Grundordnung der Bundesrepublik Deutschland, wie sie in der Verfassung festgeschrieben ist, zu schützen und ist direkt dem Bundesministerium für Inneres untergliedert.[17]

Dies birgt natürlich die Gefahr, vor allem den Verfassungsschutz politisch zu instrumentalisieren und durch Überwachung politische Gegner wie die AfD oder die Linke zu diskreditieren oder diese mit extremistischen Vorfällen in Verbindung zu bringen. Als der damalige Präsident des Verfassungsschutzes, Hans-Georg Maaßen, der Darstellung der damaligen Bundeskanzlerin Angela Merkel widersprach, es habe im August 2018 in Chemnitz nach dem Tod des Deutschkubaners Daniel H. Hetzjagden auf Ausländer gegeben, wurde er nach einem öffentlichen Proteststurm entlassen, obwohl es durchaus auch Indizien gab, dass er recht hatte. So beklagte Torsten Kleditzsch, Chefredakteur der Tageszeitung *Freie Presse* in Chemnitz, in einem Interview, dass Medien und Bundesregierung ein falsches Bild von den Vorfällen zeichnen, da er bzw. seine Redakteure vor Ort waren und keine Hetzjagden beobachtet hätten.[18] Auf Maaßen folgte Thomas Haldenwang, der der politischen Agenda anscheinend besser folgt. So wird den „Querdenkern" unterstellt, es werden zunehmend *„Verbindungen… zu Rechtsextremisten in Kauf genommen oder gesucht."*[19]

Zu einem anderen Bild kamen Wissenschaftler der Universität Basel, die mehr als 1.000 „Querdenker" nach ihren politischen Einstellungen befragt haben: Die aktuelle Studie zur „Politischen Soziologie der Corona-Proteste", verfasst von dem Basler Soziologen Oliver Nachtwey und seinen Kollegen Nadine Frei und Robert Schäfer, beruht auf Befragungen in Querdenker-Telegram-Gruppen. Die Wissenschaftler werteten 1.150 Fragebögen aus, die sie an Mitglieder der Querdenken-Telegram-Gruppen versandt hatten. Außerdem interviewten sie Demonstrationsteilnehmer und machten auf verschiedenen Demonstrationen ethnographische Beobachtungen. Repräsentativ ist die Studie nicht, doch widersprach das Ergebnis den „Erkenntnissen" des Verfassungsschutzes, da nur 14% der Befragten die AfD wählen. Den größten Teil der Demonstrierenden stellten Wähler der Grünen (21%) und der Linken (17%).[20]

Schließlich haben sich in letzter Zeit nicht in der Verfassung vorgesehene Entscheidungsgremien wie „Königin Angela bzw. König Olaf und die 16 Ritter:innen der Coronarunde" (natürlich ist hier die Ministerpräsidentenkonferenz gemeint; der Leser möge diese Polemik verzeihen) gebildet, die gut von außen steuerbar wären.

Noch eine kleine Politposse zum Abschluss dieses Abschnitts: Am 5.2.2020 wurde der FDP-Politiker Thomas Kemmerich mit den Stimmen von FDP, CDU und AfD in einem demokratisch einwandfreien Wahlgang zum neuen Ministerpräsidenten von Thüringen gewählt. Mit den Stimmen der AfD! Da ging das bundesweite Gezeter los. Sogar die damalige Bundeskanzlerin Angela Merkel meldete sich aus Südafrika, wo sie auf Staatsbesuch weilte, und sprach von einem *„unverzeihlichen"* Vorgang, weshalb *„auch das Ergebnis wieder rückgängig gemacht werden"* müsse.[21]

Neben Angela Merkel zeigten auch viele Bürger unseres Landes ihr Demokratieverständnis. So berichtete das *Redaktionsnetzwerk Deutschland*: *„Nach seiner Wahl zum Thüringer Ministerpräsidenten mit AfD-Stimmen hat es nach Angaben der FDP massive Angriffe auf die Familie von Thomas Kemmerich gegeben. Seine Kinder seien wegen Anfeindungen in der vergangenen Woche unter Polizeischutz zur Schule gebracht worden, seine Frau sei auf offener Straße angespuckt worden, sagte ein Sprecher der Thüringer FDP am Montag auf Anfrage in Erfurt. In einem Supermarkt sei eine Art Fahndungsfoto von Kemmerich ausgehängt worden. Zudem habe es mehrfach Menschenansammlungen vor seinem Wohnhaus gegeben. Vertreter der FDP waren nach Angaben der Bundespartei nach der Wahl von Kemmerich bundesweit Anfeindungen ausgesetzt."*[22] Kemmerich trat aufgrund dieses Druckes letztendlich zurück und die CDU toleriert seitdem eine rot-rot-grüne Minderheitsregierung unter Bodo Ramelow. Es ist schon erstaunlich, dass Menschen zur Bekämpfung eines politischen Gegners Maßnahmen ergreifen, derentwegen sie diesen politischen Gegner eigentlich verurteilen. Und einer dieser „Schreier" war der Berliner CDU-Vorsitzende Kai Wegner, der sich damals wie folgt auf Twitter äußerte: *„Für mich ist und bleibt klar: Es darf keine wie auch immer geartete Zusammenarbeit mit oder Abhängigkeit von der AfD geben. ..."*[23] Und nun erscheint es möglich, dass Kai Wegner nach zwei gescheiterten Wahlgängen im dritten Wahlgang mithilfe der Stimmen einiger AfD-Abgeordneter ins Amt des Regierenden Bürgermeisters in Berlin gewählt wurde. Aber was interessiert mich mein Geschwätz von gestern, wenn es um die eigene Macht geht.[24]

Die Meinungsfreiheit in Deutschland

Die Meinungsfreiheit ist in Art. 5 des Grundgesetzes geregelt:

(1) Jeder hat das Recht, seine Meinung in Wort, Schrift und Bild frei zu äußern und zu verbreiten und sich aus allgemein zugänglichen Quellen ungehindert zu unterrichten. Die Pressefreiheit und die Freiheit der Berichterstattung durch Rundfunk und Film werden gewährleistet. Eine Zensur findet nicht statt.

(2) Diese Rechte finden ihre Schranken in den Vorschriften der allgemeinen Gesetze, den gesetzlichen Bestimmungen zum Schutze der Jugend und in dem Recht der persönlichen Ehre.

(3) Kunst und Wissenschaft, Forschung und Lehre sind frei. Die Freiheit der Lehre entbindet nicht von der Treue zur Verfassung.

So ist es auch allgemein den Menschen dieses Landes möglich, ihre Meinung frei zu äußern. Nur scheint es, als schränkte man die Freiheit nach der Meinung immer mehr ein. Beispiele sind die fristlose Entlassung des Vorstandes der BKK ProVita, Andreas Schöfbeck, nach öffentlicher Kritik an Impfnebenwirkungszahlen, die Suspendierung der Polizeibeamten Fritsch und Bayerlein nach privaten Auftritten bei Demonstrationen gegen die „Corona-Maßnahmen" oder die öffentliche Diskreditierung und/oder Unterdrückung von Wissenschaftlern wie Prof. Dr. Bhakdi oder Dr. Wodarg, die das öffentliche Corona-Narrativ anzweifeln. Andere Beispiele sind fortschreitende Zensurbemühungen in den sogenannten sozialen Medien wie Facebook, Twitter, YouTube usw. Diese Liste ließe sich beliebig über verschiedenste

Politikfelder erweitern und zeigt den besorgniserregenden Zustand in diesem Land. Dazu kommt noch ein EU-weites Verbot der russischen Staatssender RT und Sputnik.[25]

Bei dieser Entwicklung wollen Verfassungsschutzpräsident Haldenwang und Bundesinnenministerin Nancy Faeser natürlich auch nicht hintenanstehen, wie der Verfassungsschutzbericht 2021 belegt, der den Phänomenbereich „Verfassungsschutzrelevante Delegitimierung des Staates" neu aufnahm. Hier wird Teilen der Proteste gegen die Coronamaßnahmen Verfassungsgefährdung angelastet in Form von *„Verächtlichmachung von ... Repräsentantinnen und Repräsentanten ... des Staates ..."*:

ordnungen und Entscheidungen auf. Diese Form der Delegitimierung erfolgt meist nicht durch eine unmittelbare Infragestellung der Demokratie als solche, sondern über eine ständige Agitation gegen und Verächtlichmachung von demokratisch legitimierten Repräsentantinnen und Repräsentanten sowie Institutionen des Staates und ihrer Entscheidungen. Hierdurch kann das Vertrauen in das staatliche System insgesamt erschüttert und dessen Funktionsfähigkeit beeinträchtigt werden. Eine derartige Agitation steht im Widerspruch zu elementaren Verfassungsgrundsätzen wie dem Demokratieprinzip oder dem Rechtsstaatsprinzip.

Abb. 1: Ausschnitt aus dem Verfassungsschutzbericht 2021

Die Verächtlichmachung von Politikern kennen Bürger der ehemaligen DDR noch aus dem Strafgesetzbuch der Deutschen Demokratischen Republik -StGB- vom 12. Januar 1968 allzu gut. Dort heißt es nämlich in § 220 I:

§ 220. Staatsverleumdung. (1) Wer in der Öffentlichkeit
1. die staatliche Ordnung oder staatliche Organe, Einrichtungen oder gesellschaftliche Organisationen oder deren Tätigkeit oder Maßnahmen;
2. einen Bürger wegen seiner staatlichen oder gesellschaftlichen Tätigkeit, wegen seiner Zugehörigkeit zu einem staatlichen oder gesellschaftlichen Organ oder einer gesellschaftlichen Organisation
verächtlich macht oder verleumdet, wird mit Freiheitsstrafe bis zu zwei Jahren oder mit Verurteilung auf Bewährung, Haftstrafe, Geldstrafe oder mit öffentlichem Tadel bestraft.

Abb. 2: § 220 I Strafgesetzbuch der Deutschen Demokratischen Republik

Wird unser Verfassungsschutz nun zum Staatsschutz? Dies fragte sich der Journalist Alexander Wendt in einem Artikel in *Tichys Einblick*, in dem er diese neue Praxis scharf kritisierte.[26]

Sehr beklemmend ist auch die Änderung von § 188 StGB vom 3.4.2021. Wurde er vorher mit *„Üble Nachrede und Verleumdung gegen Personen des politischen Lebens"* überschrieben, lautet sein Titel nun *„Gegen Personen des politischen Lebens gerichtete Beleidigung, üble Nachrede und Verleumdung"*. Man hat also die Beleidigung zusätzlich aufgenommen.[27] Die Beleidigung ist in § 185 StGB geregelt und wird mit Freiheitsstrafe bis zu einem Jahr oder mit Geldstrafe und in öffentlichen oder körperlich tätlichen Fällen mit Freiheitsstrafe bis zu zwei Jahren oder mit Geldstrafe bestraft. Die üble Nachrede (§ 186 StGB) sieht dieselben Strafmaße wie die Beleidigung vor. Härter wird die Verleumdung (§ 187 StGB) bestraft. Bei denselben Kriterien betragen die Strafmaße Freiheitsstrafe bis zu zwei Jahre oder Geldstrafe bzw. bis zu fünf Jahre oder Geldstrafe.

Definieren kann man eine Beleidigung als *„wahrnehmbare Missachtung gegenüber einer anderen Person"*. Dies kann durch Beschimpfungen, Gesten (z.B. das Zeigen des Mittelfingers) oder Tätlichkeiten (z.B. das Anspucken oder Ohrfeigen) geschehen. Üble Nachrede und Verleumdung sind die Behauptung oder Verbreitung von ehrverletzenden, unwahren Tatsachen gegenüber Dritten. Bei übler Nachrede war sich der Delinquent der Unwahrheit seiner Aussagen nicht bewusst, während er bei der Verleumdung um den fehlenden Wahrheitsgehalt seiner Verlautbarungen wusste.[28]

Nachdem üble Nachrede und Verleumdung von Politikern schon vorher härter bestraft wurde als die Normalmenschen gegenüber, wurde dies in der neuen Fassung auch auf die Beleidigung ausgedehnt. Art. 3 I GG besagt zwar, dass alle Menschen vor dem Gesetz gleich seien, doch unsere Politiker der gesetzgebenden Gewalt halten sich halt für etwas gleicher. Aufgrund der naturgemäß sehr schwammigen Definition der Straftatbestände Beleidigung, übler Nachrede und Verleumdung, verbunden mit den doch hohen drohenden Strafen, ist dies doch ein Eingriff in die Meinungsfreiheit. Nehmen wir an, Sie würden beispielsweise sagen, dass Politiker XY mit der Maskenpflicht nicht recht hat. Bringt dieser Politiker einen Sachverständigen, der seine Sichtweise bestätigt, und fühlt sich in der öffentlichen Meinung herabgewürdigt, da sie ihn offen einer Inkompetenz bezichtigt haben, könnte ein der Politik wohlgesonnener Richter auf die Idee kommen, dass der Tatbestand der üblen Nachrede (§ 186 StGB) erfüllt sei. Als Konsequenz sähe § 188 II StGB, sollten auch die Bedingungen des Absatzes I zutreffen, eine Freiheitsstrafe von drei Monaten bis zu fünf Jahren vor. Sicherlich ein konstruiertes Beispiel, doch wenn man sich die Entwicklungen während der Coronazeit ansieht…

Am 22.4.2023 einigten sich „Unterhändler des Europaparlaments und der EU-Staaten … in Brüssel auf ein Gesetz über digitale Dienste (Digital Services Act, DSA), das für eine strengere Aufsicht von Online-Plattformen und mehr Schutz der Verbraucher sorgen soll. … Unter anderem soll der DSA sicherstellen, dass illegale Inhalte wie Hassrede schneller aus dem Netz entfernt, schädliche Desinformation und Kriegspropaganda weniger geteilt und auf Online-Marktplätzen weniger gefälschte Produkte verkauft werden.“[29]

Im Hinblick auf die eben genannten Zensurorgien in den sozialen Medien während der Coronapandemie wird einem Angst und Bange um die Meinungsfreiheit in diesem Land. Sie bekämpfen nicht Hassrede, sondern eher die Rede, die sie hassen. Und das, weil sie ihrer Agenda widerspricht.

Die Einvernahme der deutschen Demokratie und Medien

Unser System scheint doch fragiler zu sein, als gedacht. Doch kam es zu einer Einvernahme unseres politischen Systems durch das „Großkapital"? Aufschluss gibt ein sehr interessantes Video über „Lobbyismus, gekaufte Politik und Meinungsmache"[30], das die Bundestagsabgeordnete der Partei *Die Linke*, Sahra Wagenknecht, bei YouTube veröffentlicht hat. Die darin angesprochenen Beispiele (z.B. sponserten Pfizer und Microsoft den letzten SPD-Parteitag) schockieren den Zuseher und sind sicherlich nur die Spitze des Eisbergs. Weiterhin üben Großkonzerne über das **Weltwirtschaftsforum** (WEF) von Klaus Schwab Einfluss auf die Politik aus. Mit den „Global Leaders of Tomorrow" wurde 1992 eine Organisation ins Leben gerufen, um „vielversprechende Talente aus Politik und Wirtschaft zusammenzubringen, die noch keine vierzig Jahre alt, bereits in hohen Positionen beschäftigt und darüber hinaus bereit waren, ein Jahr lang an diversen Kursen und Treffen ihres Jahrgangs teilzunehmen."[31]

Bekannte Mitglieder sind u.a. Bill Gates, die späteren Regierungschefs Angela Merkel, Benazir Bhutto (Pakistan), Nikolas Sarkozy (Frankreich), Tony Blair, David Cameron, Gordon Brown (alle drei Großbritannien), Guy Verhofstadt (Belgien), Lee Hsien Loong (Singapur), Cyril Ramaphosa (Südafrika), Viktor Orbán (Ungarn) und José Maria Aznar (Spanien) sowie die späteren EU-Kommissions-Chefs José Manuel Durão Barroso und Jean-Claude Juncker. 2005 erhielt das Forum einen neuen Namen. Ab sofort hieß es „Young Global Leaders"[32]. Neben Staats- und Regierungschefs (keine vollständige Aufzählung) wie Alexander De Croo (Premierminister von Belgien), Jacinda Ardern (Premierministerin von Neuseeland), Carlos Alvarado Quesada (Präsident von Costa Rica), Mamuka Bakhtadze (Premierminister von Georgien, 2018-2019), Emmanuel Macron (Präsident von Frankreich), Sanna Marin (Premierministerin von Finnland), Sebastian Kurz (ehemaliger Bundeskanzler von Österreich) sowie Haakon (Kronprinz von Norwegen) und unzähligen späteren Staatsministern wurden auch Größen aus Sport (z.B. die Formel-1-Piloten Nico Rosberg und Michael Schumacher und der siebenfache Tour-de-France-Sieger Lance Armstrong) und Unterhaltung (Popstar Bono und Hollywood-Schauspieler Leonardo DiCaprio) rekrutiert. [33] [34]

Aktuelle Young Global Leaders aus der deutschen Politik sind der ehemalige Gesundheitsminister Jens Spahn und die derzeitige Außenministerin Annalena Baerbock. Und wären Frau Baerbock nicht Verfehlungen wie die Fälschung ihres Lebenslaufs und die Plagiatsvorwürfe bzgl. ihres Buches unterlaufen, wäre sie wohl Bundeskanzlerin geworden. Auch wenn es über eine Sonderregelung möglich war, ohne Bachelor in London einen Masterstudiengang zu absolvieren, ist es doch ungewöhnlich[35] und es wäre zur Beurteilung wünschenswert zu wissen, wie viele deutsche Studenten diese Ausnahmeregelung in Anspruch nahmen. Interessant hierbei ist auch, dass die London School of Economics (LSE), an der Frau Baerbock ihren Master abgelegt haben soll, von der Fabian Society gegründet wurde. Die Ziele dieser Gesellschaft sind mit denen des WEF weitgehend kongruent. Ein guter Beitrag über die Fabian Society, deren bekannteste Mitglieder George Bernard Shaw (früher) und aktuell Tony Blair und Jean-Claude Juncker sind, ist unter [36] zu finden. Interessierte sollten sich mal eine Rede oder ein Interview Baerbocks auf Englisch anhören und dann für sich beurteilen, ob Frau Baerbocks Englischkenntnisse wohl für ein Masterstudium in England ausreichen. Ein Schelm, wer Böses dabei denkt.

Weiterhin nimmt das WEF über die EU Einfluss auf die deutsche Politik. So ist die EU-Kommissionspräsidentin, unsere frühere Flinten-Uschi und jetzige EUschi von der Leyen, Mitglied des Kuratoriums des WEF. [37]

Der Einfluss der WEF auf die Politik ist also enorm, um die von Klaus Schwab in seinem Buch »COVID-19: The Great Reset« beschriebene neue Ordnung zu installieren. So sagte Klaus Schwab 2017 in Harvard sinngemäß, dass sie darauf stolz seien, die weltweiten Landeskabinette mit WEF-Young Global Leaders zu durchdringen. [38]

Und nicht nur die Landeskabinette sind unterwandert. So hat das WEF eine Zusammenarbeit mit den Vereinten Nationen (UN) vereinbart, um deren Nachhaltigkeitsziele zu unterstützen. [39] Und ein Blick auf die Mitglieder des WEF-Kuratoriums[40] zeigt die Wichtigkeit dieser Organisation. Unter anderem sind dort Laurence Fink, Gründer und CEO von BlackRock, dem weltgrößten Vermögensverwalter und Berater von FED und EZB, der ehemalige US-Vizepräsident Al Gore und die EZB-Chefin Christine Lagarde vertreten. Ein Blick auf die komplette Liste zeigt ein Who's Who aus Politik und Wirtschaft.

Aber auch andere NGOs nehmen Einfluss auf die Politik. So machten z.B. die **Bilderberger** mit früheren Einladungen an Angela Merkel, Ursula von der Leyen (2015, 2016, 2018 und 2019)[41] oder Olaf Scholz zu ihren jährlichen Treffen Politik im Sinne ihrer Mitglieder. So wurde Ursula von der Leyen nach ihrem Besuch bei der Bilderberger-Konferenz 2019 Präsidentin der Europäischen Kommission, obwohl der CSU-Politiker Manfred Weber eigentlich Spitzenkandidat war.

Ein Think Tank (Denkfabrik) ist das US-amerikanische **Council on Foreign Relations**. Laut Wikipedia[42] befinden sich „unter den 4.500 Mitgliedern einflussreiche Persönlichkeiten wie Spitzenbeamte der US-Regierung, sogenannte Top government officials, angesehene Akademiker, Wirtschaftsführer, herausragende Journalisten, bekannte Juristen und weitere Personen mit gehobener Position in anderen Berufen". Zu den ehemaligen Vorständen des CFR gehören u.a. George H. W. Bush, Henry Kissinger, Dick Cheney, George Soros oder Zbigniew Brzeziński. Europäische Ableger sind das deutsche German Council on Foreign Relations (Deutsche Gesellschaft für Auswärtige Politik), dem viele einflussreiche Politiker an-

14

gehören, und das britische Chatham House, bis 2004 auch als Royal Institute of International Affairs bekannt.[43]

Die **Trilaterale Kommission**, eine im Juli 1973 auf Initiative von Zbigniew Brzeziński und David Rockefeller gegründete private, politikberatende Denkfabrik, übt ebenfalls Einfluss auf die Politik aus. Auffällig ist, dass viele Vorstände und Mitglieder auch in den Teilnehmerlisten der Bilderberger oder des Council on Foreign Relations zu finden sind.[44]

Eine in Deutschland sehr einflussreiche NGO ist die **Atlantik-Brücke**.[45] Der aktuelle CDU-Chef Friedrich Merz war von 2009-2019 deren Vorsitzender. Auf ihn folgte der frühere Bundesminister Sigmar Gabriel (SPD). Diese Organisation nimmt auch sehr stark Einfluss auf den Journalismus (die sogenannte vierte Gewalt), wie das folgende Schaubild zeigt:

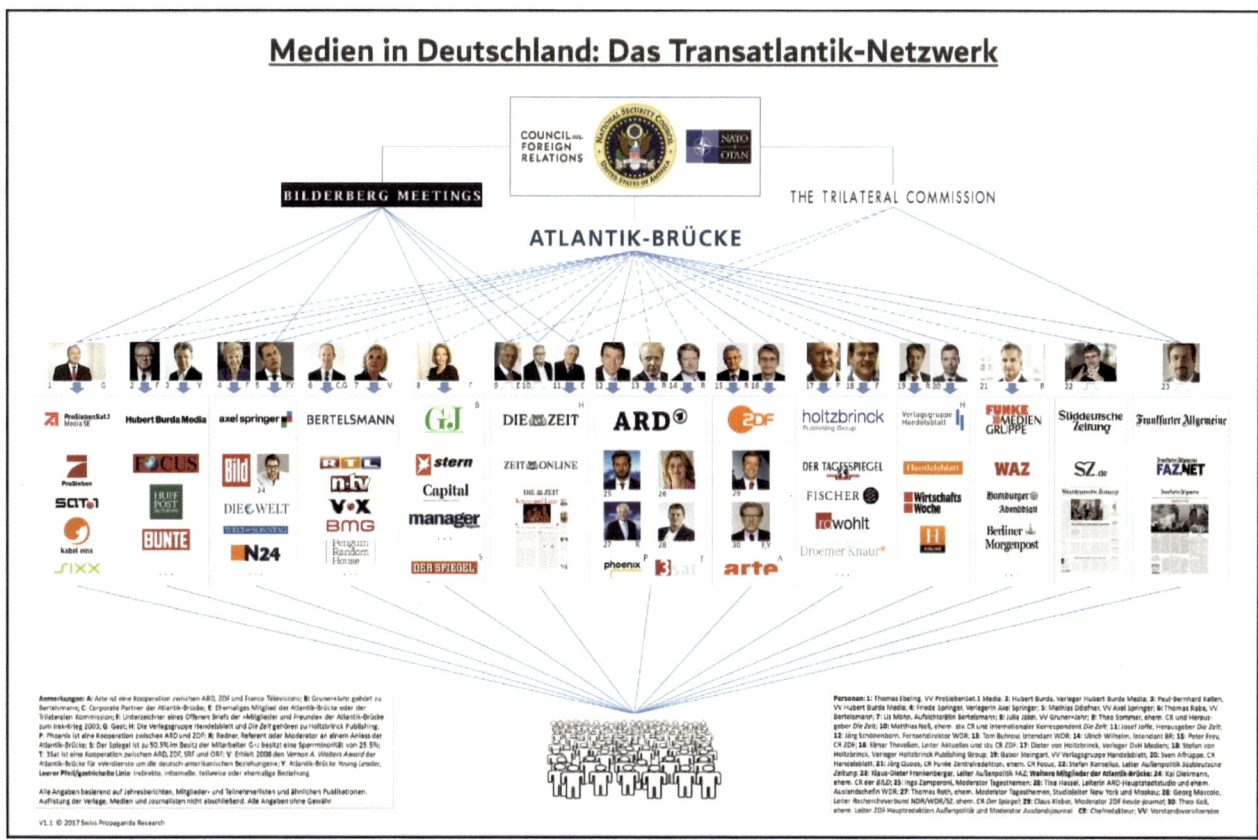

Abb. 3: Das Transatlantik-Netzwerk führender deutscher Medienschaffender

Sehenswert und mit einem Schuss Humor bringt es die Satiresendung *Die Anstalt* des ZDF auf den Punkt: Unabhängiger Journalismus – Die Anstalt – 29.04.2014 – ZDF"

Weiterhin besteht die Gefahr, dass Privatspenden (z.B. der Bill & Melinda Gates Foundation) an Medien die objektive Berichterstattung verfälschen. So erhielt das Nachrichtenmagazin *Der Spiegel* zwischen 2019 und 2021 2,3 Millionen Euro.[46] Verteilt über die kommenden Jahre ist eine weitere Zuwendung in Höhe von 2,9 Millionen Dollar vereinbart.[47] Ist es eine Folge daraus, dass das Magazin laut dem Journalisten Thomas Röper in einem Artikel[48], der allerdings mittlerweile von der Seite genommen wurde, ein Interview einer Frau zeigt, die darin aussagt, dass sie nicht aus dem umkämpften Stahlwerk in Mariupol gelassen wurde, das allerdings die Aussage weglässt, dass sie dies eindeutig und mehrmals den *„Nazis des Asow-Bataillons"* vorwirft.[49] So kann gezielt Propaganda verbreitet werden.

Da private Medien diesbezüglich schwer zu kontrollieren sind, gibt es in Deutschland den öffentlich-rechtlichen Rundfunk (ÖR) mit gesetzlich normierten Programmgrundsätzen. Deren Einhaltung wird vom Rundfunkrat überwacht, der zum Teil wiederum mit Vertretern aus der Politik besetzt ist. So kontrollieren Politiker also die Institution, von der sie eigentlich kontrolliert werden sollten. Die Neuausrichtung der CDU durch Angela Merkel Richtung grün spiegelt sich auch im ÖR wider. Laut einem Artikel in der *Welt*[50] wählen 92 Prozent der ARD-Volontäre grün-rot-rot:

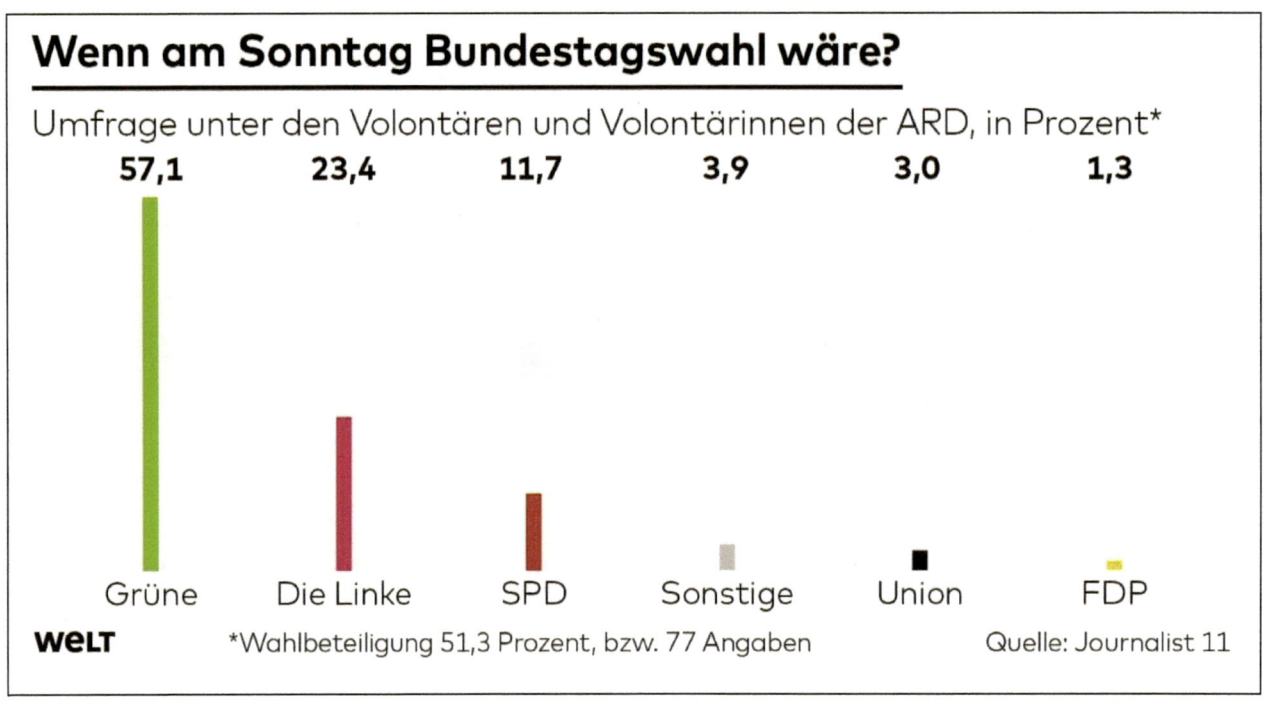

Wenn am Sonntag Bundestagswahl wäre?

Umfrage unter den Volontären und Volontärinnen der ARD, in Prozent*

| 57,1 | 23,4 | 11,7 | 3,9 | 3,0 | 1,3 |
| Grüne | Die Linke | SPD | Sonstige | Union | FDP |

WELT   *Wahlbeteiligung 51,3 Prozent, bzw. 77 Angaben   Quelle: Journalist 11

Abb. 4: Potenzielles Wahlverhalten von ARD-Volontären

War da nicht was? Ach ja, müssen wir da nicht alle den monatlichen GEZ-Beitrag bezahlen? Wofür war der nochmal? § 35 des Medienstaatsvertrags regelt, dass sich der öffentlich-rechtliche Rundfunk vorrangig über den Rundfunkbeitrag finanziert. Und was erhalten wir dafür? Dies regelt § 26. Dort heißt es in Absatz 2: *„Die öffentlich-rechtlichen Rundfunkanstalten haben bei der Erfüllung ihres Auftrags die Grundsätze der **Objektivität und Unparteilichkeit der Berichterstattung**, die **Meinungsvielfalt** sowie die **Ausgewogenheit ihrer Angebote** zu berücksichtigen."* Zur Beurteilung der Einhaltung dieser Grundsätze sehen wir uns eine Grafik an, die die Zeitung *Junge Freiheit* in einem ihrer Artikel veröffentlicht hat.[51]

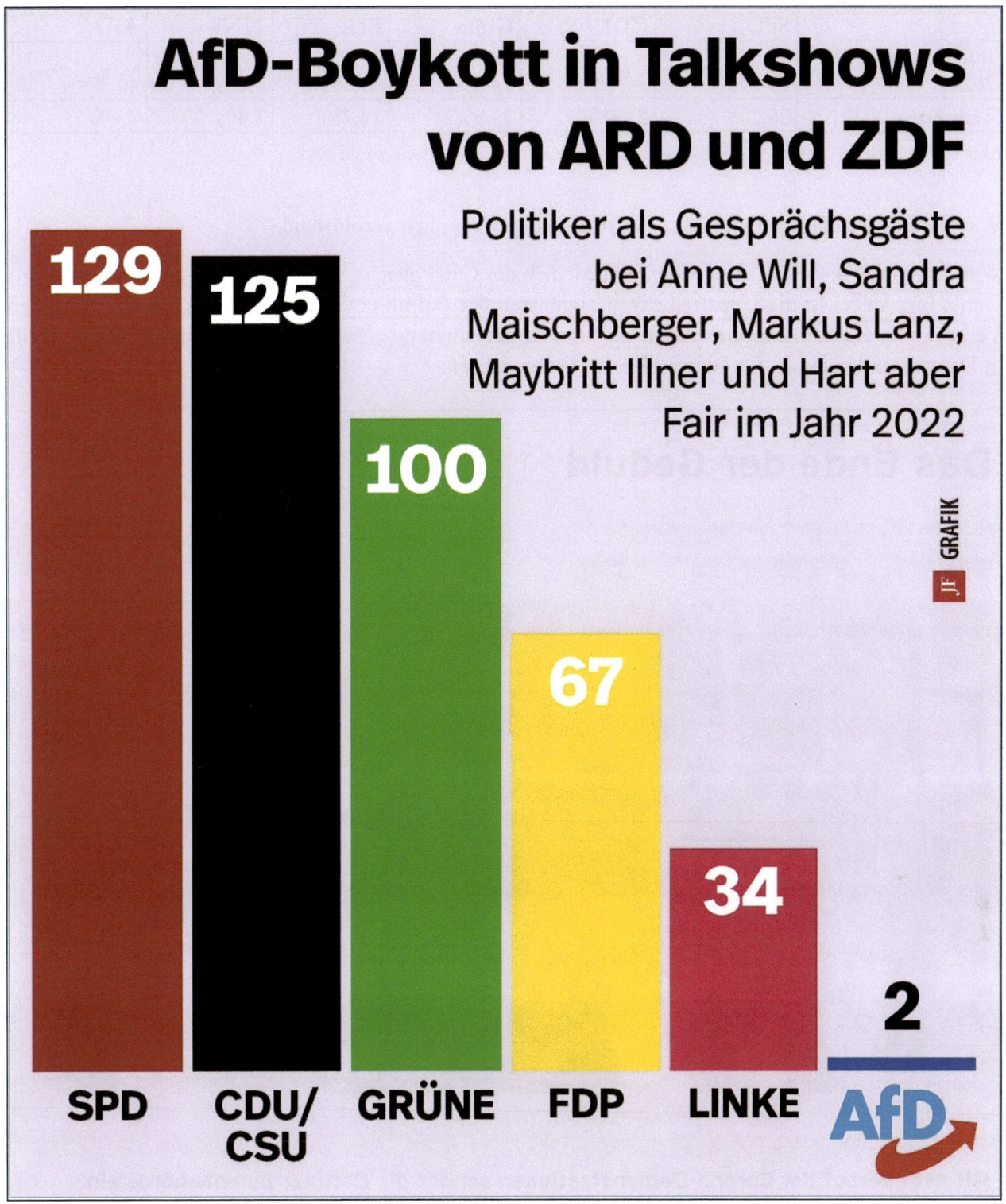

AfD-Boykott in Talkshows von ARD und ZDF

Politiker als Gesprächsgäste bei Anne Will, Sandra Maischberger, Markus Lanz, Maybritt Illner und Hart aber Fair im Jahr 2022

129 — SPD
125 — CDU/CSU
100 — GRÜNE
67 — FDP
34 — LINKE
2 — AfD

JF GRAFIK

Abb. 5: Anzahl der Gäste in politischen Talkshows von ARD und ZDF nach Parteien im Jahr 2022

Sie zeigt die Anzahl der eingeladenen Gäste aus der Politik in Laberrunden, äh Talkshows, von ARD und ZDF im Jahr 2022. In der folgenden Tabelle wollen wir diese Einladungen mit der Sitzverteilung im Bundestag laut der Bundestagswahl 2021 vergleichen.

17

	SPD	CDU/CSU	Grüne	FDP	LINKE	AfD
Bundestagswahl 2021	25,7%	24,1%	14,8%	11,5%	4,9%	10,3%
Talkshows 2022	28,2%	27,4%	21,9%	14,7%	7,4%	0,4%

Abb. 6: Vergleich des Anteils der Einladungen nach Parteien mit der Bundestagswahl 2021

Vor allem bei den Grünen und der AfD ist die Ausgewogenheit verblüffend.

Wundert es mit diesem Wissen daher, dass Medien des ÖRR gleiche Sachverhalte verschieden bewerten? Geriet hier vielleicht die Unparteilichkeit zugunsten der Politik etwas in den Hintergrund? So werden Verbote von Demonstrationen gegen die Coronamaßnahmen (oft auch wegen Gesundheitsbedenken) in Deutschland begrüßt. Ein Beispiel hierfür liefert der *rbb*:

Abb. 7: Bericht über das Verbot von Corona-Demonstrationen im rbb

Anders sieht die mediale Meinung aus, wenn andere, der öffentlichen Hauptströmung zuwiderlaufende Länder oder Institutionen die Hygieneregeln als Grund für ein Demonstrationsverbot anführen, wie der folgende Tweet der ARD beweist:

18

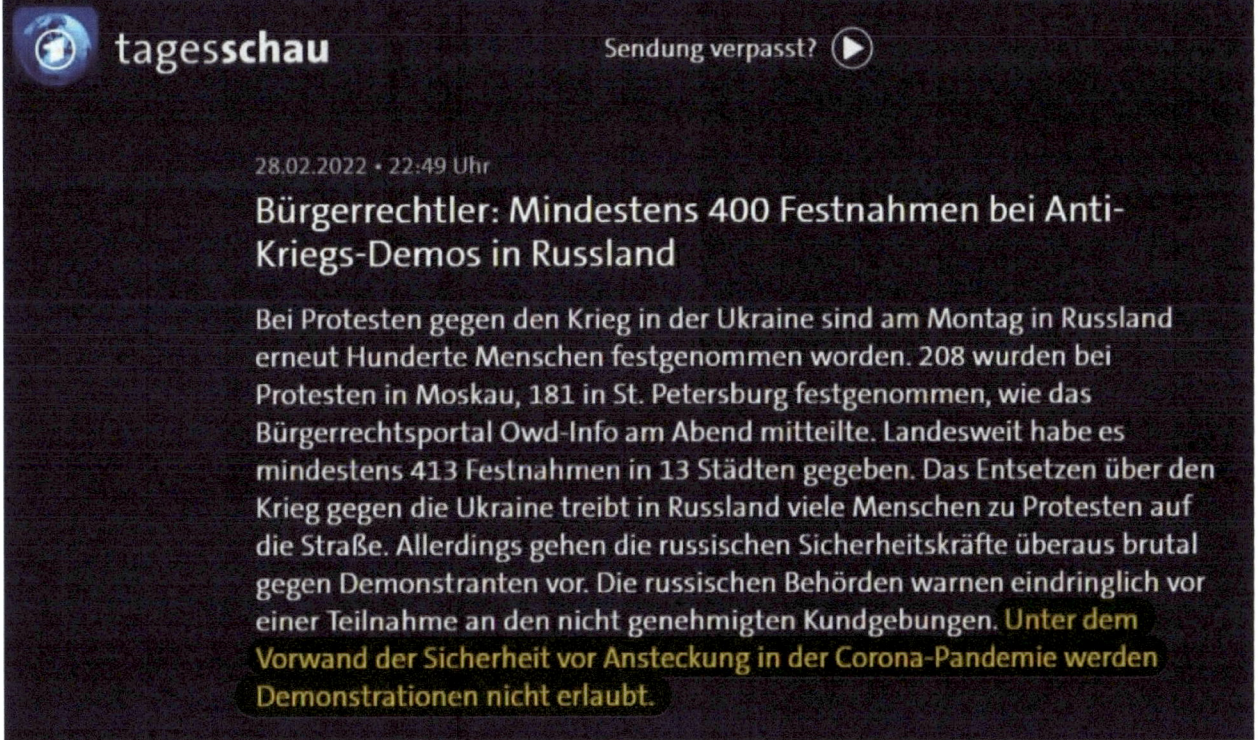

28.02.2022 · 22:49 Uhr

Bürgerrechtler: Mindestens 400 Festnahmen bei Anti-Kriegs-Demos in Russland

Bei Protesten gegen den Krieg in der Ukraine sind am Montag in Russland erneut Hunderte Menschen festgenommen worden. 208 wurden bei Protesten in Moskau, 181 in St. Petersburg festgenommen, wie das Bürgerrechtsportal Owd-Info am Abend mitteilte. Landesweit habe es mindestens 413 Festnahmen in 13 Städten gegeben. Das Entsetzen über den Krieg gegen die Ukraine treibt in Russland viele Menschen zu Protesten auf die Straße. Allerdings gehen die russischen Sicherheitskräfte überaus brutal gegen Demonstranten vor. Die russischen Behörden warnen eindringlich vor einer Teilnahme an den nicht genehmigten Kundgebungen. Unter dem Vorwand der Sicherheit vor Ansteckung in der Corona-Pandemie werden Demonstrationen nicht erlaubt.

Abb. 8: ARD-Bericht über Demos in Russland

Hier wird gemutmaßt, dass die Angst vor Ansteckung nur ein Vorwand ist. Nur ein Einzelfall? Dazu ein weiteres Beispiel aus unseren Qualitätsmedien:

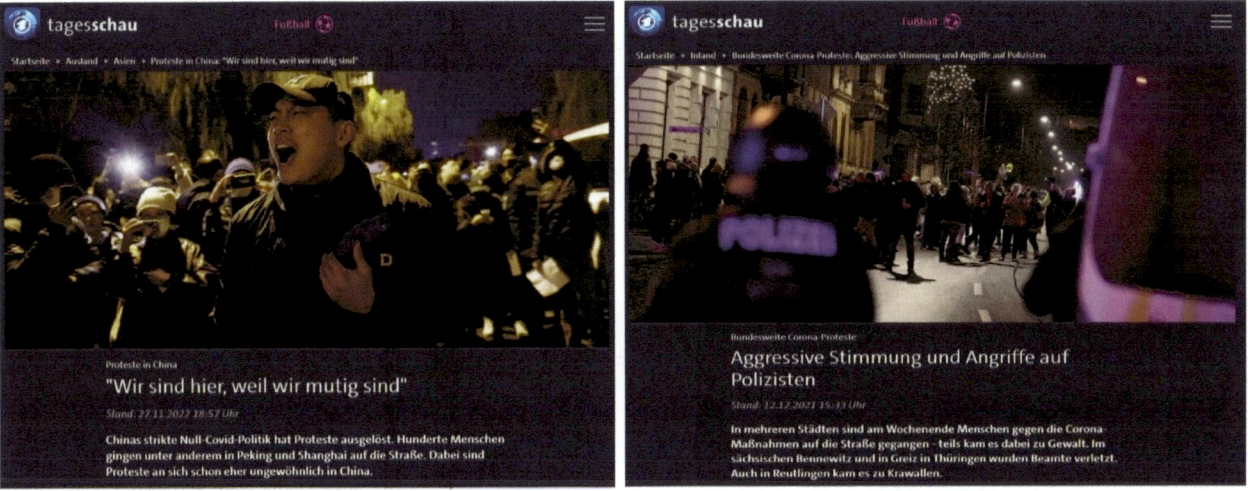

Abb. 9: Chinesische Demonstranten gegen die Coronamaßnahmen sind mutig, während deutsche aggressiv und gewalttätig gegen Polizisten sind. Mehr gehirnwaschende Propaganda geht schwerlich.

Aber die öffentlich-rechtliche Presse folgt hier nur ihren Amigos aus der Politik, denn auch diese bewertet die gleiche Tatsache unterschiedlich, je nachdem, wer sie ausführt. Die folgende Karikatur spiegelt getätigte Politikeraussagen zu Demonstrationen wider:

Man kann seine Meinung kundtun, ohne sich zu versammeln.

Es ist toll, daß die Menschen auf den Straßen demonstrieren.

Abb. 10: Karikatur zu sich widersprechenden Politikeraussagen

Weiterhin wurde bei der Berichterstattung über den Ukrainekrieg ein Angriff auf einen Markt in Donezk falsch dargestellt:

REUTERS

„Bei einem ukrainischen Artillerieangriff auf einen Markt in der von Russland unterstützten Seperatistenregion Donezk wurden am Montag mindestens drei Menschen, darunter ein Kind, getötet und 18 verletzt..."

tagesschau

„Zivile Ziele - immer wieder stehen sie unter Beschuss der russischen Armee. Dies ist der Markt in der ostukrainischen Stadt Donezk oder das, was davon übrig ist..."

Reuters/Tagesschau 13.06.2022

Abb. 11: Falschmeldung der Tagesschau zum Ukrainekrieg

Auch wenn die *Tagesschau* ihre Falschmeldung im Nachhinein korrigiert hat[(52)], bleibt doch ein fader Beigeschmack.

20

Hierzu ein kleiner Einschub zu den Nachrichtenagenturen, die sehr oft die Quelle der Berichterstattung in unseren Medien sind: *„Reuters betreibt auch einen sogenannten Faktenchecker, der u.a. bei sozialen Medien wie Facebook mitentscheidet, was als Fake News zu gelten hat. Während der Coronakrise nahm der Einfluss dieser vorgeblich unabhängigen Faktenchecker erheblich zu. Prekär dabei: James C. »Jim« Smith, bis Februar 2020 CEO bei Reuters und aktuell Vorsitzender der Thomson Reuters Foundation, sitzt zudem im Verwaltungsrat des Pharmariesen Pfizer. Daneben ist Smith noch Mitglied im internationalen Wirtschaftsrat des Weltwirtschaftsforums.* "[(53)] Da wundert einen nichts mehr.

Doch zurück zu unseren Medien. Auch private Medien liefern tendenziöse Berichterstattung wie ein beredtes Beispiel des *Hamburger Abendblatts* zeigt.

Abb. 12: Tendenziöse Berichterstattung des Hamburger Abendblatts

In beiden Fällen wird das Brandenburger Tor als Demonstrationsplattform benutzt. Doch während in einem Fall „Klimaaktivisten demonstrieren", wird im anderen Fall von „Rechtsextremen" und „Islamgegner stürmen" gesprochen.

Doch warum propagieren die Medien derart die Meinung des Politkartells? Eine Antwort gibt ein Artikel des *Handelsblatts* über Angela Merkels Verhältnis zu den Medien.[(54)] *„Die Medien. Grundsätzlich kann Angela Merkel auf ihr Wohlwollen zählen. Friede Springer, graue Eminenz des Axel Springer Verlags, Liz Mohn, Matriarchin bei Bertelsmann, Patricia Riekel, Chefredakteurin der ‚Bunte', und Sabine Christiansen, Vorsitzende des Fernsehparlaments, gehören seit Jahren zu ihrem Förderkreis."* Und v. a. *Friede Springer und Liz Mohn sind zu beachten, denn „heute ist sie [Friede Springer] neben Liz Mohn die mächtigste Medienfrau der Republik."*[(55)]

21

Die Verquickung der Medien mit der Politik zeigt sich auch an einer Anfrage der AfD-Fraktion über Zahlungen von Bundesministerien an Journalisten des öffentlich-rechtlichen Rundfunks und privatrechtlicher Medien. So flossen in fünf Jahren (2018-2022) insgesamt 1,5 Mio. Euro von den Ministerien an verschiedene Journalisten.[56] Doch Gott sei Dank haben wir eine große Medienvielfalt in Deutschland, wie man im folgenden Bild sieht.

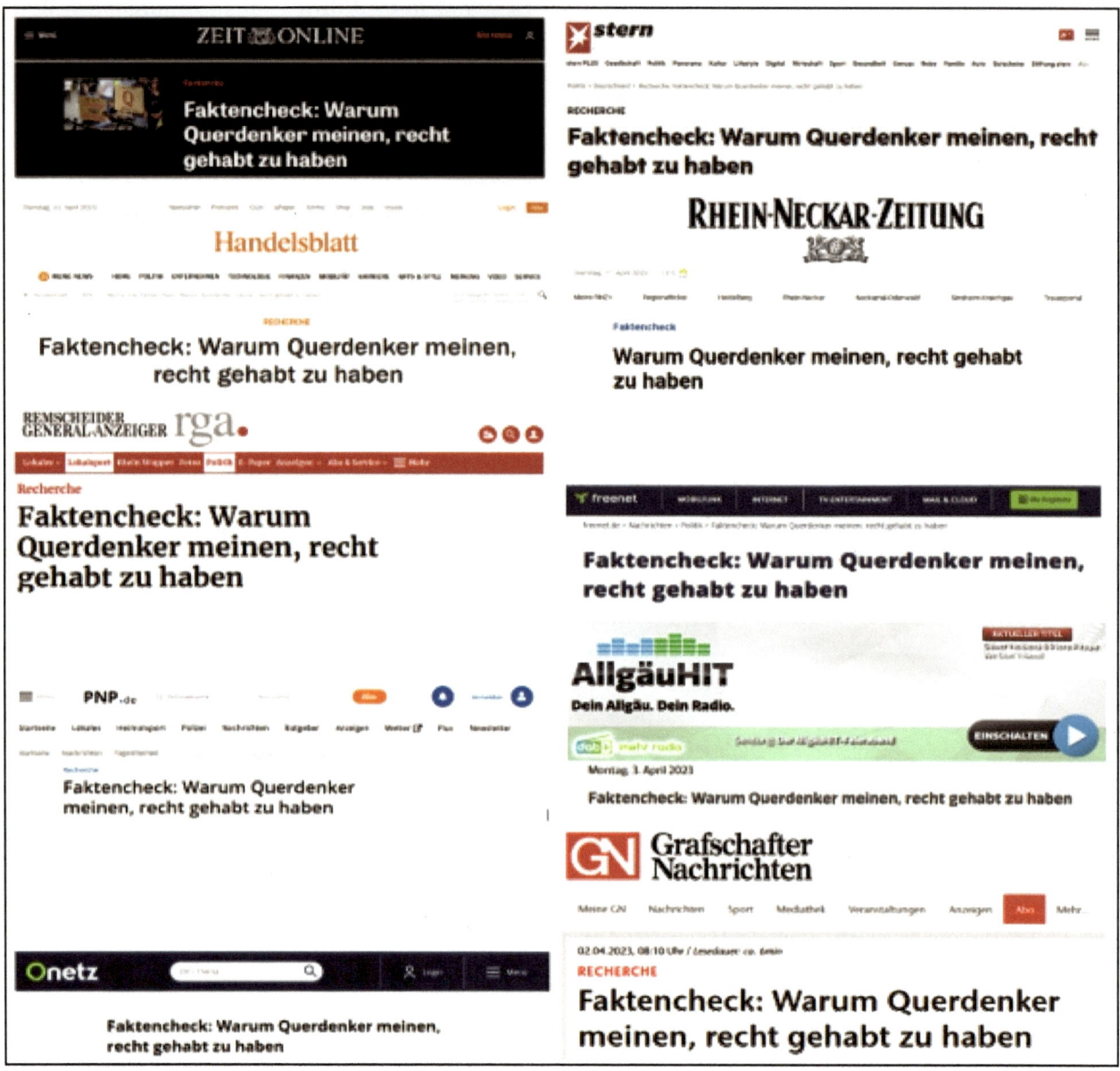

Abb. 13: Die Gleichschaltung deutscher Medien

Und dies ist nur ein kleiner Ausschnitt. Das glauben Sie nicht? Dann geben Sie in Ihrer Suchmaschine den Satz *„Warum Querdenker meinen, recht gehabt zu haben"* ein. Viel Spaß beim Zählen der Ergebnisse. Außerdem ist alles, was der staatlichen Linie widerspricht, auf der „rechten" Seite eingruppiert. So werden z.B. die sogenannten Querdenker von Thüringens Innenminister als *„klar rechts motiviert"* eingeordnet.[57] Die *taz* schreibt über die *„Szene der Querdenker"* als ein *„Booster für Rechtsextreme"*.[58] Doch wie schon an anderer Stelle ausgeführt, haben Wissenschaftler der Universität Basel mehr als 1.000 „Querdenker" nach ihren politischen Einstellungen befragt. Die erste Studie zu den Corona-Protesten zeigt Erstaunliches. 21% der Protestierenden sind Wähler der Grünen, während 17% Linkspartei anhängen und nur 14% die AfD favorisieren.[59]

Zu den öffentlich-rechtlichen Sendern zum Abschluss noch ein satirischer Netzfund: *„Was ist der Unterschied zwischen Nordkorea und Deutschland? In Nordkorea müssen sich Menschen staatliche Propaganda ansehen. In Deutschland werden die Bürger sogar gezwungen, dafür noch Beiträge zu zahlen."*

Aber wie brachte es EUrsula von der Leyen so schön auf den Punkt: *„...Vertrauen Sie den Gesundheitsbehörden, vertrauen Sie der Weltgesundheitsorganisation, vertrauen Sie dem gesunden Menschenverstand und journalistischer Sorgfalt in den Qualitätsmedien..."*[60] Als Folge dessen werden z.B. RT und Sputnik in der EU verboten[61], oder es gibt Zensur durch Löschungen in den sozialen Medien. *„Solche Löschungen geschehen einerseits aufgrund von Verstößen gegen die Plattformregeln (sog. Community-Richtlinien). Andererseits kann es auch vorkommen, dass Inhalte übermäßig gelöscht werden (sog. Overblocking), auch wenn sie legal sind, um z.B. finanzielle Risiken bei Bußgeldandrohung bei möglichen Verstößen gegen das NetzDG zu vermeiden."*[62] Anscheinend werden wir normale Menschen für zu blöd gehalten, selbst zu entscheiden, was wir sagen, hören und lesen wollen. Sind die, die uns diese Informationen vorenthalten, wirklich so viel intelligenter?

Abschließend fällt auf, dass unsere Politik mit Unterstützung der Medien die Bevölkerung unter ständiger Angst hält. Nur in den letzten Jahren wurde uns die Angst vor Rechtsterrorismus, Islamismus, Klimawandel und Corona vermittelt. Und dann, als sich Corona durch die schwächere Omikron-Variante dem Ende näherte, kam plötzlich der Ukrainekonflikt ins Blickfeld und erzeugte Furcht vor einem Krieg in Europa. Zusätzlich wird sich um „Nebenprobleme" wie Gendern und Minderheitenschutz gekümmert, anstatt drängende Probleme wie den Fachkräftemangel oder gar die Rentenproblematik anzusprechen, die spätestens mit Renteneintritt der Babyboomer unser Sozialsystem bedroht.

Ein weiteres Problem ist die zunehmende Macht der großen US-Vermögensverwalter wie BlackRock oder Vanguard. 2020 betrug das verwaltete Vermögen BlackRocks $ 8.677 Mrd.[63] Das deutsche BIP erreichte im gleichen Jahr zum Vergleich lediglich $ 3.806 Mrd. Vor dieser unglaublichen Marktmacht erscheint es doch sehr seltsam, dass BlackRock sowohl die amerikanische Zentralbank FED als auch die EZB berät.[64] Zu wessen Vorteil wohl? Noch eine Sache dazu: So war der umtriebige CDU-Vorsitzende Friedrich Merz von 2015 bis 2020 Aufsichtsratsvorsitzender von BlackRock Deutschland.[65]

Am 1.3.2022 begannen *„in Genf die Verhandlungen über ein internationales Abkommen zur Prävention und Bekämpfung von Pandemien. Grundlage des Abkommens ist Art. 19 der Verfassung der WHO, nach dem die WHO-Generalversammlung mit Zweidrittelmehrheit für alle Mitgliedstaaten bindende Vereinbarungen beschließen kann. Der Artikel ist in der 74-jährigen Geschichte erst einmal angewandt worden. ... Beobachter rechnen damit, dass die WHO mit dem Pakt verbindliche Maßnahmen wie Lockdowns, Impfpflichten oder die zentrale Erhebung von Daten vorschreiben kann. Der Pakt würde der WHO direkten Einfluss auf die Ausübung von Bürgerrechten in den Mitgliedsländern geben."*[66] Entscheidungen der WHO würden also über denen der verschiedenen Landesparlamente stehen.

Die Liste in Abbildung 14 zeigt die dreißig größten Geldgeber zur Finanzierung des Zweijahreshaushaltes 2018-2019 über US-$ 5,6 Mrd.

Das Ehepaar Gates übt also unmittelbar über seine Stiftung und mittelbar als Großfinancier der GAVI Alliance einen enormen Einfluss auf die WHO aus, sodass sich der *SWR* zu einer Schlagzeile „Die WHO am Bettelstab: Was gesund ist, bestimmt Bill Gates" genötigt sah.[67] Doch auch auf die beteiligten Länder übt die Bill & Melinda Gates Foundation (BMGF) Einfluss aus, wie wir uns am Beispiel Deutschlands ansehen werden. So gründete der damalige Gesundheitsminister Hermann Gröhe 2017 ein „Internationales Beratergremium zur globalen Gesundheitspolitik", um *„Impulse für die Lösung dieser und weiterer globaler gesundheitspolitischer Herausforderungen zu erarbeiten."*[68] Unter Jens Spahn hat dieses Beratergremium im Juni 2019 eine Erklärung veröffentlicht, in der Deutschland empfohlen wird,

23

unter dem Stichwort „Global Gouvernance" (etwa Weltordnungspolitik) mehr Einfluss auf eine globale Gesundheitspolitik auszuüben, um letztendlich *die zersplitterte globale Gesundheitsarchitektur anzugehen*".[69]

Rang	WHO-Finanzierung	Anteil
1.	USA	15.18%
2.	Bill & Melinda Gates Foundation	12.12%
3.	GAVI Alliance	8.18%
4.	Grossbritannien	7.91%
5.	Deutschland	5.33%
6.	United Nations Office for the Coordination of Humanitarian Affairs (UNOCHA)	4.48%
7.	Rotary International	3.32%
8.	EU-Kommission	3.05%
9.	Weltbank	3.00%
10.	Japan	2.59%
11.	National Philantropic Trust (NPT)	2.53%
12.	Miscellaneous	2.16%
13.	United Nations Central Emergency Response Fund (CERF)	1.97%
14.	Kanada	1.67%
15.	Demokratische Republik Kongo	1.28%
16.	Norwegen	1.25%
17.	Südkorea	1.17%
18.	King Salman Humanitarian Aid & Relief Center, KSrelief	1.04%
19.	Vereinigte Arabische Emirate	0.97%
20.	Schweden	0.85%
21.	UNITAID	0.83%
22.	PIP Framework Contributors	0.76%
23.	Miscellaneous	0.75%
24.	Niederlande	0.74%
25.	Global Fund to Fight AIDS, Tuberculosis and Malaria (GFATM)	0.72%
26.	United Nations Development Programme (UNDP)	0.69%
27.	Australien	0.66%
28.	United Nations Children's Fund (UNICEF)	0.62%
29.	Nigeria	0.57%
30.	Schweiz	0.55%

Abb. 14: Die dreißig größten Geldgeber der WHO 2018-2019

Es soll also mehr Macht auf die WHO übertragen werden, damit Gesundheitssysteme weltweit vereinheitlicht werden können. Deshalb soll Deutschland auch einen *maßgeblichen Einsatz für eine Erhöhung der Pflichtbeiträge an die WHO"* leisten. Und außerdem: *„Das Land kann seinen Einfluss nutzen, um verschiedene Akteure an einen Tisch zu bringen. Darüber hinaus sollte es die Möglichkeiten für neuartige Ansätze und Partnerschaften z.B. mit der Wissenschaft, Zivilgesellschaft, Stiftungen und dem Privatsektor prüfen."* Jetzt kommen wir langsam zum Punkt, denn nun schauen wir mal, wer denn die Mitglieder des In-

24

ternationalen Beratergremiums zu globaler Gesundheit sind. Es sind dies u.a. Dr. Christoph Benn, Seniorberater des Global Fund, Dr. Christopher Elias, Präsident des Global Development Program, Bill & Melinda Gates Stiftung, Dr. Jeremy Farrar, Direktor des Wellcome Trust und Dr. Matshidiso Rebecca Moeti, WHO Regionaldirektorin für Afrika.[70] Interessant ist auch die Vorsitzende des Gremiums, Frau Prof. Dr. Dr. h.c. Ilona Kickbusch, Direktorin des Global Health Centre, Graduate Institute of International and Development Studies Geneva, die schon für die WHO arbeitete und auch für das WEF veröffentlichte.[71]

Es sind also Vertreter der WHO und sehr einflussreicher Nichtregierungsorganisationen (NGOs) dabei, die Einfluss auf die Entscheidungen Deutschlands nehmen.[72] Doch warum ist dies so interessant? Nun, der Journalist Thomas Röper formuliert dies so treffend in seinem Buch »Inside Corona«[73], in dem er folgendes ausführt: *„Ein „Philanthrop" fördert ein Projekt, spendet ein wenig Geld, holt dann den Großteil der Gesamtkosten von Regierungen und verdient anschließend an den Bestellungen der Regierungen, weil der „Philanthrop" rein zufällig an eben jenen Firmen beteiligt ist, bei denen die Regierungen die Bestellungen platzieren."* Und sowohl das Spenden als auch das Platzieren der Bestellungen erfolgt über die NGOs, über die diese „Gönner" Macht ausüben. Wer sich umfassender über diesen Sumpf informieren will, dem sei das oben zitierte Buch nahegelegt. Ein beredtes Beispiel hierfür ist die aktuelle Coronapandemie, bei der (hauptsächlich von Staaten und damit den Steuerzahlern) Millionenbeträge für die Entwicklung von Impfstoffen gegeben wurde, während die Gewinne ausschließlich von Pfizer und BioNTech realisiert wurden, in die die Bill & Melinda Gates Foundation investiert hat.[74]

Wenn man zudem berücksichtigt, dass die WHO 2009 die Definition einer Pandemie von *„... mit einer enorm hohen Zahl von Todes- und Erkrankungsfällen einhergehend"* zu *„einer weltweiten Ausbreitung einer neuen Krankheit"* ohne triftigen Grund geändert hat, kann die WHO theoretisch also bei jedem Schnupfen, der einem neuen Erreger zugeschrieben wird, über die Parlamente der Mitgliedsländer hinweg weltweit Maßnahmen ergreifen.[75]

So werden „Philanthropen" und „Gönner" auf Kosten der Steuerzahler immer reicher.

Das reiche Deutschland

Deutschland ist als viertgrößte Volkswirtschaft der Welt ein reiches Land.[76] Hinter Dänemark und Luxemburg steht der deutsche durchschnittliche Bruttomonatsverdienst von Vollzeitbeschäftigten EU-weit auch an dritter Stelle.[77] Betrachtet man nun das Nettohaushaltsvermögen europäischer Länder, so liegt das deutsche Durchschnittsvermögen knapp über dem europäischen Durchschnitt, während das Medianvermögen sich weit(!) unter dem europäischen Mittel befindet.[78] Dies bedeutet, dass der mittlere deutsche Haushalt, also ein Arbeiter- oder Angestelltenhaushalt, relativ arm ist. Für den höheren Durchschnitt sorgen sicherlich viele sehr reiche Haushalte, aber auch relativ gut versorgte Arme durch ordentliche Staatsausgaben für die soziale Sicherung[79] bei sehr niedriger Arbeitslosenquote.[80] Der Arbeiter- und Angestelltenhaushalt wird dagegen mit höchsten Steuern und Abgaben[81] und überdurchschnittlichen Lebenshaltungskosten[82] verarmt. Hinzu kommt außerdem der niedrige Anteil der Schattenwirtschaft in Deutschland zur Vermögensbildung.[83]

Eine Zusammenfassung wichtiger statistischer Daten mit anderen europäischen Ländern ist in nachfolgender Tabelle zu sehen. Beispielhaft wurden neben Deutschland die anderen drei großen westeuropäischen Flächenstaaten Frankreich, Italien und Spanien sowie Belgien und Österreich als direkte Nachbarn und das „Armenhaus" Europas, Griechenland, ausgewählt:

	Durchschnitts-vermögen 2020 in US-$	Medianver-mögen 2020 in US-$	Renten-höhe 2019	Renten-eintrittsalter 2018 m/w	Wohneigen-tumsquote 2020	Steuer- und Abgaben-last 2018
Deutschland	268.681	65.374	51,9%	64,0/63,6	50,4%	39,7%
Frankreich	299.355	133.559	73,6%	60,8/60,8	64,0%	28,7%
Italien	239.244	118.885	91,8%	63,3/61,5	72,4%	31,4%
Spanien	227.122	105.831	83,4%	62,1/61,3	75,1%	21,3%
Belgien	351.330	230.550	66,2%	61,6/60,5	71,1%	39,8%
Österreich	290.348	91.833	89,9%	63,5/60,8	55,3%	32,8%
Griechenland	104.603	57.595	51,1%	61,7/60,0	74,6%	26,1%

Abb. 15: Vergleich wirtschaftlicher Rahmendaten Deutschlands mit denen europäischer Nachbarn (84) (85) (86) (87) (88)

Verstärkt durch die Inflation kann sich mittlerweile jeder sechste Bürger seinen Alltag im reichen Deutschland nicht mehr leisten.(89)

Auch ein Blick in die Zukunft verheißt nichts Gutes. Bei Betrachtung der Bevölkerungspyramide waren 2021 62% der Menschen im erwerbsfähigen Alter (20-62 Jahre), während 20% älter als 67 waren.(90) 2030 wird das Verhältnis 58% zu 23% und 2040 gar 55% zu 26% betragen. Dies ist eine wahre Zeitbombe. Beachtet werden muss dabei auch, dass die geburtenstarken 60er-Jahrgänge in diesen Jahren aus dem Erwerbsleben fallen, jedoch als Konsumenten bleiben und bedient werden wollen. Verstärkt wird dies durch Einwanderung in die Sozialsysteme. Eine verantwortungsbewusste Regierung würde sich um qualifizierte Zuwanderung und/oder weitere Digitalisierung und Automation kümmern. In unserem Land stellt man dagegen Gendern, Diskriminierung und Klima (Kapitel 5) in den Mittelpunkt des Handelns.

Die kalte Progression

Deutschland ist zusammen mit Belgien also führend bei der Steuer- und Abgabenlast. *„Doch nur auf den ersten Blick ist Belgien ein Hochsteuerland für Arbeitnehmer. Pauschalen und Zuschüsse machen die Abgabenlast erträglich.“*(91) Anders als in Deutschland, wo die sogenannte „kalte Progression" ab einer gewissen relativ niedrigen Einkommenshöhe Lohnerhöhungen zu einem größer werdenden Anteil dem Staat zu steigenden Einnahmen verhilft.

Doch zur Einführung soll die Einkommenssteuer kurz erläutert werden. Im Gegensatz zu juristischen Personen (z.B. AGs und GmbHs), die der Körperschaftssteuer unterliegen, bezahlen natürliche Personen Einkommensteuer. Die verschiedenen Einkunftsarten, auf die Einkommensteuer erhoben wird, sind in § 2 I, Umfang der Besteuerung, Begriffsbestimmungen, Einkommensteuergesetz (EStG) geregelt:

(1) Der Einkommensteuer unterliegen

1. Einkünfte aus Land- und Forstwirtschaft,

2. Einkünfte aus Gewerbebetrieb,

3. Einkünfte aus selbständiger Arbeit,

4. Einkünfte aus nichtselbständiger Arbeit,

5. Einkünfte aus Kapitalvermögen,

6. Einkünfte aus Vermietung und Verpachtung,

7. sonstige Einkünfte im Sinne des § 22, ...

Die Höhe der Besteuerung richtet sich nach den in § 32a I, Einkommensteuertarif, EstG aufgeführten Formeln:

(1) Die tarifliche Einkommensteuer bemisst sich nach dem zu versteuernden Einkommen.

(2) Sie beträgt ab dem Veranlagungszeitraum 2022 vorbehaltlich der §§ 32b, 32d, 34, 34a, 34b und 34c jeweils in Euro für zu versteuernde Einkommen

    1. bis 10.347 Euro (Grundfreibetrag): 0;

    2. von 10.348 Euro bis 14.926 Euro: (1.088,67 * y + 1.400) * y;

    3. von 14.927 Euro bis 58.596 Euro: (206,43 * z + 2.397) * z + 869,32;

    4. von 58.597 Euro bis 277.825 Euro: 0,42 * x − 9.336,45;

    5. von 277.826 Euro an: 0,45 * x − 17.671,20.

Die Größe „y" ist ein Zehntausendstel des den Grundfreibetrag übersteigenden Teils des auf einen vollen Euro-Betrag abgerundeten zu versteuernden Einkommens. Die Größe „z" ist ein Zehntausendstel des 14.926 Euro übersteigenden Teils des auf einen vollen Euro-Betrag abgerundeten zu versteuernden Einkommens. Die Größe „x" ist das auf einen vollen Euro-Betrag abgerundete zu versteuernde Einkommen. Der sich ergebende Steuerbetrag ist auf den nächsten vollen Euro-Betrag abzurunden. Eine Ausnahme bilden die Einkünfte aus Kapitalvermögen, die laut § 32d, Gesonderter Steuertarif für Einkünfte aus Kapitalvermögen, EstG pauschal mit 25% besteuert werden.

Ganz schön kompliziert und undurchsichtig. Zum besseren Verständnis schauen wir uns nun an, mit welchem Grenzsteuersatz die Einkünfte besteuert werden, wobei der Grenzsteuersatz den Prozentsatz angibt, mit dem „ein zusätzliches Einkommen besteuert wird. Er bezeichnet damit den Steuersatz, mit dem der jeweils nächste Euro der Steuerbemessungsgrundlage belastet wird."[92] Im selben Diagramm ergibt sich der durchschnittliche Steuersatz, der bei dem jeweiligen Einkommen zu zahlen ist.

Die entsprechenden Einkommensgrenzen sind darunter aufgeführt.

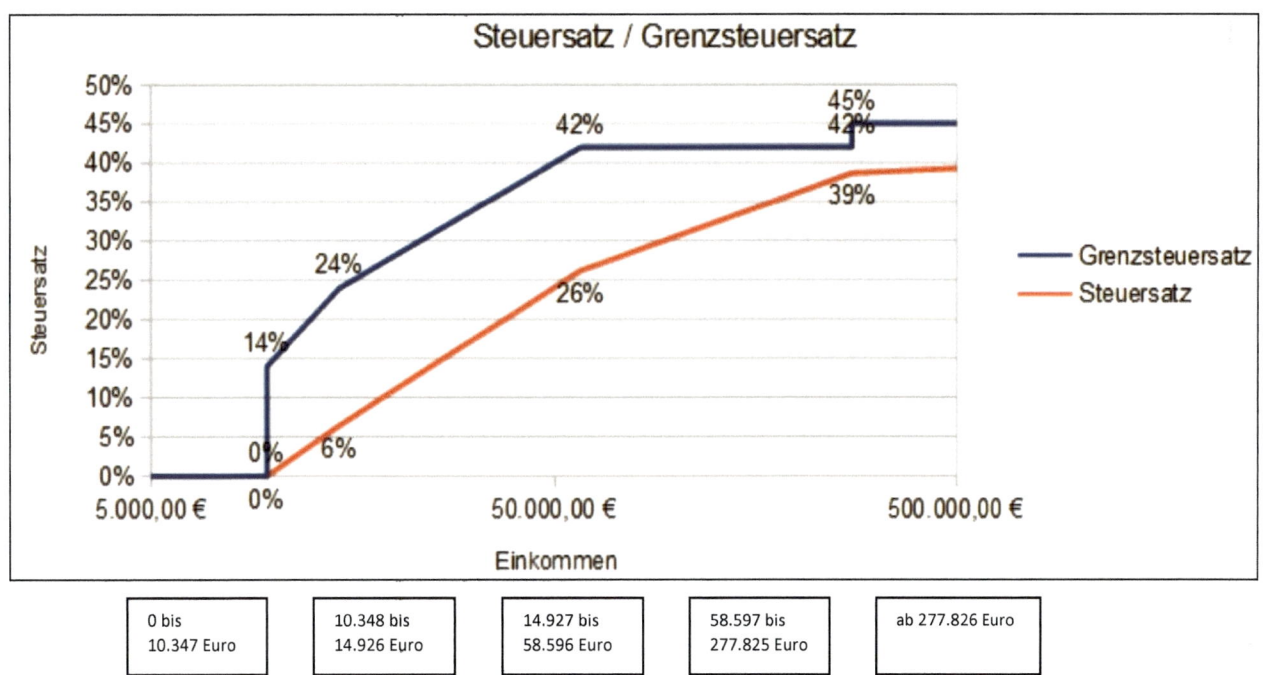

Abb. 16: Grenz- und durchschnittlicher Steuersatz in Deutschland

Es ist also ersichtlich, dass der Zuwachs der Steuerbelastung nach dem Freibetrag bis zu einem versteuernden Einkommen von € 58.596 am größten ist.

In der folgenden Grafik betrachten wir, um wieviel höher das Einkommen ist, mit dem Sie den Spitzensteuersatz erreichen, im Vergleich zum Durchschnittseinkommen:

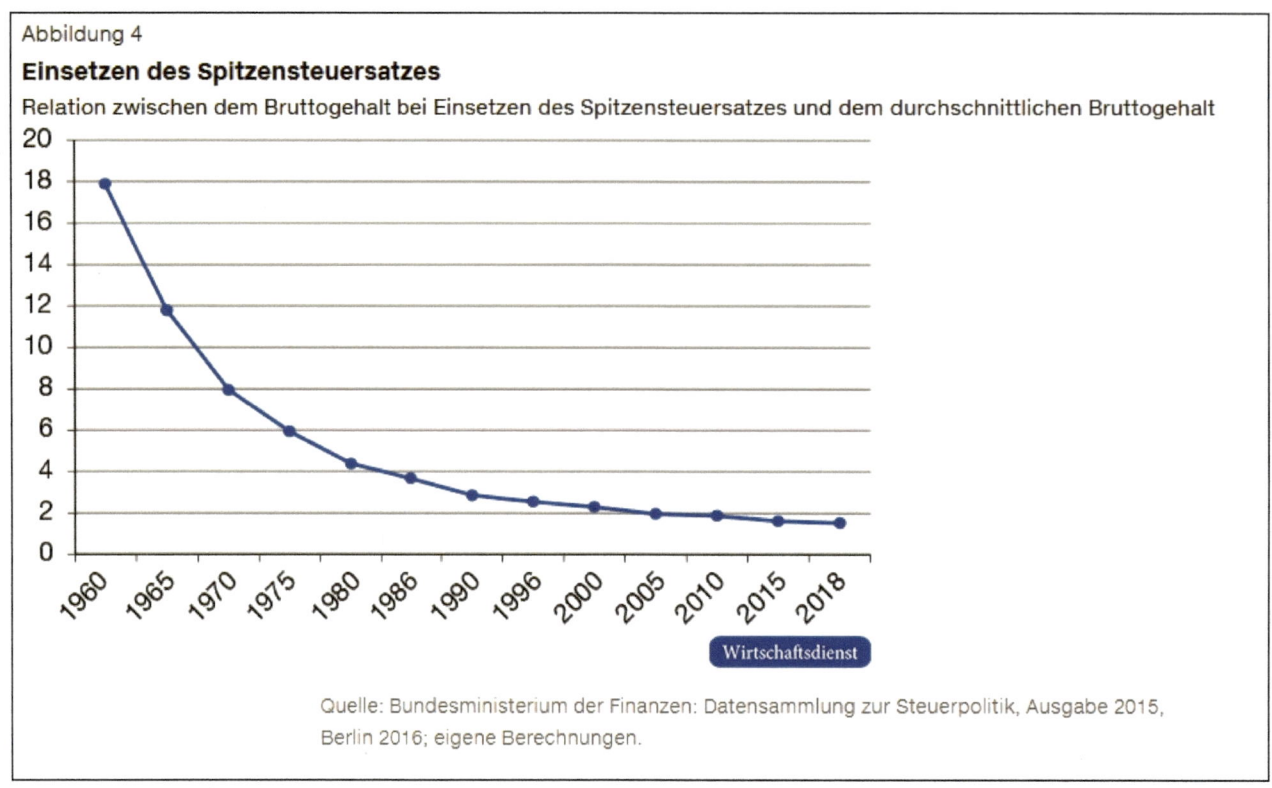

Abbildung 4

Einsetzen des Spitzensteuersatzes

Relation zwischen dem Bruttogehalt bei Einsetzen des Spitzensteuersatzes und dem durchschnittlichen Bruttogehalt

Quelle: Bundesministerium der Finanzen: Datensammlung zur Steuerpolitik, Ausgabe 2015, Berlin 2016; eigene Berechnungen.

Abb. 17: Relation zwischen dem Bruttogehalt bei Einsetzen des Spitzensteuersatzes und dem durchschnittlichen Bruttogehalt

Im Jahr 1960 musste man also das zirka 18-Fache des Durchschnittsverdienstes verdienen, um in den Spitzensteuersatz zu gelangen. 2018 nicht einmal mehr das zweifache. Da können Sie sehen, wie die arbeitende Klasse verarmt wurde und wird.

Ja, die Steuern für den Normalverdiener steigen kräftig an. Und damit das eingenommene Geld auch „sinnvoll" ausgegeben wird, sollen für 2023 4.769 neue Stellen in Ministerien und nachgeordneten Behörden geschaffen werden. *„Insgesamt erhöhe sich die Zahl der von der Ampel-Regierung seit ihrem Start vor zwölf Monaten zusätzlich geschaffenen Stellen auf 10.356. "*(93) Man darf sicherlich davon ausgehen, dass dies keine schlecht bezahlten Stellen sind und alle verbeamtet werden.

Fazit

In unserer Demokratie wird die Politik vom Volk gewählt. Das Volk wiederum wird über die Medien informiert. Die Medien hängen am Tropf der Politik sowie der Konzerne, die über Think Tanks und andere NGOs die Politik steuern. Unsere Gewaltenteilung wurde von den Parteien unterlaufen, die wiederum vom Großkapital unterwandert sind. Unsere Demokratie existiert nur noch auf dem Papier und scheint immer mehr zur Fassade einer Korporatokratie (Herrschaft der Konzerne) zu degenerieren. Und dies mit einer ständig steigenden Belastung der arbeitenden Bevölkerung.

Unsere Politiker sprechen oft von „unserer Demokratie". Da haben sie wohl recht, es ist *ihre* Demokratie, denn *„nun gibt es zum ersten Mal von INSA eine Umfrage zur Meinungsfreiheit, die direkt nach den betroffenen Oppositionellen fragt und die Empathie aller Befragten für diese oppositionell Denkenden ermittelt. So glaubt eine überwältigende Mehrheit von 81 Prozent der Befragten, dass manche ihre Meinung nicht frei äußern, weil sie Angst vor negativen Konsequenzen haben! … In einer Demokratie sollte jeder seine grundgesetzlich verbriefte abweichende Meinung ohne Angst äußern dürfen. Wenn das nicht möglich ist, dann sind wir kein freies Land mehr. Wenn Oppositionelle das Gefühl haben, nicht mehr ohne Angst reden zu können, dann leben wir in einer autoritären Gesellschaft.*"[94]

Warum die Medien mitspielen, drückte John Swinton, ehemaliger Herausgeber der *New York Times*, vor Redakteuren bereits im Jahr 1889 aus, wobei diese Worte aktueller denn je erscheinen: *„Es gibt hier und heute in Amerika nichts, was man als unabhängige Presse bezeichnen könnte. Sie wissen das und ich weiß das. Es gibt keinen unter Ihnen, der es wagt, seine ehrliche Meinung zu schreiben, und wenn Sie sie schrieben, wüssten Sie im Voraus, dass sie niemals gedruckt würde. Ich werde wöchentlich dafür bezahlt, meine ehrliche Überzeugung aus der Zeitung, der ich verbunden bin, herauszuhalten. Anderen von Ihnen werden ähnliche Gehälter für ähnliches gezahlt, und jeder von Ihnen, der so dumm wäre, seine ehrliche Meinung zu schreiben, stünde auf der Straße und müsste sich nach einer anderen Arbeit umsehen. Würde ich mir erlauben, meine ehrliche Meinung in einer Ausgabe meiner Zeitung erscheinen zu lassen, würden keine vierundzwanzig Stunden vergehen und ich wäre meine Stelle los. Das Geschäft von uns Journalisten ist es, die Wahrheit zu zerstören, freiheraus zu lügen, zu verfälschen, zu Füßen des Mammons zu kriechen und unser Land und seine Menschen fürs tägliche Brot zu verkaufen. Sie wissen es, ich weiß es, wozu der törichte Trinkspruch auf die unabhängige Presse. Wir sind die Werkzeuge und Vasallen reicher Menschen hinter der Szene. Wir sind die Marionetten, sie ziehen die Schnüre und wir tanzen. Unsere Talente, unsere Fähigkeiten und unsere Leben sind alle das Eigentum anderer. Wir sind intellektuelle Prostituierte.*"[95]

„Nimm das Recht weg – was ist dann ein Staat noch anderes als eine große Räuberbande!"
Augustinus von Hippo (354-430 n.Chr.), römischer Bischof und Kirchenlehrer

Kapitel 2
Die Zerstörung unserer Gesellschaft

Die Zerstörung menschlicher Bindung

„Erst kommt der Sonnenkäferpapa, dann kommt die Sonnenkäfermama und hinterdrein ganz klitzeklein die Sonnenkäferkinderlein.“

Warum fängt dieses Kapitel mit einem Text an, mit dem sich während unserer Kindheit viele unserer Eltern so liebevoll um uns gekümmert haben? Das fragen Sie wirklich? Mama, Papa und Kinder? Eine ganz „normale" Familie? Das ist ja sowas von rääächts. Das geht ja gar nicht. Deshalb will unser Familienministerium auch „Mutter" und „Vater" durch „Elternteil 1" und „Elternteil 2" ersetzen.[96] Auch die Medien wollen da nicht hintenanstehen. Die *Frankfurter Allgemeine Zeitung* titelte hierzu: *„Die ,Tagesschau' spricht von ,Entbindenden' und ,Gebärenden', um niemanden zu diskriminieren. Von Müttern ist jetzt nicht mehr die Rede. Leider kein Aprilscherz."*[97] Erst nach öffentlicher Empörung ruderte man zurück und bat um Entschuldigung. Man kann ja mal probieren, ob der Pöbel schon so weit ist. War nicht so, weshalb man nun weiter umerziehen muss und es ein Jahr später nochmals versuchen sollte.

Doch warum das Ganze? Nun, der italienische kommunistische Philosoph Antonio Gramsci fragte sich, warum *„die Revolution 1917 in Russland erfolgreich war, während sie im Westen scheiterte".* Beide zielten auf den Staat ab, allerdings war *„im Osten [...] der Staat alles, die Zivilgesellschaft war in ihren Anfängen und gallertenhaft; im Westen bestand zwischen Staat und Zivilgesellschaft ein richtiges Verhältnis, und beim Wanken des Staates gewahrte man sogleich eine robuste Struktur der Zivilgesellschaft".*[98] Eine robuste Zivilgesellschaft verhinderte also die Revolution im Westen. Der Jugendforscher Dr. Martin Voigt schlussfolgerte daher in einem Artikel, dass *„für die kommunistische Revolution die Zerstörung der Gesellschaft nötig ist. ... Das Ziel ist nach wie vor, Ehe und Familie abzuschaffen, denn in diesen natürlichen Bindungen entstehen die wirksamen Resistenzen gegen Ideologien. Drei wesentliche Zielscheiben hat die Kulturrevolution:*

1. *Mutter-Kind-Bindung*
2. *Familie*
3. *Polarität der Geschlechter und stabile sexuelle Bindungen.“*[99]

Da lohnt sich ein näherer Blick, um zu untersuchen, ob und wie diese drei Zielscheiben bearbeitet werden.

„Bindung ist ein menschliches Grundbedürfnis. Für Babys ist die Eltern-Kind-Bindung besonders wichtig. Sie gibt ihnen Vertrauen und Sicherheit. ... Die erste Bindung zu anderen Menschen ist eine wichtige Erfahrung. ... Diese Erfahrung der Sicherheit hilft dem Kind, Vertrauen zu entwickeln. In sich selbst und in andere Menschen.“[100] Kinder brauchen also Sicherheit und Geborgenheit. Nachdem das Kind anfangs dies im engen Körperkontakt erfährt und sich allmählich an das Getrenntsein vom Körper der Mutter gewöhnen muss, ist es ab zirka drei Monaten für das Gefühl von Nähe nicht mehr ausschließlich auf engen Körperkontakt angewiesen. Es kann ab diesem Alter seine Bezugspersonen von anderen Personen deutlich unterscheiden und richtet sich gezielt an diese. Durch die weitere Entwicklung geistiger und emotionaler Fähigkeiten erlebt das Kind ab zirka sieben bis acht Monaten die Trennung von Mutter und Vater **stärker als zuvor.** Es braucht die Rückversicherung seiner Bezugspersonen, und sein ganzes Bindungsverhalten ist darauf ausgerichtet, die Nähe zu den vertrauten Menschen sicherzustellen. Eine erschwerte Mutter-Kind-Beziehung kann die gesamte kindliche Entwicklung schwer beeinträchtigen.[101] Vernachlässigung kann bei Kindern zu Bindungsstörungen führen, die sich in der gehemmten Form durch Ängstlichkeit, Unsicherheit, Übervorsichtigkeit, im fehlenden Aufbau sozialer Kontakte und oft in apa-

thischem Verhalten zeigen. Dagegen äußert sich ungehemmtes Verhalten durch wahllose Aufmerksamkeits- und Kontaktsuche zu anderen Menschen, ohne jedoch enge und vertrauensvolle Beziehungen aufbauen zu können. Auch sind in diesen Fällen Aggressivität gegen sich und andere nicht selten. Angst und Depressivität haben in der Regel alle Betroffenen von Bindungsstörungen gemein.[102] Eine zu frühe Trennung von Kindern von ihren Müttern erschafft also salopp gesagt Beziehungszombies. Und wie reagieren Politik und Medien auf diese Erkenntnisse? Schon in dem am 26.4.2006 erschienen siebten Familienbericht des Bundesministeriums für Familie, Senioren, Frauen und Jugend mit dem Titel „Familie zwischen Flexibilität und Verlässlichkeit"[103] definierten die Autoren als Ziel die Erwerbstätigkeit beider Elternteile und damit einhergehend die umfassende externe Betreuung der Kinder.

Wie die Rolle der Frau als Hausfrau und Mutter diskreditiert wurde und wird, ist durch die damalige öffentliche Diskussion des von der CSU gewollten Betreuungsgelds ersichtlich, das Eltern bezahlt werden sollte, die ihr Kind nicht in eine von der Öffentlichkeit geförderte Kinderbetreuung geben. Dies wurde in Politik und Medien schnell als „Herdprämie" diffamiert. Die damalige stellvertretende FDP-Parteivorsitzende Cornelia Pieper sprach auf einem Parteitag von „Schnapsgeld", was Eltern mit Alkoholismus konnotierte. Die spätere stellvertretende Ministerpräsidentin von Nordrhein-Westfalen, Sylvia Löhrmann von den Grünen, rückte Eltern in die Rolle von Gewalttätern, als sie im Parlament feststellte, dass *das Aufdecken familiärer Gewalt ... durch solche Heim- und Herd-Prämien schwieriger* wird. Doch auch die Medien hielten sich nicht zurück. So bezeichnete die *Frankfurter Allgemeine Zeitung* das Bürgergeld als *„Aufzuchtprämie"*, während die *taz* von „Gluckengehalt" schrieb. Als wären Mütter dumme Hühner.[104] Letztlich kippte das Bundesverfassungsgericht in einem Urteil das Betreuungsgeld[105] und beendete so die öffentliche Diskussion. Unabhängig davon verweist die campus naturalis GmbH – eigenen Angaben nach eine Akademie für Ganzheitliche Gesundheitsbildung – in einem ihrer Artikel[106] auf Experten aus der Entwicklungspsychologie, die sich einig seien, dass *die ersten 18 Monate ... entscheidend für die Entwicklung unserer Kleinen* sind, und belegen die oben genannten wissenschaftlichen Ergebnisse. Weiter im Text verweisen die Autoren allerdings auf Studien, die Vorteile frühkindlicher externer Betreuung darlegen. Das früheste Eintrittsalter, zitiert der Artikel Experten, sei ein Alter von sechs Monaten, also ein Alter, in dem das Kind die Mutter stärker als zuvor braucht. Da jedoch gerade bei Familien mit Kindern das finanzielle Pro-Kopf-Budget niedriger ist als bei kinderlosen Paaren, sind oftmals beide Elternteile gezwungen, Geld zu verdienen.[107] So ist es nicht verwunderlich, dass die Betreuungsquote von Kindern unter drei Jahren am 1.3.2021 34,4% ausmachte.[108] Und in einem Interview, das die Bundeszentrale für politische Bildung mit der Bildungs- und Familienökonomin Katharina Spieß führte, wurde der weitere Kita-Ausbau gefordert.[109] Aber warum sollen Kleinkinder aus der Familie herausgerissen und schon früh in öffentlichen Einrichtungen untergebracht werden? Die Antwort gibt ein Artikel über politische Bildung im Kindergarten.[110] Danach ist *„in den Bildungsplänen der Länder in Deutschland ... politische Bildung ... zwar uneinheitlich, aber dennoch fest verankert"*. Gründe hierfür seien:

- Kinder haben Interesse an Politik.
- Kindergärten sind die ersten Bildungseinrichtungen.
- Kindergärten erreichen alle Kinder.
- Kindergärten können ein demokratisches Grundverständnis prägen und extremistischen Ansichten entgegenwirken.
- Kindergärten sind die Orte, an denen Kinder Gesellschaft und demokratisches Zusammenleben kennenlernen und erleben.
- Kinder haben ein Recht auf Partizipation.

Laut dem Artikel könne dies nur unter bestimmten Voraussetzungen funktionieren. *„So benötigt es zunächst **eine entsprechende Haltung** bei Trägerschaft, Leitung und Mitarbeiter*innen einer Einrichtung."* Es kommt also auf die „richtige" Haltung an, um Kinder in dieser für sie „intensiven Lern- und Entwicklungszeit" auf den rechten, äh linken Weg zu bringen.

Zusätzlich sollen Kinderrechte ins Grundgesetz aufgenommen werden.[111] Bisher lautet Artikel 6 I: *„Ehe und Familie stehen unter dem besonderen Schutze der staatlichen Ordnung."* Künftig soll dieser Absatz wie folgt ergänzt werden: *„Kinder, Ehe und Familie stehen unter dem besonderen Schutze der staatlichen Ordnung."* Klingt doch gut, nur warnt die *Berliner Zeitung* in einem Artikel[112] davor, da das zuletzt vom Bundesverfassungsgericht 1998 bestätigte alleinige Erziehungsrecht von Mutter und Vater an ihren Kindern ausgehöhlt werden könnte, indem der Staat sich verantwortlich fühlen könnte, *„an den Eltern vorbei für die Erziehung der Kinder zu sorgen."* Der Artikel formuliert dazu weiter: *„Derzeit greifen die Jugendämter nur im Ausnahmefall in die Familien ein. Und nur im Extremfall dürfen sie Eltern das Kind wegnehmen. Sie dürfen entscheiden, ob das Kind gefährdet ist oder nicht, sie dürfen die Erziehung der Eltern aber niemals grundsätzlich bewerten."*

Nach der geplanten Grundgesetzänderung würde das nicht so bleiben. Dann könnte man Familien stärker kontrollieren. Der Staat macht seinen Bürgern schon jetzt immer mehr Vorschriften. Vielleicht überprüft er künftig, ob Eltern ihre Kinder politisch korrekt erziehen, also „klimagerecht", „antirassistisch", „antisexistisch", „antimilitaristisch" usw. im Sinne der Parteiprogramme. Wenn die Jugendämter nach diesen Kriterien feststellen, dass die Eltern die vorgegebenen Erziehungsziele verfehlen, könnten sie die Kinder vorübergehend einziehen. Im Namen des Kindeswohls natürlich. Reine Fantasie? Na, dann lesen Sie mal die Broschüre »Ene, mene, muh – und raus bist du!« der *Amadeu Antonio Stiftung*.[113] Dort steht auf Seite 12 unter der Überschrift Fall I.3: *„Kinder aus völkischen Elternhäusern" „... Gleichzeitig gibt es keine sogenannten Disziplinprobleme, diese Kinder scheinen besonders ‚gut zu spuren'. Außerdem sind traditionelle Geschlechterrollen in den Erziehungsstilen erkennbar: Das Mädchen trägt Kleider und Zöpfe, es wird zu Hause zu Haus- und Handarbeiten angeleitet, der Junge wird stark körperlich gefördert und gedrillt. ..."* Auf Seite 15 geht es dann um die Frage der Kindswohlgefährdung: *„Im Kontext der pädagogischen Arbeit mit Kindern, die in rechtsextrem organisierten Familien aufwachsen, geht es auch um die Diskussion einer möglichen Kindeswohlgefährdung. Oft geraten Kinder in einen Loyalitätskonflikt zwischen den Ansprüchen der Herkunftsfamilie und den dazu diskrepanten Anforderungen im Außen. Viele werden in Freund-Feind-Bilder einsozialisiert. Das schränkt letztlich den möglichen Erfahrungsraum Heranwachsender ein. Beide Themen können den Straftatbestand der **Kindeswohlgefährdung** berühren."* Wenn ein Mädchen im Kindergarten Kleider und Zöpfe trägt, ist dies ein Zeichen eines völkischen Haushalts, was mit Kindeswohlgefährdung einhergehen kann. Und *„liegen tatsächlich Anhaltspunkte für eine Kindeswohlgefährdung vor, ist das zuständige Jugendamt gemäß § 8a Achtes Buch Sozialgesetzbuch (SGB VIII) dazu verpflichtet, aktiv zu werden."*[114]

Das geht Ihnen zu weit? Nun, diese Broschüre wurde vom Bundesministerium für Familie, Senioren, Frauen und Jugend gefördert und die damals zuständige Ministerin, Frau Dr. plag. Franziska Giffey schrieb das Geleitwort. Weiterhin hat Kindesentzug in den deutschen Diktaturen eine traurige Geschichte So sollte z.B. bei den Nationalsozialisten in Einrichtungen namens „Lebensborn" arischer Nachwuchs entstehen. *„Arische Frauen sollten Kinder zur Welt bringen, die dann von der SS in Obhut genommen und erzogen wurden – eine Aufhebung jeglicher Familienstruktur."*[115] Und auch heutige Demokratien sind dagegen nicht gefeit, wie ein Artikel der *Schweriner Volkszeitung* illustriert. So wurden in den USA illegale Einwanderer ins Gefängnis gesperrt, während ihre Kinder zuerst in Lager und dann in Pflegefamilien oder Heime kamen.[116] Doch auch Europa verzeichnet Fälle von Kindesentzug. Die *Neue Züricher Zeitung* veröffentlichte einen Bericht, in dem dem norwegischen Staat in Form seiner staatlichen Agentur für die Wohlfahrt von Kindern (Barnevernet) vorgeworfen wird, Eltern *„zu freizügig das*

Sorgerecht für ihre Kinder" zu entziehen.[117] Als Grund zitiert der Artikel: *„In Skandinavien sei traditionell die ideologisch verbrämte Sichtweise verbreitet, dass der Staat mit seinen Institutionen und Beamten besser in der Lage sei als die einzelnen Mitglieder der Gesellschaft, fürsorgliche Aufgaben wahrzunehmen."* Mittlerweile herrscht dieses Gedankengut auch in Deutschland vor. So empfiehlt die Bayerische Staatsregierung den Jugendroman »Immunity – Dein Leben, deine Entscheidung« als Schullektüre. Darin verbieten Eltern ihrer 16-jährigen Tochter, sich gegen Masern impfen zu lassen. An dieser Krankheit dann infiziert, steckt die jugendliche Hauptfigur ein Baby an, das an dieser Krankheit dann stirbt. Weiterhin vermutet die 16-Jährige, andere Menschen durch Bargeld angesteckt zu haben. Schließlich verklagt die Jugendliche ihre egoistischen Eltern, um sich impfen lassen zu dürfen und damit ihre Selbstbestimmung, also die, die der ach so fürsorgliche Staat als richtig erachtet, zu erlangen.[118] Eine solche Indoktrination von Kindern ist nicht auszuhalten. Aber wie frohlockte der derzeitige Bundeskanzler und damalige SPD-Generalsekretär Olaf Scholz schon 2002: *„Wir wollen die Lufthoheit über den Kinderbetten erobern."*[119] Klarer kann das Ansinnen der Politik nicht formuliert werden.

Durchgesetzt wird dieses Ansinnen auch in finanzieller Hinsicht. So sind in unserem Land Familien mit Kindern, die ein mittleres Einkommen aufweisen, je nach Kindeszahl mehr oder weniger von Armut betroffen, wie eine Veröffentlichung der Bundeszentrale für politische Bildung zeigt:

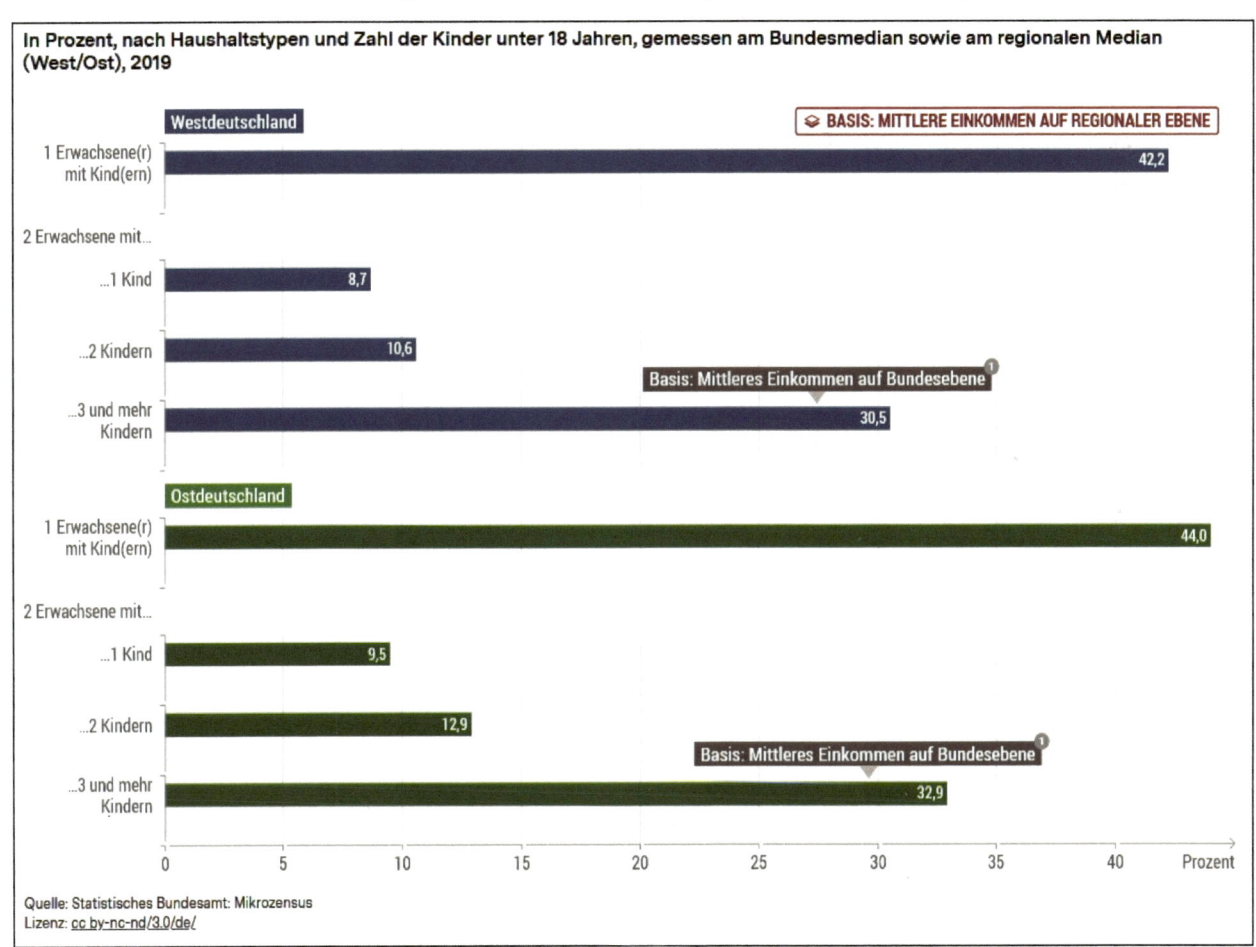

Abb. 18: Von Armut betroffene Familien mittleren Einkommens nach Kinderzahl

Erschreckend für unser ach so reiches Land sind die hohen Werte für Alleinerziehende und Familien mit mehreren Kindern. Die Bild-Zeitung berichtet von einer Bertelsmann-Studie, wonach Alleinerziehende mit drei oder mehr Kindern zu 86% auf staatliche Unterstützung angewiesen seien, während dies bei 46% der Kinder aus großen Familien zuträfe.[120] Verstärkt hat sich die Lage für viele Familien durch die

33

steigende Inflation. So „habe sich die Ernährungssituation insbesondere von einkommensarmen Familien durch die Inflation verschlechtert, sagt Hans Hauner, Direktor des Else Kröner-Fresenius-Zentrums für Ernährungsmedizin an der TU München".[121] Ärmere Familien können sich also oftmals keine gesunde Ernährung leisten. Da verwundert es nicht, dass sich in Deutschland so wenige Paare für Kinder entscheiden. Will man Kind und finanzielle Situation miteinander vereinbaren, bleibt nur, sein Kind zur Krippe zu bringen. Der Vorsitzende des Verbands Familienarbeit e.V., Dr. Johannes Resch, veröffentlichte auf der Seite der ÖDP, deren Mitglied er auch ist, einen Artikel[122], in dem er sich wie folgt äußert: „Alle Meinungsumfragen zeigen aber, dass die große Mehrheit der Eltern ihre Kinder zumindest in den ersten drei Lebensjahren lieber selbst betreuen würde, wenn sie das Geld zur Verfügung hätte, das der Staat zur Finanzierung eines Krippenplatzes aufwendet. Die staatliche Gleichstellungspolitik, die möglichst alle Eltern zu Vollzeit-Erwerbstätigen machen will und das Familienleben in Freizeitnischen verdrängt, ist Bevormundung und mit dem Gleichberechtigungsgebot des Grundgesetzes nicht vereinbar. Vor allem schadet es den Kindern." Eine dieser Studien führte die Bertelsmann-Stiftung im Jahr 2021 durch.[123] Auf die Frage „Waren die folgenden Dinge für Sie ein Grund, Ihr Kind in einer Kita betreuen zu lassen?" bejahten 70,4% die Antwort: „Weil ich Geld verdienen musste."

In einer europaweiten Studie konnte im Gegensatz zu früheren Erhebungen festgestellt werden, dass ein höheres Einkommen und damit die Bannung der Gefahr einer Verarmung auch die Geburtenrate steigen lässt.

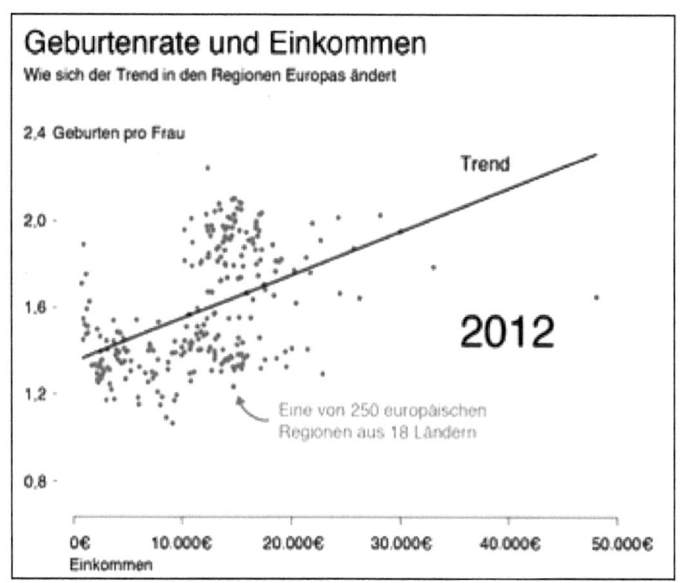

Abb. 19: Korrelation zwischen Geburtenrate und Einkommen in verschiedenen Regionen Europas

Dies bestätigt auch die oben von der *Bild-Zeitung* zitierte Bertelsmann-Studie wie folgt: „Auffällig: Rund 70 Prozent der Mütter von drei und mehr Kindern seien laut der Erhebung gut bis sehr gut ausgebildet. Das widerlege das Klischee, Eltern von Mehrkindfamilien hätten überwiegend einen niedrigen Bildungsstand."

Bedroht ist die Institution Familie (mit mehreren Kindern) auch von anderer Seite. So schreibt der wissenschaftliche Beirat für Familienfragen beim Bundesministerium für Familie, Senioren, Frauen und Jugend in einem Kompendium der Familienpolitik aus dem Juni 2010[124] unter dem Punkt „Familie, demografischer Wandel und Fertilität", dass der Geburtenrückgang, der zwischen 1965 und 1975 seinen Anfang nahm, neben der Verbreitung von Verhütungsmitteln auch auf den sozialen Wandel der Institution Ehe und Familie zurückzuführen ist. Vor dem Wandel gab es klare Strukturen: „Paare waren verhei-

ratet, hatten Kinder und ihr Zusammenleben war durch eine klare partnerschaftliche Arbeitsteilung gekennzeichnet (BMFSFJ 2006). Der Frau fiel die Rolle als Mutter, Erzieherin und Organisatorin des Haushalts zu, während der Mann auf die Ernährerrolle durch außerhäusliche Erwerbstätigkeit verwiesen war (Breadwinner-Homemaker-Modell => 8.1.3). Dies galt aus der Kinderperspektive als erstrebenswerte Situation, es entstand das Leitbild der ‚guten Mutter'. Errungenschaften aus der Sicht der damaligen Zeit waren die Kinderzentrierung und die Emotionalisierung der Partnerschaftsbeziehung." Der damals aufkommende Wandel ist gekennzeichnet durch *„den Übergang vom goldenen Zeitalter der Ehe zur nichtehelichen Lebensgemeinschaft, den Übergang von der Ära des Königskindes mit Eltern zum Königspaar mit Kind, den Übergang von der vorbeugenden Kontrazeption zur selbstbestimmten Empfängnis und den Übergang von einheitlichen zu pluralistischen Familien- und Haushaltsformen. ... Es existieren nunmehr vielfältige Wege der Familienentwicklung, die zu unterschiedlichsten Formen von Paarbeziehungen und dem Zusammenleben mit Kindern führen."* Diese können neben der bisher typischen Eltern-Familie aufgrund biologischer Elternschaft *„Adoptionsfamilie, Stieffamilie bzw. Fortsetzungsfamilie, Patchwork-Familie, Pflegefamilie und Familie aufgrund heterologer Insemination"* sein. Die Auswirkungen dessen auf hauptsächlich jüngere, einen konstanten Familienrahmen mit festen Ansprechpartnern benötigende Kinder können zum Teil dramatisch sein.

Nichtsdestotrotz propagiert das ZDF in einem Instagram-Beitrag die Familie als Stütze der Gesellschaft als Teil der antifeministischen Ideologie.

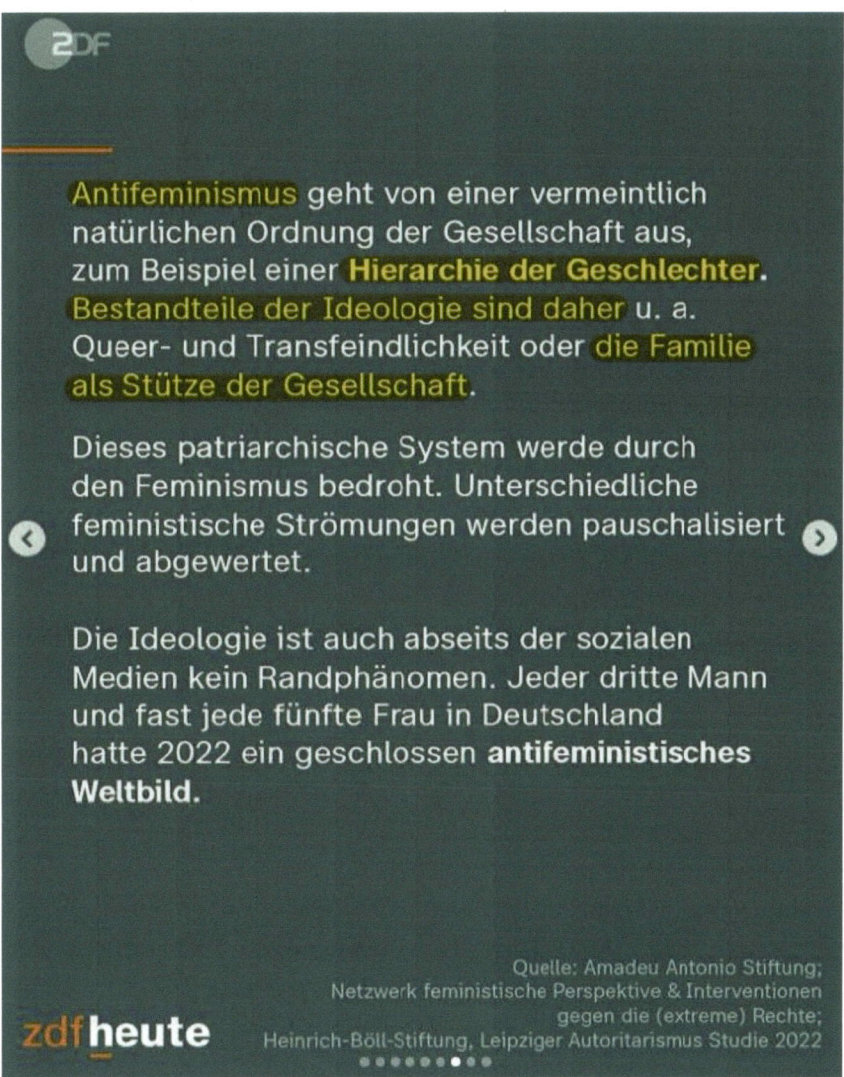

Abb. 20: Definition des Begriffes „Antifeminismus" durch das ZDF

35

Und weiter auf der Seite *pleiteticker.de*, die sich mit diesem ZDF-Beitrag journalistisch auseinandergesetzt hat: *„Die Amadeo Antonio Stiftung spricht im Zusammenhang mit der traditionellen Familie von ‚reaktionären Familienvorstellungen‘. Das ‚Netzwerk feministische Perspektiven & Interventionen gegen die (extreme) Rechte‘, das zusätzlich als Quelle genutzt wurde, verurteilt in einer Broschüre die Propagierung der ‚heterosexuellen Mehrkinderfamilie‘."*

Bezeichnend zur Zerstörung der Familie ist auch ein auf „Zeit online" erschienener Artikel mit dem Titel „Die elternlose Gesellschaft"[(125)], in dem die Abschaffung der Familie diskutiert wird. Zuerst fällt auf, dass der Titel mit dem Wort „Kapitalismuskritik" verknüpft wird. Die Familie wird damit negativ mit dem Kapitalismus konnotiert. Im Folgenden sollen einige Passagen des Artikels sinnbildlich dargestellt werden. So wird die Institution Familie in die Nähe zum Faschismus gerückt: *„Der Psychoanalytiker Wilhelm Reich (dessen Lehren mitunter problematisch waren) bezeichnete die kleinbürgerliche Familie in seinem Buch »Die Massenpsychologie des Faschismus« im Jahr 1933 als ‚zentrale reaktionäre Keimzelle‘. In der Familie, schrieb Reich, würden Kinder zu autoritätsfürchtigen und staatshörigen Menschen geformt, die aufgrund ihrer Triebunterdrückung anfälliger für Militarismus und Sadismus seien. Ähnlich las sich auch der Sozialforscher Max Horkheimer, der in seinem Essay Autorität und Familie drei Jahre später von der Familie als ‚Keimzelle des Faschismus‘ sprach. ... Und heute? Es kann kein Zufall sein, dass das Neudenken der Familienkritik in eine Zeit fällt, in der rechtsautoritäre Parteien und Politiker Parlamente und Regierungen erobert haben, von Trump über Bolsonaro bis Orbán. Betrachtet man etwa, wie die AfD Nationalismus mit Familienschutz verbindet, erscheinen Horkheimers und Reichs Analysen erschreckend aktuell. „Neue Deutsche? Machen wir selber", stand vor der Bundestagswahl 2017 auf AfD-Wahlplakaten, die eine weiße schwangere Frau zeigten. Von einer ‚Schrumpfung unserer angestammten Bevölkerung‘ ist im Parteiprogramm die Rede, ‚allein erziehen ist kein Idealfall‘, steht dort ebenfalls. Kurz gesagt: Die Familie, die die AfD – und längst nicht nur die – propagiert, hat ein klares Bild: Mutter und Vater (weiß, verheiratet), dazu Kind(er)."* Die These, dass Kinder in Familien zu autoritätsfürchtigen und staatshörigen Menschen geformt würden, widerlegt sich doch schon durch die Generation der Alt-68er, die wahrscheinlich auch hauptsächlich in Familien aufwuchsen.

Doch weiter im Artikel: *„Familien haben ein Innen, den oft behüteten Raum. Aber eben auch ein Außen. Bis heute geben uns Politik, Werbung und Kultur vor, wie Familien auszusehen haben; bis heute werden verheiratete Paare (in Deutschland egal ob mit oder ohne Kinder) steuerlich begünstigt; bis heute werden queere, nicht binäre, nicht konforme Menschen diskriminiert. Und bis heute, auch dafür versuchen Abolitionisten zu sensibilisieren, bietet der sogenannte Schoß der Familie längst nicht allen die gleiche Sicherheit. Anfang Juli veröffentlichten die Vereinten Nationen eine Studie, der zufolge im Jahr 2017 rund 87.000 Frauen weltweit getötet wurden – deutlich mehr als die Hälfte (rund 50.000) von ihrem (Ex-) Partner oder von Familienangehörigen."* Was hat es mit der Existenz von Familien zu tun, dass verheiratete Paare steuerlich begünstigt werden, während nicht binäre, nicht konforme Menschen angeblich diskriminiert würden? Überhaupt erscheint der Zusammenhang zwischen Ehegattensplitting und angeblicher Diskriminierung von gesellschaftlichen Kleinstgruppen erklärungsbedürftig. Und dann der Bezug von Familie zu den leider getöteten Frauen. Sicherlich gibt es auch in den europäisch-westlich geprägten Gesellschaften Tötungen von Frauen, doch suggeriert die Formulierung doch eher eine Verbindung zu in patriarchisch geprägten Regionen durchgeführten Ehrenmorden. Übrigens sind laut dieser UN-Studie im betrachteten Jahr insgesamt *„weltweit 464.000 Menschen Opfer von Tötungsdelikten geworden".*[(126)] Dies bedeutet, dass ca. 377.000 Männer umgebracht wurden, klammert man die anderen 59 Geschlechter mal aus.

Aber der Artikel hat noch weitere Bonbons zu bieten: *„Wenn weiße Ehepaare sich auf ihre Karriere konzentrieren können, weil oft nicht weiße Frauen auf deren Babys aufpassen und den Haushalt erledigen, dann ist das Ausdruck politischer Ungleichgewichte. Wenn Ehe und Familie laut des deutschen Grundgesetzes ‚unter dem besonderen Schutze der staatlichen Ordnung‘ stehen und Innenminister Horst Seehofer gleichzeitig* *dafür sorgt, dass irakische Eltern und ihre Kinder aus den Betten gerissen werden, um so schnell wie möglich abgeschoben zu werden, dann ist das kein Widerspruch, sondern auch Teil des Systems Familie."* Wow. Familie ist also schuld, wenn sich weiße Ehepaare eine nicht-weiße Tagemutter leisten. Unabhängig von der Frage, wie oft dies wirklich in unserem Land geschieht, stellt sich die Frage, was es mit der Institution Familie zu tun hat, ob die Tagesmutter weiß oder nicht-weiß ist. Auch ist die Verbindung von Familie zu Abschiebungen an den Haaren herbeigezogen, wie man an der Zahl der Abschiebungen aus Deutschland ablesen kann:

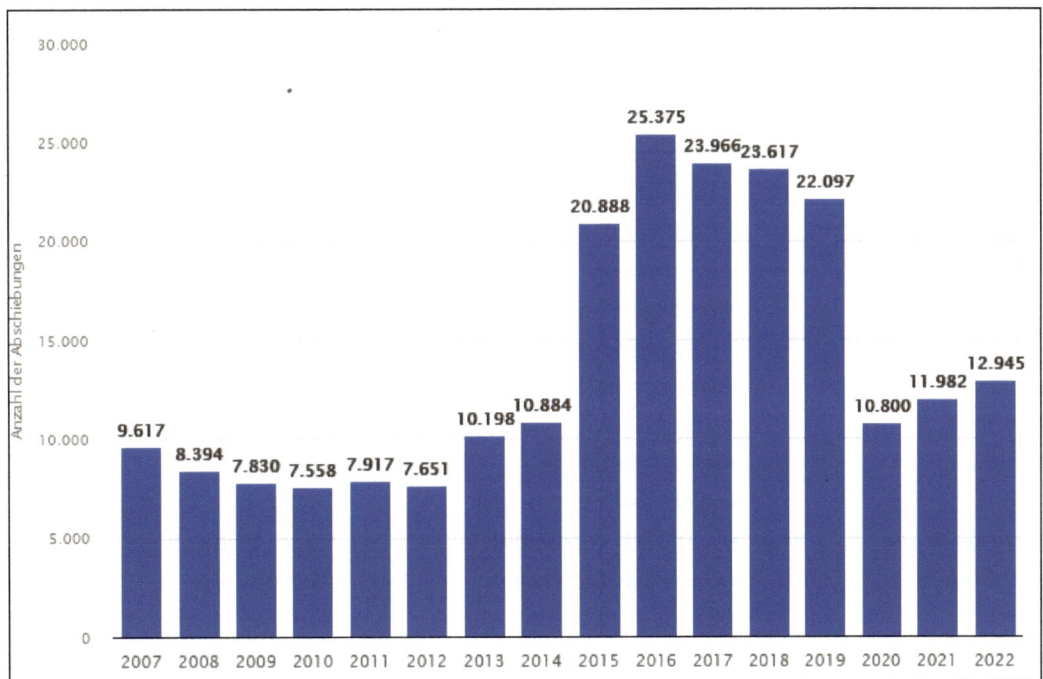

Abb. 21: Anzahl der jährlichen Abschiebungen aus Deutschland

Im Vergleich dazu die Anzahl der Zuwanderer nach Deutschland:

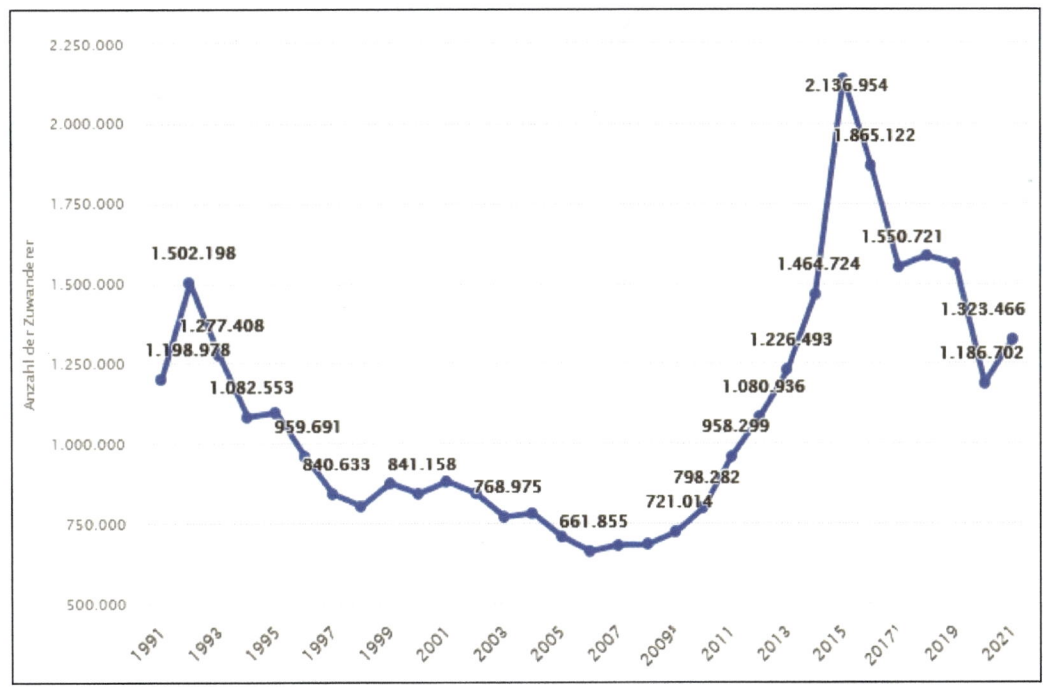

Abb. 22: Anzahl der jährlichen Zuwanderungen nach Deutschland

Aber es geht noch weiter. So werden unsere Familien und Kinder von dem immer weiter um sich greifenden Gender-Gaga bedroht. Die *Frankfurter Allgemeine Zeitung* listet in einem Artikel sage und schreibe 61 Geschlechter auf, die Facebook seinen deutschen Nutzern zur Auswahl bietet.[(127)] Spaßeshalber sollen sie hier aufgelistet werden:

• androgyner Mensch	• Transfrau	• Inter*
• androgyn	• trans*	• Inter*weiblich
• bigender	• trans*weiblich	• Inter*männlich
• weiblich	• trans*männlich	• Inter*Mann
• Frau zu Mann (FzM)	• Trans*Mann	• Inter*Frau
• gender variabel	• Trans*Mensch	• Inter*Mensch
• genderqueer	• Trans*Frau	• intergender
• intersexuell (auch inter*)	• transfeminin	• intergeschlechtlich
• männlich	• Transgender	• zweigeschlechtlich
• Mann zu Frau (MzF)	• transgender weiblich	• Zwitter
• weder noch	• transgender männlich	• Hermaphrodit
• geschlechtslos	• Transgender Mann	• Viertes Geschlecht
• nicht-binär	• Transgender Mensch	• XY-Frau
• weitere	• Transgender Frau	• Drag
• Pangender	• transmaskulin	• Transvestit
• Pangeschlecht	• transsexuell	• Cross-Gender
• Trans	• weiblich-transsexuell	• Butch (maskuliner Typ in
• Transweiblich	• männlich-transsexuell	einer lesbischen
• Transmännlich	• transsexueller Mann	• Beziehung)
• Transmann	• transsexuelle Person	• Femme (femininer Typ in
• Transmensch	• transsexuelle Frau	einer lesb. Beziehung)
• Two Spirit drittes Geschlecht (indianische Bezeichnung für zwei in einem Körper vereinte Seelen)		

Abb. 23: Anzahl der Geschlechter, die Facebook seinen deutschen Nutzern zur Auswahl bietet

Wahnsinn, sage und schreibe 61 Geschlechter! Da ist es ja geradezu diskriminierend, dass im Personenstandsregister seit Ende 2018 neben „männlich" und „weiblich" nur die weitere dritte Option „divers" eingetragen werden kann.[(128)] Nur eine Option für 59 Geschlechter. Wenn das nicht rechtsradikal ist. Aber in dieser Diskussion dürfen Toilettenfragen nicht fehlen. So sollen z.B. in bayerischen Grundschulen Toiletten für das diverse Geschlecht entstehen.[(129)] Will man jetzt schon Grundschulkinder verrückt machen? Aber nein, denn menstruierende Schüler können in Stuttgart bald durchatmen. Nachdem eine grüne Stadträtin durchgesetzt hat, Tamponspender auf den Herrentoiletten im Stuttgarter Rathaus zu montieren, will sie dies auch in Stuttgarter Schulen durchsetzen.[(130)] Endlich soll wieder eines der drängendsten Probleme in Deutschland gelöst werden.

In Berlin will die dortige Schwulenberatung 2023 die erste LGBTIQ+-Kindertagesstätte eröffnen. Im Programm steht u.a. *„das Kennenlernen anderer Lebensweisen und -welten"*, wie *„Homosexualität und Trans- sowie Intergeschlechtlichkeit"*. Im Vorstand der Schwulenberatung *„sitzt ein Wissenschaftler, dem laut Bild Förderung der Pädophilie nachgesagt wurde"*. Doch dies sei unproblematisch, da er mit dem Tagesgeschäft nichts zu tun habe.[(131)] Da kommt mir sofort wieder ein Zitat des Grünen-Politikers Daniel Cohn-Bendit aus dem Jahr 1982 in den Sinn, als er sagte: *„Die Sexualität eines Kindes ist etwas Fantastisches. Man muss aufrichtig sein, seriös, mit den ganz Kleinen ist es etwas anderes. Aber wenn ein kleines fünfjähriges Mädchen beginnt, Sie auszuziehen: Es ist großartig, weil es ein Spiel ist. Ein wahnsinnig erotisches Spiel."* Einfach nur ekelerregend.[(132)]

38

Am 8. März veröffentlichte das International Committee of Jurists (ICJ) zusammen mit UNAIDS und dem UN-Hochkommissar für Menschenrechte neue *„Grundsätze für einen menschenrechtsbasierten Ansatz im Strafrecht zum Verbot von Verhaltensweisen im Zusammenhang mit Sex, Fortpflanzung, Drogenkonsum, HIV, Obdachlosigkeit und Armut"*. Dort heißt es unter Grundsatz 16 – Einvernehmliche sexuelle Handlungen: *„...Darüber hinaus können sexuelle Handlungen mit Personen, die das im Inland vorgeschriebene Mindestalter für die Einwilligung zum Geschlechtsverkehr nicht haben, zwar nicht rechtlich, so doch tatsächlich einvernehmlich sein. In diesem Zusammenhang sollte die Durchsetzung des Strafrechts die Rechte und Möglichkeiten der betroffenen Personen unter 18 Jahren widerspiegeln, Entscheidungen über einvernehmliche sexuelle Handlungen zu treffen, und sie sind rechtlich in sie betreffenden Angelegenheiten anzuhören. In Anbetracht ihrer sich entwickelnden Fähigkeiten und fortschreitenden Autonomie sollten Personen unter 18 Jahren an sie betreffenden Entscheidungen unter gebührender Berücksichtigung ihres Alters, ihrer Reife und ihrer Interessen sowie unter besonderer Berücksichtigung der Garantien der Nichtdiskriminierung beteiligt werden."*[133] Das Nachrichtenportal *Report24* formulierte dazu: *„Ein Fest für Pädophile, die bekanntlich allzu gern behaupten, das Kind habe ,eingewilligt' – der blanke Horror für jeden Menschen, der Kinder und Jugendliche vor sogenannten ,Prädatoren' (sexual predator) schützen will. Diese gehen durchaus clever vor, indem sie bei ihrem auserkorenen Opfer zunächst Vertrauen aufbauen und es in der Folge geschickt manipulieren, bis es Berührungen und sexuellen Kontakt zulässt. Möchten sogenannte Menschenrechtler das gern als Zustimmung verstehen?"*[134]

Doch zurück zu obiger Kindertagesstätte. Passend dazu sind zur „rrrichtigen" Erziehung der Kinder, die nicht das Glück haben, in einer solch fortschrittlichen Kindertagesstätte sein zu dürfen, die Auftritte von Drag-Queens in Kindergärten und Schulen. So lesen Drag-Künstler Kindern in Berlin vor.[135] Doch dies beschränkt sich nicht nur auf das schrille Berlin. Auch der Kappelrodecker Kindergarten im beschaulichen Achern lud eine Drag-Queen per Videoschaltung ein.[136] Und auch unser Nachbarland Österreich hält Gendererziehung für unsere Kleinsten ab fünf Jahren für notwendig. *„Transgender-Personen in Dessous sollen dabei vor den Kleinen tanzen"*, wie der *Exxpress* berichtet.[137]

Welche Blüten dies schlägt, kann man in einem Video vom Christopher-Street-Day in Wuppertal am 10.9.2022 erleben.[138] Dort gibt ein Kind Folgendes von sich: *„Ich bin Ferda. Ich bin eigentlich 17 Jahre alt und bin auch nebenbei ein Fuchs, und in dem bin ich momentan vier Monate alt."* Weiter gibt sie an, dass sie darunter leide, nicht als Fuchs akzeptiert zu werden. Oder: *„Ich bin Zoe. Ich bin 19 Jahre alt und meine Pronomen sind they, she."* Noch eins: *„Also, ich bin Maillot, gehe mit allen Pronomen und bin 13 Jahre alt."* Interessierte können in diesem Video noch weitere Weisheiten hören. Einem Bericht des Südwestrundfunks zufolge nehmen *„schätzungsweise 1,5 bis 2 Prozent der Kinder und Jugendlichen ... das zugewiesene Geschlecht im Widerspruch zu dem wahr, was sie selbst als ihre geschlechtliche Identität empfinden."*[139]

Für diese Jugendlichen empfahl das vom Bundesministerium Familie, Senioren, Frauen und Jugend (BMFSFJ) unterstützte Regenbogenportal die Einnahme von Pubertätsblockern. Wörtlich hieß es da: *„...Pubertäts-Blocker sind besondere Medikamente."*[140]

Das Wort Blocker heißt: etwas stoppen. *„Diese Medikamente sorgen dafür, dass Du nicht in die Pubertät kommst. Das heißt: Dein Körper entwickelt sich erst mal nicht weiter. Weder in Richtung Frau. Noch in Richtung Mann. So hast Du mehr Zeit zum Nachdenken. Und Du kannst in Ruhe überlegen: Welcher Körper passt zu mir? ... Vielleicht sagst Du irgendwann: Mein Körper passt doch zu meinem Gefühl. Dann nimmst Du die Pubertäts-Blocker einfach nicht mehr. Dein Körper entwickelt sich weiter. Ungefähr so wie vor den Pubertäts-Blockern. ..."* Nach öffentlicher Kritik aufgrund der Gefahren, wie der Hemmung der Mineralisierung der Knochen und/oder des Körperwachstums, wurde die Seite jedoch wieder vom Netz genommen.[141]

39

Aber auch ohne Blocker soll es künftig möglich sein, den eigenen Geschlechtseintrag beim Standesamt zu ändern. *„Das sieht das neue Selbstbestimmungsgesetz vor, das die Bundesministerien für Justiz und Familie vorgestellt haben."*[(142)] Also einfach hingehen und ändern. Und dies ist pro Jahr einmal möglich. Bald werden wir Transfrauen im Frauensport sehen, die Titel gewinnen, oder Verbrecher gegen die sexuelle Selbstbestimmung von Frauen nach Geschlechtswechsel im Frauengefängnis.

Was da auf dieses Land sonst noch zukommt, kann man vielleicht schon auf einem Bild des *Stuttgart Pride* sehen, dessen Schirmfrau die Co-Vorsitzende der SPD, Saskia Esken, für das Jahr 2023 ist.[(143)]

Abb. 24: Bild des Stuttgart Pride, dessen Schirmfrau Saskia Esken für das Jahr 2023 ist

Mittlerweile werden an Universitäten auch Vorträge von Wissenschaftlern abgesagt, die darüber sprechen wollen, dass die Biologie nur zwei Geschlechter kennt.[(144)] Erst auf öffentlichen Druck wird der Vortrag nachgeholt.[(145)]

Doch setzt die Bundesregierung weiterhin auf Genderforschung. So existieren (Stand 2019) *„217 Professuren mit einer Voll- oder Teildenomination ‚Frauen- und Geschlechterforschung/Gender Studies' an deutschsprachigen Hochschulen".*[(146)]

Früher führte der menschliche Forscherdrang zur Entdeckung neuer Gebiete und Kontinente und heute zu der neuer Geschlechter.

40

Nach dem Angriff auf die Polarität der Geschlechter wird auch versucht, Spannungen zwischen Mann und Frau zu bringen. Zu dessen Umsetzung wird der „alte weiße Mann" in unserem Land massiv angegriffen. So schlägt man drei Fliegen mit einer Klappe: Mann gegen Frau, alt gegen jung und weiße Menschen gegen Menschen mit dunklerer Hautfarbe. So schreibt der *Standard* in einem Artikel[147] über alte weiße Männer: *„Sie stehen für das Ewiggestrige, für Überlegenheit, Macht und Privilegien; sie sind in westlichen Gesellschaften Staatsoberhäupter, besetzen nach wie vor die meisten Chefposten und haben ganz generell das Sagen: alte weiße Männer. Durch ihre Vormachtstellung bleibt anderen Gruppen weniger Mitspracherecht – egal, ob es sich dabei um Frauen, queere Menschen oder People of Color handelt."* Man stelle sich nur vor, jemand schriebe dies über junge, farbige Diverse. Das Rassismusgeschrei kann man sich lebhaft vorstellen. Rassismus gegen alte weiße Männer kann es jedoch „per Definition" nicht geben.[148] Interessant in diesem Artikel auch *„wie die Soziologie Rassismus definiert: als strukturelles System, in dem weiße Menschen ‚soziale und institutionelle Macht über people of color' haben. Unsere Gesellschaft beruht auf dieser ungleichen Machtverteilung, von den Bildungs-, Job- und Wohnungschancen…"*

Warum gibt es in den Staaten, in denen „alte weiße Männer" das „Sagen" haben, den höchsten Wohlstand weltweit? Kann dann wohl nicht so schlecht gewesen sein. Nein, wird man hören, da dieser Wohlstand nur auf ausgebeuteten Kolonien beruhe. Erstens hatte Deutschland nur sehr wenige Überseegebiete, und zweitens gibt es mit den USA, Kanada, Australien oder Neuseeland auch viele Bespiele, die zeigen, dass ehemalige Kolonien auch Wohlstand erzeugen konnten. Eine andere Frage ist die, warum so viele Menschen aus so vielen Ländern dieser Erde ausgerechnet in weiße Gesellschaften einwandern wollen, obwohl sie dort angeblich ach so viel Rassismus erwartet. Und haben Bildungschancen nicht mehr mit der elterlichen Unterstützung zu tun, als mit einer weißen Gesellschaft? Eine neue Studie zeigt, dass gut 18% der Kinder und Jugendlichen in Familien aufwachsen, *„in denen Deutsch im Alltag nicht die Hauptsprache zur Verständigung ist".* [149] Klar haben diese Kinder schlechtere Chancen in der Schule. Bezüglich der Geschlechtergerechtigkeit stellt sich allerdings auch die Frage, ob innerhalb der Geschlechter auch dasselbe Interesse an wirtschaftlichem Aufstieg besteht. Besteht bei vielen Frauen nicht vielleicht der Wunsch, Mutter zu sein, anstatt in eine Chefetage aufzusteigen?

Eine Studie der Bertelsmann-Stiftung mit dem Thema „Was wünschen sich Frauen von ihrer Arbeit?" kam zu interessanten Ergebnissen. Unter dem Punkt 3.1 „Karrierewünsche von Männern und Frauen" werden die folgenden wichtigsten Hypothesen und Hinweise zusammengefasst:

- Für die Zufriedenheit von Frauen ist der berufliche Status nicht so wichtig – anders als bei Männern.
- Ihre Führungsmotivation ist weniger stark ausgeprägt als die der Männer und sie ist gebrochen, d. h. nicht widerspruchsfrei.
- Diese Ambivalenz erscheint ganz vernünftig, denn Frauen, die Karriere machen, sind nicht selten unzufrieden.
- Ob sie unzufriedener und beschädigter sind als Männer, ist unklar. [150]

Weiter zitiert die Bertelsmann-Publikation drei Studien, nach denen die Karrierewünsche bei Männern leicht ausgeprägter sind als bei den befragten Frauen. Ferner ist Männern ein höherer Verdienst wichtiger. Außerdem ist der Anteil an Frauen in den MINT-Fächern mit ca. 29% sehr klein[151], während er im Germanistikstudium bei ca. 77% liegt.[152] Dass bei Betrachtung der Einkommen von Männern und Frauen mit akademischem Abschluss die Verdienste der Männer höher sind als die der Frauen, erscheint dadurch logisch. Würden Frauen für vergleichbare Arbeit bei gleicher Qualifikation und gleichem erwartbaren Einsatz weniger verdienen, stellten Betriebe ja nur noch Frauen ein. Doch wird in der Öffentlichkeit ein anderes Bild erzeugt, nämlich dem der Diskriminierung von Frauen. Dies treibt oft seltsame Blüten, wie ein Artikel des ZDF zeigt.[153]

41

Der Artikel handelt davon, *"wie öffentliches Leben gendergerechter wird"*. Dies wird durch die These *"Der öffentliche Raum, die Stadt, galt den Männern, das Private den Frauen. Danach seien Stadtplanungen weiter größtenteils ausgerichtet"* untermauert. Als Beispiel für städtische Ungerechtigkeit gegenüber Frauen werden öffentliche Toiletten aufgeführt, bei denen die Urinalnutzung für Männer gratis ist, während Frauen zahlen müssen. Das ist natürlich ein entscheidender Punkt. Dass die Toilettenreinigung aufwändiger ist als die eines Urinals und deshalb kostenpflichtig ist, könnte ja dahinterstecken, denn die Benutzung der Toilette ist auch für Männer kostenpflichtig. Soll jetzt der Steuerzahler dies bezahlen? Dann wird es sicherlich teurer, denn unser Umverteilungsapparat verschlingt schon einen großen Teil. Oder sollen in Damentoiletten aus Gründen der Gleichberechtigung auch Gratisurinale montiert werden?

Egal was, wir werden es als Steuerzahler bezahlen müssen. Es gibt keine kostenlose, saubere und sichere öffentliche Toiletteninfrastruktur, wie der Artikel es fordert. In diesem Artikel gibt es auch eine Verlinkung zu gendergerechter Stadtplanung mit dem Inhalt, wie sich Frauen in Städten sicherer fühlen. Was hat Stadtplanung damit zu tun, wenn aufgrund von moralisch erzeugter Energieknappheit nachts an der Straßenbeleuchtung gespart wird oder viele Männer ins Land gekommen sind, die patriarchischen Strukturen entstammen und deshalb, vorsichtig ausgedrückt, ein antiquiertes Frauenbild haben?

Aber es geht noch schlimmer. So gab Lisa Paus, Bundesministerin für Familie, Senioren, Frauen und Jugend, dem *Tagesspiegel* ein Interview, in dem sie den bestürzenden Tatbestand schildert, dass jeden dritten Tag eine Frau in Deutschland getötet wird, was sie auf patriarchale Denk- und Verhaltensmuster schiebt.[154] Auf Nachfrage des *Tagesspiegel*, ob denn in der Erziehung von Jungs etwas falsch liefe, antwortet Frau Paus: *"Oft werden Jungen festgelegt auf bestimmte Verhaltensweisen: Sie weinen nicht, bezahlen Mädchen das Kino und gelten als technik- und autointeressiert."* Aha. Da Jungen nicht weinen, das Kino spendieren oder technikinteressiert sind, sterben so viele Frauen? Oder liegt dies zu einem gewissen Teil eher an den oben genannten Gründen?

Ja, Frauen und Männer werden gegeneinander aufgestellt. Sie sollen sich nicht aneinander binden, wie es die Politikwissenschaftlerin und Autorin Emilia Roig formuliert: *"Sie dürfen die Braut jetzt küssen': Mit diesem Satz beginnen viele Ehen. Aber macht dieser Satz die Frau nicht zum Objekt? Die französische Politologin Emilia Roig hält die Ehe für ein völlig überkommenes Rollenmodell und fordert in ihrem neuen Buch ,Das Ende der Ehe'."*[155]

Gut fasst dies alles ein Artikel des Verbands Familienarbeit e.V. über die schleichende Zerstörung der Familie zusammen.[156] Er listet *"die Auslagerung der U3-Kinder aus der Familie"*, die *"Abwertung der elterlichen Erziehungsarbeit durch ,Vereinbarkeit von Familie und Beruf"* und *"die Verarmung der Familien durch Enteignung der Eltern"* als Bedrohungen auf. Nimmt man die Propaganda zur Trennung der Einheit zwischen Mann und Frau und die Schaffung eines Geschlechterdurcheinanders vor allem bei Kindern noch hinzu, ist die Basis gelegt, die Keimzelle unserer Demokratie abzuschaffen.

Die Zerstörung der Bildung

Deutschland galt immer als das Land der Dichter und Denker. Es brachte viele bedeutende Wissenschaftler hervor. Zwei der bedeutendsten weltweit sind wohl Albert Einstein und Werner Heisenberg, die beide die Physik grundlegend revolutioniert haben. Albert Einstein wurde 1879 in Ulm geboren. Einer großen Menge ist er bekannt geworden durch die Formulierung der "Speziellen Relativitätstheorie" 1905 und die der "Allgemeinen Relativitätstheorie" 1915. Dafür erhielt er den für 1921 bestimmten Nobelpreis, der allerdings erst später verliehen wurde.[157] Aber auch der 1901 in Würzburg geborene Werner Heisenberg hat die physikalische Welt verändert, indem er 1925 die "Quantenmechanik" mathema-

42

tisch und 1927 die „Heisenbergsche Unschärferelation" formuliert hat. Für seine Entdeckungen wurde ihm 1932 der Nobelpreis im Alter von 31 Jahren verliehen.[158]

Aber dies sind nur zwei herausragende Beispiele für die Leistung des deutschen Bildungssystems der damaligen Zeit. Um einen Vergleich zum Bildungssystem der Bundesrepublik Deutschland zu erhalten, sollen die Anzahl der Nobelpreise, die von Anfang seiner Verleihung 1901 bis 1945 an Deutschland verliehen wurden, mit der Anzahl derer verglichen werden, die ab 1946 vergeben wurden. Diese Gegenüberstellung kann in Wikipedia nachvollzogen werden.

Beginnen wollen wir mit dem Nobelpreis für Literatur:

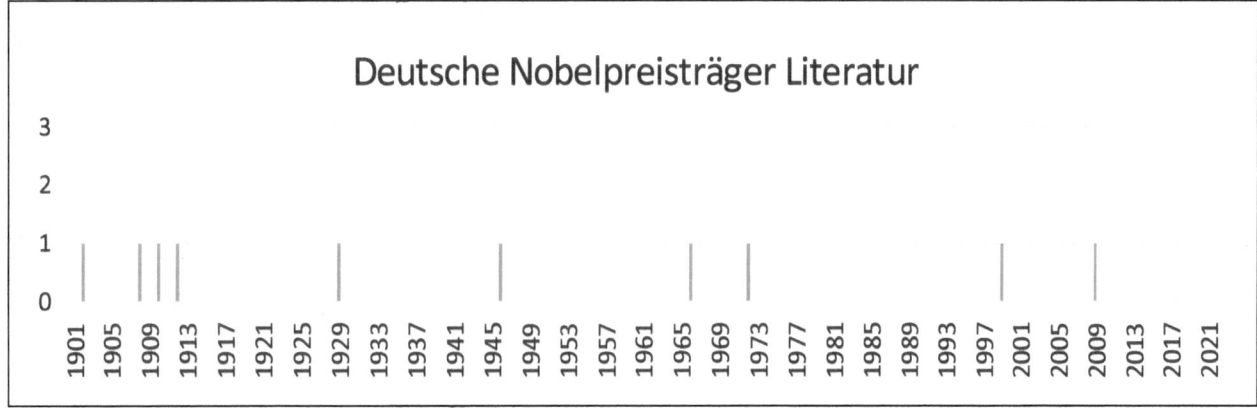

Abb. 25: Deutsche Nobelpreisträger in Literatur

Insgesamt soll die Zeit von 1900 bis 2022 betrachtet werden, was bedeutet, dass wir über 122 Jahre sprechen. Die Zeit bis 1945 entspricht daher knapp 38% der untersuchten Gesamtspanne. Also hat dieses Land in 38% der Zeit immerhin die Hälfte der nach Deutschland verliehenen Literaturnobelpreise erhalten. Die einzig noch lebende Preisträgerin ist die 1953 geborenen Herta Müller, die aktuell auch schon 70 Jahre alt ist.

Wie sieht es nun im Fachbereich Physiologie und Medizin aus?

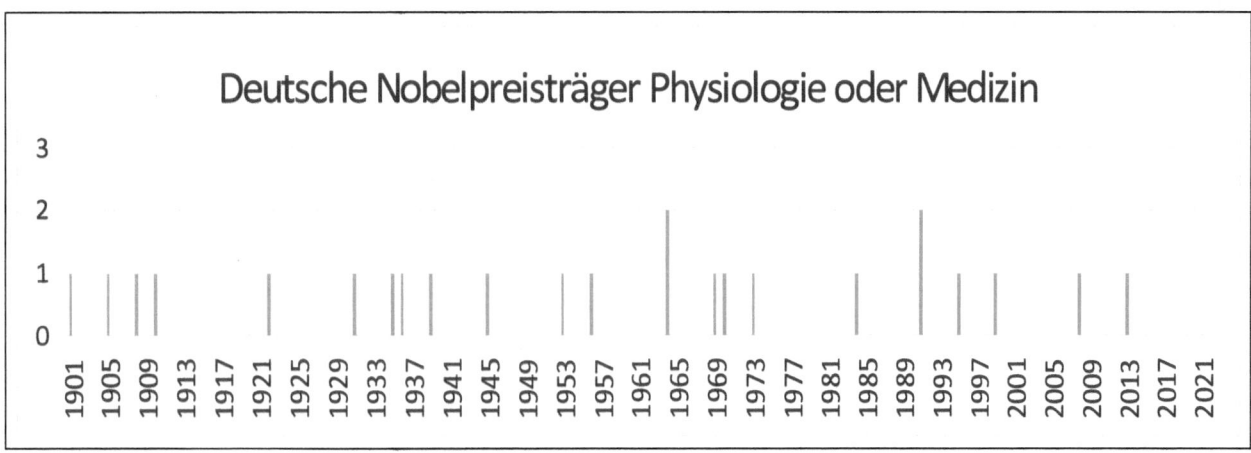

Abb. 26: Deutsche Nobelpreisträger in Physiologie oder Medizin

Hier wurden 10 der 22, also gut 45%, in der 38% ausmachenden ersten Zeitspanne übergeben. Der jüngste noch lebende Ausgezeichnete ist der knapp 68 Jahre (Geburtsjahr 1955) alte Thomas Südhof. Im Bereich Physik sieht das Verhältnis dagegen annähernd ausgeglichen aus. 10 Preise (40%) stehen derer 15 (60%) im zweiten Zeitabschnitt entgegen. Aber auch hier ist anzumerken, dass mit Wolfgang Ketterle (Jahrgang 1957) der jüngste Vertreter auch schon 66 Jahre alt ist.

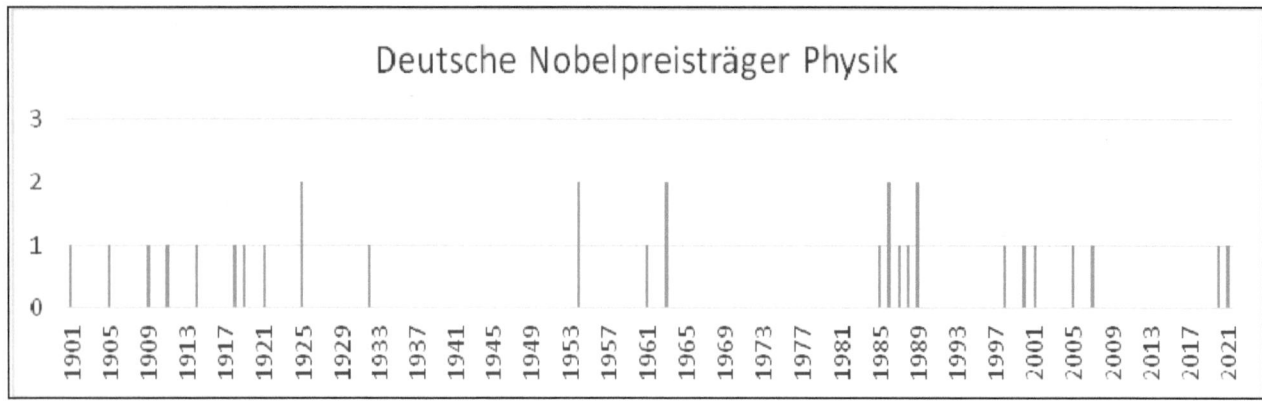

Abb. 27: Deutsche Nobelpreisträger in Physik

Krass ist dagegen das Bild in der Chemie.

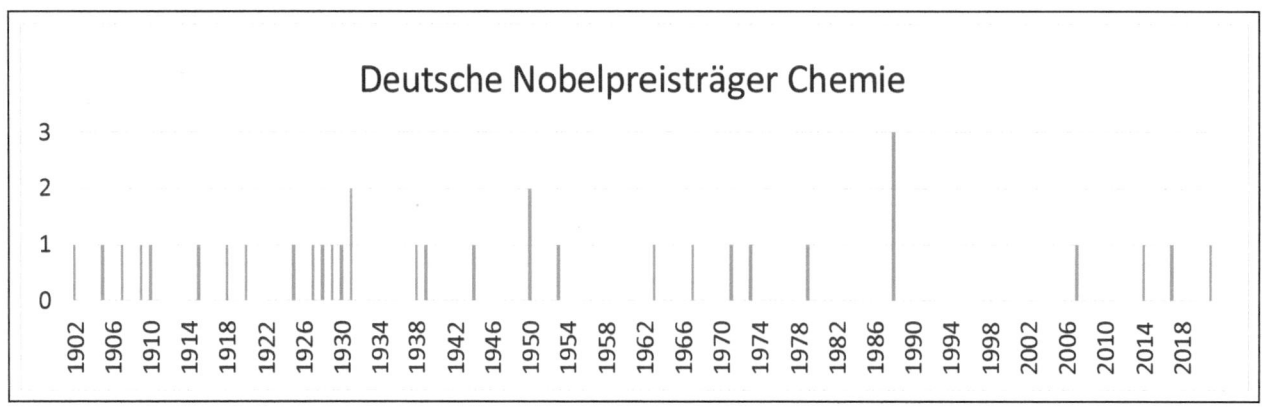

Abb. 28: Deutsche Nobelpreisträger in Chemie

Zwar ist mit Benjamin List, geboren 1968, der letzte Preisträger „erst" 55 Jahre alt, doch sehen wir hier, dass in der 38% veranschlagenden ersten Zeitspanne 17 von 29, also knapp 59%, Ehrungen an Deutsche gingen. Ein sehr unschönes Missverhältnis.

Bei allen vier Nobelpreiskategorien hat die Bundesrepublik Deutschland im Vergleich zu ihren geschichtlichen Vorgängern verloren. Doch wie sieht es derzeit in der Breitenbildung aus. In einem internationalen „Vergleich, den das Münchner ifo Institut auf der Grundlage von Schulleistungsstudien wie PISA und TIMSS vorgenommen hat, wurde als Ergebnis festgestellt, dass 23,8% der Kinder und Jugendlichen ‚grundlegende Kompetenzen im Lesen, Schreiben und Rechnen fehlen'." Das ist fast ein Viertel aller Kinder und Jugendlichen! „China schneidet am besten ab – mit einem Anteil von zu schwachen Schülerinnen und Schülern von nur 6,5 Prozent, gefolgt von Macau (6,9 Prozent) und Singapur (8,1 Prozent). Auf Platz vier: mit Estland das beste europäische Land (10,5 Prozent), gefolgt von Hong Kong (11,0) und Japan (12,7). Lichtenstein mit 14,5 und Finnland mit 14,7 Prozent folgen." Deutschlands Kinder konnten in dieser Studie lediglich den 30. Platz belegen. In der Zeitachse betrachtet liegen die aktuellen Ergebnisse ein viertel bis ein drittel Schuljahr hinter denen von vor fünf Jahren, und es fehlt ein halbes Schuljahr verglichen mit den Resultaten von vor zehn Jahren.[(159)]

Zu einer ähnlichen Erkenntnis gelangt das Institut zur Qualitätsentwicklung im Bildungswesen an der Humboldt-Universität zu Berlin in seinem IQB-Bildungstrend 2021.[(160)] In dieser Studie wird untersucht, inwieweit Schüler am Ende der vierten Klasse „die mit den Bildungsstandards der Kultusministerkonferenz (KMK) definierten Kompetenzziele erreichen". Im Fach Deutsch erreichen im Bereich Lesen fast 19%, im Bereich Zuhören gut 18% und im Bereich Orthografie ca. 30% den Mindeststandard nicht. In der Mathematik sind es derer rund 22%. Ein verheerendes Zeugnis deutscher Bildungspolitik. Die

44

Anteile der Schüler, die den Regelstandard erreichen oder übertreffen, betragen in derselben Reihenfolge knapp 58%, etwa 59%, gut 44% und fast 55%. Die auf 100% fehlenden Werte betreffen Schüler, die sich zwischen Mindest- und Regelstandard bewegen. Die folgende Grafik zeigt die *„Anteile der Viertklässler:innen in den Ländern, die im Jahr 2021 mindestens den Regelstandard erreichen oder übertreffen bzw. den Mindeststandard nicht erreichen"*, als Abweichung vom jeweiligen Anteil für Deutschland insgesamt (in Prozentpunkten).

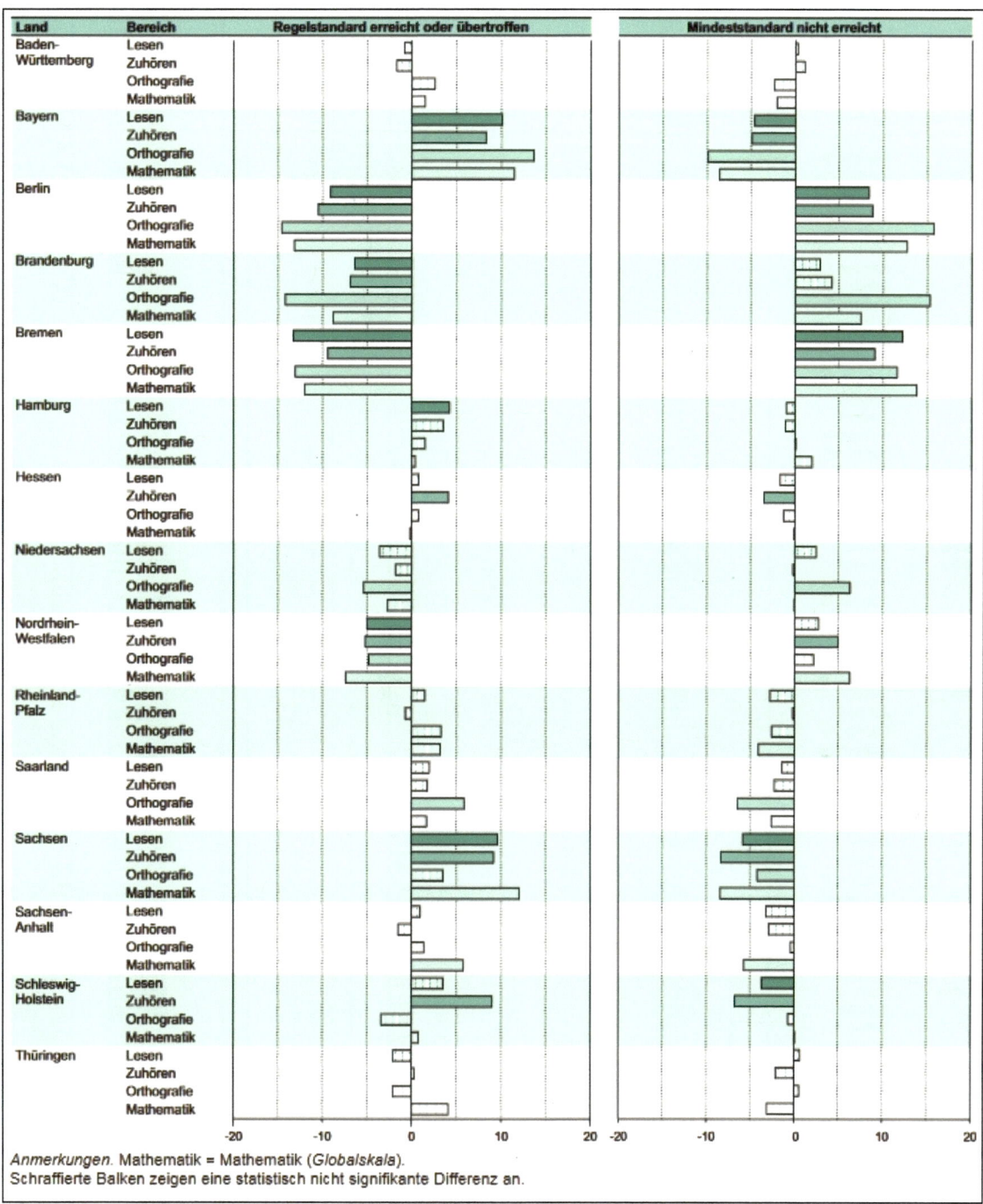

Abb. 29: Leistungen von Viertklässlern in deutschen Schulen in Deutsch und Mathematik

Bedeutend über dem Landesdurchschnitt liegen nur Bayern und Sachsen, während Berlin, Brandenburg, Bremen und zum Teil auch Nordrhein-Westfalen ein bildungspolitisches Waterloo aufweisen. Interessant ist außerdem das nur durchschnittliche Bildungsniveau des einstigen Vorzeigelandes Baden-Württemberg.

Interessant sind auch die „*Veränderungen in den Anteilen der Viertklässler:innen, die den Regelstandard erreichen oder übertreffen*", zwischen den Jahren 2011, 2016 und 2021 (in Prozentpunkten), was die folgende Abbildung verdeutlicht.

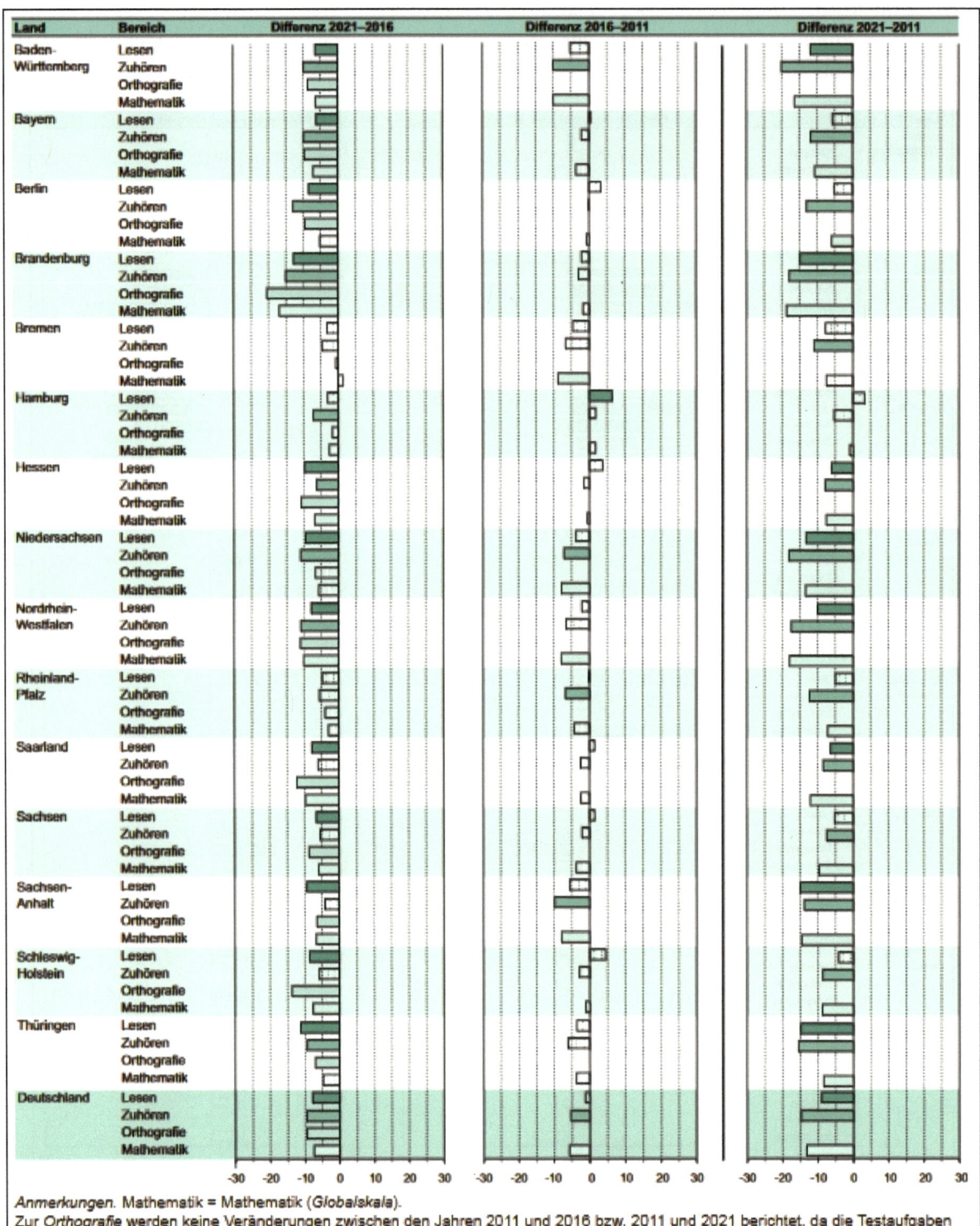

Anmerkungen. Mathematik = Mathematik (*Globalskala*).
Zur *Orthografie* werden keine Veränderungen zwischen den Jahren 2011 und 2016 bzw. 2011 und 2021 berichtet, da die Testaufgaben zu diesem Kompetenzbereich im IQB-Ländervergleich 2011 nur einer kleineren Teilstichprobe vorgelegt wurden, so dass keine Auswertungen auf Länderebene möglich waren. Zudem umfasste die Teilstichprobe keine Förderschulen und bildet daher die Zielpopulation, über die im vorliegenden Band Aussagen getroffen werden sollen, nicht vollständig ab.
Schraffierte Balken zeigen eine statistisch nicht signifikante Differenz an.

Abb. 30: Veränderungen der Leistungen von Viertklässlern in deutschen Schulen in Deutsch und Mathematik über die Zeitachse

Vor allem der Vergleich der Ergebnisse des Jahres 2021 mit denen von 2011 zeichnet ein erschütterndes Bild. Bis auf eine kleine Verbesserung der Hamburger Schüler beim Lesen gibt es teils exorbitante Verschlechterungen. Besonders gravierend sind diese in Baden-Württemberg, Brandenburg, Niedersachsen, Nordrhein-Westfalen, Sachsen-Anhalt und Thüringen.

Ein weiterer erschwerender Punkt, der unsere Schulkinder zusätzlich belastet, ist das Gendern. So schreibt die *Welt* in ihrem Artikel „Wie Gendern das Grundrecht auf Verständlichkeit missachtet"[161]: *„Nun vergrößert die Gendersprache noch einmal das Chaos der deutschen Orthographie."* Aber auch der Sachverhalt, dass eine große Mehrheit der Bundesbürger dieses Kauderwelsch ablehnt, kümmert unsere politisierenden Weltverbesserer nicht.[162]

Ein sehr guter Artikel in der *WirtschaftsWoche*[163] vom 20. Dezember 2017 beschäftigt sich umfangreich mit dem Bildungschaos in diesem Land. Trotz steigender Bildungsausgaben fiele Deutschland (wie bereits weiter oben dargelegt) in internationalen Vergleichen immer mehr ab. Als Gründe dafür nennt der Artikel zwei Beispiele aus dem deutschen Schulalltag, die hier zitiert werden sollen: *„Besonderes Aufsehen erregte die Saarbrücker Bruchwiese-Gemeinschaftsschule. Deren Lehrerkollegium hat, wie kürzlich bekannt wurde, im Sommer einen gemeinsamen Brief an den saarländischen Kultusminister Ulrich Commerçon geschickt, der einem pädagogischen Offenbarungseid gleichkommt: Sie hätten ‚Angst, bestimmte Schüler zu unterrichten'. Wobei von einem Unterricht offenbar ohnehin kaum noch die Rede sein kann: Drogen, Alkohol, unflätige Beschimpfungen gegen die Lehrer und Gewalt unter den Schülern bestimmen offenbar den Alltag. Die Saarbrücker Gemeinschaftsschule ist eine ‚Brennpunktschule' mit einem Migrantenanteil von 86 Prozent und allein 61 Kindern ohne oder mit nur geringen Deutschkenntnissen. Dazu kommen zahlreiche so genannte Inklusionskinder, die früher auf Sonderschulen betreut worden wären, also ‚Schüler mit Förderbedarf im Bereich der geistigen Entwicklung', ‚im Lernen' oder mit ‚emotional-sozialer Beeinträchtigung'. Im Saarland wurde Inklusion besonders eifrig und völlig überstürzt umgesetzt. Das rächt sich jetzt offensichtlich."*

Das zweite Beispiel: *„Im November hatte eine Lehrerin einer Frankfurter Grundschule in einem Gastbeitrag für die ‚Welt' aus ihrem Alltag berichtet: ‚In unseren Klassen haben wir 90 bis 100 Prozent Kinder mit Migrationshintergrund. Das Deutsch dieser Kinder reicht meist kaum für ein vernünftiges Unterrichtsgespräch.' Dazu komme, dass ‚Lern- und Leistungsbereitschaft stetig abnehmen: Was ich vor 20 Jahren mit Zweitklässlern machen konnte, das schaffen heute die Viertklässler kaum."* Das Fazit dieser journalistischen Arbeit ist ein Schlag ins Gesicht unserer Politik: *„Vermutlich ist selbst ein einstmals führendes und weltweit vorbildliches Bildungssystem wie das deutsche grundsätzlich überfordert, wenn es gleichzeitig von pädagogischen Heilslehren wie der Kompetenzorientierung und von einer immer ‚bunteren' Schülerschaft in Anspruch genommen wird."* Und hier wurde die Zuwanderung ab 2015 noch nicht berücksichtigt.

Mittlerweile wird es immer schlimmer. *„An einer Schule in Ludwigshafen werden in diesem Jahr 40 Erstklässler den Sprung in die zweite Klasse nicht schaffen. ... Zwar seien es im Vorjahr auch schon 23 oder 24 Kinder gewesen, die den Sprung in die zweite Klasse nicht schafften. Aber dieses Jahr sei die Zahl ‚extrem hoch'."*[164] Was soll denn aus diesen Kindern einmal werden?

In einem Beitrag der Seite *Transition News*[165] rechnet der Mathematiker und Hochschullehrer an der Universität Paderborn, Prof. Dr. Bernhard Krötz, mit dem beabsichtigten Kernlehrplan für Mathematik in der Sekundarstufe II an Gymnasien und Gesamtschulen des Landes Nordrhein-Westfalen ab, der *„neben den Fachkompetenzen ... in NRW in Mathematik künftig «die Entwicklung einer mündigen und sozial verantwortlichen Persönlichkeit» fördern und «weitere Beiträge zu fachübergreifenden Querschnittsaufgaben in Schule und Unterricht» leisten [will]. Dazu zählen:*

47

- *Menschenrechtsbildung*
- *Werteerziehung*
- *Politische Bildung und Demokratieerziehung*
- *Bildung für die digitale Welt und Medienbildung*
- *Bildung für nachhaltige Entwicklung*
- *Geschlechtersensible Bildung*
- *Kulturelle und interkulturelle Bildung.*"

Ja, Sie haben richtig gelesen; es geht um das Fach Mathematik. Doch *„das Schulministerium ist der Ansicht, dass mit dem Kernlehrplan «die Bildungsstandards der Kultusministerkonferenz für die Allgemeine Hochschulreife und die Anforderungen des ländergemeinsamen Abituraufgabenpools in NRW konsequent und verbindlich umgesetzt» werden.“* Diese kontert Prof. Dr. Krötz wie folgt: *„Das NRW-Abitur zertifiziert nicht mehr. Und zwar nicht nur in den MINT-Fächern, sondern auch in den Wirtschaftswissenschaften (siehe auch die Zuschauerbriefe). Die Durchfallquoten lagen hier in Paderborn bei den letzten Klausuren - und die wurden von all meinen Fachkollegen als fair und gut gemacht beurteilt – zwischen 80 und 90 Prozent. Wie löst der Qualitätsmanager der Uni das Problem? Personal austauschen und Niveauabsenkung. Stichwort: Kundenorientierung (Bertelsmann-Neusprech).“* Weiter vergleicht Krötz das Niveau unserer NRW-Abiturienten mit den Anforderungen des indischen JEE-Tests, der als Aufnahmeprüfung zu indischen Universitäten dient. Der Mathematiker ist sich sicher: *„Ich glaube, hier verbietet sich aus Anstand der Abgleich mit unseren deutschen Abiturienten. Wir reden jetzt hier nicht von Prozent- oder Promillezahlen von unseren deutschen Abiturienten, die diesen Test bestehen könnten, sondern wir reden hier in ppm, parts per million.“* Um die Erosion des schulischen Bildungssystems zu demonstrieren, wird auf eine Realschulaufgabe aus dem Jahr 1971 verwiesen, die zeige, *„wie effizient und gut unser Bildungssystem war“*. Der Hochschullehrer dazu: *„Ein Standardabiturient könnte diese Realschulabschlussprüfung überhaupt nicht bestehen. Keine Chance.“*

Wie formulierte es das Nachrichtenportal *Ansage!* in einem Artikel: *„Zumindest ist man in NRW noch nicht so weit wie im Mutterland des Wokismus, den USA, von wo in den letzten Jahren immer wieder Meldungen über den Vorwurf einer ‚rassistischen Mathematik‘ herüberdrangen, oder in Großbritannien, wo Mathematik von woken Irren als ‚kolonialistisch‘ gebrandmarkt wurde und als Wissenschaft beschimpft wird, die Inbegriff und Ausdruck einer ‚weißen Vorherrschaft‘ sei. Dort führte der Rigorismus dann so weit, dass etwa bei Rechenaufgaben nicht mehr nach der richtigen Lösung gefragt wird – weil Schwarze sich ‚diskriminiert‘ fühlen könnten, wenn sie die Lösung nicht wissen. Man darf gespannt sein, wann auch in Deutschland solche ‚kultursensiblen‘ Ausreden herangezogen werden, um dem ohnehin ausgehöhlten und pervertierten Leistungsprinzip endgültig den Garaus zu machen.“*[166] Deutschland wird sicherlich wieder Exportweltmeister – dieses Mal allerdings von Transmathematikern. Transgermanisten haben wir ja schon, denn das in den Grundschulen praktizierte „Schreiben nach Gehör“ ist zum Erlernen der Rechtschreibung nicht die geeignetste Methode, wie eine Studie der Uni Bonn ergab.[167] Bei einigem Nachdenken kämen vielleicht auch manche Politiker darauf, dass dies ein Grund für den Niedergang der oben beschriebenen Bildungsergebnisse sein könnte.

Die Lösung für die Bildungsmisere fand man in Bremen. So *„wurden an der Oberschule am Leibnizplatz Abiturklausuren im Fach Politik von den Prüfern zwar benotet – aber vorher gar nicht begutachtet und teilweise nicht korrigiert! Auf BILD-Nachfrage räumte das Bildungsressort von Senatorin Sascha Aulepp (SPD) den Vorgang ein.“*[168] So funktioniert es mit dem Abitur für alle.

Doch warum reagiert die Politik nicht darauf? Neben einer auch in Politikerkreisen schwindenden Bildung, Lebens- und Berufserfahrung könnte der emeritierte Kieler Psychologieprofessor Dr. Rainer Mausfeld in seiner sehr lesenswerten Präsentation »Die Angst der Machteliten vor dem Volk«[169] den

Nagel auf den Kopf getroffen haben, wenn er den englischen Philosophen, Mathematiker und politischen Aktivisten Bertrand Russell (1872-1970) zitiert: *„Ausbildungssysteme sind nicht entwickelt worden, um echtes Wissen zu vermitteln, sondern um das Volk dem Willen der Herrschenden gefügig zu machen. Ohne ein raffiniertes Täuschungssystem in den Schulen wäre es unmöglich, den Schein der Demokratie zu wahren. Es ist nicht erwünscht, dass der normale Bürger selbständig denkt. Weil man der Auffassung ist, dass Leute, die selbständig denken, schwer handzuhaben sind. Nur die Eliten sollen denken. Der Rest soll gehorchen und ihren Führern folgen, wie eine Hammelherde. Diese Doktrin hat auch in Demokratien alle staatlichen Erziehungssysteme von Grund auf verdorben."*

Als hätte man obigen Text gelesen, wurde in der Abiturprüfung ein Text von „Langstrecken-Luisa" Neubauer verwendet. Der Augsburger Prüfungs- und Hochschulrecht-Experte Prof. Dr. Josef Franz Lindner hält die Prüfungsaufgabe sogar für rechtswidrig. *„‚Prüfungsaufgaben müssen so gestellt werden, dass die Schüler sie weitgehend emotionsfrei und unbefangen bearbeiten können', erklärt Lindner die Problematik. Genau das sei bei einem Text von Neubauer, Klima-Aktivistin und das deutsche Gesicht der ‚Fridays for Future'-Bewegung, nicht der Fall. ‚Thema und Autorin des Textes sind emotional aufgeladen und Gegenstand einer aktuellen, die Gesellschaft polarisierenden und sogar spaltenden politischen Diskussion. Dabei ist klar: Text und die Autorin gelten im politischen Mainstream als gut, als Vorbild', so der Experte."*[170] Klimakleber, die eine Gerichtsverhandlung versäumen, weil sie auf Bali urlauben; „Klima-Ikone" Luisa Neubauer jettet um die Welt; „Klimaschützer" kommen zu Klimakonferenzen zuhauf im Privatjet, oder die bayrische Obergrüne Katharina Schulze flog mal schnell nach Kalifornien und genoss ihr Eis im Plastikbecher. Und unseren Kindern präsentiert man diese doppelmoralischen Scheinheiligen als Vorbilder.[171]

Die Zerstörung unserer Kultur

Die deutsche Politikerin und Mitglied des Deutschen Bundestags Aydan Özoğuz sagte während ihrer Zeit als Beauftragte der Bundesregierung für Migration, Flüchtlinge und Integration in einem Interview mit dem *Tagesspiegel*, das leider nicht mehr auf dessen Seite zu finden ist, dass *„eine spezifisch deutsche Kultur ..., jenseits der Sprache, schlicht nicht zu identifizieren [ist]".*[172] Doch was verstehen wir eigentlich unter dem doch inflationär gebrauchten Begriff „Kultur". Der Duden definiert Kultur u.a. als die *„Gesamtheit der geistigen, künstlerischen, gestaltenden Leistungen einer Gemeinschaft als Ausdruck menschlicher Höherentwicklung".*[173] Dann betrachten wir mal, wie Deutschland innerhalb dieser Kulturleistungen vertreten ist.

Anfangen wollen wir mit bedeutenden Komponisten und geben in einer Suchmaschine „die größten Komponisten" ein und untersuchen wahllos einige der anfangs aufgeführten Seiten.[174] Dabei entstand folgende Tabelle, wobei die Spalten in der Reihenfolge der Quellenangaben geordnet sind.

Bach	Bach	Bach	Bach	Bach	Beethoven
Mozart	Mozart	Mozart	Beethoven	Beethoven	Bach
Beethoven	Beethoven	Beethoven	Mozart	Mozart	Mozart
Tschaikowski	Schubert	Schubert	Schubert	Vivaldi	Händel
Chopin	Chopin	Debussy	Debussy	Chopin	Haydn
Vivaldi	Verdi	Stravinsky	Stravinsky	Tschaikowski	Brahms
Schubert	Händel	Brahms	Brahms	Haydn	Schubert
Rachmaninow	Vivaldi	Verdi	Verdi	Händel	Vivaldi
Brahms	Haydn	Wagner	Wagner	Brahms	Schuhmann
Debussy	Wagner	Berg	Bartók	Schubert	Verdi

Je nach Quelle kommen mindestens fünf und maximal acht der meistgenannten Komponisten aus dem deutschsprachigen Raum. Im Bereich der klassischen Musik ist der deutschsprachige Kulturraum stark repräsentiert. Betrachtet man die bedeutendsten Maler unserer Geschichte, sind deutsche Maler weniger vertreten. Lediglich Albrecht Dürer wurde oft aufgeführt. Daneben fand Caspar David Friedrich eine einmalige Erwähnung. Untersucht man nun die Liste bedeutender Schriftsteller, ergibt sich je nach Quelle ein diffuses Bild, doch gibt es viele international anerkannte Persönlichkeiten mit Johann Wolfgang von Goethe an der Spitze. Nicht unerwähnt bleiben sollen auch Thomas Mann und die Gebrüder Grimm.

Wendet man sich der Philosophie zu, kommt man nicht umhin die verschiedenen Epochen zu betrachten.[175] Die Antike war von den großen griechischen Denkern dominiert wie z.B. Platon, Aristoteles oder Heraklit, um nur einige zu nennen. Im Mittelalter kamen die großen Persönlichkeiten in diesem Bereich hauptsächlich aus England und Italien. Bei Beschäftigung mit der Neuzeit stechen jedoch sehr viele deutsche Philosophen hervor. Zu nennen wären Gottfried Wilhelm Leibniz, Immanuel Kant, Johann Gottlieb Fichte, Georg W. F. Hegel, Arthur Schopenhauer, Ludwig Feuerbach, Karl Marx oder Friedrich Nietzsche, wobei sich die Liste noch verlängern ließe.

In Zusammenfassung der Aufzählungen deutschsprachiger Persönlichkeiten aus den unterschiedlichen Bereichen der Kultur lässt sich also sehr wohl von einer *spezifisch deutschen Kultur sprechen. Diese Einschätzung unterstützend erklärte die UNESCO die deutsche Brotkultur zum immateriellen Kulturerbe.*[176] Und *„handwerkliches Bierbrauen ist in Deutschland nun anerkannt als ‚Immaterielles Kulturerbe‘. Das bedeutet, es ist nur noch einen Schritt entfernt vom Status des Weltkulturerbes.“*

Doch die Schrecken der zwölfjährigen Regentschaft der Nationalsozialisten und dem damit verbundenen Zweiten Weltkrieg veranlassten die alliierten Siegermächte, Deutschland nach dessen Kapitulation mittels der so bezeichneten Re-Education demokratisch zu erziehen. *„Zum Aufbau eines demokratischen Systems nutzten die Besatzungsmächte Bildung, Medien und Kultur.“*[177] Im Zuge der Mitteilung über die Dreimächtekonferenz von Berlin vom 2.8.1945, dem sogenannten Potsdamer Abkommen, wurde vereinbart, den *„deutsche[n] Militarismus und Nazismus ... aus[zu]rotten“*. Außerdem steht da noch: *„Alliierte Armeen führen die Besetzung von ganz Deutschland durch, und das deutsche Volk fängt an, die furchtbaren Verbrechen zu büßen, die unter der Leitung derer, welche es zur Zeit ihrer Erfolge offen gebilligt hat und denen es blind gehorcht hat, begangen worden.“*[178] Dazu gab es in Deutschland auch kritische Stimmen, wie z.B. in der Zeitschrift *Der Ruf. Unabhängige Blätter der jungen Generation*, die feststellte: *„Einem Volk, dem man das Büßergewand übergeworfen hat, wird man schwerlich die Vorteile eines demokratischen Lebens demonstrieren können.“* Auch arbeitete man sich an dem Wort „Re-Education“ ab, das man in die Nähe des damals nationalsozialistischen Wortes der Umschulung rückte.[179] Und diese Kritik ist zumindest bedenkenswert, da die NSDAP bei der letzten freien Wahl am 6.11.1932 mit 33,1% der Stimmen zwar ein erschreckend hohes Ergebnis, jedoch keine Mehrheit erzielt hatte.[180] Und selbst beim Wahlgang am 5.3.1933, bei dem für Kommunisten und auch teilweise Sozialdemokraten *„von freien Wahlen keine Rede mehr sein“* konnte, erreichte die Hitler-Partei mit 43,9% auch keine Mehrheit.[181] Und dies vor dem Hintergrund von Hyperinflation und der großen Weltwirtschaftskrise, die die untergehende Weimarer Republik im letzten Jahrzehnt davor heimgesucht hatte.

Ohne eine Entschuldigung für Krieg geben zu wollen, denn dafür gibt es keine Entschuldigung, muss dies auch vor dem Hintergrund des für Deutschland so katastrophalen Friedens von Versailles nach dem Ersten Weltkrieg betrachtet werden. So sagte der damalige US-Außenminister Robert Lansing dazu: *„Wir haben einen Friedensvertrag, aber er wird keinen dauernden Frieden bringen...“*[182] Der ehemalige britische Premierminister David Lloyd George kommentierte Versailles so: *„Ich kann kaum eine stärkere Ursache für einen künftigen Krieg erblicken...“*[183] Abschließend noch Ferdinand Foch, während des Ersten Weltkriegs Marschall von Frankreich: *„Das ist kein Frieden, das ist ein zwanzigjähriger Waffenstillstand.“*[184] Wie recht er doch leider haben sollte.

Dennoch belasten die während der NS-Zeit verübten Verbrechen das deutsche Kollektivbewusstsein. So erklärte der SPD-Abgeordnete Norbert Gansel bei einer Sitzung des Deutschen Bundestags am 11.3.1988 Folgendes: *„Ich gehöre zwar zu der Generation, in der es aus Altersgründen eine individuelle Schuld an den Verbrechen gegen die Juden nicht mehr geben kann. Aber ich kann doch die Haftung für die Taten der Generation meiner Eltern nicht von mir weisen und die Scham für die historischen Untaten meines Volkes nicht abstreifen. Ja, ich bin überzeugt, dass wir nur insoweit Deutsche sein können, wie wir uns zu dieser Bindung bekennen. Es gibt nicht die Gnade der späten Geburt, und eine Arroganz der Spätgeborenen darf es nicht geben.“*[185]

Norbert Gansel weist also eine Gnade der späten Geburt zurück und leistet damit der deutschen Kollektivschuld Vorschub. Obwohl es kein auf demokratischen Säulen stehendes Rechtssystem weltweit geben dürfte, dass eine vererbbare Schuld vorsieht, scheint es doch in vielen Köpfen verankert worden zu sein. So mutet es doch schlimm an, wenn auf Demonstrationen Menschen, unter ihnen auch Claudia Roth, von 2013 bis 2021 Vizepräsidentin des Deutschen Bundestages und seit dem 8.12.2021 Staatsministerin beim Bundeskanzler sowie Beauftragte für Kultur und Medien der derzeitigen Bundesregierung, hinter Bannern wie *„Deutschland verrecke“* oder *„Deutschland, Du mieses Stück Scheiße“* laufen.[186] Dieser Hass auf die eigene Kultur scheint mittlerweile grenzenlos. So protestierte eine Studentin mit dem Slogan *„Bomber Harris, do it again“,* bei dem Arthur Harris, britischer Luftwaffenoffizier und ab Februar 1942 Oberbefehlshaber des RAF Bomber Command, gemeint ist.[187] Dieser Spruch ist wie auch *„Nie wieder Deutschland“* auf Demonstrationen der sogenannten Antifa zu finden.[188] Und Bundesinnenministerin Nancy Faeser schrieb einen Artikel im Magazin *Antifa*[189] und die Co-Vorsitzende der SPD, Saskia Esken, zählt sich zur Antifa[190], um die Nähe vieler Politiker zur Antifa an zwei prominenten Beispielen zu demonstrieren. Auch die grüne Spitzenpolitikerin Katrin Göring-Eckardt hält nicht von unserer Kultur, wenn sie anmerkt: *„Unser Land wird sich ändern, und zwar drastisch. Und ich freue mich drauf!“*[191] Doch auch unser derzeitiger Wirtschaftsminister Robert Habeck bekennt sich nicht gerade zu diesem Land, wenn er sagt: *„Patriotismus, Vaterlandsliebe also, fand ich stets zum kotzen. Ich wusste mit Deutschland nichts anzufangen und weiß es bis heute nicht.“*[192] Falsche Zungen könnten jetzt das Gerücht in die Welt setzen, dies zeige sich in seiner Wirtschaftspolitik. Doch haben wir noch ein paar Steigerungsmöglichkeiten bei der Verleugnung unserer kulturellen Identität, wenn wir einige frühere Äußerungen der momentanen Bundessprecherin der Grünen Jugend, Sarah-Lee Heinrich, betrachten. Sie spricht von *„ekliger weißer Mehrheitsgesellschaft“* oder *„von Weißen, die sie aus Afrika rausfegen will“.*[193] Hoffen wir, dass ihre Entschuldigung für die ein oder andere Wortwahl ehrlich gemeint war. *„Inhaltlich stehe sie aber zu ihrer Haltung.“*[194] Da will natürlich ihr Co-Vorsitzender Timon Dzienus nicht hintenanstehen, wenn er sagt: *„Natürlich kennen die Grünen Vaterlandsliebe! Wir kennen und verachten sie.“*[195]

Auch in anderen Bereichen entdecken Gutmenschen ihre Liebe für alles Fremde, während sie das Eigene irgendwie fast abstoßend finden, wie es Axel Steier, *„Mitbegründer, Vorsitzender und Sprecher von Mission Lifeline e.V. …, einer NGO, die sich der Seenotrettung von Migranten, insbesondere im Mittelmeer, widmet“*[196], eindrucksvoll unter Beweis stellt:

51

Abb. 31: Beispiel für den krankhaften Selbsthass mancher „woker" Menschen

Wie weit die eigene Verleugnung geht, lässt sich an einem Straßenschild in arabischer Sprache in Düsseldorf sehen.[197] Wo könnte es dies anders geben als in diesem Land? Für die dafür Verantwortlichen würde „Dusseldorf" wohl eher passen. Die Voraussetzung für eine Einwanderung in ein anderes Land sollte doch die Bereitschaft zum Erlernen der dortigen Sprache sein.

Aber auch unsere christliche Kultur ist nicht sicher vor diesen Kulturbanausen. So hat unsere schon allseits bekannte und beliebte Claudia Roth vor, *„die Bibelinschrift an der Kuppel des nachgebauten Berliner Stadtschlosses im Rahmen eines Kunstprojekts vorübergehend zu überblenden".* [198] Eine andere Posse ereignete sich bei einem Außenministertreffen im Münsteraner Rathaus, als das Außenministerium ein Kreuz aus dem Jahr 1540 aus dem historischen Sitzungssaal entfernen ließ.[199]

Da kann man doch zwei Fliegen mit einer Klappe schlagen, dachte sich eine Berliner Initiative mit der Forderung, die Martin-Luther-Straße in Berlin-Schöneberg umzubenennen. *„Der Reformator habe ‚in seiner Zeit für ausgebeutete Menschen, Minderheiten und Frauen eine sehr negative Rolle gespielt und – wo*

52

immer es ging – Öl ins Feuer der Auseinandersetzungen gegossen und bitterbösen Hass gesät', schreibt die Gruppe in einem Papier, das der taz vorliegt. ,Zudem ist sein Name Symbol für obrigkeitsstaatliche Hörigkeit bis ins Preußische Kaiserreich hinein. Für die Menschen unserer Zeit ist sein Name nicht erinnerungswürdig!'"(200) Dies mag alles richtig sein, doch ist es vor ca. 500 Jahren so passiert und sollte deshalb im geschichtlichen Kontext dieser Zeit betrachtet werden. Lesen wir doch nur mal im Alten Testament oder im Koran, die die Grundlage der drei großen monotheistischen Religionen und damit Heilige Schrift für Juden, Christen oder Muslime sind. Da wimmelt es von Mord und Totschlag. Wollen wir deshalb über ein Verbot von Synagogen, Kirchen oder Moscheen nachdenken? Welch ein Unsinn! Lasst den Menschen ihren Glauben und die Finger weg von diesem Straßennamen.

Allerdings war dies nicht der einzige Angriff auf unsere Straßen. So wird in Berlin darüber gestritten, Straßen umzubenennen, die nach angeblichen oder tatsächlichen Kolonialverbrechern benannt sind. Ergebnisse konnte man jedoch schon bei der Umwidmung der Mohrenstraße in Berlin-Mitte in Anton-Wilhelm-Amo-Straße erzielen, einem Philosophen afrikanischer Herkunft in Deutschland.(201) Auch wenn dieser Mann zweifellos einen Straßennamen verdient, sollte man in heutiger Zeit damit sehr vorsichtig sein, denn es könnte ja kulturelle Aneignung sein. *„Jüngstes Beispiel: In Bern wurde ein Konzert der Band ,Lauwarm' abgebrochen, weil sich einige Besucher daran störten, dass sie jamaikanische Musik spielte und die weißen Mitglieder der Band teils afrikanische Kleidung und Dreadlocks trugen. Zuvor hatte die Bewegung ,Fridays for Future' die weiße Musikerin Ronja Maltzahn, die bei einer Demonstration in Hannover auftreten sollte, wegen ihrer Dreadlocks ausgeladen."*(202)

„Ein anderes Beispiel: das so genannte ,Blackfacing', wenn sich also weiße Menschen mit schwarzer Farbe schminken, um sich als Afrikaner darzustellen. Dem Vorwurf sahen sich etwa ,Die Sternsinger' konfrontiert, die immer rund um den 6. Januar in den Rollen der Drei Könige von Haus zu Haus ziehen, um Spenden zu sammeln. In diesem Jahr hatte das katholische Kindermissionswerk entschieden, keinen ,schwarzen König' mehr loszuschicken."(203) Der Artikel geht auch auf die aufgeheizte Winnetou-Debatte ein: *„… die Entscheidung des Ravensburger Verlags, zwei Begleitbücher zu einem Winnetou-Film zurückzuziehen. Weiße würden darin in fragwürdiger Weise die Traditionen der amerikanischen Ureinwohner für Unterhaltungszwecke ausbeuten, so die Kritik."* Und es geht weiter: *„Eine Kindertagesstätte aus Hamburg bat nun Eltern, dass ihre Kinder sich zur Faschingsfeier nicht als Indianer verkleiden sollten, um ,keine Stereotype' zu bedienen …"*(204) Den Vogel abgeschossen hat jetzt allerdings die Leitung der Bundesgartenschau in Mannheim. Sie buchte die Show „Weltreise in einem Traumschiff", die das Rheinauer AWO-Ballett, eine Gruppe Seniorinnen zwischen 59 und 85 Jahren, unter der Leitung von Erika Schmaltz mit verschiedenen Kostümen aufführt. Nun *„beanstandet das zuständige Buga-Team wegen zu klischeehafter Darstellung und angeblicher kultureller Aneignung 6 von 14 Kostümen, mit denen die 17 Frauen des Senioren-Balletts in den nächsten Monaten 7 Mal auf der Buga auftreten wollten."* Erika Schmaltz dazu: *„Wir sollen die spanischen Flamenco-Kostüme, den orientalische Tanz, den mexikanischen Tanz mit Sombreros und Ponchos, den japanischen Tanz mit Kimonos, den indischen mit Saris und den ägyptischen Tanz, in dem wir als Pharaoninnen verkleidet sind, nicht zeigen."*(205) Ja, den Seinen gibt's der Herr im Schlaf, aber anscheinend gehören die von der Bundesgartenschau nicht zu den Seinen.

Da kommt einem bei all diesem politisch überkorrektem Irrsinn sofort eine bestimmte Randgruppe in den Sinn, und zwar Neonazis, denn diese haben, wenn auch aus anderen Beweggründen, die gleichen Ziele, nämlich das Ausschalten alles Fremden. Doch eine Kulturform scheint unserer woken Gesellschaft doch am Herzen zu liegen. So berichtet *Report24: „Ein abstoßendes Foto sorgt auf Twitter aktuell für Stürme der Entrüstung: Ein nackter Mann reckt einem Kind den blanken Hintern entgegen, dieses bemalt ihn mit einem Pinsel zwischen den Beinen. Es wurde auf einem Festival in Tschechien aufgenommen, auf dem auch zahlreiche kleine Kinder anwesend sind. Die Organisatorin dieser ,Events' ist glühende Verfechterin von pädophiler und sodomitischer ,Kunst'. Sie ist damit in deutschen und österreichischen Galerien und Museen willkommen. Obendrein rühmt sie sich, ‚alternative Wege' für den Sexualkundeunterricht an Schulen voranzutreiben – mit einer NGO, die eng mit der EU und Österreich verflochten ist. ... Tatsächlich hielten mehrere Eltern es für eine grandiose Idee, ihre Kleinkinder zu diesem ‚Bildungsevent' mitzunehmen, ... Doch damit nicht genug: Auch Kinder wurden im Zuge des ‚Festivals' entkleidet, wie der Screenshot aus dem Video einer sogenannten ‚Performance' einer nackten, morbid adipösen Frau belegt. Ihr gegenüber sitzt ein kleiner Junge ohne Hosen, auf dem Schoß einer Frau (mutmaßlich seiner Mutter).*[206] Schockierend und abstoßend!

Die Zerstörung des inneren Friedens und der inneren Sicherheit

Probleme und inneren Aufruhr hat es in unserem Land schon immer gegeben. Man denke nur an die Studentenproteste Ende der 1960er-Jahre oder an die großen Demonstrationswellen gegen die Atomkraft oder den NATO-Doppelbeschluss in den 1980ern. Doch waren dies politische Proteste. Eine Zäsur erfolgte dann in der Nacht vom 4. auf den 5.9.2015, als Bundeskanzlerin Angela Merkel entschied, Migranten von Ungarn nach Deutschland zu holen, obwohl diese laut der „Dublin-Vereinbarung" in dem Land Asyl beantragen müssen, in dem sie erstmals Boden der Europäischen Union betreten haben.[207] Im Zuge dessen trat ein enormer Ansturm von fremden Menschen nach Deutschland ein und brachte dieses Land an die Grenze seiner Belastbarkeit. Angela Merkels berühmter Ausspruch *„Wir schaffen das!"* könnte angesichts der Umstände als Realitätsferne ausgelegt werden.

Erstmals offensichtlich wurden gesellschaftliche Probleme zu Silvester 2015 als die durch die Zuwanderung versprochene Bereicherung in einem Segment erfolgte, in dem die autochthone Bevölkerung eigentlich nicht bereichert werden wollte. Was war passiert? Während der Jahresabschlussfeierlichkeiten auf der Kölner Domplatte hatten genau 661 Frauen bei der Polizei gemeldet, *„Opfer einer Sexualstraftat geworden zu sein".* Nachdem diese Vorgänge nach einiger Zeitverzögerung an die Öffentlichkeit gelangten, sprach die damalige Kanzlerin: *„Die Taten der Kölner Silvesternacht seien ‚widerwärtig' und verlangten nach einer ‚harten Antwort des Rechtsstaats'. Es müsse alles getan werden, ‚die Schuldigen so schnell und so vollständig wie möglich zu ermitteln und ohne Ansehen ihrer Herkunft oder ihres Hintergrundes zu bestrafen'."* Diese starken Worte waren der Auftakt verschiedenster leerer Ankündigungen, wie wir sie seitdem bei Migrantengewalt immer empfinden, denn die Wirklichkeit sieht meist anders aus. *„Den mehr als 600 mutmaßlichen Opfern von Sexualstraftaten stehen demnach gerade einmal drei überführte Sexualstraftäter gegenüber. Zwei von ihnen kamen mit Bewährungsstrafen davon – wegen sexueller Nötigung. So hatte ein Iraker eine junge Frau gegen deren Willen geküsst und ihr Gesicht abgeleckt, ein Algerier aus einer Gruppe heraus gedroht: ‚Give me the girls, give the girls – oder Tod.' Der Libyer Muhamed A. – er hatte Frauen begrapscht – erhielt eine Freiheitsstrafe von einem Jahr und neun Monaten wegen tätlicher Beleidigung in zwei Fällen und Verstoßes gegen das Aufenthaltsgesetz. ... Insgesamt hatte die Kölner Staatsanwaltschaft gegen 290 Personen ermittelt, doch nur 52 von ihnen wurden in insgesamt 43 Verfahren angeklagt. Bei den Angeklagten handelte es sich laut Amtsgericht vor allem um Algerier (17), Marokkaner (16) und Iraker (7)."* Hier trifft der Begriff Armutszeugnis wohl absolut zu. Es entbehrt auch nicht einiger Komik, wenn *„von den 43 Gerichtsverfahren ... sechs eingestellt [wurden], weil sich der Aufenthaltsort der mutmaßlichen Täter nicht feststellen ließ".*[208]

Dies war der Auftakt nicht mehr zählbarer Körperverletzungsdelikte, oft durchgeführt mit Messern, und Straftaten gegen die sexuelle Selbstbestimmung von Frauen. Einige schreckliche Fälle sollen kurz aufgelistet werden:

- Ein Eritreer aus einem Flüchtlingsheim griff zwei Mädchen in Baden-Württemberg mit dem Messer an. Eines der beiden, eine 14-jährige Schülerin, erlag ihren Verletzungen.[209]

54

- Ein Palästinenser stach in einem Regionalzug auf Fahrgäste ein. *„Ein 17-jähriges Mädchen und ein 19-jähriger junger Mann starben, fünf weitere Passagiere wurden verletzt…"* Es war bereits das dritte Mal, dass dieser Mann andere Menschen mit dem Messer attackierte.[210]
- Ein Somalier tötete in Würzburg drei Menschen mit einem Messer und verletzte fünf weitere schwer.[211]
- Vor einer Jugendkammer am Landgericht Hamburg müssen sich elf junge Männer im Zusammenhang mit einer gemeinschaftlichen Vergewaltigung einer 15-Jährigen verantworten.[212] Mindestens sechs der Täter haben keinen deutschen Pass und keiner der Tatverdächtigen kam in Haft.[213]
- Auch in Freiburg kam es zu einer Massenvergewaltigung einer 18-Jährigen von ebenfalls elf Männern. Die meisten Angeklagten waren Flüchtlinge aus Syrien.[214]
- *„Vier junge Männer vergewaltigen eine 14-Jährige, legen sie anschließend bei Eiseskälte in einen Hamburger Hinterhof."* Ein Bewohner rettete das Mädchen vor dem Tod durch Erfrieren.[215]

Doch nicht nur Männer begehen unbegreifliche Straftaten. Mittlerweile sind auch Mädchen unter den Tätern zu finden:

- Ein zwölf und dreizehn Jahre altes Mädchen töten eine 12-Jährige.[216]
- Eine Gruppe 12- bis 17-jähriger Mädchen peinigte eine 13-Jährige über Stunden. Auch Anwohner *„fühlen sich … schon länger von den Jugendgruppen … bedrängt".*[217]
- Zwei Mädchen (13 und 15 Jahre alt) kamen mit einem Lehrer in Streit. *„Dabei schlug die 15-Jährige dem Lehrer ins Gesicht und trat mit ihrem Fuß gegen seine Hüfte."* Dann wurde ein 14-jähriges Mädchen von ihnen zusammengeschlagen. *„Selbst als die Geschädigte am Boden lag, wurde nach Zeugenaussagen noch mit Füßen gegen den Kopf der 14-Jährigen getreten', berichtet die Polizei."*[218]

Beenden wollen wir unsere Aufzählung, wie wir sie begonnen haben, nämlich mit einer Massenveranstaltung an Silvester. So gab es am 31.12.2022 schwere Ausschreitungen in mehreren deutschen Großstädten, vor allem in Berlin. Diese mündeten Stand 17.1.2023 in 126 Strafanzeigen, von denen *„81 … wegen Einsatz von Pyrotechnik, 15 … wegen Einsatz von Waffen, 30 … wegen Beschädigung und Zerstörung erfasst wurden".* Von 44 Tatverdächtigen *„haben 16 Personen die deutsche Staatsangehörigkeit, zehn eine doppelte Staatsangehörigkeit, 18 sind keine deutschen Staatbürger."* Weiter spricht der Artikel von 47 Polizisten und 15 Feuerwehrleuten, die verletzt wurden. Und ein großer Teil der Täter sei immer noch unbekannt.[219] Hinzu kommen noch Angriffe gegen Zivilisten und Rettungswagen, wie es die schockierenden Fernsehbilder zeigten. *„Nach den Ausschreitungen und Attacken auf Rettungskräfte und Polizisten an Silvester hat Bundesinnenministerin Nancy Faeser schnelle und deutliche Konsequenzen für die Täter gefordert. ‚Wir haben in deutschen Großstädten ein großes Problem mit bestimmten jungen Männern mit Migrationshintergrund, die unseren Staat verachten, Gewalttaten begehen und mit Bildungs- und Integrationsprogrammen kaum erreicht werden', sagte die SPD-Politikerin am Mittwoch den Zeitungen der Funke Mediengruppe."* Und weiter: *„Junge Gewalttäter müssten schnelle und deutliche strafrechtliche Konsequenzen spüren."*[220] Diese Worte erinnern stark an die Angela Merkels zu den oben dokumentierten Vorkommnissen in Köln sieben Jahre zuvor. Doch schaut es mit der Umsetzung der Ankündigungen genauso schlecht aus wie damals? Bisher jedenfalls schon, wie ein Artikel im Nachrichtenmagazin *Focus* nahelegt.[221] So stand fünf Wochen später *„noch kein einziger Silvester-Angreifer vor Gericht"*, obwohl auch Experten wie *„Marcel Kuhlmey, Professor für Risiko- und Krisenmanagement an der Berliner Hochschule für Wirtschaft und Recht, im FOCUS-online-Interview vertrat: ‚…Strafe wirkt nur, wenn ein zeitlicher Zusammenhang zur Tat besteht.'"* Und auch *„ein Vierteljahr nach den schweren Angriffen auf Feuerwehrleute und Sanitäter zum Jahreswechsel hat die Berliner Staatsanwaltschaft bisher nur vier Anklagen erhoben. Gegen zwei weitere Beschuldigte wurden Strafbefehle beantragt. Diese Fälle kommen nur vor Ge-*

55

richt, wenn die Verdächtigen Widerspruch einlegen. Insgesamt 17 Verfahren haben die Ermittler bereits eingestellt, weil die Täter aus der Silvesternacht nicht ermittelt werden konnten oder noch nicht strafmündig, also jünger als 14 Jahre alt, waren. Wie die Staatsanwaltschaft weiter mitteilte, werfe die Anklagebehörde den wenigen verbliebenen Beschuldigten im Alter von 16 bis 48 Jahren gefährliche Körperverletzung, tätlichen Angriff, Widerstand gegen Vollstreckungsbeamte und Verstöße gegen das Waffen- und Sprengstoffgesetz vor.[222]

In Summe scheint unser Land auf einem schwierigen Weg zu sein. So titelte die *Neue Züricher Zeitung*[223] unlängst: *„Deutschland, Messerland: Wieder müssen Unschuldige wegen einer verantwortungslosen Migrationspolitik sterben."* Als Beleg führt sie eine Statistik über Delikte in deutschen Bahnhöfen und Zügen an:

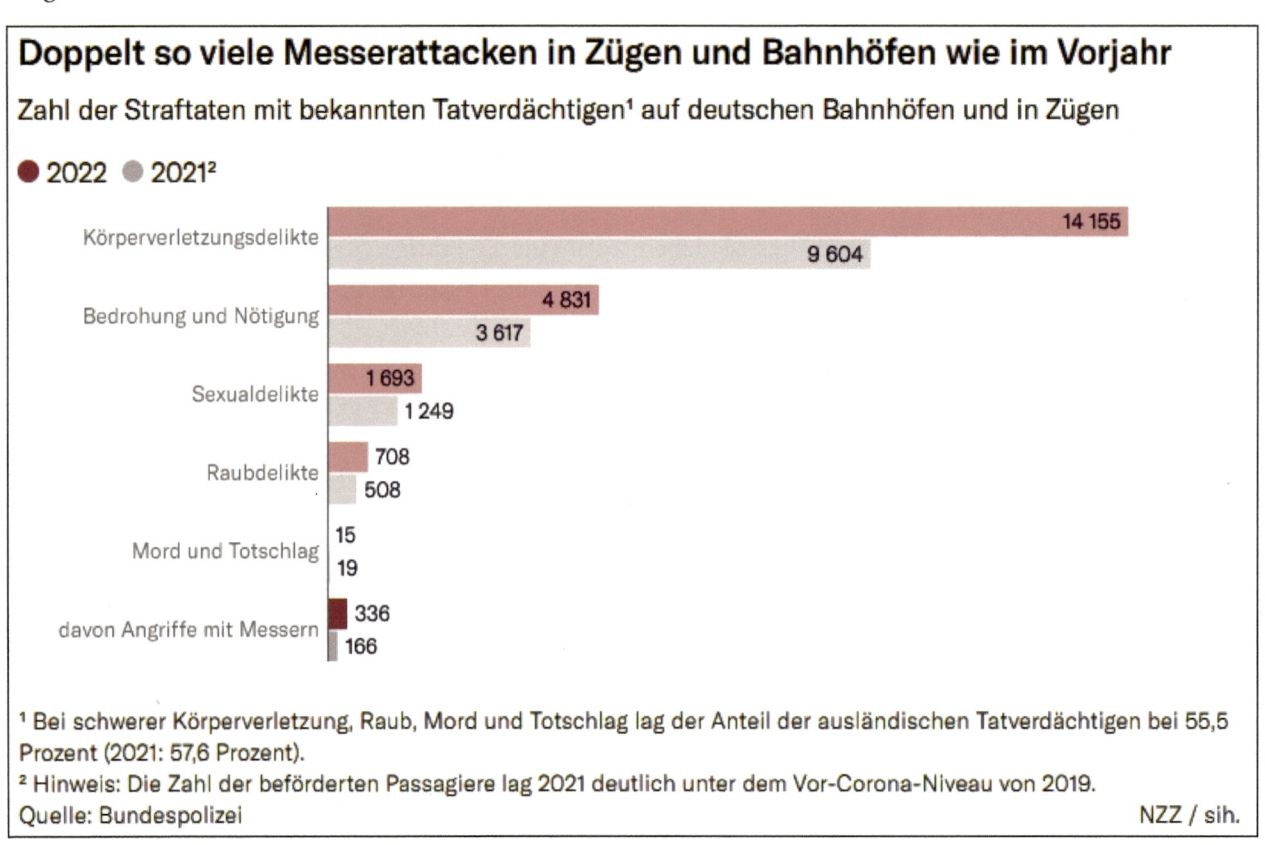

Abb. 32: Entwicklung der Messerattacken in Zügen und Bahnhöfen in Deutschland

Apropos Messerattacken: *„Im Jahr 2022 registrierte allein der Berliner Polizei 3.317 Messerattacken nach 2.777 im Jahr 2021 und unter 2.600 in 2020. 2022 wurden von der Polizei zu den Messerangriffen 2.428 mutmaßliche Täter ermittelt. Davon hatten 1.194 die deutsche und 1.234 eine ausländische Staatsangehörigkeit.*"[224] Auch 2023 sind bis zum 21.3. schon wieder 635 Messerangriffe aufgenommen.[225]

Doch woher kommen diese hohen Zahlen? So haben in den Jahren 2015 bis einschließlich 2022 mehr als 2,1 Mio. Menschen in Deutschland einen Asylantrag gestellt. In den ersten beiden Monaten des Jahres 2023 waren es bereits wieder über 54.000.[226] Die meisten Asylsuchenden kommen im betrachteten Zeitraum aus Syrien, Afghanistan und dem Irak, also aus muslimischen Ländern, die wenig Anschluss an die westliche Welt haben.[227] Dazu hat der Migrationsforscher Ruud Koopmans, Direktor der Abteilung Migration, Integration, Transnationalisierung am Wissenschaftszentrum Berlin für Sozialforschung, in einem Interview in der *WirtschaftsWoche* festgestellt, dass *„kulturelle Distanz ... ein Integrationshindernis"* sei und *„die Religion ... für den Misserfolg eingewanderter Muslime auf dem Arbeitsmarkt eine entscheidende Rolle [spielt],..."* 30% der Muslime in Deutschland seien fundamentalistisch laut einer Studie

56

aus dem Jahr 2013.[228] *„Deren strenge Religiosität bedeutet: Ablehnung anderer Bevölkerungsgruppen, Antisemitismus, Feindschaft gegen Schwule, und die Idee, dass der Westen den Islam vernichten will. Außerdem: schwache Sprachkenntnisse und eine extrem konservative Auffassung über die Rolle der Frau. Daher ist in dieser Gruppe das Problem der Arbeitslosigkeit noch deutlich größer als bei anderen Muslimen."* Auch hänge die Radikalisierung nicht mit Diskriminierung zusammen, sondern mit Hass gegen Nicht-Muslime, der schon in den Herkunftsländern vorhanden sei. Integration großer Teile dieser Menschen sei nur durch staatliche Maßnahmen beim Bleiberecht möglich. Doch scheitere ein Kurswechsel an ideologischem Starrsinn, wie der oben zitierte Artikel der *NZZ* notiert.

Dies ist sicherlich die eine Seite der Medaille. Die andere ist aber auch, dass der sich so selbst bezeichnende Wertewesten während der unzähligen völkerrechtswidrigen Kriege genau in Afghanistan, Syrien und dem Irak diesen Hass durch seine Brutalität erst entfacht hat. Oder glauben wir ernsthaft, dass diese Menschen uns dankbar sind, wenn wir per Drohnenangriff bei einer Hochzeitsfeier für eine „Bombenstimmung" gesorgt haben? Diese Kriege mit ihren unzähligen toten Zivilisten sind doch für diese Spaltung der Welt mitverantwortlich. Außerdem stellt sich die Frage, wie wir von fremden Menschen verlangen können, unser Land zu mögen, wenn wir es selbst nicht tun.

Doch das löst unsere Situation in Deutschland nicht und oftmals werden Taten von Personen aus diesem eingewanderten Kulturraum mit psychischer Auffälligkeit in Verbindung gebracht, wie bei dem Ghanaer, der in einem Parkhaus am Flughafen Köln/Bonn absichtlich Menschen angefahren hat.[229] Solche Täter werden dann von einer Kuscheljustiz regelmäßig in Watteurteile gepackt, wie ein Syrer, der nach einer Vergewaltigung einer 15-Jährigen lediglich eine Bewährungsstrafe erhielt.[230] Wie rechtfertigte der Richter sein Urteil: *„Sie sind ja auf einem guten Weg, hier ein ganz normaler Mitbürger zu werden."* So wird es wohl sein. Doch dass unsere Justiz auch anders kann, belegt ein Fall, der einer Ärztin aus Oberbayern zwei Jahre Gefängnis einbrachte, weil sie angeblich Maskenatteste ausgestellt hat, ohne ihre Patienten richtig zu untersuchen. Im Raum Dresden kam eine andere Ärztin in Untersuchungshaft, da sie *„...Menschen pauschal und unrechtmäßig vom Tragen von Masken befreit und ein unbegrenztes Impfverbot aus medizinischen Gründen bescheinigt haben"* ... soll.[231] Und dies in einer Zeit, in der es möglich war, Patienten telefonisch krankzuschreiben.[232] Als letzter Fall sei die fast zehnmonatige Untersuchungshaft von Querdenken-Gründer Michael Ballweg aufgeführt, obwohl diese sechs Monate nur übersteigen darf, *„wenn die besondere Schwierigkeit oder der besondere Umfang der Ermittlungen oder ein anderer wichtiger Grund die Fortdauer rechtfertigen".*[233]

Doch die staatlichen Gewalten „erfreuen" ihre Bürger auch auf andere Weise. Nachdem die von der Bundesregierung anvisierten 400.000 Wohnungen pro Jahr für die Jahre 2022 und 2023 einkassiert werden mussten, will der Immobilien-Riese Vonovia für 2023 alle geplanten Neubauten stoppen. Der Grund seien steigende Baukosten und Zinsen, da dadurch Quadratmetermieten von 20 Euro statt bisher zwölf Euro nötig wären, was in vielen Regionen Deutschlands unrealistisch wäre.[234] Doch unser Land braucht dringend neuen Wohnraum. So begehren Deutschlands Landräte auf, denn *„der Flüchtlingszustrom hält weiter an. Ob Unterkünfte, Kitas oder Gelder – die Kapazitäten werden mit jeder Woche knapper. Seit Monaten fordern die Kommunen von der Ministerin konkrete Lösungen."* Doch Innenministerin Nancy Faeser *„sprach sich in einem Interview ... gegen eine Migrations-Begrenzung aus und zeigte wenig Verständnis für die Forderungen der Kommunen für mehr Geld für die Unterbringung von Flüchtlingen und Migranten".*[235] So hilft man sich vor Ort eben anders. In Baden-Württemberg sieht sich die Stadt Lörrach *„nun gezwungen, rund 40 Mieter eines Wohnkomplexes aus ihren Wohnungen zu schmeißen, um dort Platz für Geflüchtete zu schaffen".*[236] Noch weiter geht es in Berlin, wo ein Kirchenstift der Diakonie 110 Senioren rauswirft, um dafür Geflüchtete unterzubringen.[237] So kann man eine Gesellschaft auch spalten.

57

Fazit

Wie kann das Fazit ausschauen? Eigentlich blickt man sprachlos auf diesen Trümmerhaufen, der mal eine deutsche Gesellschaft war, die den Namen „Gesellschaft" auch verdiente. Mit intakten Familien, in denen Kinder behütet aufwachsen konnten, und Nachbarschaften, wo man zusammenhielt. Aber auch das war mal. In unseren heutigen Zeiten wird Denunziantentum wieder großgeschrieben. In der Corona-Zeit war es groß in Mode, „*Verstöße gegen die Coronaschutz-Verordnung zu melden*". Dazu hat man z.B. in Essen extra ein Online-Portal eingerichtet.[238] Wie konnte der Nachbar auch so kriminell sein, mit mehr als der zugelassenen Anzahl von Familienmitgliedern Weihnachten zu feiern? Einfach unmöglich. Eine andere Meldestelle hat die Amadeu-Antonio-Stiftung eingerichtet. Hier kann man Antifeminismus melden, der sich vielfältig zeige: „*Sexistisch, frauenfeindlich, queerfeindlich. Menschenfeindliche Botschaften, Angriffe auf Gleichstellung, politische Strategien gegen Emanzipationsbestreben.*"[239] Aber mit Denunzieren kennt sich die Stiftungsvorsitzende Anetta Kahane als ehemaliger Spitzel IM „Victoria" für das Ministerium für Staatssicherheit, für das sie von 1974 bis 1982 arbeitete, ja bestens aus.[240] Da will natürlich auch Greenpeace nicht hintenanstehen und gründete sein Meldeportal „*Jetzt Meldeheld:in werden*", wo Anzeigefreudige Gastronomiebetriebe melden können, die gegen „*die seit Jahresbeginn geltende Pflicht, Mehrwegverpackungs-Alternativen für das Mitnehmen von Speisen in Plastik-Einwegverpackungen oder Getränken anzubieten*", verstoßen.[241]

Der Name Greenpeace ist mittlerweile schon zum Oxymoron geworden, einer rhetorischen Figur aus zwei gegensätzlichen bzw. sich widersprechenden Termini, denn grün und Frieden schließen sich derzeit wohl aus. Doch auch in Hessen hat man dem Melden einen neuen Stellenwert gegeben. „*Die hessische Landesregierung und die hessischen Sicherheitsbehörden treten mit der Meldestelle ‚Hessen gegen Hetze' Extremismus, Hass und Hetze im Netz bewusst entgegen. Die Meldestelle bietet Betroffenen sowie Zeugen von Hate Speech eine niedrigschwellige Möglichkeit, möglicherweise strafbare oder extremistische Inhalte den Sicherheitsbehörden zu melden.*"[242] Da hätte man sich ja um die Hass und Hetze gegen Ungeimpfte während der Corona-Pandemie kümmern können.[243] Ein kleines Beispiel gefällig, das schon ein klein wenig an längst überwunden geglaubte Zeiten erinnert?

ZDF, 2021
Der Ungeimpfte ist der Blinddarm, der im strengeren Sinne für das Überleben des Gesamtkomplexes nicht essenziell ist

Fritz Klein, 1940:
Ich schneide einen eiternden Blinddarm heraus, die Juden sind der vereiterte Blinddarm am Körper Europas

Abb. 33: Duktus mancher Medienschaffender, der an längt überwunden geglaubte Zeiten erinnert

58

Ach nee, das mit dem Kümmern ging ja nicht. Da waren unsere Politisierenden und Medienvertreter ja an erster Stelle selbst dabei, und außerdem ging es gegen böse, rechte Impfleugner. Und Rechtsextremismus ist laut obigem Artikel gemäß hessischer Regierung *die größte Gefahr für die freiheitliche demokratische Grundordnung in Hessen sowie der gesamten Bundesrepublik Deutschland…* Nur wie heißt es so schön: Traue keiner Statistik, die Du nicht selbst gefälscht hast. Wie führt die *Welt* dazu in einem ihrer Berichte aus: *„Bei antisemitischen Straftaten können die Täter Rechtsextremisten, linke Israelfeinde oder Islamisten sein. Die Mehrheit der Fälle in Berlin wird Rechtsextremisten zugeordnet – ohne Belege, wie aus einer Senatsantwort hervorgeht.“*(244) Aber egal, es wird schon alles seine Richtigkeit haben. Apropos Richtigkeit: Im Jahr 2022 registrierte die Berliner Polizei 365 Beschuldigte antisemitischer Taten. *„Auf eine parlamentarische Anfrage der AfD nennt die Justizverwaltung als Beschuldigte: 284 haben die deutsche Staatsangehörigkeit, 56 sind staatenlos, 5 haben einen türkischen Pass und je 3 kommen aus dem Iran und aus Syrien. Auf die Vornamen wollte die Justizverwaltung nicht näher eingehen, da viele laut Behörde einen hohen Seltenheitswert aufweisen, weshalb ,die konkrete Gefahr einer Identifikation der tatverdächtigen Person' gegeben sei.“*(245) Sicherlich haben sie so seltene Vornamen wie Robert, Richard oder Paul.

Gehen wir zurück zu den Meldestellen, von denen die NRW-Landesregierung derer vier neu schaffen möchte: Eine für *„Queerfeindlichkeit“*, eine für *„antimuslimischen Rassismus“*, eine für *„Antiziganismus“* sowie eine, die *„anti-Schwarzen, antiasiatischen und weitere Formen von Rassismus“* protokollieren sollen.(246) Und es wird noch besser, denn: *„Ausdrücklich sollen die Denunzianten auch Vorfälle anzeigen, die unterhalb der Strafbarkeitsgrenze liegen.“*(247) Was dies auch immer bedeuten soll.

Gäbe es eine Meldestelle für schlechte Bildung, könnte sie nur chronisch unterbesetzt sein, um die ganzen Beschwerden abzuarbeiten. Es fehlen Lehrer, wundert man sich und ruft nach mehr Geld. Nur macht der demografische Wandel auch vor Lehrkräften nicht halt. Man ist ja noch nicht mal in der Lage, die bestehenden zu halten. So quittierten alleine 2022 fast 800 Aussteiger in Nordrhein-Westfalen den Schuldienst. *„286 Kündigungen kamen sogar von beamteten Lehrerinnen und Lehrern.“*(248) Gerade die Arbeit in sogenannten Brennpunktschulen gibt einen beredten Einblick über die Gründe für Frustration bei Lehrern, wie das Buch »Leaks aus dem Lehrerzimmer – Mein Jahr als Lehrerin an der Grundschule des Grauens« einer Berliner Lehrerin zeigt. Die *Berliner Zeitung* befasst sich in einem Artikel mit diesem Buch, der im Folgenden zitiert wird. Die Lehrerin traf auf eine Klasse mit 28 Kindern, darunter *„viele aus Problem-Familien, die Hälfte ohne Deutsch-Kenntnisse und dazu fünf Inklusionskinder ohne Hilfslehrer“*.(249) Der Unterricht in der fünften Klasse war auf dem Niveau einer zweiten. Respekt gegenüber Lehrerinnen ist nicht vorhanden. So zeigte ein neunjähriger Schüler den Mittelfinger oder erwiderte, er f***e das Klassenbuch. Die wenigen Eltern, die zur Sprechstunde erschienen, entzogen sich ihrer Verantwortung, und bei Unzufriedenheit beschimpften sie die Lehrer oder spukten gar vor ihnen aus. Unerzogene Kinder von desinteressierten Eltern treffen auf einen Lehrkörper, der keinerlei Möglichkeiten hat, sich Autorität zu verschaffen. Hier sei auf das Buch »Eine Lehrerin sieht rot« der ehemaligen Berliner Schulleiterin Doris Unzeitig verwiesen, dessen Zusammenfassung lautet: *„Von der Lehrerin, die die Schulmisere in Berlin öffentlich machte. Ein schonungsloser Blick in einen Schulalltag, in dem Polizeieinsätze, blutüberströmte Kinder und verängstigte Lehrkräfte normal sind, in dem Gewalt unter Schülern und aggressive Eltern den Lehrern ebenso zusetzen wie tatenlose Politiker und schweigende Vorgesetzte. … Doris Unzeitig erinnert daran, dass es um unsere Kinder und deren Zukunft geht. Das ist der Grund, warum sie dieses Buch geschrieben hat.“*(250) Doch eine unfähige und ideologisch verbrämte Politik raubt unseren Kindern ihre Zukunft.

Doch wo man die eigene Kultur verunglimpft oder gar negiert, sorgt man sich außerordentlich um die Kultur anderer Staaten. So geschehen mit einem Ergänzungshaushalt des Bundeskabinetts, wodurch die Ukraine weitere Hilfen im Bereich Kultur und Medien in Höhe weiterer rund 20 Mio. Euro für das Jahr 2022 erhielt. *„Damit sollen die bereits ergriffenen Maßnahmen zum Schutz des kulturellen Erbes der Ukrai-*

59

ne weiter ausgebaut und zusätzliche Arbeitsmöglichkeiten für geflüchtete ukrainische Kultur- und Medienschaffende in Deutschland geschaffen werden." Weiter zitiert die Quelle Kulturstaatsministerin Claudia Roth wie folgt: „Mit dem russischen Angriffskrieg soll auch die Kultur und Identität der Ukraine vernichtet werden. Deshalb setzen wir alles daran, die ukrainischen Kulturstätten vor der russischen Zerstörungswut zu bewahren..."(251) Natürlich ist der Erhalt der ukrainischen Kultur richtig und wichtig, nur darf man dabei nicht übersehen, dass die Ukraine früher nur ab Dezember 1917 als Ukrainische Volksrepublik der Sowjets als autonome Republik innerhalb Sowjetrusslands und dann ab dem 29. April 1918 als kurzlebiger Ukrainischer Staat, der dann zu Beginn des Jahres 1920 mit dem Einmarsch der Roten Armee aufgelöst und „als Ukrainische Sozialistische Sowjetrepublik in Sowjetrussland eingegliedert" wurde, existiert hat.(252) „Erst nach dem Zerfall der Sowjetunion 1991 wurde die Ukraine erneut souverän, erstmals mit internationaler Anerkennung."(253)

Doch so wie Claudia Roth Russland vorwirft, die ukrainische Kultur und Identität zerstören zu wollen, macht sich Ihresgleichen dazu auf, die deutsche Kultur und Identität zu vernichten, da nicht mal Geld zur Verfügung gestellt wird, deutsche Kulturgüter zu unterhalten. So geschehen in Berlin, denn „wegen mangelnder Einnahmen während Corona und gestiegener Unterhaltungskosten muss die Stiftung Preußische Schlösser und Gärten sparen. Unter anderem könnten ganze Häuser vorübergehend dicht machen. ... Wegen fehlender Einnahmen durch die Pandemie-Jahre sowie steigenden Energie- und Unterhaltungskosten droht den Einrichtungen der Stiftung Preußische Schlösser und Gärten (SPSG) ein gewaltiges Finanzloch."(254) Doch kann laut Artikel aufgeatmet werden, weil: „Geplant sind Sanierungsarbeiten in Höhe von 30 Millionen Euro im Rahmen des Sonderinvestitionsprogramm II, das von Bund, Berlin und Brandenburg finanziert wird. Schwerpunkt 2023 wird eine große Ausstellung über preußischen Kolonialismus ab 4. Juli in Schloss Charlottenburg." Ja natürlich, wenn es um vermeintliche oder tatsächliche deutsche Gräueltaten geht, steht auch Geld zur Verfügung, wie Claudia Roth auch in einem Interview darlegt, in dem sie über ein Dokumentationszentrum über Verbrechen der deutschen Wehrmacht während des Zweiten Weltkriegs vornehmlich in Osteuropa spricht.(255) Kein Wort von Claudia Roth, dass die weitere Finanzhilfe für die ukrainische Kultur der Erinnerung der vielen getöteten Juden und Polen durch Ukrainer dienen könnte oder gar sollte.

So beklagt sich der emeritierte Hochschullehrer im Bereich Geschichte, Prof. Dr. Jörn Rüsen, in einem sehr lesenswerten Artikel für die Gerda Henkel Stiftung, dass sich an Frau Özoguz' Absage an die Existenz einer deutschen Kultur kein Streit entzündete. Wörtlich schreibt Prof. Dr. Rüsen in seinem Artikel: „Wo bleiben die Stellungnahmen seitens derjenigen, die sich für die deutsche Kultur einsetzen, ja für diese Kultur in ihrer Lebendigkeit und Zukunftsfähigkeit einstehen? Gibt es wirklich keine deutsche Kultur mehr, die die Vielfalt unterschiedlicher kultureller Orientierungen in unserem Lande umgreift, ihr zugrunde liegt und uns als Deutsche von anderen Nationen, den Engländern, Franzosen, Italienern, Russen, Amerikanern und vielen anderen, unterscheidet? Diese Unterschiedlichkeit lässt sich wohl schlecht bestreiten. Sie muss auf den Begriff ‚Kultur' gebracht werden, wenn man sie verstehen und sich in ihr zurechtfinden will."(256)

Und weiter formuliert der Geschichtslehrer: „Um bei der Geschichtskultur zu bleiben: Gibt es keine gemeinschaftsbildenden Traditionen in Deutschland? Natürlich gibt es sie, nicht nur die negative der Ablehnung des Nationalsozialismus. Ein Beispiel: An der Gestalt Martin Luthers kristallisiert sich gegenwärtig ein ambivalentes, aber nichtsdestoweniger wirksames Traditionsverständnis im Umgang mit einer Persönlichkeit, die unbestreitbar zur kulturellen Tradition Deutschlands gehört. Es gibt zahlreiche weitere Beispiele, mehr oder weniger ambivalente, aber unbestreitbar aufgenommen ins deutsche kulturelle Gedächtnis. Ähnlich wie in der Geschichtskultur gibt es traditionsbildende zukunftsträchtige Größen in allen Bereichen der kulturellen Sinnbildung. Ich erwähne hinsichtlich der Wirtschaftskultur die soziale Komponente des Kapitalismus (‚rheinischer Kapitalismus'). Sie mag schwach sein, aber wirksam und konsensfähig ist sie doch. In der Wissenschaftskultur verdienen die Ideen von Humboldt und Schleiermacher über die Bildungsfunktion *der wissenschaftlichen Erkenntnis mehr als nur gewohnheitsmäßige Anerkennung. Ihre Zukunftsträchtigkeit stellen entsprechende Anstrengungen nicht weniger deutscher Hochschulen unter Beweis. Die Reihe der Beispiele wirksam gebliebener Traditionen ließe sich fortsetzen: Kant, der deutsche Idealismus und die Hermeneutik in den Geisteswissenschaften, die eigentümliche Verschränkung von Säkularismus und öffentlicher Anerkennung der christlichen Kirchen; die Absage an reine Machtpolitik als Folge der Erfahrung zweier Weltkriege; die Europäisierung des Nationalen; Humanismus als Beitrag zur interkulturellen Kommunikation; Selbstkritik als Medium der Verständigung über kulturelle Differenzen und vieles andere mehr."*

Und dann kommt der Autor zum Punkt: *„Frau Özoguz wäre wohl gut beraten, wenn sie sich mit der deutschen Kultur vertrauter machte, als nur ihre Vielfältigkeit wahrzunehmen. Es zeichnen sich durchaus Züge der Gemeinsamkeit in der Vielfalt ab. Man muss sie nur wahrnehmen wollen. Aber genau das soll ja offensichtlich nicht sein; denn dann käme man in die Nähe einer Vorstellung von ‚Leitkultur', und die wirkt bei der Ministerin für Integration (und leider nicht nur bei ihr) wie das Weihwasser auf den Teufel.*
Was heißt eigentlich 'Leitkultur'? Doch etwas ganz Einfaches: Es handelt sich um den Inbegriff der Regeln und mentalen Einstellungen, die Vielfalt und Pluralismus als Eigenschaft moderner Kultur friedlich lebbar machen. Wenn Vielfalt das letzte Wort wäre, was steht dann dafür, dass sich die in ihr notwendigerweise wirksam werdenden Divergenzen nicht gewalttätig austragen? Vielfalt braucht Regeln des Umgangs mit Divergenz und eine Kultur, die diese Regeln mental begründet und stärkt. Juristische Normen und das Gewaltmonopol des Staates sind dazu zwingend erforderlich. Aber sie reichen nicht: Es müssen zivilgesellschaftliche Lebensformen hinzukommen, wenn Vielfalt ein Gewinn an Menschlichkeit und kein Schreckgespenst einer verlorenen Kultur sein soll.
Warum setzt sich die Ministerin für Integration über die Evidenz einer spezifisch deutschen Kultur hinweg? Das lässt sich leicht erklären: Wenn es diese Evidenz nicht gibt, dann fällt ein wesentlicher Faktor der Integration weg, eben die Bezugsgröße ‚deutsch'. Die neuen Bürgerinnen und Bürger brauchen sich nicht an die Kultur anzupassen, die die Deutschen als ihre eigene ansehen und leben. Sie brauchen sich dann nur eine begrenzte Anzahl von Regeln zu eigen zu machen. Die Kultur, die sie mitbringen und die ihr Leben diesseits und jenseits der Regeln bestimmt, bleibt dann unangetastet. Im Gegenteil: diese andere Kultur vermehrt nur die Vielfalt, die sie in Deutschland schon vorfinden. Die Divergenzen und Spannungen, die die mitgebrachte Kultur von derjenigen der Mehrheitsgesellschaft trennt, geraten außer Acht, und das gilt vor allem für das Konfliktpotenzial, das hier lauert (und dessen Gefährlichkeit inzwischen evident ist)."

Mit diesen Worten kommen wir abschließend nochmals auf den inneren Frieden und die innere Sicherheit im Land zurück. Ruft man sich die polizeiliche Kriminalstatistik auf, so findet man unter *„T62 Straftaten und Staatsangehörigkeit nichtdeutscher Tatverdächtiger (V1.0)"*[(257)] *„Informationen zum Anteil der nichtdeutschen Tatverdächtigen – aufgeschlüsselt nach Staatsangehörigkeit – an den Straftaten insgesamt und an den einzelnen Deliktsarten"*.

Betrachten wir die Straftaten gegen das Leben und Straftaten gegen die sexuelle Selbstbestimmung §§ 174, 174a, 174b, 174c, 177, 178, 184i, 184j StGB als sehr schlimme Verbrechen. So gab es 2022 3.539 Tatverdächtige bei Straftaten gegen das Leben, von denen 2.269 auf Deutsche und 1.270 auf Nichtdeutsche entfielen. Dies bedeutet, dass 36% auf Nichtdeutsche entfielen. Straftaten gegen die sexuelle Selbstbestimmung §§ 174, 174a, 174b, 174c, 177, 178, 184i, 184j StGB wurden im Jahr 2022 27.922 verübt, wovon 10.397, also 37% auf Ausländer kamen.

Doch unter den deutschen Tatverdächtigen könnten auch eingebürgerte Ausländer sein. Deren Anzahl zeigt die folgende Statistik.

61

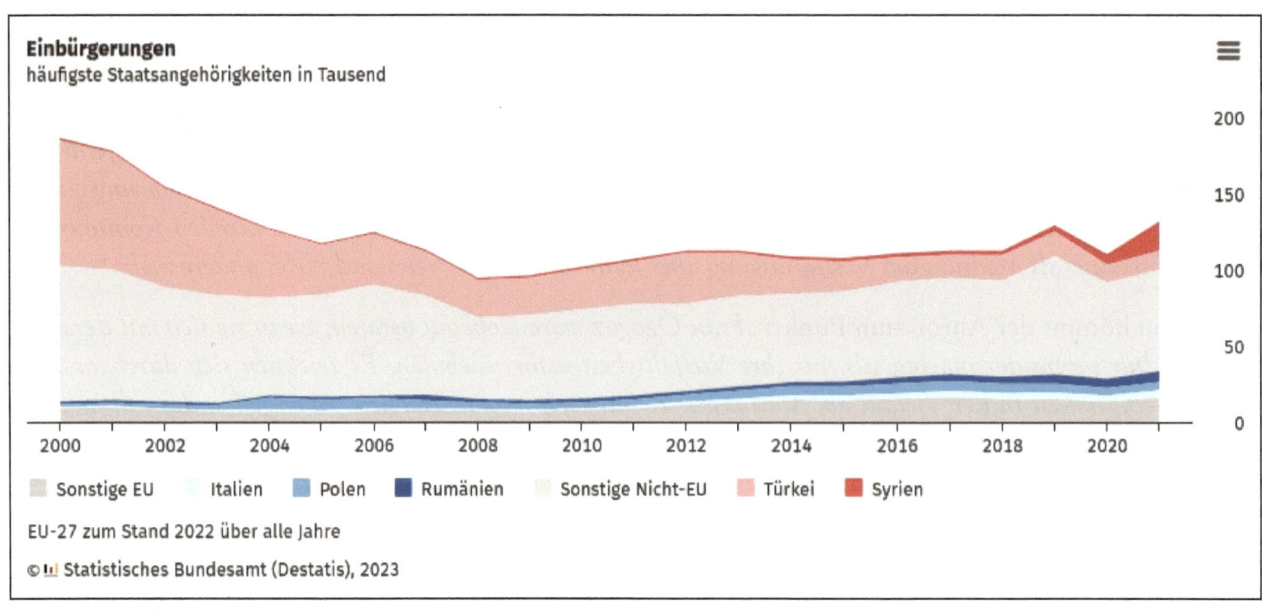

Einbürgerungen
häufigste Staatsangehörigkeiten in Tausend

Legende: Sonstige EU · Italien · Polen · Rumänien · Sonstige Nicht-EU · Türkei · Syrien

EU-27 zum Stand 2022 über alle Jahre

© Statistisches Bundesamt (Destatis), 2023

Abb. 34: Entwicklung der Einbürgerungen in Deutschland seit 2000

Allein in den zehn Jahren von 2012 bis einschließlich 2021 erhielten ca. 1.145.700 Menschen die deutsche Nationalität, darunter etwa 867.400 Nicht-EU-Bürger.

In einem Artikel der *Berliner Zeitung* über die steigende Anzahl antisemitischer Straftaten zitiert die Redakteurin den Berliner Antisemitismus-Beauftragten Prof. Dr. Samuel Salzborn, dass sie *„wissen, dass die Straftaten oft einen rechtsextremen Hintergrund haben"*, da von 365 Beschuldigten 284 einen deutschen Pass haben. *„Auf eine parlamentarische Anfrage"* nach den *„Vornamen wollte die Justizverwaltung nicht näher eingehen"*.[(258)] Der Artikel zeigte auch ein Bild einer Demonstration rechter Germanen:

Abb. 35: Rund 300 Teilnehmer kamen zur Judenhass-Demo von Neuköllner Rathaus zum Hermannplatz

Natürlich leiden wir unter rechts- und auch linksradikalem Antisemitismus, doch wie formulierte es der Historiker Michael Wolffsohn: *„Der gewalttätige Antisemitismus kommt heute nicht von rechts, auch wenn die irreführenden Statistiken etwas anderes sagen.“*(259) Wolffsohn ist selbst jüdischen Glaubens.

Doch Findige haben jetzt den Grund für diese zunehmende Aggression vieler „Schutzsuchender" erkannt. Es sind nicht diese Menschen in Verbindung mit einem schwachen, sich selbst verleugnenden Staat, sondern der Klimawandel ist dafür verantwortlich. Ja, Sie haben richtig gehört: Der Klimawandel mit dem durch ihn hervorgerufenen Long-Hot-Summer-Effekt ist schuld z.B. an den Vorkommnissen in den Freibädern in Berlin und Düsseldorf. Jetzt bräuchte man für die Vorfälle zu Jahreswechseln nur noch einen Short-Warm-Winter-Effekt und schon wäre alles klar.(260)

Zur Klarstellung zu diesem Kapitel sind noch abschließende Bemerkungen notwendig: Bevor jetzt einige einstimmen in den Chor „Rechts-rechts-Nazi-Nazi", wie es der Comedian Nicolai Binner so schön formulierte, soll diesen Demagogen Folgendes ins Stammbuch geschrieben werden:

- In unserem Land leben mittlerweile sehr viele Menschen, die entweder keinen deutschen Pass besitzen oder Migrationshintergrund haben, darunter auch viele Muslime. Und glauben Sie bitte, mit jedem dieser Menschen kann man tausendmal besser in einem Staat leben als mit der grün-rot-woken Blase, die derzeit Politik und Medien bestimmt. Wissen Sie, keiner dieser oben Genannten läuft mit dem Messer herum und vergewaltigt andere Menschen. Im Gegenteil arbeiten diese Mitbürger, zahlen Steuern und versuchen, diesen Staat nach vorne zu bringen.
- Auch gibt es viele Homosexuelle. Und auch hier gilt das oben Gesagte, denn auch diese Menschen bringen mit ihrer Arbeit dieses Land voran und tanzen nicht halbnackt mit irgendwelchen Kappen in Hundskopfform auf einschlägigen Veranstaltungen herum.

Auch diese Menschen sehen in der derzeitigen Politik eine Gefahr für ihre Existenz. Das sollte zum Abschluss noch gesagt werden.

„In der Politik geschieht nichts zufällig! Wenn etwas geschieht,
kann man sicher sein, dass es auf diese Weise geplant war.“
Franklin D. Roosevelt, US-amerikanischer Präsident von 1933-1945

Kapitel 3
Das Geld- und Finanzsystem

Henry Ford wird folgendes Zitat zugeschrieben: *„Wenn die Leute das gegenwärtige Bank- und Geldsystem verstünden, würde es vermutlich eine Revolution noch vor morgen früh geben."* Schauen wir uns mal an, was er damit gemeint haben könnte.

Die Gründung des Federal Reserve Systems (FED)

Das erste markante Ereignis der Neuzeit dürfte die Gründung der US-amerikanischen FED (die US-amerikanische Zentralbank) sein:

„Ende des 19. Jahrhunderts erlebte die amerikanische Wirtschaft eine der schlimmsten Finanzkrisen, durch Bankzusammenbrüche und mehrfache Geldsystemschwankungen." Der 1902 in die USA gekommene Bankier Paul Moritz Warburg aus der Hamburger Bankiersdynastie Warburg erstellte 1903 eine Schrift mit dem Titel »Plan für eine Zentralbank«. Im Herbst des Jahres 1907 kam es in Folge einer vorübergehenden Zahlungsunfähigkeit der Knickerbocker Trust Company, der damals drittgrößten Bank New Yorks, tatsächlich zu einer schweren Finanzkrise, der Panik von 1907. *„Infolge der Finanzkrise beschloss der US-Kongress nach dem Ende der Wirtschaftskrise, Rahmenbedingungen für ein sicheres und flexibleres Bankensystem zu schaffen. Warburg wurde als inoffizieller Berater der neu gegründeten National Monetary Commission einberufen, die Vorschläge zu einer Reform des US-Bankensystems ausarbeitete."*

„Ein weiterer Meilenstein in Paul M. Warburgs Bemühungen war ein 10-tägiges Treffen im überaus elitären Jekyll Island Club (Besitzer: John D. Rockefeller und J.P. Morgan) auf Jekyll Island vor der Küste Georgias im November 1910. Warburg traf sich hier mit drei weiteren US-Bankiers (Frank Vanderlip, Henry P. Davison, Arthur Shelton), dem einflussreichen Senator Nelson W. Aldrich sowie Andrew Piatt, einem führenden Wirtschaftsökonom aus Harvard" und fünf anderen Teilnehmern. Dort *„wurde ein detaillierter und umfassender Plan zur Gründung einer US-Zentralbank ausgearbeitet, der als Aldrich-Plan zunächst in der Gründung der National Reserve Association mündete. Das Geheimnis um die Teilnehmer sowie den Zweck des Treffens vom 20. bis 30. November 1910 auf Jekyll Island wurde bis in die 1930er-Jahre streng gehütet."*

„Das Resultat der Bemühungen der Zentralbank-Befürworter war schließlich nach der Wahl Woodrow Wilsons zum US-Präsidenten der Federal Reserve Act vom 23. Dezember 1913, der noch am selben Tag die Gründung der US-Zentralbank FED besiegelte. ... Der Federal Reserve Act ermöglicht es der Federal Reserve bis heute, Geld ohne intrinsischen Wert als Kreditgeld zu schaffen und es beispielsweise der amerikanischen Regierung gegen Zinsen zu leihen."[(261)]

Interessant hierbei ist die Präsidentschaftswahl im Jahr 1912. Die republikanische Partei kürte Amtsinhaber William Howard Taft zum erneuten Kandidaten, während dessen Vorgänger Theodore Roosevelt aus Ärger, seinen Favoriten nicht durchbekommen zu haben, die Partei verließ und sich der neu gegründeten progressiven Partei anschloss. Da Roosevelt immer noch sehr populär war, spalteten sich die republikanischen Wähler auf, sodass der demokratische Bewerber Woodrow Wilson die Wahl letztendlich gewann und später den Federal Reserve Act unterschrieb. Zwei Dinge dürften Taft die erneute Präsidentschaft gekostet haben. Einerseits wurde unter seiner Präsidentschaft 1913 der 17. Zusatzartikel ratifiziert. *„Er sah die Direktwahl der US-Senatoren durch die Wähler in jedem Bundesstaat vor. Zuvor hatten die Parlamente der Bundesstaaten die US-Senatoren gewählt. Unter diesem System erlangten viele Senatoren ihre Positionen durch korrupte Absprachen. Aus diesem Grund wurde der Senat der ‚Club der Millio-*

näre' genannt. Der Siebzehnte Zusatzartikel gab den Menschen eine direktere Stimme in der Regierung. "(262) Anderseits hat Taft mit seiner rigorosen Kartellrechtsverfolgung die Wall Street gegen sich aufgebracht und erhielt deshalb im Wahlkampf keine Unterstützung von den Großbankern. Daher erhielt Roosevelts Kandidat die Mehrheit der Unterstützung des Finanzzentrums. Aber auch Wilson schnitt gut ab; Jacob Schiff war einer seiner größten Geldgeber.(263) Tja, da war Taft der Hochfinanz wohl zu sehr auf die Füße gestiegen. So wird Demokratie gemacht.

Am 28.6.2017 wurde folgender Artikel(264) veröffentlicht, der die Unabhängigkeit der FED beleuchtet:

„Die US-Notenbanker betonen regelmäßig, dass ihr Handeln stets zum Wohle der Amerikaner sei. Wer die immer größeren Blasen der vergangenen 20 Jahre gesehen hat, kommt allerdings auf eine ganz andere Idee. Ein Blick auf die Eigentümerstruktur der FED sollte alle Unklarheiten beseitigen.
Fed-Chefin Janet Yellen ist im Zinserhöhungsmodus: Trotz anhaltend schwacher US-Konjunkturdaten will Yellen allmählich auf die Bremse treten. Vielen Investoren dämmert es zusehends, dass Yellen nur einen Grund haben dürfte für die Verschärfung der Geldpolitik: etwas Luft aus der gigantischen Blase am Aktienmarkt herauszulassen. Yellen und viele andere US-Notenbanker verweisen regelmäßig auf die Unabhängigkeit der Notenbank. Möglicherweise ist es damit aber nicht ganz so weit her. ,Die FED ist nicht so unabhängig, oder dauerhaft, wie viele denken', sagte Kevin Warsh zuletzt. ,Es gibt diese Idee, dass die FED eigene Macht habe. Das hat sie aber nicht.' Warsh war im Februar 2006 mit 36 Jahren als jüngster Notenbanker aller Zeiten in das Federal Reserve Board aufgestiegen. Dessen sieben Mitglieder, welche 14 Jahre dienen, werden vom Präsidenten bestimmt und vom Senat ernannt. Warsh ist allerdings bereits im März 2011 von seinem Posten zurückgetreten und derzeit Gastdozent an der Stanford University. Investoren sollten über Warsh' Aussagen gut nachdenken, wird er doch als möglicher Nachfolger Yellens gehandelt, deren Amtszeit im Februar 2018 endet. ,Wir sind dem Kongress gegenüber verantwortlich und der einzige Punkt, wo wir eine verdiente und garantierte Unabhängigkeit haben, ist bei der Durchführung der Geldpolitik', so Warsh. ,Die Idee, dass die FED ein dauerhafter Bestandteil der Wirtschaft ist, ist falsch', sagte Warsh. ,Der Grund, warum sich die FED reformieren muss, ist weil wir an eine unabhängige Notenbank glauben, die der Überwachung durch den Kongress unterliegt und der Auswahl durch den Präsidenten', so der Experte. ,Die FED ist das dritte Experiment des Landes mit einer Notenbank. Der Grund dafür ist, dass die ersten zwei Versuche nicht besonders gut gelaufen sind.'
Bevor man über die Unabhängigkeit der FED nachdenkt, sollte man sich die Eigentümerstruktur der FED genau anschauen. Denn im Gegensatz zu fast allen anderen Notenbanken weltweit ist die FED keine Institution des Staates. Sie selbst behauptet, niemandem zu gehören und im öffentlichen Interesse zu handeln. Sie besteht aus dem Federal Reserve Board und zwölf regionalen Notenbanken, die in ihrem jeweiligen Distrikt (Verwaltungsbezirk) operieren. Die zwölf regionalen Notenbanken gehören den Geschäftsbanken, die jeweils Aktienanteile an der Notenbank ihres Distrikts kaufen müssen, die Papiere allerdings nicht weiterveräußern dürfen. Mit einfachen Worten: Die Eigentümer der FED sind die privaten Banken, 100 Prozent der Eigentümer der FED sind private Banken. Keine einzige Aktie an der FED gehört dem Staat. Welche Banken genau die Eigentümer sind, und wie groß ihr Anteil an der jeweiligen regionalen Notenbank ist, ist aber streng geheim. Niemand weiß es, weil die FED es schlicht und einfach verheimlicht. Man muss es mit der Transparenz ja nicht übertreiben.
Dabei hat die FED das Monopol für das Erschaffen von Dollars, weshalb die Geldmenge derzeit um rund 750 Mrd. Dollar pro Jahr wächst. Mit Hilfe ihrer Einnahmen, die nicht zuletzt aus dem riesigen Bestand an Staats- und Hypothekeneinlagen kommen, bezahlt die FED den Banken eine Dividende von sechs Prozent auf ihren Aktienanteil. Für Banker an der Wall Street mag sich eine Rendite von sechs Prozent vielleicht nicht hoch anhören. In Zeiten, in denen die Zinsen für zehnjährige US-Anleihen aber bei lediglich 2,2 Prozent sind, ist eine Rendite von sechs Prozent aber doch eine Menge Holz. Im November 2016 hat die FED daher die Regeln verändert, demnach sie Eigentümern mit Vermögenswerten

von zehn Mrd. Dollar entweder die sechs Prozent zahlt oder die Rendite auf zehnjährige US-Anleihen. Die neuen Regeln sind im Januar 2017 in Kraft getreten. Wenn man sich die obigen Fakten anschaut, könnte man glatt auf die Idee kommen, dass die FED hauptsächlich im Interesse ihrer Eigentümer und nicht in dem der normalen Amerikaner handelt.

Entgegen dem Eindruck vieler Anleger gehört die FED den privaten Geschäftsbanken. Entsprechend kann sich die FED dem Einfluss der Institute wohl kaum entziehen. Viele Amerikaner dürften allerdings erst dann darüber nachdenken, wenn die nächste Wirtschaftskrise in vollem Gange ist."

Um es nochmals mit einem Artikel aus der *Wirtschaftswoche* im Jahr 2013 zusammenzufassen: „*Gegründet wurde die FED als Reaktion auf die Bankenpanik von 1907 zur Vermeidung weiterer Finanzkrisen und zum Schutz des Dollars. Das ging in der Rückschau weitestgehend schief.*[265] *Gemessen am Dollar von 1913 ist der Greenback heute nur noch fünf Cent wert. Der FED wird eine Mitschuld angelastet für den Ausbruch der Weltwirtschaftskrise 1929, den Börsencrash von 1987, die Aktienmarktblase zur Jahrtausendwende und die weltweite Finanzkrise von 2008. Präsident Wilson hatte damals seinen Fehler erkannt, leider zu spät: ‚Unwissentlich habe ich mein Land ruiniert. Eine große Industrienation wird kontrolliert von ihrem Kreditsystem. Dieses System ist hochkonzentriert. Das Wachstum der Nation und alle unsere Aktivitäten befinden sich ob den Händen einiger weniger Menschen. Wir haben uns zu einer der am schlechtesten geführten, am meisten überwachten und beherrschten Regierungen der zivilisierten Welt entwickelt.' Diese Einsicht hat nichts an Aktualität eingebüßt.*"

Seit 1985 verschwanden mehr als 10.000 Banken. „*Aktuell [2013] gibt es in den USA noch 6.891 Banken. Das ist weniger als während der Großen Depression. Die marktbeherrschende Stellung einiger weniger Banken begünstigt Kartellabsprachen und gefährdet die Wirtschaft. Fast 70 Prozent aller bilanziellen Vermögenswerte des amerikanischen Bankensystems werden gehalten von nur zwölf Großbanken. Allein in den letzten fünf Jahren sind die Vermögenswerte der sechs größten US-Banken JP Morgan Chase, Bank of America, Citigroup, Wells Fargo, Goldman Sachs und Morgan Stanley im Durchschnitt um 37 Prozent gewachsen. Im Wesentlichen sind das jene Banken, die gleichzeitig auch die einflussreichsten Anteilseigner der zwölf regionalen Banken im Federal Reserve System sind.*"

Der Glass-Steagall-Act

Trotz der Gründung der FED kam es ausgelöst durch den New Yorker Börsencrash im Oktober 1929 zu einer großen Weltwirtschaftskrise. „*Zu den wichtigsten Merkmalen der Krise zählten ein starker Rückgang der Industrieproduktion, des Welthandels, der internationalen Finanzströme, eine Deflationsspirale, Schuldendeflation, Bankenkrisen, die Zahlungsunfähigkeit vieler Unternehmen und massenhafte Arbeitslosigkeit, die soziales Elend und politische Krisen verursachte.*"[266] Um der Bankenkrise im Rahmen der großen Depression entgegenzuwirken, wurde der Glass-Steagall-Act erlassen, der zwei Bundesgesetze umfasst. Das erste Gesetz von 1932 diente der Eindämmung der Deflation, während das zweite, bedeutendere – der Banking Act von 1933 – das Trennbankensystem, also eine institutionelle Trennung von Geschäfts- und Investmentbanken, einführte. Damit sollte gewährleistet werden, dass systemrelevante Geschäftsbanken nicht durch riskante Spekulationsgeschäfte in Schieflage geraten und so eine große Finanz- und Wirtschaftskrise auslösen.

Die Goldbindung des Dollar

Nachdem 1933 die Goldbindung des Dollars aufgehoben wurde, um die Wirtschaftskrise einzudämmen und später den Krieg zu finanzieren, beschlossen 1944 44 Länder das Bretton-Woods-System: „*Der US-Dollar wurde mit 35 Dollar je Unze durch Gold gedeckt. Alle anderen Währungen wurden in einem festen*

Kurs an den Dollar gebunden. Eine Regierung konnte ihr Geld nur nach Absprache mit anderen Ländern abwerten. Und jeder Staat durfte seine gesparten Dollars jederzeit bei der US-Zentralbank gegen Gold tauschen. Das ging so lange gut, bis die USA in die Krise schlitterten. Die Kosten für den Vietnamkrieg und hohe Ausgaben der Regierung hatten eine gefährliche Inflation verursacht. Die heimische Wirtschaft schwächelte, und zum ersten Mal hatten die USA ein Handelsbilanzdefizit. Damit nicht genug: Aus Angst vor einer Entwertung tauschte alle Welt schnell die bei Geschäften mit Amerika verdienten Dollars gegen Gold, wodurch die Reserven der Zentralbank sanken."[267] „*Vor 50 Jahren, am 15. August 1971, kündigte Nixon in einer Rundfunk- und Fernsehansprache einseitig die Verpflichtung der Vereinigten Staaten auf, Dollar in Gold zu tauschen. Der Dollar verlor damit über Nacht seine Funktion als Anker für die anderen Währungen. Den Rest der Welt traf die Rede völlig unvorbereitet, weshalb sie als Nixon-Schock in die Geschichte einging.*"[268] Als Folge davon kam es zu starker Inflation und mehreren Ölkrisen, was durch den damaligen Fed-Chef Paul Volcker Ende 1979 durch eine massive Anhebung der Leitzinsen gelöst wurde.[269]

Die folgenden Schaubilder zeigen diese Entwicklung der Inflation einmal jährlich und später auch kumulativ, was besonders beeindruckend wirkt[270]:

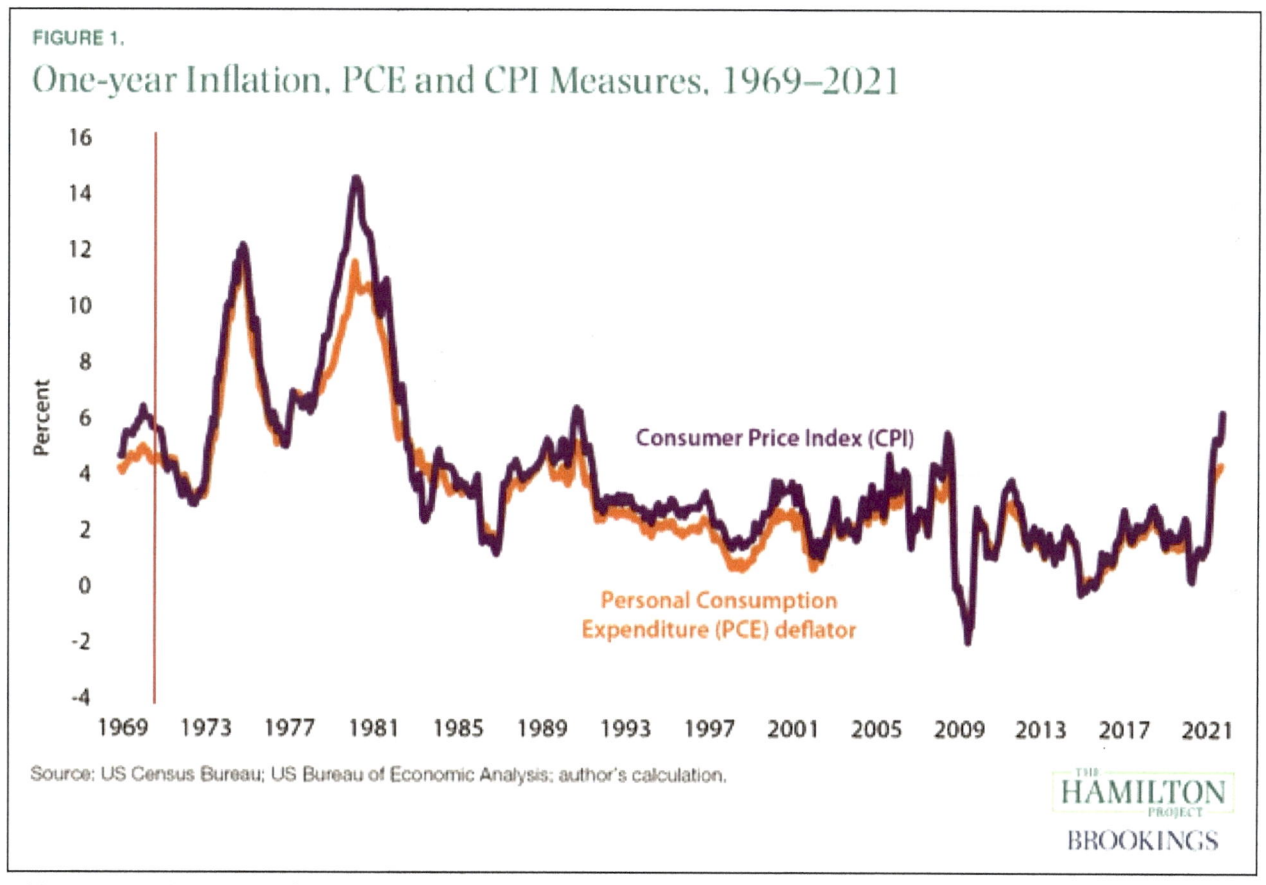

Abb. 36: Entwicklung der Inflation in den USA seit 1969

Wie oben zu sehen, waren die 1970er-Jahre ein Jahrzehnt hoher Inflation, die erst durch die massive Erhöhung der Zinsen Ende der 1970er wieder langsam in den Griff zu bekommen war.

Besonders werden die Auswirkungen der Beendigung der Goldbindung der US-Dollars bei Betrachtung der kumulativen Inflation deutlich:

67

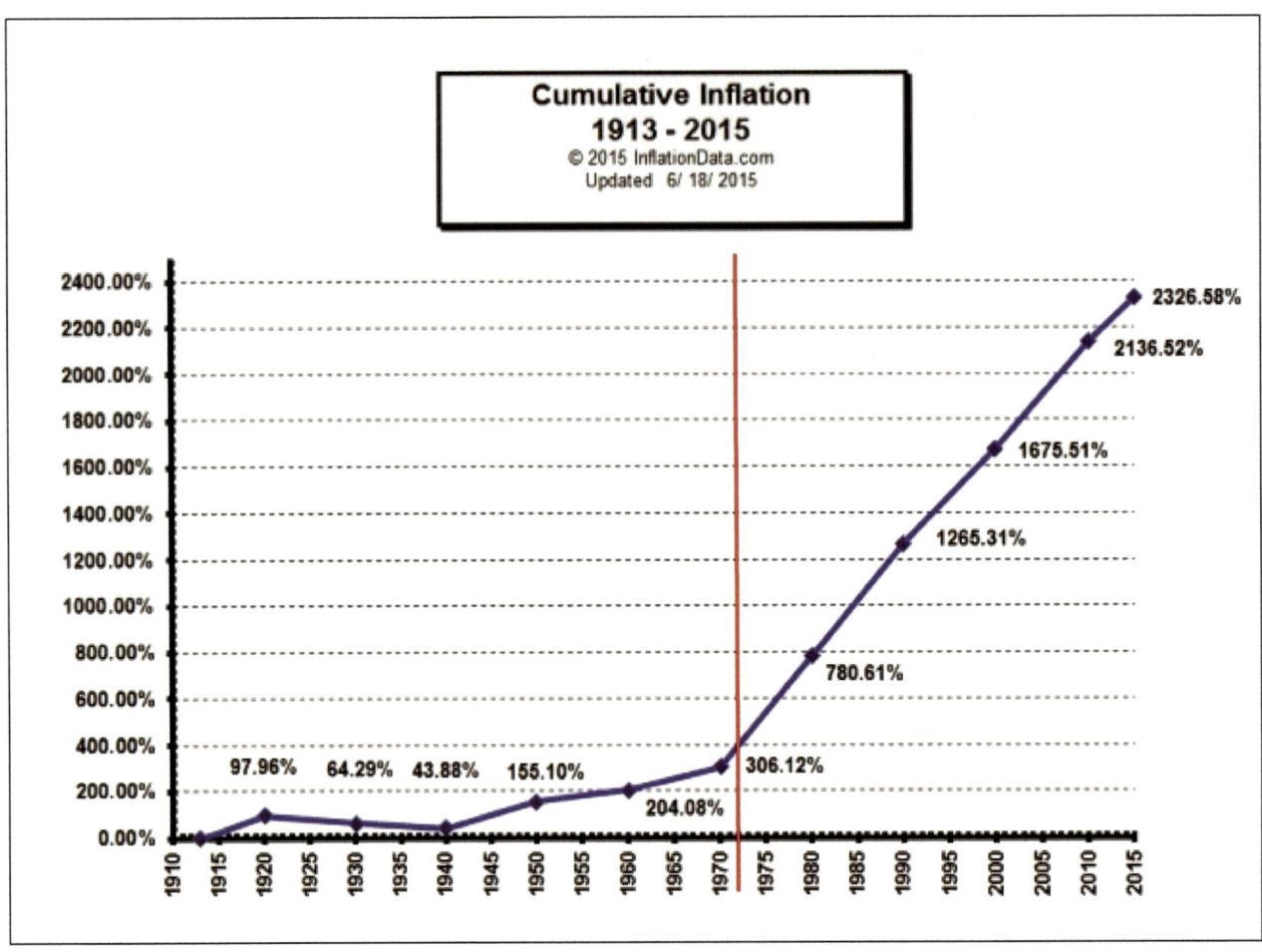

Cumulative Inflation 1913 - 2015
© 2015 InflationData.com
Updated 6/18/2015

Abb. 37: Kumulative Entwicklung der Inflation in den USA seit Einführung der FED 1913

Der Gramm-Leach-Bliley-Act

„Das zweite Glass-Steagall-Gesetz wurde mehrfach modifiziert und 1999 unter Präsident Bill Clinton mit dem Gramm-Leach-Bliley Act schließlich komplett aufgehoben. Auf diese Weise sollte die Wettbewerbsfähigkeit US-amerikanischer Geschäftsbanken gestärkt werden.“[271] *„Eineinhalb Jahrzehnte später fällt die Bilanz anders aus. Inzwischen mehren sich die Anzeichen, dass die Deregulierung der Finanzmärkte in den 80er- und 90er-Jahren eine der Kernursachen der Finanzkrise ist. Die excessive Kreditvergabe in den USA, die Immobilienblase und der Beinahe-Zusammenbruch des gesamten Finanzsektors im Herbst 2008 - all das hätte es ohne den Rückzug des Staates aus der Bankenbranche so wohl nicht gegeben.“*[272] Ab diesem Moment ging das große Zocken der Geschäftsbanken an, die dann während der Finanzkrise teils vom Steuerzahler gerettet werden mussten. Wurden vorherige Gewinne privatisiert, wurden die dann folgenden Verluste sozialisiert. So geht moderne Umverteilung aus der Mitte nach ganz oben.

Die Auswirkungen der politischen Entscheidungen auf die Bevölkerung

Die folgende Grafik zeigt die Auswirkungen der politischen Entscheidungen auf die Entwicklung der Vermögen der ärmeren 90% und der superreichen 0,1% der US-Haushalte. Die vertikalen roten Linien markieren von links nach rechts die Einführung des Trennbankensystems 1933 (Glass-Steagall-Act), die Goldbindung des Dollars mit Anbindung anderer Währungen an den Dollar 1944 (Bretton-Woods-System), die Aufhebung der Goldbindung des Dollars 1971 und die Aufhebung des Trennbankensystems 1999 (Gramm-Leach-Bliley-Act).

68

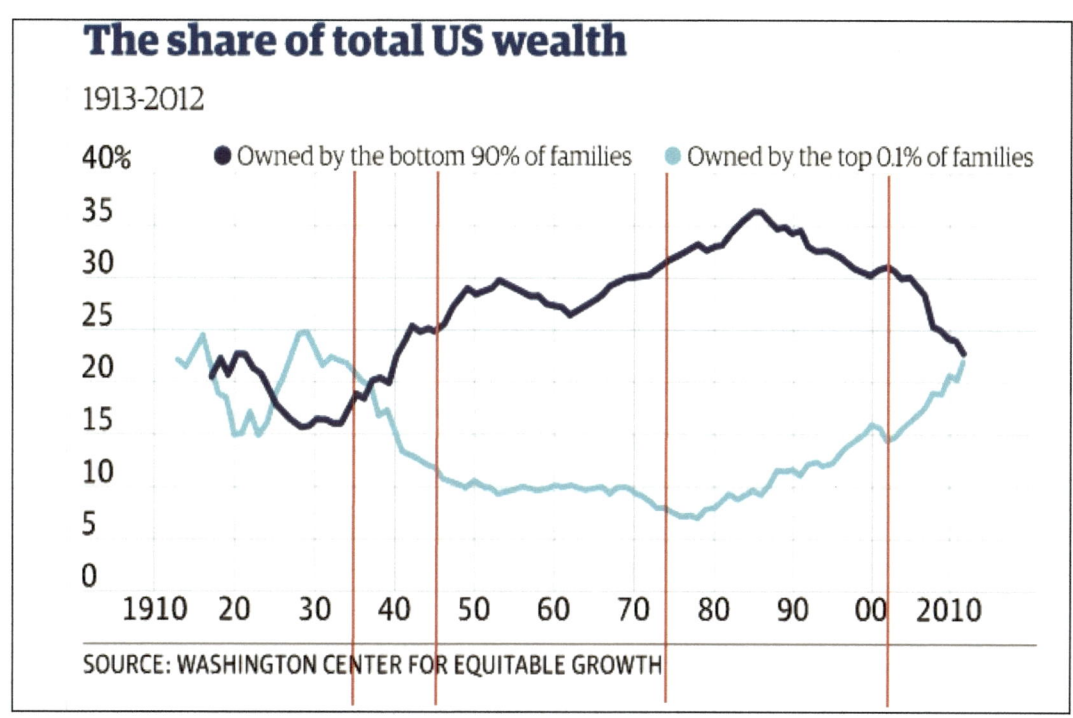

The share of total US wealth
1913-2012

40% ● Owned by the bottom 90% of families ● Owned by the top 0.1% of families

SOURCE: WASHINGTON CENTER FOR EQUITABLE GROWTH

Abb. 38: Entwicklung des Eigentums der unteren 90% von US-Familien im Vergleich zu der des obersten Promille

Des Weiteren soll das Verhältnis von Vermögen zu Einkommen, ein bedeutendes Maß für Ungleichheit in den USA, betrachtet werden:

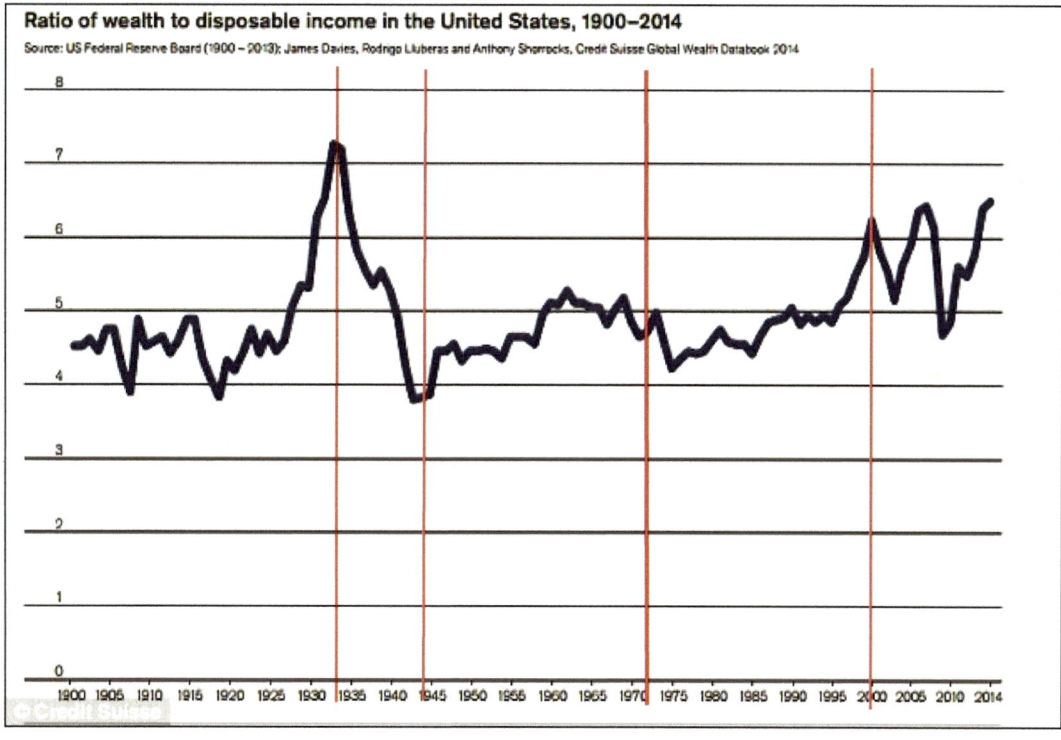

Ratio of wealth to disposable income in the United States, 1900–2014

Source: US Federal Reserve Board (1900 – 2013); James Davies, Rodrigo Lluberas and Anthony Shorrocks, Credit Suisse Global Wealth Databook 2014

Abb. 39: Entwicklung des Verhältnisses von Vermögen zu Einkommen in den USA

Die beiden erstgenannten Maßnahmen scheinen für eine gerechtere Vermögensverteilung zumindest mitverantwortlich zu sein, während die beiden Aufhebungen mehr den reichen Familien genützt zu haben scheinen.

69

Der Dollar als Weltleitwährung

Der *Wirtschaftsdienst* veröffentlichte 2018 einen sehr guten Artikel über den US-Dollar als Leitwährung, der die wichtigsten Informationen zu diesem Thema gut zusammenfasst. Deshalb wird sich im Folgenden hauptsächlich darauf bezogen.(273)

Der Artikel beginnt damit, dass er den Begriff Leitwährung kurz charakterisiert und darstellt, welche Bedingungen ein Währungsraum erfüllen muss, um dafür geeignet zu sein: *„Eine Leitwährung zeichnet sich dadurch aus, dass sie als international wichtigste Transaktions-, Anlage- und Reservewährung fungiert. Hierzu muss sie uneingeschränkt in andere Währungen konvertierbar und in ausreichendem Maße global verfügbar sein, um der weltweiten Liquiditätsnachfrage entsprechen zu können. Daher sollte das Leitwährungsland über offene, tiefe und gut entwickelte Finanzmärkte verfügen. Um das Vertrauen und die internationale Akzeptanz als Anlage- und Reservewährung zu gewährleisten, muss das Leitwährungsland zudem die innere Wertstabilität der Währung durch eine nachhaltig auf Preisniveaustabilität ausgerichtete Geld- und Finanzpolitik sicherstellen, einen hohen Grad an makroökonomischer Stabilität besitzen und eine bedeutende wirtschaftliche und politische Rolle in der Weltwirtschaft spielen.“*

Weltleitwährung wurde der US-Dollar durch das oben beschriebene Bretton-Woods-System (im Abschnitt „Die Goldbindung des US-Dollars“). Auch blieb die Leitstellung des US-Dollar nach Ende des Bretton-Woods-Systems und der Auflösung der Goldbindung bestehen. Grund hierfür war hauptsächlich, dass der Rohstoffhandel (Erdöl) in Dollar notiert wurde. *„Die USA garantierten den Saudis militärischen Schutz, während die Saudis versprachen, von nun an Öl nur noch gegen Dollar zu verkaufen.“*(274) Internationale Finanzgeschäfte und Güterhandel wurden immer mehr in der US-Währung fakturiert. Außerdem galten die dominante Macht USA als „sicherer Hafen“, was psychologisch natürlich enorm wertvoll ist.

Zu den Vorteilen des Leitstatus weiter im Artikel des *Wirtschaftsdienstes*: *„Der Leitwährungsstatus des US-Dollar geht für die USA mit erheblichen wirtschaftlichen Vorteilen einher. Die amerikanische Notenbank realisiert als Emittent der Weltwährung durch die Bereitstellung internationaler Dollar-Liquidität beträchtliche Geldschöpfungsgewinne (sogenannte Seigniorage), da die Verwendung von Dollar-Devisen im Ausland einen zinslosen Kredit für die USA darstellen. Da ein Großteil dieser Mittel vom Ausland in Form US-amerikanischer Staatsanleihen gehalten wird, kann sich die US-Regierung zugleich zu deutlich geringeren Zinsen refinanzieren, als dies ohne den Leitwährungsstatus des US-Dollar möglich wäre. Durch dieses vom früheren französischen Präsidenten Giscard d'Estaing angeprangerte ‚exorbitante Privileg‘ als Leitwährungsland entstehen den USA volkswirtschaftliche Gewinne von jahresdurchschnittlich etwa 3% des US-amerikanischen Bruttoinlandsproduktes (BIP). Amerikanische Unternehmen realisieren zudem durch die mit einer Dollar-Fakturierung einhergehende Eliminierung des Wechselkursrisikos bei internationalen Engagements Transaktionskostenersparnisse und erlangen auf diese Weise Wettbewerbsvorteile gegenüber ausländischen Konkurrenten. Aus gesamtwirtschaftlicher Sicht stehen dieser Kostenersparnis jedoch aufgrund des Wegfalls der korrespondierenden Absicherungsgeschäfte entsprechend geringere Umsätze im amerikanischen Bankensektor gegenüber.“*

In Summe lässt sich vereinfacht festhalten: *„De facto ermöglicht der Status des US-Dollars den Amerikanern heute, echte Waren zu importieren – im Austausch für grün bedrucktes Papier.“*(275) Außerdem ist die Wirtschaftsmacht einer Leitwährung enorm. So können Länder oder Unternehmen, die die USA als „unfreundlich“ betrachten, von der Weltwährung abgeschnitten werden, was einen ungeheuren wirtschaftlichen Rückfall, wenn nicht gar den Exodus bedeutet. Die Frage nach der Zukunft des US-Dollars hängt entscheidend von der Einstellung der immer bedeutender werdenden BRICS-Staaten (Brasilien, Russland, Indien, China und Südafrika) ab, doch birgt ein großer Angriff auf den Leitstatus die Gefahr, die eigenen Währungsreserven in US-Dollar zu entwerten bei einem dann erwartbaren Kurssturz der

US-Währung. Die Schweizer *Weltwoche* glaubt, dass die US-Amerikaner beim Ausschluss Russlands, einem doch bedeutenden Weltspieler, den Bogen überspannt zu haben scheinen. So sei es nicht verwunderlich, dass Russland seine Energieexporte künftig in Rubel fakturiert. Auch China wolle seinen Renminbi stärker in den Vordergrund stellen. So verhandle man als größter Ölabnehmer Saudi-Arabiens, die Ölimporte künftig in Yuan abzuwickeln. Dies wäre ein herber Schlag gegen die USA.[276] Wie heißt es in diesem Artikel so schön: *„Die wirtschaftlichen Sanktionen der Regierung Biden gegen Russland könnten so zum epochalen Bumerang werden und das Ende der weltweiten Dollar-Dominanz einläuten."* Doch werden sich die USA als größte Militärmacht weltweit den Status ihrer Währung als Weltleitwährung so einfach nehmen lassen?

Die Geldschöpfung

In Deutschland gibt es drei Arten der Geldschöpfung, die in einem Artikel von *Planet Wissen* sehr gut dargestellt sind:[277]

- **Bargeld (Münzen und Scheine)**
  „Sämtliche Münzen der Bundesrepublik Deutschland werden von den fünf staatlichen Münzstätten im Auftrag des BMF geprägt."[278] Die Scheine werden von der Deutschen Bundesbank hergestellt. Das Bargeld kommt in Umlauf, indem die Geschäftsbanken dieses bei der Bundesbank zum Nominalwert mit unbarem Zentralbankgeld (siehe weiter unten) kaufen. Die Differenz zwischen aufgedrucktem Wert und den Herstellungskosten bleibt bei den staatlichen Organisationen.

- **Unbares Zentralbankgeld**
  Dieses Geld wird dann aus dem Nichts geschaffen, wenn die Geschäftsbanken einen Kredit von der Bundesbank benötigen und ausreichend Wertpapiere oder Gold hinterlegen können.

- **Giralgeld**
  Während die ersten beiden Geldarten weitläufig bekannt sein dürften, stellt dieses Geld für viele Menschen eine Unbekannte dar, da der „Volksglaube" davon ausgeht, dass Geschäftsbanken Kreditwillige aus den Spareinlagen bedienen. Doch weit gefehlt, denn auch hier entsteht das Geld aus dem Nichts. Erhält ein Kreditnehmer einen Kredit, so bucht die Bank den Betrag einfach auf das Konto des Kreditnehmers. Einfach so. Dafür zahlt der Kreditnehmer Zinsen an die Bank. Kann er diesen Kredit nicht oder nicht ganz zurückzahlen, kann er auch noch seine der Bank zur Verfügung gestellten Sicherheiten verlieren. Zahlt er jedoch komplett zurück, verschwindet dieses Geld auch wieder im Nichts. Außer den Zinsen, die bei der Bank bleiben. Weiterhin entsteht Giralgeld, wenn die Bank eine Rechnung an einen Vorlieferanten für einen angeschafften Vermögensgegenstand begleicht, wo das Geld per Mausklick auf dessen Konto gutgeschrieben wird.[279] Lediglich Überweisungen, die an eine andere Geschäftsbank gehen, werden mit Zentralbankgeld abgewickelt. Deshalb wollen Geschäftsbanken auch möglichst viele Bürger und Unternehmer als Kontoinhaber. Denn bei Überweisungen innerhalb der Bank wird kein Zentralbankgeld benötigt.
  Um das Recht der Kreditvergabe und damit des „Gelddruckens" nutzen zu können, müssen Kreditinstitute Voraussetzungen erfüllen. Einerseits benötigt die Bank *„einen ausgeglichenen Saldo zwischen Zu- und Abgängen an Überweisungen"* und muss *„eine eventuell auftretende Lücke durch Kredite der Zentralbank oder anderer Banken refinanzieren"*. Anderseits muss die Bank als Sicherheit die sogenannten Mindestreservesätze der Zentralbank (1% für die Mindestreserve, ca. 1,4% für die Bargeldreserve und 0,1-0,6% für die Überschussreserve) erfüllen. Dies kann über Kredite bei der Zentralbank, bei anderen Banken oder durch langfristige Geldeinlagen von Spa-

rern erfolgen.[280] In der Praxis ist es jedoch so, dass die Bank das Geld schöpft und die Mindestreserveanforderung bei Bedarf im Nachhinein deckt, was von der EZB nie verwehrt wird.[281] Interessanterweise gibt es keine rechtliche Grundlage für die Giralgeldschöpfung. *„Die Möglichkeit zur Buchgeldschöpfung durch Banken wird vom deutschen Recht vorausgesetzt.“*[282]

Was bedeutet dies für die Bürger und Unternehmen? Für Bürger und Unternehmen sind das Bar- und das Giralgeld maßgeblich. Giralgeld ist eine Verbindlichkeit der Geschäftsbanken, die sie gegenüber Kontoinhabern mit einem Saldo im Haben haben. Wenn man also ein Guthaben auf dem Girokonto hat, ist es eine Forderung auf die Auszahlung von Bargeld, die man gegenüber der Geschäftsbank hat.[283] Die, die wir Geld bei den Geschäftsbanken haben, sind in anderen Worten Gläubiger dieser Geschäftsbank. Gerät nun diese Bank in Schwierigkeiten, werden in einem sogenannten Bail-in-Verfahren die Gläubiger, also die Sparer, an der Sanierung beteiligt. Verschwörungstheorie? Nein, Richtlinie 2014/59/EU (Abwicklungsrichtlinie) der Europäischen Union.[284] Dann sollte man sein Geld doch abheben, wenn man merkt, dass es einer Bank schlecht geht. Auch dies ist nicht so einfach, da Giralgeld nur zu ca. 16% durch Bargeld gedeckt ist.[285] Und diese Zahl inkludiert nicht nur das bei den Banken vorgehaltene Bargeld, sondern auch das sich im Umlauf befindliche. Die Deckung ist also in Wahrheit geringer. Im Falle einer Krise könnten mehr Sparer ihr Geld abheben wollen, als die Bank Geld hat. In solch einem Fall könnte die Bank geschlossen werden, damit niemand mehr Geld abheben kann.[286] Vielleicht würde danach gelockert mit erlaubten Abhebungen mit einer festgelegten Maximalsumme pro Zeiteinheit.

Doch auch Bargeld ist nach der weiter oben beschriebenen Ablösung vom Goldstandard wertloses Papier, falls die Menschen das Vertrauen in die Währung verlieren, obwohl *„Bargeld immer noch als Verbindlichkeit der Zentralbank verbucht wird“*.[287]

Die Staatsfinanzierung in Deutschland

Staatsfinanzierung wäre im Rahmen der heutigen Geldordnung *„durch Giralgeldschöpfung der Geschäftsbanken wie auch durch Buchgeldschöpfung der Zentralbank möglich“*.[288] Der Zentralbank verbietet jedoch Art. 123 des Vertrags über die Arbeitsweise der Europäischen Union (AEUV) die Staatsfinanzierung.[289] Obwohl die EZB mit dem Ankaufprogramm von Staatsanleihen obigen Artikel doch sehr „gedehnt“ hat, soll hier davon ausgegangen werden, dass die direkte Staatsfinanzierung durch die EZB unterbleibt. So bleibt unserem Staat lediglich die Möglichkeit, sich über den Finanzmarkt zu finanzieren. Unser Staat finanziert sich hauptsächlich über Anleihen, während Kommunen ihren Bedarf in der Regel über Kreditaufnahme decken.[290] *„Als Geldgeber kommen für einen Staat grundsätzlich Banken, Zentralbanken, Investmentfonds, Versicherungen sowie auch private Anleger im In- und Ausland infrage. Der deutsche Bund etwa versteigert seine Wertpapiere über die Deutsche Finanzagentur an 37 ausgewählte Geschäftsbanken. Die höchstbietende Bank bezahlt für eine verzinste Staatsanleihe mit ihrem Guthaben. Sie kann das Wertpapier anschließend entweder selbst behalten, um die Zinsen einzustreichen, oder mit einem Preisaufschlag weiterverkaufen – zum Beispiel an private Investoren, Rentenfonds, Versicherungen oder an die Europäische Zentralbank.“*[291] *„Wenn sie einen kleinen Teil davon an die Zentralbank verkaufen oder dort als Pfand hinterlegen, können sie mit dem dadurch beschafften Zentralbankbuchgeld ihre Mindestreserve bei der Zentralbank anheben und weiteres Giralgeld schaffen. Auf diese Weise erzielen die Geschäftsbanken aus ihrem Bestand an Staatsanleihen nahezu ohne Refinanzierungskosten laufend Zinserträge, die aus dem Staatshaushalt kommen. Solange der Schuldendienst des Staates gesichert zu sein scheint, entwickelt sich dadurch weitgehend entkoppelt vom BIP-Verlauf eine aufwärts verlaufende Spirale: Giralgeldschöpfung → Staatsanleihekauf → Pfandhinterlegung → Reserveanstieg → Giralgeldschöpfung → … Diese Teufelsspirale führt zu einem permanenten Anstieg der Staatsverschuldung einerseits und der Giralgeldmenge andererseits, wenn der Staat seine Neuverschuldung nicht beendet.“*[292]

In der ZDF-Satiresendung *Die Anstalt* vom 28.5.2019 drücken es die beiden Protagonisten sehr trefflich aus. Sagt der eine: *„…Schreiben Sie sich das einfach mal hinter die Ohren: Die staatliche Staatsfinanzierung ist schlecht. Private Staatsfinanzierung ist gut.“* Fragt der andere: *„Warum?“* Darauf der erste: *„Das werden Sie verstehen, wenn Sie mal mit der privaten Staatsfinanzierung richtig Knete gemacht haben.“*

Oder wie es Bertold Brecht so schön formulierte: *„Bankraub ist eine Unternehmung von Dilettanten. Wahre Profis gründen eine Bank.“*(293)

Inflation

Bevor wir uns mit Inflation beschäftigen, wollen wir erst verstehen, was Geld ist. Neben seiner Wertaufbewahrungsfunktion ist Geld vor allem ein Tauschmittel. Solch ein funktionierendes Tauschmittel ermöglicht erst unsere arbeitsteilige Wirtschaft. Man sieht klar den Vorteil zur reinen Tauschwirtschaft. So wäre es zwar noch gut möglich, z.B. Brot gegen Fleisch zu tauschen, als Autohersteller haben Sie jedoch ein Problem, wenn Sie Brot gegen Ihr produziertes Auto eintauschen wollen. Sie bekämen so viel Brot, dass es verdürbe, bevor Sie es verzehren oder weitertauschen könnten. Deshalb können wir jedes Gut und jede Dienstleistung in Geld transformieren, da unser Geld teilbar und zählbar ist. Früher erfüllten Gold und Silber diese Funktion.

Ist nun ein Gut oder auch Geld knapp, steigt es im Wert für die Menschen. Ist es im Überfluss vorhanden, sinkt sein Wert im Ansehen. Wir sehen also ein weiteres Kriterium für das Funktionieren von Geld, nämlich seine Knappheit. Und wenn nun in einer Volkswirtschaft alle Preise steigen, hat sich etwas im Verhältnis Güter- zu Geldmenge verschoben. Dies nennt man Inflation. Die Ausdehnung der Geldmenge bedeutet, dass mehr Geld der gleichen Gütermenge oder in unserem Fall einer sinkenden Gütermenge gegenübersteht. Gelddrucken schafft Inflation. Hierzu im Folgenden die Geldmengenentwicklungen in den beiden bedeutendsten Währungsräumen weltweit (US-Dollar und Euro):

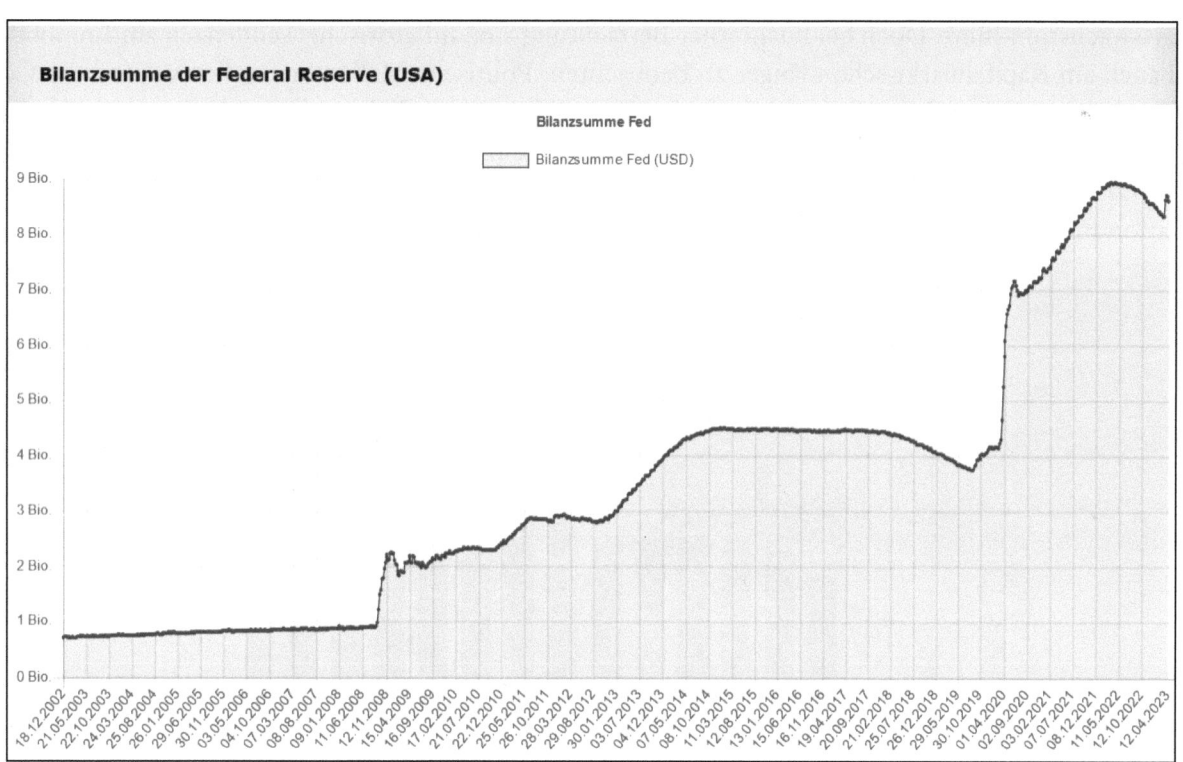

Abb. 40: Entwicklung der Bilanzsumme der FED, abgerufen am 17.4.2023

73

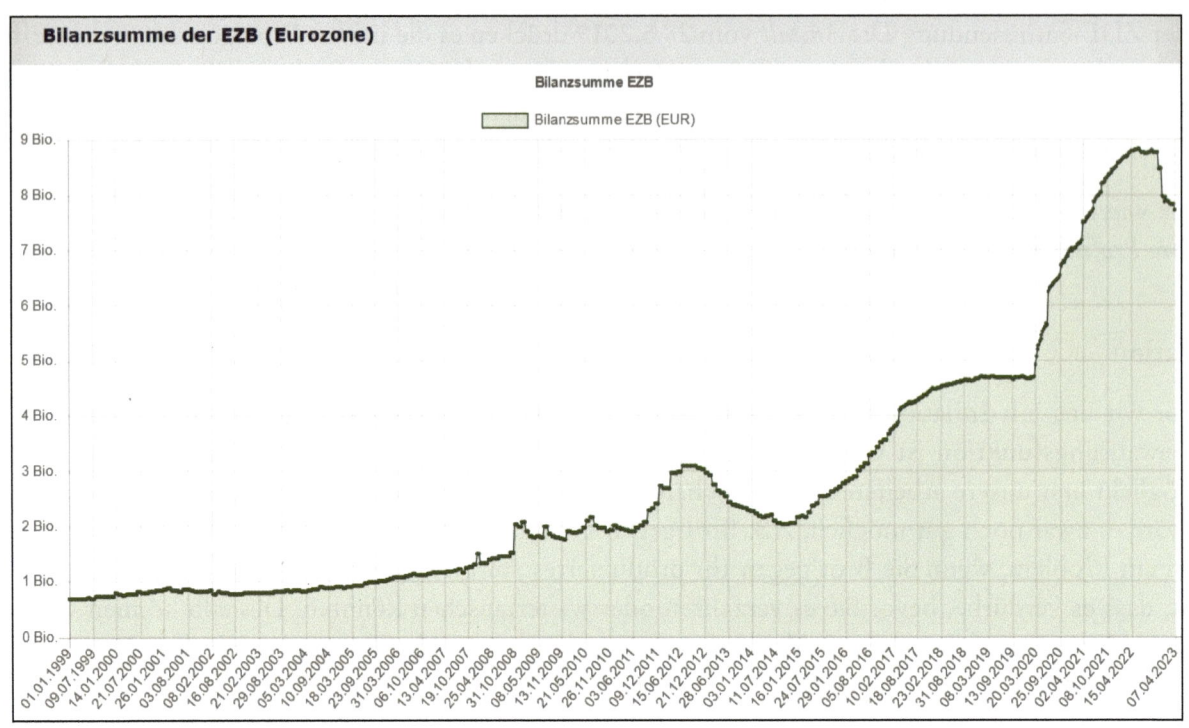

Bilanzsumme der EZB (Eurozone)

Bilanzsumme EZB

☐ Bilanzsumme EZB (EUR)

Abb. 41: Entwicklung der Bilanzsumme der EZB, abgerufen am 17.4.2023

In beiden Währungsräumen wurde die Geldmenge massiv ausgeweitet. Doch ließ die Inflation auf sich warten, was manche Medien dazu veranlasste, die Inflationsgefahr nicht zu sehen[294] oder gar von einer *„neuen Inflationstheorie"* zu sprechen.[295] Diese sogenannte neue Theorie ist die Modern Monetary Theory, ein *„neuer postkeynesianischer Ansatz"*.[296] Grob gesagt soll nach dieser neuen Theorie eine Erweiterung der Geldmenge dafür sorgen, dass auch die Gütermenge erweitert wird, was wiederum zu Wirtschaftswachstum führt. Doch bei nüchterner Betrachtung sind inflatorische Tendenzen am Immobilien- und auch am Kapitalmarkt schon länger zu beobachten. Politische Maßnahmen, die während der Corona-Pandemie zu einer Zerstörung der Lieferketten geführt haben, Krieg oder auch eine verfehlte Energiepolitik in Deutschland führten und führen zu einer Reduzierung der Gütermenge. Dies trifft auf eine auch durch staatliche Hilfsprogramme (Kurzarbeitergeld) hoch gehaltene Nachfrage, was zu weiterer Inflation führt:

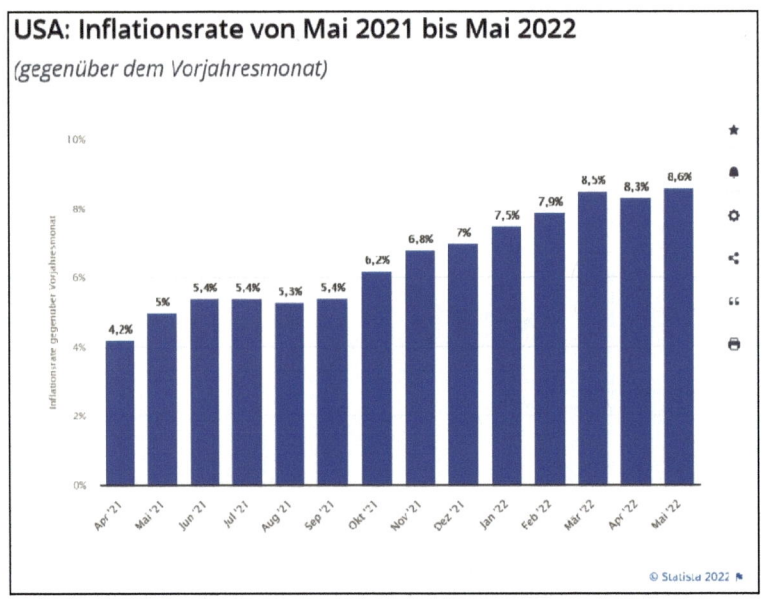

USA: Inflationsrate von Mai 2021 bis Mai 2022

(gegenüber dem Vorjahresmonat)

© Statista 2022

Abb. 42: Entwicklung der Inflationsrate von Mai 2021 bis Mai 2022 in den USA

74

Eurozone: Inflationsrate von Mai 2021 bis Mai 2022

(gegenüber dem Vorjahresmonat)

© Statista 2022

Und in der Folgeentwicklung:

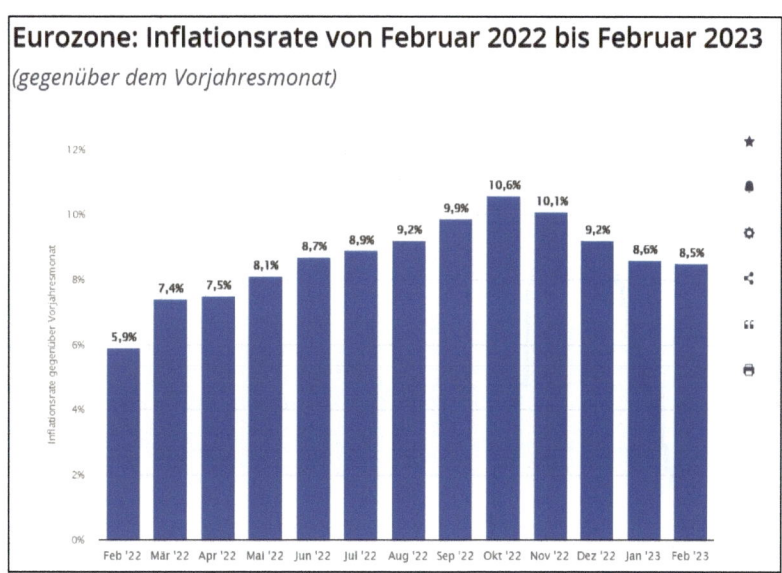

Eurozone: Inflationsrate von Februar 2022 bis Februar 2023

(gegenüber dem Vorjahresmonat)

Abb. 43 und 44: Entwicklung der Inflationsrate von Mai 2021 bis Mai 2022 in der Eurozone Entwicklung der Inflationsrate von Februar 2022 bis Februar 2023 in der Eurozone

Und ein Ende scheint noch nicht in Sicht, da die Erzeugerpreisinflation, die in Deutschland im August 2022 45,8%(!) aufwies, der Konsumentenpreisinflation um einige Quartale vorausläuft.[297] Mittlere zweistellige Inflationsraten sind also zu erwarten. Ist eine Besserung in Sicht? Nun, bisher haben sich die Lieferketten noch nicht erholt, sie wurden durch den Containerschiffstau in Shanghai, wo der Hafen lange geschlossen war, weiter strapaziert. Die Produktion wieder ins Land zu holen, dauert, kostet und treibt außerdem die Preise.

Eigentlich wäre es jetzt an der Zeit, die Geldmenge zu reduzieren. Doch in welcher Falle stecken die Zentralbanken? Was kann eine Zentralbank tun? Sie hat nur zwei Möglichkeiten: der Inflation nachgeben oder sie bekämpfen. Wenn sie ihr nachgibt, muss sie mehr Geld drucken, damit die Menschen genug Geld haben, um sich Dinge leisten zu können. Das geht kurz gut und dann erklimmt die Inflation den nächsten Gipfel, und das Spiel geht mit erhöhter exponentieller Geschwindigkeit weiter. Irgendwann ist Preiskalkulation nicht mehr möglich. Deshalb führt diese Inflation in einen Kollaps der Produktion. Eine Bekämpfung der Inflation ist nur durch eine Senkung der Geldmenge möglich. Dafür braucht es Zinsen, die höher sind als die Inflation. Dazu ein kleines Rechenbeispiel: Ein Beispielmensch finanziert € 1.000 zum Kauf eines wertstabilen Gutes. Die Inflation beträgt 10% und der Zins 5%. Wenn er nach einem Jahr den Kredit über € 1.000 zurückzahlt, muss er € 1.050 aufwenden. Verkauft er nach einem Jahr sein Gut, bekommt er € 1.100 dafür und hat nominell einen Ertrag erzielt. Damit unser Beispielmensch diesen Kauf nicht finanziert, muss der Zinssatz daher mehr als 10% betragen, da nur dann der Rückzahlungsbetrag den potentiellen Gewinn übersteigt. Sollte der Zinssatz so steigen, wäre das Resultat in diesem Fall eine Rezession depressiver Natur, d.h. Pleitenwellen, Immobilienkreditausfälle, da die Anschlussfinanzierung misslingt, Massenarbeitslosigkeit, Pleitestaaten. Schon eine leichte Erhöhung wird problematisch sein.

Das ist die Zwickmühle der Zentralbank. Doch wie verhalten sich die Zentralbanken nun? Die FED versucht, die Zinsen stetig leicht zu erhöhen, während die EZB dem anfangs „schüchtern" und später analog folgt:

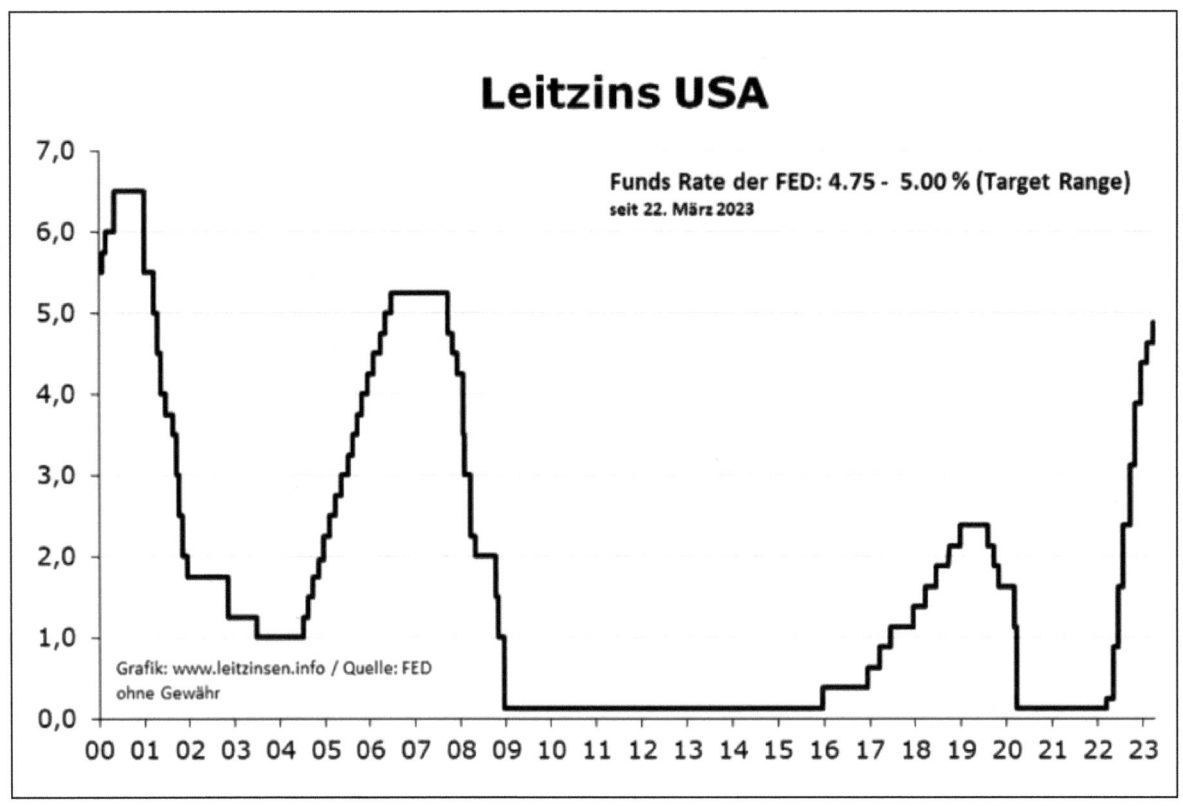

Abb. 45: Entwicklung des Leitzinses in den USA

Wie aus der obigen Grafik ersichtlich, hat die FED bereits 2016 versucht, die Zinsen sukzessive zu erhöhen, was damals gescheitert ist, da der Repo-Zinssatz, der Zinssatz, zu dem sich Banken gegen Sicherheiten Geld leihen, auf 10% explodiert ist. Die Welt stand vor einem Finanzcrash.[298] Die Befürchtung liegt nahe, dass die derzeitigen Zinserhöhungen in einem ähnlichen Desaster enden, auch wenn die USA derzeit versuchen, über Krieg ihre Wirtschaft anzukurbeln. Ein Beispiel hierfür sind die bundesdeutschen Extramilliarden für US-amerikanische Wirtschaftsgüter. Das Ausfälle von Silvergate Bank, Silicon Valley Bank und Signature Bank zwingen die US-Regierung zum Handeln, um eine Kettenreaktion zu verhindern.[299]

Viele Informationen dieses Abschnitts folgen dem sehr lesenswerten Artikel von Dr. Markus Krall.[(300)]

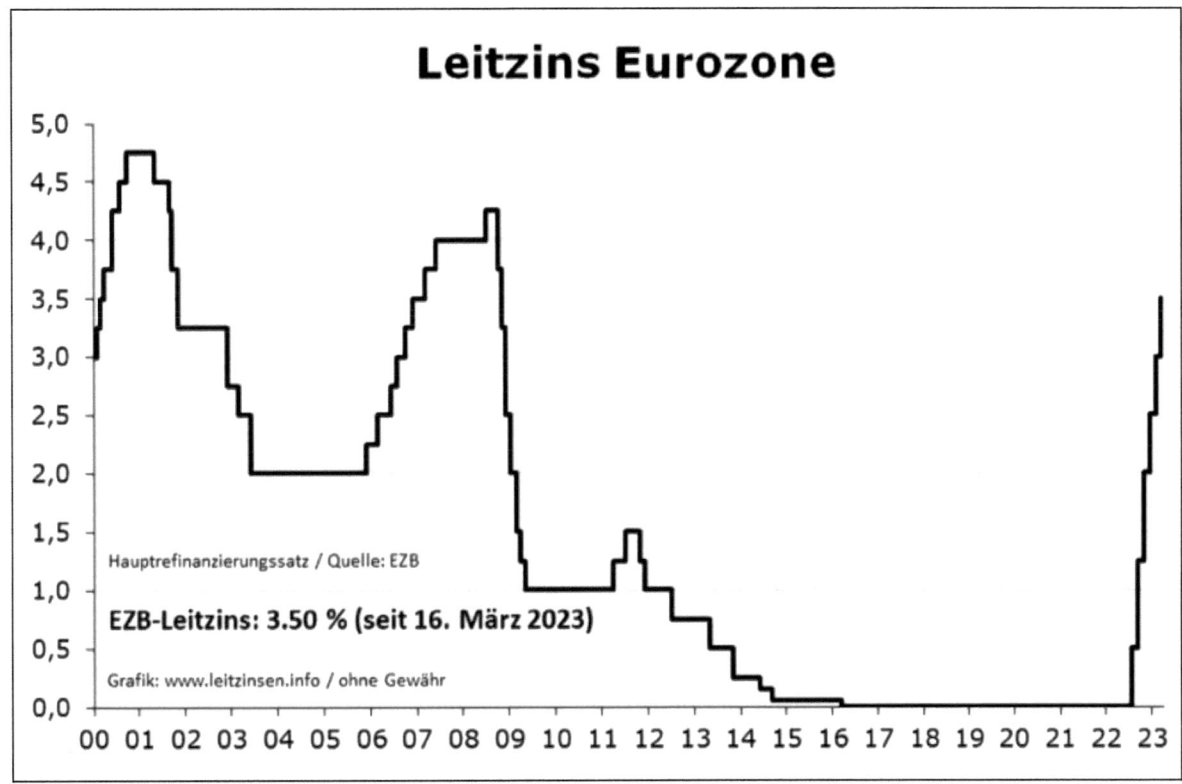

Abb. 46: Entwicklung des Leitzinses in der Eurozone

Die City of London Corporation

Kein Kapitel über unser Geld- und Finanzsystem wäre vollständig, ohne einen Blick auf die **City of London** zu werfen. Die Informationen stammen aus einem Vortrag von Prof. Dr. Dr. Wolfgang Berger, den das Portal *wissensmanufaktur.net* 2012 publizierte.[(301)] Die City of London – der größte Finanzhandelsplatz der Welt – ist exterritoriales Gebiet und gehört nicht zu Großbritannien.

„Das Oberhaupt der City of London trägt einen anderen Titel: ,Lord Mayor'. Dieses Gebilde mit 8.000 Einwohnern wird von der ,City of London Corporation' betrieben. 241 ausländische Banken haben ihren Sitz in der City. Brokerfirmen und Investmentbanken der USA haben große Teile ihrer Kundenvermögen dorthin ausgelagert." Der Lord Mayor *„wird gewählt, wobei jeder Bewohner der City eine Stimme hat. Die dort ansässigen Unternehmen haben aber insgesamt 23.000 Stimmen und damit immer eine ¾ Mehrheit. Der Lord Mayor residiert mit seiner Familie im Manson House. Er empfängt Staatoberhäupter, Regierungschefs und die Vorstandsvorsitzenden von Weltkonzernen in der City. ... Britische Gesetze greifen in der City nicht, die City of London Corporation hat eine eigene Staatlichkeit, eigene Gesetze und überwacht sich selbst. Ihre Manager handeln mit Wertpapieren und Devisen über alle Grenzen hinweg, aber kein Gericht kann sie belangen und keine Regierung ihre Geschäfte kontrollieren. ... Das Verbot der [britischen] Regierung zur Vergabe von Auslandskrediten in der britischen Währung Pfund Sterling konnte sie [die City] nicht verhindern. Und so vergab sie jetzt Auslandskredite in Dollar. Nach dem Währungsabkommen von Bretton Woods war es allein nationalen Notenbanken erlaubt, ihre eigene Währung herauszugeben. Nur die Bank deutscher Länder (die spätere Deutsche Bundesbank) durfte DM-Kredite vergeben, nur die amerikanische Notenbank „FED" durfte Dollarkredite vergeben. Aber weil die City nicht zu Großbritannien gehörte, konnte die britische Notenbank – die Bank of England – nicht eingreifen. Auch die amerikanische Notenbank oder die US-Finanzaufsicht konnten*

nicht eingreifen, denn die City gehörte auch nicht zu den USA. So ist unter Bruch internationaler Währungsverträge ein britischer Dollarmarkt entstanden. ...

Die City of London ist die Nabe eines globalen Finanzrades, dessen Speichen es mit Inseln auf der ganzen Welt verbinden: den Kanalinseln Jersey und Guernsey direkt vor der französischen Küste, der Isle of Man zwischen Schottland und Irland, dem Felsen Gibraltar am spanischen Festland gegenüber Nordafrika, den Bermudas vor der amerikanischen Ostküste, den Bahamas vor der Küste Floridas, den Turks- und Caicoinseln süd-östlich der Bahamas, den Caymaninseln zwischen Kuba und Mexico, den Virgin Islands östlich von Puerto Rico in der Karibik und einigen Atollen, die Großbritannien in der pazifischen Südsee geblieben sind. ... Diese Inseln sind Kronkolonien, die noch weniger zu Großbritannien gehören als die City of London. Es sind Inseln mit ihren eigenen Gesetzen, ihren eigenen Regierungen und – sie sind Privateigentum der ‚Krone‘ des Vereinigten Königreichs. Der Gouverneur in jedem dieser Inselstaaten vertritt die Krone.

Die Inseln werden ‚offshore‘ genannt: jenseits der eigenen Küste, der eigenen Gesetze, der eigenen Kontrolle. Das Gegenteil von ‚offshore‘ ist ‚onshore‘. Die ‚onshore‘-Wirtschaft ist die an Land, die Produkte oder Dienstleistungen anbietet, die nützlich sind und unser Leben erleichtern. Der offshore-Finanzsektor hilft nun der onshore-Realwirtschaft, sich der Besteuerung oder anderer Zumutungen zu entziehen. In einem einzigen Bürohaus auf den Cayman Inseln, dem Ugland House, residieren 18.000 Unternehmen. Geld wird mit Privatflugzeugen auf die Insel geflogen und die Überbringer werden mit Polizeieskorte zur Bank geleitet. ... Briefkästen, Firmenschilder oder Schreibtische der 18.000 Unternehmen aber gibt es auf keiner dieser Inseln. Sie stehen alle in der City of London. ...

‚Henwees‘ aus der ganzen Welt nutzen diese Schlupflöcher (‚Henwees‘ steht für ‚High Net Worth Individuals‘ – Personen mit einem hohen Nettovermögen) und benutzen sie als ‚gigantische Waschmaschine für kriminelles Geld.‘ Mit Anspielung auf die 300.000 Russen, die in London leben, wird auch von ‚Londongrad‘ gesprochen. Die ‚domicile rule‘ Großbritanniens erlaubt es, im Land zu wohnen, aber nicht dort ‚domiziliert‘ zu sein und deshalb keine Steuern zu zahlen. 60.000 ‚Non-Doms‘ leben in Großbritannien, unter ihnen der indische Stahlmagnat Lakshmi Mittal, russische Oligarchen, saudische Prinzen, griechische Reeder und der in Sussex geborene Baron Michael Anthony Ashcroft, Mitglied des britischen Oberhauses, stellvertretender Vorsitzender der regierenden ‚Conservative Party‘ und Schatzmeister der ‚International Democratic Union‘. Steuerlich ist er im mittelamerikanischen Belize domiziliert, der früheren Kolonie Britisch-Honduras.

Das Offshore-System erschwert die Regulierungsbemühungen der Staaten, weil es als Fluchtburg dient, wenn nationale oder auch internationale Regelungen dem Kapital missfallen. Es zersetzt auch mehr und mehr die reale ‚Onshore-Wirtschaft‘. Die Offshorewelt ist die von Piraten, die die Festländer erpressen. Dazu gibt es viele Instrumente: Ein Unternehmen nimmt z.B. einen Offshore-Kredit auf, die Kosten dafür mindern im Inland die Steuern. Private Equity Firmen gelingt es so, Unternehmensübernahmen mit Kredit zu finanzieren, die Schulden den übernommenen Opfern aufzubürden und die Gewinne aus der Finanzierung offshore und anonym zu kassieren – im Fachjargon ein ‚leveraged buyout‘ (eine mit Fremdkapital gehebelte Firmenübernahme). Fast 90 Prozent aller internationalen Kredite werden von Offshore-Banken vergeben. Sie sind das, was in der öffentlichen Diskussion immer ehrfurchtsvoll mit ‚Die Märkte‘ umschrieben wird. Alle Welt zittert vor ihnen. Unsere Politiker und ihre Berater bekunden immer wieder untertänig, dass wir diese ‚Märkte‘ nicht verunsichern dürfen.

Ein weiteres Instrument ist das sogenannte ‚re-invoicing‘: Ein Händler in der City kauft Öl für 250 Millionen Dollar, z.B. aus Angola. Der angolanische Geschäftspartner berechnet dafür aber 300 Millionen Dollar und leitet 50 Millionen auf ein offshore verwaltetes Privatkonto. Global Financial Integrity schätzt, dass Entwicklungsländern durch re-invoicing jährlich etwa 100 Milliarden Dollar an die offshore-Welt verloren gehen. Es wird geschätzt, dass auf jeden Dollar ausländischer Entwicklungshilfe zehn Dollar illegal in Offshore-Finanzzentren abfließen.

78

Der erste Schritt dieser Plünderung: Die Banken der City of London geben Entwicklungsländern Kredite in einer Größenordnung, die sie mit einer wenig entwickelten Infrastruktur gar nicht aufnehmen können. Der zweite Schritt: Die Experten der City zeigen den Führern dieser Länder, wie sie den Reichtum auf ihre privaten Offshore-Konten schmuggeln können. Der dritte Schritt: Die City veranlasst den Internationalen Währungsfonds die Staaten zu zwingen, die Schulden auch zu bedienen.

Ein Kredit ist immer mit einem Risiko behaftet. Wenn der Schuldner nicht mehr zahlen kann, bekommt der Gläubiger, der an den Schuldner geglaubt hat, sein Geld nicht zurück. Dieses Risiko haben die Finanzvirtuosen hinwegkonstruiert: Sie haben Kreditausfallversicherungen erfunden, sogenannte ,Credit Default Swaps' (CDS). Ein Kreditgeber wird von der Versicherung entschädigt, wenn sein Schuldner nicht zahlen kann. Diese CDS können aber auch von Leuten abgeschlossen werden, die gar keinen Kredit gegeben haben und einfach nur auf die Pleite einer Person, einer Firma oder eines Staates wetten wollen. Wenn diese Pleite kommt, werden sie bezahlt, auch wenn sie nichts verloren haben. Solche Papiere sind Brandbeschleuniger. Sie wirken so wie eine Feuerversicherung, die jemand auf das Haus seines Nachbarn abschließt. Wenn er dann das Haus anzündet und sich nicht erwischen lässt, kassiert er die Versicherungsprämie...

Wenn ich eine Tonne Weizen kaufe und warte, bis der Preis um zehn Prozent gestiegen ist, habe ich zehn Prozent verdient. Wenn ich mit einem Derivat auf den Preisanstieg des Weizens wette, kann ich meinen Wetteinsatz vervielfachen, obwohl ich gar keinen Weizen habe. Viele solcher Wetten führen irgendwie dazu, dass der Weizenpreis tatsächlich steigt. Im Jahr 2008 – dem Jahr mit der höchsten Weizenernte seit Menschengedenken – hat er sich verfünffacht. Viele Millionen Menschen sind den Hungertod gestorben. Es war ein Massenmord.

2011 hat die Wirtschaftsleistung der ganzen Welt 70 Billionen Dollar betragen. Über die Hälfte dieses Handels ist schon vor zehn Jahren auf dem Papier über Steueroasen abgewickelt worden. Inzwischen ist dieser Anteil wohl weiter gestiegen. Die Gewinne fallen so in den Steueroasen an. Auf dem Markt für Derivate sind 2011 aber 708 Billionen Dollar umgesetzt worden – mehr als das zehnfache. Dieser Markt wird von internationalen Bankgeschäften und Anleiheemissionen gespeist, die zu 85 Prozent ,offshore' abgewickelt werden.

Die Nabe dieses globalen Finanzkarussells ist die City of London. Hier werden die finanziellen ,Massenvernichtungswaffen' konstruiert, mit denen sich der Finanzsektor in der Krise die ausgebluteten Staaten untertan macht. Bei einem Treffen des Wirtschaftsausschusses der Vereinten Nationen am 14. September 1994 hat David Rockefeller die Strategie offenbart: ,Alles was wir brauchen, ist ein richtig große Krise.'

Diese Krise soll den Euro treffen, denn der wird ... gefährlich: 40 Prozent der weltweiten Transaktionen werden in Dollar abgewickelt und 20 Prozent in Euro. Als der Irak auf Euro umsteigen wollte, ist er bombardiert worden. Als Libyen auf Euro umsteigen wollte, ist es bombardiert worden. Großbritannien war jedes Mal an vorderster Front dabei.

In Griechenland geht es auch ohne Bomben – die Methoden sind verfeinert worden. Die öffentliche Pro-Kopf-Verschuldung eines Griechen ist 30.000 Dollar, die eines Amerikaners 200.000 Dollar. Und die Gesamtverschuldung pro Kopf der Bevölkerung ist in Großbritannien die höchste der Welt... Die neuen Kolonialherren in den Finanzzentren zwingen Griechenland gerade zu umfassenden Privatisierungen. Die Akropolis zum Schleuderpreis? In jedem Fall die Infrastruktur des Landes, Häfen, Telekommunikationsnetze, Verkehrssysteme, viele Inseln und – die Ölgründe im Mittelmeer. Sie werden bald in den Händen angelsächsischer Konzerne sein...

Aber es geht nicht um Griechenland: Es geht um die Dollarkredite, welche die City of London vergibt, und die sie nur so lange vergeben kann, wie der Dollar Weltleitwährung ist. Die Verbindungen zwischen der City of London und der Wall Street sind eng. Auch die Wall Street lebt von der Weltleitwährung Dollar. Der Ärmelkanal zwischen dem Pfund Sterling und dem Euro ist breiter als der Atlantik zwi-

schen dem Dollar und dem Pfund Sterling. Die Europäische Zentralbank würde einen Euro-Kreditmarkt der City of London verhindern wollen und zu verhindern wissen. Deshalb muss der Euro zerschossen werden.

Damit nicht nur die Griechen, sondern auch andere Europäer nicht mehr befragt werden können, soll der Europäische Stabilitäts-Mechanismus ESM mit einem Grundkapital von 700 Milliarden Euro die Rettung bringen. Er muss schnell reagieren können. Die Finanzmärkte sind ungeduldig, Demokratie irritiert die Märkte. Deshalb müssen die ESM-Mitglieder jedem Kapitalabruf unwiderruflich und bedingungslos innerhalb von sieben Tagen nachkommen.

Die Herrschaft des Finanzsektors über die Dollarwelt wird auf diesem Wege auf die Eurozone ausgedehnt: Der ESM soll gerichtliche Immunität genießen, seine Räumlichkeiten, Finanzwerte und Vermögensmittel sind unverletzlich, sein Personal kann vor keinem Gericht belangt werden. Er soll die ‚City of London der Eurozone' werden. Aber es ist ein Verein, aus dem seine Mitglieder nicht mehr austreten können, dem also die Staaten und ihre Regierungen unterworfen sind. Wer einmal bei der Mafia ist, kann – wenn ihm sein Leben lieb ist – auch nicht mehr austreten. … Die City of London vollendet das, was der königlichen Marine nicht gelingen konnte: Die Unterwerfung der Welt durch Verschuldung. "[301]

Die Exekutivorder Nr. 11110

Am 4.6.1963 unterzeichnete Präsident John F. Kennedy die Exekutivorder Nr. 11110. Die Universität von Kalifornien, Santa Barbara, eine der 10 Universitäten des Universität-von-Kalifornien-Systems, veröffentlicht diese Order:[302]

„Executive Order 11110 – Änderung der Executive Order Nr. 10289 in der geänderten Fassung in Bezug auf die Wahrnehmung bestimmter Funktionen, die das Finanzministerium betreffen

Aufgrund der mir durch Abschnitt 301 von Titel 3 des United States Code verliehenen Befugnis wird Folgendes angeordnet:

ABSCHNITT 1. Die Executive Order Nr. 10289 vom 19. September 1951 in der geänderten Fassung wird hiermit weiter geändert –

(a) Durch Hinzufügung des folgenden Unterabsatzes (j) am Ende von Absatz 1:

‚(j) Die dem Präsidenten durch Paragraph 43 (b) des Gesetzes vom 12. Mai 1933 in der geänderten Fassung (31 U. S. C. 821 (b)) übertragene Befugnis, Silberzertifikate gegen Silberbarren, Silber oder Standardsilberdollars des Schatzamtes auszugeben, die zu diesem Zeitpunkt nicht für die Einlösung ausstehender Silberzertifikate gehalten werden, die Stückelungen solcher Silberzertifikate vorzuschreiben und Standardsilberdollars und Untersilberwährung zu deren Einlösung zu prägen,' und…"

„An diesem Tag unterzeichnete Präsident John F. Kennedy die Executive Order Nr. 11110, die der US-Regierung die Befugnis zur Ausgabe von Geld zurückgab, ohne den Umweg über die Federal Reserve Bank. Kennedys Anordnung ermächtigte das Finanzministerium, Silberzertifikate gegen Silberbarren, Silber oder Standard-Silberdollar im Schatzamt auszugeben. Das bedeutete, dass die Regierung für jede Unze Silber im Tresor des US-Finanzministeriums neues Geld in Umlauf bringen konnte. Die Auswirkungen dieses Gesetzes sind enorm.

Mit einem Federstrich war Kennedy auf dem Weg, die Federal Reserve Bank of New York aus dem Verkehr zu ziehen. Wenn genügend dieser Silberzertifikate in Umlauf kämen, würden sie die Nachfrage nach Federal Reserve Banknoten ausschalten. Das liegt daran, dass die Silberzertifikate durch Silber gedeckt sind, während die Federal Reserve Banknoten durch nichts gedeckt sind. [Damals, 1963, waren sie noch goldgedeckt. Diese Deckung wurde erst 1971 durch Präsident Nixon beendet.] Die Executive Order 11110 hätte verhin-

dern können, dass die Staatsverschuldung ihr derzeitiges Niveau erreicht, denn sie hätte der Regierung die Möglichkeit gegeben, ihre Schulden zurückzuzahlen, ohne zur Federal Reserve zu gehen und Zinsen für die Schaffung neuen Geldes zu verlangen. Die Executive Order 11110 gab den USA die Möglichkeit, ihr eigenes, durch Silber gedecktes Geld zu schaffen.“[303] Am 22.11.1963 wurde Präsident John F. Kennedy in Dallas ermordet.

„…Im März 1964 stoppte Finanzminister C. Douglas Dillon die Einlösung von Silberscheinen in Silberdollars. Am 24. Juni 1968 endete alle Erlösung in Silber. … 1982 hob der Kongress die verbleibende gesetzgebende Gewalt hinter E. O. 11110 mit der Passage von Pub. L. 97–258 auf. Am 9. September 1987 erließ Präsident Ronald Reagan im Zuge einer allgemeinen Aktualisierung der Exekutivordern die Executivorder 12608, die den Text entfernte, der E. O. 10289 durch E. O. 11110 hinzugefügt worden war. Insbesondere wurde durch E. O. 12608 Absatz 1 Buchstabe j der E. O. 10289 in der durch E. O. 11110 geänderten Fassung aufgehoben.“[304]

In der Ausarbeitung „Das Federal Reserve System – Entstehungsgeschichte, Grundlagen, Aufbau“ der Wissenschaftlichen Dienste des Deutschen Bundestags (WD 4 - 3000 037/08) aus dem Jahr 2008 schreiben die Autoren unter Punkt 4.2. über die Exekutivorder 11110: „Der damalige US-Präsident John F. Kennedy wollte angeblich mit der executive order 11110 die alleinige staatlich kontrollierte Währungsausgabe ermöglichen und den Federal Reserve Act beseitigen. Mit dieser Order sollte die vorangegangene executive order 10289 – welche angeblich synonym mit Federal Reserve Act ist – außer Kraft gesetzt werden. Dies hätte das Geldausgabemonopol der FED beseitigen sollen.“ Und unter Punkt 4.3. nehmen sie wie folgt Stellung: „Aus diesem rechtlichen Blickwinkel betrachtet, ist es unmöglich, dass ein US-Präsident mit einer solchen Exekutivanweisung ein Gesetz des Kongresses außer Kraft setzen kann. Der Supreme Court20 der USA hat denn auch am 2. Juni 1952 entschieden, dass eine executive order generell kein neues Recht schaffen kann, sondern nur zur Erläuterung von Gesetzen erlassen werden darf. Unterstellte man die Existenz und den Inhalt der executive order 11110 als Aufhebungsakt zulasten der FED und zugunsten der Gründung einer vollkommen staatseignen Zentralbank, so würde diese Präsidialanweisung keine Wirkung entfalten, weil dem US-Präsidenten keine Verwerfungskompetenz für einen Gesetzgebungsakt des US-Kongresses zukommt.“[305]

Wenn man die Exekutivorder 11110 richtig liest, wollte Kennedy den Federal Reserve Act keinesfalls beseitigen, sondern nur ein paralleles System errichten, um die Staatsfinanzierung aus den Klauen der Zinsdiktatur zu befreien. „Kennedy forderte die Regierung des Geldes heraus, indem er die beiden erfolgreichsten Mittel herausforderte, mit denen die Schulden jemals in die Höhe getrieben wurden – Krieg und die Geldschöpfung durch eine private Zentralbank. Seine Bemühungen, alle Truppen bis 1965 aus Vietnam abzuziehen, und die Executive Order 11110 hätten die Profite und die Kontrolle des New Yorker Bankenestablishments stark beeinträchtigt.“[306]

Aufgrund der zeitlichen Nähe von Kennedys politischen Entscheidungen und seiner Ermordung wird bis heute spekuliert, ob sein Tod mit diesen Entscheidungen zu tun hat. Das Ärzteblatt beleuchtete diesen Sachverhalt näher.[307] „Um die Hintergründe des Präsidentenmordes vor genau 50 Jahren ranken sich inzwischen so viele Interpretationen und Verschwörungstheorien wie um kaum ein anderes Ereignis der Weltgeschichte. Die Neuroforensik des gemeuchelten Präsidenten und selbst seine notärztliche Versorgung sind gleichfalls von einigen Widersprüchen gekennzeichnet und tragen zur Verwirrung bei – unter anderem mit einer Autopsie an einem anderen als dem vom Gesetz vorgeschriebenen Ort, mit Pathologen von fraglicher Kompetenz und mit einer Tracheotomie exakt im Schusskanal einer Wunde, was im streng legalen Sinn der Manipulation eines Beweismittels entspricht. … Dass der Kopf des Präsidenten nach dem Auftreffen der Kugel nach hinten und links gedrückt wird, scheint darauf zu deuten, dass dieser tödliche Schuss von vorn, von einem Grashügel kam. Die Kugel soll indes von oben hinten ihren Lauf genommen haben – dort, im *sechsten Stock des Schulbuch-Lagerhauses, saß Lee Harvey Oswald, nach offizieller Lesart der alleinige Kennedy-Attentäter, der alle drei Schüsse abfeuerte.“* Interessierten Lesern ist der komplette Artikel zu empfehlen.[(307)]

Diese vielen beschriebenen Ungereimtheiten nähren die Ansichten der Menschen, die glauben, Lee Harvey Oswald wäre nicht der Mörder von John F. Kennedy gewesen.

Ein weiterer tragischer Moment war die Ermordung von John F. Kennedys jüngerem Bruder Robert F. RFK war wie sein Bruder Gegner des Vietnamkrieges und galt nach seiner Kandidatur für die Präsidentschaft als umjubelter Hoffnungsträger weiter Bevölkerungsteile der USA. Unter anderem setzte er sich für soziale Gerechtigkeit ein. Er wurde am Abend des 4. Juni 1968 offiziell von dem *„Palästinenser Sirhan Bishara Sirhan“* ermordet. *„Dennoch wirft Bobby Kennedys Tod viele unbeantwortete Fragen auf. Angeblich sind in der Mordnacht 12 oder 13 Schüsse gefallen. Sirhans Magazin hatte aber nur acht Kugeln, und nachladen konnte der Schütze nicht. Das tödliche Geschoss traf Kennedys von hinten in den Nacken – und zwar aus kürzester Distanz, wie anhand der Schmauchspuren an seinem Hemdkragen nachzuweisen sind. Doch Sirhan sei Kennedy von vorne entgegengetreten und ihm dabei nie auf Körpernähe herangekommen.“*[(308)]

Zwei Morde also, die beide Ungereimtheiten aufweisen. Möge sich ein jeder sein eigenes Urteil bilden, ob das Zufall ist.

Fazit

Mit Gründung der FED wurde das Finanzsystem der USA „gekapert". Die FED ist nämlich keine Institution des Staates, sondern *„die Eigentümer der FED sind die privaten Banken, 100 Prozent der Eigentümer der FED sind private Banken. Keine einzige Aktie an der FED gehört dem Staat. Welche Banken genau die Eigentümer sind, und wie groß ihr Anteil an der jeweiligen regionalen Notenbank ist, ist aber streng geheim. Niemand weiß es, weil die FED es schlicht und einfach verheimlicht."*[309] So verwundert es nicht, dass sich Staaten über die Märkte finanzieren müssen, anstatt ihr „eigenes" Geld zu nehmen.

Es ist ein auf Untergang ausgelegtes System, bei dem der private Bankensektor sich an den Staaten bereichert. Die Zentralbank produziert „unser" Geld, das an die Geschäftsbanken weitergegeben wird, damit diese die Staaten finanzieren können. Und das über Jahrzehnte mit einem ordentlichen Aufschlag. Niemand wäre so töricht, Geld auf dem Girokonto zu haben und trotzdem einen Kredit aufzunehmen und Zinsen zu zahlen, während das Geld auf dem Girokonto keine Erträge bringt. Die zunehmende Staatsverschuldung bringt die Staaten in Abhängigkeit von ihren Gläubigern. Dies geht so weit, dass die Staaten irgendwann beginnen, ihr Tafelsilber zu veräußern. So werden dann die kommunale Wasserversorgung oder das Gesundheitswesen für wenig Geld privatisiert und die Bürger erhalten eine schlechtere Leistung für teureres Geld. Damit dies auch so bleibt, berät BlackRock, der größte Vermögensverwalter weltweit, FED und EZB.[310]

Mittlerweile ist jedoch ein Punkt erreicht, an dem es kein Zurück mehr gibt. Die Inflation wird in unserer derzeitigen Wirtschaftslage nicht mehr zu bändigen sein. Wie formulierte es der ehemalige Bundesbankpräsident Otmar Emminger so treffend: *„Wer mit der Inflation flirtet, wird von ihr geheiratet."* Zumindest der Euro wird fallen. Hoffen wir, dass der Übergang friedlich stattfindet.

Das System ist nicht mehr zu retten und wird von den Akteuren (z.B. Pharma- und Rüstungsindustrie) noch hemmungslos ausgebeutet. Als neues System sollen dann digitale Zentralbankwährungen (Digital Central Bank Currency – DCBC) eingeführt werden. Dabei soll jeder Mensch ein Konto bei der jeweiligen Zentralbank bekommen. Tests laufen u.a. in China mit ca. 260 Mio. Menschen und in den USA auf einigen Inseln. Aber auch Bundesbank und EZB wollen uns das neue Geld schmackhaft machen.[311] Doch dieses System bringt die totale Überwachung und Steuerung der Menschen. Dieses Geld kann an ein Ablaufdatum gekoppelt sein, also z.B. zum Monatsende gelöscht werden. Menschen könnten so keine Ersparnisse aufbauen. Es könnten unterschiedliche Zinssätze für jeden Menschen je nach seinem Verhalten auferlegt werden. Da wären wir dann bei einem möglichen Sozialkreditsystem. Es können unsere Einkaufsgewohnheiten überwacht und gesteuert werden. In China, dessen Menschen meistens nur die Diktatur kennen, ist diese Dystrophie schon weit fortgeschritten. Im Westen wäre so eine Einführung natürlich schwierig. Deshalb wird das jetzige System mit Corona, Klima und dem damit verbundenen Energienotstand und dem Russland-Ukraine-Konflikt völlig gegen die Wand gefahren. Menschen werden hungern und frieren. Es wird eine nie gekannte Not geben. Als Lösung wird den Menschen dann ein universelles Grundeinkommen offeriert, das zusammen mit einem digitalen Zentralbankkonto einhergeht. Dies wäre das perfekte Trojanische Pferd, um totale Überwachung und Kontrolle einzuführen. Sehr gut erklärt wird dies in einem kurzen Video mit dem Finanzspezialisten Ernst Wolff: „Das neue Geldsystem – Was ist der Plan von Russland, USA, China? Interview mit Ernst Wolff"[312]

„Gebt mir die Kontrolle über die Währung einer Nation,
und es ist mir gleichgültig, wer die Gesetze macht!"

Amschel Meyer Rothschild (1744-1812), deutscher Bankier

Kapitel 4
Corona

Nach diesen allgemeinen Informationen sollen in diesem Kapitel nun Auffälligkeiten zur Coronapandemie dargelegt werden, die leider keinen Eingang in die tägliche Berichterstattung gefunden haben.

Die Zeit vor der Pandemie

Begonnen werden soll mit verschiedenen Pandemieübungen, die seit 1999 international durchgeführt wurden. Bekannteste sind das „Lock Step"-Szenario aus dem Jahre 2010 und das Event 201 im Oktober 2019, als eine Coronavirus-Pandemie geprobt wurde. Nähere Informationen liefert ein Vortrag des Journalisten Paul Schreyer.[313]

In der Fachzeitschrift *Clinical Chemistry*, der führenden Zeitschrift für Wissenschaft und Praxis der klinischen Labormedizin, veröffentlichten die Wissenschaftler Qiuying Huang, Yangjian Cheng, Qiwei Guo und Qingge Li am 1.7.2006 (Jahrgang 52, Ausgabe 7, S. 1446-1448) den Artikel „Preparation of a Chimeric Armored RNA as a Versatile Calibrator for Multiple Virus Assays". Darin berichten sie über ihre Erfolge bei der Vereinfachung und Kostenreduktion von Multivirustests. Ihre Forschung führten sie mit Genfragmenten des Hepatitis-C-Virus (HCV), des HIV-1, des das schwere akute respiratorische Syndrom verursachenden Coronavirus 1 (SARS-CoV1) und des SARS-CoV2 durch.[314]

Der Multivirustest erfolgte übrigens mittels RT-PCR-Technik. SARS-CoV2 im Jahre 2006, nachgewiesen durch PCR-Test! Unterstützt wird diese Tatsache durch eine Überprüfung der *„gemeldete[n] Gensequenz, die angeblich als neuartiges Coronavirus isoliert und vom ICTV, dem internationalen Komitee für die Virustaxonomie der Weltgesundheitsorganisation, auch so bezeichnet wurde, anhand der Patentunterlagen, die im Frühjahr 2020 verfügbar waren. Es wurden über 120 Hinweise darauf gefunden, dass kein neuartiges Coronavirus entdeckt worden war."* Die Überprüfung fand durch M-CAM statt, *„ein internationales Emissions- und Analysehaus für immaterielle Vermögenswerte"*, dessen Gründer David Martin *„ein ausgewiesener Fachmann bei allen Fragen rund um die Corona-Patente"* ist.[315]

„Im April 2009 hat die WHO die Definition der Pandemie abgeschwächt und die Passage, in der eine ‚beträchtliche Zahl von Toten' vorausgesetzt wird, weggelassen."[316] So bezeichnet eine Pandemie ab 2009 eine *„neu, aber zeitlich begrenzt in Erscheinung tretende, weltweite starke Ausbreitung einer Infektionskrankheit mit hohen Erkrankungszahlen und i. d. R. auch mit schweren Krankheitsverläufen."*[317] Es sind also keine Todesfälle nötig, um eine Pandemie auszurufen! Jeder stärkere Schnupfen kann unter diese Definition fallen.[318]

Das World Integrated Trade Solution (WITS) Tool der Weltbank vermeldet ab dem Jahr 2017 Handelsströme mit PCR-Tests Covid-19[319]:

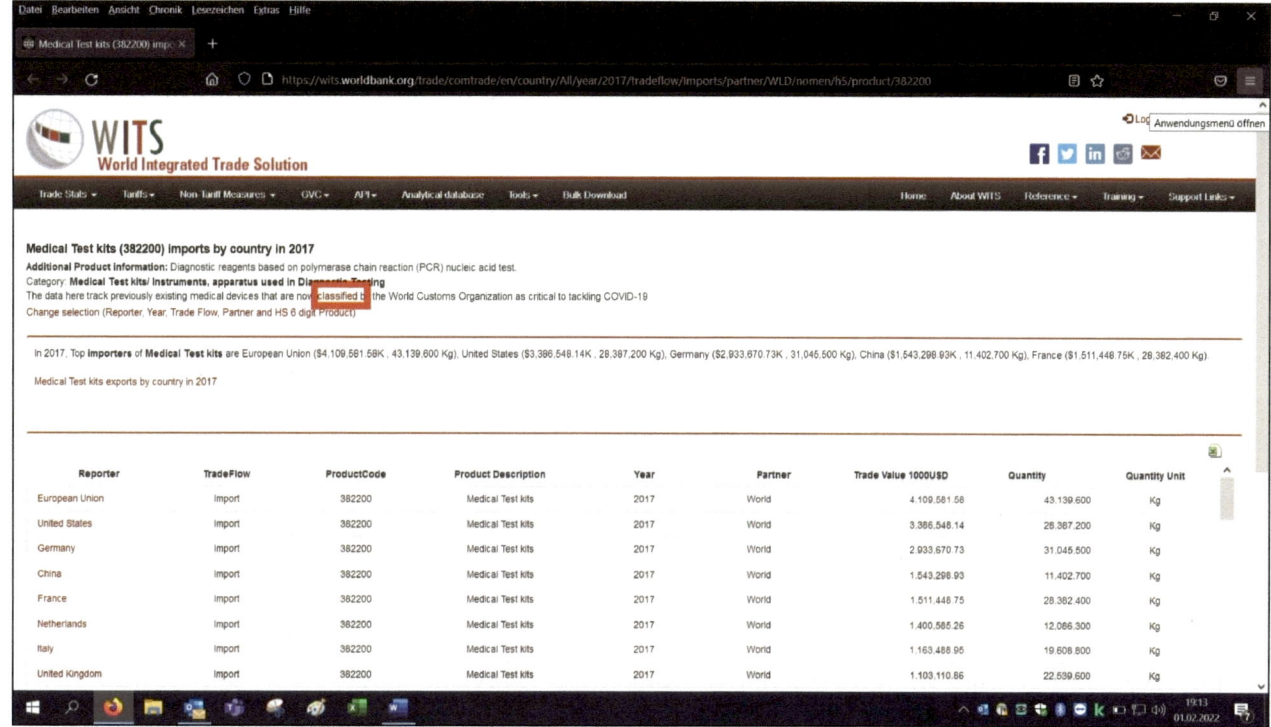

Abb. 47: Handelsströme des Produkts 382200 im Jahr 2017 laut WITS der Weltbank. Klickt man auf das rot umrandete Feld, kommt man zur Klassifizierung der Produktcodes und dort steht auf Seite 2, dass der obige Code 382200 sich auf PCR-Tests zu Covid-19 bezieht.

Section I. COVID-19 Test kits/ Instruments and apparatus used in Diagnostic Testing		
Product	**Additional information**	**HS 2017 Classification**
COVID-19 Test kits	Diagnostic reagents based on polymerase chain reaction (PCR) nucleic acid test.	3822.00
COVID-19 Test kits	Diagnostic reagents based on immunological reactions	3002.15
COVID-19 Diagnostic Test instruments and apparatus	Instruments used in clinical laboratories for In Vitro Diagnosis	9027.80
Swab and Viral transport medium set	A vial containing a culture media for the maintenance of a viral sample and a cotton tipped swab to collect the sample put up together	3821.00

Abb. 48: Klassifikation des Produkts 382200 als COVID-19 Test kits (PCR-Test)

Ein Foto vom World Health Summit 2018:

Abb. 49: Foto vom World Health Summit 2018 mit Herrn Prof. Dr. Ugur Sahin

Wie auf dem Bild ersichtlich, ist Herr Prof. Dr. Ugur Sahin auf der Bühne mit Bill Gates, Angela Merkel, der norwegischen Premierministerin Erna Solberg, WHO-Generaldirektor Tedros Adhanom Gehebreyesus und anderen. Es handelt sich hier mit Herrn Prof. Dr. Sahin um den Vorstand einer Konzernmutter (BioNTech SE, Mainz), die im Konzernabschluss 2018 Erlöse in Höhe von € 127,6 Mio. erzielte und dabei einen Konzernverlust von € 48,3 Mio. nach Steuern erwirtschaftete.[320] Die Bilanzsumme betrug € 652.986. Laut Lagebericht beschäftigte sich der Konzern hauptsächlich mit mRNA-basierten Krebstherapien. Daneben wurde u. a. mit Pfizer an der Entwicklung von mRNA-basierten Impfstoffen zur Prävention der Influenza gearbeitet. Der Jahresabschluss wurde im Juli 2019 veröffentlicht und enthält keinen Hinweis auf den Einstieg der Bill & Melinda Gates Foundation im September des gleichen Jahres. Was tut dieser Mann auf der Bühne des World Health Summit 2018?

Im Geschäftsbericht 2019 von BioNTech, der das Datum vom 14.5.2020 (S. 184) aufweist, findet sich auf Seite 2 deren Produktportfolio.[321] Dieses weist auch „Immuntherapien für Infektionskrankheiten" (keine Impfstoffe?) auf, worunter sich auch eine gegen Covid-19 befindet:

Weitere Indikationen

Wirkstoff-klasse	Plattform	Produkt-kandidat	Indikation (Zielstruktur)	Prä-klinisch	Phase 1	Phase 2	Phase 3	Rechte/ Kollaborationspartner
mRNA	Immuntherapien für Infektionskrankheiten	BNT161	Influenza	▬▬				Pfizer
		BNT162*	COVID-19	▬▬	▬			Fosun Pharma (China), BioNTech und Pfizer (Global, außer China)
		Noch festzulegen	Bis zu 10 Indikationen	▬▬				Penn[6]
		Noch festzulegen	HIV	▬▬				Bill & Melinda Gates Foundation
		Noch festzulegen	Tuberkulose	▬▬				Bill & Melinda Gates Foundation
	PRT[7] für seltene Erkrankungen	BNT171	Unveröffentlicht	▬▬				Genevant (globale 50:50 Gewinn-/ Verlustbeteiligung)
		Noch festzulegen	4 weitere seltene Erkrankungen	▬▬				

[1] BNT113 und BNT115 werden aktuell in forschungsinitiierten (investigator-initiated) Phase-1-Studien untersucht.
[2] BNT122 (iNeST) wird im zweiten Studienarm (N=15) der dreiarmigen TNBC-MERIT-Studie mit BNT114 als optionaler Behandlungsmethode untersucht; BNT114 wird im ersten (N=12) und dritten (N=15) Studienarm der TNBC-MERIT-Studie untersucht (Gesamtzahl der an der Studie teilnehmenden Patienten: N=42).
[3] Checkpoint-Inhibitor
[4] Checkpoint

[5] Small Molecule-Immunmodulatoren (niedermolekulare Immunmodulatoren)
[6] Wir haben die Möglichkeit, weltweite Lizenzen zu erhalten.
[7] Protein Replacement Therapy (Protein-Ersatztherapie)
* seit 2020

Abb. 50: Produktportfolio von BioNTech laut Geschäftsbericht 2019

Es ist doch erstaunlich, dass am 14.5.2020 eine mRNA-Therapie gegen Covid-19, verursacht durch Sars-CoV-2, dessen komplette RNA-Genomsequenz erst am 13.1.2020 in der NCBI-GenBank (GenBank-Nummer MN908947) hinterlegt wurde, sich mit abgeschlossener Präklinik bereits in Phase 1 befindet.[322] In 122(!!) Tagen wurden also das Bedrohungspotential des Virus „richtig" eingeschätzt (wobei die Weltgesundheitsorganisation (WHO) COVID-19 erst am 30. Januar 2020 eine *gesundheitliche Notlage von internationaler Tragweite*" nannte und die Ausbreitung von COVID-19 am 11. März 2020 als Pandemie einstufte), beschlossen, eine Immuntherapie dagegen zu entwickeln, Finanz-, Labor- und Humanressourcen dafür bereitgestellt, ein „Impfstoff" entwickelt, die Präklinik mit zwei Injektionen und Auswertung mit den notwendigen Zeitspannen dazwischen und zirka die Hälfte der ersten Phase durchgeführt. Allen Respekt!

Ein weiterer interessanter präpandemischer Punkt ist, dass am 12.12.2019 das **Gesetz zur Regelung des Sozialen Entschädigungsrechts** verabschiedet wurde. In Art. 1 wurde das XIV. Buch, Sozialgesetzbuch erlassen. Es wird in Deutschland bis zum 1. Januar 2024 schrittweise das Recht der **sozialen Entschädigung** neu regeln. Darunter befindet sich der **§ 24 Geschädigte durch Schutzimpfungen oder andere Maßnahmen der spezifischen Prophylaxe**. Dieser lautet:

[1]Wer durch eine Schutzimpfung nach § 2 Nummer 9 des Infektionsschutzgesetzes oder durch eine andere Maßnahme der spezifischen Prophylaxe nach § 2 Nummer 10 des Infektionsschutzgesetzes,

1. *die von einer zuständigen Landesbehörde nach § 20 Absatz 3 des Infektionsschutzgesetzes öffentlich empfohlen und in ihrem Bereich vorgenommen wurde,*
2. *die im Inland vorgenommen wurde und auf die Versicherte nach § 20i des Fünften Buches einen gesetzlichen Anspruch haben, das gilt auch, wenn die betroffene Person nicht zum versicherten Personenkreis des Fünften Buches gehört,*
3. *die von Gesundheitsämtern nach § 20 Absatz 5 des Infektionsschutzgesetzes unentgeltlich durchgeführt wurde oder*
4. *die auf Grund einer Rechtsverordnung nach § 20 Absatz 6 oder 7 des Infektionsschutzgesetzes angeordnet wurde oder sonst auf Grund eines Gesetzes vorgeschrieben war,*
5. *eine gesundheitliche Schädigung erlitten hat, die über das übliche Ausmaß einer Reaktion auf eine Schutzimpfung oder andere Maßnahme der spezifischen Prophylaxe hinausgeht, erhält bei Vorliegen der Voraussetzungen nach § 4 Absatz 1 Leistungen der Sozialen Entschädigung. Dies gilt auch, wenn die Schutzimpfung mit vermehrungsfähigen Erregern durchgeführt und eine andere als die geimpfte Person geschädigt wurde.*

Hier kann unserer Politik zweifellos prophetische Begabung attestiert werden.

In Art. 21 des o.g. Gesetzes zur Regelung des Sozialen Entschädigungsrechts, der ebenfalls ab dem 1.1.2024 in Kraft tritt, wurde die Änderung des Lastenausgleichsgesetzes beschlossen.[323] Unter anderem wurde in § 292 das Wort „Kriegsopferfürsorge" durch die Wörter „Sozialen Entschädigung" ersetzt, was bedeutet, dass im Falle von Impfschäden das Lastenausgleichsgesetz herangezogen werden kann. Wen es nun interessiert, welcher Ausgleich auf die Bevölkerung zukommen könnte, der wird enttäuscht, da der zweite Teil, in dem die Ausgleichsabgaben geregelt sind, nicht abgedruckt, also veröffentlicht ist[324]:

Zweiter Teil: Ausgleichsabgaben (nicht abgedruckt)	§§ 16 - 227

Abb. 51: Nicht abgedruckter zweiter Teil (Ausgleichsabgaben) des Lastenausgleichsgesetzes

Dies geht auf Art. 21 des Gesetzes zur Bereinigung von Kriegsfolgengesetzen vom 21.12.1992 zurück.

Abschließend nahm zum 1.2.2020 (also schon lange vorher geplant und umgesetzt) eine neugeschaffene Abteilung 6, *„die sich mit Gesundheitsschutz und Gesundheitssicherheit, Klima und Nachhaltigkeit beschäftigt"*, im Bundesgesundheitsministerium ihre Arbeit auf. Sie *„ist unter anderem auch für den Schutz vor Epidemien, Infektionen und biologischen Gefahren zuständig"* und wird ab 1.3.2020 mit dem Militär- und Generalarzt Dr. Hans-Ulrich Holtherm als Verantwortlichen geleitet. Und genau dieser Dr. Hans-Ulrich Holtherm wurde später Leiter des *„Corona-Krisenstabs, der die Schnittstelle zwischen Gesundheits- und Innenministerium bildete. So wurde Holtherms Abteilung, die auch das Robert-Koch-Institut (RKI) führt, für die Vorbereitung, den Start und die Durchführung der Impfaktionen verantwortlich und zur zentralen Koordinierungsstelle in der Bundesrepublik Deutschland."*[(325)]

Das Virus

Immer noch herrscht das Narrativ vor, dass das neue Coronavirus SARS-CoV-2 ein zoonotischer Erreger ist, also seinen Ursprung in Wildtieren zu haben scheint. Erste Risse dieser Theorie kamen durch den Hamberger Wissenschaftler Prof. Dr. Wiesendanger, der von einer Erschaffung im Labor durch gain-of-function-Forschung (Forschung, um die Übertragbarkeit und/oder Virulenz von Krankheitserregern zu erhöhen) ausgeht. Dies wurde medial zurückgewiesen und als Einzelmeinung dargestellt. Doch schließt auch eine internationale Forschergruppe um die Innsbrucker Mikrobiologin Segreto in einer Studie die These vom „Labor als Coronavirus-Ursprung" nicht aus und liefert wissenschaftliche Erkenntnisse dafür. Das räumlich sehr nahe an dem Tiermarkt, wo die Pandemie ihren Ursprung haben soll, gelegene Labor in Wuhan betreibe gain-of-function-Forschung an Coronaviren. Ein weiterer, sehr prominenter Vertreter dieser These ist der französische Nobelpreisträger Prof. Dr. Luc Montagnier Eine weitere wissenschaftliche Veröffentlichung zu diesem Thema erschien auf der Seite *Independent Science News*. Und die Beweise verdichten sich weiter: Am 27.10.2022 veröffentlichte der HELP-Ausschuss (Health, Education, Labor and Pensions) des US-Senats einen Bericht zum Ursprung der COVID-19-Pandemie. Dort heißt es: *„Fast drei Jahre nach Beginn der COVID-19-Pandemie sind belastbare Beweise dafür aufgetaucht, dass die COVID-19-Pandemie das Resultat eines forschungsbezogenen Zwischenfalls war. Ein forschungsbezogener Zwischenfall steht im Einklang mit der frühen Epidemiologie, die eine rasche Ausbreitung des Virus in Wuhan zeigt, wobei die frühesten Alarmzeichen aus dem Umfeld des Campus am WIV (Wuhan Institute of Virology) im Zentrum von Wuhan kamen. Dies erklärt auch die geringe genetische Vielfalt bei den frühesten bekannten SARS-CoV-2-Infektionen beim Menschen in Wuhan, da der mutmaßliche Patient Null, ein infizierter Forscher, die wahrscheinliche Hauptquelle des Virus in Wuhan ist. Ein forschungsbezogener Zwischenfall erklärt auch das Fehlen eines Zwischenwirts sowie das Fehlen von Infektionen bei Tieren, bevor COVID-19-Fälle bei Menschen detektiert wurden. Die Coronavirus-Forschung am WIV ist aufgrund von dessen Zusammenarbeit mit westlichen Wissenschaftlern bestens dokumentiert. Dennoch forschten in Wuhan noch weitere Institutionen an Coronaviren, unter anderem: Wuhan University, Huazhong Agricultural University, Hubei Centers for Disease Control and Prevention, Hubei Animal Centers for Disease Control and Prevention, Wuhan Centers for Disease Control and Prevention sowie das Wuhan Institute of Biological Products, eine Tochtergesellschaft der staatseigenen Sinopharm, die Impfstoffe herstellt."*[(326)]

Mittlerweile ginge sogar das FBI von einem Laborunfall als höchstwahrscheinlicher Ursache der Pandemie aus, wie dessen Chef Christopher Wray in einem am 28.2.2023 beim US-amerikanischen Sender *Fox News* veröffentlichten Interview darlegte.[(327)]

Einen ganz anderen Ansatz veröffentlichten Forscher in einer Publikation.[(328)] Wie die Plattform *www.legitim.ch* schreibt, die sich in einem ihrer Artikel mit dieser Veröffentlichung befasst, wurde der PCR-Test (und auch die Impfstoffe) *„unter Verwendung der genetischen Information hergestellt, die von*

88

den SARS-CoV-2-Entdeckern in den entsprechenden Datenbanken veröffentlicht wurden.[329] *Wenn man die entsprechenden Veröffentlichungen betrachtet, stellt man fest, dass das entsprechende genetische Material rechnerisch identifiziert wurde, ohne ein Isolat der entsprechenden Viruspartikel herzustellen und ohne sie physisch von anderen Trägern genetischen Materials zu trennen, die in den biologischen Proben vorhanden sein könnten."* Da laut den Ergebnissen der Wissenschaftler die verwendeten Tests offenbar auch bei anderen Atemwegserkrankungen positiv reagieren, ist davon auszugehen, dass die getesteten Proben RNA enthalten, die *„von den Epithelzellen der menschlichen Atemwege erzeugt wird, die mit Atemwegserkrankungen konfrontiert sind".* Die Forscher gehen davon aus, dass die Tests Exosomen nachweisen, die von kranken Zellen freigesetzt werden und der zellulären Kommunikation dienen. Identische Exosomen werden auch bei einer Lungenentzündung bakteriellen Ursprungs nachgewiesen.

In eine ähnliche Richtung zielt ein Artikel[330] des Wissenschaftsjournalisten Sayer Ji, der sich auf eine Studie[331] bezieht, die herausfand, dass Virionen (Viruspartikel, die Infektionen von Wirt zu Wirt erst ermöglichen) *„genauso viel biologisches Material enthalten, das vom »infizierten« Wirt stammt, wie virales genetisches Material des eigentlichen Virus".* Und weiter: *„Wir stellen fest, dass Influenza-Virionen eine gemeinsame Proteinzusammensetzung mit den Exosomen haben. Das deutet darauf hin, dass sich Influenza-Virionen bilden, indem sie die Mikrobläschen-Produktion untergraben."* Die Erkenntnis ist also, dass die Virionenzusammensetzung des Grippevirus, der Grundlage dieser Studie war, stark von seinem Wirt abhängt.

Der Vollständigkeit halber sei noch erwähnt, dass andere Wissenschaftler, wie der Biologe Dr. Stefan Lanka, die Existenz von Viren negieren. Interessierte finden ein gut verständliches Video über die *„Widerlegung der Virologie".*[332]

Der PCR-Test

Der PCR-Test zum Nachweis von SARS-CoV-2 wurde durch ein Team um Prof. Dr. Drosten im Januar 2020 an der Berliner Charité entwickelt. Ein PCR-Test ist ein Verfahren, bei dem genetisches Material in Zyklen vervielfältigt wird, bis es nachgewiesen werden kann oder der Test nach Erreichen der festgelegten Zyklenzahl abgebrochen wird. Leider wurde der Test nicht standardisiert, sodass in Deutschland unterschiedliche PCR-Tests für die SARS-CoV-2-Diagnostik verwendet werden:

Welcher PCR-Test auf SARS-CoV-2 wird in Deutschland angewendet?

Die Diagnostik ist in Deutschland dezentral organisiert: Eigenständige Diagnostiklabore bieten ihren Kunden – von Krankenhäusern über Gesundheitsämter bis hin zu Arztpraxen oder die Feuerwehr – verschiedenste labormedizinische Dienstleistungen als Service an. Jedes dieser Labore kann selbst entscheiden, für welchen Parameter es welchen spezifischen Test nutzen möchte. Diagnostiklabore haben hier grundsätzlich zwei Möglichkeiten: Entweder sie verwenden einen kommerziell erhältlichen Test, für den der Hersteller bereits eine Zulassung für die Diagnostik eingeholt hat („CE-IVD-markierte Tests", IVD = In-vitro-Diagnostik). Oder sie belegen selbst, dass ein Test sich für die Diagnostik eignet, führen also selbst die sogenannte Validierung durch. Dafür greifen die Labore entweder auf eigenverantwortlich etablierte Verfahren zurück („Inhouse-Tests") oder auf kommerzielle Tests, die der Hersteller eigentlich nicht für die Diagnostik, sondern für die Anwendung in der Forschung konzipiert hat („RUO-Produkte", Research Use Only).

Viele Diagnostiklabore in Deutschland und weltweit haben die Eurosurveillance-Publikation ☑ (siehe „Was ist der ‚Drosten-Test'?") als Orientierung genutzt, um selbst in kürzester Zeit in der Lage zu sein, das neue Virus nachweisen zu können. Auch Diagnostikfirmen haben auf Basis dieses Testprotokolls – und später auch auf Basis von Protokollen anderer Forschungsgruppen – verschiedenste kommerzielle Produkte für die PCR-Testung auf SARS-CoV-2 entwickelt. Alle hierzu nötigen regulatorischen Schritte (also beispielsweise die Zulassung des Produkts als CE-IVD-markierter Test) lagen und liegen in der Verantwortung der Diagnostiklabore bzw. -firmen.

Die Diagnostiklabore in Deutschland nutzen also unterschiedliche PCR-Tests für die SARS-CoV-2-Diagnostik.

Abb. 52: Hinweis auf unterschiedliche PCR-Tests für die SARS-CoV-2-Diagnostik

Eine weitere Unsicherheit bzgl. der PCR-Tests ist der nicht definierte Ct-Wert, welcher angibt, wie viele Zyklen notwendig waren, um das gesuchte Erbmaterial nachweisen zu können. Laut einer kanadischen Studie[333] ist bei einem Ct-Wert >24 keine Infektion zu erkennen. Das RKI geht bei einem „Ct-Wert von > 30 geht nach bisherigen Erfahrungen von einem Verlust der Anzüchtbarkeit aus.[334] Trotzdem stoppen viele Labore die Analyse erst bei einem Ct-Wert von 40.[335]

Außerdem scheint der „*PCR-Test alles andere als zuverlässig*" zu sein, wie 22 namhafte Wissenschaftler bei einer Überprüfung der Drosten-Studie zum PCR-Test herausgefunden haben.[336]

Dies bestätigt auch eine im International Journal of Vaccine Theory, Practice, and Research veröffentlichte Studie, die mit der Tauglichkeit des derzeit verwendeten PCR-Tests hart ins Gericht geht.[337] „*...Darüber hinaus belegen wir, dass die Vernachlässigung von Grundsätzen guter wissenschaftlicher Praxis nicht nur zur Veröffentlichung des von der WHO empfohlenen RT-qPCR-Protokolls der Charité führte, sondern auch zu gesundheitlichen Problemen. Unnötige Quarantäne gesunder Personen sowie Abriegelungen und schreckliche Kollateralschäden für Gesellschaften und Volkswirtschaften weltweit aufgrund einer hohen Zahl falsch-positiver ‚PCR-Fälle'. Andererseits wurde infektiösen symptomatischen Personen durch falsch-negative Testergebnisse ein falsches Gefühl der Sicherheit vermittelt, was zu COVID-19-Clustern führen könnte...*"

Es werden also „Fälle" erzeugt mit einem nutzlosen, ja nicht mal standardisierten PCR-Test mit nicht definiertem Ct-Wert, die als Grundlage für die Inzidenz dienen, die wiederum als Begründung von Maßnahmen herhalten muss. Zumal die Charité selbst veröffentlicht, dass die Erstellung eines Befundes Ärztinnen und Ärzten obliegt:

Wie wird eine SARS-CoV-2-Infektion diagnostiziert?

Grundsätzlich ist zu unterscheiden zwischen einem rohen PCR-Testergebnis und einer medizinischen Diagnosestellung („Befundung"). Die Erstellung eines Befunds obliegt in der Regel Ärztinnen und Ärzten. Sie berücksichtigen für die Diagnosestellung in jedem einzelnen Fall nicht nur das jeweilige PCR-Ergebnis, sondern auch individuelle Begleitumstände wie die Patientenanamnese, die Probennahme und den Transport. Sie beziehen zusätzlich Parameter wie das aktuelle Infektionsgeschehen mit ein.

In der Regel lassen Laborärzte nichtplausible PCR-Testergebnisse in der Praxis durch eine Wiederholung des Tests oder zusätzliche Testverfahren bestätigen bzw. widerlegen. Das gilt auch für falsch-positive Testergebnisse, die in seltenen Fällen möglich sind (siehe „Wie verlässlich ist ein PCR-Test auf SARS-CoV-2?").

Das Ergebnis eines PCR-Tests ist deshalb nicht mit einer Diagnose gleichzusetzen. Berechnungen zu falsch-positiven bzw. falsch-negativen Ergebnissen, die allein auf den technischen Spezifikationen eines bestimmten PCR-Tests beruhen, sind deshalb grundsätzlich nicht auf die gesamte Testsituation in Deutschland übertragbar.

[Link auf diesen Text]

Abb. 53: Hinweis, dass das Ergebnis eines PCR-Tests nicht mit einer Diagnose gleichzusetzen ist

Wie sagte der Erfinder der PCR-Technik, der Nobelpreisträger Kary Mullis in einem Interview (ins Deutsche übersetzt): Der Test „*sagt nicht aus, ob man krank ist, oder ob das, was gefunden wurde, Dir wirklich schaden würde*".[338]

Die Seite *fuldainfo.de* berichtete am 9.10.2021, dass der Bund bisher immerhin knapp 5,3 Milliarden Euro für Corona-Tests (PCR- und Schnelltests) ausgegeben hat.[339] Nicht das schlechteste Geschäft für deren Anbieter.

Coronainfizierte und -tote

Die Ergebnisse aus den oben erläuterten PCR-Tests fließen also in die von der Politik verwendete Inzidenz. Neben diesen zweifelhaften Resultaten hängt die Inzidenz natürlich auch sehr stark von der Anzahl der durchgeführten Tests ab. Auch hier schwanken die Zahlen sehr stark, wie an den Zahlen des RKI unschwer zu erkennen ist. Vergleichen wir beispielsweise KW 52/2021 mit KW 05/2022 unter der Annahme einer Gesamtbevölkerung von 83.000.000 in Deutschland. Um die jeweilige Inzidenz zu berechnen, dividiert man die Anzahl der positiv getesteten Menschen durch die Gesamtbevölkerung und multipliziert das Ergebnis mit 100.000. Nachstehende Tabelle zeigt die errechneten Inzidenzen:

KW	Positiv getestet	Inzidenz
52/2021	206.409	248,69
05/2022	1.166.169	1.405,02

Der Positivenanteil in KW 05/2022 mit 44,6% (siehe folgende RKI-Tabelle) ca. doppelt so hoch wie der in KW 52/2021 ist mit 21,5%, während die Inzidenz fast das Sechsfache beträgt. Die Inzidenzzahlen, die eine wichtige Grundlage der Coronamaßnahmen bilden, können also durch hohe Ct-Werte und Testzahlen perfekt manipuliert werden.

Tabelle 5: Anzahl der SARS-CoV-2-PCR-Testungen in Deutschland (Stand 01.03.2022, 12:00 Uhr); KW=Kalenderwoche

Kalenderwoche	Anzahl Testungen	Positiv getestet	Positivenanteil (%)	Anzahl übermittelnder Labore
Bis einschließlich KW50/2021	91.296.367	7.496.604		
51/2021	1.245.166	202.569	16,3	208
52/2021	960.454	206.409	21,5	211
1/2022	1.499.839	341.906	22,8	214
2/2022	2.053.526	501.752	24,4	210
3/2022	2.525.016	810.100	32,1	214
4/2022	2.564.104	1.036.579	40,4	215
5/2022	2.614.579	1.166.169	44,6	214
6/2022	2.494.189	1.100.025	44,1	209
7/2022	2.149.565	980.778	45,6	211
8/2022	1.968.983	887.277	45,1	201

Abb. 54: Anzahl der DARS-CoV-2-PCR-Testungen in Deutschland

Ähnlich verhält es sich bei den Coronatoten. Die erste Sonderbarkeit, die auffällt, ist die Zählweise der Verstorbenen. Wird bei Infektionen wie der Influenza immer saisonweise gezählt, werden die mit oder an Corona Verstorbenen jahrübergreifend durchgezählt.

Der nächste Punkt ist die Todesursache im Totenschein. Jahrelang war die Krankheit oder Verletzung, die den Sterbevorgang eingeleitet hat, die Todesursache. [340] An oberster Stelle steht im Totenschein die unmittelbare Krankheit, die direkt zum Tod geführt hat, während darunter die Krankheit steht, die das Sterben eingeleitet hat. Diese an zweiter Stelle aufgeführte Krankheit ist dann auch die offizielle Todesursache. Stirbt z.B. ein krebskranker Mensch an einer Grippe, so zählt er dennoch als Krebstoter.

91

Doch in Zeiten von Corona änderte die WHO ihre Richtlinie[341] zur Bestimmung der Todesursache. So definiert die WHO auf Seite 3 dieser Richtlinie einen Covid-19-Todesfall: *„Ein durch COVID-19 verursachter Todesfall wird für Überwachungszwecke definiert als ein Todesfall infolge einer klinisch kompatiblen Krankheit in einem wahrscheinlichen oder bestätigten COVID-19-Fall, es sei denn, es gibt eine eindeutige alternative Todesursache, die nicht mit der COVID-Krankheit in Verbindung gebracht werden kann (z.B. Trauma). Es sollte keine Periode der vollständigen Genesung von COVID-19 zwischen Krankheit und Tod liegen. Ein Todesfall aufgrund von COVID-19 darf nicht auf eine andere Krankheit (z.B. Krebs) zurückgeführt werden und sollte unabhängig von vorbestehenden Erkrankungen gezählt werden, bei denen der Verdacht besteht, dass sie einen schweren Verlauf von COVID-19 auslösen.“* Es wird hier also von einem „wahrscheinlichen(!) oder bestätigten Covid-19-Fall“ gesprochen und außerdem sind Vorerkrankungen nicht zu berücksichtigen. Einer Manipulation sind damit Tür und Tor geöffnet, was die Verlässlichkeit der genannten Zahlen doch sehr fragwürdig erscheinen lässt. Gut erklärt ist dieser Vorgang im empfehlenswerten Buch »Corona unmasked« von Frau Prof. Dr. Karina Reiss und Herrn Prof. Dr. Sucharit Bhakdi.

Weiterhin wurde auf viele am Coronavirus Verstorbene in verschiedenen europäischen Ländern hingewiesen. Deshalb werden hier die Sterbezahlen[342] einiger europäischer Staaten während der „heißen“ Pandemiejahre 2020 und 2021 in Form von standardisierten Z-Scores beispielhaft aufgeführt:

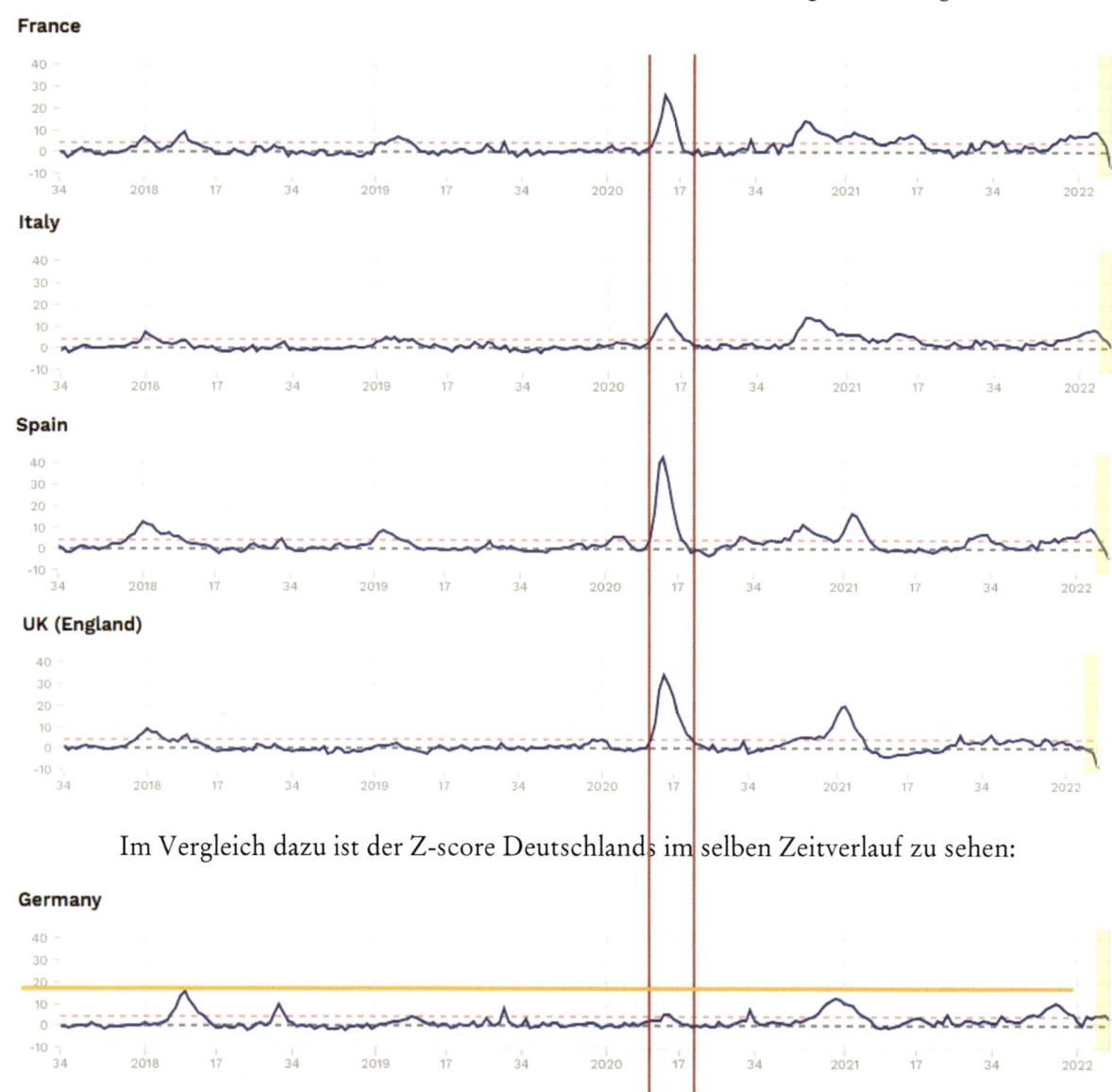

Im Vergleich dazu ist der Z-score Deutschlands im selben Zeitverlauf zu sehen:

Abb. 55: Vergleich der standardisierten Sterblichkeit großer europäischer Staaten KW 37/2017 bis Anfang 2022

In den Medien wurde die hohe Covid-19-Sterblichkeit während der sogenannten ersten Welle angeführt. Diese Welle dürfte so von Mitte März bis Mitte Mai gedauert haben. So ist die hohe Sterblichkeit im italienischen Bergamo noch in aller Erinnerung, wobei Italien allerdings niedrige Werte aufweist als Frankreich, England oder Spanien. Doch warum verläuft diese erste Welle in vielen europäischen Ländern zwar sehr kurz, jedoch auch extrem heftig, während in Deutschland dieses so nicht vorkam? In den ersten Monaten des Jahres 2020 wurde eine länderübergreifende Studie zur Wirksamkeit von Hydroxychloroquin bei der Behandlung von Covid-19 durchgeführt, die in *The Lancet*[343] veröffentlicht und später wieder zurückgezogen wurde und die Herr Prof. Dr. Martin Landray in einem Interview mit dem *FranceSoir*[344] näher erläuterte. Dazu folgender Ausschnitt:

FS : Could you please precise what dosage of HCQ you gave to the patient ? and the results ?

ML : It is 2400 mg in the first 24 hours and 800 mg from day 2 to day 10. It is an 10 day course of treatment in total. **These are quite high doses to make sure that the blood levels got high enough to have a chance of killing the virus.**

FS : How did you decide on the dosage of HCQ ?

ML : The doses were chosen on the basis of pharmacokinetic modelling and these are in line with the sort of doses that you used for other diseases such as amoebic dysentery.

FS : Are there any maximum dosage for HCQ in the UK?

ML : I would have to check but it is much larger than the 2400mg, something like six or 10 times that.

There is no approved dose for Covid patients because it is not approved for use in Covid patients.

Abb. 56: Ausschnitt des Interviews des *FranceSoir* mit Herrn Prof. Dr. Martin Landray über die weit überhöhte Dosierung

Wie in diesem Gespräch zu sehen ist, wurden die Patienten am ersten Tag mit 2.400 mg und an den Folgetagen mit je 800 mg behandelt. Die Dosis wurde angepasst an die Behandlung der Amöbenruhr. Anscheinend wurden hier Wirkstoffe verwechselt. Weiterhin konnte Herr Prof. Dr. Landray die Frage nicht beantworten, ob es eine Maximaldosis für die Gabe von Hydroxychloroquin gibt.

Laut der Packungsbeilage von *Quensyl*[345], worunter Hydroxychloroquin vertrieben wird, beträgt „*die Gesamtdosis Hydroxychloroquinsulfat … 2.000-2.400 mg …*" In der genannten Studie wurde jedoch über zehn Tage eine Gesamtdosis von 9.600 mg verabreicht. Die besagte Patienteninfo gibt zum Thema Überdosierung wie folgt Auskunft: „*Da eine erhebliche Überdosierung rasch zum Tode durch plötzliches Atem- und Herzversagen führen kann...*" Weiterhin wurde bei dieser Studie nicht auf an Favismus (G6PD-Mangel) leidende Menschen geachtet, die sich vor allem unter der dunkelhäutigen Bevölkerung befinden und die auch überproportional häufig an oder mit Covid-19 verstorben sind. Deutschland nahm an dieser Studie nicht teil. Außerdem könnte ein Schreiben des Deutschen Instituts für Katastrophenmedizin vom 24.3.2020 an das baden-württembergische Innenministerium Aufschluss über die erhöhten Sterbezahlen in Frankreich geben.[346] Es berichtet von der SARS-CoV-2 Lage in Straßburg, die die Behörden u.a. dazu veranlasste, dass nur noch eine lebensnotwendige Bypass-Operation pro Tag und keine Tumor-Chirurgie mehr durchgeführt werden. Auch wird von Pilzen und bakteriellen Superinfektionen berichtet. Betroffene Patienten wären hauptsächlich älter gewesen und hätten Vorerkrankungen gehabt. **Patienten über 80 Jahre wurden nicht mehr beatmet und erhielten Sterbebegleitung durch Opiate und Schlafmittel.** Doch hierzu einige der beschriebenen Originalausschnitte:

Situation im Elsass – Universitätsklinikum Straßburg – in Stichworten - medizinisch

- Logistisch wurde das ganze Krankenhaus auf Covid-19 umgestellt
  Zum Beispiel erfolgt nur noch eine lebenswichtige Bypass-Operation pro Tag
  Keine Tumor Chirurgie mehr
  Keine Endoprothetik mehr
  Keine operative Frakturversorgung mehr
  Keine ambulanten Operationen mehr

Situation im Elsass – Universitätsklinikum Straßburg – in Stichworten – medizinische Details

- Viele Infektionen, vor allem Pilze aber auch bakterielle Superinfektion

- Beatmungspflichtige Patienten zwischen 19 und 80 Jahren, wobei „nur" 3 (von 90) unter 50 sind und keine Vorerkrankungen haben. Alle anderen Patienten haben Vorerkrankungen unterschiedlicher Schweregrade. Schwere Verläufe finden sich häufig bei alten Patienten mit Vorerkrankungen

- Typische Vorerkrankungen bei beatmungspflichtigen COVID-19 Patienten: COPD, Asthma, Pneumonie, Diabetes, Adipositas, Bluthochdruck

- Keine Kinder unter 12 Jahren bei den beatmungspflichtigen Patienten in ganz Frankreich

- Seit 21.03.2020: Patienten über 80 Jahre keine Intubation (Beatmung) mehr
  Stattdessen Sterbebegleitung durch Opiate und Schlafmittel

- In Pflegeheimen: Patienten über 80 Jahre, die beatmungspflichtig wären, erhalten eine schnelle Sterbebegleitung mit Opiaten und Schlafmittel, durch den Rettungsdienst. Vorgehensprotokoll erstellt und verantwortet durch Ethikkommission mit hoheitlichem Status

Abb. 57: Ausschnitt eines Schreibens des Deutschen Instituts für Katastrophenmedizin vom 24.3.2020 über die SARS-CoV-2-Lage in Straßburg

Auch berichtet das *Wall Street Journal*[(347)] von anfänglichen Behandlungsfehlern bei Covid-19-Patienten in den USA, die zu höheren Todeszahlen führten, denn *„vor der Pandemie starben laut Forschung zwischen etwa 30 % bis zu mehr als 40% der beatmeten Patienten… Als die Pandemie zunahm, meldeten Krankenhäuser in den USA in einigen Fällen Todesraten von etwa 50% bei beatmeten Covid-19-Patienten. Krankenhäuser ziehen sich von früher Covid-Behandlung zurück und kehren zu den Grundlagen zurück…"* Ob dies nur auf die USA begrenzt war?[(348)]

In Deutschland sehen wir laut *Euromomo* (siehe oben) sogar, dass die Grippewelle Anfang 2018 eine höhere Sterbequote verursacht hat, als sie während der gesamten Coronazeit zu verzeichnen ist. Im folgenden Diagramm sehen wir die Entwicklung der Sterbezahlen in Deutschland seit 2011:

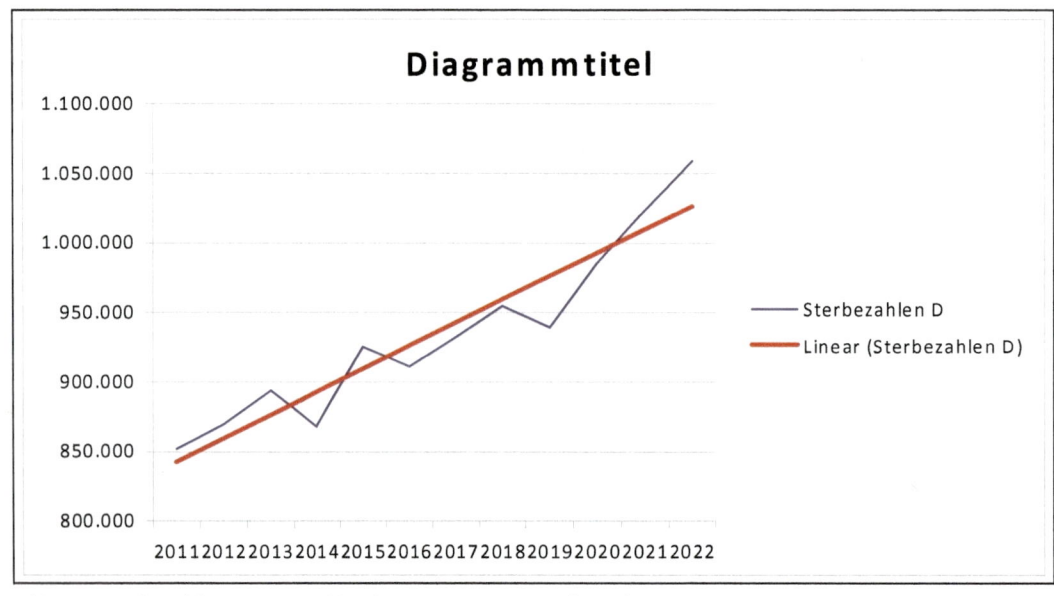

Abb. 58: Sterbezahlen in Deutschland seit 2011 mit Trendgerade

94

Im Vergleich mit der eingezeichneten Trendgerade ist klar ersichtlich, dass es während der Pandemie im Jahr 2020 eher eine Untersterblichkeit gab, während in den Impfjahren 2021 eine kleine und 2022 eine hohe Übersterblichkeit zu verzeichnen war. Die jährlich steigenden Zahlen hängen mit der zunehmenden Vergreisung unserer Gesellschaft zusammen. Außerdem ist die Bevölkerung in Deutschland durch Zuwanderung gewachsen, was außerdem zu steigenden Sterbezahlen führt. Interessant ist außerdem, dass das durchschnittliche Sterbealter in Deutschland 2020 79,34 Jahre betrug[349], während an oder mit Corona Verstorbene durchschnittlich mit 82,2 Jahren verstarben.[350]

Noch klarer wird die fehlende Übersterblichkeit bei einer altersstandardisierten Betrachtung der Sterbefälle in Deutschland von 1980-2021:

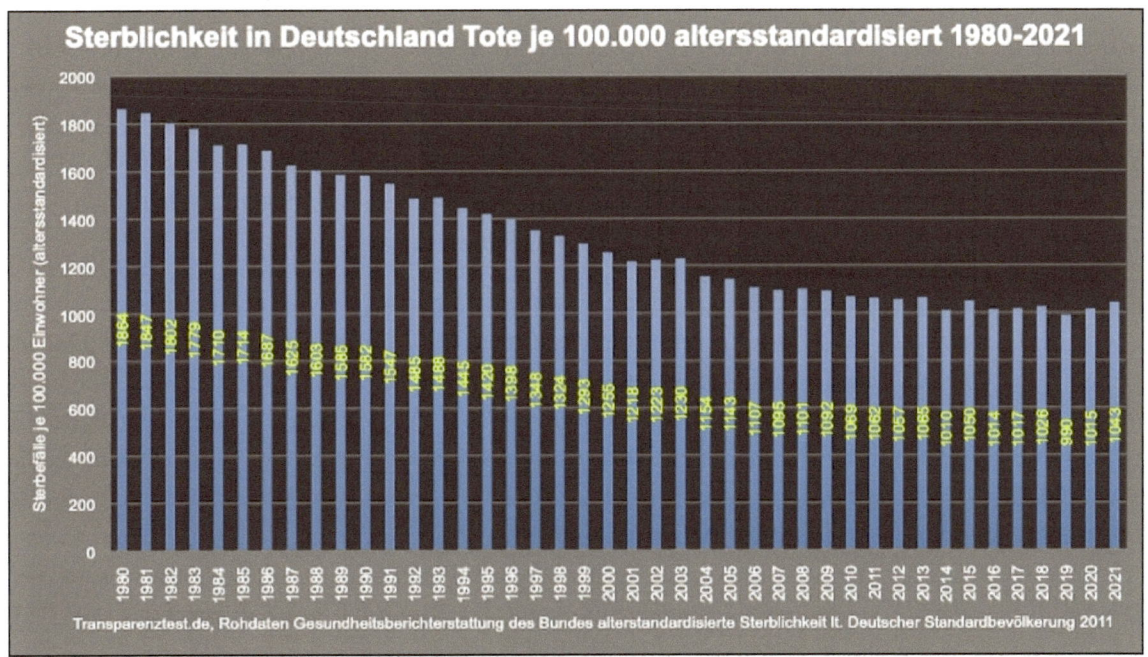

Abb. 59: Altersstandardisierte Sterblichkeit in Deutschland seit 1980

„42 Jahre altersbereinigte Sterblichkeit in Deutschland zeigen: 38 Jahre waren tödlicher als 2020, 35 tödlicher als 2021." Die Zahlen für 2022 waren leider noch nicht veröffentlicht.[351] Bestätigt werden diese Daten durch eine Metastudie, die Prof. Dr. Ioannidis, Stanford University, durchgeführt hat und die auf den Seiten der WHO veröffentlicht wurde.[352] So geht einer der meistzitierten Wissenschaftler seines Gebiets von einer durchschnittlichen Sterblichkeit von 0,23% aus, was im Bereich der Grippe liegt. Eine bei *ScienceDirect* publizierte Studie, die die Sterblichkeit in der Altersgruppe bis zu 69 Jahre untersuchte, berechnete diese im Median auf 0,095% (IQR 0,036-0,119 %).[353]

Unterstützt wird die unterstellte Überbewertung der Corona-Zahlen durch einen in der *Welt* erschienenen Artikel[354], der feststellt, dass gemäß erfasster Rohdaten der Helios-Kliniken *„ein Großteil der Covid-Patienten nur wegen eines positiven Testergebnisses als Covid-Fälle gezählt wird"*. Unterstützt wird diese Aussage durch einen Artikel in der *Hessenschau*.[355] Dort gibt die Infektiologin Maria Vehreschild an: *„In Frankfurt stellt man außerdem fest: Bei der deutlichen Mehrheit der derzeitigen Krankenhauseinweisungen ist nicht Corona die Ursache. Es kommen kaum noch Menschen wegen einer Covid-19-Erkrankung in unsere Kliniken, sondern sie kommen wegen anderer Probleme und es wird dann mehr oder weniger zufällig auch eine Covid-Erkrankung im Aufnahme-Abstrich diagnostiziert"*, erklärt Vehreschild. *„Sie schätzt den Anteil dieser Patientinnen und Patienten auf 90 Prozent, sowohl auf den Intensiv- als auch auf den Normalstationen. Die Patientinnen und Patienten hätten in diesen Fällen kaum oder keine Symptome."*

Dies bedeutet, dass die Mehrzahl der Covid-Patienten das Krankenhaus aus einem anderen Grund aufgesucht hat und die Covid-Diagnose eine Nebendiagnose darstellt. Außerdem hat der *WDR* einen interessanten Bericht zu Long-Covid veröffentlicht.[356] Long-Covid bezeichnet „*laut Robert-Koch-Institut Beschwerden, die jenseits der akuten Krankheitsphase von vier Wochen fortbestehen oder auch neu auftreten können und nicht anderweitig erklärt werden können*". In diesem Artikel charakterisiert Prof. Dr. Kleinschnitz „*als Risikofaktor, dass vor allem Patientinnen und Patienten, die schon psychologisch-psychiatrische Vorerkrankungen hatten, besonders anfällig für Long-Covid sind – etwa Menschen mit Depressionen, Angststörungen, posttraumatischen Belastungsstörungen*". Bei Ansicht der Berufe fand er heraus, „*dass vor allem Menschen in Verwaltungsberufen, Lehrberufen oder im Beamtentum sich signifikant häufiger bei uns in der Long-Covid-Ambulanz vorstellten als Patientinnen und Patienten, die eher handwerkliche Berufe haben – also Berufe wie Bauarbeiter oder Berufe mit starker körperlicher Arbeit.*" Und Kleinschnitz weiter: „*Es hängt sicherlich damit zusammen, dass Menschen, die eher in sitzender Tätigkeit oder geistig arbeiten, vielleicht auch eher ihren Gesundheitsstatus reflektieren und sich generell mehr für Gesundheitsthemen interessieren. Wahrscheinlich liegt es auch daran, dass Leute, die körperlich arbeiten, sich Ausfälle oder langfristige Ausfälle nicht ganz so gut leisten können. Das betrifft übrigens auch Selbstständige.*" Er stellte bei Untersuchungen fest, dass bei 90 bis 95 Prozent der Befunde unauffällig waren und man deshalb den betroffenen Menschen am besten hilft, wenn man sie psychologisch betreut.

Eine in der staatlichen National Library of Medicine zitierte Studie zu Long-Covid untersuchte junge Menschen, die die von der WHO definierten Bedingungen für Long-Covid erfüllten.[357] Der Anteil nach sechs Monaten nach einer akuten Infektion an Symptomen von Long-Covid Erkrankter betrug in der Gruppe SARS-CoV-2-Positiver 48,5% und in der SARS-CoV-2-negativen Kontrollgruppe 47,1%. Die Studienautoren schlussfolgerten daraus: „*Die anhaltenden Symptome und Behinderungen, die für die PCC [post-COVID-19 condition, auf deutsch Post-COVID-19-Erkrankung] charakteristisch sind, stehen in Zusammenhang mit anderen Faktoren als der SARS-CoV-2-Infektion, einschließlich psychosozialer Faktoren. Dieses Ergebnis wirft Fragen zum Nutzen der Falldefinition der Weltgesundheitsorganisation auf und hat Auswirkungen auf die Planung von Gesundheitsdiensten sowie auf die weitere Erforschung von PCC.*"

Maßnahmen

Eine der Maßnahmen, die zur Bekämpfung der Pandemie beschlossen wurde, ist die Maskenpflicht. Die allgemeine Studienlage hierzu ist leider etwas konträr, da es sowohl Arbeiten gibt, die hauptsächlich während der Phase der Maskenpflicht publiziert wurden und diese als wirkungsvoll zur Eindämmung von Infektionen sehen (z.B. [358]), als auch welche, die deren Nutzen negieren oder gering sehen und vornehmlich vor oder anfangs der Pandemie veröffentlicht wurden. (z.B. [359]). Interessant ist hierbei, dass Prof. Dr. Drosten in einem Interview zu Beginn der Pandemie den Sinn von Masken negierte.[360] Während die Wissenschaft bisher uneinig zu sein schien, belegen neuste Studien die Unwirksamkeit dieser Masken. So untersuchte Cochrane Deutschland in einer Metastudie die Wirksamkeit von Masken und kam zu dem Ergebnis, dass diese „*einen geringen oder gar keinen Effekt*" haben. Es wurden sowohl medizinische/chirurgische als auch FFP-Masken betrachtet.[361] Zu einem vergleichbaren Ergebnis kam auch eine britische Studie, die medizinischen Masken bestenfalls einen bescheidenen Nutzen attestierten.[362] Interessant ist in diesem Zusammenhang auch ein Blick auf die Gebrauchsanweisung von FFPx-Masken der WERO GmbH & Co. KG, einem Vertreiber von Schutzartikeln, wo hingewiesen wird, dass erst FFP3-Masken eine Schutzwirkung vor Viren zugeschrieben wird.[363] Es ist jedoch unzweifelhaft, dass sich ausgeatmete Erreger in den Masken verfangen und dann wieder eingeatmet werden, wenn, wie wahrscheinlich großteils üblich, die Masken länger und häufiger genutzt werden. Außerdem bleibt ein höherer Teil der ausgeatmeten Luft im Maskenhohlraum, was dazu führt, dass wir unser eigenes CO_2 zum Teil wieder einatmen. Aufgrund deren geringerem Lungenvolumen ist dieser Effekt bei Kindern stärker ausgeprägt. Und wie vermutete schon Nobelpreisträger Prof. Dr. Otto Heinrich Warburg (1883 -1970): *„Entziehen Sie einer Zelle 48 Stunden lang 35% ihres Sauerstoffs, wird sie sich krebsartig verändern.“* Dies bestätigten sowohl Prof. Dr. Michael Ristow, Universität Jena[364], als auch eine Schweizer Forschergruppe[365] oder als Originalstudie: [366]

Sauerstoffmangel aufgrund längeren Maskentragens indiziert, dass *„die erweiterte Maskenpflicht mit den derzeit beobachteten Totgeburten und den verminderten verbal-motorischen und allgemeinen kognitiven Leistungen von Kindern, die während der Pandemie geboren wurden, in Zusammenhang stehen könnte. Es besteht die Notwendigkeit, die Maskenverordnungen zu überdenken.“*[367]

Eine in Kansas durchgeführte Studie zeigte außerdem, dass Bezirke mit Maskenpflicht signifikant höhere Todesfallraten aufwiesen als Bezirke ohne Maskenpflicht. Grund hierfür könnte die tiefe Re-Inhalation von hyperkondensierten Tröpfchen oder reinen Virionen sein, die sich als Tröpfchen in Gesichtsmasken verfangen haben.[368] Aerosol-Forscher sind sich zudem einig, dass die Ansteckungsgefahr im Freien äußerst gering ist, weshalb die Maskenpflicht bei Demonstrationen behördliche Willkür ist. So bezeichnet mittlerweile sogar Gesundheitsminister Prof. Dr. Karl Lauterbach die Corona-Regeln im Freien als *„Schwachsinn“*. [369] [370]

Abschließend noch ein Bild aus Guantanamo. Die Häftlinge müssen Gesichtsmasken tragen. Darüber, ob dies zum Gesundheitsschutz oder anderen Absichten dient, soll sich jeder selbst Gedanken machen.

Abb. 60: Bild vom US-Gefangenenlager in Guantanamo mit Gefangenen, die Masken tragen

Eine weitere Maßnahme war das Lahmlegen weiter Teile von Wirtschaft und gesellschaftlichem Leben durch die sogenannten Lockdowns. Diese haben einen enormen wirtschaftlichen Schaden verursacht. So geht das Institut der deutschen Wirtschaft (IW) von einem Wertschöpfungsausfall von rund € 350 Mrd. aus.[371] Leider konnten Lockdowns laut einer Metastudie der Johns-Hopkins-Universität die Anzahl der Covid-19-Toten lediglich um 0,2% reduzieren.[372] Die gesundheitlichen Schäden, die durch Lockdowns verursacht wurden, lassen sich leider nicht quantifizieren. Es ist jedoch zu befürchten, dass viele Menschen aus Angst vor dem Virus im Notfall die Notfallambulanzen nicht aufgesucht haben. Weiterhin sei hier aufgeführt, dass seit Corona dreimal mehr Kinder nach Suizidversuch in eine Intensivstation eingeliefert werden als vor Corona.[373] So ereilte Herrn Prof. Dr. Wieler, ehemaliger Leiter des RKI, die späte Einsicht, dass die Schulen während der Pandemie hätten geöffnet bleiben können.[374] Ja, dies hätte unseren Kindern wohl sehr zum Vorteil gereicht.

97

Das Portal *24hamburg.de*[375] präsentiert eine Auswertung der WHO[376], wonach die erwartbare Sterblichkeit der Jahre 2020 und 2021 in Deutschland mit der tatsächlichen Sterblichkeit durch Covid-19 verglichen wurde. Daraus ergibt sich für Deutschland eine um 116 Personen erhöhte Sterblichkeit auf 100.000 Einwohner. Wie „gut" die verhängten Maßnahmen unser Land durch die Pandemie gebracht haben, zeigen die Vergleichszahlen europäischer Nachbarländer:

Land	Erhöhte Sterblichkeit auf 100.000 Einwohner
Dänemark	31
Schweiz	47
Schweden	56
Frankreich	63
Österreich	66
Belgien	77
Niederlande	85
Portugal	100
Großbritannien	109
Spanien	111
Deutschland	116

Auffällig ist außerdem, dass das fast maßnahmenlose und niedrig durchgeimpfte Schweden sehr gut durch die Pandemie kam, während die „Impfweltmeister" Spanien und Portugal doch auch hohe Zahlen vorzuweisen haben. Laut der EU-Statistikbehörde Eurostat kam Schweden mit einer Übersterblichkeit in den Jahren 2020-2022 mit 4,4% zu den Jahren 2017 bis 2019 am besten durch die Pandemie. In Deutschland betrüge die Vergleichszahl 8,6%.[377]

Die Sendung „Berlin direkt" des ZDF vom 22.5.2022[378] zeigt eine Grafik, die die Inzidenzen der „Hotspotländer" Mecklenburg-Vorpommern und Hamburg mit denen vom maßnahmenreduzierten Restdeutschland vergleicht und fast keinen Unterschied feststellt:

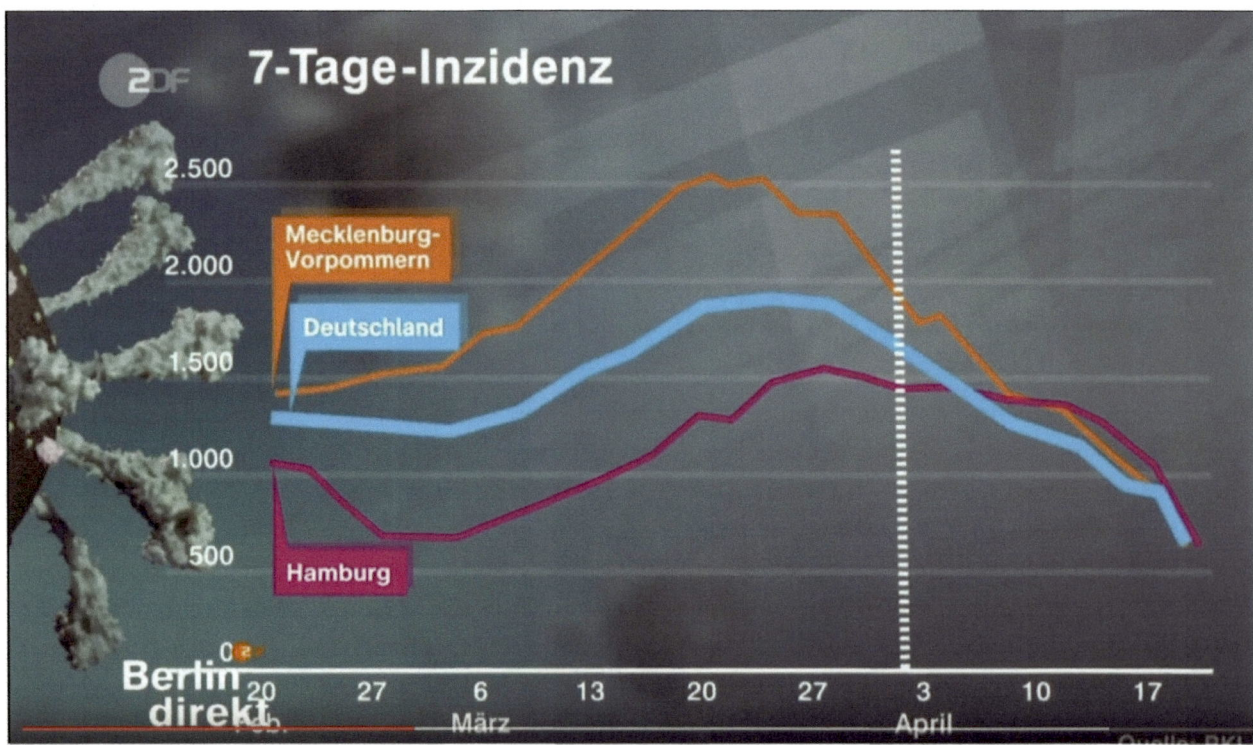

Abb. 61: Vergleich der Inzidenzen der „Hotspotländer" Mecklenburg-Vorpommern und Hamburg mit der vom maßnahmenreduzierten Restdeutschland

98

Warum Bundesjustizminister Buschmann vor diesem Hintergrund für Herbst 2022 eine eventuelle Maskenpflicht in Innenräumen einführte, mit der Begründung, *„die Wirksamkeit von Masken für den Einzelnen in Innenräumen (sei) unstreitig"* (379), bleibt wohl sein Geheimnis. Vielleicht liegt es noch an den großen Vorräten durch die Überbestellungen des ehemaligen Bundesgesundheitsministers Jens Spahn, die an den Mann bzw. an die Frau gebracht werden müssen.(380)

Außerdem zeigt diese Sendung auf, dass ständig die Wirksamkeit der Maßnahmen betonende Gesundheitsminister Prof. Dr. Lauterbach die Parlamentspräsidentin bittet, ihm für die im Infektionsschutzgesetz vorgeschriebene Evaluierung der Wirksamkeit mehr Zeit zu geben.

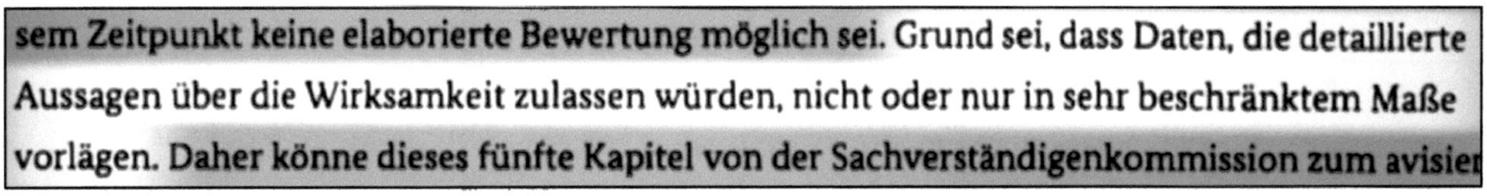

> sem Zeitpunkt keine elaborierte Bewertung möglich sei. Grund sei, dass Daten, die detaillierte Aussagen über die Wirksamkeit zulassen würden, nicht oder nur in sehr beschränktem Maße vorlägen. Daher könne dieses fünfte Kapitel von der Sachverständigenkommission zum avisier

Abb. 62: Aussage von Gesundheitsminister Prof. Dr. Karl Lauterbach, dass die Datenlage zur Wirksamkeit der Maßnahmen sehr rudimentär sei

Mag sein, dass eine Testpflicht vor dem Betreten von medizinischen Einrichtungen, von Krankenhäusern oder Pflegeheimen Sinn stiftet, da hier häufig Menschen mit einem schwachen Immunsystem betreut werden. Im Gegensatz dazu erscheint die „Testorgie" gesunder, symptomloser Menschen doch widersinnig. Zum einen sind Schnelltests laut Studien doch weniger zuverlässig als viele denken(381), und zum anderen sind asymptomatische Menschen laut einer Aussage von Dr. Anthony Fauci, dem Gesundheitsberater der US-Regierung, nicht ansteckend.(382) Dies bestätigt die Ergebnisse der in China durchgeführten Wuhan-Studie.(383)

Weiterhin wurden 3G-, 2G- und 2G-Plus-Regeln eingeführt. 2G bedeutet, dass eine Person entweder geimpft oder genesen sein muss. Bei 3G und 2G Plus muss zusätzlich noch ein Test vorgelegt werden, über dessen Wert der Absatz vorher Aufschluss gibt. 3G bedeutet also geimpft, genesen oder getestet, während 2G plus von Geimpften und Genesenen noch zusätzlich einen Test abverlangt. Menschen, die weder geimpft noch genesen sind, werden entweder nur mit aktuellem Test oder gar nicht akzeptiert. Hintergrund dieser Diskriminierung ist die Auffassung, dass Geimpfte und Genesene das Virus nicht weitergeben. Dass dies jedoch nie getestet wurde, bestätigte die Pfizer-Direktorin Janine Small auf Anfrage des niederländischen Abgeordneten Rob Roos am 11.10.2022 im Europaparlament eindeutig.(384) Die bisherige Ausgrenzung kann also wissenschaftlich nicht begründet werden. Auf den Impfstatus wird in einem der folgenden Abschnitte („Pandemie der Ungeimpften") eingegangen.

Werden die durchgeführten Maßnahmen Folgen haben? Das *Ärzteblatt* sieht als Folge der Maßnahmen, dass diese *„zu einem Rückgang der Immunität gegen das Respiratorische Synzytial-Virus (RSV) geführt"* haben.(385) Abschließend ein Zitat von Prof. Dr. Jay Bhattacharya, Stanford University: *„Millionen von Menschen werden mehr an den Kollateralschäden der Lockdowns und Corona-Maßnahmen sterben, als dadurch Leben gerettet wurden."*(386)

Überfüllte Intensivstationen

Eines der Narrative von Medien und Politikern während der Corona-Krise war das der überfüllten Intensivstationen. Schlagzeilen wie *„Fakt ist: die Krankenhäuser sind voll"*(387), *„Überfüllte Intensivstationen, ausgebranntes Personal: DIVI-Leiter prognostiziert verheerende Corona-Folgen"*(388) oder *„Katastrophenfall in Bayern – Markus Söder zur Lage auf den Intensivstationen"* verbreiteten Angst in der Bevölkerung.(389) Zur tatsächlichen Lage in den Intensivstationen kann die Initiative Qualitätsmedizin beitragen, deren Gründung 2008/2009 auf Initiative mehrerer Kliniken zurückgeht, wie z.B. der Charité in Berlin oder

der Ludwig-Maximilians-Universität.[390] So ging bei den erfassten Kliniken 2020 im Vergleich zu 2019 die Anzahl der Intensivpatienten um 4,7% und die der SARI-Patienten (Patienten mit schweren Erkrankungen der Atemwege wie z.B. Covid-19) um sogar 10,4% zurück.

Alle Patienten	2019	2020	Differenz (2020-19)
Krankenhaus	6.972.473	6.022.199	-950.274 (-13,6%)
SARI	394.545 (5,6%)	353.535 (5,9%)	-41.010 (-10,4%)
Intensiv	361.323 (5,2%)	344.211 (5,7%)	-17.102 (-4,7%)
Beatmung	174.049 (2,5%)	162.974 (2,7%)	-11.075 (-6,4%)
Verstorben			
Krankenhaus	162.889 (2,3%)	163.381 (2,7%)	492 (0,3%)
SARI	48.257 (12,2%)	54.066 (15,3%)	5.809 (12,0%)
Intensiv	64.937 (18,0%)	65.338 (19,0%)	401 (0,6%)
Beatmung	52.450 (30,1%)	51.375 (31,5%)	-1.075 (-2,0%)

© Initiative Qualitätsmedizin e.V.

Tab. 4.: Anzahl aller Krankenhausfälle, der Fälle mit SARI, mit Intensivbehandlung (INT) und der Fälle mit Beatmung für die Jahre 2019 und 2020. In Klammern ist der %-Anteil an allen Fällen dargestellt. Die Differenz beider Jahre ist ebenfalls angegeben, wobei hier in Klammern der %-Unterschied zum Jahr 2019 dargestellt ist. Die Verstorbenen sind für alle Kategorien angegeben, wobei in Klammern die %-Sterblichkeit angegeben ist. Die Differenz der Verstorbenen ist angegeben, wobei hier der %-Anteil den Unterschied zu 2019 darstellt.

Abb. 63: Patientenbelegung erfasster Kliniken für die Jahre 2019 und 2020

In den ersten sechs Monaten des Jahres 2021 sanken diese Zahlen nochmals gravierend, wie aus folgenden Zahlen zu entnehmen ist:

	2019	2020	2021	20-19	21-19
Alle Patienten	3.425.877	2.869.850	2.738.137	-55.6027 (-16,2%)	-687.740 (-20,1%)
SARI	227.352 (6,6%)	193.935 (6,8%)	160.585 (5,9%)	-33.417 (-14,7%)	-66.767 (-29,4%)
Intensiv	177.420 (5,2%)	162.428 (5,7%)	156.942 (5,7%)	-14.992 (-8,5%)	-20.478 (-11,5%)
Beatmung	87.261 (2,5%)	78.830 (2,7%)	81.176 (3%)	-8.431 (-9,7%)	-6.085 (-7%)
Verstorbene	82.667 (2,4%)	78.362 (2,7%)	83.877 (3,1%)	-4.305 (-5,2%)	1.210 (1,5%)
SARI	26.112 (11,5%)	25.918 (13,4%)	31.229 (19,4%)	-194 (-0,7%)	5.117 (19,6%)
Intensiv	32.859 (18,5%)	30.998 (19,1%)	34.782 (22,2%)	-1.861 (-5,7%)	1.923 (5,9%)
Beatmung	26.678 (30,6%)	24.483 (31,1%)	27.901 (34,4%)	-2.195 (-8,2%)	1.223 (4,6%)

© Initiative Qualitätsmedizin e.V.

Tab. 4.: Anzahl aller Fälle mit SARI, mit Intensivbehandlung (INT) und mit Beatmung für die Jahre 2019 - 21 (jeweils 1. Halbjahr). In Klammern ist der %-Anteil an allen Krankenhausfällen dargestellt. Die Differenz beider Jahre ist ebenfalls angegeben; hier ist in Klammern der %-Unterschied zum Bezugsjahr dargestellt. Die Verstorbenen sind für alle Kategorien angegeben, wobei in Klammern die %-Sterblichkeit angegeben ist. Die Gesamtfallzahlen unterscheiden sich leicht von Tab. 1 weil dort tagesgenau auf das erste Halbjahr abgegrenzt wurde, während in Tab. 4 die ersten 26 Kalenderwochen ausgewertet wurden.

Abb. 64: Patientenbelegung erfasster Kliniken für das erste Halbjahr der Jahre 2019, 2020 und 2021

Auch der Informatiker Tom Lausen mit seinem Team aus weiteren Informatikern, Ingenieuren, Notärzten und Anwälten kam bei seiner unabhängigen Untersuchung zu dem Schluss, dass es nie eine Überlastung der Intensivstationen gegeben bzw. die Gefahr einer Überlastung bestanden habe,[391] [392] und zeigt dies an folgenden Daten:

Auslastung der Krankenhäuser durch gesetzlich versicherte Patienten -
(Datenquellen und Erläuterungen im Anhang)

Alle Fälle, alle Stationen (Tabelle 1)

Fallzahlen	davon COVID-19	Veränderung zu 2019
2019: 19.241.830		
2020: 16.704.757	111.324	- 2.537.073
2021: 16.665.365	276.332	- 2.576.465

Intensivmedizinische Behandlungen (Tabelle 2)

Fallzahlen	davon COVID-19	Veränderung zu 2019
2019: 2.267.118	-	
2020: 2.049.247	27.469	- 217.871
2021: 1.897.001	68.228	- 370.117

Abb. 65: Auslastung der Krankenhäuser durch gesetzlich Versicherte in den Jahren 2019, 2020 und 2021
Abb. 66: Auslastung der Intensivstationen der Krankenhäuser durch gesetzlich Versicherte in den Jahren 2019, 2020 und 2021

Bei einem Blick auf die Zahlen des DIVI-Intensivregisters[393] fällt auf, dass die Zahl belegter Intensivbetten seit Erfassungsbeginn (ca. Mai 2020) relativ konstant blieb. Vermindert hat sich jedoch die Zahl freier Intensivbetten. Hatten wir am 1.5.2020 noch 11.947 freie Intensivbetten, so waren es am 9.3.2022 nur noch 3.043. Die Gesamtzahl der Intensivbetten in Deutschland verringerte sich von 31.140 am 1.5.2020 auf 21.979 am 9.3.2022, eine Reduktion von 9.161 Betten. Und das in der angeblich größten Pandemie.

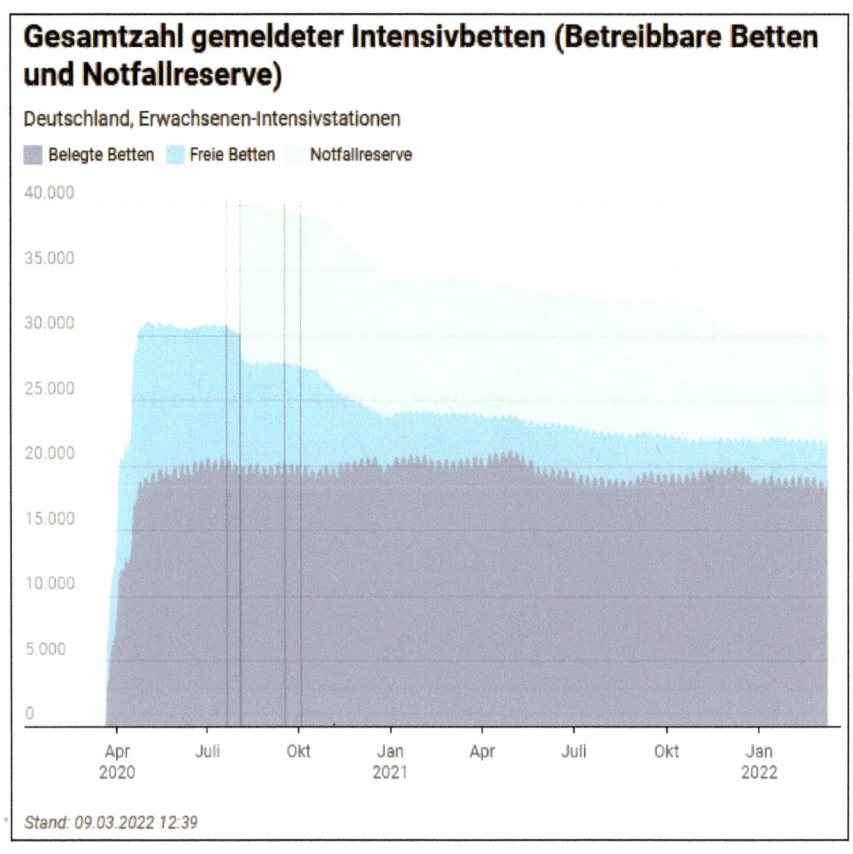

Abb. 67: Gesamtzahl gemeldeter Intensivbetten für Erwachsene in Deutschland

Einer der Gründe ist sicher die voranschreitende Schließung von Kliniken. So berichtete die *Berliner Zeitung* in einem Artikel[394]: *„2020, im Jahr eins des Corona-Zeitalters, wurden 21 Kliniken deutschlandweit vom Netz genommen. Von 30 weiteren Krankenhäusern ist bekannt, dass ihnen die Schließung droht oder ihr Aus schon abgemachte Sache ist."*

Ein weiterer Grund ist die Herausrechnung von ca. 2.500 Kinder-Intensivbetten ca. Anfang August 2020, was für die abrupte Reduktion in diesem Zeitraum verantwortlich ist. Eine weitere Verringerung der Intensivkapazität ist im vierten Quartal 2020 zu beobachten. So wurden zur Behandlung von Covid-19 geeignete Krankenhäuser mit Freihaltepauschalen bezuschusst, wenn vor Ort eine 7-Tage-Inzidenz von 70 oder mehr Neuinfektionen vorliegt und deren Intensivstationen mindestens zu 75% ausgelastet sind. [395] [395] Wie man an der Zeitreihe ersehen kann, haben anscheinend viele Krankenhäuser ihre Intensivkapazität so reduziert, dass eine immerwährende Auslastung von 75% gegeben war.

Sicherlich dürften den Intensivstationen auch Quarantänemaßnahmen für Ärzte und Pflegende aufgrund positiver PCR-Tests zu schaffen gemacht haben.

Doch trotz allem war die Intensivversorgung in Deutschland zu keiner Zeit gefährdet. Anders sah es wohl im ersten Quartal 2018 aus, als die Grippe zu überfüllten Kliniken führte, wie folgende beispielhafte Schlagzeilen nahelegen: *„Überfüllte Krankenhäuser wegen Grippe: Patienten werden teilweise weggeschickt"*[397], *„Aufnahmestopps und Isoliermaßnahmen in Kliniken"*[398] oder *„Grippe legt Krankenhäuser und Ämter lahm"*.[399]

Zu guter Letzt noch ein Ausschnitt der Antwort der Bundesregierung (Drucksache 20/477 vom 25.1.2022) auf eine kleine Anfrage (Drucksache 20/377) von verschiedenen Abgeordneten, der zeigt, *„dass die Bettenauslastung seit Beginn der Corona-Pandemie spürbar zurückgegangen ist"* – und dies bei abnehmender Bettenzahl!

102

> tenzimmern an die besonderen Behandlungserfordernisse einer Pandemie ist, ist darauf hinzuweisen, ==dass die Bettenauslastung seit Beginn der Corona-Pandemie spürbar zurückgegangen ist.==

Abb. 68: Drucksache 20/477 der Deutschen Bundesregierung

Doch trotz dieser Erkenntnisse ging es so weiter: So veröffentlichte der *Bayerische Rundfunk* am 11.7.2022[(400)], dass der Intensivmediziner und Präsident der Deutschen Interdisziplinären Vereinigung für Intensiv- und Notfallmedizin (DIVI) darüber informierte, dass aufgrund ungewöhnlich hoher Auslastung eine *„sehr angespannte Situation auf den Intensivstationen deutscher Krankenhäuser"* herrsche. Er sollte es eigentlich besser wissen, denn laut seiner eigenen Organisation waren

- am 10.7.2020 20.498 (inkl. belegter Kinderintensivbetten),
- am 10.7.2021 18.814 (plus 1.881 belegter Kinderintensivbetten) und
- am 10.7.2022 17.435 (plus 1.963 Kinderintensivbetten)

Betten in deutschen Intensivstationen belegt.[(401)] Die wöchentliche Inzidenz je 100.000 Einwohner der neu im Krankenhaus aufgenommenen SARI-Fälle, die das RKI in seinem ARE-Wochenbericht der Kalenderwoche 10 (6.3. bis 12.3.2023) veröffentlichte, zeigt ebenso die insgesamt moderate Auslastung der Krankenhäuser während der Pandemiejahre im Vergleich zur Zeit davor. Auffällig ist lediglich die hohe Zahl im Dezember 2022 im zum großen Teil durchgeimpften Deutschland.

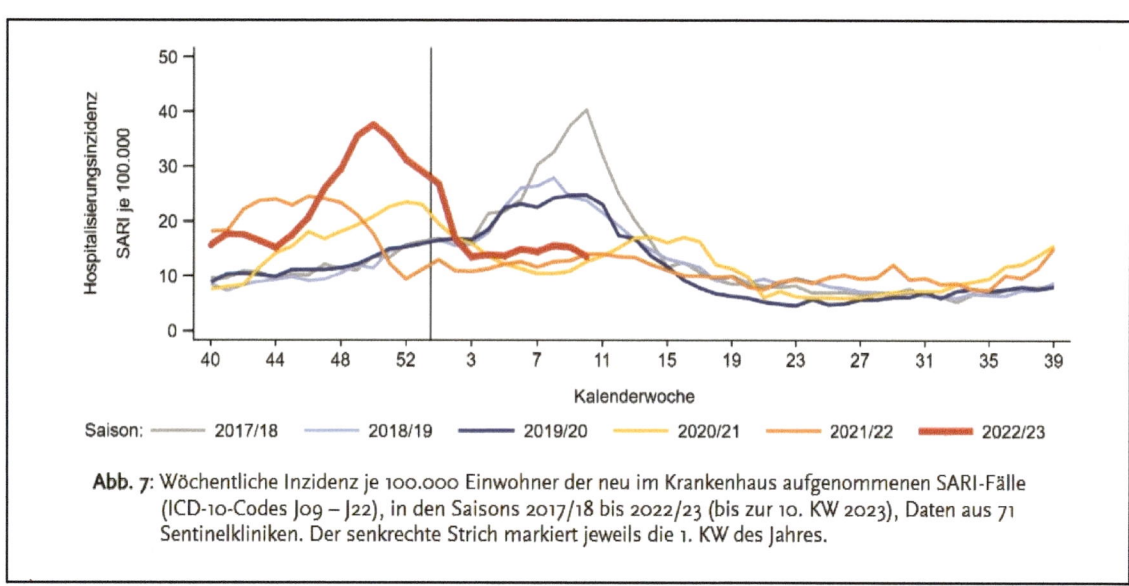

Abb. 7: Wöchentliche Inzidenz je 100.000 Einwohner der neu im Krankenhaus aufgenommenen SARI-Fälle (ICD-10-Codes J09 – J22), in den Saisons 2017/18 bis 2022/23 (bis zur 10. KW 2023), Daten aus 71 Sentinelkliniken. Der senkrechte Strich markiert jeweils die 1. KW des Jahres.

Abb. 69: Inzidenz der neu im Krankenhaus aufgenommenen SARI-Fälle ab der Saison 2017/18

Impfung

Die Politik legte sich in Form einer Veröffentlichung des Bundesministeriums für Wirtschaft früh fest: *„Die Corona-Pandemie endet, wenn ein Impfstoff für die Bevölkerung zur Verfügung steht."*[(402)], Punkt 53) Sehr schnell sprachen Wissenschaftler vom Potential genbasierter Impfstoffe (z.B. Prof. Drosten[(403)]). Als Folge dessen standen mRNA- und Vektorimpfstoffe früh im medialen Fokus.

Deshalb soll die Wirkungsweise dieser Impfstoffe kurz erläutert werden. Grundlage dessen bildet das Buch des Biologen Clemens Arvay »Corona-Impfstoffe – Rettung oder Risiko?«.[(404)]

Bei mRNA-Impfstoffen *wird im Labor mRNA hergestellt, welche die Information für ein virales Antigen beinhaltet. Bei den aktuellen Covid-19-Impfstoffen ist es die Information für den Bau des Stachelproteins von SARS-CoV-2*. *„Hinzu kommt, dass die genetisch modifizierte mRNA durch Nanolipide umhüllt werden muss.*" Diese Nanolipide schützen die mRNA und bilden mit dieser *„einen Nanopartikel, der in der Lage ist, sich nach der Impfung über zelluläre Transportmechanismen durch die Zellmembran ins Innere der Zelle schleusen zu lassen*".

„Virale Vektorimpfstoffe zählen zu den genetischen Kandidaten, weil sie auf gentechnisch modifizierten Trägerviren beruhen. Diesen Trägerviren wird die Information für die Bildung eines viralen Proteins, in unserem Fall von SARS-CoV-2, eingesetzt." Neu am Markt ist ein *„proteinbasierter Impfstoff, der genetisch hergestellte virusähnliche Partikel (Spikeproteine) in den Körper schleust, damit dieser gezielt Antikörper gegen das Virus SARS-CoV-2 bilden kann.*"[(405)] Er wird zwar mit Totimpfstoffen in Verbindung gebracht, ist jedoch rein genetisch hergestellt und deshalb kein herkömmlicher Totimpfstoff.[(406)]

Zugelassen wurden in der EU bisher die mRNA-Impfstoffe von BioNTech-Pfizer (21.12.2020) und Moderna (6.1.2021), die Vektorimpfstoffe von AstraZeneca (29.1.2021) und Johnson & Johnson (11.3.2021) und der proteinbasierte Impfstoff von Novavax (21.12.2021).[(407)] Alle dieser Vakzine haben lediglich eine **bedingte** Zulassung erhalten. Eine bedingte Zulassung ist laut PEI eine Zulassung, die an Auflagen geknüpft ist.[(408)] Sie kann im Interesse der Allgemeinheit für ein Arzneimittel erteilt werden und ist ein Jahr lang gültig. Bei den vier erstgenannten Impfstoffen ist die bedingte Zulassung nach Ablauf lediglich erneuert worden. Eine Vollzulassung hat bisher **keines** dieser Vakzine. Die neuen Impfstoffe wurden medial (z.B. [(409)]) unter Bezug auf hohe Wirksamkeiten vorgestellt. Laut der vorgestellten Studie zur Sicherheit und Wirksamkeit des Vakzins von BioNTech soll dessen Wirksamkeit 95% betragen.[(410)] So „erkrankten" (mittels PCR-Test ermittelt) unter den ca. 44.000 Studienteilnehmern, die ungefähr je hälftig das Vakzin bzw. ein Placebo erhielten, acht aus der Impf- und 162 aus der Placebogruppe am Coronavirus. Teilt man nun die acht durch die 162 und subtrahiert das Ergebnis von eins, so erhält man die 95%. Interessant ist hierbei eine Publikation von HART (Health Advisory & Recovery Team), einer Gruppe von hochqualifizierten britischen Ärzten, Wissenschaftlern, Ökonomen, Psychologen und anderen akademischen Experten, die sich mit den Pfizer-Studiendokumenten befasst haben, die in den USA laut Gerichtsbeschluss veröffentlicht werden mussten.[(411)] So zeigen die Antikörpertests von Pfizer, dass *„es unter den Geimpften tatsächlich 75 ‚Fälle' von Covid gab, nicht nur acht."* [(412)] Wenn man weiter bedenkt, dass bei Moderna *„nur etwa 40% der Geimpften, die später eine symptomatische PCR-positive Covid-‚Durchbruch'-Infektion haben, (diese) Antikörper vom Typ N entwickeln"* und man diesen Wert auch bei Pfizer annimmt, käme man sogar zu einer errechneten Zahl von 188 „Erkrankten" in der Impfgruppe, was die Wirksamkeit der Impfung ins Reich der Fabel verwiese.

Doch gehen wir weiter von den ursprünglichen Zahlen aus: In einer in *The Lancet* veröffentlichten Studie stellt man nun diese relative Risikoreduzierung (RRR) von 95% einer absoluten Risikoreduktion (ARR - Differenz der Infektionsraten mit und ohne Vakzin) gegenüber, die beim BioNTech-Impfstoff 0,84% beträgt.[(413)] Oder in anderen Worten: Man benötigt 119 Impfungen (NNV – number needed to vaccinate), um einen positiven PCR-Test zu vermeiden. Weiter führen die Autoren aus, dass diese Zahlen vom Hintergrundrisiko abhängen. Dies bedeute, dass ein hohes Risiko die Impfstoffeffektivität erhöht. Das geringe Risiko dieses Virus konnte schon in den vorherigen Abschnitten gezeigt werden. Der Artikel endet auch mit den Worten: *„Diese Überlegungen zur Wirksamkeit und Effektivität basieren auf Studien zur Vorbeugung von leichten bis mittelschweren COVID-19-Infektionen; sie waren nicht darauf ausgelegt, Aussagen über die Prävention von Krankenhausaufenthalten, schweren Erkrankungen oder Todesfällen oder über die Prävention von Infektionen und Übertragungsmöglichkeiten zu treffen. Bei der Bewertung der Eignung von Impfstoffen müssen alle Indikatoren berücksichtigt werden, einschließlich von Sicherheit, Einsatzfähigkeit, Verfügbarkeit und Kosten."*

Nun forderte jedoch Prof. Dr. Peter Doshi, leitender Redakteur beim *British Medical Journal*, weitere Daten von Pfizer/BioNTech zur Beantwortung der Frage, warum in der Impfgruppe 311 Teilnehmer und in der Placebogruppe nur 60 Personen wegen *„wichtiger Protokollabweichungen"* ausgeschlossen wurden.[414] Er bezieht sich dabei folgende Daten aus der Veröffentlichung des „Briefing Documents" der US-amerikanischen FDA (Food and Drug Administration). Dies ist die US-Behörde für Lebens- und Arzneimittelüberwachung.

Table 2. Efficacy Populations, Treatment Groups as Randomized

	BNT162b2 (30 μg) n^a (%)	Placebo n^a (%)	Total n^a (%)
Randomized[b]	21823 (100.0)	21828 (100.0)	43651 (100.0)
Dose 1 all-available efficacy population	21768 (99.7)	21783 (99.8)	43551 (99.8)
Participants without evidence of infection before Dose 1	20314 (93.1)	20296 (93.0)	40610 (93.0)
Participants excluded from Dose 1 all-available efficacy population	55 (0.3)	45 (0.2)	100 (0.2)
Reason for exclusion[c]			
Did not receive at least 1 vaccination	54 (0.2)	45 (0.2)	99 (0.2)
Did not provide informed consent	1 (0.0)	0	1 (0.0)
Dose 2 all-available efficacy population	20566 (94.2)	20536 (94.1)	41102 (94.2)
Participants without evidence of infection prior to 7 days after Dose 2	18701 (85.7)	18627 (85.3)	37328 (85.5)
Participants without evidence of infection prior to 14 days after Dose 2	18678 (85.6)	18563 (85.0)	37241 (85.3)
Participants excluded from Dose 2 all-available efficacy population	1257 (5.8)	1292 (5.9)	2549 (5.8)
Reason for exclusion[c]			
Did not receive 2 vaccinations	1256 (5.8)	1292 (5.9)	2548 (5.8)
Did not provide informed consent	1 (0.0)	0	1 (0.0)
Evaluable efficacy (7 days) population	20033 (91.8)	20244 (92.7)	40277 (92.3)
Evaluable efficacy (14 days) population	20033 (91.8)	20243 (92.7)	40276 (92.3)
Participants excluded from evaluable efficacy (7 days) population	1790 (8.2)	1584 (7.3)	3374 (7.7)
Participants excluded from evaluable efficacy (14 days) population	1790 (8.2)	1585 (7.3)	3375 (7.7)
Reason for exclusion[c]			
Randomized but did not meet all eligibility criteria	36 (0.2)	26 (0.1)	62 (0.1)
Did not provide informed consent	1 (0.0)	0	1 (0.0)
Did not receive all vaccinations as randomized or did not receive Dose 2 within the predefined window (19-42 days after Dose 1)	1550 (7.1)	1561 (7.2)	3111 (7.1)
Had other important protocol deviations on or prior to 7 days after Dose 2	311 (1.4)	60 (0.3)	371 (0.8)
Had other important protocol deviations on or prior to 14 days after Dose 2	311 (1.4)	61 (0.3)	372 (0.9)

[a]n = Number of participants with the specified characteristic.
[b]These values are the denominators for the percentage calculations.
[c]Participants may have been excluded for more than 1 reason.
Note: 100 participants 12 through 15 years of age with limited follow-up are included in the randomized population (49 in the vaccine group and 51 in the placebo group). Some of these subjects were included in the denominators of efficacy analyses, depending on the population analyzed, but did not contribute primary endpoint cases and do not affect efficacy conclusions for ages 16 years and above.

Abb. 70: Teil der Zulassungsstudie von Pfizer, wo ersichtlich ist, dass 311 Mitglieder der Impfgruppe ausgeschlossen wurden, während dies bei der Placebo-Gruppe nur 60 waren

Weitere schwerwiegende und gravierende Mängel in der Studie, die Pfizer zur Zulassung seines Vakzins einreichte, veröffentlichten Wissenschaftler im *New England Journal of Medicine*[415] und im *British Medical Journal*.[416]

Betrachtet man nun, dass von ca. 22.000 gestarteten Teilnehmern der Placebogruppe schließlich 162, was einen Anteil von ca. 0,7% bedeutet, einen positiven PCR-Test aufwiesen, muss man ernsthaft die Frage diskutieren, ob eine Impfung bei dieser Krankheit überhaupt angebracht ist, da außerdem zu berücksichtigen ist, dass Forscher der Universität Tübingen herausgefunden haben, dass menschliche T-Zellen nach Kontakt mit früheren humanen Coronaviren auch Strukturen des derzeitigen Coronavirus erkennen, was bei 81% der untersuchten Blutproben aus der Vor-Corona-Zeit der Fall war.[417] Dieser Eindruck verstärkt sich vor dem Hintergrund des bereits erwähnten Ausschlusses von 311 Teilnehmern aus der Impfgruppe (nur 60 in der Placebogruppe) wegen *„wichtiger Protokollabweichungen"*. Dies leitet unwillkürlich zur Frage nach der Sicherheit dieser Impfstoffe.

Der bereits oben zitierte Sachverständige und Datenanalyst Tom Lausen untersuchte die anonymisierten Diagnosedaten von 10.937.719 BKK-Versicherten mit dem Ergebnis, dass nach Herausrechnung von erwartbaren Nebenwirkungen durch andere Impfstoffe durch Mittelwertbildung der entsprechenden Quartale der Jahre 2019 und 2020 in den Quartalen I, II und III 2021 216.695 Impfnebenwirkungen durch Covid-19-Impfstoffe zu verzeichnen waren, die einer ambulanten (nur ambulanten, nicht stationären) Behandlung bedurften. Die für den Zeitraum 27.12.2020 bis 31.12.2021 vom Paul-Ehrlich-Institut ausgewiesenen 244.576 Verdachtsmeldungen erscheinen vor diesem Hintergrund absolut unterdatiert. Rechnete man die behandelten BKK-Patienten auf besagten Zeitraum und ganz Deutschland hoch, käme man auf 2,5-3 Mio. Nebenwirkungen im ambulanten Bereich. Und dies ohne schwere stationäre Fälle! Aus den BKK-Daten geht außerdem hervor, dass für die Quartale 1, 2 und anteilig 3 2021 136.609 Versicherte 383.170 Arbeitsunfähigkeitstage durch Nebenwirkungen zu verzeichnen hatten. Mehr als durch positiv Getestete.[418]

Auch zeigen die Untersuchungen des Pathologen Prof. Dr. Burkhardt, der zusammen mit seinem Berufskollegen Prof. Dr. Lang mehrere Tote untersucht hat, die im zeitlichen Zusammenhang mit der Impfung plötzlich und unerwartet verstorben sind, erschreckende Ergebnisse. Die sehenswerten Pressekonferenzen zu den Ergebnissen können unter [419] angesehen werden. Die beiden Pathologen haben sich mit ihren Fragen an BioNTech gewandt[420], ebenso wie fünf namhafte Chemieprofessoren mit ihren Bedenken[421], die diesbezüglich ebenfalls das PEI angeschrieben haben.[422] Befriedigende Antworten? Fehlanzeige! Übrigens schrieben diese Chemiker erneut an BioNTech. *„Die Professoren berichten dem Unternehmen von einer neuen wissenschaftlichen Studie aus Dänemark (Schmeling et al., 2023. DOI: 10.1111/eci.13998). Diese Studie zeige ‚ganz deutlich, dass es zwischen den Chargen Ihres Impfstoffs außerordentlich große Unterschiede bei den jeweils gemeldeten Nebenwirkungen und Impfschäden gab', so die Professoren. Die Chemiker bitten das Unternehmen nun um Erklärung, wie es sein könne, ‚dass drei verschiedene Gruppen von Impfstoff-Chargen mit stark unterschiedlichen Melderaten beobachtet wurden'. Die Professoren wollen wissen, on BioNTech dazu eigene Daten habe und ob das Unternehmen sich der dänischen Studie bereits auseinandergesetzt habe. Die Studie aus Dänemark zeige, ‚dass die Chargen mit hohen Nebenwirkungsmelderaten entweder weniger häufig eingesetzt wurden oder es sich um kleine Chargengrößen handelte'. Deshalb möchten die Professoren wissen, wie ‚die unterschiedlichen Melderaten' zu erklären seien. Es stelle sich die Frage, wie ‚sich die entsprechenden Chargen bezüglich ihrer Zusammensetzung unterscheiden'."*[423]

In diesem Zusammenhang erscheint es auch interessant, dass bei der achttägigen Radfernfahrt Paris-Nizza 2022, also im Jahr eins nach den Coronaimpfungen, nur 59 von 154 gestarteten Radrennfahrern das Ziel erreichten.[424] Dass 95 Fahrer das Ziel nicht erreichten, wurde durch die anspruchsvolle Kurssetzung, widrige Wetterbedingungen und Grippesymptome bei 30 Fahrern begründet. Impfschäden wurden für dieses historische Debakel nicht in Betracht gezogen.

Jetzt ist es interessant zu erfahren, woher die von diesen Wissenschaftlern aufgezeigten Probleme kommen, da behauptet wird, die mRNA aus der Impfung würde nach kurzer Zeit vom Körper abgebaut werden.[425] Nun konnte die mRNA in einer wissenschaftlichen Publikation[426] noch nach 60 Tagen nach der Impfung in den Lymphknoten nachgewiesen werden. Eine andere Studie[427] wies die aufgrund der mRNA-Impfung von den Zellen produzierten Spike-Proteine noch nach vier Monaten nach. Zudem berichtet auch das Paul-Ehrlich-Institut von der Gefährlichkeit der Spike-Proteine, sodass sich eine nähere Betrachtung der möglichen Gesundheitsschädigung dieses Proteins lohnt.[428]

Laut einem wiedergegebenen Gespräch mit dem renommierten Epidemiologen Prof. Dr. Sucharit Bhakdi erreichen die in den Muskel injizierten Gene zuerst die Lymphknoten und gelangen von dort in den Blutkreislauf.[429] Bei Kontakt mit Zellen werden sie von diesen aufgenommen, was hauptsächlich in den Endothelzellen (Auskleidung der Blutgefäße) passieren dürfte, besonders da, wo das Blut langsam fließt, wie z.B. in den Kapillaren des Gehirns. Die infizierten Endothelzellen „produzieren" dadurch die entsprechenden Spike-Proteine, die zusammen mit den Abfallprodukten der Proteinsynthese aus der Zelle in den Blutkreislauf befördert werden, wo sie mit dem Immunsystem in Kontakt gelangen. Durch den Kontakt der Spike-Proteine mit den Blutplättchen, den Thrombozyten, wird zum einen die Blutgerinnung (Blutgerinnsel und Thrombosen) aktiviert, während die Abfallprodukte der Proteinsynthese zum anderen von den Killerlymphozyten, einem Teil des Immunsystems, erkannt werden, was zur Folge hat, dass die infizierten Endothelzellen (wie andere Zellen auch) zerstört werden. Und Blutgefäße ohne Auskleidung im Gehirn können tödlich sein. Die Langzeitgefahr, die durch jede weitere Impfung verstärkt wird, ist ein immer heftiger (über-) reagierendes Immunsystem.

Zu beachten ist, dass die injizierten Gene den Blutkreislauf nicht mehr verlassen können, es sei denn, sie zerstören die Blutgefäßwand. Wenn nun ein echtes Coronavirus, das im Gegensatz zu den injizierten Genen auf das Atmungssystem begrenzt ist, die Lunge infiziert, kann ein überschießendes Immunsystem die Lunge töten.

Eine andere Studie[430] hat gezeigt, dass SARS-CoV-2-RNA in DNA umgeschrieben werden kann, was auch eine weitere Studie bestätigt.[431] Dies bedeutet, dass die menschliche DNA verändert wird.

Ein Grund für eine erhöhte Gefahr für Krebswachstum ist, dass die gespritzte mRNA in den Lymphknoten die für die Zerstörung von Tumorzellen verantwortlichen Kontroll-Lymphozyten befällt, die dann anschließend durch Killerlymphozyten getötet werden. Analog dazu können im Körper vorhandene und bisher durch das Immunsystem in Schach gehaltene Erreger (z.B. Herpes- oder Epstein-Barr-Viren) zu Krankheitsausbrüchen führen, so Prof. Dr. Bhakdi in einem Interview.[432]

So berichten auch die *Deutschen Wirtschaftsnachrichten*[433] von einer US-Studie[434], die „*die neuartigen Impfstoffe*" verdächtigt, „*das angeborene Immunsystem und DNA-Reparaturmechanismen im Körper dauerhaft zu schädigen. Folgen könnte eine erhöhte Anfälligkeit für Infektionskrankheiten und ein erhöhtes Krebsrisiko sein.*" Schädigungen des Immunsystems konnten auch in einer weiteren Studie[435] belegt werden. Auch wurden Zahlen aus Neuseeland veröffentlicht, nach denen das Immunsystem der doppelt Geimpften nur noch zu 26% zur Verfügung steht:

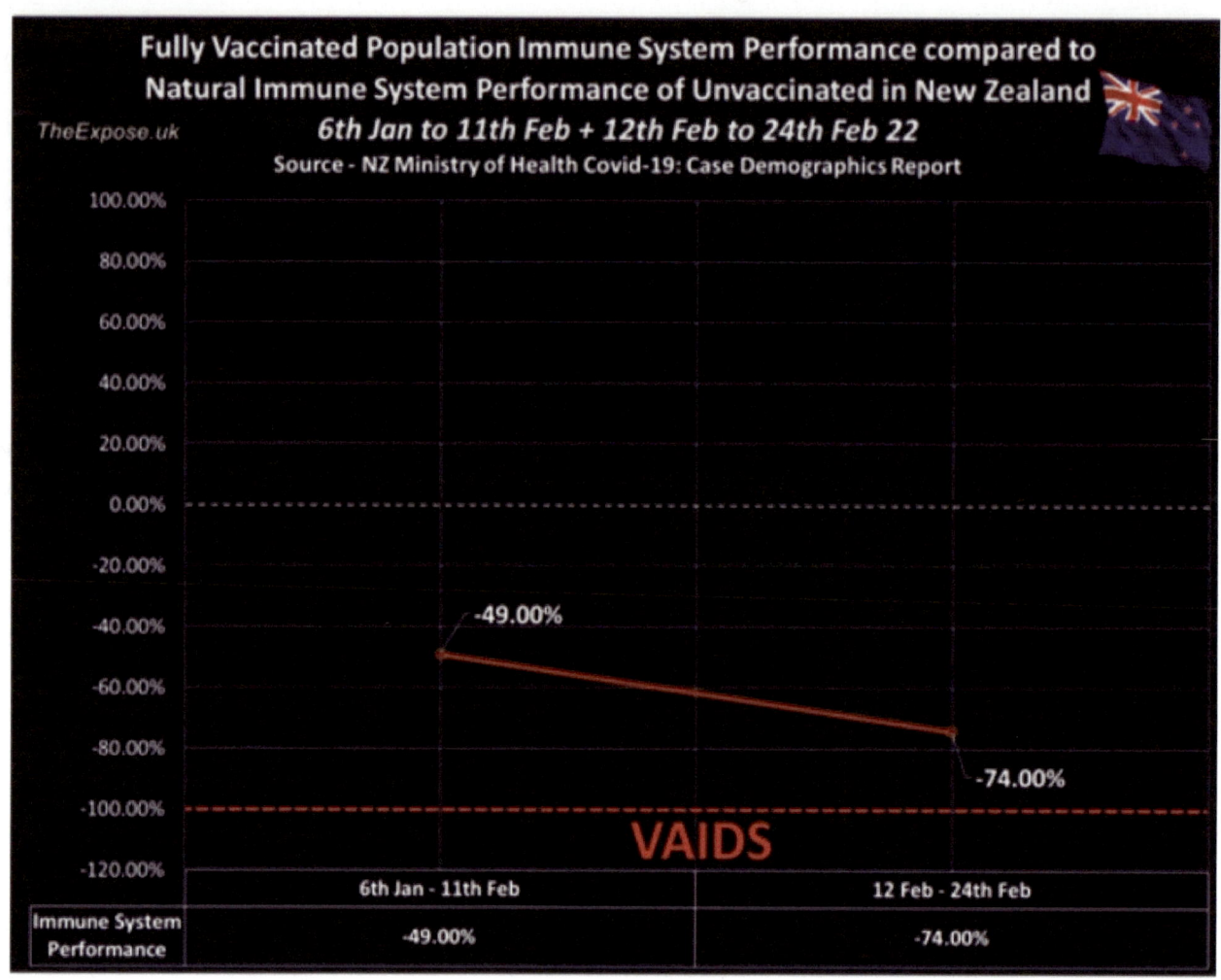

Abb. 71: Vergleich der Leistungen des Immunsystems von doppelt Geimpften mit Ungeimpften

Der Artikel spricht schon von Vakzin Aids oder VAIDS.

Das Paul-Ehrlich-Institut[436] gibt als mögliche schwere Nebenwirkungen anaphylaktische (schwere und lebensbedrohliche) Reaktionen, Myokarditis (Herzmuskelentzündung) und/oder Perikarditis (Herzbeutelentzündung), Thrombose mit Thrombozytopenie-Syndrom (Kombination aus einer Thrombozytopenie und Thrombosen), Guillain-Barré-Syndrom (Erkrankung der Nerven, bei der es zu Muskelschwäche kommt) und Thrombozytopenie (verminderte Anzahl von Thrombozyten)/Immuntrombozytopenie (Autoimmunreaktion gegen Thrombozyten) an, die laut Angabe allerdings sehr selten auftreten sollen.

Die Seltenheit von Nebenwirkungen negiert der US-Anwalt Thomas Renz bei einer fünfstündigen Anhörung des US-Senators Ron Johnson. Hierzu soll aus einem Artikel bei *report24.news*[437] zitiert werden: *„Dabei präsentierte er [Anwalt Thomas Renz] medizinische Rechnungsdaten der Defence Epidemiology Database (DMED). ... Die Datenbank enthält alle ICD-Codes sowohl für den Besuch von Militärkrankenhäusern als auch für ambulante Besuche. Die von Renz bisher vorgelegten Daten stammen alle aus der Abfrage der ambulanten Diagnosedaten. Neben dem sprunghaften Anstieg der Fehlgeburtsdiagnosen (ICD-Code O03 für Spontanaborte) gab es einen fast 300prozentigen Anstieg der Krebsdiagnosen (von einem Fünfjahresdurchschnitt von 38.700 pro Jahr auf 114.645 in den ersten 11 Monaten des Jahres 2021). Auch bei den Diagnosecodes für neurologische Probleme gab es einen Anstieg um 1.000 Prozent, und zwar von durchschnittlich 82.000 auf 863.000!*

108

Einige andere Zahlen, die er bei der Anhörung nicht erwähnte, die er mir aber im Interview nannte, sind die folgenden:

- *Myokardinfarkt – Anstieg um 269 Prozent*
- *Bells Palsy – Anstieg um 291 Prozent*
- *angeborene Fehlbildungen (bei Kindern von Militärangehörigen) – Anstieg um 156 Prozent*
- *Unfruchtbarkeit bei Frauen – Anstieg um 471 Prozent*
- *Lungenembolien – Anstieg um 467 Prozent."*

Die Zahlen sind für 2021 im Vergleich zum Durchschnitt der Jahre 2016-2020 erfasst. Laut *correctiv.org*[438] sollen gemäß eines Pressesprechers des militärischen Gesundheitssystems die Daten der Vorjahre aufgrund eines Fehlers jedoch nicht vollständig in die Datenbank übertragen worden sein. Dadurch soll der falsche Eindruck entstanden sein, es hätte einen signifikanten Anstieg dieser Diagnosen im Jahr 2021 gegeben.

Eine im *Journal of Pediatrics* veröffentlichte Studie[439] ergab, dass bei Jugendlichen, bei denen Myokarditis als Nebenwirkung der Impfung diagnostiziert wurde, noch Monate nach der Impfung Herzanomalien festgestellt wurden.

Dagegen stellten israelische Forscher fest, dass ungeimpfte Genesene kein erhöhtes Risiko haben, eine Erkrankung an Myokarditis oder Perikarditis zu erleiden.[440] Wörtlich stellten die Wissenschaftler klar: *„In der aktuellen großen Bevölkerungsstudie mit Probanden, die nicht gegen SARS-CoV-2 geimpft waren, beobachteten wir keinen Anstieg der Inzidenz von Myokarditis oder Perikarditis ab Tag 10 nach positivem SARS-CoV-2-Test."*

Leider waren von Seiten der Impfstoffhersteller keine Daten erhältlich, sodass sich *„in Texas rund 30 Professoren und Wissenschaftler im Rahmen des Freedom of Information Act vor Gericht dafür einsetzten, den Post Authorization Adverse Events Report – also den nach Autorisierung erstellten Bericht über Nebenwirkungen des Impfstoffs von Pfizer/BioNTech – der Öffentlichkeit zugänglich zu machen, wozu Pfizer mit Gerichtsurteil vom 7.2.2022 verpflichtet wurde".*[441] Weiter besagt der Artikel: *„In den Bericht sind 42.086 Fälle eingegangen, die nach Erhalt der mRNA-Impfung über einen Zeitraum von drei Monaten beobachtet wurden. Betrachtet man die Tabelle für die Outcomes nach Impfung, wird verständlich, wieso Pfizer den Bericht nicht veröffentlichen wollte: Bereits im Verlauf von drei Monaten sind von 42.086 Probanden 1.223 verstorben, was 2,9 Prozent entspricht; 11.361 Probanden (27 Prozent) hatten sich zu Ende des Beobachtungszeitraums noch nicht von der Impfung erholt, von 9.400 Probanden (22,3 Prozent) waren keine Daten bekannt, und 19.582 Probanden (46,5 Prozent) hatten sich von der Impfung erholt.*

In dem Bericht sind sehr viele Nebenwirkungen aufgeführt. Gewöhnliche Nebenwirkungen wie Fieber, Übelkeit und Schwäche wurden 51.335 Mal angegeben – diese Zahl übersteigt die Zahl der beobachteten Menschen, weil die Probanden zwei Impfungen erhielten, und deshalb auch mehrfach Symptome melden konnten.

Andere gemeldete Nebenwirkungen waren: Nervenstörungen (25.957), muskuläre und Bindegewebsschwächen (17.283), Magen-Darm-Beschwerden (14.096), Beschwerden im Haut- und Subkutangewebe (8.476), Atem- und Brustkorbbeschwerden (8.476), Infektionen und Verseuchungen (4.610), Verwundungen, Vergiftungen und verfahrenstechnische Komplikationen (5.590), Investigations (symptomatische Nebenwirkungen, die noch in Abklärung sind) (3.693), COVID-19 (3.067), Anaphylaxis (1.833), kardiovaskuläre Nebenwirkungen (1.403), Autoimmunerkrankungen (1.050), hämatologische Störungen (932). Die hier aufgeführten Nebenwirkungen sind nicht vollständig, die Liste im Pfizer-Bericht ist länger. Erwähnenswert ist weiterhin der Nebenwirkungsbericht zu Impfungen in der Schwangerschaft. Von 270 Schwangerschaften wurde in 238 Fällen kein Outcome angegeben, 23 Spontanaborte, fünf ausstehende Outcomes, 3x neonataler Tod, 2x intrauteriner Tod, ein normales Outcome."

Auch die Schweizer *Weltwoche* beschäftigte sich mit den freigegebenen Dokumente rund um die Entwicklung des Impfstoffs gegen Covid-19 sichtete. *„Die wichtigsten Erkenntnisse aus den ‚Pfizer Files': Das Unternehmen wusste, dass die mRNA-Impfstoffe nicht wie versprochen funktionieren. Ebenso, dass sich die Inhaltsstoffe in kurzer Zeit im ganzen Körper verteilen. Meldungen über Herzschädigungen bei Minderjährigen, Todesfälle durch Schlaganfälle und Leberschäden, Blutgerinnsel, Hirnblutungen und eine Reihe weiterer Schäden kurz nach der Spritze: Pfizer hatte Kenntnis davon.*

Als besonders beunruhigend beurteilt das Expertenteam den «Rundum-Angriff auf die menschliche Fortpflanzungsfähigkeit». Spermien, Hoden, Eierstöcke, Menstruationszyklen: Fast alles wurde in zahllosen Fällen in Mitleidenschaft gezogen.

Das sogenannte Shedding, die Übertragung von mRNA-Komponenten an andere, wurde in den Medien stets als Verschwörungstheorie abgetan. Die klinischen Studien von Pfizer belegen, dass dieser Vorgang existiert. Das alles ist laut den Autoren der Analyse nur die Spitze des Eisbergs. Denn es geht um Hunderttausende von Seiten, die untersucht wurden."[(442)]

Zusätzlich sind Teile der in den mRNA-Vakzinen verwendeten Nanolipide nicht im Arzneibuch enthalten, weder im Deutschen noch im Europäischen Arzneibuch.[(443)] Und weiter im Artikel: *„Die EMA bezeichnet diese (die Nanolipide ALC-159 und ALC-315 der Pfizer/BioNTech-Impfung) in einem ‚Assessment Report' (Bewertungsbericht) vom 19. Februar 2021 als ‚neuartige Hilfsstoffe' (novel excipient). Festgehalten wird, dass der Impfstoff durch diese verunreinigt (Lipid-related impurities) ist und dass für diese Hilfsstoffe unzureichende Unterlagen eingereicht wurden (S. 23). Die EMA erteilte Pfizer/BioNTech im Bewertungsbericht mehrere Spezialauflagen (‚special obligations') und setzte Fristen. Diese Auflagen wurden – wie dem Bericht von Oktober 2021 über die Verlängerung der bedingten Zulassung zu entnehmen ist (Seiten 6 bis 9) – jedoch bis heute (noch) nicht erfüllt (not fullfilled/ongoing).*" In Tierversuchen seien erhebliche Nebenwirkungen dieser Nanolipide festgestellt worden.

Diese Gefahren müssten sich doch in erhöhten Krankheits- und Sterbezahlen niederschlagen. Laut dem Regensburger Professor Dr. Kuhbandner tun sie dies auch. So legte er in einem bei *ServusTV* ausgestrahlten Bericht[(444)] eine alarmierende englische Studie dar, die zeigte, dass im Januar 2021 ungeimpfte Über-80-Jährige in der Spitze am Monatsende eine erhöhte Sterblichkeit aufwiesen, während dies in der Gruppe der 70-79-Jährigen im Februar und bei den 60-69-Jährigen im März analog passierte. Im Januar wurden die Über-80-Jährigen geimpft, während dies bei den weiteren Altersgruppen hauptsächlich im Februar bzw. im März geschah. Bei der Suche nach einer Antwort für dieses Paradoxon kamen die Wissenschaftler darauf, dass frisch geimpfte Menschen während der ersten beiden Wochen nach der Impfung als Ungeimpfte zählen. So könnten potenzielle Impfopfer als ungeimpfte Tote zu Buche schlagen. Denselben Effekt konnte Prof. Dr. Kuhbandner auch in den deutschen Zahlen feststellen. Qualifizierte Reaktionen des RKI und des PEI auf die Information, die der Wissenschaftler diesen Instituten zukommen ließ? Fehlanzeige! (Min. 18:15 bis 23:55 des o.g. Berichts) Auch Zahlen aus Israel und Österreich zeigen dieses Phänomen. (Min. 43:05 bis 45:18 des Berichts)

Ebenso hat die kanadische Regierung Daten veröffentlicht, aus denen man schon früh herauslesen konnte, dass die vollständig Geimpften bei Erhebung für neun von zehn Todesfällen bei Covid-19 verantwortlich sind.[(445)] Das erste Tableau gibt die kanadischen Corona-Zahlen vom 14.12.2020 bis 27.2.2022 wieder:

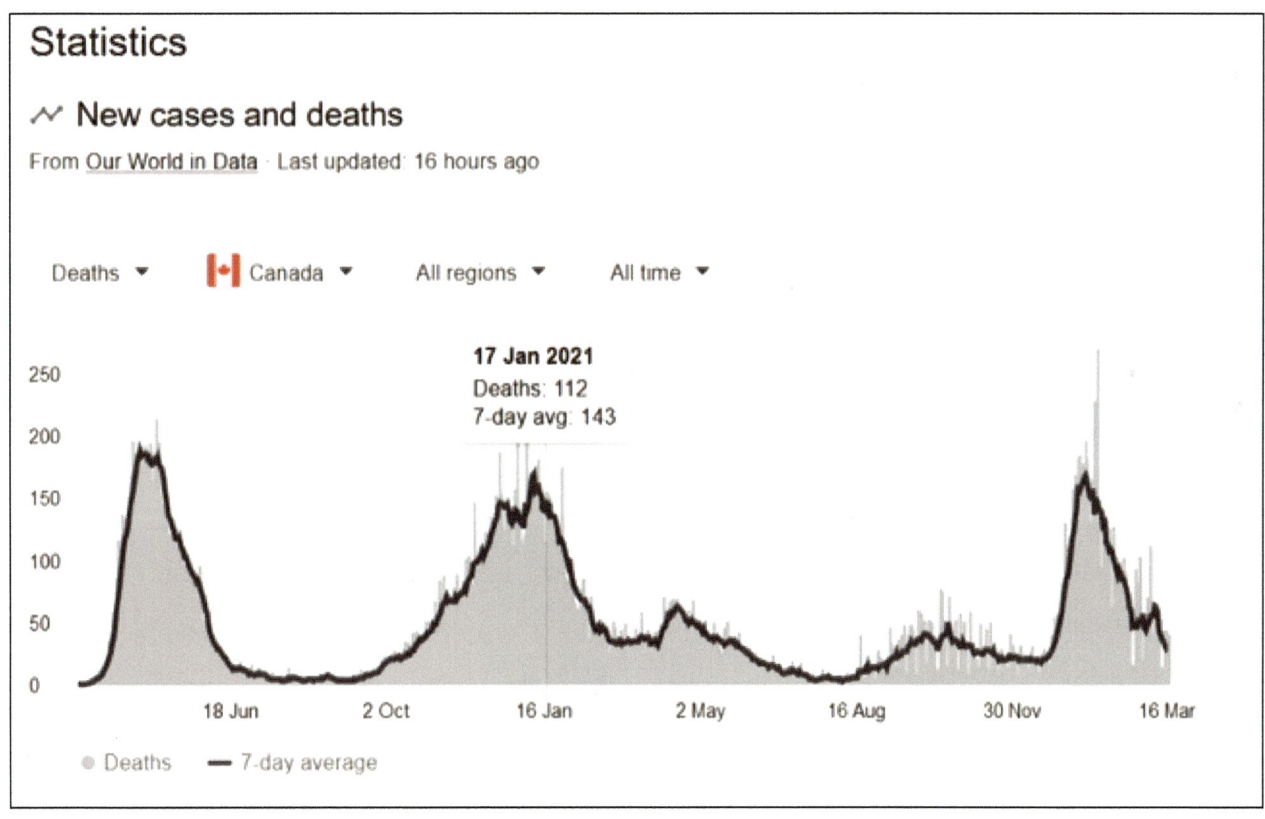

▼ Figure 5: Text description

Characteristics and severe outcomes associated unvaccinated, partially vaccinated and fully vaccinated confirmed cases reported to PHAC, as of February 27, 2022

Status	Cases	Hospitalizations	Deaths
Unvaccinated	919,468	48,143	9,179
Cases not yet protected	51,531	3,226	779
Partially vaccinated	88,463	4,428	846
Fully vaccinated	656,541	14,654	2,387
Fully vaccinated with an additional dose	149,613	5,827	1,351

Abb. 72: Kanadische Corona-Zahlen vom 14.12.2020 bis 27.2.2022

Zuerst kann aus den Zahlen herausgelesen werden, dass Ungeimpfte die Haupttreiber des Infektionsgeschehens sind. Deshalb soll nun die zeitliche Verteilung der Toten, die an oder mit Corona verstorben sind, betrachtet werden:

Statistics

〰 New cases and deaths

From Our World in Data · Last updated: 16 hours ago

Deaths ▼   🇨🇦 Canada ▼   All regions ▼   All time ▼

17 Jan 2021
Deaths: 112
7-day avg: 143

● Deaths   — 7-day average

Abb. 73: Zeitliche Verteilung der an oder mit Corona Verstorbenen in Kanada

Bei deren Betrachtung stellen wir drei große Sterbewellen fest, nämlich im Frühjahr 2020, zum Jahreswechsel 2020/21 und zum Jahreswechsel 2021/22. Wenn man sich jetzt vergegenwärtigt, wann die Impfungen begonnen haben, sieht man, dass die Impfungen erst begonnen haben, als die Welle zum Jahreswechsel 2020/21 schon am Abklingen war.

111

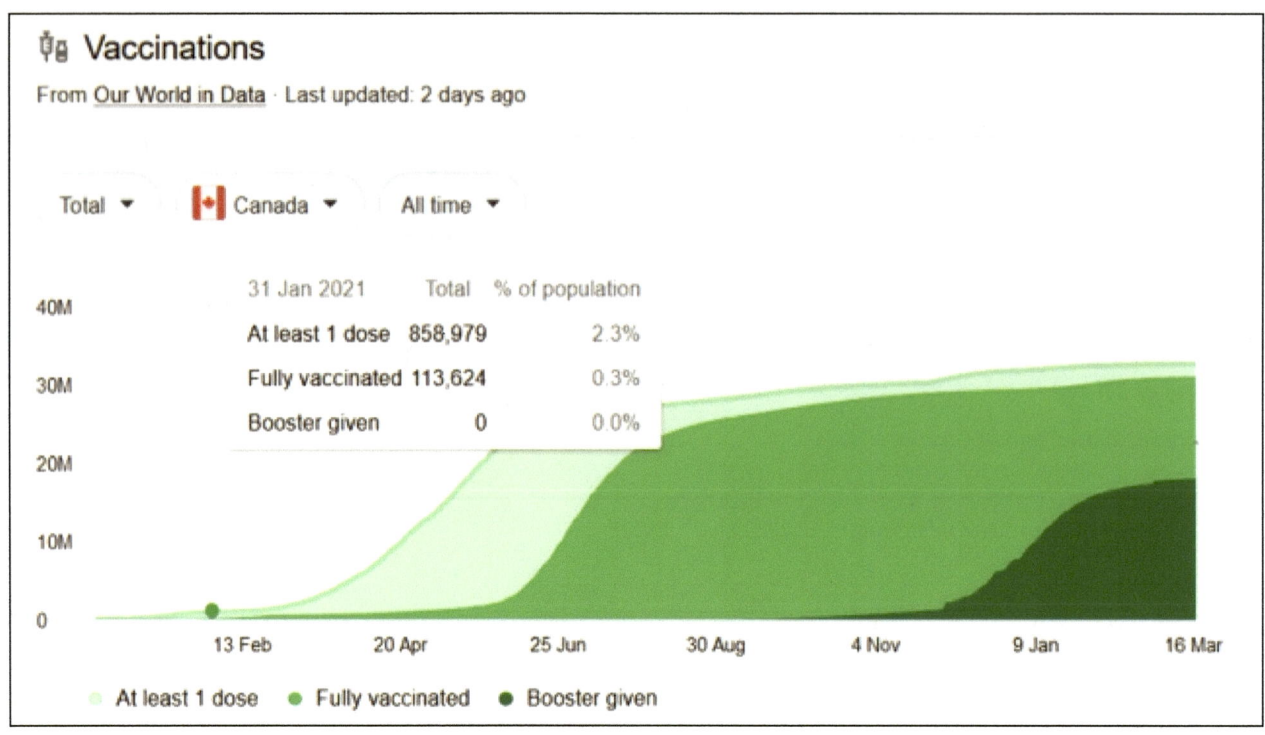

Abb. 74: Zeitliche Entwicklung der Impfungen in Kanada

Dies bedeutet, dass diese Toten zu einem großen Umfang bei den Ungeimpften gezählt wurden, da es zu dieser Zeit fast keine Geimpften gab. Ein älteres Bild spiegelt die Zahlen vom 14.12.2020 bis zum 13.2.2022:

▼ Figure 5: Text description

Characteristics and severe outcomes associated unvaccinated, partially vaccinated and fully vaccinated confirmed cases reported to PHAC, as of February 13, 2022

Status	Cases	Hospitalizations	Deaths
Unvaccinated	913,383	47,303	9,147
Cases not yet protected	51,402	3,213	785
Partially vaccinated	86,724	4,305	849
Fully vaccinated	637,588	13,801	2,306
Fully vaccinated with an additional dose	128,961	4,884	1,189

Abb. 75: Kanadische Corona-Zahlen vom 14.12.2020 bis 13.2.2022

Subtrahiert man nun die Zahlen beider Tableaus, so erhält man eine Tabelle der Corona-Daten für die Zeit vom 14.2.2022 bis zum 27.2.2022, die sich wie folgt gestalten:

112

Status	Cases/Fälle	Hospitalizations/ Hospitalisierungen	Deaths/ Sterbefälle
Unvaccinated/Ungeimpft	6085	840	32
Cases not yet protected/ Noch nicht geschützte Fälle	129	13	-6
Partially vaccinated/ Teilweise geimpft	1739	123	-3
Fully vaccinated/ Komplett geimpft	18953	853	81
Fully vaccinated with an additional dose/Komplett geimpft mit Auffrischung	20652	943	162
Vaccinated/Geimpft	41473	1932	234

Abb. 76: Kanadische Corona-Zahlen vom 14.2.2022 bis 27.2.2022

Wie ersichtlich, machen die Geimpften im veranschlagten Zeitraum fast 88% der an oder mit Corona Verstorbenen aus. Die Anteil der zumindest einfach Geimpften an der Bevölkerung betrug am 7.2.2022 85,1%[446] und am 23.3.2022 85,8%[447]:

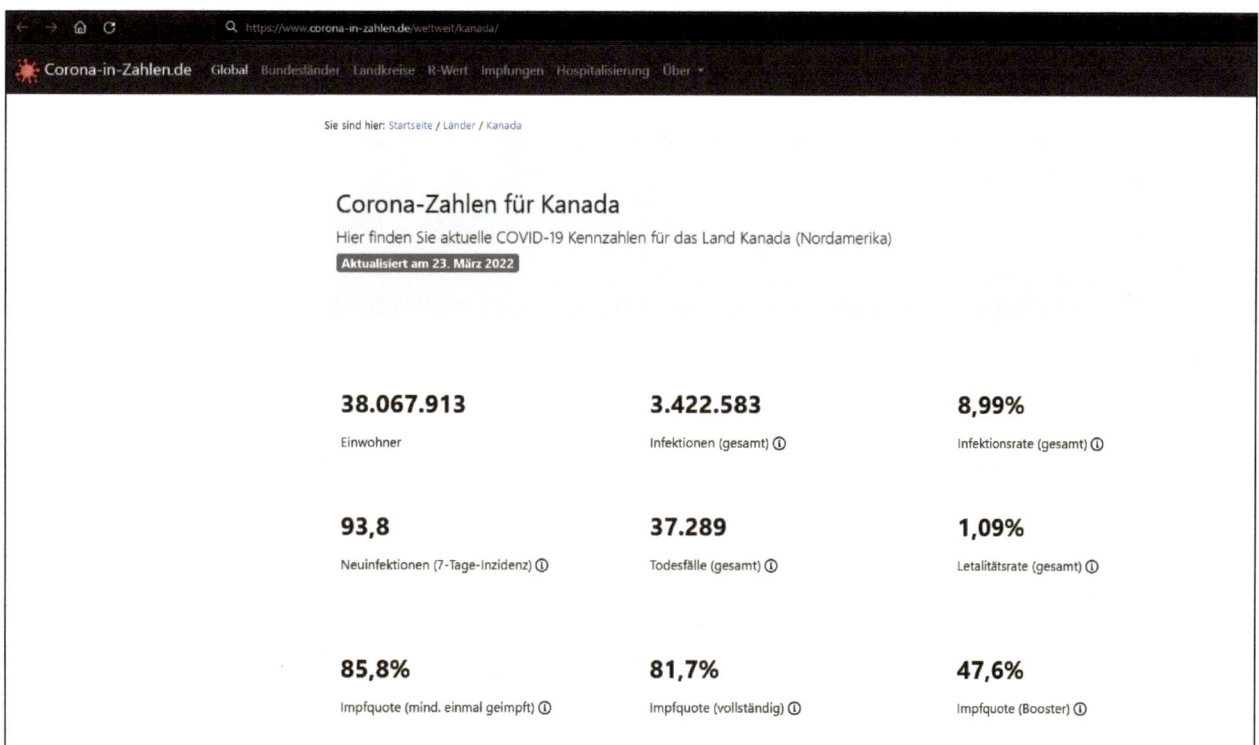

Abb. 77: Impfquote Kanadas am 23.3.2022

Für den Beobachtungszeitraum lag der Wert zwischen den beiden Werten, also niedriger als der Anteil der Geimpften an den Coronatoten.

Doch auch in Deutschland war dies sukzessive zu beobachten, wie ein Bericht des MDR nahelegte, der den Anteil von Geboosterten auf den Intensivstationen rasant zunehmend sieht.[448]

Außerdem hat das RKI in seinem wöchentlichen Bericht die Veröffentlichung der Zahlen der „Infizierten" gestrichen, seit die Geboosterten die mit Abstand größte Gruppe darstellen. Die Begründung dafür sei, dass *„diese Daten nicht geeignet sind, um die Wirksamkeit der Impfung einzuschätzen"*. (449)

Zur Untermauerung der dargelegten Informationen noch eine Studie, die an Mitarbeitern der Cleveland Clinic durchgeführt und im Dezember 2022 veröffentlicht wurde, bei der eines der Ergebnisse war, dass das Risiko, an Covid-19 zu erkranken, *„...mit der Anzahl der zuvor erhaltenen Impfstoffdosen"* stieg. (450) Auf Seite 21 wurde folgende Grafik dazu publiziert:

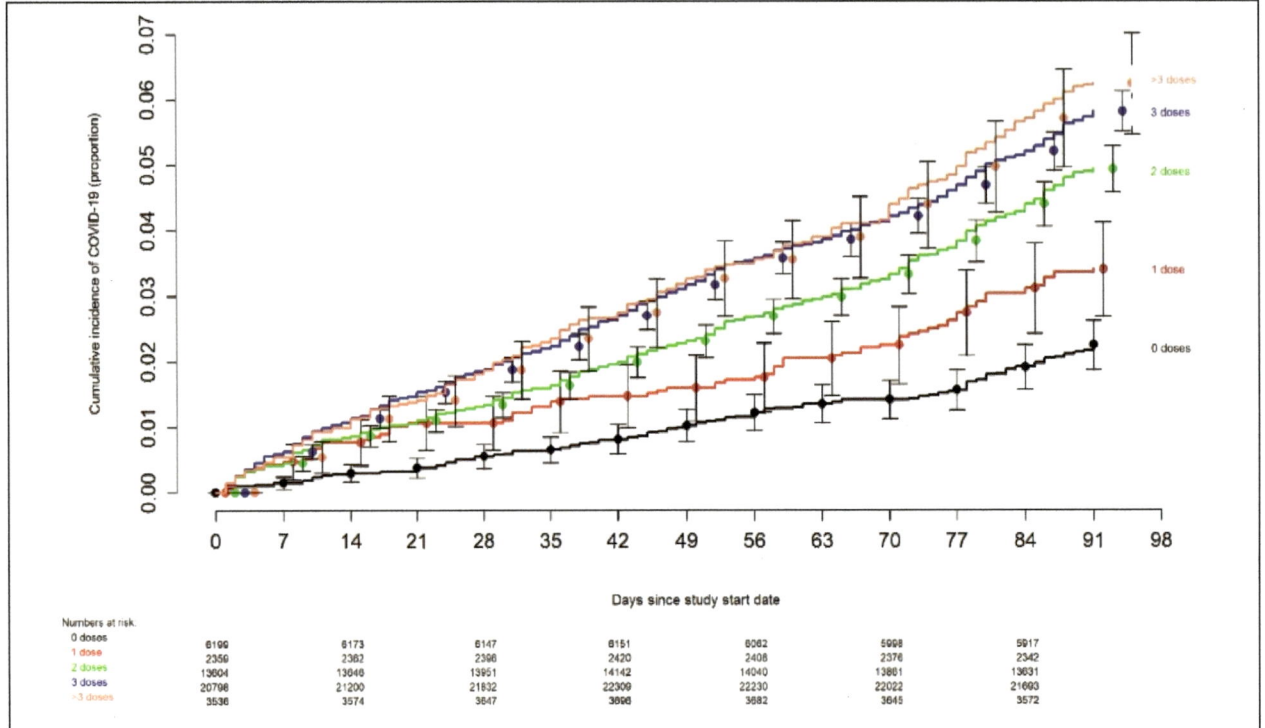

Figure 2. Simon-Makuch plot comparing the cumulative incidence of COVID-19 for subjects stratified by the number of COVID-19 vaccine doses previously received. Day zero was 12 September 2022, the day the bivalent vaccine began to be offered to employees. Point estimates and 95% confidence intervals are jittered along the x-axis to improve visibility.

Abb. 78: Steigendes Risiko an Covid-19 zu erkranken mit zunehmender Anzahl an Impfungen

Und doch war von Politik und Medien über Wochen zu hören, es gäbe eine **„Pandemie der Ungeimpften"**. Durch die vielerorts geltende 3G-Regel wurden Ungeimpfte gezwungen zu testen, während Geimpfte auch ohne Test alle Freiheiten hatten. Dies hatte natürlich zur Folge, dass mehr Tests auch mehr positive Ergebnisse zur Folge hatten. Ferner sprach der bayrische Ministerpräsident Dr. Markus Söder ebenfalls von der Pandemie der Ungeimpften. Die Zahlen, die seiner Aussage zugrunde lagen, sprechen jedoch eine andere Sprache. So waren in der Woche vor dem 24.11.2021, auf die Söder sich bezog, *„von 81.782 gemeldeten Infizierten (Anm.: eigentlich positiv Getesteten) 14.652 ungeimpft und 9.641 geimpft. In 57.489 Fällen – das sind etwa 70% – sei ein Impfstatus nicht erfasst worden"*. Diese nicht erfassten Fälle wurden einfach den Ungeimpften hinzugerechnet. (451) Auch Hamburgs regierender Bürgermeister Peter

Tschentscher[452], Mecklenburg-Vorpommerns Ministerpräsidentin Manuela Schwesig[453] oder Sachsens Ministerpräsident Michael Kretschmer[454] gingen nach dem gleichen Muster vor.

Der Erfolg der Impfung kann Berichten zufolge jedoch in den Intensivstationen Deutschlands abgelesen werden. So berichtete der *BR*, dass *„fast nur Ungeimpfte auf Münchens Intensivstationen"* seien. [455] Weitere Beispiele gab es zuhauf. [456] [457] Doch bei einem Blick ins benachbarte Ausland kehrte sich die Lage um. So berichtete Kristiaan Deckers vom Antwerpener Krankenhaus GZA Ziekenhuizen, dass in seiner Intensivstation im Moment des Interviews alle Covidpatienten vollständig geimpft seien.[458]

Groteskerweise hatte Herr Prof. Dr. Marx (Vorsitzender des DIVI Intensivregisters) in einer Sitzung des Hauptausschusses des Deutschen Bundestags am 15.11.2021 auf die Frage des Abgeordneten Martin Sichert, ob er wisse, wie viele der letztens eingelieferten Patienten geimpft bzw. ungeimpft waren, geantwortet: *„Diese Frage kann ich leider nicht beantworten, weil wir bisher noch nicht erfasst haben, welche Patienten auf den Intensivstationen geimpft und welche nicht geimpft sind."*[459] Unter Berücksichtigung der weiter oben dargelegten Tatsache, dass Covid meist nur eine Nebendiagnose mit keinen oder nur leichten Symptomen bei den eingelieferten Patienten darstellt, ist die Beschuldigung der Ungeimpften als Pandemietreiber nicht haltbar. Bestätigung findet dies in einem Artikel[460], in dem der in dieser Arbeit bereits zitierte Prof. Dr. Doshi, leitender Redakteur beim BMJ und außerordentlicher Professor für pharmazeutische Versorgungsforschung an der University of Maryland School of Pharmacy, in Zusammenarbeit mit Prof. Dr. Retsef Levi, Professor für Gesundheitssysteme und Analytik am MIT, äußerte, dass *„wir uns nicht in einer Pandemie der Ungeimpften befänden"*. Vielmehr haben die beiden Wissenschaftler Zweifel an der Wirksamkeit des Covid-Impfstoffs.

Unterstützt wird diese Ansicht durch eine Studie in 68 Ländern und 2.947 Bezirken in den USA der beiden Professoren Dr. Subramanian (Oxford University) und Dr. Kumar (Penn State University), die herausfanden, dass die Impfquote keinen Einfluss auf das Infektionsgeschehen hat.[461]

Es gibt erstklassige Artikel, in denen die ganze Impfproblematik für Interessierte sehr detailliert und verständlich zusammengefasst ist. [462] [463] [464]

Ein Artikel bei *Epoch Times*[465] berichtet über eine Auflage der US-amerikanischen Börsenaufsicht (United States Securities And Exchange Commission) Quartals- oder Jahresergebnisse mittels Formular 20-F bereitzustellen. Dabei müssen die Risiken gleich zu Beginn aufgeführt werden. Für BioNTech[466] ist auch solch ein Bericht abrufbar. Einige wichtige Punkte sollen hier Erwähnung finden:

- Wir könnten nicht in der Lage sein, eine ausreichende Wirksamkeit oder Sicherheit unseres COVID-19-Impfstoffs und/oder variantenspezifischer Formulierungen nachzuweisen, um eine dauerhafte behördliche Zulassung in den Vereinigten Staaten, Großbritannien, der Europäischen Union oder anderen Ländern zu erlangen, in denen der Impfstoff für den Notfalleinsatz zugelassen oder eine bedingte Marktzulassung erteilt wurde.
- Während unserer klinischen Studien oder sogar nach Erhalt der behördlichen Zulassung können schwerwiegende unerwünschte Ereignisse auftreten, die die klinischen Studien verzögern oder beenden und die behördliche Zulassung oder Marktakzeptanz unserer Produktkandidaten verzögern oder verhindern könnten.
- Die Dauerhaftigkeit der durch unseren COVID-19-Impfstoff hervorgerufenen Immunreaktion, die in klinischen Versuchen noch nicht nachgewiesen wurde.
- Unsere Fähigkeit, vollständige behördliche Genehmigungen zu erhalten, wo wir derzeit über Notfallgenehmigungen oder gleichwertige Genehmigungen verfügen.
- Das Ausmaß der Mutation von SARS-CoV-2 und die Wirksamkeit unseres COVID-19-Impfstoffs bei der Prävention von COVID-19-Infektionen durch mutierte Stämme.

115

- Das Sicherheitsprofil unseres COVID-19-Impfstoffs, einschließlich der Frage, ob bisher unbekannte Nebenwirkungen oder ein erhöhtes Auftreten oder ein höherer Schweregrad bekannter Nebenwirkungen im Vergleich zu den während der klinischen Studien beobachteten Nebenwirkungen bei unserem COVID-19-Impfstoff mit weltweitem Einsatz nach der Zulassung festgestellt werden.

Die Risiken werden im Bericht ab Seite 6 in der Zusammenfassung aufgelistet und dann ab Seite 8 bis 75 näher beschrieben.

So fragte auch ein ARD-Bericht, ob es in Deutschland schon eine halbe Million schwere Impfnebenwirkungen gibt.[467]

Es wurde und wird uns eine Impfung angeboten, die nicht die Weitergabe des Virus an andere verhindert[468], keine Herdenimmunität erreicht[469] [470] und auch nicht vor Ansteckung schützt.[471] Und wie wir gesehen haben, leiden Geimpfte genauso oder mehr an schweren Verläufen bis zum Tod. Und das bei schrecklichen Nebenwirkungen.

Als Ergebnis verwundert es nicht, dass ein anonymer Netzfund der polnischen Autorin Monika Wisniewska folgende Aussage zuschreibt: *„Die Impfung sollte zuerst an Politikern ausprobiert werden! Wenn alle Politiker die Impfung überleben, ist die Impfung sicher. Wenn nicht, dann ist das Land sicher."*

Fazit

Eine Pandemie mit sonderbaren präpandemischen Vorkommnissen, die von einem dubiosen Virus verursacht worden sein soll, der mit einem unbrauchbaren PCR-Test nachgewiesen wird, mit äußerst schädlichen Maßnahmen bekämpft und mit einer Lüge über überfüllte Intensivstationen am Leben erhalten wurde, wollte man mit einer Impfpflicht mit nicht wirkenden, aber gefährlichen Impfstoffen bekämpfen.

Die Impfpflicht sollte ab dem 1.10.2022 gelten und drei Impfungen umfassen.[472] Bundesgesundheitsminister Prof. Dr. Lauterbach drängte sogar schon auf eine vierte Impfung für über 60-Jährige.[473] Da sich die Parteien jedoch nicht einigen konnten, fiel die Impfpflicht am 7.4.2022 im Bundestag durch.[474]

Anscheinend hatte man damit nicht gerechnet, wurde doch laut veröffentlicht: *„Deutschland hat 2021 aus den EU-Verträgen zur Beschaffung von Corona-Impfstoff in verschiedenen Tranchen rund 554 Millionen Impfdosen bestellt. Das geht aus der Antwort (20/429) der Bundesregierung auf eine Kleine Anfrage (20/319) der AfD-Fraktion hervor.*"[475]

Doch trotz des vorläufigen Scheiterns der Impfpflicht wird es dabei sicherlich nicht für immer bleiben, denn die bestellten Dosen sollen ja auch verimpft werden. So ist auf einem Formular des Bundes, mit dem man Nebenwirkungen melden kann, die fünfte Dosis schon vorgesehen:

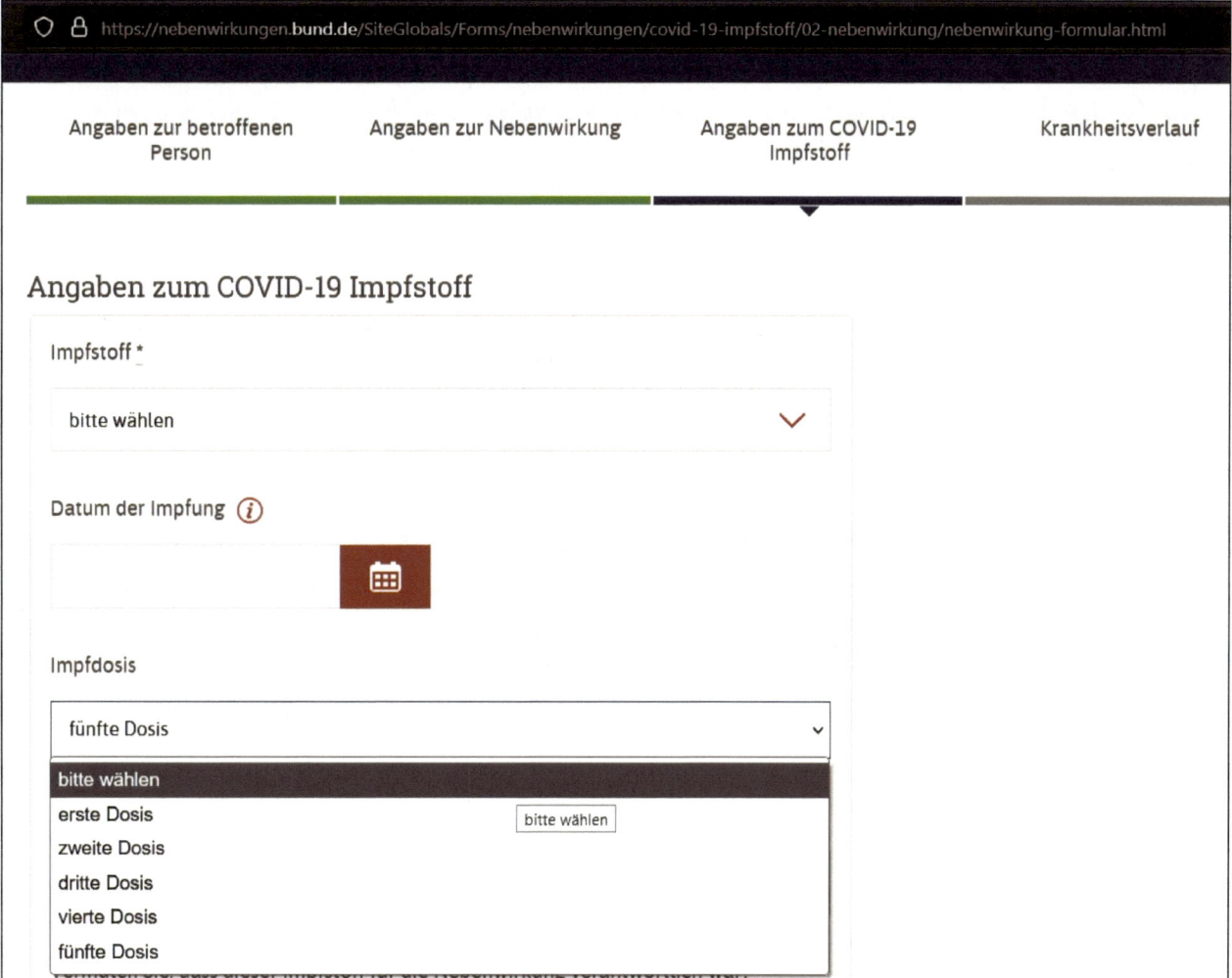

Abb. 79: Melderegister des Bundes zu Impfnebenwirkungen sieht fünfte Impfung vor

117

Und dies trotz eines Berichts des MDR[476], sich beziehend auf eine publizierte Studie im *New England Journal of Medicine*[477], wonach der Schutz nach vierter Impfung für Über-60-Jährige nach sechs Wochen verschwunden ist. Bei Jüngeren ist der Schutz noch fraglicher.

Ferner weisen Studien nach, dass eine durchgemachte Infektion einen weitaus besseren Schutz bietet als eine Impfung.[478] Auch verweist die Seite[479] auf eine im *New England Journal of Medicine* (NEJM) veröffentlichte Studie, die besagt, dass dreifach gegen Covid geimpfte Menschen sich deutlich langsamer von einer Covid-Erkrankung erholen und länger ansteckend bleiben als Ungeimpfte.

Beachtenswert hierbei ist eine Veröffentlichung, die feststellt, dass der von Moderna entwickelte mRNA-Impfstoff gegen die Grippe bisher schwache Resultate vorweist. Aber gegen Corona sollten diese Vakzine für eine Impfpflicht taugen.[480]

Wissenschaftler, die dagegen argumentieren, werden wie der renommierte Mikrobiologe Prof. Dr. Sucharit Bhakdi mit „unwissenschaftlicher Unsinn"[481] diskreditiert oder wie Prof. Dr. Andreas Sönnichsen gar entlassen.[482] Ein weiteres Opfer dieser Gleichschaltung in Deutschland ist Andreas Schöfbeck, Vorstand der BKK ProVita, dem nach Veröffentlichung über hohe Impfnebenwirkungen ebenfalls gekündigt wurde.

Und dass dies beileibe keine Ausnahmen waren, wies eine am 1.11.2022 veröffentlichte Studie von israelischen und australischen Wissenschaftlern nach.[483] So formulierten die Wissenschaftler in ihrer Zusammenfassung: „...*In dem Bemühen, alternative Stimmen zum Schweigen zu bringen, wurde nicht nur auf Zensur zurückgegriffen, sondern auch auf Unterdrückungstaktiken, die den Ruf und die Karriere von abweichenden Ärzten und Wissenschaftlern schädigten, unabhängig von ihrem akademischen oder medizinischen Status und unabhängig von ihrem Ansehen, bevor sie eine gegenteilige Position vertraten. Anstelle einer offenen und fairen Diskussion haben Zensur und Unterdrückung wissenschaftlicher Meinungsverschiedenheiten schädliche und weitreichende Auswirkungen auf Medizin, Wissenschaft und öffentliche Gesundheit.*"

Die Forderung nach einer Impfpflicht durch die Politik hat außerdem die Frage nach der Verfassungsmäßigkeit derselben zu beantworten. Wissenschaftler sehen dies kritisch.[484] Einen tiefergehenden Artikel hierzu veröffentlichte die Anwältin Ellen Rohring auf ihrer Seite.[485] Sie kommt dort zu folgendem Fazit: „*Mit der allgemeinen Impfpflicht verfolgt der Gesetzgeber zwar mit dem Schutz des Gesundheitssystems ein legitimes Ziel. Dieses Ziel haben wir aber auch schon ohne eine Impfpflicht erreicht, da unser Gesundheitssystem in den letzten zwei Jahren insgesamt nicht überlastet gewesen sein soll. Die Impfpflicht dürfte wegen der hohen Impfquote der Volljährigen und der Vielzahl von Immunisierten durch eine Infektion auch nicht erforderlich sein, und geeignet ist sie angesichts der hohen Infektionszahlen bei Geimpften und Geboosterten wohl auch nicht. Die Nebenwirkungen schließlich werden so vernachlässigt, dass eine Folgenabwägung der nicht endgültig zugelassenen Impfstoffe gar nicht richtig möglich ist. Es ist für mich unverständlich, dass die Abgeordneten mit dieser Faktenlage tatsächlich eine Impfpflicht begründen wollen.*"

Doch könnte die Impfpflicht laut[486] auch über § 20 VI Infektionsschutzgesetz eingeführt werden. Dieser lautet in seiner derzeitigen (abgerufen am 22.04.2023) Fassung:

„*Das Bundesministerium für Gesundheit wird ermächtigt, durch Rechtsverordnung mit Zustimmung des Bundesrates anzuordnen, dass bedrohte Teile der Bevölkerung an Schutzimpfungen oder anderen Maßnahmen der spezifischen Prophylaxe teilzunehmen haben, wenn eine übertragbare Krankheit mit klinisch schweren Verlaufsformen auftritt und mit ihrer epidemischen Verbreitung zu rechnen ist...*"

Nun stellt sich zwangsläufig die Frage, warum führende Politiker Deutschlands, Ärzte und auch viele Prominente so vehement für eine Impfpflicht votieren. Eine Anfrage an das Ministerium für Soziales und Integration in Baden-Württemberg ergab, dass Prof. Dr. Eckart von Hirschhausen und Dr. Natalie Grams-Nobmann für Impfwerbung im Rahmen des „Impf-O-Mat" knapp € 74.000 erhielten.[487] Außerdem erhielt von Hirschhausen Zahlungen vom Bundesministerium für wirtschaftliche Zusammenarbeit und Entwicklung (BMZ) und vom Auswärtigen Amt (AA) für Moderationstätigkeit.[488] Interessant in diesem Zusammenhang ist auch der Immunologe der Charité in Berlin, Prof. Dr. Leif Erik Sander, der noch vergangenes Jahr davon ausging, *„dass die Booster-Impfung gegen das Coronavirus eine lang anhaltende Wirkung haben wird"*[489] und sich später für die vierte Impfung aussprach.[490] So hielt er einen Vortrag, der von Pfizer unterstützt wurde.[491] Weitere Vortagstätigkeit laut *MedLearning* für Berlin Chemie, Boehringer Ingelheim, Chiesi, GSK, Janssen, Merck, Novartis Sanofi und beratende Tätigkeit bei GSK, Idorsia/Vaxxilon. Bezüglich der Politik kommt unweigerlich die Aussage Horst Seehofers in den Sinn, dass *„diejenigen, die entscheiden, nicht gewählt sind, und diejenigen, die gewählt werden, nichts zu entscheiden haben".*[492]

Am 6.10.2021 wurde an die EU-Kommission folgende Anfrage[493] gestellt:

„Die Kommissionspräsidentin Ursula von der Leyen lässt sich in der Corona-Frage von Peter Piot, Direktor der London School of Hygiene and Tropical Medicine, beraten, der seit 2009 Senior Fellow bei der Bill & Melinda Gates Foundation (BMGF) ist. Seine Universität hat in den letzten zehn Jahren 185 Millionen Euro von der BMGF erhalten.

1. *Wie stellt die Kommission sicher, dass es keine Interessenkonflikte gibt?*
2. *Wie bewertet die Kommission vor diesem Hintergrund, dass Bill Gates, Gründer der BMGF, mit seinem Privatvermögen massiv in die Impfhersteller Pfizer und BioNTech investiert hat, mit denen die Kommission außerdem Kaufverträge abgeschlossen hat?*
3. *Welche Maßnahmen ergreift die Kommission, damit solche möglichen Interessenkonflikte der agierenden Personen transparent gemacht werden?"*

Diese Frage ist berechtigt, denn es kann viel Geld verdient werden. So verzeichnete BioNTech im Jahr 2021 einen Nettogewinn von € 10,3 Mrd. nach € 15,2 Mrd. in 2020. Und auch Pfizer weist Rekordgewinne aus.[494] Und weiter im Artikel: *„Dem New Yorker Pharmakonzern Pfizer und seinem deutschen Partnerunternehmen BioNTech scheint dies mit dem Impfstoff gegen das Coronavirus zu gelingen. An die Öffentlichkeit gedrungene Lieferverträge mit mehreren Ländern enthüllen, dass sich Pfizer bei mehreren Regierungen mit krass einseitigen Klauseln gegen jegliche Risiken absichert."* Die Hersteller sichern sich also gegen jegliche Risiken wie verspätete Lieferung, Nebenwirkungen oder Wirksamkeit ab. Es gibt keine Retournahme und *„Staaten müssen sogar Pfizers gerichtliche Verteidigung übernehmen und dafür bezahlen".* Da erscheint die deutsche Adresse BioNTechs „An der Goldgrube 12" in Mainz wie ein schlechter Scherz.

Doch auch die Zukunft ist für BioNTech gesichert. Laut *anlegerverlag.de* haben *„BioNTech und die Bundesregierung ... einen sogenannten Pandemiebereitschaftsvertrag abgeschlossen. Dieser dient der Pandemievorsorge. BioNTech verpflichtet sich damit zur Herstellung und Lieferung von mRNA-basierten Impfstoffen für Notfallsituation in Deutschland".*[495] Und weiter im Artikel: *„Konkret verpflichtet sich BioNTech Produktionskapazitäten für die Herstellung von 80 Millionen Impfstoffdosen vorzuhalten. Die Vereinbarung gilt zunächst für die kommenden fünf Jahre. Natürlich schlug diese Nachricht auch an der Börse ein wie eine Bombe..."*

Aber nicht nur über Impfstoffe kann sich bereichert werden. So hat der Journalist Thomas Röper in seinem Artikel[496] eine andere Abzocke dargestellt, die durch Corona vollzogen wurde:

„Wer bekommt eigentlich all die Milliarden, die die EU für den Kampf gegen Covid-19 ausgibt?

Die EU hat im Mai 2020 eine Geberkonferenz abgehalten, um Gelder für den Kampf gegen Covid-19 zu sammeln. Ich habe damals schon geschrieben, wer das Geld wohl bekommen würde, und ich lag gar nicht so falsch, wie inzwischen bekannt ist.

Das Ziel, 7,4 Milliarden Euro für den Kampf gegen Covid-19 einzusammeln, wurde sogar übertroffen. Die EU meldete später, dass sie sogar 9,8 Milliarden „mobilisiert" habe und über die Verwendung der Gelder schrieb die EU-Kommission Ende Mai 2020:

„Den globalen Gesundheitsorganisationen werden folgende Beträge zugewiesen"

Bevor ich zu der darauffolgenden Verteilung der Gelder komme, möchte ich auf den Begriff hinweisen, den EU verwendet hat: Sie spricht von „globalen Gesundheitsorganisationen", die die Gelder erhalten haben.

Was sind „globale Gesundheitsorganisationen"?

Unter dem Begriff „globale Gesundheitsorganisationen" versteht die EU Stiftungen. Das Geld geht also an von (sehr, sehr reichen) Privatleuten gegründete Organisationen. Das ist praktisch für die „Philanthropen", die so großzügig ihr Geld verschenken, um die Welt zu retten: Sie bekommen Zugriff auf all die Milliarden, mit denen Covid-19 bekämpft werden soll. Das geschieht natürlich vollkommen uneigennützig.

Aber schauen wir uns an, wem die EU das Geld überwiesen hat. Sie schrieb über die Verwendung von über 5 Milliarden schon im Mai 2020:

- *Rund 1,1 Mrd. EUR über die „Coalition for Epidemic Preparedness Innovation" (Koalition für Innovationen zur Vorsorge gegen Epidemien, CEPI) für die Entwicklung und den Einsatz von Impfstoffen.*
- *Rund 488 Mio. EUR über GAVI, die Allianz für Impfstoffe. Dieser Betrag umfasst nicht die allgemeinen Ankündigungen, die auf dem globalen Impfgipfel am 4. Juni erfolgen werden.*
- *Fast 257 Mio. EUR über „COVID-19-Therapeutics-Accelerator" – eine Initiative, mit der Entwicklung und Einsatz von Behandlungsmöglichkeiten verbessert werden sollen.*
- *Mehr als 60 Mio. EUR über die „Foundation for Innovative New Diagnostics" (Stiftung für innovative neue Diagnostika, FIND) für Entwicklung und Einsatz von Diagnostika.*
- *2,6 Mrd. EUR über die Weltgesundheitsorganisation (WHO) zur Stärkung der Gesundheitssysteme.*
- *15,7 Mio. EUR über den Globalen Fonds zur Bekämpfung von AIDS, Tuberkulose und Malaria.*
- *Mindestens 700 Mio. EUR für nationale COVID-19-Forschungsprojekte.*

Also schauen wir uns an, was das für Organisationen sind und wer sie lenkt

CEPI und GAVI
CEPI und GAVI wurden bekanntlich von Bill Gates gegründet und er kontrolliert sie auch. Das bedeutet, dass Gates entscheidet, wofür CEPI und GAVI das Geld verwenden. Da Gates strategischer Investor bei BioNTech und Pfizer ist, kann es nicht überraschen, dass CEPI und GAVI hauptsächlich auf die Impfstoffe von den beiden Firmen setzen.

Übrigens gilt das Prinzip auch für Covid-Tests, aber dazu kommen wir noch.

COVID-19-Therapeutics-Accelerator
Sie haben noch nie vom COVID-19-Therapeutics-Accelerator gehört? Das wollen wir nun ändern.

Um die armen Länder der Welt, die sich die teuren Impfstoffe nicht leisten können, trotzdem mit Impfstoffen zu versorgen, wurde COVAX (Covid-19 Vaccines Global Access) gegründet. COVAX ist Teil des Access to

COVID-19 Tools (ACT) Accelerator zur Beschleunigung des „Zugangs zu COVID-19-Instrumenten", die im April 2020 als Reaktion auf die COVID-19-Pandemie gegründet wurde. Die WHO schreibt über ACT:

„Der Access to COVID-19 Tools (ACT) Accelerator wurde Ende April 2020 auf einer gemeinsamen Veranstaltung des Generaldirektors der Weltgesundheitsorganisation, des französischen Staatspräsidenten, der Präsidenten der Europäischen Kommission und der Bill & Melinda Gates Foundation ins Leben gerufen und bringt Regierungen, Wissenschaftler, Unternehmen, die Zivilgesellschaft, Philanthropen (Bill & Melinda Gates Foundation, CEPI, FIND, Gavi, The Global Fund, Unitaid, Wellcome, WHO und Weltbank) zusammen. Nach dem Start von ACT-Accelerator wurden UNICEF und PAHO Partner für COVAX, die Säule der Impfstoffe."

Wer mein Buch »Inside Corona« gelesen hat, der kennt all die genannten Stiftungen, die den ACT mitgegründet haben. CEPI und GAVI „gehören" Gates, außerdem ist Gates einer der wichtigsten Sponsoren des Global Fund und der WHO. Frankreich und die EU waren bei der Gründung des ACT Ende April 2020 mit im Boot, denn sie sollten die Steuergelder auftreiben, die an ACT überwiesen werden und damit ebenfalls unter die Kontrolle von Gates geraten sollten.

Und schon zwei Wochen später fand die Geberkonferenz der EU statt und nur einen Monat später hat die EU bereits die Gelder verteilt. Wie praktisch.

FIND und der Global Fund
Die Stiftungen FIND und der Global Fund haben nur „Kleingeld" bekommen, zusammen etwa 76 Millionen. Aber Gates hat auch auf dem Geld die Hände drauf, denn er ist der größte Geldgeber dieser beiden Stiftungen und hat dort das Sagen.

In »Inside Corona« zeige ich auf, wie Gates andere Organisationen „gekapert" hat, indem er zu deren größtem Geldgeber wurde und so deren Kurs bestimmt. Gates ist dabei sehr geschickt vorgegangen, denn er hat sich auf die wichtigsten Organisationen, zum Beispiel die WHO, konzentriert. Aber auch der Global Fund, von dem kaum jemand in Deutschland gehört haben dürfte, ist ein international sehr mächtiger Player, der den Willen seiner Geldgeber – also in erster Linie von Gates – umsetzt. Wie wichtig der Global Fund für Gates ist, sieht man den Zahlen. Die Top-3-Geldempfänger Gates sind: Platz 1 GAVI mit knapp 5 Milliarden, Platz 2 die WHO mit 3,4 Milliarden und Platz 3 der Global Fund mit 3 Milliarden.

Die WHO
Laut WHO sind die USA ihr größter Geldgeber, sie haben 2018/2019 853 Millionen Dollar überwiesen. Allerdings hat Gates über seine Bill and Melinda Gates Foundation 455 Millionen und über seine GAVI 389 Millionen überwiesen, womit Gates als Finanzier der WHO praktisch gleichauf mit den USA war. Gates kontrolliert de facto die WHO. Praktisch ist, dass Gates der Weltmeister ist, wenn es darum geht, sich bei den westlichen Staaten Geld zu holen. Die GAVI sammelt ihre Gelder in Fünfjahres-Budgets. Für 2016 bis 2020 betrug ihr Budget 8,8 Milliarden Dollar, Gates hat aber nur 1,5 Milliarden beigesteuert, den Rest hat er sich von den Staaten des Westens überweisen lassen. Und mit diesem Steuergeld kauft er sich unter anderem den Einfluss bei der WHO.

Die WHO und Gates
Wie groß und auch lukrativ der Einfluss von Gates auf die WHO für ihn ist, will ich an einem Beispiel zeigen. Im September 2020 ist die Bill and Melinda Gates Foundation (BMGF) als strategischer Investor in die Firma Abbott eingestiegen, die einen Covid-19-Schnelltest entwickelt hatte. Ebenfalls im September 2020 ist die BMGF strategischer Investor bei der Firma Biosensor geworden, die auch einen Covid-19-Schnelltest auf den Markt gebracht hatte.

Und wie es der Zufall wollte, hat die WHO am 28. September 2020 ein Programm verkündet, das viel Geld bereitgestellt hat, um den ärmeren Ländern der Welt Covid-19-Schnelltests zur Verfügung zu stellen. Es gibt dutzende Hersteller solcher Schnelltests weltweit. Raten Sie mal, wer die Glücklichen waren, die sich über die Großbestellung der WHO freuen durften.

Haben Sie es erraten? Die WHO schrieb:

> *„Vereinbarungen zwischen der Bill & Melinda Gates Foundation und den Testherstellern Abbott und SD Biosensor machen innovative Tests zu einem Preis von maximal 5 US-Dollar für Länder mit niedrigem und mittlerem Einkommen verfügbar"*

Und nun raten Sie mal: Woher kam das Geld, das die WHO so großzügig über Abbott und Biosensor in die Taschen von Bill Gates gelenkt hat? Richtig: Das Geld kam aus dem COVID-19 Tools (ACT) Accelerator, der von der EU mit den Geldern der Geberkonferenz vom Mai 2020 finanziert wurde. So schließt sich der Kreis: Gates gründe mit einigen anderen den ACT, der das Geld der EU bekommt und es dann über die WHO an Firmen überweist, an denen Bill Gates beteiligt ist. Das nennen die „Qualitätsmedien" übrigens „Philanthropie".

BioNTech

Anfang September 2019 hat die Gates Foundation in BioNTech investiert, ist also deren Aktionär geworden. Einen Monat später, Anfang Oktober 2019, ist BioNTech in den USA an die Börse gegangen. Bill Gates hat ein gutes Händchen für Investments, denn der Aktienkurs von BioNTech ist von 13 Dollar im Oktober 2019 auf in der Spitze fast 400 Dollar explodiert. Bill Gates hat aus den bis zu 100 Millionen Dollar, die er in BioNTech investiert hat, zwischenzeitlich über 3 Milliarden, also 3.000 Millionen Dollar, gemacht.

So funktioniert das mit den „Philanthropen", die angeblich ihr Geld verschenken, um die Welt zu retten: Sie verschenken ihr Geld nicht, sie investieren es in Firmen und nutzen ihren politischen Einfluss dann aus, um ein Vielfaches an Steuergeldern in ihre eigenen Taschen zu lenken. Was ich hier beschrieben habe, sind keine Einzelfälle, so funktioniert das System. Und dabei werden die Philanthropen immer reicher und niemand bei den angeblich so kritischen „Qualitätsmedien" fragt, wie es sein kann, dass Milliardäre, die selbstlos ihr Geld verschenken, immer reicher werden.

Ob das Schweigen der „Qualitätsmedien" daran liegen könnte, dass die „Qualitätsmedien" selbst Stiftungen gehören (Axel Springer Stiftung, Bertelsmann-Stiftung, etc..), also selbst von diesem Prinzip profitieren?"

Weiterführende Informationen können aus einem mit Thomas Röper geführten Gespräch gezogen werden, in dem der Journalist auf sein neues Buch »INSIDE CORONA – Die Pandemie, das Netzwerk & die Hintermänner« hinweist.[(497)]

Ebenfalls interessant ist ein Interview mit Heiko Schöning, das sich auf sein Buch »GAME OVER. Covid-19/Anthrax-01« bezieht.[(498)]

Da die Pandemie laut einem am 22.4.2023 bei *welt.de* erschienenen Artikel dem Bund bisher 440.000.000.000 Euro gekostet hat, wird wohl das eine oder andere Eurolein von uns Steuerzahlern in bedürftige Kanäle wie den oben dargestellten gewandert sein. Und diese Riesensumme beziffert ausschließlich die Ausgaben des Bundes; die der Länder sind darin nicht inkludiert und kommen noch hinzu.[(499)]

Ja, mit der Pandemie gab es viel zu verdienen, doch gab es nach einem Artikel unter *kla.tv* auch Länder, die sich den Maßnahmen und der Impfung entgegenstellten. Bekanntester Vertreter ist der ehemalige Präsident von Tansania, John Magufuli, der öffentlich bekanntgab, u.a. eine Ziege, eine Papaya und auch

Motoröl per PCR-Test positiv auf Corona getestet zu haben, woraufhin er Zwangsmaßnahmen und später auch die Impfung ablehnte. Zwischen dem 12. und 22.2.2021 starben *der Arbeitsminister durch einen Verkehrsunfall, der Chefsekretär des Präsidenten sowie ein langjähriger Staatssekretär aus unbekannter Ursache. Außerdem verstarben der Vizepräsident von Sansibar und der Leiter der Bank von Tansania an Covid-19.* Letztlich wurde auch John Magufuli am 22.3.2021 beerdigt, nachdem er *Ende Februar letztmalig in der Öffentlichkeit gesehen* wurde. Tansania startete in Folge eine Impfkampagne. Burundis Präsident Pierre Nkurunziza *starb am 8. Juni 2020 im Alter von 55 Jahren an einer Herzattacke*, nachdem er die Pandemie als Schwindel betitelte. Im Anschluss daran fing man an, kräftig zu testen.

Der Premierminister von Eswatini, Ambrose Mandvulo Dlamini, *wollte die Pandemie aus eigener Kraft bekämpfen ... Er starb am 13. Dezember 2020 im Alter von 52 Jahren. Zwei seiner Minister kurz darauf im Januar – bei allen wurde Covid-19 als Todesursache angegeben*. Doch auch in Südafrika, Simbabwe und Malawi häuften sich mysteriöse Todesfälle, denn *bis Januar 2021 starben in Südafrika zwölf Politiker und im Nachbarland Simbabwe vier Minister innerhalb einer Woche. Besonders auffällig waren die Vorgänge in Malawi: Dort befand ein Gericht, dass ein Lockdown die arme Bevölkerung in unfairer Weise treffen würde, woraufhin die Regierung keinen verhängte.* Innerhalb von 48 Stunden starben sodann drei amtierende Minister und der ehemalige Chef der Zentralbank – alle an Covid-19. Sechs Tage nach den Todesfällen verhängte die Regierung von Malawi erstmals einen Lockdown, im März begannen die Impfungen mit AstraZeneca.

Auch Haiti lehnte die Impfung ab. *In der Nacht vom 7. Juli rückten 28 schwer bewaffnete Männer auf das Haus des Präsidenten Jovenel Moïse vor. Einige drangen bis in sein Schlafzimmer vor und erschossen ihn.* Kurz darauf startete das Land eine Impfkampagne.

Doch auch in Deutschland gab es einige unerwartete Sterbefälle in Zusammenhang mit der Pandemie. Thomas Oppermann, Vizepräsident des Deutschen Bundestags und starker Kritiker der Corona-Maßnahmen Merkels, brach plötzlich zusammen und verstarb 66-jährig an ungeklärter Todesursache. Mario Ohoven, seit 1998 Präsident des Bundesverbandes mittelständische Wirtschaft, zweifelte öffentlich die Recht- und Verfassungsmäßigkeit der Maßnahmen gegen die Pandemie an und wollte dies überprüfen lassen. *Zwei Tage danach prallte Ohovens Fahrzeug auf der Autobahn aus ungeklärter Ursache in die Mittelleitplanke, wobei dieser starb.* Franz Klein, Chef des Hotel- und Gaststättenverbands Hamburg, kündigte nach Verschärfung des Infektionsschutzgesetzes *Klage vor dem Bundesverfassungsgericht an. Zwei Tage später starb Franz Klein im Alter von 72 Jahren plötzlich und unerwartet*.(500) Ob diese vielen Trauerfälle zufällig passiert sind oder vielleicht orchestriert wurden, werden wir wohl nie herausfinden. Auch wenn dies ein Gschmäckle hat, so dürfen wir nie aus den Augen verlieren, dass bis zum Gegenbeweis immer die Unschuldsvermutung gilt.

Zum Abschluss noch eine Angelegenheit, mit der sich alle mit den neuartigen Impfstoffen Geimpfte auseinandersetzen sollten. Wie dargestellt, handelt es sich bei der Zulassung dieser Vakzine um eine bedingte Zulassung. Laut dem Paul-Ehrlich-Institut wird diese u.a. dann ausgesprochen, wenn *der Vorteil der sofortigen Verfügbarkeit des Arzneimittels das Risiko weniger umfangreicher Daten als normalerweise erforderlich überwiegt* oder wenn *es um die Behandlung oder Vorbeugung einer lebensbedrohlichen Krankheit geht*.(501) Nun ist mittlerweile ersichtlich, dass Pfizer in seiner Zulassungsstudie einige „Ungereimtheiten" (um es vorsichtig auszudrücken) aufweist und dass das die Impfstoffe betreffende Virus alles andere als eine für die Allgemeinheit lebensbedrohliche Krankheit darstellt. Auch haben die Impfstoffhersteller bisher die im Rahmen einer bedingten Zulassung erforderlichen *umfassenden Daten* nicht vorgelegt, *die bestätigen, dass die Nutzen-Risiko-Bilanz weiterhin positiv ist*. Sie haben also trotz millionenfacher Informationen aus den bisherigen Impfungen, also empirischen Versuchen an den Impflingen, noch nichts vorlegen können.

123

Aber auch jene, die Impfstoffe in Europa zulassende Behörde EMA (European Medicines Agency) ist nicht unabhängig von der Pharmaindustrie, wie sie auf ihrer Seite aufführt.[502] So wird die EMA (ihr Budget 2022 beträgt € 417,5 Mio.) zu 86%(!) von der Pharmaindustrie finanziert. Nur 13% trägt die EU bei. Überrascht es dabei, dass die Direktorin der EMA, Frau Emer Cooke, von *1985 bis 1988 in verschiedenen Positionen in der irischen Pharmaindustrie tätig* und von 1991 bis 1998 Managerin *bei der EFPIA, dem europäischen Verband der pharmazeutischen Industrie in Brüssel* war? Letztere könnte man auch als Pharmalobbyistin bezeichnen. Auch bei der WHO hat sie schon gearbeitet.[503]

Bei diesen Verflechtungen verwundert es nicht, plant die WHO doch für 2023 und danach eine globale Covid-19-Impfstrategie. Es ist also noch nicht vorbei![504]

Sind Sie, werte Geimpfte, bei nur einer Impfung darauf aufmerksam gemacht worden, dass die Zulassung nur bedingt ist und Sie an einem großen Feldversuch teilnehmen? Nein? Dann sollten Sie sich mal dem Nürnberger Kodex von 1947 zuwenden, der im Nürnberger Ärzteprozess im Rahmen des Nürnberger Kriegsverbrechertribunals festgelegt wurde. Nach der Seite *juraforum.de* galten als Medizinverbrechen in diesem Prozess u.a. *unfreiwillige Menschenversuche*.[505] So lautet auch der erste Grundsatz dieses Kodex, der heute noch Gültigkeit hat, wie folgt:

„Die freiwillige Zustimmung der Versuchsperson ist unbedingt erforderlich. D.h., dass die betreffende Person im juristischen Sinne fähig sein muss, ihre Einwilligung zu geben; dass sie in der Lage sein muss, unbeeinflusst durch Gewalt, Betrug, List, Druck, Vortäuschung oder irgendeine andere Form der Überredung oder des Zwanges von ihrem Urteilsvermögen Gebrauch zu machen; dass sie das betreffende Gebiet in seinen Einzelheiten hinreichend kennen und verstehen muss, um eine verständige und informierte Entscheidung treffen zu können. Diese letzte Bedingung macht es notwendig, dass der Versuchsperson vor der Einholung ihrer Zustimmung das Wesen, die Länge und der Zweck des Versuches klargemacht werden, sowie die Methode und die Mittel, welche angewendet werden sollen, alle Unannehmlichkeiten und Gefahren, welche mit Fug zu erwarten sind, und die Folgen für ihre Gesundheit oder ihre Person, welche sich aus der Teilnahme ergeben mögen. Die Pflicht und Verantwortlichkeit, den Wert der Zustimmung festzustellen, obliegt jedem, der den Versuch anordnet, leitet oder ihn durchführt. Dies ist eine persönliche Pflicht und Verantwortlichkeit, welche nicht straflos an andere weitergegeben werden kann."

Dies soll nur eine kleine Denkanregung sein, ob dies auf Ihre Impfentscheidung zutraf.

„Die Patienten sehen wir als Mittel. Punkt."

Gerhard Kocher (*1939), Schweizer Politologe und Gesundheitsökonom über die Pharmaindustrie

Kapitel 5
Die Klimahysterie

Der CO₂-Mythos

Es mehren sich Berichte in Politik und Medien über eine bevorstehende Klimakatastrophe wie z.B. im *Tagesspiegel*[506] oder im *Spiegel*[507]. Neben anderen Treibhausgasen wird der steigende CO_2-Gehalt für eine Erwärmung der weltweiten Temperatur verantwortlich gemacht. So entwickelt sich die globale Temperatur in enger Korrelation zum CO_2-Gehalt in der Luft.[508]

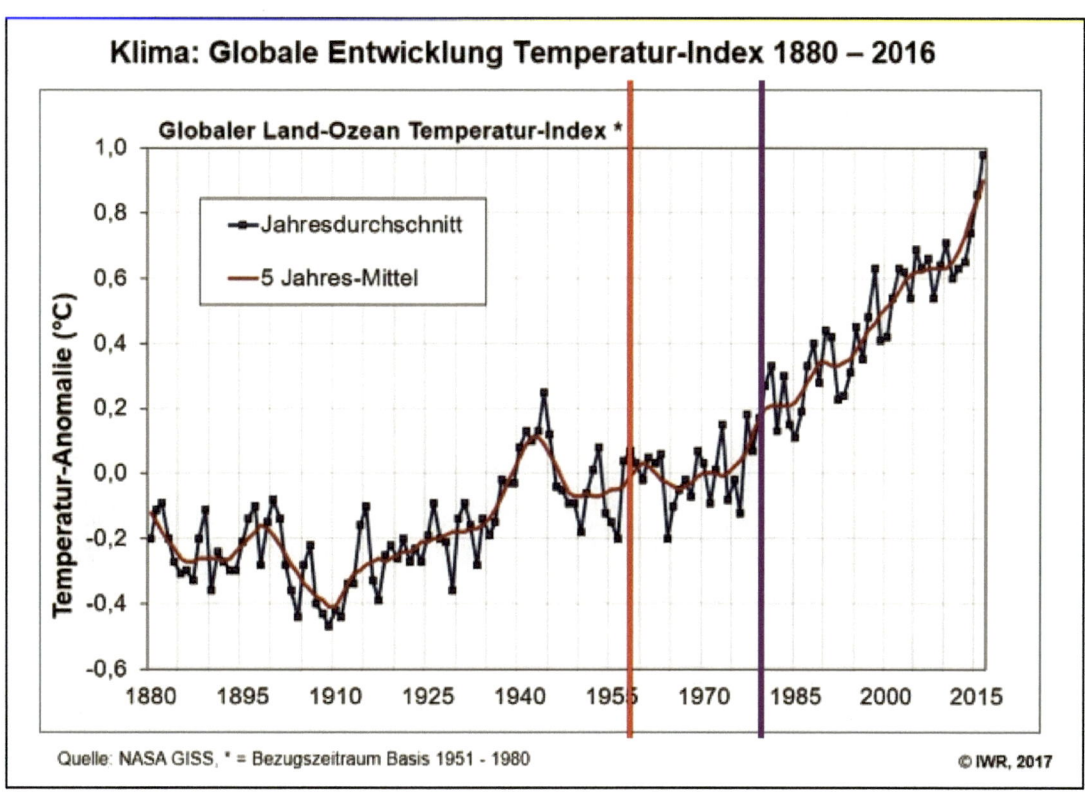

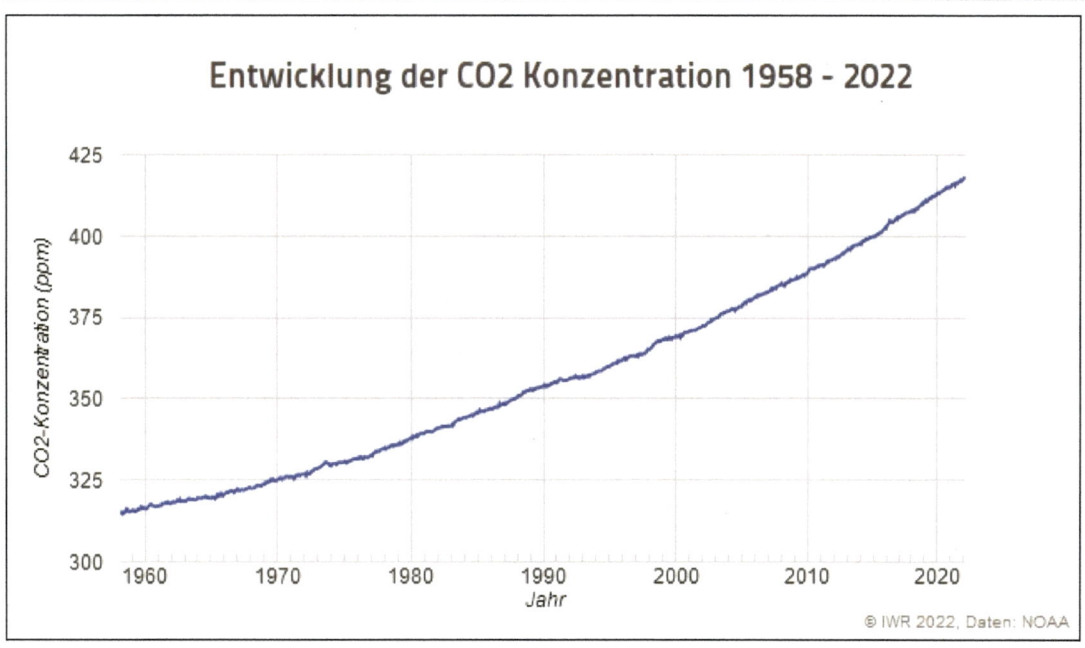

Abb. 80: Globale Entwicklung des Temperaturindex 1880 bis 2016
Abb. 81: Entwicklung der CO_2-Konzentration 1958 bis 2022

125

Vergleicht man die Temperaturdaten ab 1960 (Abb. 80, rote vertikale Linie) mit der Entwicklung, kann die Korrelation auch ohne Berechnung nachvollzogen werden. Hierbei muss allerdings beachtet werden, dass eine Korrelation laut Wikipedia[509] *„eine Beziehung zwischen zwei oder mehreren Merkmalen, Zuständen oder Funktionen beschreibt. Die Beziehung muss **keine kausale** Beziehung sein: manche Elemente eines Systems beeinflussen sich gegenseitig nicht, oder es besteht eine stochastische, also vom Zufall beeinflusste Beziehung zwischen ihnen.“* Ein Beispiel hierfür wäre eine Untersuchung des Eiskonsums und der Motorradunfälle im Jahresverlauf. Beides dürfte wahrscheinlich zum Sommer hin ansteigen und danach wieder abfallen. Nicht mal die Grünen kämen deshalb auf die Idee, Eis zu verbieten, um Motorradunfälle zu vermeiden. Hoffentlich jedenfalls. Dies bedeutet also, dass aus den Zahlen nicht hervorgeht, dass CO_2 für den Temperaturanstieg verantwortlich ist. Doch bevor darauf näher eingegangen werden soll, ist die Ermittlung der Temperaturen eingehender zu betrachten, denn bei Verwendung anderer Quellen weist das Bild, wie unten ersichtlich, eine andere Logik aus.

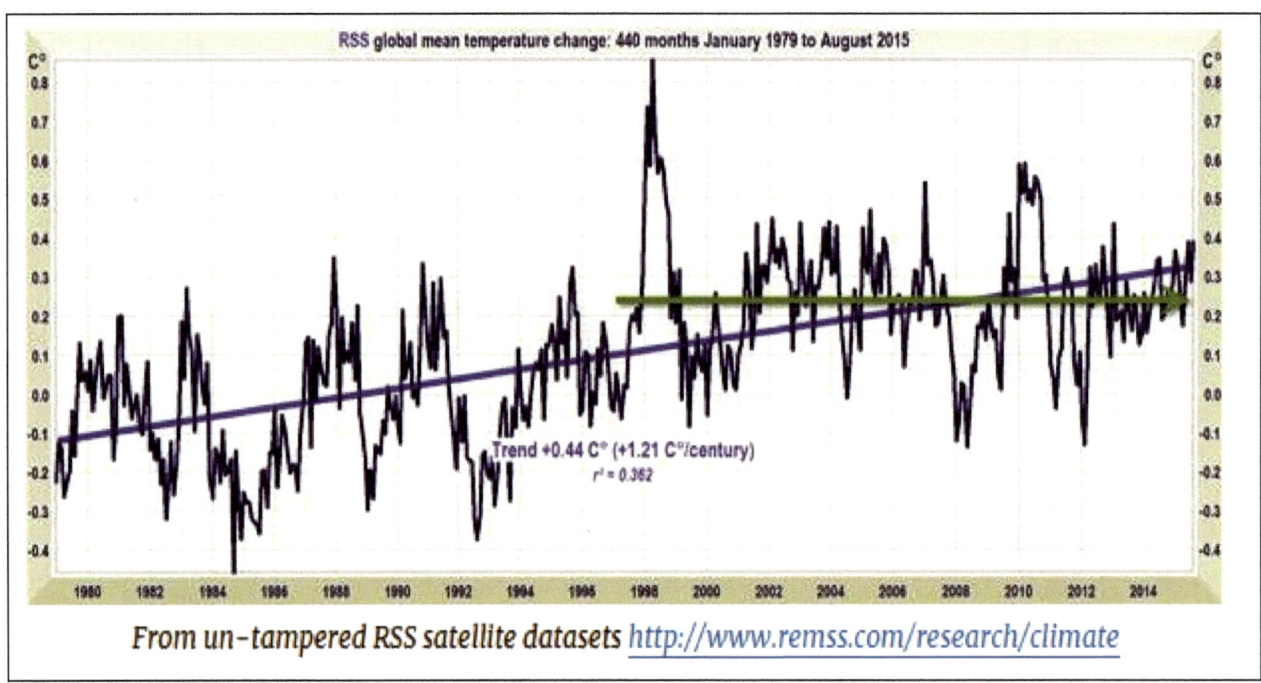

Abb. 82: Globale Entwicklung des Temperaturindex 1880 – 2016 nach anderer Quelle

Beim Vergleich beider Temperatur-Indices muss beachtet werden, dass die Abbildung 80 die Zahlen von 1980 (violette Linie) bis heute komprimierter (weniger breit) darstellt und deshalb steiler wirkt. So ist bei beiden eine Steigerung der Temperaturentwicklung zu sehen. Weiterhin gleich ist, dass es von 1980 bis zirka 2000 zu einem Anstieg der Temperatur kam, während es von zirka 2000-2014 eine Temperaturkonstanz gab. Der hohe Ausschlag um 1998 in Abbildung 82 könnte von der Monatsbetrachtung herrühren, während im ersten Graphen eine Jahresbetrachtung vorgenommen wurde. Ein Unterschied ist lediglich ab dem Jahr 2014, also ganz rechts in den Abbildungen festzustellen. Während es im ersten Bild steil nach oben geht, stagniert das zweite. Sucht man weitere Diagramme zum Thema, erhält man weitere differierende Ergebnisse.

Es stellt sich nun die Frage, wie und wo die globale Temperatur errechnet wird. Interessant ist hierbei ein Bild, das die globale Verteilung der Messpunkte zeigt:

126

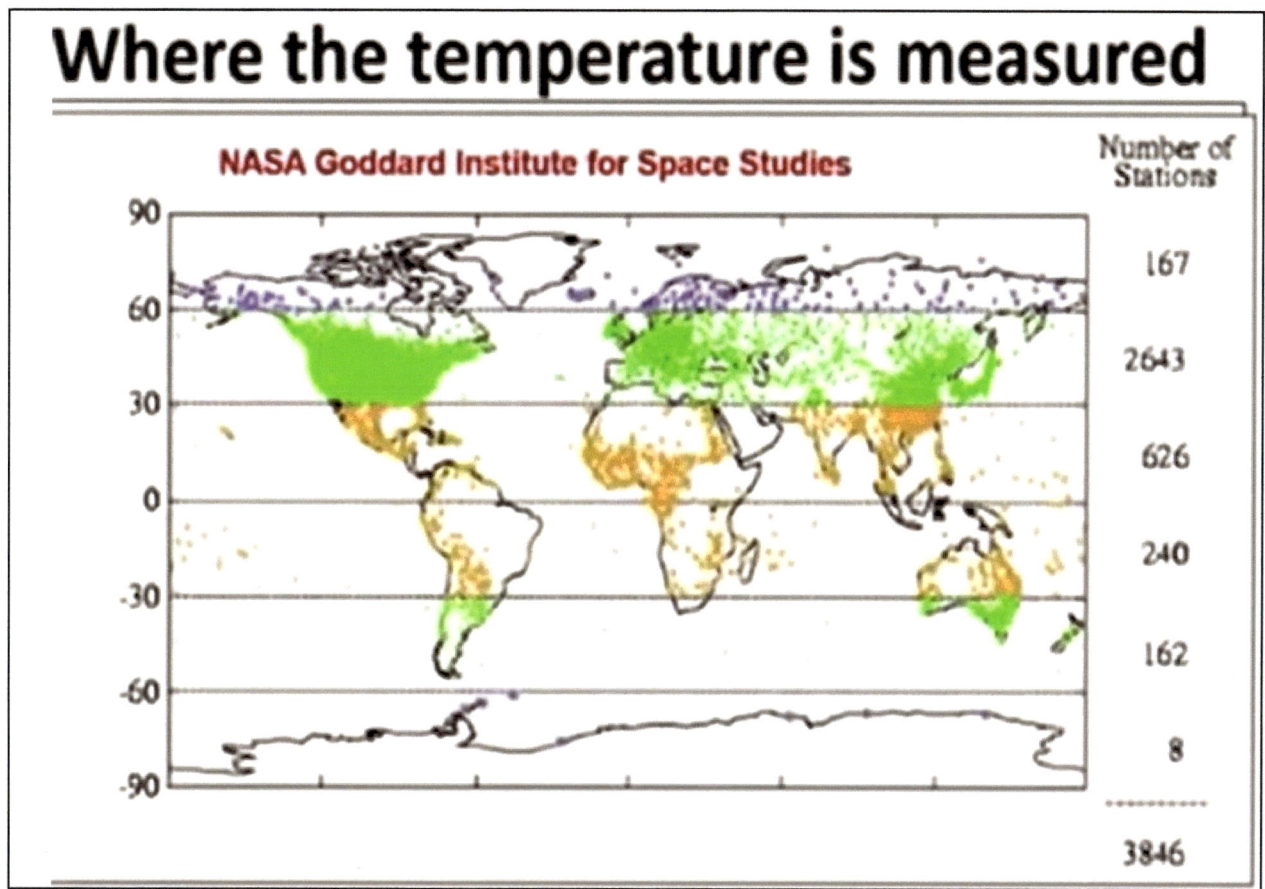

Where the temperature is measured

NASA Goddard Institute for Space Studies

Number of Stations

167
2643
626
240
162
8

3846

Abb. 83: Globale Verteilung der Messstationen

Wie unschwer zu erkennen ist, ist die Verteilung der Messstationen sehr beliebig. Entweder ist die gemäßigte Zone (30. bis 60. Breitengrad) der Nordhalbkugel überrepräsentiert oder es wird statistisch standardisiert, was durch die Wahl der Methode Möglichkeit zur Manipulation bietet.

Laut einem Artikel des Europäischen Instituts für Klima- und Energieforschung kommen systematische Fehler bei Temperaturmessungen vor.[510]

„Während des größten Teils des 20. Jahrhunderts wurden die Temperaturen auf dem Festland mittels eines Thermometers gemessen, in dem sich eine Flüssigkeit hinter Glas befand. Es war eingebettet in eine Wetterhütte. Nach etwa 1985 kamen Thermistoren oder Platin-Widerstands-Thermometer (PRT) zum Einsatz, die sich in einer unbelüfteten zylindrischen Plastikumhüllung befanden. Dies erfolgte in Europa, den Anglo-Pazifischen Ländern und den USA. Seit dem Jahr 2000 platzierte das Climate Research Network der USA Sensoren in einer belüfteten Umhüllung, die ein Trio von PRTs enthielten. Eine belüftete Schutzhülle enthält einen kleinen Ventilator, der für einen Austausch der Luft im Inneren der Hülle mit der Außenluft sorgt."

Und weiter im Artikel: *„Bei den während der Jahre 2007 und 2008 durchgeführten Kalibrierungs-Experimenten auf dem Gletscher wurde die Feld-Genauigkeit des RM Young PRT innerhalb einer unbelüfteten Umhüllung über einer schneebedeckten Oberfläche getestet. Im Labor kann der RM Young Sensor (rote Linien) mit einer Genauigkeit von ±0,1°C anzeigen. Die Genauigkeit auf dem Feld wurde bestimmt durch den Vergleich von Lufttemperaturen, gemessen mittels eines Schall-Anemometers (blaue Linien), wobei der Effekt ausgenutzt wird, dass die Temperatur Einfluss auf die Schallgeschwindigkeit in der Luft hat. Dies ist unabhängig von Strahlung und Windgeschwindigkeit."*

127

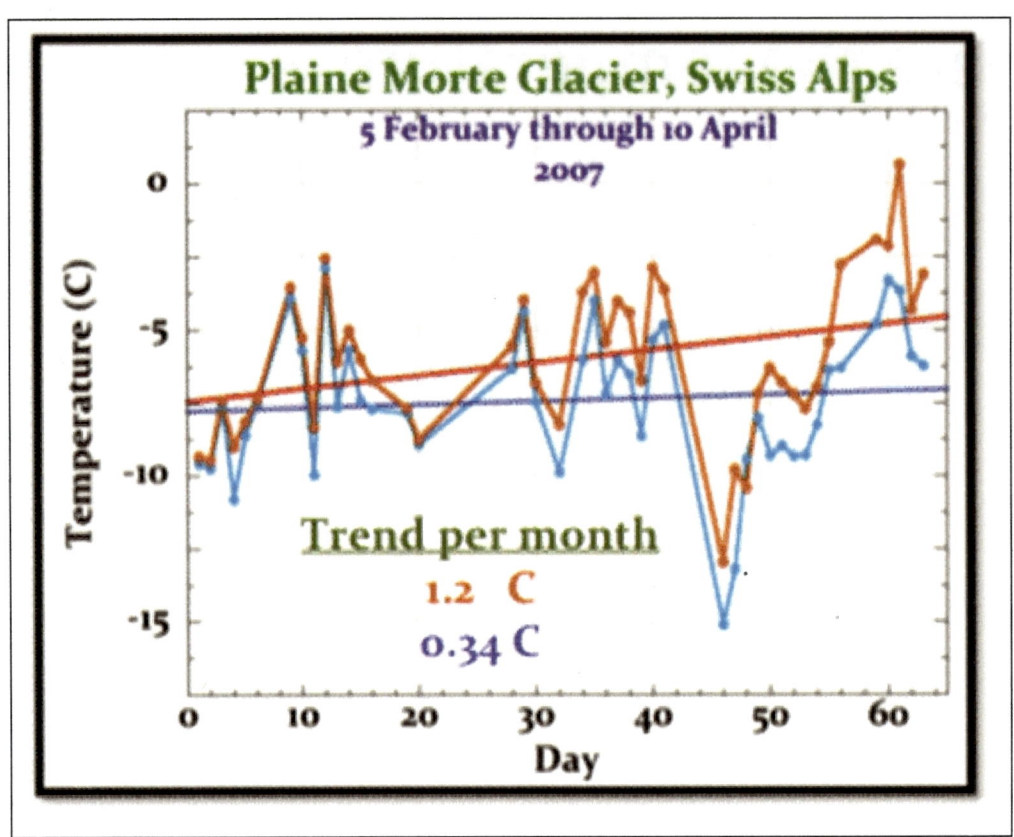

Abb. 84: Gleichzeitig aufgezeichnete Temperaturtrends auf dem Plaine Morte-Gletscher von Februar bis April 2007. (¾), Sonic Anemometer, and; (¾), RM Young PRT probe.

Die verwendeten Platin-Widerstands-Thermometer (PRT) zeichneten die Temperatur also höher auf, als sie tatsächlich war.

Auch bei Messungen der Wassertemperatur gab es Änderungen: *„Eimermessungen sowie solche im Kühlwasser von Schiffen ergaben den Hauptanteil von Messungen der Wassertemperatur Anfang und Mitte des 20. Jahrhunderts. Auf Fest- und Treibbojen montierte Sensoren kamen seit etwa 1980 immer stärker zum Einsatz. Inzwischen dominieren sie die Messungen der Wassertemperatur."*

Als Ergebnis notiert der Artikel, dass systematische Fehler erst seit Kurzem Erwähnung finden. Und selbst in letzter Zeit *„wird das Central Limit Theorem herangezogen, um abzuschätzen, dass diese sich zu Null mitteln. Allerdings sind systematische Temperatursensor-Fehler weder zufällig verteilt noch zeitlich, räumlich oder von Instrument zu Instrument konstant. Es gibt keinen theoretischen Grund zu erwarten, dass diese Fehler dem Central Limit Theorem folgen oder dass solche Fehler reduziert oder eliminiert werden durch Mittelung multipler Messungen; selbst, wenn diese Messungen millionenfach durchgeführt werden."*

Bestätigt werden diese Erkenntnisse im Kern in einem Beitrag von Prof. Dr. Reto Knutti von der ETH Zürich. Prof. Dr. Knutti führt weiter aus, dass neben veränderten Messsystemen und -methoden auch der Ort einer Messstation Einfluss hat.[(511)] So sei es z.B. *„auf einem Parkplatz im Sommer heißer als auf einer Wiese"*. Auch könne *„ein neues Gebäude oder eine verschobene Station schnell zu Sprüngen in der Messreihe führen, die man korrigieren muss"*. Der Wissenschaftler kommt zu folgendem Schluss: *„Um eine globale Durchschnittstemperatur zu erhalten, machen wir also verschiedene Annahmen über Instrumente, Kalibrationen und räumliche Muster der Temperaturverteilung. Deshalb ist die globale Temperaturkurve stets eine Schätzung und nie ganz exakt."* Trotzdem sehe er jedoch keine unzuverlässigen Resultate. Na, überhaupt nicht. Wer denkt denn so etwas?

128

Erschwerend kommt noch hinzu, dass anscheinend nicht immer gemessen wird. Wir sehen im folgenden Diagramm den Prozentsatz der Temperaturdaten, die geschätzt, also im Rechner fabriziert wurden. 1960 waren es im Minimum 8%, während 2019 ein trauriges Maximum von 47% erlebte. Der Wissenschaftler Tony Heller spricht in seinem Video von Manipulation der Daten.

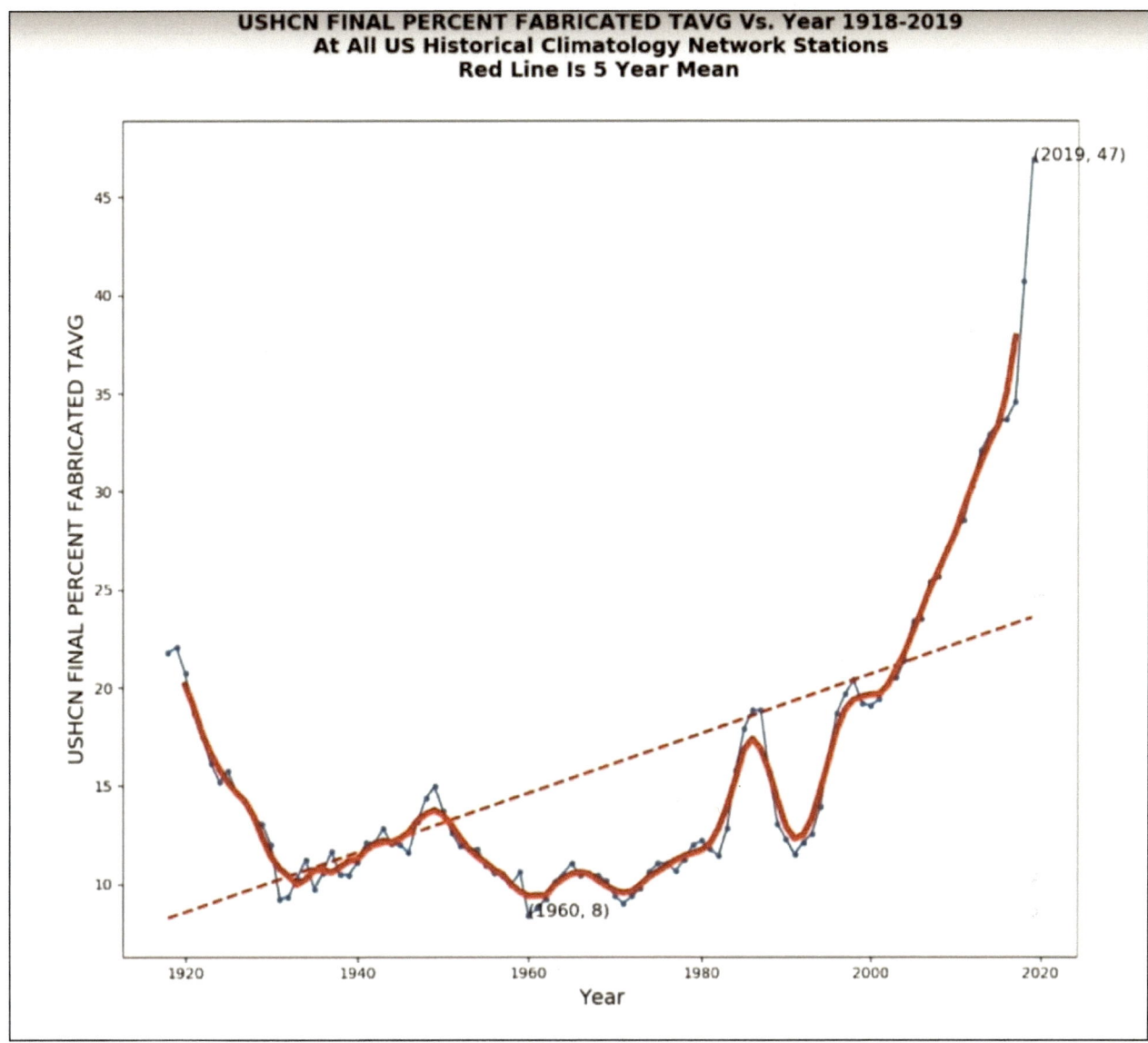

Abb. 85: Anteil der geschätzten, also im Rechner erstellten Temperaturdaten

Um die tatsächliche Temperaturveränderung feststellen zu können, wäre es notwendig, gleichmäßig über die Welt verteilte Thermometer zu haben, die von Anfang der Aufzeichnung technisch unverändert blieben und deren Umgebung sich auch nicht baulich verändert hat.

Auf die sogenannte mittelalterliche Warmzeit (ca. 950-1250 n.Chr.) soll hier als Argument für oder gegen den anthropogenen Klimawandel nicht weiter eingegangen werden, da es sowohl Aussagen gibt, dass es heute wärmer ist als damals, als auch Untersuchungen, die das Gegenteil behaupten.[512] [513]

Nach Analyse der möglichen Fehler- und Manipulationsmöglichkeiten bei der Temperaturbestimmung soll folgend der mögliche Einfluss von CO_2 auf das Klima veranschaulicht werden. Unsere Erde strahlt Wärme ab, die sogenannte Klimagase absorbieren und wieder abgegeben können. Diese Abgabe kann natürlich auch zurück zur Erdoberfläche sein, was eine Temperaturerhöhung zur Folge hat. Man spricht diesbezüglich vom Treibhauseffekt. Der Begriff ist geläufig in Bezug auf ein Gewächshaus oder auch ein Auto, wo die Sonne die Luft im Inneren aufheizt, was zu einer Erwärmung führt, da die aufgeheizte Luft nicht entweichen kann.

Nun haben die wissenschaftlichen Dienste des Deutschen Bundestags ein Tableau aufgestellt, das von der Erde abgehende Wärmestrahlung in Bezug zum Absorptionsvermögen verschiedener Klimagase setzt. Es stellt dar, mit welcher Wellenlänge die Erde ihre Wärme abstrahlt und welche Wellenlängen CO_2 überhaupt absorbieren kann. Zur besseren Verdeutlichung wurde der Hauptteil des Wellenspektrum, in dem Kohlendioxid Wärme aufnehmen kann, durch zwei vertikale rote Linien markiert. Wie unschwer zu erkennen ist, überschneidet sich dieser Bereich nur in den jeweiligen Randbereichen mit dem Umfang der Wellenlängen, in denen die Erde abstrahlt. Da erscheint Wasserdampf doch als viel „gefährlicher".

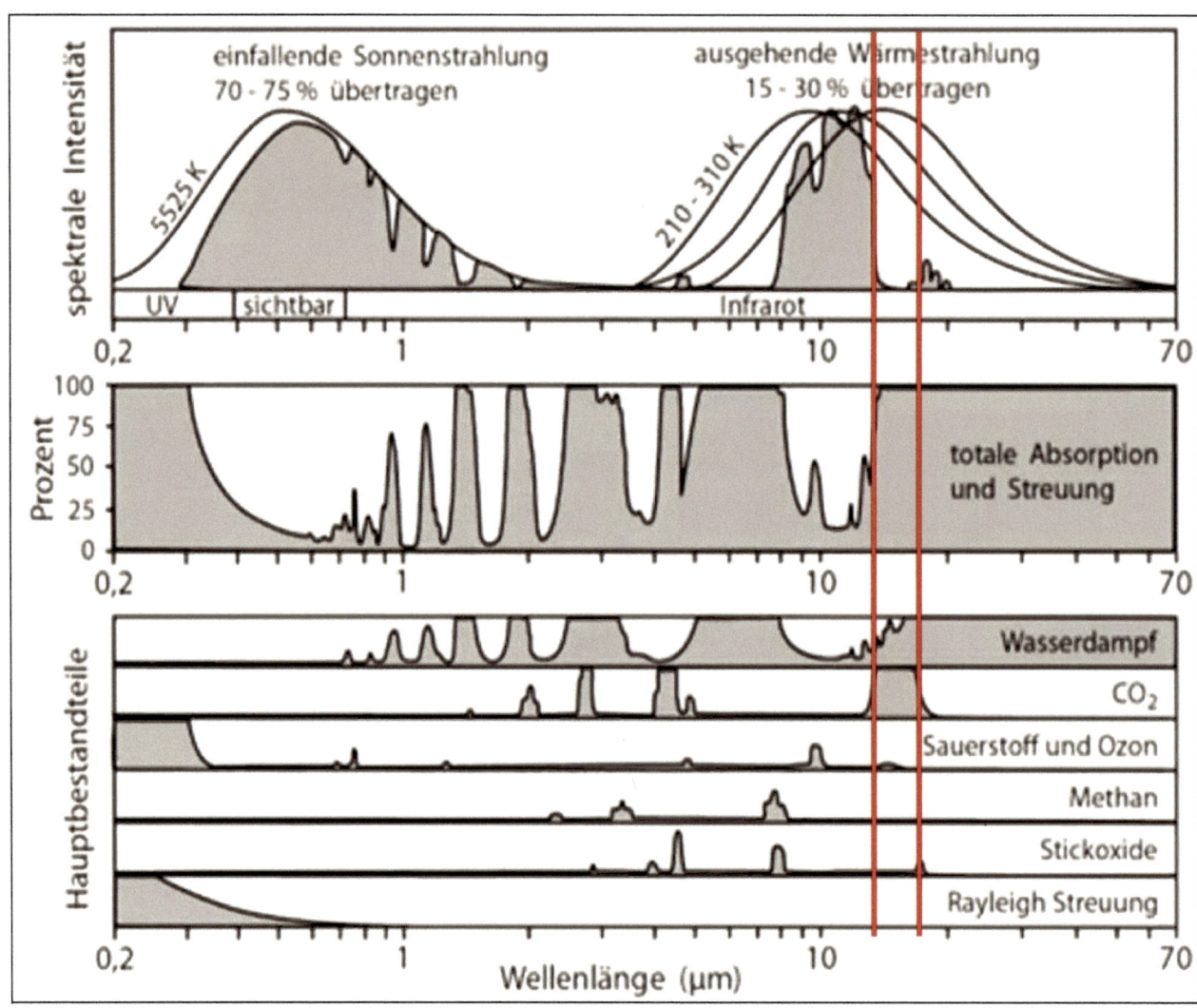

Abb. 86: Vergleich der Wellenlänge von der Erde ausgehender Wärmestrahlung mit der, die CO_2 absorbieren kann

Der Diplom-Meteorologe Ekkehard Puls erläutert diesen Sachverhalt in einem interessanten Vortrag, in dem er den Einfluss von CO_2 auf die Welttemperatur als minimal erachtet.[514]

Zumal die Konzentration von CO_2 in der Luft derzeit ca. 400 ppm beträgt, wobei ppm für „parts per million" (Teile pro Million) steht. Übersetzt bedeutet dies 0,04%. Es existieren also zirka 2.499 andere Luftmoleküle, bevor man auf ein Molekül CO_2 trifft. Nun könnte kritisch eingewendet werden, dass doch eine Korrelation zwischen CO_2-Konzentration und Klimaentwicklung zu sehen ist. Die Auflösung zeigt der Meteorologe und Klimatologe Prof. Dr. Horst Mahlberg, der in einem Vortrag[515] nachweist, dass die Temperaturentwicklung zu ca. 80% von der Sonnenaktivität abhängt, die anhand der Anzahl der Sonnenflecken ermittelt wird. Bestätigung kommt durch den Klimatologen Prof. Dr. Werner Kirstein[516], der sogar jegliche Klimabeeinflussung durch CO_2 negiert.

Doch ist die gezeigte Korrelation zwischen der Erdtemperatur und der CO_2-Konzentration auffällig, so dass sich die Frage stellt, ob hier nicht doch eine Kausalität besteht. Wenn man bedenkt, dass die Weltmeere 50 mal mehr Kohlenstoff speichern als die Atmosphäre, besteht natürlich die Möglichkeit, dass durch eine durch steigende Temperaturen verursachte höhere Wasserverdunstung auch mehr Kohlendioxid an die Luft abgegeben wird.[517] Dieser steigende CO_2-Anteil regt das Pflanzenwachstum an. So wird die Sahara grüner.[518] Besonders die sogenannten C3-Pflanzen, die in den mittleren und hohen Breiten der Erde vorkommen und weltweit alle Baumarten umfassen, profitieren vom steigenden CO_2-Anteil in der Luft.[519] Je höher dessen Anteil, desto mehr Kohlenstoff binden sie:

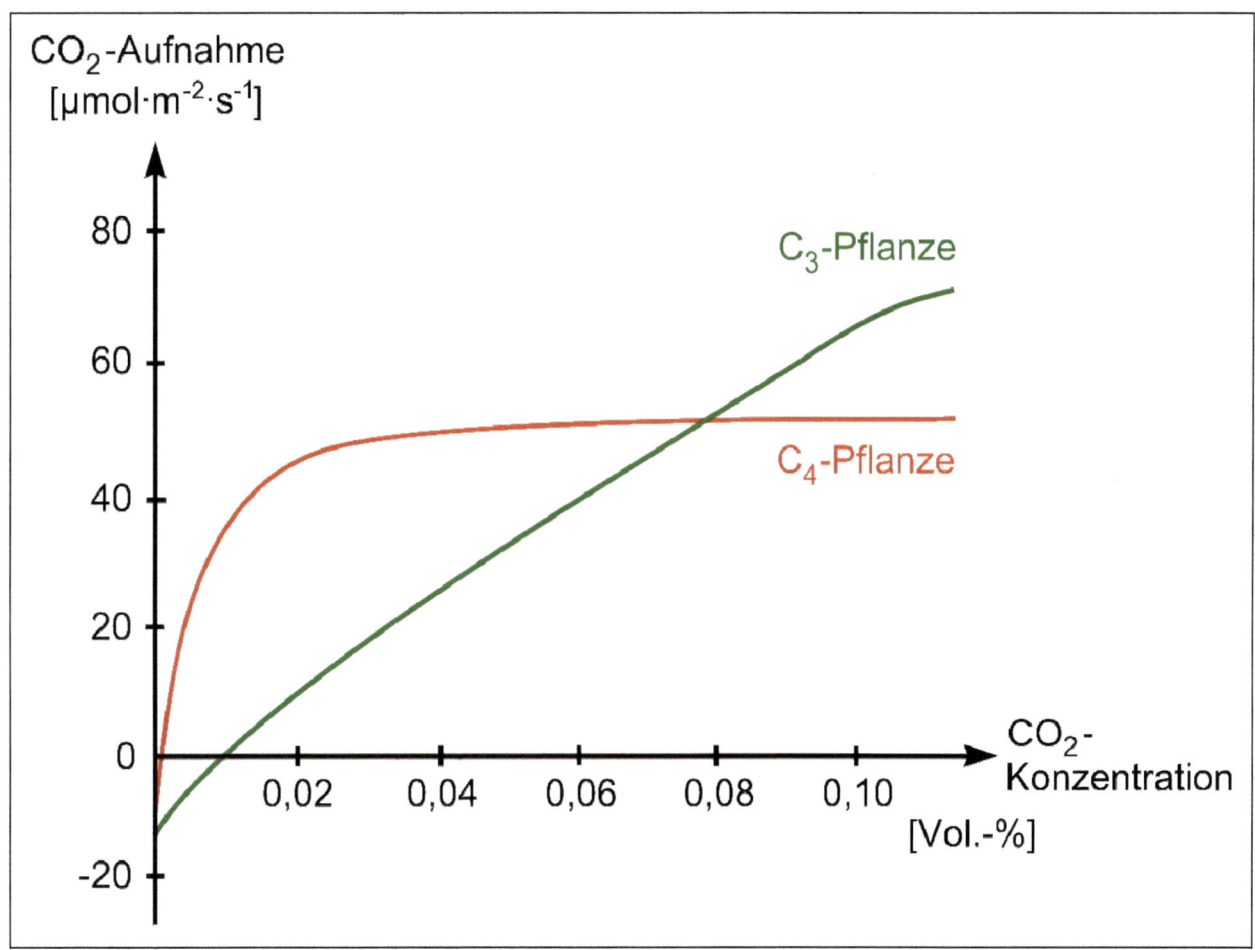

Abb. 87: CO_2-Aufnahme der verschiedenen Pflanzentypen

Übrigens ist der menschengemachte Anteil an der jährlichen CO_2-Produktion 4%. Den Rest verursacht die Natur selbst. Von diesen weltweit 4% gehen wiederum 2,0% zu Lasten Deutschlands.[520] Der deutsche Anteil an den jährlichen CO_2-Emissionen beträgt also gerundet 0,12%!

Doch wie kommen denn Klimaforscher auf den menschengemachten Klimawandel? Dazu soll der Aufsatz „Erderwärmung zum Nachrechnen" von Prof. Dr. Dr. h. c. Gerhard G. Paulus, Physikalisch-

Astronomische Fakultät der Friedrich-Schiller-Universität Jena, analysiert werden.[521] Unter dem Punkt „1. Historisches" geht Paulus zuerst auf den Mathematiker Joseph Fournier (1768-1830) ein, der als erster folgerte, *dass die Gase der Erdatmosphäre wie das Glas eines Treibhauses wirken"*, also für eine höhere Temperatur auf der Erde als im Weltraum sorgen. Danach erwähnt Paulus den Physiker John Tyndall (1820-1893), der herausfand, *„dass Wasserdampf die Wärmestrahlung am stärksten absorbiert, aber auch Spurengase wie CO_2 nicht vernachlässigbar sind"*. Als nächstes wird der schwedische Chemiker Svante Arrhenius (1835-1927) erwähnt, *„der einen Temperaturanstieg in Folge der von der Menschheit verursachten CO_2-Emissionen vorhersagte"*. Vor allem seien seine Aussagen, *„dass der Mensch den CO_2-Haushalt der Erde merklich beeinflussen kann"*, doch in Zweifel gezogen worden. Der Klimaforscher Charles Keeling (1928-2005) hat seit 1958 bis heute (fortgesetzt durch seinen Sohn) die CO_2-Konzentration auf dem Vulkan Mauna Loa, Big Island, Hawaii, gemessen, woraus die bekannte Keeling-Kurve des Anwachsens des CO_2-Gehalts entstand. (siehe Abb. 99)

In Kapitel „2. Grundlegendes" beschäftigt sich der Autor zuerst mit der Wärme und kommt zum Schluss, dass *„der Wärmetransport zwischen Sonne und Erde … also nur als Wärmestrahlung"* geschieht. Ein weiterer Unterpunkt betrifft die Sonnenenergie. So *„beträgt die Strahlungsleistung der Sonne außerhalb der Atmosphäre ca. 1.4 kW/m²"*, die sogenannte Solarkonstante. Auf der Erde kommt davon bedingt durch Reflexion an der Wolkendecke oder Absorption in der Atmosphäre rund 1 kW/m² an. Multipliziert man diese Zahl mit der Querschnittsfläche der Erde, so erhält man eine Strahlungsleistung der Sonne auf der Erde von ca. $1{,}1*10^8$ Gigawatt.

Unter dem Abschnitt „3. Grundlegende physikalische Gesetzmäßigkeiten" wird zuerst dargelegt, wie der Arzt Julius Robert von Mayer (1814-1878) den Energieerhaltungssatz entdeckte, der besagt, dass verschiedene Energieformen nicht erzeugt oder vernichtet, sondern nur ineinander umgewandelt werden. Daraus folgert der Autor, dass die Erde die ganze Sonnenenergie, die sie aufnimmt, auch wieder abgeben muss, um ihre Temperatur konstant zu halten.

Danach wird das nach den Physikern Josef Stefan (1835-1893) und Ludwig Boltzmann (1844-1906) benannte Stefan-Boltzmann-Gesetz erläutert, das besagt, dass eine heiße Oberfläche Wärmestrahlung mit einer Leistung abstrahlt, die sich nach ihrem Flächeninhalt und der vierten Potenz ihrer absoluten Temperatur errechnet. Als Einschränkung gilt jedoch, dass das Stefan-Boltzmann-Gesetz in dieser Form ($P = \sigma*A*T^4$) nur für Schwarze Körper anwendbar ist.[522] Ein Schwarzer Körper ist definiert als *„ein System, das die gesamte einfallende Strahlung absorbiert"*.[523] Bei der Sonne handelt es sich um einen fast perfekten Schwarzen Körper.[524]

Folgend wird die in Kapitel 2 vorgestellte Solarkonstante mit Hilfe des Stefan-Boltzmann-Gesetzes rechnerisch hergeleitet. Beendet wird dieser Abschnitt mit dem von Max Planck (1858-1947) formulierten Planck-Gesetz, das *„nicht nur angibt, wieviel Strahlung ein heißer Körper insgesamt von sich gibt, sondern auch wieviel Strahlung jeder Farbe, wir sagen das Spektrum der Wärmestrahlung. Das Stefan-Boltzmann-Gesetz ist nur noch ein Spezialfall des Planck-Gesetzes"*. Durch das Planck-Gesetz kann man zeigen, dass das Spektrum der Sonnenstrahlung nah am Spektrum eines Schwarzen Strahlers liegt.

Der Punkt „4. Berechnung der Planeten-Temperatur" beginnt mit der Berechnung bei welcher Temperatur die eingehende Sonnenstrahlung mit der abgehenden Wärmestrahlung der Erde gleich ist. Als Ergebnis, bei dem die Erde eine ausgeglichene Strahlungsbilanz aufweist, wurden 5°C errechnet. In einem nächsten Schritt wird die Albedo einbezogen, was die Eigenschaft eines Planeten ausdrückt, Strahlung zu reflektieren, was seit 2015 von der Raumsonde Deep Space Climate Observatory gemessen wird. Dies bedeutet, dass die Erde einen Teil der Sonnenstrahlung nicht aufnimmt, sondern sofort wieder abstrahlt. Bezieht man dieses in die Rechnung ein, erhält man -19°C als Erdtemperatur einer ausgeglichenen Strahlungsbilanz. Bei dieser Berechnung fehlt allerdings noch die Berücksichtigung des Treibhauseffekts unserer Atmosphäre. Dieser wird dann im folgenden Unterpunkt miteinbezogen. So entsteht das Modell, bei dem die Albedo einen Teil der Sonnenstrahlung (30,6%) ins All zurückreflektiert. Die restlichen 69,4% treffen auf der Erdoberfläche ein. Die Erde ihrerseits strahlt Wärmestrahlung ab, die zu einem gewissen Teil, nämlich dem Treibhauskoeffizienten, in der Atmosphäre absorbiert wird. Der Rest entweicht ins All. Die Atmosphäre gibt eine Hälfte der aufgenommenen Wärme ins All ab, während die andere Hälfte zurück zur Erdoberfläche strahlt. Setzt man eingehende und abgehende Strahlung gleich, ergibt sich eine durchschnittliche Erdtemperatur von 14°C.

Im abschließenden Nachwort wird darauf hingewiesen, dass die theoretischen Modelle der modernen Klimaforschung weitaus komplexer sind, jedoch „zu wesentlichen Teilen auf den hier präsentierten grundlegenden Ideen" beruhen. Obwohl der Artikel zugibt, dass „das hier erläuterte holzschnittartige Modell des Treibhauseffektes – in der Literatur als idealisiertes Treibhausmodell bekannt – nicht geeignet ist, quantitative Vorhersagen über die Erderwärmung zu liefern", soll das idealisierte Treibhausmodell beweisen, dass „die Menschheit mit dem immensen CO_2-Ausstoß ein gefährliches Experiment mit der Erdatmosphäre begonnen hat".

Natürlich dürfen einige Anmerkungen zu dem hier vorgestellten Treibhausmodell nicht fehlen. Zuerst gibt der Text zu, dass „dieser Treibhauskoeffizient deutlich weniger gut als die Albedo definiert ist". Das macht stutzig. Dieser Koeffizient sei mit $\beta=0,77$ „ein plausibler Wert", ist er doch „so gewählt, dass sich die richtige Erdtemperatur ergibt". Er wird also so bestimmt, dass am Ende 14°C herauskommen. Sie haben richtig gelesen! Man kann den Treibhauskoeffizienten nicht direkt berechnen. Steigt also die Erdtemperatur und geht man sonst von konstanten Verhältnissen aus, erhält man einen höheren Treibhauskoeffizienten, dessen Erhöhung dem CO_2 zugeschrieben wird. Und darauf beruht das ganze Klimagedöns. Tja, wenn Wissenschaft Wissen schafft.

Der nächste Kritikpunkt ist das Ausgehen einer konstanten Sonneneinstrahlung auf die Erde. So hat ein internationales Forscherteam bestätigt, dass die Sonnenaktivität, die mit der Anzahl der Sonnenflecken korrelierte, Einfluss auf das Erdklima hat. Hohe Sonnenaktivität mit hoher Sonneneinstrahlung indiziert ein wärmeres Klima, während eine niedrige für kältere Zeiten sorgt.[525] Nochmals zur Erinnerung: Eine steigende Temperatur wirkt in der vierten(!) Potenz auf die Leistung der eintreffenden Strahlung. Es wird weiterhin argumentiert, dass die Messungen zur Konzentration von Kohlendioxid „weitab zivilisatorischer CO_2-Produktion" sehr zuverlässig seien, wobei doch anzumerken ist, dass der Mauna Loa der größte aktive Vulkan weltweit ist.[526] Auch wenn Vulkane nicht relevant zur weltweiten CO_2-Konzentration beitragen sollen, so sollten doch die Ausbrüche von 1975 und 1984 zu erhöhten CO_2-Ausstoßen geführt haben, die sich in den Messungen hätten niederschlagen sollen. [527] [528] Zu sehen sind sie jedenfalls nicht, wie wir an der Kurve weiter oben sehen. Der Hauptkritikpunkt der ganzen Abhandlung ist jedoch der, dass keinerlei Beweis für die Kausalität einer steigenden CO_2-Konzentration für eine Klimaerwärmung beigebracht wird.

Und wie haben sich die Modelle unserer Klimaforscher im Vergleich mit der Realität bewährt? Nun, die World Meteorological Organization (WMO) hat 36 Klimamodelle auf ihrer Internetseite aufgelistet.[529] Ein Vergleich dieser Modelle mit den tatsächlichen Daten der NOAA (National Oceanic and Atmospheric Administration) der National Centers for Environmental Information für die USA zeigt, dass alle Modelle die Klimaerwärmung zu hoch angesetzt haben,[530] [531] wie folgende Grafik dieser Quellen verdeutlicht:

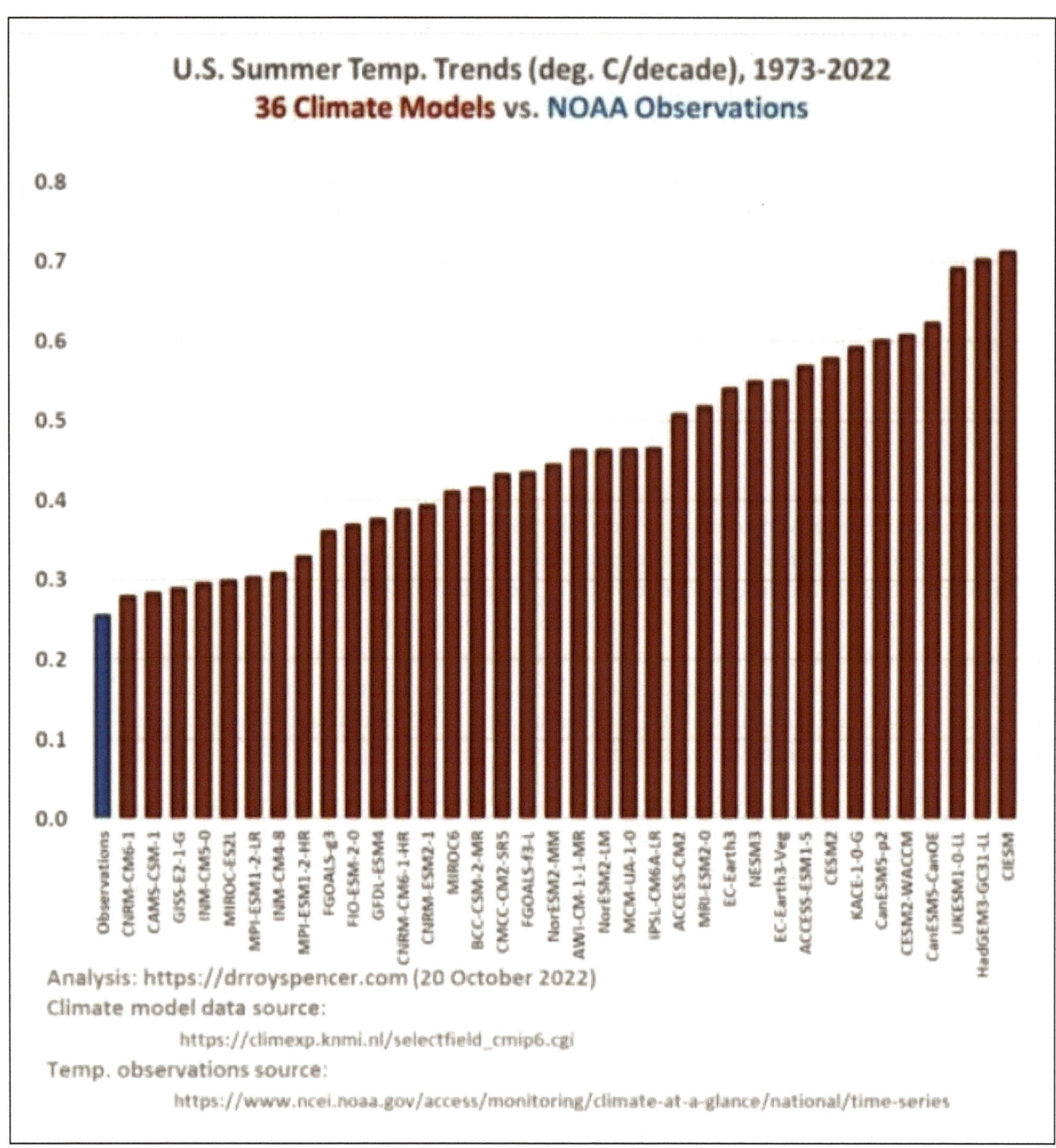

U.S. Summer Temp. Trends (deg. C/decade), 1973-2022
36 Climate Models vs. NOAA Observations

Analysis: https://drroyspencer.com (20 October 2022)
Climate model data source:
https://climexp.knmi.nl/selectfield_cmip6.cgi
Temp. observations source:
https://www.ncei.noaa.gov/access/monitoring/climate-at-a-glance/national/time-series

Abb. 88: Vergleich der gemessenen Temperaturerhöhung mit den prognostizierten

Und dies trotz der weiter oben dargelegten Ungenauigkeiten bei der Temperaturmessung.

Und die Zahlen der NOAA treiben unseren Klimagläubigen noch weitere Schweißperlen auf die Stirn, denn ihren Berechnungen zufolge sank die globale Temperatur in den Jahren 2015-2022 insgesamt sogar leicht.

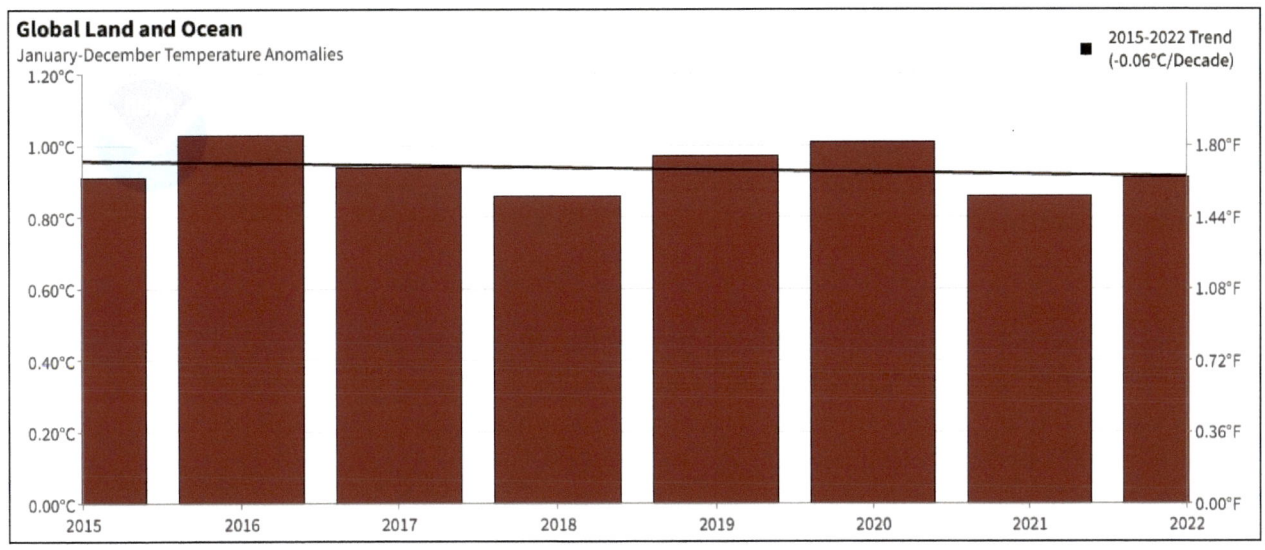

Global Land and Ocean
January-December Temperature Anomalies

2015-2022 Trend
(-0.06°C/Decade)

Abb. 89: Leichter Rückgang der globalen Temperatur in den Jahren 2015-2022

Und wo bleibt nun der medial befeuerte Klimawandel? Da könnte ein Blick auf die Nordatlantische Oszillation (NAO) helfen. „*Die Nordatlantische Oszillation stellt ein Zusammenspiel zwischen dem Azoren-Hoch und dem Island-Tief dar: Wenn sich das Azorenhoch verstärkt (Druckanstieg), verstärkt sich gleichzeitig auch das Island-Tief (Druckabfall). Solche Druckänderungen treten vor allem im Winter in bestimmten zeitlichen Abständen auf.*"[(532)] „*Wie das Wetter in Europa wird, entscheidet sich zu großen Teilen über dem Nordatlantik. Gerade das Winterwetter ist davon abhängig, wie stark das typische Hochdruckgebiet über den Azoren und sein Gegenstück, das Islandtief, ausgeprägt sind. Ist der Druckunterschied groß, sind die Westwinde über dem Atlantik stark und in Norddeutschland ist es beispielsweise nass und mild. Ist er schwach, herrschen dagegen trockene und kalte Bedingungen. ... Eine dieser Schwingungen dauert rund acht Jahre.*"[(533)] Zum besseren Verständnis soll folgende Grafik beitragen:

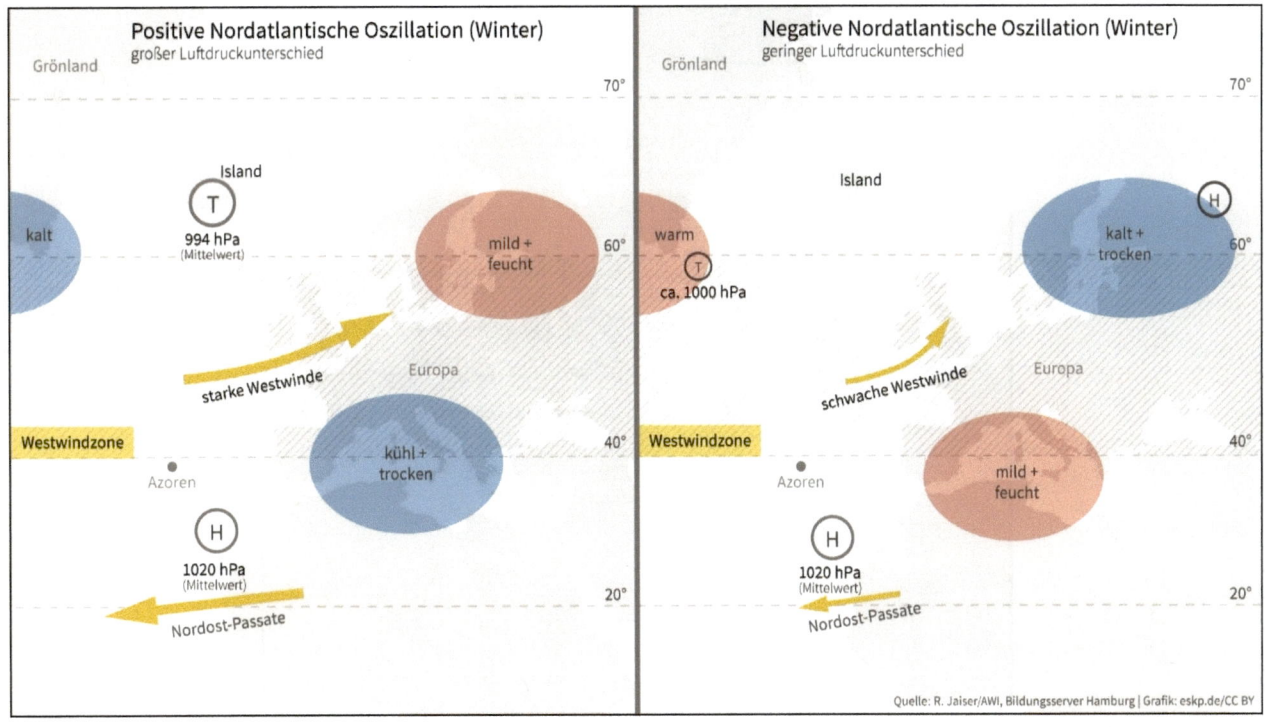

Quelle: R. Jaiser/AWI, Bildungsserver Hamburg | Grafik: eskp.de/CC BY

Abb. 90: Auswirkungen der Nordatlantischen Oszillation auf europäische Winter

135

Einen weiteren längerfristigen Einfluss aufs Klima hat auch die Atlantische Multidekaden-Oszillation (AMO). Sie *„ist die Bezeichnung für eine zyklisch auftretende Zirkulationsschwankung der Ozeanströmungen im Nordatlantik. Sie bringt eine Veränderung der Meeresoberflächentemperaturen des gesamten nordatlantischen Beckens mit sich, wodurch Einfluss auf die Atmosphäre ausgeübt wird. Die AMO hat eine Periodendauer von 50 bis 70 Jahren und besitzt ‚warme‘ und ‚kalte‘ Phasen".* Seit den 1990ern befinden wir uns in einer warmen Phase.(534)

Die Luft für einen anthropogenen Klimawandel ist doch richtig dünn geworden.

Und dann wird noch behauptet, der Klimawandel bedrohe *„die Leben von Milliarden von Menschen".*(535) Demgegenüber behauptet der dänische Autor und Gründer des Think Tanks Copenhagen Consensus Center, Bjørn Lomborg, dass achtmal so viele Menschen an Kälte als an Hitze sterben und der Klimawandel seit 2020 (Erscheinungsdatum des Artikels 16.6.2021) zwar 116.000 mehr Hitzetote forderte, aber auch 283.000 Kälteopfer verhinderte.(536)

Zum Abschluss dieses Abschnitts wollen wir einen kleinen Ausflug in die Vergangenheit unternehmen. Dafür sei dem Youtuber „Meinungsfreiheit 2.0" gedankt, der in einem Video(537) die aufgeführten Dinge recherchiert hat. So hat er auf einen Zeitungsartikel im New York Herald vom 4.9.1921 aufmerksam gemacht, der über eine Hitzewelle in Europa und Asien berichtet, die Millionen Tote forderte. Zur Unterstreichung des Extremwetters ist ein Bild des ausgetrockneten Schweizer Murtensees angefügt.

Abb. 91: Ein Artikel im New York Herald vom 4.9.1921

136

Zur besseren Lesbarkeit ein vergrößerter Ausschnitt des Artikels:

This was the beautiful Swiss Lake Morat, now dried by the great drought, baring the foundations of lake dwellers' homes built in the Stone Age. Note the piles on which the prehistoric houses rested.

Abb. 92 und 93 unten: Bild des ausgetrockneten Schweizer Murtensees während der Hitzewelle 1921
Bild des Schweizer Murtensees in Normalzeiten

Zu normalen Zeiten ist dies ein wunderschöner See, wie man im Internet[538] recherchieren kann:

Der Monatsbericht des US-Wetterbüros vom November 1922 weist auf Seite 589 auf eine sich verändernde Arktis hin. Der Artikel berichtet: *„Die Arktis scheint sich zu erwärmen. Berichte von Fischern, Robbenjägern und Forschern, die die Meere um Spitzbergen und die östliche Arktis befahren, deuten alle auf eine radikale Veränderung der klimatischen Bedingungen und bisher nicht gekannte hohe Temperaturen in diesem Teil der Erde hin. ... Viele alte Landmarken sind so verändert, dass sie nicht mehr wiederzuerkennen sind. Wo sich früher große Eismassen befanden, befinden sich heute oft Moränen, Anhäufungen von Erde und Steinen. An vielen Stellen, wo Gletscher früher weit ins Meer hineinreichten, sind sie ganz verschwunden. ...und im letzten Winter ist das Meer selbst an der Nordküste Spitzbergens nicht zugefroren."*

137

NOVEMBER, 1922. MONTHLY WEATHER REVIEW. 589

Deviation from the normal course Algué explains as usually due to the presence not far away of another typhoon. However, there is record of a hurricane in Fiji which recurved so sharply on its course that its center passed twice over the city of Levuka, and yet no other disturbance was known to be anywhere near. Furthermore, this hurricane traveled northwest from Levuka after its first passage over that city, the opposite direction from that which tropical cyclones normally take in that latitude in the southern hemisphere.[27]

Bifurcation of cyclones.—Sometimes it happens that a well-developed cyclone apparently divides into two independent, comparable storms, each of which henceforth follows an independent course. Algué suggests that topographic barriers may be the cause, but the cases he considers do not make this explanation altogether satisfactory.

Secondary whirls sometimes develop within a cyclone, producing destructive winds far from the center of the main cyclone. Algué has repeatedly observed such secondary centers in the Philippines. Doctor Okada reports that two or three secondary centers sometimes occur within a typhoon.

Typhoons and mountains.—It is stated in some standard meteorologies that tropical cyclones can not cross a mountain range 3,000 feet high. This is often disproven in the Far East, for typhoons sometimes cross mountains of greater height than this in Taiwan (Formosa), in the Philippines, in Japan, and elsewhere. Mountainous Formosa often appears to deflect typhoons which approach it at a small angle, and sometimes cuts the typhoon in two, according to Froc, but, on the other hand, other storms clearly cross it with no apparent regard for its mountains, the highest of which reach over 13,000 feet. Doctor Okada reports that studies made on lofty Fuji, near Yokohama, and on the higher mountains of Formosa indicate the depth of most typhoons to be approximately 5 or 6 kilometers (16,000 to 20,000 feet).

Although it is commonly stated that typhoons weaken decidedly as soon as they come upon the land, both Froc and Okada have observed many cases where this was not true in southeast China, the typhoons maintaining most of their force until encountering lofty mountains.

THE CHANGING ARCTIC.

By GEORGE NICOLAS IFFT.

[Under date of October 10, 1922, the American consul at Bergen, Norway, submitted the following report to the State Department, Washington, D. C.]

The Arctic seems to be warming up. Reports from fishermen, seal hunters, and explorers who sail the seas about Spitzbergen and the eastern Arctic, all point to a radical change in climatic conditions, and hitherto unheard-of high temperatures in that part of the earth's surface.

In August, 1922, the Norwegian Department of Commerce sent an expedition to Spitzbergen and Bear Island under the leadership of Dr. Adolf Hoel, lecturer on geology at the University of Christiania. Its purpose was to survey and chart the lands adjacent to the Norwegian mines on those islands, take soundings of the adjacent waters, and make other oceanographic investigations.

Dr. Hoel, who has just returned, reports the location of hitherto unknown coal deposits on the eastern shores of Advent Bay—deposits of vast extent and superior quality. This is regarded as of first importance, as so far most of the coal mined by the Norwegian companies on those islands has not been of the best quality.

[27] R. L. Holmes: Quart. Journ. Royal Meteorol. Soc., January, 1905.

The oceanographic observations have, however, been even more interesting. Ice conditions were exceptional. In fact, so little ice has never before been noted. The expedition all but established a record, sailing as far north as 81° 29′ in ice-free water. This is the farthest north ever reached with modern oceanographic apparatus.

The character of the waters of the great polar basin has heretofore been practically unknown. Dr. Hoel reports that he made a section of the Gulf Stream at 81° north latitude and took soundings to a depth of 3,100 meters. These show the Gulf Stream very warm, and it could be traced as a surface current till beyond the 81st parallel. The warmth of the waters makes it probable that the favorable ice conditions will continue for some time.

Later a section was taken of the Gulf Stream off Bear Island and off the Isfjord, as well as a section of the cold current that comes down along the west coast of Spitzbergen off the south cape.

In connection with Dr. Hoel's report, it is of interest to note the unusually warm summer in Arctic Norway and the observations of Capt. Martin Ingebrigtsen, who has sailed the eastern Arctic for 54 years past. He says that he first noted warmer conditions in 1918, that since that time it has steadily gotten warmer, and that to-day the Arctic of that region is not recognizable as the same region of 1868 to 1917.

Many old landmarks are so changed as to be unrecognizable. Where formerly great masses of ice were found, there are now often moraines, accumulations of earth and stones. At many points where glaciers formerly extended far into the sea they have entirely disappeared.

The change in temperature, says Captain Ingebrigtsen, has also brought about great change in the flora and fauna of the Arctic. This summer he sought for white fish in Spitzbergen waters. Formerly great shoals of them were found there. This year he saw none, although he visited all the old fishing grounds.

There were few seal in Spitzbergen waters this year, the catch being far under the average. This, however, did not surprise the captain. He pointed out that formerly the waters about Spitzbergen held an even summer temperature of about 3° Celsius; this year recorded temperatures up to 15°, and last winter the ocean did not freeze over even on the north coast of Spitzbergen.

With the disappearance of white fish and seal has come other life in these waters. This year herring in great shoals were found along the west coast of Spitzbergen, all the way from the fry to the veritable great herring. Shoals of smelt were also met with.

BIRDS STORM-SWEPT OVER THE NORTH ATLANTIC OCEAN.

By WILLIS E. HURD.

[Weather Bureau, Washington, D. C., Dec. 10, 1922.]

An interesting memorandum was recently received by the Weather Bureau in connection with a marine weather report from Mr. W. Scott, fifth officer of the American S. S. *Manchuria*. It deals with the appearance of several varieties of small land birds a considerable distance at sea on the 27th to 29th of October, 1922, during a voyage from New York to Hamburg, and is presented here, with an inclusion of the list of observed bird varieties, for the scientific interest involved.

S. S. *Manchuria*,
Voyage 50—N. Y.-HAMBURG,
October 28, 1922.

It may be of some interest to the Department of Plants and Animals or to the Smithsonian Institution to note that on October 27, latitude 40° 30′, longitude 66°, to noon 28th, latitude 41° 45′, longitude 59° 27′,

Abb. 94: Ein Artikel des Monatsberichts des US-Wetterbüros vom November 1922

Ein Artikel des Monatsberichts des US-Wetterbüros vom November 1922. Wir können auch einen Artikel des *Medford Mail Tribune* vom 29.12.1923 heranziehen, der mit *„Gletscherpark schmilzt nach Ansicht von Wissenschaftlern rasant“*. überschrieben ist (Abb. 95). In den letzten 18 Jahren habe der Gletscher ein Viertel, vielleicht sogar ein Drittel seines Eises verloren. Ginge dies so weiter, wäre er in 25 Jahren verschwunden.

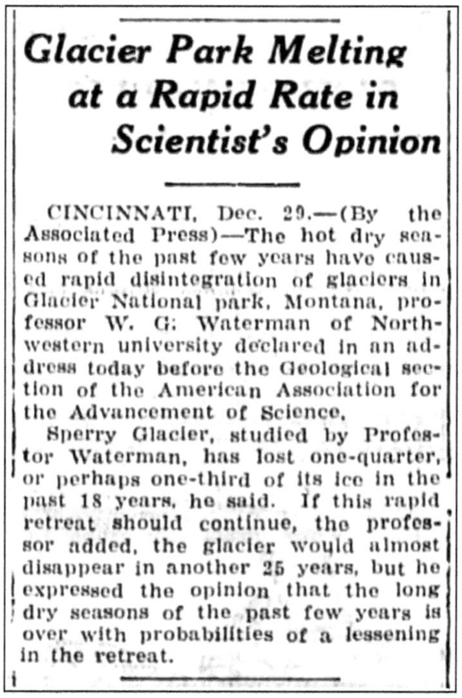

Glacier Park Melting at a Rapid Rate in Scientist's Opinion

CINCINNATI, Dec. 29.—(By the Associated Press)—The hot dry seasons of the past few years have caused rapid disintegration of glaciers in Glacier National park, Montana, professor W. G. Waterman of Northwestern university declared in an address today before the Geological section of the American Association for the Advancement of Science.

Sperry Glacier, studied by Professor Waterman, has lost one-quarter, or perhaps one-third of its ice in the past 18 years, he said. If this rapid retreat should continue, the professor added, the glacier would almost disappear in another 25 years, but he expressed the opinion that the long dry seasons of the past few years is over with probabilities of a lessening in the retreat.

Abb. 95: Ein Artikel des *Medford Mail Tribune* vom 29.12.1923

Weiterhin zeigt das Video einen weiteren Artikel aus *The Sydney Morning Herald* vom 20.1.1931, der von einer großen Dürre in den USA berichtet. *„Bezirke in Texas, Tennessee und Mississippi sind zu denen hinzugekommen, die bereits Hilfe benötigen … Zwei Bezirke in diesem Bundesstaat (Texas) meldeten heute, dass 500 Familien am Rande des Hungertods stehen."*

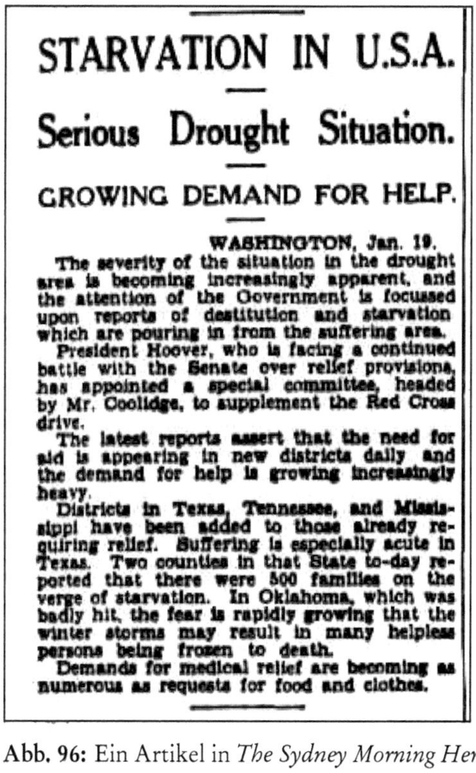

STARVATION IN U.S.A.

Serious Drought Situation.

GROWING DEMAND FOR HELP.

WASHINGTON, Jan. 19.

The severity of the situation in the drought area is becoming increasingly apparent, and the attention of the Government is focussed upon reports of destitution and starvation which are pouring in from the suffering area.

President Hoover, who is facing a continued battle with the Senate over relief provisions, has appointed a special committee, headed by Mr. Coolidge, to supplement the Red Cross drive.

The latest reports assert that the need for aid is appearing in new districts daily and the demand for help is growing increasingly heavy.

Districts in Texas, Tennessee, and Mississippi have been added to those already requiring relief. Suffering is especially acute in Texas. Two counties in that State to-day reported that there were 500 families on the verge of starvation. In Oklahoma, which was badly hit, the fear is rapidly growing that the winter storms may result in many helpless persons being frozen to death.

Demands for medical relief are becoming as numerous as requests for food and clothes.

Abb. 96: Ein Artikel in *The Sydney Morning Herald* vom 20.1.1931

Das Video bringt für Interessierte noch weitaus mehr Beispiele. Doch jetzt wollen wir die Temperatur-Extrema während dieser Ereignisse im Temperaturdiagramm vom Anfang dieses Kapitels suchen:

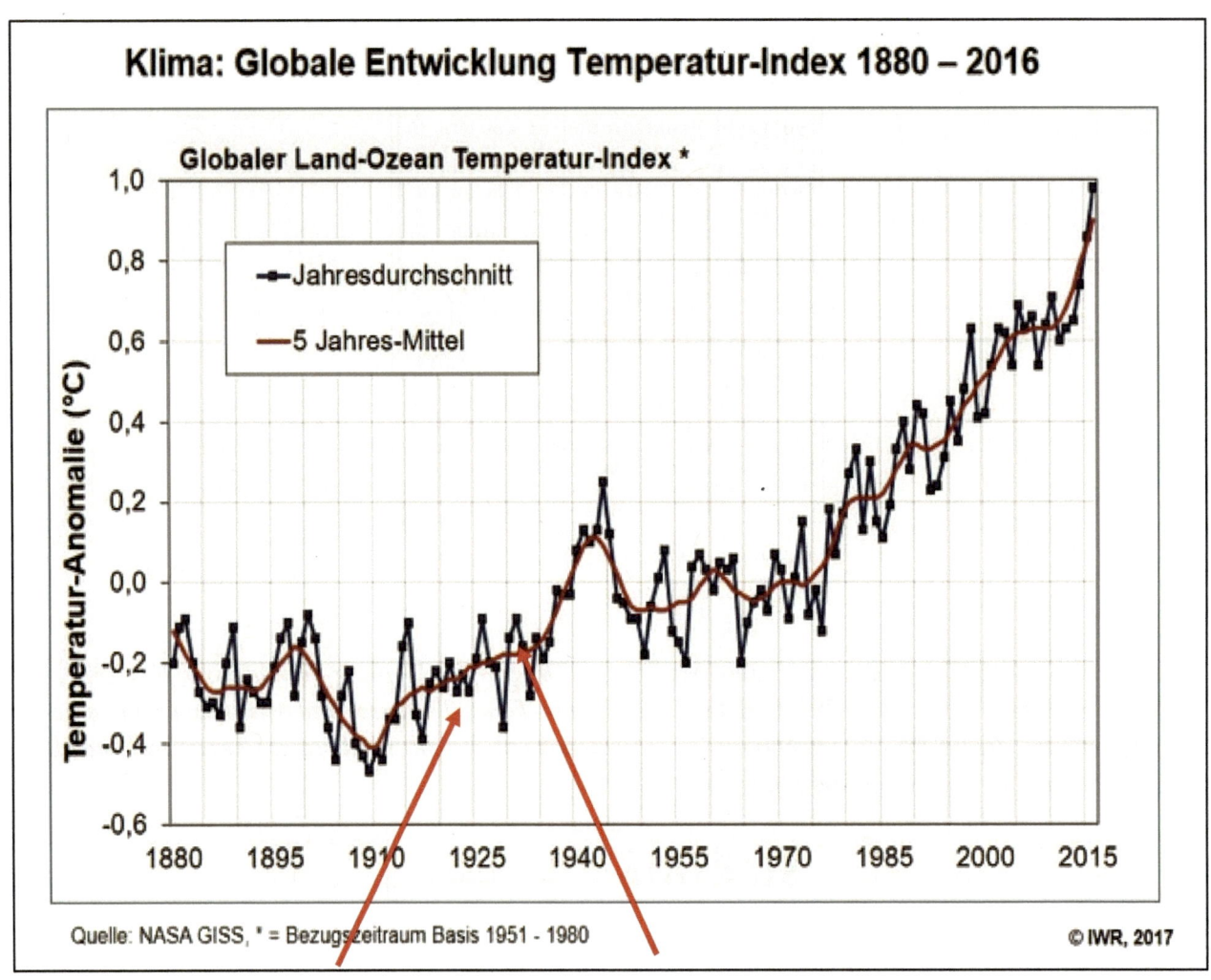

Abb. 97: Globale Entwicklung des Temperaturindex 1880 bis 2016

Jetzt ist guter Rat teuer. Weder die Hitzewelle Anfang der 1920er-Jahre noch die von 1931 zeichnen sich auf diesem Temperaturdiagramm ab. Antwort könnte ein Video[539] von Tony Heller geben, das mit deutschen Untertiteln vom Europäischen Institut für Klima und Energie (EIKE) hochgeladen wurde. Eines der im Video verwendeten Diagramme, das die tägliche Durchschnittstemperatur in den USA von 1900 bis ca. 2015 zeigt, konnte im Netz gefunden werden:

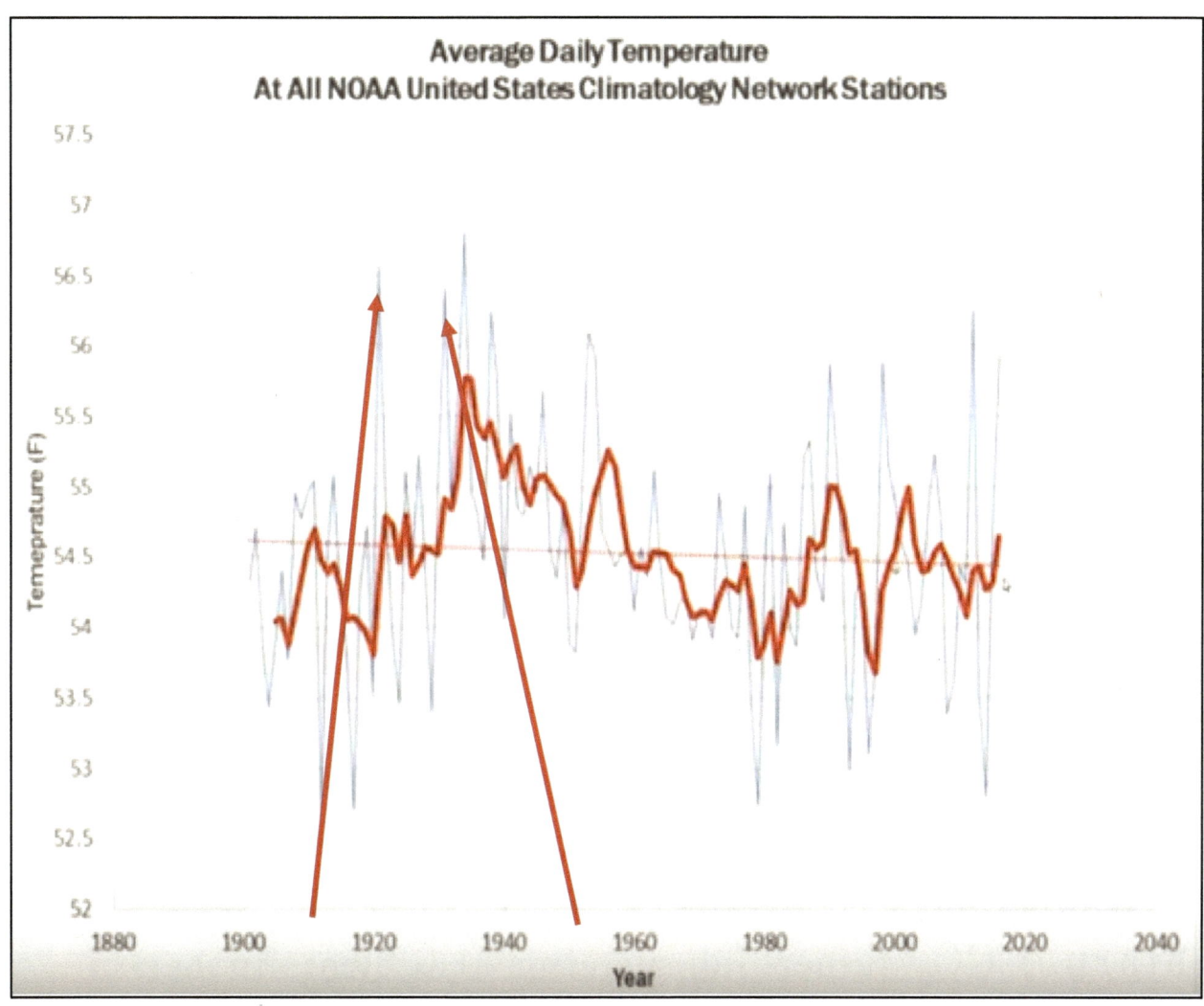

Average Daily Temperature
At All NOAA United States Climatology Network Stations

Abb. 98: Alternative globale Entwicklung des Temperaturindex 1900 bis zirka 2015

Hier finden wir auch die in den gezeigten Artikeln beschriebenen Hitzeausschläge. Doch wie kommen die Veränderungen zustande, die in den USA die laut dem Diagramm derzeitige Abkühlung in eine enorme Erderwärmung umdeuten? Ein Schelm, wer Böses dabei denkt.

Und wenn wir uns schon in der Vergangenheit bewegen, wollen wir uns nochmals das Diagramm (die sogenannte Keeling-Kurve) ins Gedächtnis rufen, das die Entwicklung des CO_2-Gehalts aufzeigt:

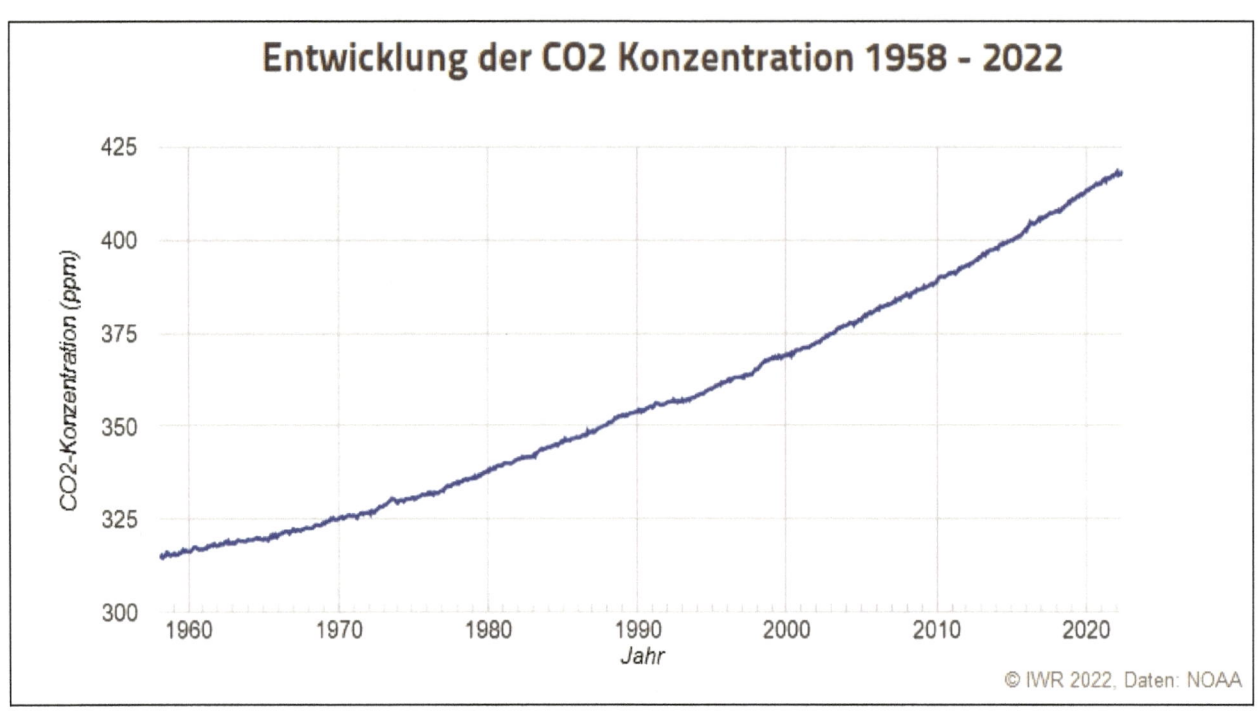

Abb. 99: Entwicklung der CO_2-Konzentration 1958 bis 2022

Nicht, dass wir hier auch einer Manipulation aufsitzen, denn unter *wahrheiten.org*[540] sind einige Bilder aus Meyers Konversations-Lexikon von 1888 zu finden. Und siehe da, im neunten Band ist auf Seite 917 folgende Ausführung zu finden:

Kohlenfäure (Kohlenfäureanhydrid, Kohlendioxyd) CO_2 findet sich zu etwa 0,04 Proz. in der Atmosphäre, entströmt in großen Massen thätigen Vulkanen und an vielen Orten aus Riffen und Spalten des Erdbodens (Brohl, Hundsgrotte bei Neapel, Dunſthöhle bei Pyrmont, Thal des Todes auf Java,

Abb. 100: CO_2-Konzentration nach Meyers Konversations-Lexikon 1888

Ja, hier steht wirklich, dass CO_2 in dieser Zeit mit einer Konzentration von 0,04% in der Atmosphäre vorkommt. Also genau so konzentriert wie heutzutage! Alles unwahr, könnte man einwenden, nur woher wussten die „Betrüger" vor 133 Jahren, dass wir genau jetzt die 0,04% wieder aufweisen und dies deswegen so in ihr Lexikon schrieben?

Auch der Schweizer Naturforscher Nicolas Théodore de Saussure (1767-1845) legte den CO_2-Gehalt auf 4/10,000 fest, was ebenfalls den bekannten 0,04% entspricht.[541]

In seinem Buch »Handbuch der Hygiene«[542] von 1890 stellte Prof. Dr. Julius Uffelmann, Universität Rostock bei eigenen Messungen (S. 30) fest, dass der Kohlendioxidgehalt auf dem freien Feld zwischen 0,0279% und 0,0366% ausmachte, während er in der Stadt 0,0310% und 0,0404% betrug. Er bestätigt den Unterschied zwischen Stadt und Land durch Messungen von Robert Angus Smith (1872) sowie A. Müntz und E. Aubin (1881), die zu folgenden Resultaten kamen (S. 30):

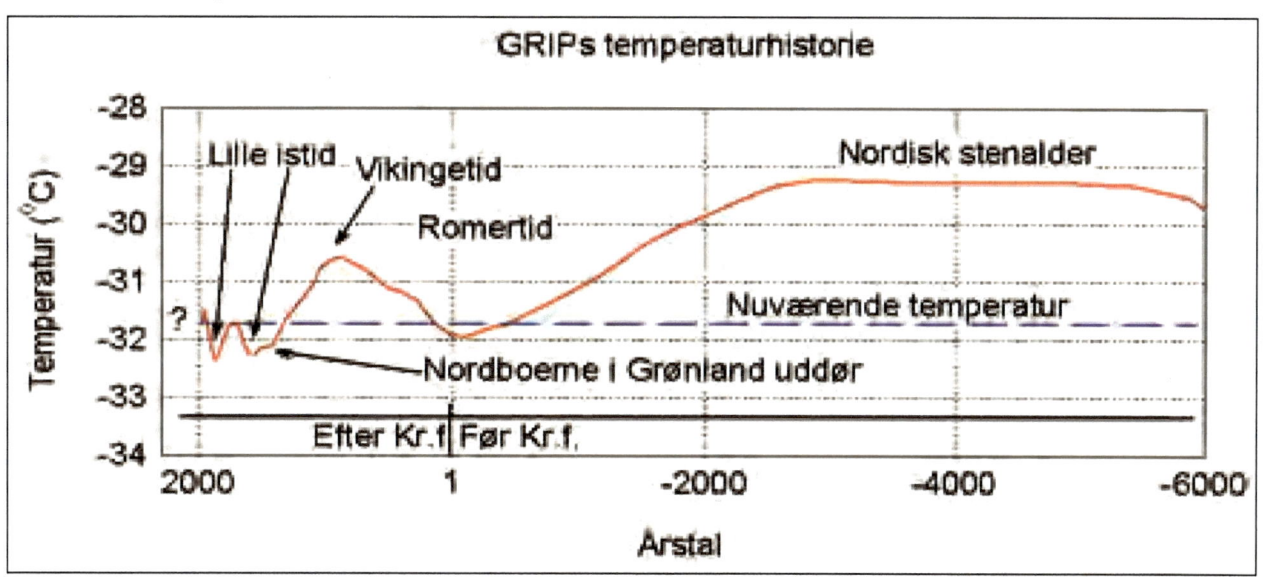

Felde. Ferner verweise ich auf die Angaben von *Angus Smith*. [8]) Derselbe ermittelte:

zu Madrid . . . . 5·1 Vol. CO_2 : 10000
    vor den Thoren . . . . . . 4·5 „ „ „
zu London in den Strassen . . . 3·8 „ „ „
   „ „ „ „ Parks . . . . 3·0 „ „ „
Auch *Müntz* und *Aubin* [9]) beobachteten:
in Paris . . . . 2·90 bis 4·2 Vol. CO_2 : 10000
    auf freiem Felde . . 2·88 „ „ „

Abb. 101: Verschiedene CO_2-Konzentrationen, gemessen Ende des 19. Jahrhunderts

Prof. Dr. Uffelmann stellte in seiner Veröffentlichung (S. 31/32) auch klar, dass sowohl die Windrichtung als auch das Wetter Einfluss auf die CO_2-Messwerte aufwiesen.

Forschungen von Prof. Dr. J. Ulrich Duerst vom zootechnischen und veterinärhygienischen Institut der Universität Bern veröffentlicht in der Zeitschrift *Schweizer Archiv für Tierheilkunde SAT: die Fachzeitschrift für Tierärztinnen und Tierärzte* ergaben, dass der Kohlendioxidgehalt sowohl von der Tages- als auch der Jahreszeit abhängig ist.[(543)] So ergaben die Messungen im Frühling Tageszeitmittelwerte zwischen 0,0238% und 0,0395%, im Sommer von 0,0308% bis 0,0375%, im Herbst in der Spannbreite von 0,0530% bis 0,0793% und im Winter zwischen 0,0299% und 0,0412%. Gemessen wurden diese Werte in der freien Natur. Auch der Chemieprofessor James Kendall kam in seinem Werk »The Solubility Of Calcium Carbonate In Water«, veröffentlicht im Juni 1912 im *Philosophical Magazine* zu einer CO_2-Konzentration von 0,0369%. Alle diese früheren Werte sind höher als die von Keeling anfangs (1958) gemessenen Werte von ca. 0,032%. Aber wahrscheinlich waren die alle zu blöd zum messen.

Abschließend noch eine letzte „Schlange", die den CO_2-Gläubigen im Klimaparadies Erkenntnis bringen könnte. Jørgen Peder Steffensen, Professor an der Abteilung für Eis, Klima und Geophysik am Niels-Bohr-Institut der Universität Kopenhagen, untersucht anhand von in Grönland gewonnenen Eisbohrkernen die dortige Temperaturentwicklung. In der Veröffentlichung »Der grönländische Eisschild – ein lebender Berg erzählt Klimageschichte«[(544)] zeigt er u.a. die Temperaturentwicklung während der letzten 8.000 Jahre:

Abb. 102: Temperaturentwicklung der vergangenen 8.000 Jahre nach grönländischen Eisbohrkernen

143

Es ist unschwer zu erkennen, dass von 6.000 bis ca. 2.500 v.Chr. die Temperatur in Grönland höher war als heute. Auch ist die mittelalterliche Warmzeit während der Besiedelung Grönlands durch die Wikinger zu erkennen. Weiter schreibt der Wissenschaftler: *„Die kälteste Periode seit der Eiszeit war von 1600 bis 1875, die so genannte Kleine Eiszeit."* Und just am Ende dieser Kleinen Eiszeit begannen wir mit detaillierten Temperaturaufzeichnungen. Auch sollten wir uns keine Sorgen wegen des Rückgangs der Gletscher machen, da Prof. Steffensen feststellt: *„Es ist daher falsch, anzunehmen, dass die Größe der Gletscher in den 1800er-Jahren die ‚normale' Größe war."*

Bei YouTube[545] ist eine kurze englischsprachige Zusammenfassung veröffentlicht, die der Wissenschaftler mit folgenden Worten abschließt: *„In der Tat wird es sehr schwierig sein, zu überprüfen, ob der Temperaturanstieg während des 20. Jahrhunderts menschengemacht oder eine natürliche Schwankung ist. … Wir begannen damit, die Meteorologie am kältesten Punkt der letzten 10.000 Jahre zu beobachten."*

Der 97%ige wissenschaftliche Klimakonsens

Befürworter des anthropogenen Klimawandels zitieren oftmals eine Meta-Studie von Dr. John Cook und anderen, wonach 97% der Wissenschaftler dem zustimmen.[546] Eine Meta-Studie ist eine Studie, die sich mit Veröffentlichungen über das untersuchte Thema auseinandersetzt. Diese besagte Meta-Studie untersuchte die Zusammenfassungen im Zeitraum 1991-2011 veröffentlichter Artikel unter den Suchbegriffen „globale Erwärmung" oder „globaler Klimawandel", wobei als erster Kritikpunkt publizierte Bücher, Diskussionen und andere Dokumententypen ausgeschlossen waren. Untersucht wurden insgesamt 12.465 Zusammenfassungen (alle peer-reviewed). Sie wurden unterteilt in die Kategorien Auswirkungen, Methoden, Schadensbegrenzung, fehlende Klimabezogenheit, Meinung und Paläoklima. Nach Abzug der Arbeiten mit fehlender Klimabezogenheit und denen aus reiner Meinung bestehenden wurden ebenfalls die ausgeschlossen, die keine Zusammenfassung enthielten, so dass noch 11.944 Artikel übrigblieben. Von diesen Artikeln befassten sich laut dem Zusatzinformationen zur Studie (supplementary data) 5.781 (48,4%) mit den Auswirkungen des Klimawandels, 3.380 (28,3%) mit der Begrenzung der durch den Klimawandel verursachten Schäden, 1.995 (16,7%) mit den methodischen Grundlagen des Klimawandels und 788 (6,6%) mit dem Paläoklima (also der früheren Klimaentwicklung). Unterteilt wurden die Aussagen der untersuchten Veröffentlichungen in sieben Grade der Zustimmung zum menschengemachten Klimawandel:

1. Explizite Befürwortung mit Quantifizierung: In dem Papier wird ausdrücklich festgestellt, dass der Mensch den größten Teil der globalen Erwärmung verursacht.
2. Explizite Befürwortung ohne Quantifizierung: Das Papier gibt explizit an, dass der Mensch die globale Erwärmung verursacht oder verweist auf die anthropogene globale Erwärmung/Klimaveränderung als gegebene Tatsache.
3. Implizite Befürwortung: Das Papier impliziert, dass der Mensch die globale Erwärmung verursacht. Z.B., Forschung geht davon aus, dass Treibhausgase die Erwärmung verursachen, ohne ausdrücklich zu sagen, dass der Mensch die Ursache ist.
4. Neutral: Das Papier geht nicht auf die Frage ein, was die globale Erwärmung verursacht, und erwähnt sie auch nicht.
5. Implizite Ablehnung: Das Papier impliziert, dass der Mensch einen minimalen Einfluss auf die globale Erwärmung hat, ohne dies explizit zu sagen. Z.B. die Behauptung, ein natürlicher Mechanismus sei die Hauptursache der globalen Erwärmung ist.
6. Explizite Ablehnung ohne Quantifizierung: Das Papier minimiert oder lehnt ausdrücklich ab, dass der Mensch die globale Erwärmung verursacht.
7. Explizite Ablehnung mit Quantifizierung.

Im veröffentlichten Ergebnis werden die Grade 1-3 zu den Befürwortern und die Grade 5-7 zu den Ablehnenden zusammengefasst. Grad vier teilt sich in Artikel auf, deren Autoren sich unsicher sind oder keine Angaben machen. So zusammengefasst ergibt die Meta-Studie folgendes Gesamtresultat:

Table 3. Abstract ratings for each level of endorsement, shown as percentage and total number of papers.

Position	% of all abstracts	% among abstracts with AGW position (%)	% of all authors	% among authors with AGW position (%)
Endorse AGW	32.6% (3896)	97.1	34.8% (10 188)	98.4
No AGW position	66.4% (7930)	—	64.6% (18 930)	—
Reject AGW	0.7% (78)	1.9	0.4% (124)	1.2
Uncertain on AGW	0.3% (40)	1.0	0.2% (44)	0.4

Abb. 103: Veröffentlichtes Ergebnis der Meta-Studie von Dr. John Cook

Als Ergebnis veröffentlicht die Studie, dass 3.896 untersuchte Arbeiten den menschengemachten Klimawandel unterstützen, während 7.930 keine Aussage darüber treffen bzw. 40 sich darüber im Unklaren befinden. Nur 78 Artikel lehnen den anthropogenen Klimawandel ab. Das Ergebnis scheint nach Herausrechnen der positionslosen Papiere mit 97,1% Unterstützung eindeutig.

Die rechte Spalte gibt die Werte an für eine durchgeführte Selbsteinschätzung der an den untersuchten Arbeiten teilgenommenen Wissenschaftler.

Bei genauerer Untersuchung der Studie manifestieren sich jedoch Kritikpunkte. So befassen sich wie oben dargelegt nur 16,7% der untersuchten Artikel mit den methodischen Grundlagen der Klimaveränderung. Der Rest setzt dies voraus, was bedeutet, dass darin keine Grundlagenforschung betrieben wurde.

Eine weitere Schwäche der Studie ist die Zusammenfassung der Grade im Ergebnis. In dieser Veröffentlichung ist auch nicht zu finden, wie die Aufteilung auf die einzelnen Grade ist. Es ist doch von Bedeutung, ob ein Artikel von einer expliziten Verursachung durch den Menschen oder ausgeht oder dies nur impliziert. Licht in Dunkel bringt hier eine Untersuchung von Prof. Dr. David Legates (Professor für Geographie an der University of Delaware und ehemaliger Direktor des Zentrums für Klimaforschung an derselben Universität und ein ehemaliger Klimatologe des Staates Delaware) und anderen[547] (pdf-Version: [548]), die diese interessanten Daten veröffentlichten:

Table 1 Data showing the breakdown of the abstracts reviewed by Cook et al. (2013) by level of endorsement of the climate consensus

Endorsement level		Abstracts	% of all abstracts	% of all abstracts expressing an opinion
1	Explicit, quantified endorsement (standard definition of consensus)	64	0.54	1.59
	Actually endorsing the standard definition upon inspection	41	0.34	1.02
2	Explicit, unquantified endorsement	922	7.72	22.97
3	Implicit endorsement	2,910	24.36	72.50
4a	No position	7,930	66.39	
4b	Expression of uncertainty	40	0.33	1.00
5	Implicit rejection	54	0.45	1.35
6	Explicit, unquantified rejection	15	0.13	0.37
7	Explicit, quantified rejection	9	0.08	0.22
	Total	11,944	100	100

Abb. 104: Detailliertes Ergebnis der Meta-Studie von Dr. John Cook

Die 97,1% Zustimmung teilen sich also in 2,6% absolute Zustimmung in Form der derzeit medial veröffentlichten Schreckensszenarien, 23,0% genannte, aber nicht quantifizierte Zustimmung und 72,5% herausgelesene, aber nicht explizit genannte Zustimmung zum menschengemachten Klimawandel auf. Nochmals zum besseren Verständnis: **Aus den öffentlich zitierten 97,1% Zustimmung der Wissenschaftsgemeinde werden bei genaueren Hinsehen 2,6%!** Bei Hinzurechnung der 7.930 Arbeiten ohne Position sinkt der Anteil gar auf knapp 0,9%. Jetzt wäre es natürlich von entscheidender Relevanz, wie sich die 16,7% der Wissenschaftler entschieden haben, die sich mit den methodischen Grundlagen der Klimaveränderung befassten. Sollten diese nicht zum Großteil in den ersten beiden Gruppen zu finden sein, dürfte diese Meta-Studie ziemlich aussagelos sein.

Wie einig sich die Wissenschaft ist, zeigt auch die Debatte um die Kipppunkte-Warnung *„von einem kleinen Kreis von Wissenschaftlern unter anderem vom Potsdam-Institut für Klimafolgenforschung (PIK), welche die grundlegenden Arbeiten zum Thema geschrieben haben. Doch je näher man Kipppunkte betrachtet, desto weniger bleibt von ihnen übrig. ... Auch führende Kollegen aus der Klimaforschung äußern sich weitaus vorsichtiger über Kipppunkte-Risiken als Rockström und seine Kollegen vom PIK. Das Wissen über die Phänomene ist so löchrig wie tauender Permafrostboden. Dennoch haben es die PIK-Forscher geschafft, dringliche Warnungen vor Kipppunkten in die wissenschaftliche Literatur zu schleusen.*"[549] *„Das PIK ist ein Institut der Leibniz-Gemeinschaft und wird zu etwa gleichen Teilen von Bund und Land finanziert. Im Jahr 2022 erhielt das Institut insgesamt etwa 13,3 Millionen Euro institutioneller Förderung, dazu kamen etwa 18,2 Millionen Euro Drittmittel für Forschungsprojekte.*"[550] Solche Drittmittel kommen z.B. von der Münchener Rück Stiftung.[551] Für einen Rückversicherer sind haltlose Untergangsszenarien natürlich gut. Sie versprechen höhere Beiträge bei gleichbleibender Auszahlung.

Relativ unbekannt zu diesem Thema sind der „Heidelberger Appell", in dem *„über 3.000 Wissenschaftler, darunter 74 Nobelpreisträger, skeptisch ihre Bedenken gegenüber der Klimawissenschaft und -politik äußern*"[552] und die „European Climate Declaration", durch die *„500 Wissenschaftler aus dreizehn Ländern eine neue Klimapolitik fordern, und zwar auf der Grundlage seriöser wissenschaftlicher Analysen*".[553]

146

Außerdem ist noch auf einen Artikel in der *Welt* mit dem Titel „Die Tricks der Forscher beim Klimawandel" hinzuweisen, in dem über 1072 interne E-Mails des renommierten britischen Klimawandel-Forschungsinstituts (CRU) der University of East Anglia berichtet wird, die von Hackern unter der Bezeichnung „Climate Gate" an die Öffentlichkeit gebracht wurden.[554] Diese Schriftstücke der Wissenschaftler des CRU, einem der wichtigsten Datenlieferanten des Weltklimarats IPCC, legen u.a. den Verdacht nahe, dass *„Datensätze verändert wurden, um Trends zur Abkühlung zu verdecken, dass kritische Wissenschaftler aus der Meinungsfindung entfernt werden sollen, dass intern über die Abwehr unliebsamer Forschungsergebnisse diskutiert wird und dass bestimmte E-Mails besser gelöscht werden sollten".*

Gute Argumente gegen den anthropogenen Klimawandel liefern auch die vielen gehörten Wissenschaftler in dem Beitrag »Der Klimaschwindel«[555], den RTL am 11.6.2007 veröffentlichte. Eine Aussage darin ist, dass sibirische Eisproben ergaben, dass der CO_2-Gehalt der Temperatur in mehreren Jahrhunderten Abstand folgt. Grund hierfür sei die stärkere Freisetzung von in den Meeren gebundenem CO_2 durch die höhere Verdunstung aufgrund höherer Temperaturen. Grund für Temperaturveränderungen sei hauptsächlich die Sonnenaktivität. *3sat* sprach in einer am 19.1.2010 ausgestrahlten Sendung auch von „Klimaglaube, Ersatzreligion und Klimapropheten".[556]

In einem aufsehenerregenden Urteil gab ein kanadisches Gericht einer Klage von Michael Mann, dem Entwickler der berühmten „Hockeyschläger"-Klimakurve, nach der sich die Erderwärmung wie eine solche Schlägerform verhält, **nicht** recht, der den Klimatologen Prof. Dr. Tim Ball (Universität von Winnipeg) verklagte, nachdem ihn dieser beschuldigt hatte, seine Grafik gefälscht zu haben, da sich Michael Mann weigerte, seine Rohdaten und Computercodes öffentlich zugänglich zu machen.[557]

Übrigens veröffentlichten über 1.100 Wissenschaftler – unter ihnen der norwegische Nobelpreisträger Prof. Dr. Ivar Giaever – eine World Climate Declaration mit dem Titel „Es gibt keinen Klimanotstand" mit folgender Einleitung: *„Die Klimawissenschaft sollte weniger politisch sein, die Klimapolitik dagegen mehr wissenschaftlich. Wissenschaftler sollten Unsicherheiten und Übertreibungen in Vorhersagen über die globale Erwärmung offen ansprechen, während die Politiker die realen Kosten und den vermeintlichen Nutzen ihrer politischen Maßnahmen sachlich berechnen sollten."*[558] Eine kurze Zusammenfassung ist unter [559] zu finden.

Zunehmende Extremwetterphänomene

In den Medien wird verstärkt das Szenario zunehmender Wetterextreme laut mehreren Quellen mit dem Klimawandel verbunden.[560] [561] [562] So wird auch die Flutkatastrophe im Ahrtal 2021 mit dem Klimawandel in Verbindung gebracht.[563] Doch wird hierbei unterschlagen, dass es ähnliche Katastrophen in diesem Tal bereits 1910 und 1804 gab, die identisch der aktuellen waren und nicht dem menschengemachten Klimawandel zugeschrieben werden können.[564] Auch eine Zunahme tropischer Sturmereignisse werden dem Klimawandel zugeschrieben.[565] Dem widersprechen die bereits oben zitierten Klimatologen Prof. Dr. Werner Kirstein und Prof. Dr. Horst Mahlberg in ihrem jeweiligen Vortrag[566] [567] vehement, die gegenteilige Forschungsergebnisse präsentieren und keine Zunahme von Wetterextremen feststellen können. Prof. Dr. Mahlberg merkt sogar an, dass die Entstehung von Tropenstürmen auf den Temperaturunterschied zwischen Tropen- und Polregion zurückzuführen ist. Da dieser sich aufgrund der laut den Klimaforschern angeblich stärkeren Temperaturzunahme in der Arktis reduziert, widerspricht dies der Aussage über die Zunahme von Extremwettern durch die Klimaerwärmung fundamental.[568]

Zu beachten ist außerdem die Möglichkeit, das Wetter künstlich zu beeinflussen. Die folgenden Informationen stammen aus einer Sendung des *ZDF*.[569] So finden in den USA Versuche statt, mit Silberjo-

147

did für mehr Niederschläge zu sorgen. Auch in China wird mit dieser Chemikalie experimentiert. Bei dem Versuch, im November 2009 eine Dürre bekämpfen zu wollen, schoss man über das Ziel hinaus und löste einen Schneesturm aus, der ganze Regionen Chinas ins Chaos stürzte. Schlimmer war es im August 1952, als die britische Royal Air Force die Operation „Cumulus" durchführte. Dabei wurden Wolken mit Trockeneis geimpft. Nur 30 Minuten später regneten sie ab und brachten der Ortschaft Lynmouth im Südwesten Englands sintflutartige Regenfälle, sodass der örtliche Fluss über die Ufer trat und neben immensem Sachschaden 34 Menschen das Leben kostete. Die Forschungsakten wurden sofort als „geheim" klassifiziert und verschwanden in den Archiven der britischen Streitkräfte. Ein Bild dieser Katastrophe:

Abb. 105: Von einer Flutwelle zerstörtes Lynmouth nach Wetterexperimenten

Der Bericht endet mit der Aussage, dass in den Laboratorien vieler Länder seit Jahrzehnten versucht wird, das Wetter als Waffe einzusetzen. Wetter als Waffe? Ist das nicht zu weit hergeholt? Das Magazin raum&zeit[570], veröffentlichte einen Artikel „Geoengineering immer offensichtlicher", auf dem die folgenden Textstellen stammen:

„...Bekannt wurde auch der Atmosphärenheizer HAARP und zahlreiche Wetterradarstationen mit der Fähigkeit, Wolkenfelder zu lenken. Wer ‚Cloud seeding companies' in eine Suchmaschine eingibt, findet zahlreiche Organisationen und Firmen, die Wetter-Manipulationen und -Projekte anbieten. ... Warum auch sollte es sonst die ENMOD-Konvention geben, die u.a. die Modifikation der Atmosphäre für Kriegszwecke verbietet. Begriffe wie Climate Engineering und Geoengineering führen bei Google zu Millionen von Einträgen, beispielsweise zur WMA, der Weather Modification Association. ‚Freier Austausch akkurater Informationen hinsichtlich Wirksamkeit, Sicherheit, Methodik, Kosteneffizienz von wettermodifizierenden Aktivitäten' lautet der Leitspruch der WMA. ... Schließlich darf der Hinweis nicht fehlen, dass eine Suche in https://patents.google.com/ nach den hier genannten technischen Begriffen zu über hunderttauschen Einträgen führt. ... Der Mensch hat die Fähigkeit, das Wetter im großen Stil zu manipulieren; vermutlich ist so manche Wetterkatastrophe, die dem Klimawandel angelastet wird, künstlich herbeigeführt. Der Nachweis ist allerdings wohl kaum je zu erbringen."

Die „grüne" Energiewende

Um nun das Klima zu „schützen", wird von der deutschen Politik im Allgemeinen und von den Grünen im Besonderen der Umstieg der Energieversorgung auf sogenannte regenerative bzw. erneuerbare Energien forciert, wobei der Begriff irreführend ist, da man Energie nicht erneuern kann, da sie entweder gespeichert oder in Arbeit umgewandelt wird. Man meint damit *„Energie aus sogenannten nachhaltigen Quellen wie Wasserkraft, Windenergie, Sonnenenergie, Biomasse und Erdwärme. Im Gegensatz zu den fossilen Energieträgern Erdöl, Erdgas, Stein- und Braunkohle sowie dem Uranerz verbrauchen sich diese Energiequellen nicht."*[571] Der Nachteil von Erdöl, Erdgas, Kohle und Uranerz ist also ihre Endlichkeit, wobei dies bzgl. der sogenannten fossilen Energieträger nicht unumstritten, sondern lediglich derzeit geltendes wissenschaftliches Narrativ ist. Gegenläufige Theorien wie die von dem Astrophysiker Prof. Thomas Gold in seinem Buch »Biosphäre der heißen Tiefe« oder die des Diplom-Ingenieurs Dr. Hans-Joachim Zillmer (»Der Energie-Irrtum«[572]), der von sich wieder füllenden Erdölquellen berichtet, werden wissenschaftlich kaum beachtet, wobei dies besonders Prof. Thomas Gold erfahren musste, der für seine oftmals später bestätigten Theorien anfangs massiv angegriffen wurde.[573]

So versucht sich Deutschland also frei von „fossiler" Energieerzeugung und Atomkraft zu machen. Dazu wird die Kapazität von Wind- und Sonnenenergie massiv erweitert. Das Problem von Wind- und Sonnenenergie ist jedoch, dass der Wind nicht immer weht und die Sonne nicht immer scheint. So hätten im Jahr 2020 von den 8.784 Stunden (Schaltjahr), die ein Jahr aufweist, die verschiedenen Energieträger wie folgt genutzt werden können:

Abb. 106: Jahresvolllaststunden der verschiedenen Energieträger im Jahr 2020

Der Ausnutzungsgrad von Windkraftwerken an Land betrug also lediglich 21,9%, während er bei Photovoltaik gar nur bei 11,2% lag. Betrachtet man nun das Verhältnis von installierter Leistung mit der tatsächlichen Stromerzeugung, erhält man für 2020 folgende Verteilung:

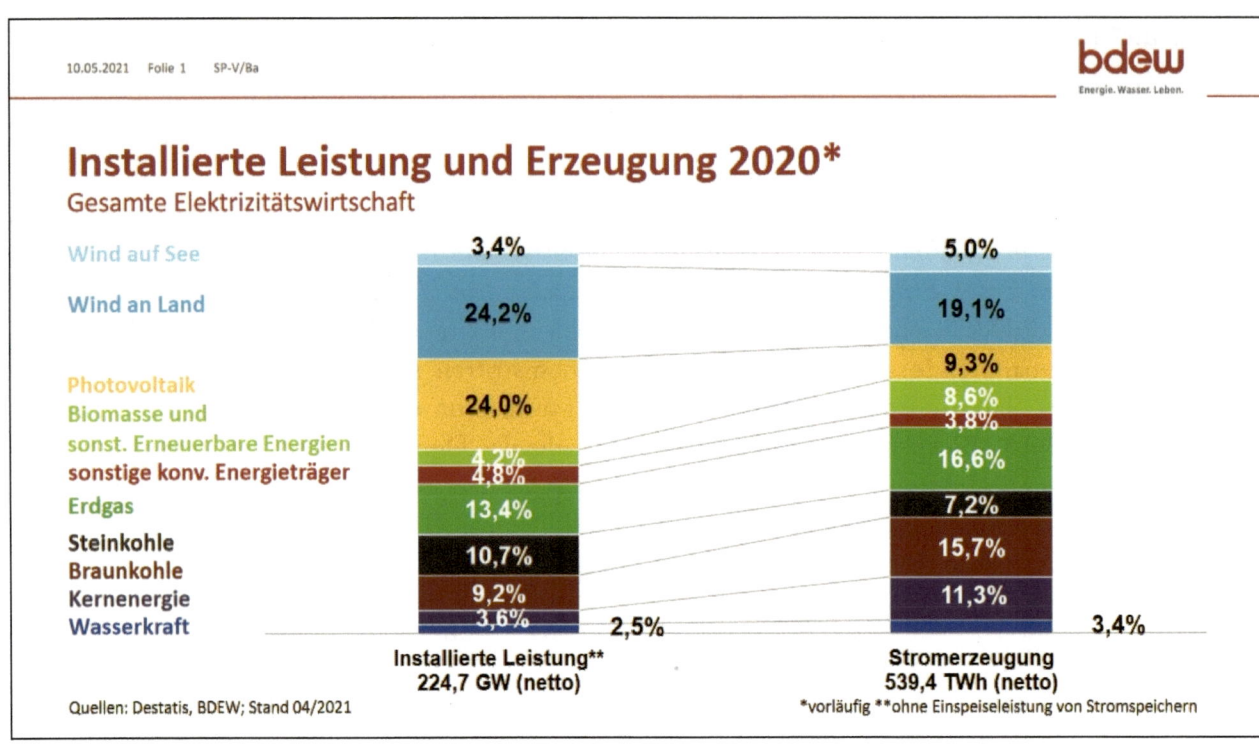

bdew
Energie. Wasser. Leben.

Installierte Leistung und Erzeugung 2020*
Gesamte Elektrizitätswirtschaft

Quellen: Destatis, BDEW; Stand 04/2021

Installierte Leistung** 224,7 GW (netto)

Stromerzeugung 539,4 TWh (netto)

*vorläufig **ohne Einspeiseleistung von Stromspeichern

Abb. 107: Verhältnis des Anteils installierter Leistung zum Anteil an der Erzeugung der verschiedenen Energieträger 2020

Dividiert man nun die Stromerzeugung von 539,4 TWh durch die 8.784 Stunden im Jahr (Schaltjahr) erhält man eine durchschnittliche stündliche Stromerzeugung von 61,4 GW. Im nachfolgenden Tableau ist nun das Verhältnis von installierter und tatsächlicher Leistung ersichtlich:

	Installierte Leistung		Stromerzeugung		Anteil
Wind auf See	3,4%	7,6 GW	5,0%	3,1 GW	40,2%
Wind an Land	24,2%	54,4 GW	19,1%	11,7 GW	21,6%
Photovoltaik	24,0%	53,9 GW	9,3%	5,7 GW	10,6%
Biomasse u. sonst. EE	4,2%	9,4 GW	8,6%	5,3 GW	56,0%
Sonst. Konv. Energieträger	4,8%	10,8 GW	3,8%	2,3 GW	21,6%
Erdgas	13,4%	30,1 GW	16,6%	10,2 GW	33,9%
Steinkohle	10,7%	24,0 GW	7,2%	4,4 GW	18,4%
Braunkohle	9,2%	20,7 GW	15,7%	9,6 GW	46,6%
Kernenergie	3,6%	8,1 GW	11,3%	6,9 GW	85,8%
Wasserkraft	2,5%	5,6 GW	3,4%	2,1 GW	37,2%
	100,0%	224,7 GW	100,0%	61,4 GW	

Abb. 108: Anteil der Stromerzeugung im Verhältnis zur installierten Leistung der jeweiligen Energieträger

Zu beachten ist dabei, dass *„die geringe Ausnutzung deutscher Windkraft- und PV-Anlagen keineswegs bösem Willen, sondern schlicht der Launenhaftigkeit der Natur geschuldet ist. Die entsprechenden Zahlen der anderen Kraftwerke liegen dagegen unterhalb des Möglichen, da sie Wind- und PV-Strom Vorfahrt gewäh-*

150

ren müssen."(574) Dies zeigt den großen Nachteil von Wind- und Photovoltaikanlagen. Da Wind und Sonne naturgemäß sehr unterschiedlich vorkommen, ist zur Deckung des Strombedarfs immer Kapazität aus herkömmlicher Stromerzeugung vorzuhalten. Zur Verdeutlichung dieser Tatsache wurden Strompreis, -erzeugung und -verbrauch willkürlich für die Wochen 26/2021, 39/2021, 52/2021 und 13/2022, also jeweils zum Quartalswechsel gegenübergestellt:

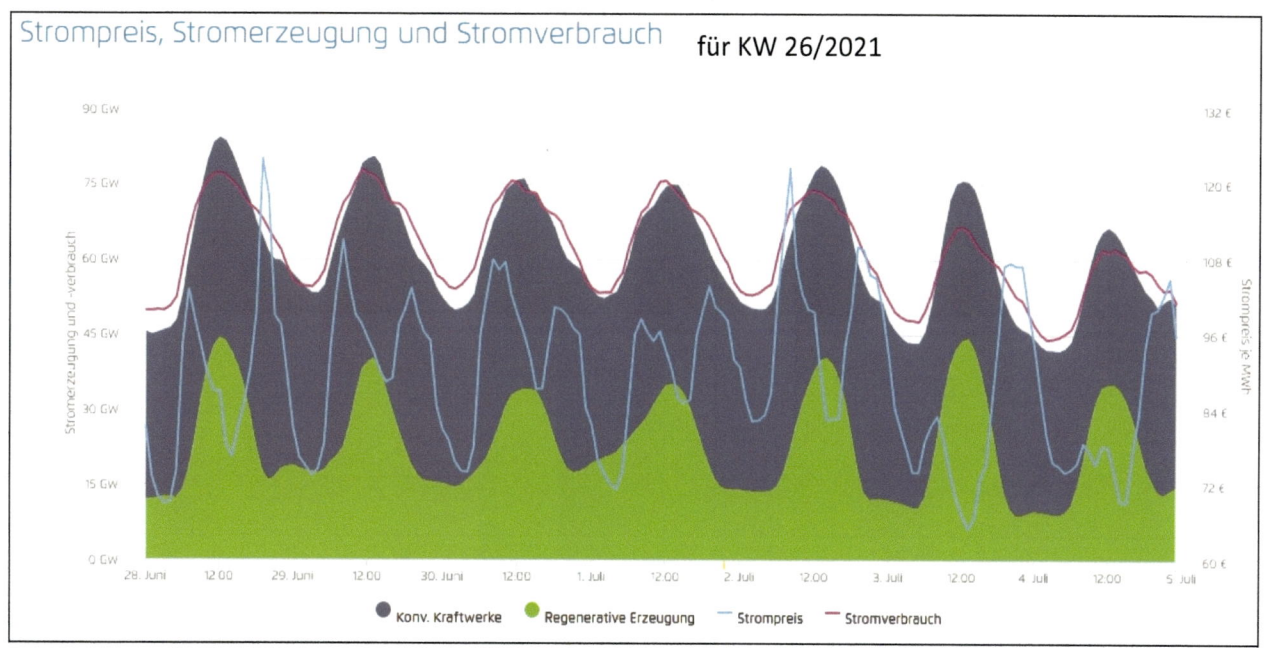

Abb. 109: Strompreis, Stromerzeugung und Stromverbrauch KW 26/2021

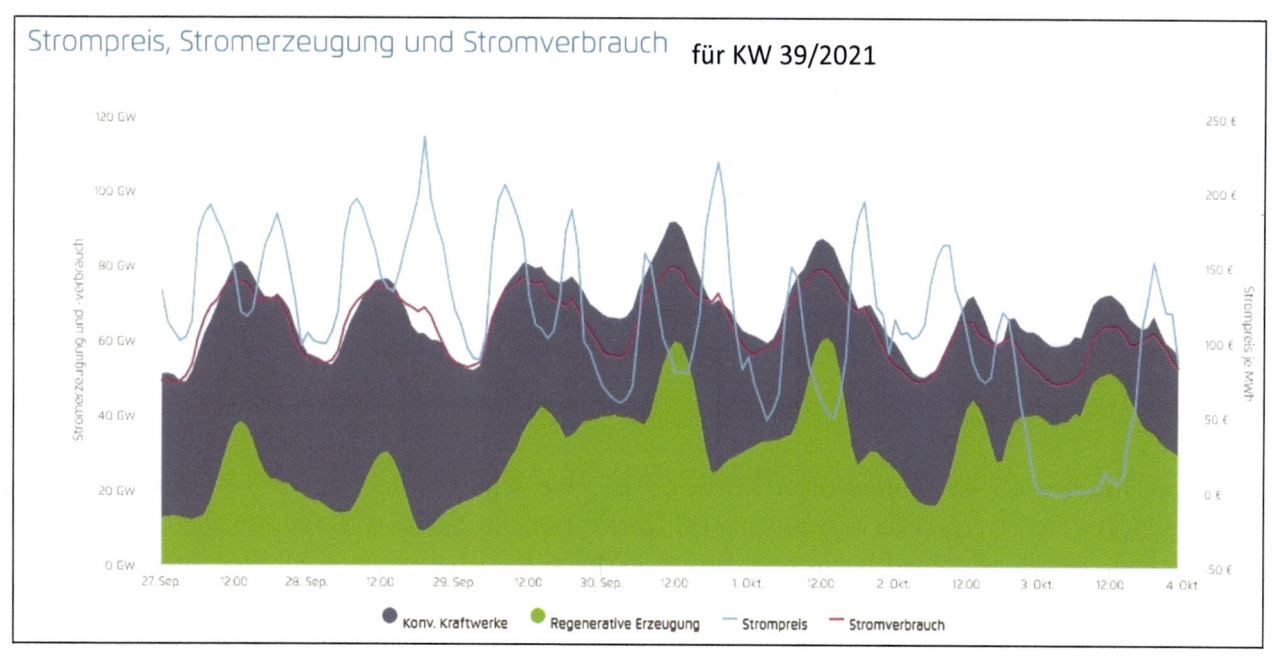

Abb. 110: Strompreis, Stromerzeugung und Stromverbrauch KW 39/2021

151

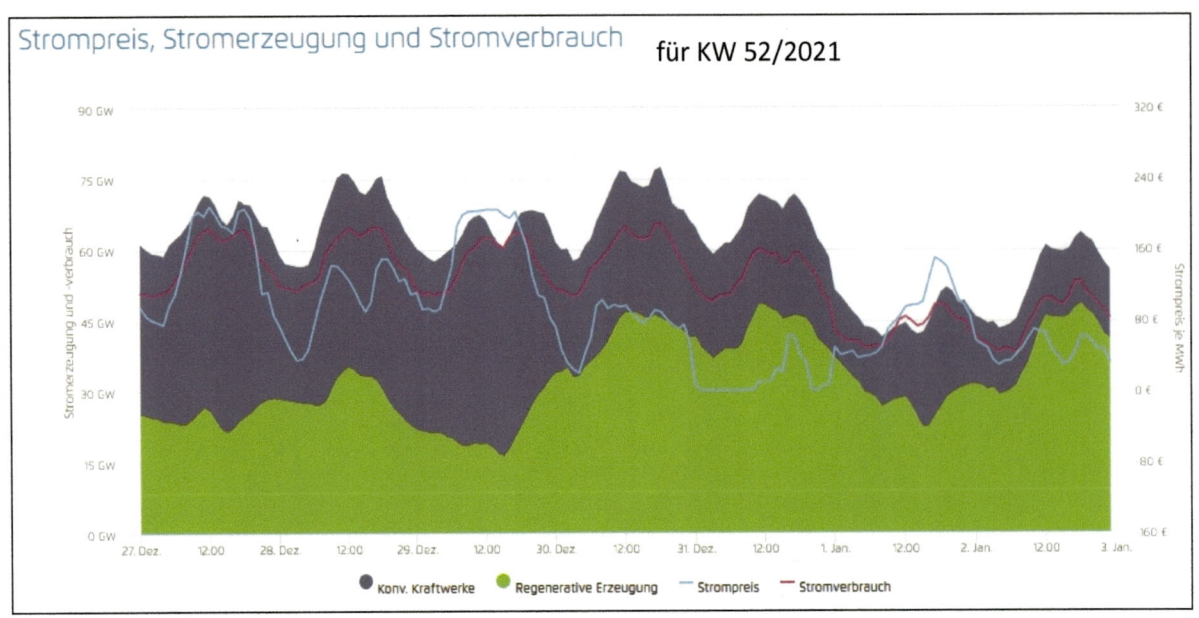

Abb. 111: Strompreis, Stromerzeugung und Stromverbrauch KW 52/2021

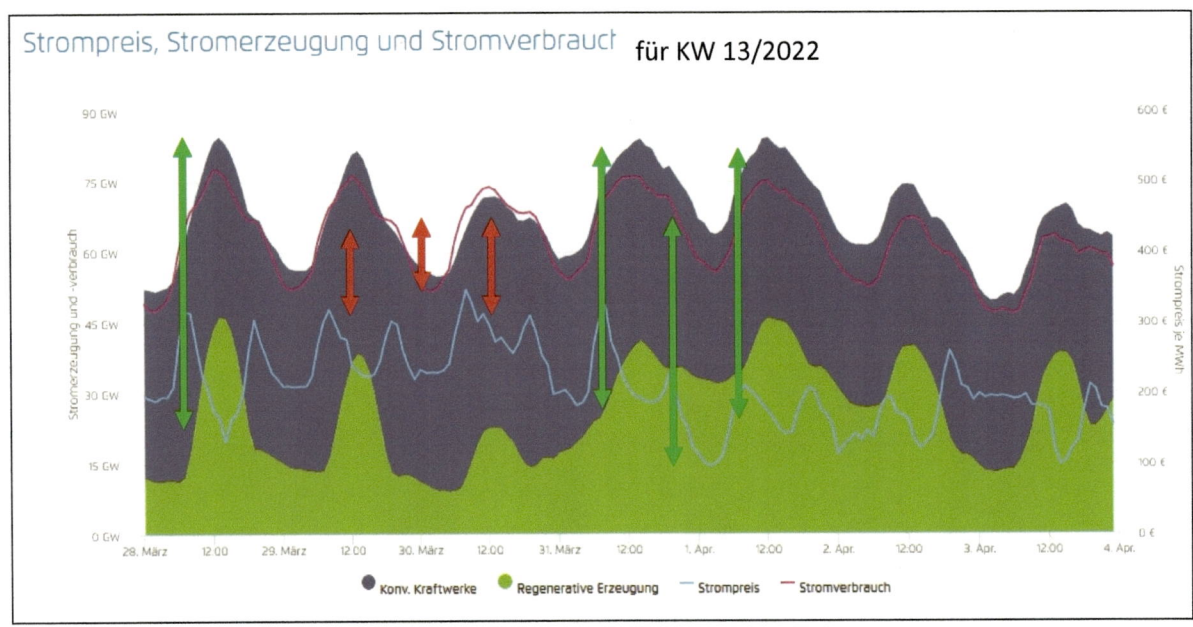

Abb. 112: Strompreis, Stromerzeugung und Stromverbrauch KW 13/2022

Aus den Diagrammen ist deutlich zu erkennen, dass eine schwankende regenative Stromerzeugung schwankendem Stromverbrauch gegenübersteht. Konventionelle Kraftwerke müssen diese Lücke ausgleichen und deshalb bei Bedarf hoch- und danach wieder runtergefahren werden. Eine interessante Beobachtung hierbei ist, dass die Preise bei Überproduktion (Stromexport) oft niedrig, während sie bei Unterproduktion (Stromimport) in der Regel höher sind. Veranschaulicht soll dies in obiger Grafik mit grünen Pfeilen für die Über- und roten Pfeilen für die Unterproduktion. Auffällig ist auch, dass die Preise bei hohem Stromverbrauch und gleichzeitig relativ niedriger regenerativer Erzeugung relative Maxima aufweisen.

Eine Statistik für die Preise für Stromimport und -export Deutschlands mit ausgewählten Nachbarländern verdeutlicht dies. So ist die Preisspanne vor allem in den letzten betrachteten Jahren 2017 und 2018 stark zunehmend.

152

Tabelle 2: Außenhandelsstatistik: Preise der Stromim- und -exporte von Deutschland mit Frankreich, Österreich und Schweiz im Zeitraum 2010 bis 2018 in Euro/MWh. Datenquelle: Destatis

Jahr	Export			Import		
	Frankreich	Österreich	Schweiz	Frankreich	Österreich	Schweiz
2010	48,9	57,8	47,7	40,4	58,2	50,6
2011	51,9	57,9	44,8	50,2	58,8	49,0
2012	53,8	57,3	48,7	50,1	56,6	51,8
2013	53,4	52,7	51,8	42,9	54,1	48,5
2014	47,2	46,5	52,7	42,3	49,3	49,0
2015	41,6	40,8	46,8	41,7	44,5	47,8
2016	35,6	34,8	34,4	34,5	39,5	48,7
2017	36,1	33,5	36,0	37,2	40,3	43,3
2018	38,5	36,9	42,7	40,3	46,9	50,0

Abb. 113: Preisentwicklung der Stromim- und exporte Deutschlands mit ausgewählten Nachbarstaaten

Die Überproduktion stammt, wie aus den vorigen Diagrammen ersichtlich, aus einer hohen Energieproduktion mit Wind- und Sonnenenergie. Interessant ist deshalb die Betrachtung der Kosten der Stromerzeugung der einzelnen Energieträger.

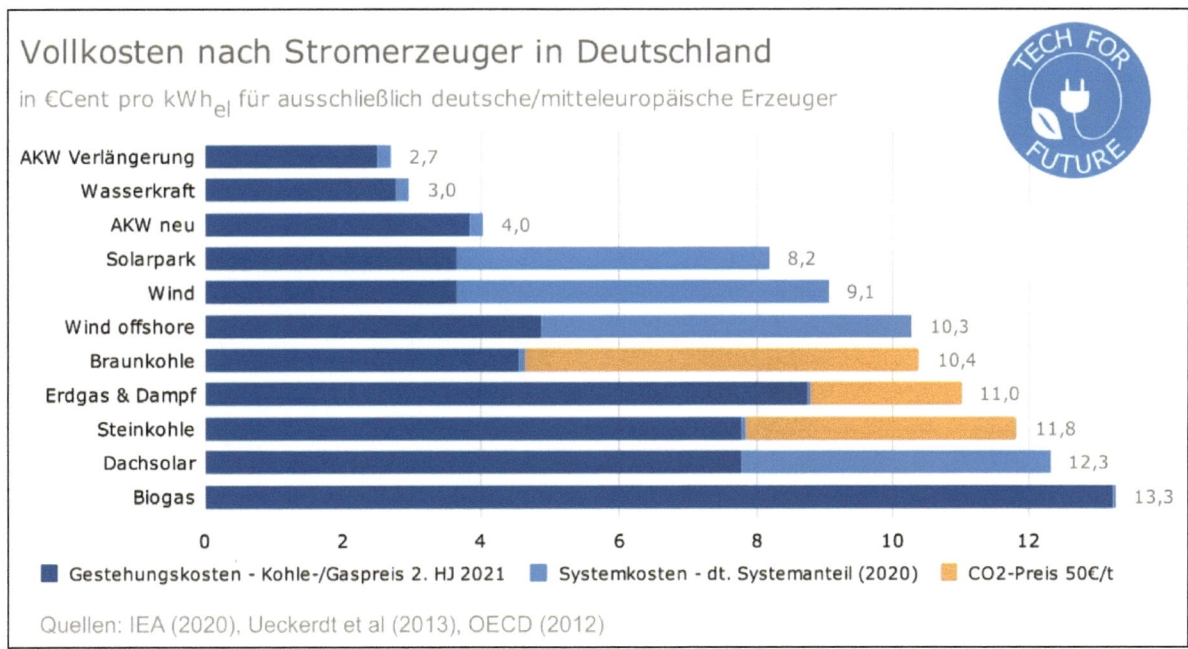

Abb. 114: Vollkosten der Stromerzeugung nach Energieträger in Deutschland

Ohne den politisch künstlich erzeugten CO_2-Preis ist die konventionelle Stromerzeugung der aus Wind und Sonne preislich weit überlegen. Dies kommt von den hohen Systemkosten dieser Energieträger. Systemkosten sind:

Die Systemkosten für Wind und Solar stammen aus einer viertelstündlichen Betrachtung von Produktion und Verbrauch in Deutschland über ein Jahr. Es werden 6 Komponenten der Systemkosten berücksichtigt (1-6):

1. **Netz**

   Der durch die Integration nötige Netzausbau und die Netzerweiterung.

2. **Regelenergie**

   Kosten durch Netzeingriffe, insbesondere durch unerwartete Ausfälle.

3. **Backup**

   Erwartete Ausfälle zum Beispiel für Wartung oder bei Flaute und Nachts für Wind und Solar.

4. **Überproduktion**

   An sonnen- oder windreichen Tagen kann der zu viel produzierte Strom nicht verbraucht werden.

5. **Volllaststunden-Reduktion**

   Solar und Wind können bestehende Kraftwerke nicht ersetzen. Sie senken aber deren Produktion und verursachen so zusätzliche Kosten.

6. **Kapazitätsanpassung**

   Durch Wind und Solar wird ein Umbau des Kraftwerksparks nötig, z.B. Gaspeaker statt Grundlastkraftwerken.

7. **Flexibilität**

   Steile Leistungsrampen von Wind und Solar erhöhen Verbrauch und Verschleiß bei fossilen Kraftwerken in Lastfolge.

Die letzten 4 Posten tauchen aufgrund der Abhängigkeit vom Wetter nur bei Wind und Solar auf. Die ersten 3 Posten spielen bei allen Energiequellen eine Rolle. Sie sind allerdings bei Solar und Wind kostspieliger, wegen der Entfernung zum Verbraucher, der ungenauen Produktionsvorhersage und den sehr häufigen Backup-Situationen. Die Systemkosten durch Flexibilität (7.) wurden nicht berücksichtigt, sie fallen aber wohl niedrig aus.

Abb. 115: Komponenten der Systemkosten der Stromerzeugung

Die hohen Systemkosten von wetterabhängiger Wind- und Solarenergie starten bei 1% Systemanteil mit rund 2 Cent pro kWh und steigen mit wachsendem Zubau wie folgt:

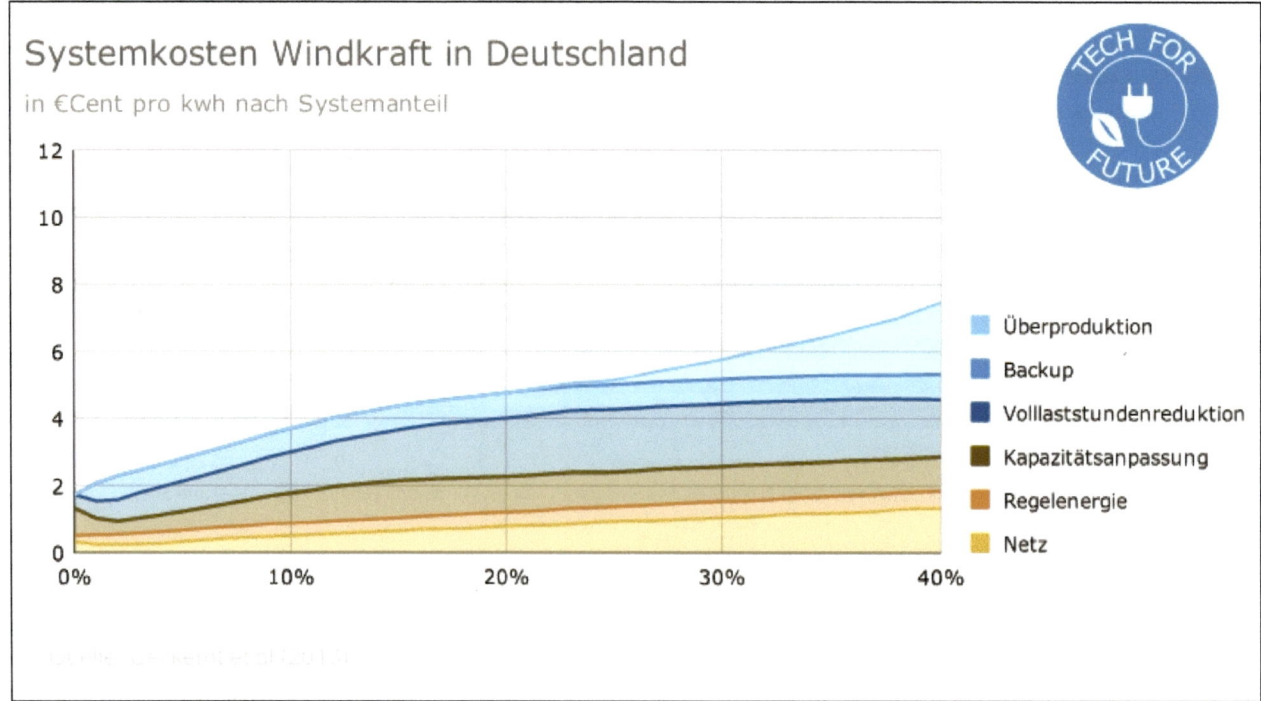

Abb. 116: Anteil der Komponenten der Systemkosten bei Windkraft in Deutschland

154

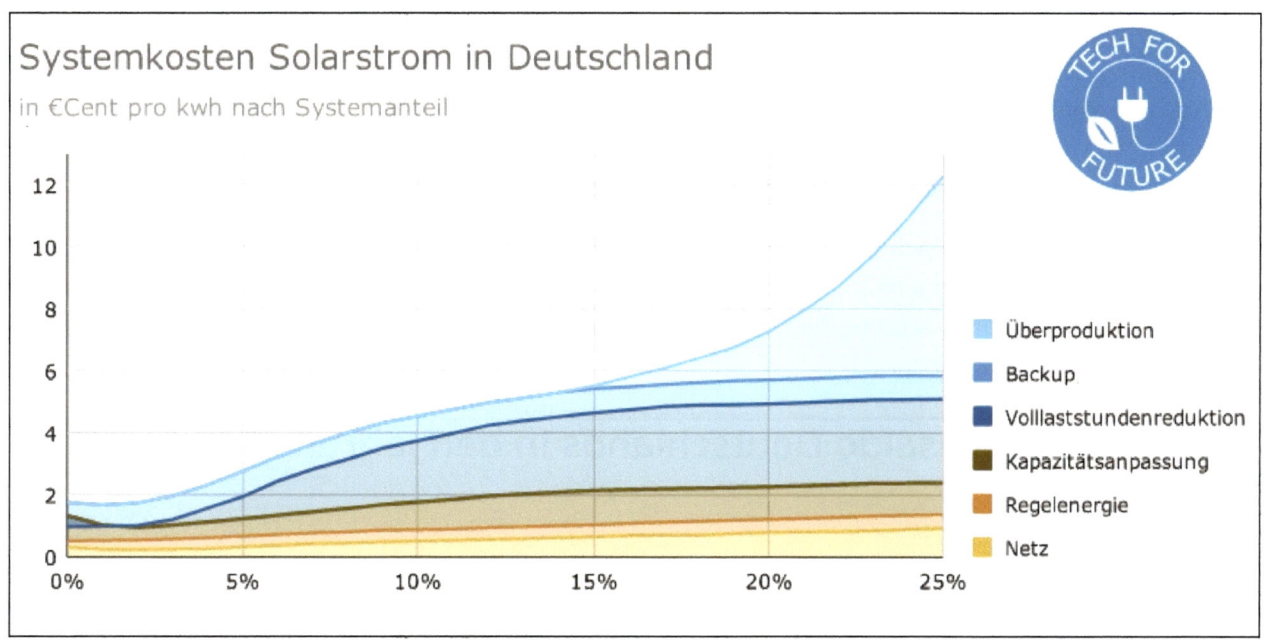

Abb. 117: Anteil der Komponenten der Systemkosten bei Solarstrom in Deutschland

Und weiter im Artikel: „*Die Systemkosten von Solar steigen deutlich schneller als die von Wind, weil der Kapazitätsfaktor kleiner ist. Außerdem fällt die Solarstromerzeugung jeden Abend vollständig aus und trägt nichts zur Deckung der Jahres-Spitzenlasten an Winterabenden bei.*"

Dies bedeutet, dass mit zunehmendem Ausbau von Wind- und Solarstromerzeugung die Systemkosten und damit der Preis überproportional steigen werden. Außerdem sind vermehrte Netzüberlastungen zu befürchten, wie sie schon jetzt vorkommen.[575] [576]

Ein weiteres Problem von erneuerbarer Stromversorgung sind sogenannte Dunkelflauten, was „*in der Energiewirtschaft den Zustand bezeichnet, dass Windenergie- und Photovoltaikanlagen in einer Region wegen Flaute oder Schwachwind und zugleich auftretender Dunkelheit, insbesondere in den Wintermonaten, insgesamt keine oder nur geringe Mengen elektrischer Energie produzieren*".[577] Beispielhaft soll hier die Dunkelflaute vom 16.1.2017 bis 25.1.2017 betrachtet werden.

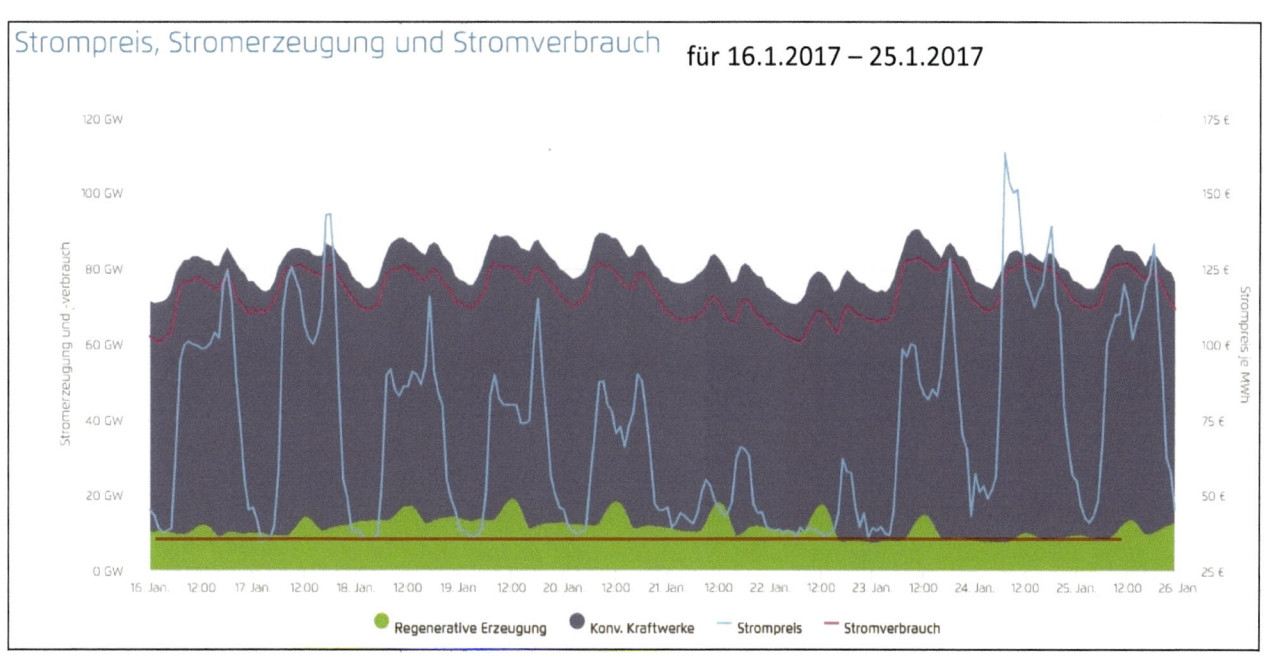

Abb. 118: Anteil regenerativer Stromerzeugung während der Dunkelflaute im Januar 2017

155

Zieht man nun eine Linie, die die wetterunabhängigen regenerativen Energien Biomasse (5,3 GW) und Wasserkraft (2,1 GW) aus obiger Tabelle also in Summe etwa 7,4 GW markiert, sieht man die Gefahr des Ausbaus von Wind- und Sonnenenergie bei gleichzeitigem Ausstieg aus den herkömmlichen Energieträgern. In solchen Zeiten brächte auch eine Vervielfachung der Kapazität der beiden wetterabhängigen Energieträger außer noch höheren Systemkosten und damit Preisen nichts.

Durch diese Politik würde sich Deutschland vom derzeitigen Stromexporteur (bei aufgezeigter ungünstiger Preisdifferenz) mit einem Exportüberschuss von zirka 20,4 Terrawattstunden zum Stromimporteur entwickeln.[578] Voraussetzung hierfür ist natürlich, dass andere Staaten genug Strom produzieren, um ihn exportieren zu können.

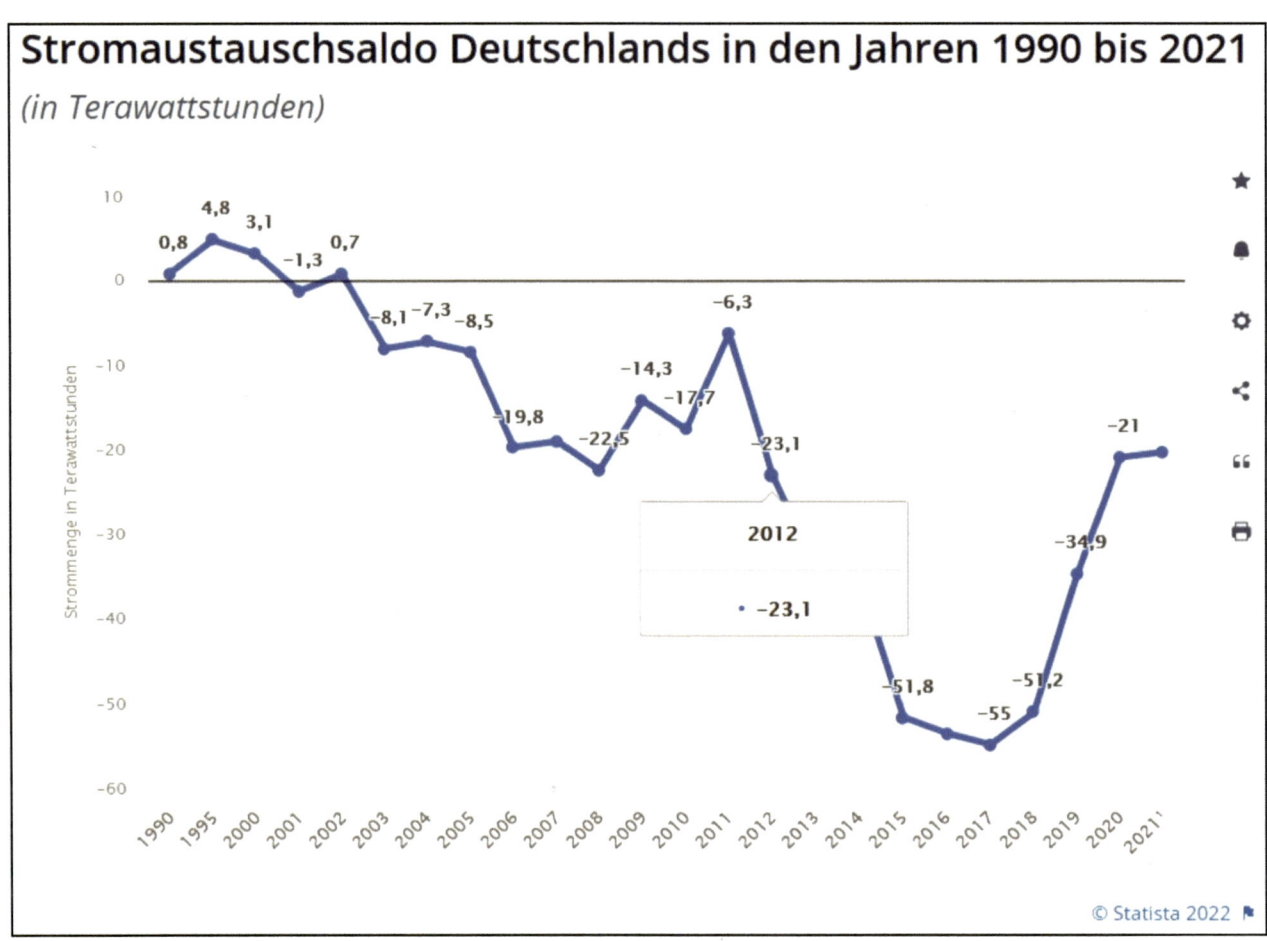

Abb. 119: Stromaustauschsaldo Deutschlands in den Jahren 1990 bis 2021

Ein Artikel bei *dailysceptic.org* fasst unsere Politik bezüglich der Windenergie sehr passend zusammen, wobei dies auch auf Solarenergie anzuwenden wäre.

„Man könnte argumentieren, dass die Grundrechenarten, die zeigen, dass die Windenergie ein wirtschaftliches und gesellschaftliches Desaster ist, schon einem aufgeweckten Grundschulkind klar sein sollten. Jetzt hat der Mathematiker und Physiker der Universität Oxford, Forscher am CERN und Fellow des Keble College, der emeritierte Professor Wade Allison, die Rechnung gemacht. Er kommt zu dem Schluss, dass das Vereinigte Königreich mit großer Wahrscheinlichkeit mit einem Ausfall der Stromversorgung rechnen muss. ‚Die Windenergie versagt in jeder Hinsicht‘, sagt er und fügt hinzu, dass die Regierungen die ‚überwältigenden Beweise‘ für die Unzulänglichkeiten der Windenergie ignorieren und ‚eher auf Getöse als auf fundierte Analysen zurückgreifen‘."[579]

156

Abschließend erscheint es sehr fraglich, ob der durch die Klimawende benötigte Mehrbedarf an Metallen überhaupt gedeckt werden kann. So kommt der Artikel[580], in dem eine Studie der Universität KU Leuven präsentiert wird, zu folgendem Schluss: *„Liesbet Gregoir, Hauptautorin an der KU Leuven, kommentierte: ‚Europa muss dringend entscheiden, wie es die sich abzeichnende Versorgungslücke bei Primärmetallen schließen will. Ohne eine entschlossene Strategie riskiert es neue Abhängigkeiten von nicht nachhaltigen Lieferanten‘. Die kohlebetriebene chinesische und indonesische Metallproduktion wird das weltweite Wachstum der Raffineriekapazitäten für Batteriemetalle und seltene Erden dominieren. Auch bei der Versorgung mit Aluminium, Nickel und Kupfer ist Europa derzeit von Russland abhängig.“* Man wäre also von Ländern wie China und vor allem Russland abhängig, die man doch derzeit (Russland) sanktioniert.

Die „umweltfreundliche“ Stromerzeugung mit Wind und Sonne

In seinem Artikel „Grüne Klimakiller oder von der Mär klimaneutraler Energiegewinnung“ geht der Diplomingenieur für Kraftwerksanlagen und Energieumwandlung Frank Hennig mit der angeblichen Umweltfreundlichkeit erneuerbarer Energien hart ins Gericht.[581] So seien *„die Emissionen von hörbarem und nichthörbarem Schall (Infraschall) … messbar und in ihren Auswirkungen umstritten. Er wirkt auf die Fauna wie auch auf Menschen. Die wachsende Zahl an Betroffenen führt zu immer mehr Beschwerden und Widerstand. Nicht nur der Luftschall, auch der aus den Fundamentschwingungen entstehende Körperschall hat Folgen. Die Schwingungen des Rotors werden in den Boden abgeleitet und breiten sich aus, besonders gut bei hohem Grundwasserstand, Felsgestein oder gefrorenem Boden. So registriert die Erdbebenstation auf dem Kleinen Feldberg in Hessen den Betrieb des elf Kilometer entfernten Windindustrieparks Weilrod. Die Fundamente von Wohngebäuden werden in Schwingungen versetzt, auch zeigen manche älteren Gebäude frische Rissbildungen. Bodenorganismen zeigen Reaktion. Eine neue niederländische Studie zeigt, dass zum Beispiel Regenwürmer tendenziell von den Fundamenten der Windkraftanlagen wegstreben, und vermutet als Ursache die tieffrequenten Bodenschwingungen.“* Und weiter im Artikel: *„Wie bei jeder Strömungsmaschine wird auch bei Windkraftanlagen ein laminar anströmendes Medium verwirbelt und in Turbulenzen versetzt. Da es im Gegensatz zu Turbinen oder Verdichtern keine Leitschaufeln gibt, bilden sich hinter den Anlagen weitreichende und im Umfang zunehmende Wirbelschleppen, die 30 bis 40 Kilometer, in einigen Fällen bis zu 100 Kilometer weit reichen können. Auch kann die Lärm- und Schwingungsbelastung an weiter entfernt stehenden Gebäuden stärker wirken als an näherstehenden. Zudem gibt es Interferenzen, das heißt die verstärkende Überlagerung mehrerer Strömungen und Schallwellen, wenn Anlagen gruppenweise aufgestellt sind. Die Wirbelschleppen bewirken einen vertikalen Lufttransport bodennaher feuchter Luft in größere Höhen, was bei bestimmten Wetterlagen an den entstehenden Kondensstreifen nach den Anlagen sichtbar wird. Dann können ganze Wolkenformationen entstehen, Wasserdampf in der Atmosphäre gilt als Treibhausgas Nummer 1. Der Entzug der Bodenfeuchte führt zu mehr Trockenheit und die Verteilung der Windkraftanlagen in Deutschland korreliert mit der Bodentrockenheit. Diese Tatsache ruft geradezu nach Messungen und Forschung, zu deren Finanzierung aber niemand bereit ist. Wobei eine chinesische Studie gerade diesen linearen Zusammenhang herausfand.*[582]

Ein weiterer Effekt des Betriebs von Windkraftanlagen besteht in der Abbremsung des Windes, es entstehen Windschatten für Landschaften und dahinter aufgestellte Anlagen. Die Hauptwindrichtung in Deutschland liegt bei West bis Nordwest. Bevor der Wind die östlichen Landesteile erreicht, wird er durch Tausende von Windkraftanlagen gebremst. Geringere Kühlung, damit höhere Temperaturen sind die Folge. Dadurch wird auch der Druckausgleich zwischen Hoch- und Tiefdruckgebieten verhindert. So erhöhte sich der durchschnittliche Luftdruck in Potsdam seit 1990 um etwa zwei Hektopascal. Mehr Hochdruckwetter jedoch bedeutet weniger Niederschlag.“

Dies wird durch einen Artikel des „Zentrums der Gesundheit"[583] bestätigt. Der Artikel, der hauptsächlich auf der Studie „Climatic impacts of wind power" von Lee Miller und David Keith von der Harvard University im Jahr 2018[584] basiert, soll hier mit dem folgenden Absatz zitiert werden: *„Neu ist die Erkenntnis, dass – insbesondere durch den weiteren Ausbau der Windkraft – die Summe der Windparks auch großräumigere atmosphärische Strömungen in der Höhe beeinflussen kann, was zu Phänomenen wie langanhaltender Trockenheit mit überregionalen Dürren, Starkregenereignissen und Änderungen in Flora und Fauna führen könnte."* Wie bitte? Das sind doch genau die Ereignisse, die dem Klimawandel aufgrund fossiler Verbrennung zuschrieben werden!

Doch weiter mit Frank Hennig: *„Greenpeace, BUND und Artverwandte wie auch Handelsketten und Wirtschaft kämpfen gegen die Einträge von Mikroplastik. Doch während jeder, der noch einen Plastiktrinkhalm benutzt, Schuldzuweisungen erfährt, bleibt mit der Windkraft ein großer Emittent außerhalb der Aufmerksamkeit. Die Spitzen der Rotorblätter erreichen Geschwindigkeiten von über 300 Stundenkilometern, sodass auch kleine Teilchen wie Staubkörner, Regentropfen oder Hagelkörner beim Auftreffen geschossähnliche Wirkung haben und aus den Oberflächen Materialpartikel herausschlagen. Zudem bewirken Temperaturschwankungen, Frost und UV-Strahlung eine Alterung und Versprödung des Materials. Je rauer dann die Flächen, umso größer der Abtrag. Diese Emission ist nicht vermeidbar, auch wenn die Beschichtungen weiterentwickelt werden. Diese aus der Blattkantenerosion stammenden Emissionen finden medial aus politischem Grund keine Erwähnung, ablenkend werden Diskussionen über Kosmetika und Zahnpasta geführt. Das in großer Menge in den Rotorblättern verbaute Balsaholz, leichtes und sehr stabiles Tropenholz aus Neuguinea und Ecuador, dient der inneren Stabilisierung und sollte vom äußeren Abrieb nicht betroffen sein. Es steigert aber den CO_2-„Fußabdruck" bei der Herstellung und Entsorgung."* Apropos Entsorgung: Die Entsorgung der Rotorblätter ist derzeit noch heikel, denn in der Regel landen sie auf dem Sondermüll.[585]

Auch der Abbau des seltenen Metalls Neodym, von dem ein modernes Offshore-Windrad eine Tonne benötigt, verlangt einen hohen Preis von unserer Natur und den Menschen im Abbaugebiet im chinesischen Baotou, denn *„Studien weisen längst eine massiv erhöhte Krebsrate auf"*.[586] Einen Eindruck aus Baotou vermittelt das folgende Bild des österreichischen *ORF*, der aufgrund eines *„riesigen Sees mit giftiger Schlacke"* von *„Chinas Hölle auf Erden"* spricht:

Abb. 120: Das chinesische Baotou, wo das für Windräder benötigte Metall Neodym abgebaut wird

158

Doch auch Vögel, Fledermäuse und Insekten zerschellen jedes Jahr an den Rotoren der Windkraftanlagen. Laut einem Artikel bei *geo.de*[587] *„sterben in den vier norddeutschen Bundesländern jedes Jahr mehr als 8.500 Mäusebussarde an Windkraftanlagen. Das entspricht fast acht Prozent der gesamten Population in diesen Ländern. Außerdem wissen wir, dass jedes Jahr in Deutschland 250.000 Fledermäuse an Rotoren umkommen. Auch das ist bedenklich, denn Fledermäuse haben eine niedrige Fortpflanzungsrate und können Bestandsverluste daher nur langsam ausgleichen – wenn überhaupt".* Weiterhin schreibt *Der Spiegel*[588] von Milliarden getöteter Insekten täglich. Dies seien 1.200 Tonnen Insekten pro Jahr.

Gemäß *Tichys Einblick*[589] haben *„im Übrigen auch Solaranlagen Einfluss auf Wetter und Klima. Das einfallende Sonnenlicht wird nur zu weniger als 20 Prozent in Strom umgewandelt. Die anderen über 80 Prozent der Energie werden zum Teil im infraroten Bereich reflektiert oder heizen die Anlagen und damit die Umgebung auf. … Insbesondere Freiflächenanlagen verstärken den Trend, denn vorher naturbelassener Boden streut das einfallende Licht diffus und reflektiert nur gering."* Und auch hier bereitet die Entsorgung Probleme, denn *„Solaranlagen gelten in Deutschland als Sonderabfall und gehören nicht in den Haushaltsmüll".*[590]

Neben dem bereits oben angesprochenen Neodym braucht die Energiewende auch andere Rohstoffe. Das für die Elektromobilität benötigte Kobalt stammt *„zu großen Teilen aus der Demokratischen Republik Kongo, wo es oft unter Lebensgefahr in abenteuerlichen, illegalen Minen gefördert wird, wo Kinder in diesen Minen schuften müssen, wo Banden und Milizen sich mit dem Kobalt-Geschäft finanzieren und dabei die Umwelt zerstört wird".*[591]

Ein anderes, für Akkus benötigtes Metall ist Lithium. Dessen größte *„Vorkommen finden sich in Südamerika. Dort ist der Rohstoff in riesigen Salzseen gebunden. Für die Gewinnung wird zumeist lithiumreiche Sole in große Becken gepumpt und durch Verdunsten unter Sonneneinstrahlung das Lithium gewonnen. Umweltschützer kritisieren diese Art der Förderung unter anderem wegen des Wasserverbrauchs".*[592] *„Für die Förderung der Salzmasse aus dem Untergrund benötigt (das Bergbauunternehmen) Sales Jujuy nach eigenen Angaben bis zu 80.000 Liter Frischwasser pro Stunde. Anschließend wird die Salzlake in Fußballfelder-große Becken gepumpt, wo sie verdunstet."*[593] Für die indigenen Gemeinden bedeutet dies, *„dass das Trinkwasser der Region nicht nur knapp wird, sondern auch zu versalzen droht. Wegen anderer Bergbauarbeiten ist das Wasser zusätzlich stark mit gesundheitsschädigenden Stoffen wie Arsen belastet. Dabei benötigen die Menschen jeden verfügbaren Liter Wasser für Haushalt und Landwirtschaft".*[594] Auch das benötigte Kupfer *„ist in vielerlei Hinsicht problematisch. Die Minen im Tagebau hinterlassen tiefe Wunden in der Landschaft, der Abraum hinterlässt riesige Berge, der große Wasserverbrauch führt zu Wasserverknappung in der Region und bei der Verhüttung entstehen hochgiftige Toxine (insbesondere Schwefeldioxid). Die chilenische Kupfermine in Chuquicamata ist eine der größten Anlagen der Welt. Der Staub enthält toxische Schwermetalle; im Umkreis von 10 km um die Mine darf niemand mehr wohnen. Das ohnehin knappe Wasser ist verseucht.*[595] *Zu guter Letzt benötigen Akkus Grafit. Einerseits wird Naturgrafit zum größten Teil in China abgebaut und weist einen signifikanten ökologischen Fußabdruck auf. „So komme es beim Abbau des Naturgrafits zu einer erheblichen Staubentwicklung, die bei Arbeitern und Arbeiterinnen sowie Anwohnern und Anwohnerinnen zu gesundheitlichen Problemen wie Atembeschwerden und einer verminderten Lungenfunktion führen. Zudem erfolge die Reinigung des Grafits mit anorganischen Säuren, die, wenn sie unsachgemäß freigesetzt werden, Umweltschäden verursachen können. Dazu zählt auch die besonders gefährliche Flusssäure."*[596] Anderseits geht es im Artikel über synthetischen Grafit wie folgt weiter: Er *„benötige zudem eine Kohlenstoffquelle. Das sei in der Regel ein Nebenprodukt der Erdöl- und Kohleindustrie. Bei der Herstellung seien ferner sehr hohe Temperaturen von mehr als 2.500 Grad Celsius über mehrere Tage notwendig. Dies wiederum sei nur in speziellen elektrischen Öfen möglich. Da meist der dafür eingesetzten Energiemix stark fossil geprägt ist, ist die Herstellung von Grafit mit hohen CO_2-Emissionen verbunden".*

Fazit

Schwächen und Fehler bei der Temperaturmessung, keine bewiesene Kausalität von CO_2 für das Klima oder gar für angeblich zunehmende Extremwetterphänomene. So fasst es der Internationale Klimarat in seinem Bericht „Climate Change 2001, The Scientific Basis" sehr treffend zusammen:

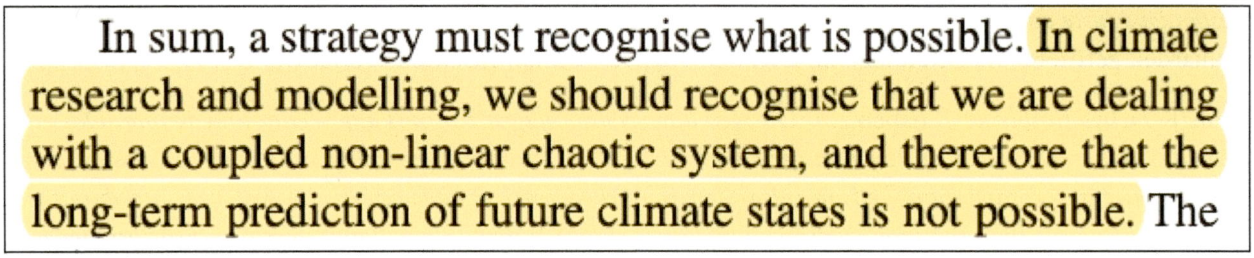

In sum, a strategy must recognise what is possible. In climate research and modelling, we should recognise that we are dealing with a coupled non-linear chaotic system, and therefore that the long-term prediction of future climate states is not possible. The

Abb. 121: Ausschnitt aus dem Bericht „Climate Change 2001, The Scientific Basis" des IPCC

Oder auf Deutsch: *„In der Klimaforschung und -modellierung sollten wir uns darüber im Klaren sein, dass wir es mit einem gekoppelten, nichtlinearen, chaotischen System zu tun haben und daher eine langfristige Vorhersage des zukünftigen Klimazustands nicht möglich ist."*
Ferner können erneuerbare Energien die Versorgungssicherheit nicht gewährleisten. Ein weiterer Ausbau bei weitgehendem Ausstieg aus Kohle, Öl und später auch Gas gefährdet die Versorgungssicherheit Deutschland extrem und verteuert Energie enorm.

Sehr treffend formulierte es André Barmettler, Herausgeber der *Expresszeitung*, im Editorial zur Ausgabe 47 – Energiewende[(597)]: *„Manchmal ist ein einzelnes Beispiel aussagekräftiger als viele Worte. So soll Ihnen das folgende – aus einer Reihe von vielen – vor Augen führen, auf welch verheerendem Weg sich unsere Gesellschaft im Zuge der Energiewende befindet:*
Mit dem Ziel, den gesamten Individualverkehr zu elektrifizieren, fördert die deutsche Bundesregierung die Anschaffung von Elektroautos mit bis zu jeweils 9.000 Euro. Nehmen wir an, dieses Ziel würde erreicht und alle rund 57 Millionen Autos in Deutschland wären elektrobetrieben mit einer erforderlichen Ladeleistung von 125 kW (z.B. vom Hersteller Tesla). Würde nur jeder Vierte sein Auto über Nacht aufladen, dann wäre dazu eine Grundlast von 1.781 Gigawatt nötig – das entspricht in etwa 1.300 Kernkraftwerken à 1,4 Gigawatt! Diese Zahl stellt rund das Dreifache ALLER weltweit existierenden Kernkraftwerke dar. Ja, Sie lesen richtig! Will man die dafür notwendige Energie hingegen durch Windkraft bereitstellen (der Atomausstieg ist ja beschlossene Sache), wären ca. 593.000 Windräder (Höhe 150 m) mit 3 MW Leistung bei Volllast(!) nötig. Da der Wind allerdings nur selten mit idealen Bedingungen weht, wird bei einem solchen Windrad laut Professor Hans-Werner Sinn mit einer tatsächlichen Leistung von lediglich 0,57 MW gerechnet. Damit schnellt die Zahl der notwendigen Windräder mal eben auf 3,125 Millionen hoch. Um sich gegenseitig den Wind nicht zu «stehlen», benötigt laut Professor Hans-Werner Sinn jede dieser Anlagen mindestens 15 Hektar, was einer benötigten Gesamtfläche von rund 470.000 km² entspricht, während Deutschland gerade einmal rund 360.000 km² zu bieten hat. Sollte zudem anstatt jeder vierte, jeder dritte oder zweite Automobilist zur selben Zeit sein Gefährt aufladen, kann sich jeder selbst ausrechnen, wie viel zusätzliche Fläche für Windanlagen nötig wäre. Bedenken wir zudem, dass bei dieser Rechnung kein einziges Windrad für den Strombedarf des restlichen Lebens wie Licht, Computer, Kaffeemaschine oder Heizung einkalkuliert ist.
Es ist schlicht überwältigend, als wie widersinnig sich die Energiewende bei näherer Betrachtung der einzelnen Aspekte offenbart. Seien es physikalische Gesetzmäßigkeiten, Wirkungsgrade, Speichermöglichkeiten, Flächenbedarf, Rohstoffe, Finanzierbarkeit, Umwelt-, Natur-, Tier- und Landschaftsschutz oder Menschenrechte, überall finden wir (und zeigen in dieser Ausgabe) Beispiele, die dem oben aufgeführten ähneln oder es an Absurdität gar übertreffen. Zugleich ist Deutschland, mit einem Anteil am globalen CO_2-Ausstoss von

gerade mal 1,85%, die einzige Nation, die diesen wahnsinnigen Weg in den zivilisatorischen Suizid beschreitet, während weltweit aktuell weit über 1.000 Kohlekraftwerke im Bau sind oder sich in Planung befinden.

Die Folgen aus einer derartigen Realitätsverweigerung und -leugnung werden fatal sein für den Lebensstandard der deutschen Bevölkerung, weshalb wir uns in der vorliegenden Ausgabe vorgenommen haben, Licht ins Dunkel der hiesigen Stromversorgung, den «Energiewende»-Plänen und den zugrundeliegenden physikalisch-mathematischen Gesetzmäßigkeiten zu bringen. Ganz unabhängig vom Krieg in der Ukraine ist es unter diesen Voraussetzungen nämlich nur eine Frage der Zeit, bis bei uns die Lichter ausgehen – und zwar sowohl sprichwörtlich als auch im wahrsten Sinne des Wortes. Lassen Sie uns daher ausnahmsweise das Feld von hinten aufrollen und betrachten, welch leidvolle Konsequenzen schlussendlich mit einer derartigen Missachtung grundlegender naturwissenschaftlicher Zusammenhänge einhergehen (könnten). Was es heißt, Stunden, Tage oder gar Wochen ohne Strom zu sein und mit welchen Herausforderungen man plötzlich konfrontiert ist, lesen Sie auf den ersten Seiten dieser Ausgabe. Wir möchten damit ein Bewusstsein für einen Fall schaffen, dessen Eintreten um einiges wahrscheinlicher ist als sein Ausbleiben, und wir legen Ihnen nahe: Sorgen Sie vor!"

Dazu kommt noch der Strombedarf der ab 2024 im Prinzip gesetzlich notwendig werdenden Wärmepumpen, sollte die alte Heizung nicht mehr reparabel sein. Das Bundeswirtschaftsministerium schätzte in einer Ende 2021 vorgelegten Studie den zusätzlichen Strombedarf für dann angenommene 5,5 Mio. Wärmepumpen im Jahr 2030 auf 42 TWh pro Jahr.[598] Das sind fast 8% der 2020 erzeugten Strommenge. Und Deutschland hat derzeit mehr als 40 Mio. Haushalte und baut Kraftwerke ab. Wie heißt ein Hollywood-Klassiker mit James Dean? »Denn sie wissen nicht, was sie tun.« Oder schlimmer noch: Sie wissen es und tun es trotzdem.

Dass dieser Irrsinn auf normalem Wege nicht umsetzbar ist, dürfte klar sein. So sagte auch Union-Fraktionschef Brinkhaus im ARD-Morgenmagazin: *„Benzin wird teurer, jetzt ein bisschen, in der zweiten Hälfte dieses Jahrzehnts wird es richtig teurer Den Kampf gegen den Klimawandel werde es nicht umsonst geben."*[599] Bundesfinanzminister Christan Lindner ergänzte: *„Wir werden alle ärmer."*[600]

Ehrlicher äußert sich der Siegener Wirtschaftswissenschaftler Prof. Dr. Dr. Helge Peukert, *„Mitglied bei ‚Scientist Rebellion' und nach eigener Darstellung mit der ‚Letzten Generation' im Gespräch".*[601] Das *Wirtschaftsmagazin* veröffentlichte auch seine *„wichtigsten Forderungen"*, die *„ein Vorschlag an die Letzte Generation"* seien.

Folgende Forderungen stellt Peukert auf, zitiert aus dem Artikel des *Business Insiders*:

1. Klima
- Reduzierung des Ausstoßes aller Treibhausgase in der EU bis 2035 auf Netto-Null.
- Verbot von Palmöl und aller durch Entwaldung hergestellten Produkte.
- Verbot des Abholzens von Wäldern. Gebot zum Anpflanzen von Bäumen, Renaturierung von Böden, Mooren und anderen CO_2-Speichern.
- Verbot von Lagerfeuern, Grillen und des Verbrennens von Feldfrüchten und Gartenabfällen.
- Weitestgehende Reduzierung des Militärs.

2. Verkehr
- Rationierung des privaten Benzin- und Dieselverbrauch auf 500 Liter pro Person im Jahr. Reduzierung auf null in fünf Jahren.
- Kostenloser öffentliche Nah- und Fernverkehr.
- „Absoluter Vorrang" für Rad- und Schienenverkehr.
- Abbau vieler Straßen und Autobahnen.

161

- Reduzierung des Güterverkehrs mit Lastwagen und Schiffen um 20 Prozent im Jahr.
- Verbot von Kreuzfahrtschiffen
- Verbot von „Niedrigpreis-Fluglinien".
- Verbot aller Flüge unter 1.000 Kilometer und über 3.000 Kilometer.
- Verbot von Business-Class und First-Class bei Flügen.
- Rationierung von Flügen auf einen Hin- und Rückflug je Person pro Jahr. In fünf Jahren sollen nur noch ein Flug alle drei Jahre erlaubt sein.
- Schließung der meisten Flughäfen.

3. Soziales und Gesellschaft
- Einführung eines bedingten Grundeinkommen. Es kann durch Arbeit in staatlichen „sozial-ökologischen Arbeitsplätzen" verdient werden.
- Maximaleinkommen in Höhe des zehnfachen Mindestlohns.
- Hohe Vermögens- und Erbschaftssteuern („ggf. Deckelung des max. zulässigen Vermögens").
- CO_2-Steuer von fünf Prozent des Jahreseinkommens für jede Tonne CO_2 oberhalb eines Verbrauchs zwei Tonnen CO_2 pro Person
- Verbot der privaten Krankenversicherung. In der öffentlichen Krankenversicherung entfallen die Beitragsbemessungsgrenzen.
- Sorge- und Pflegearbeit sollen nur noch vom Staat angeboten werden.

4. Kommunikation/Forschung:
- Gründung einer Organisation zur Förderung der „Einsicht in Veränderungen und Notwendigkeit radikaler Maßnahmen".
- Drastische Einschränkung der Handlungsfreiheit der IT-Konzerne
- Sondervermögens für Forschungseinrichtungen zur Umsetzung des Notstandsprogramms;
- Ausrichtung von Lehre und Forschung auf eine „Überlebenswissenschaft".

5. Wohnen:
- Im Grundsatz Verbot aller Neubauaktivitäten. Nötige Neubauten nur als Null-Emissionshäuser.
- Rationierung der Energie auf eine Menge je Bürger, die zum Heizen von 45 Quadratmeter Wohnfläche bis 20 Grad benötigt wird;
- Keine weitere Versiegelung von Freiflächen.
- Heizungsaustausch auch im Altbestand.
- Förderung auch kleiner Solarpanelen zum Beispiel auf Balkonen sowie des Baus von Solarparks und Windrädern durch Bürgergenossenschaften.
- Große Haushaltsgeräte wie Waschmaschinen oder Rasenmäher müssen der Energieklasse A+++ entsprechen – und eine Mindestzahl an Nutzern aufweisen.
- Begrenzung des Mülls von Privathaushalten auf zehn Prozent des Wertes vor Einführung des Notstandsprogramms.
- Höchsttemperatur in Gebäuden von 20 Grad, Kühlung im Sommer nicht unter 26 Grad.
- Firmen, Haushalte und Gebäude müssen Emissionen um 12 Prozent jährlich reduzieren (70 Prozent in zehn Jahren).

6. Arbeit und Wirtschaft
- Eine „gesamtwirtschaftliche Rahmenplanung" soll festlegen, welcher Konsum möglich ist, „um dann möglichst demokratisch über den gewünschten Mix zu entscheiden".
- Diese Produktionsbereiche sollen weitgehend „zurückgefahren" werden: Auto, Chemie, Fossile Energien, Holzabbau, Düngemittel, Metall und der Finanzsektor.

- Alle Arbeitsplätze solle auf ihre Umweltverträglichkeit überprüft werden. Beschäftigte sollen umgeschult werden.
- Die Arbeitszeit soll auf maximal 25 Stunden begrenzt werden
- Bis zu einem Einkommen 25.000 sollen keine Steuern erhoben werden, danach soll der Steuersatz linear steigen.
- Die Mehrwertsteuer entfällt. Haupteinnahmequelle des Staates wird eine CO_2-Besteuerung.
- 25 Prozent-Steuer auf Onlinekäufe.
- Verbot fluorierter Gase.
- Verbot aller Einwegprodukte.
- Verbot aller *„nichtessenzieller Maschinen"*. Darunter: Fahrstühle, Rolltreppen, Brotschneidemaschinen, Leuchtreklame. Es soll nur Aufzüge für Behinderte geben, *„sofern Strom aus Erneuerbarer Energie kommt"*.
- Verbot von Werbedisplays an Straßen, Schaufenster werden nachts nicht beleuchtet.
- Staatliche Regulierung des Produktdesigns zur Maximierung der Lebensdauer.
- Verbot von Müllexporten.
- Hersteller komplexer Produkte wie Autos, Handys müssen diese nach Gebrauch zurücknehmen, zerlegen und alle Rohstoffe entnehmen.
- Privateigentum an Wasser, Land und Wald wird sehr stark eingeschränkt und reguliert.

7. Ernährung/Landwirtschaft:
- Vorrang für regional anbaubare Produkte.
- Weitgehender Importstopp von Lebensmitteln.
- Zugang zu Lebensmitteln über ein „Punktebezugssystem", um eine Basisversorgung und Gleichverteilung zu erreichen.
- Verbot, Lebensmittel zu vernichten. Nicht benötigte Lebensmittel sind abzugeben und/oder kostenlos zu verteilen.
- Verbot von Fleisch- und Wurstwaren-Verzehr oder Rationierung auf eine „geringe, maximale Quote/Kopf".
- Verbot der Massentierhaltung.
- Verringerung der Emissionen in der Landwirtschaft um 12 Prozent jährlich zu reduzieren (70 Prozent in zehn Jahren), 2035 auf Null.
- Verbot umweltschädlicher Düngemittel und Pestizide.
- Neue Festlegung von Fisch-Fangquoten unabhängig von der Nachfrage. Verbot der Großfischerei.
- Mindestens 20 Prozent der Fläche Deutschlands werden zu Ökozonen, in denen es keinen versiegelten Boden, keine Straßen und auch keine Ortschaften geben darf.

8. Finanzsektor
- Derivate, Optionen und Futures werden nur zur Abdeckung von Risiken in der Realwirtschaft zugelassen.
- Jede Kreditvergabe wird „ökosozial" ausgerichtet.
- Festlegung einer Mindesthaltedauer für Aktien, Anleihen und Währungen von einer Woche.
- Einführung einer Finanztransaktionssteuer.
- Beendigung der Geldschöpfung durch Banken zugunsten der Geldschöpfung durch den Staat (Vollgeldsystem).
- Finanzierung des sozial-ökologischen dritten Arbeitsmarktes über Geld der Zentralbank.
- Größenbegrenzung der Banken auf eine Bilanzsumme von 100 Milliarden Euro.

Wow, das Weltwirtschaftsforum bekommt beim Lesen sicherlich Glücksgefühlte. Doch wollen wir wirklich so leben? Wegen einer Ersatzreligion?

163

Übrigens erwärmen sich zur Zwischeninformation auch andere Planeten unseres Sonnensystems. So veröffentlichten die Wissenschaftlichen Dienste des Deutschen Bundestags eine Arbeit, die dies für Venus, Mars und Pluto beispielhaft erwähnt. Über die Gründe kann man letztendlich jedoch nur spekulieren.[602]

Abschließend beschäftigen wir uns noch mit einer anderen „Auswirkung des Klimawandels". Aufgrund des steigenden Meeresspiegels lesen wir unter[603], dass „das am niedrigsten gelegene Land der Erde" mit einer höchsten Erhebung von gerade 2,4 m über dem Meeresspiegel, die Malediven, „bis zum Jahr 2100 zum größten Teil überflutet sein" wird. Doch nun berichten Paul Kench von der University of Auckland in Neuseeland und seine Kollegen in der Fachzeitschrift Geology (Bd. 33, Nr. 2, S. 145), dass die Malediven nicht im Meer verschwinden werden, da sie mitwachsen, wenn der Meeresspiegel steigt.[604] Wörtlich im Artikel: „Die Malediven, so fanden Kench und seine Kollegen durch Bohrungen und Altersdatierungen heraus, wuchsen vor 5.000 Jahren auf einem untergetauchten Korallenriff bis über die Wasseroberfläche. Seitdem ist der Meeresspiegel bereits (ohne anthropogenes CO_2!) um 2,50 Meter gestiegen, ohne dass die Inseln wieder verschwunden wären."

In einer weiteren Studie untersuchten die Autoren die „physikalischen Veränderungen auf 27 Atollinseln im Zentralpazifik über einen Zeitraum von 19 bis 61 Jahren … Die Ergebnisse zeigen, dass 86% der Inseln während des Analysezeitraums stabil blieben (43%) oder an Fläche zunahmen (43%). … Nur 14% der untersuchten Inseln wiesen eine Nettoverringerung der Inselfläche auf".[605] Und doch will z.B. der Inselstaat Vanuatu vor den Internationalen Gerichtshof ziehen, um finanzielle Mittel von den den Klimawandel angeblich verursachenden Industriestaaten zu erstreiten, obwohl dem Land bereits rund 24 Mio. Euro aus dem Grünen Klimafonds zustehen.[606] Klingt nach wenig, ist dies bei Staatseinnahmen von 204 Mio. US-Dollar (2017)[607] allerdings ein Plus von mehr als 10%. Auf dem Klimapfad zu wandeln, rentiert sich also enorm für diese Staaten, wobei das enorme Bevölkerungswachstum in Vanuatu wahrscheinlich das Hauptproblem sein dürfte, denn „in den Jahren 1960 bis 2021 stieg die Einwohnerzahl in Vanuatu von 63.689,00 auf 319.137,00. Dies bedeutet einen Anstieg um 401,1 Prozent in 61 Jahren".[608] Und dies auf einer begrenzten Landfläche.

Und den enormen Anstieg des Meeresspiegels sieht man ganz klar an Fotos der New Yorker Freiheitsstaue, links aus einem Artikel der Rheinischen Post aus 2020[609] und rechts von einem Bild um 1900.[610]

Abb. 122: Bild der amerikanischen Freiheitsstatue eines Artikels aus 2020
Abb. 123: Bild der amerikanischen Freiheitsstatue um 1900

Und wenn der Meeresspiegel wirklich so stiege, wie propagiert, hätten die Obamas mit dem Erwerb ihrer neuen Strandvilla wohl einen Fehlkauf getätigt.[611]

Übrigens ein sehr schönes Anwesen:

Abb. 124: Strandvilla der Obamas

Die Autoren einer in *Nature* veröffentlichte Studie[612] gehen davon aus, dass eine Abschwächung der Nordatlantischen Oszillation zu erwarten und von einer *„globalen Oberflächentemperatur wie in den 1950er bis 1970er Jahren"* auszugehen ist.[613] Ein interessanter, sich auf diese Studie beziehender Artikel ist unter[614] zu finden. Auf der Seite der National Centers for Environmental Information (NCEI) findet sich die Möglichkeit, *Global Time Series* abzufragen. Gibt man nun die entsprechenden Parameter ein, so zeigt der Trend eine leichte weltweite Abkühlung in den Jahren 2015 bis 2022 um 0,11°C.[615]

So stellte auch *RTL* im Jahr 2007 in einer seiner Reportagen fest: *„Die Theorie der menschengemachten Erderwärmung ist ... ein großer Schwindel."*[616]

Aber warum das Ganze? Es wird wohl ums Geld gehen. Die ganze Energiewende ist doch ein Riesengeschäft. So hat z.B. die EU den Aufbauplan „NextGenerationEU" aufgelegt. Er ist laut seiner Beschreibung *„eine einmalige Gelegenheit, gestärkt aus der Pandemie hervorzugehen, Wirtschaft und Gesellschaft umzugestalten und ein Europa für alle zu schaffen".* Und weiter: *„Wir haben klare Vorstellungen, einen Plan und die Abmachung, 806,9 Mrd. EUR (Diese Zahl ist in jeweiligen Preisen angegeben. Sie beträgt 750 Mrd. EUR zu Preisen von 2018.) zu investieren."*[617] Und ein Teil dieses Aufbauplans ist „Make it Green", was zusammen mit Mitteln aus dem Siebenjahreshaushalt der EU € 1,8 Billionen für den europäischen Green Deal beträgt.[618] Wundert es denn, dass auf der Weltklimakonferenz im Herbst 2021 in Glasgow EU-Kommissionspräsidentin Ursula von der Leyen eine Partnerschaft mit der European Investment Bank und dem Fond Breakthrough Energy eingegangen ist, wenn man weiß, dass dieser Fond von Bill Gates, George Soros und anderen Milliardären gegründet wurde?[619] Und just diese Milliardäre unterstützen über ihre Stiftungen (z.B. Open Society Foundations, David Rockefeller Fund, Rockefeller Brothers Fund, Aileen Getty Foundation u. a.) Chaoten wie die Klimakleber der „Letzten Generation" und anderer Organisationen[620] Es sollte nicht verwundern, wenn Breakthrough Energy ein gewichtiges Wort beim Einsatz dieser Gelder zumindest mitsprechen dürfte, um so die Gelder an diese Unternehmen und Institutionen zu verteilen, an denen eben diese Milliardäre zufällig beteiligt sind. Und die Umweltchaoten verleihen dem als nützliche Trottel den medialen Nachdruck.

Als Beispiel für die Zusammenhänge soll der unter[621] veröffentlichte Artikel „Follow the Money: Die finanziellen Verflechtungen der Klima-Lobby" von Jason Ford dienen, der die personellen und finanziellen Verflechtungen dreier „Klimatrommler" untersucht, nämlich der Denkfabrik und NGO „Agora Energiewende", dem Portal *klimafakten.de* sowie dem „Potsdamer Institut für Klimafolgenforschung" (PIK). Die Zusammenhänge dieser drei und weiterer Institutionen und Personen mit den Reichen und Mächtigen dieser Welt veranschaulicht das folgende Schaubild:

165

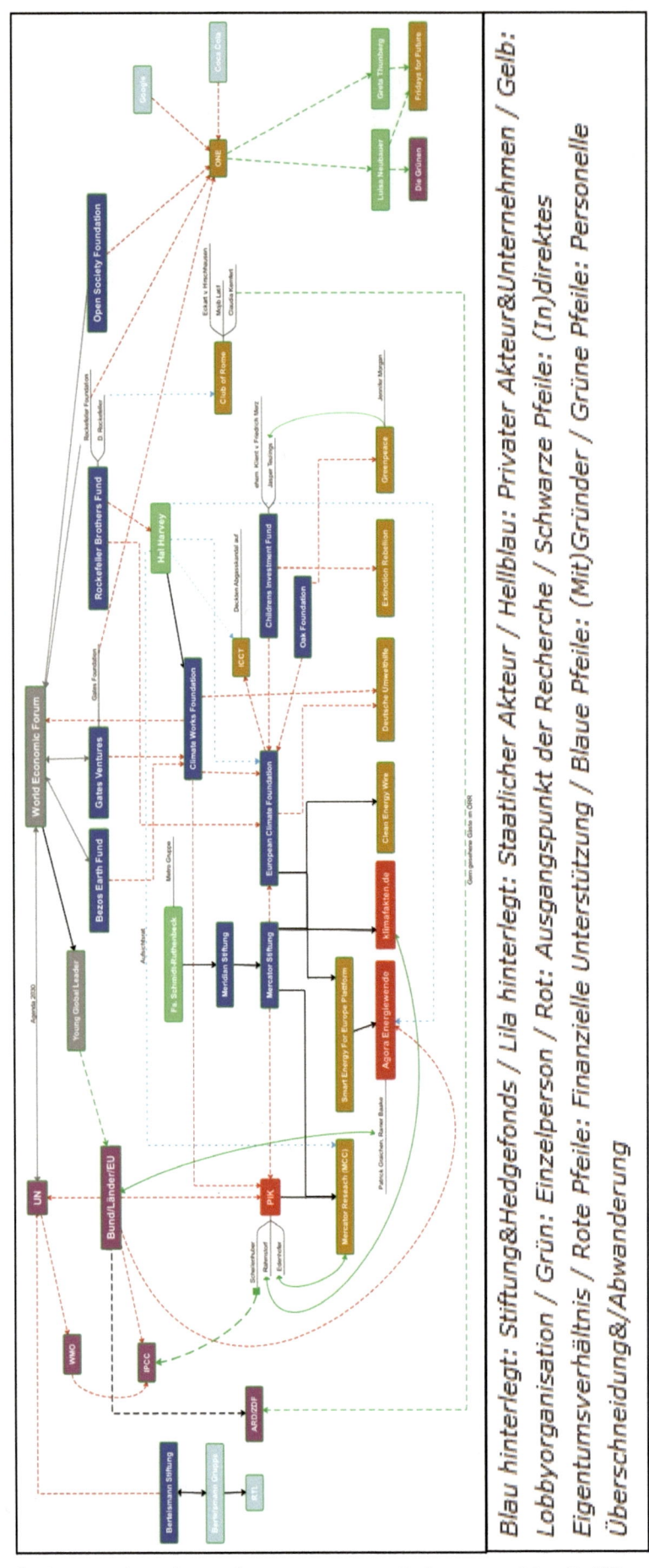

Blau hinterlegt: Stiftung&Hedgefonds / Lila hinterlegt: Staatlicher Akteur / Hellblau: Privater Akteur&Unternehmen / Gelb: Lobbyorganisation / Grün: Einzelperson / Rot: Ausgangspunkt der Recherche / Schwarze Pfeile: (In)direktes Eigentumsverhältnis / Rote Pfeile: Finanzielle Unterstützung / Blaue Pfeile: (Mit)Gründer / Grüne Pfeile: Personelle Überschneidung&/Abwanderung

Abb. 125: Verflechtungen der „Klimamafia". Im Internet zu finden unter Bildquelle [125]

166

Folgt man also dem Geld, so werden die Interessen der Superreichen an einem Erhalt der Klimadebatte überdeutlich. Wie weiter oben schon beschrieben, geht es sicherlich um das Verdienen von viel Geld. Doch geht es vielleicht auch um Macht? Will man von den Menschen unbemerkt durch Einschränkungen der persönlichen Freiheit des Einzelnen aufgrund klimapolitischer Vorgaben Macht über die Gesellschaften bekommen? Dazu mehr dann im letzten Kapitel.

„Zwei Dinge sind unendlich, das Universum und die menschliche Dummheit, aber bei dem Universum bin ich mir noch nicht ganz sicher."

Albert Einstein (1879-1955), deutscher Physiker

Kapitel 6
Der Russland-Ukraine-Konflikt

Der lange Weg zum Kriegsbeginn

„Der israelische Botschafter in Bonn, Asher ben Nathan, hat einmal in einem Interview in der Fernsehsendung DIE WOCHE IN BONN auf die Frage, wer 1967 den 6-Tage-Krieg begonnen und die ersten Schüsse abgegeben habe, geantwortet: ‚Das ist gänzlich belanglos. Entscheidend ist, was den ersten Schüssen vorausgegangen ist.‘"[622]

Dann sehen wir uns doch einmal an, was dem russischen Angriff vorangegangen ist. Die folgende Darstellung des langen Wegs zum Krieg in der Ukraine stammt vom Schweizer Historiker Dr. Daniele Ganser, die er in einem Artikel bei *Rubikon* veröffentlichte. Ergänzt wurde die Darstellung durch weitere Anmerkungen und Quellen.[623]

Die NATO versprach der Sowjetunion, dass sie keine Osterweiterung plant, doch Polen, Tschechien und Ungarn wurden am 12.3.1999 NATO-Mitglieder.[624] Die zweite Osterweiterung fand 2004 mit den Beitrittsländern Bulgarien, Estland, Lettland, Litauen, Rumänien, Slowakei und Slowenien statt. Beim NATO-Gipfel in Bukarest 2008 erklärte US-Präsident George Bush, man werde auch die Ukraine in die NATO aufnehmen, doch kamen 2009 Albanien und Kroatien in einem dritten Schritt hinzu. Zusätzlich folgten 2017 Montenegro in einem vierten und 2020 Nordmazedonien in einem fünften Schritt.[625]

Ab Ende 2013 demonstrierten auf dem Maidan in Kiew (Ukraine) immer mehr Menschen gegen die Regierung von Präsident Janukowitsch und Premierminister Asarow, angestachelt durch den ehemaligen Boxweltmeister Vitali Klitschko. Am 15.12.2013 flog der US-Senator und ehemalige Präsidentschaftskandidat John McCain nach Kiew und ermunterte die Demonstranten, die Regierung zu stürzen. Dies wäre vergleichbar, wäre ein hochrangiger russischer Politiker nach Kanada gekommen, um die Truckerproteste gegen die Corona-Maßnahmen der Regierung Trudeau zu unterstützen. Die Demonstranten in Kiew wurden durch US-Botschafter Pyatt unterstützt und der damalige Vize- und derzeitige US-Präsident Biden drohte Janukowitsch für den Fall, dass er den Maidan räumen ließe, was dieser daraufhin auch unterließ. Die Stellvertreterin des damaligen US-Außenministers Kerry, Frau Victoria Nuland, führte in einem Vortrag im Dezember 2013 aus, dass man mehr als fünf Milliarden Dollar investiert habe, um der Ukraine zu helfen. So wurde ein Teil der Demonstranten auch unter Mithilfe des US-Milliardärs George Soros finanziert. Der zentrale Beweis für die Beteiligung der USA am Putsch ist ein abgehörtes Telefonat zwischen Nuland und Pyatt, in dem Nuland sich wie folgt äußerte: *„Ich denke nicht, dass Klitschko Teil der neuen Regierung sein sollte, ich glaube, das ist nicht nötig und keine gute Idee. Ich denke, Jazenjuk ist der richtige Mann, er hat die notwendige Erfahrung in Wirtschaft und Politik."* Bei diesem Telefonat sagte Nuland dann auch den berühmten Ausspruch *„Fuck the EU"*, was zu diplomatischen Verwerfungen führte.

Am 20.2.2014 kam es kam es zu einem Massaker, als nicht identifizierte Scharfschützen aus verschiedenen Häusern auf Polizisten und Demonstranten schossen; es gab mehr als 40 Tote. Von vielen Medien wurde die amtierende Regierung Janukowitsch für das Chaos verantwortlich gemacht, worauf dieser fliehen musste und durch den Milliardär Poroschenko ersetzt wurde. Doch es gab auch Berichte, wonach die Demonstranten von hinten beschossen wurden, wie ein betroffener Augenzeuge mitteilte.[626] Bestätigt wurde dies durch einen Mitschnitt des Funkverkehrs von Janukowitschs Scharfschützen, wo diese sich verwundert fragen, wer denn hier auf Unbewaffnete schießt, denn sie selbst schössen nicht auf Unbewaffnete. Der neue Präsident Poroschenko wurde flankiert durch Arsenij Jazenjuk als Ministerpräsident und Klitschko wurde „nur" Bürgermeister von Kiew, so wie es Frau Nuland bestimmte. Ein interessantes Schmankerl ist auch die Ernennung dreier ausländischer Minister, die dafür erst eingebürgert werden mussten. Der Georgier Alexander Kwitaschwili, Gesundheitsminister von 2008 bis 2010 in der prowestlichen georgischen Regierung Saakaschwili, bekleidete eben dieses Amt in der Ukraine. Neuer Wirtschaftsminister wurde der aus Litauen stammende Investmentbanker Aivaras Abromavicius, und zur Finanzministerin berufen wurde die US-Amerikanerin mit ukrainischen Wurzeln Natalia Jaresko.[627] Jaresko arbeitete vorher im US-Außenministerium und danach als Leitung der Wirtschaftsabteilung der US-Botschaft in Kiew. Danach unterstützte sie als Investmentbankerin Investments in der Ukraine und in Moldawien.[628] Dass beide, Abromavicius und Jaresko, als Mitglieder des Lenkungsausschusses „Neue wirtschaftliche Vision für die Ukraine" des Weltwirtschaftsforums von „Kumpel" Klaus Schwab auftauchen, dürfte wohl nur unverbesserliche Romantiker überraschen.[629]

Am 23.2.2014 beschloss Russlands Präsident Wladimir Putin die Rückholung der Krim, die daraufhin am 27.2.2014 von Soldaten ohne Abzeichen besetzt wurde. Am 16.3.2014 stimmten 97% der Menschen auf der Krim für den Anschluss an Russland.

Im russischsprachigen Osten der Ukraine erklärten die Bezirke Donezk und Lugansk, dass sie die Putschregierung in Kiew nicht anerkennen würden und besetzten Polizeistationen sowie Verwaltungsgebäude und argumentierten, die neue Regierung habe keine Legitimität, da sie auf illegalem Wege an die Macht gelangt sei. Darauffolgend flog CIA-Direktor John Brennan nach Kiew, um die neue Putschregierung zu beraten. So begann die ukrainische Armee am 15.4.2014 mit Unterstützung der USA ihren „Antiterror-Sondereinsatz" und griff die Stadt Slawjansk im Bezirk Donezk mit Panzern und Schützenpanzern an. Damit begann der ukrainische Bürgerkrieg, der in acht Jahren mehr als 13.000 Tote forderte.

Die Einstellung der neuen ukrainischen Putschregierung demonstrierte Präsident Poroschenko in einer Rede über die abtrünnigen Gebiete im Osten der Ukraine: *Wir werden Arbeit haben und die keine. Wir werden Renten haben und die nicht. Bei uns wird sich um die Kinder und Rentner gekümmert und bei denen nicht. Bei uns werden die Kinder in Schulen und Kindergärten gehen können und deren Kinder werden in den Bunkern sitzen. Weil die ja nichts können. So und nur so können wir diesen Krieg gewinnen.*"[630]

Beim Brand in einem Gewerkschaftsgebäude am 2.5.2014 in Odessa kamen nach offiziellen Angaben 42 Menschen zu Tode. Auf einer von Angehörigen erstellen Liste sind es gar 56. Addiert man 55 vermisste Personen, kommt man auf mehr als 100 Todesopfer. Obwohl die Vorkommnisse nicht restlos aufgeklärt werden konnten, ist davon auszugehen, dass bei Spannungen zwischen Maidan-Anhängern und Anti-Maidan-Demonstranten, die ein Protestcamp in Odessa betrieben, diese von den angereisten Maidan-Anhängern überfallen und in eben dieses Gewerkschaftsgebäude getrieben wurden. Nachdem dieses Gebäude von den Maidan-Hooligans in Brand gesetzt wurde, kam es zu den beschriebenen Todesfällen. Aus dem Gebäude Flüchtende wurden draußen vor dem Haus brutal zusammengeschlagen. Richtige offizielle Untersuchungen dazu gab es nicht.[631]

Am 3.2.2015 hielt Prof. Dr. George Friedman, ehemaliger Professor für Politikwissenschaft am Dickinson College in Carlisle, Pennsylvania und ein US-amerikanischer Geostratege und Sicherheitsexperte, Politologe und Publizist, der 1996 das private Beratungsinstitut Stratfor gründete und im Mai 2015 als CEO zurücktrat und darauf 2015 die Firma Geopolitical Futures gründete, eine Rede auf dem *The Chicago Council on global Affairs*, wo er sagte, dass der Oberbefehlshaber der US-amerikanischen Bodentruppen in Europa, General Ben Hodges, letzte Woche zu Besuch in der Ukraine gewesen sei.[632] Er habe bekannt gegeben, dass US-Militärtrainer jetzt offiziell kommen würden. Er habe dort Medaillen an ukrainische Kämpfer verteilt, was das Protokoll des US-Militärs eigentlich nicht erlaube. Doch habe er dies getan, weil er damit zeigen wollte, dass die ukrainische Armee seine Armee ist. Weiter führte George Friedman aus, dass die USA dabei seien, einen Sicherheitsgürtel um Russland herum aufzubauen, was Russland wisse. Und weiter: Die USA seien nicht in der Lage, ganz Eurasien zu okkupieren, da sie bei diesem Versuch zahlenmäßig total unterlegen seien. Die alten Römer hätten auch keine riesengroßen Truppen in entlegene Regionen außerhalb ihres Imperiums entsandt, sondern hätten prorömische Könige dort eingesetzt. Die Frage für die Russen sei es jetzt, ob man die Ukraine als neutrale Pufferzone oder die NATO nur 100 Kilometer von Wolgograd und deren 500 von Moskau entfernt haben will. Für Russland stelle der Status der Ukraine eine existenzielle Bedrohung dar. Da Russland nicht darüber hinweggehen könne, sollen Eingreiftruppen in Rumänien, Bulgarien, Polen und im Baltikum aufgestellt und damit das Intermarum zwischen dem Schwarzen Meer und der Ostsee begründet werden. **Für die USA sei es die größte Urangst, dass deutsches Kapital und deutsche Technologien sich mit russischen Rohstoffen und russischer Arbeitskraft zu einer einzigartigen Kombination verbinden, die den USA seit mehr als hundert Jahren unheimlich Angst einjage. Deshalb bauten die USA einen Gürtel aus antirussischen Staaten auf, um Deutschland und Russland voneinander abzuschneiden.**

Abb. 126: Gürtel aus antirussischen Staaten, um Deutschland und Russland zu trennen

So seien die Beziehungen zwischen Deutschland und Russland auch das Hauptinteresse der US-Außenpolitik während des letzten Jahrhunderts, im Ersten und Zweiten Weltkrieg und im Kalten Krieg gewesen, da sie vereint die einzige Macht wären, die die USA bedrohen könnten. Deshalb sei es das Hauptinteresse gewesen, sicherzustellen, dass dieser Fall nicht eintritt. (Die wichtigsten Stellen mit deutschen Untertiteln: [633] oder im ungekürzten, hochinteressanten Original: [634])

Im Dezember 2016 besuchten die drei US-Senatoren John McCain, Lindsey Graham und Amy Klobuchar an der Seite von Präsident Poroschenko ukrainische Marinesoldaten in der Stadt Shyrokyne östlich der Hafenstadt Mariupol, etwa vier Kilometer von der Kontaktlinie entfernt, wie aus einem von der ukrainischen Präsidentschaft veröffentlichten Video hervorgeht. *„Euer Kampf ist unser Kampf"*, sagte Graham bei seinem Besuch am Samstag an der Seite von Präsident Petro Poroschenko. Und McCain ergänzte: *„Ich glaube, dass Sie gewinnen werden. Ich bin überzeugt, dass Sie gewinnen werden, und wir werden alles tun, was wir können, um Ihnen das zu geben, was Sie zum Sieg brauchen. Wir sind nicht wegen der Ausrüstung, sondern wegen Ihres Mutes erfolgreich gewesen."*[635] Von welchem Kampf wurde hier gesprochen und was sollten die Ukrainer gewinnen?

In einem Artikel vom 14.11.2018 berichtete *Euronews* über ukrainische Ferienlager, in denen Ultranationalisten achtjährige Kinder und Jugendliche mit Kalaschnikows in der Hand trainieren.[636] Ihr Ausbilder Yuri Cherkashin: *„Wir zielen niemals auf Menschen, nie. Aber Separatisten und aus Moskau kommende Besatzer betrachten wir nicht als Menschen. Deswegen könnt und sollt ihr auf sie schießen."* Laut Artikel bekämen solche von rechtsextremen Gruppen betriebene Kinderlager sogar staatliche Mittel, da diese radikal-nationalistischen Gruppen gute Beziehungen zur Regierung in Kiew unterhielten. Dazu passt ein von *TIME*-Korrespondent Simon Shuster veröffentlichtes Video, in dem er seine Recherchen vom Sommer 2019 über die ukrainischen Nationalisten des Asow-Regiments schilderte. Diese sehr verstörenden Bilder sind unter [637] zu sehen. Ein Bericht des *Spiegels* vom 4.3.2022 bestätigt, dass „die Neonazis" des Asow-Regiments die Stadt Mariupol verteidigen. [638]

2019 veröffentlichte die in den USA sehr einflussreiche RAND Corporation, eine NGO bzw. ein Think Tank mit 1.880 Mitarbeitern weltweit, zu deren Themen *„in den letzten Jahren unter anderem Strategien zur Destabilisierung Russlands und Überlegungen zum Krieg mit China"* gehörten[639], *„einen Bericht mit dem Titel ‚Russland überdehnen: von vorteilhaftem Terrain aus konkurrieren', eine Art aktualisiertes Drehbuch für die Destabilisierung und Schwächung Russlands. («Extending Russia – Competing from Advantageous Ground»)"*,[640] der als erste geopolitische Maßnahmen, die die USA umsetzen sollten, aufführt, einen Wirtschaftskrieg (Energieexporte behindern und Sanktionen ausweiten) zu beginnen und der Ukraine Waffenhilfe zukommen zu lassen. Eine weitere Maßnahme wäre, mehr Waffensysteme an der russischen Grenze zu platzieren.

Alexej Arystowitsch, Berater des ukrainischen Präsidenten Selenskyj für strategische Kommunikation im Bereich der nationalen Sicherheit und Verteidigung, hat in einem Interview im März 2019 (also noch vor Selenskyjs Wahl zum Präsidenten) einen großflächigen Krieg mit Russland für 2022 prophezeit. Er führte darin aus, dass es das Ziel sein müsse, NATO-Streitkräfte in der Ukraine zu stationieren. Das ist danach unter dem Deckmantel von Ausbildungsmissionen auch geschehen, was Russlands Sicherheit so stark bedroht hat, dass es sich zu der Militäroperation in der Ukraine gezwungen sah. Damit war der „große Krieg" mit Russland, den Arystowitsch sich schon 2019 gewünscht hat, Realität geworden.[641] So forderte der ukrainische Oligarch Ihor Kolomojskyj, der als finanzstarker Mann hinter dem Aufstieg des ukrainischen Präsidenten Wolodymyr Selenskyj gilt, in einem Interview mit der New York Times 2019 eine Abkehr des Landes vom Westen und begründete dies wörtlich: *„Ihr, die USA, zieht uns in einen Krieg und gebt uns nicht mal Geld dafür."*[642]

Im Dezember 2019 führte der Chef des ukrainischen Sicherheitsrats, Alexej Danilow, in einem Interview aus, dass die Ukraine *„Anfang Dezember 2019 beschlossen hat, das Minsker Abkommen ganz offen abzulehnen und sich stattdessen auf einen Krieg mit Russland vorbereitet"*.[643]

Der Journalist Thomas Röper verkündete zudem[644], dass *„der neue ukrainische Präsident Selenskyj am 24. März 2021 die ‚Strategie zur Deokkupation und Reintegration der Krim' in Kraft gesetzt"* hat. Dies unter anderem mit folgendem Wortlaut: *„Dieses Dokument definiert eine Reihe von Maßnahmen diplomatischer, militärischer(!), wirtschaftlicher, informativer, humanitärer und anderer Art, die darauf abzielen, die* *territoriale Integrität und die staatliche Souveränität der Ukraine innerhalb international anerkannter Grenzen durch Deokkupation und Reintegration der Krim wiederherzustellen.* "[645]

„Einen Tag später, am 25. März, hat Präsident Selenskyj auch die neue Militärdoktrin der Ukraine in Kraft gesetzt."[646] Das Dokument zielte auf die Integration der Ukraine in die Sicherheitsarchitektur der NATO ab und wiederholte die Forderung, die Krim auch mit militärischen Mitteln zurückzuerobern. Und das, nachdem der ehemalige *„Präsident Poroschenko 2015 die neue ukrainische Militärdoktrin in Kraft gesetzt hat, in der die Ukraine erstens Russland als ihren Hauptfeind definiert*[647] *und zweitens eine Angleichung der ukrainischen Streitkräfte an NATO-Standards bis 2020 verkündet hat.*"[648] Von ukrainischer Seite war anscheinend nie eine friedliche Lösung angedacht. So veröffentlichte das US-amerikanische Verteidigungsministerium[649] folgende Aussage eines Ukrainers zu einem US-Ausbilder: *„Der größte Fehler, den die Russen gemacht haben, war, dass sie uns acht Jahre Zeit gegeben haben, um uns auf diesen [Krieg] vorzubereiten.“*

Am 10.11.2021 unterzeichneten die Außenminister der USA und der Ukraine, Antony J. Blinken und Dmytro Kuleba, in Washington eine Erklärung zur strategischen Partnerschaft. Darin heißt es u.a.: *„Geleitet von der Bukarester Gipfelerklärung des NATO-Nordatlantikrats vom 3. April 2008 und bekräftigt im Brüsseler Gipfelkommuniqué des NATO-Nordatlantikrats vom 14. Juni 2021, unterstützen die Vereinigten Staaten das Recht der Ukraine, ihren künftigen außenpolitischen Kurs frei von Einmischung von außen selbst zu bestimmen, auch im Hinblick auf die Bestrebungen der Ukraine, der NATO beizutreten. Die Vereinigten Staaten und die Ukraine beabsichtigen, eine Reihe substanzieller Maßnahmen fortzusetzen, um direkte und hybride Aggressionen von außen gegen die Ukraine zu verhindern und Russland für derartige Aggressionen und Verstöße gegen das Völkerrecht zur Rechenschaft zu ziehen, einschließlich der Einnahme und versuchten Annexion der Krim und des von Russland geführten bewaffneten Konflikts in Teilen der ukrainischen Regionen Donezk und Luhansk sowie seines anhaltenden bösartigen Verhaltens.“* Und weiter: *„…unter anderem durch die Aufrechterhaltung von Sanktionen gegen Russland oder im Zusammenhang mit Russland und die Anwendung anderer einschlägiger Maßnahmen bis zur Wiederherstellung der territorialen Integrität der Ukraine innerhalb ihrer international anerkannten Grenzen.*"[650]

Dies bedeutet, dass die USA eine ukrainische Mitgliedschaft in der NATO aktiv unterstützen und damit eine der roten Linien Putins missachten, der eine neutrale Ukraine für unabdingbar für die Sicherheitsinteressen Russlands hält.

In einem Gespräch, das der *NDR* mit dem ehemaligen ersten Bürgermeister Hamburgs Klaus von Dohnanyi führte, behauptete dieser, dass Putins Einmarsch hätte verhindert werden können. Laut von Dohnanyi habe Putin im Dezember 2021 an die Amerikaner geschrieben: *„Ich brauche es diesmal schriftlich. Ich möchte von Ihnen wissen, wie wir mit der Ukraine in Zukunft umgehen wollen.“* Und daraufhin habe Biden gesagt: *„Über diese Frage werden wir mit Ihnen gar nicht verhandeln.“* Hätte man nach von Dohnanyi stattdessen geantwortet: *„Präsident Putin, wir werden jetzt, nachdem wir sehen, dass Sie offenbar ernst machen, über die Zukunft der Ukraine mit Ihnen reden.“*, hätte es eine Verhandlungslösung geben können.[651]

In einem Gespräch, das Papst Franziskus am 19.5.2022 mit den Chefredakteuren jesuitischer Zeitschriften aus verschiedenen europäischen Staaten führte, verwies er auf die OSZE-Sonderbeobachtungsmission, die feststellte, dass in der Ukraine am 15. Februar 2022 41 Explosionen in den Waffenstillstandsgebieten stattfanden. *„Diese Zahl erhöhte sich auf 76 Explosionen am 16. Februar, 316 am 17. Februar, 654 am 18. Februar, 1413 am 19. Februar, insgesamt 2026 am 20. und 21. Februar und 1484 am 22. Februar. Aus den Berichten der OSZE-Mission geht hervor, dass die überwiegende Mehrheit der Einschläge der Artillerie auf der separatistischen Seite der Waffenstillstandslinie stattfand.*"[652]

Am 19.2.2022 stellte Präsident Selenskyj in seiner Rede auf der Münchner Sicherheitskonferenz einen Ausstieg aus dem Budapester Memorandum in den Raum und drohte damit indirekt mit der atomaren Bewaffnung seines Landes.[653]

Doch auch nach Kriegsbeginn fanden interessante Ereignisse statt. Auf ihrer Internetseite[654] veröffentlichte die „Linken"-Abgeordnete Sevim Dagdelen folgende Abschnitte: *Nach den Gesprächen in Istanbul zwischen ukrainischen und russischen Vertretern Ende März haben zahlreiche Medien über steigende Chancen auf eine Verhandlungslösung im Ukraine-Konflikt berichtet. Laut ,Redaktionsnetzwerk Deutschland' (RND) gab es in der türkischen Metropole ,offenbar eine große Annäherung'. Unter Verweis auf die britische Financial Times meldete RND am 29. März, dass beide Seiten in einem vielversprechenden Entwurf eines Waffenstillstandsdokuments wichtige Zugeständnisse gemacht hätten: Russland habe demnach auf einen Sturz der Regierung verzichtet, während sich die Ukraine offen gezeigt habe, einen neutralen Status des Landes sowie Verhandlungen über die Zukunft der Krim zu akzeptieren.*[655] Und weiter: *„Am 5. April berichtete die Washington Post, dass in der NATO die Fortsetzung des Krieges gegenüber einem Waffenstillstand und einer Verhandlungslösung bevorzugt wird: ,Für einige in der NATO ist es besser, wenn die Ukrainer weiter kämpfen und sterben, als einen Frieden zu erreichen, der zu früh kommt oder zu einem zu hohen Preis für Kiew und das übrige Europa.'*[656] Es ist weiterhin zu lesen: *„Deutlicher noch die britische Times am 4. April, der zufolge Boris Johnson vor seinem Kiew-Besuch die Maxime ausgab: ,Keine Einigung mit Russland, solange die Ukraine nicht die Peitsche in der Hand hat.'*[657]

Laut britischem *Guardian* vom 28. April hat Premier Johnson den ukrainischen Präsidenten Selenskyj *„angewiesen"*, *„keine Zugeständnisse an Putin zu machen"*.[658] Bestätigt werden diese von Frau Dagdelen dargelegten Sachverhalte von Generalmajor a.D. Harald Kujat in einem Interview mit der *EMMA*.[659]

Die *NZZ* meldete am 12. April, dass die britische Regierung unter Johnson auf einen militärischen Sieg der Ukraine setzt.[660] Die konservative Unterhausabgeordnete Alicia Kearns sagte: *„Lieber bewaffnen wir die Ukrainer bis an die Zähne, als dass wir Putin einen Erfolg gönnen."*

Am 30.4.2022 reiste eine Delegation um Nancy Pelosi, Vorsitzende des US-Repräsentantenhauses und an zweiter Stelle der möglichen Nachfolge des US-Präsidenten stehend, nach Kiew, um Präsident Selenskyj zu treffen. Dabei sagte sie: *„Unsere Delegation ist nach Kiew gereist, um der ganzen Welt unmissverständlich und nachdrücklich deutlich zu machen: Amerika steht fest an der Seite der Ukraine... Wir halten zur Ukraine, bis der Sieg errungen ist. ... Wir sind hier, um zu kämpfen, und man darf einem Tyrannen nicht nachgeben."* Währenddessen schlug der republikanische Kongressabgeordnete Adam Kinzinger die Entsendung von US-Truppen in die Ukraine vor, und sein Kollege Michael McCaul stellte sogar den Einsatz von Atomwaffen gegen Russland in Aussicht.[661]

Im Juni 2022 hat der frühere Präsident der Ukraine, Petro Poroschenko, zugegeben, *„dass der Waffenstillstand im Donbass, den er 2015 als Präsident der Ukraine mit Russland, Frankreich und Deutschland ausgehandelt hatte, in der Tat ein Ablenkungsmanöver war, das Kiew Zeit verschaffen sollte, um sein Militär wiederaufzubauen. Diese Äußerungen machte er in dieser Woche in Interviews mit zahlreichen Nachrichtensendern, darunter die Deutsche Welle und die ukrainische Abteilung von Radio Free Europe."*[662] Am 7.12.2022 wurde in der Wochenzeitung *Die Zeit* ein Interview mit der ehemaligen Bundeskanzlerin Angela Merkel veröffentlicht, in dem sie bestätigte, dass das Minsker Abkommen der Versuch war, *„der Ukraine Zeit zu geben. Sie hat diese Zeit auch genutzt, um stärker zu werden, wie man heute sieht."* Weiter meinte sie, dass Putin die Ukraine Anfang 2015 leicht überrennen hätte können und sie sehr bezweifle, *„dass die Nato-Staaten damals so viel hätten tun können wie heute, um der Ukraine zu helfen".*[663] [664] Klingt nicht nach ernsten Absichten, das Abkommen umzusetzen. Als der damalige, an den Gesprächen beteiligte französische Präsident, François Hollande, in einem Interview auf die Aussage Angela Merkels angesprochen wurde, antwortete er: *„Ja, Angela Merkel hat in diesem Punkt Recht."*[665]

173

Am 30.9.2022 erklärt Russland die besetzten ukrainischen Gebiete Luhansk, Donezk, Saporischschja und Cherson zu russischem Staatsgebiet.[666]

Laut einem Artikel in der *Weltwoche*[667] vom 13.1.2023 hat der ukrainische Verteidigungsminister Oleksij Resnikow in einem Interview gesagt, *„dass seine Truppen ,den Auftrag der Nato erfüllen'."* Sprachkundige finden das Interview unter [668].

Abschließend noch eine Information, die nicht dem langen Weg zum Krieg zuzuordnen ist, doch das Bild abrunden kann: Im Jahr 2016 drängte Joe Biden Poroschenko dazu, den ukrainischen Generalstaatsanwalt Viktor Schokin abzusetzen und verknüpfte die Auszahlung eines Kredits über eine Milliarde US-Dollar damit.[669] Interessant ist dabei, dass Joe Bidens Sohn Hunter bei dem ukrainischen Gasproduzenten Burisma ab Mai 2014 bei einem Gehalt von € 3 Mio. im Vorstand saß und Vater Joe als US-Vizepräsident für die Beziehungen zur Ukraine zuständig war.[670] Laut der *Tagesschau*[671] forderte Joe Biden die Entlassung Schokins jedoch nicht, weil dieser gegen Burisma und damit auch gegen Hunter Biden ermittelte, sondern weil Schokin Untersuchungen blockierte und Korruptionsermittlungen (auch gegen Burisma) behinderte. Ja, so war es sicherlich. Schokins Nachfolger als Generalstaatsanwalt Ruslan Rjaboschapka stellte fest, dass eine Prüfung Hunter Bidens und dessen Rolle als Verwaltungsrat des Energiekonzerns Burisma von 2014 bis 2019 keinen Hinweis auf Verfehlungen erbracht haben. Komischerweise wurde dieser dann nicht entlassen. Aber wie soll Präsident Selenskyj im Juli 2019 gesagt haben: *„Rjaboschapka sei hundert Prozent mein Mann."*[672] Ein Video, wie Joe Biden auf einer Veranstaltung des Council on Foreign Relations am 23.1.2018 beschrieb, wie er Poroschenko unter Druck setzte, ist unter [673] zu finden.

Die Parallelen zu 1939

Mittlerweile sprechen mehrere Medien von Parallelen zur Zeit vor Ausbruch des Ersten Weltkriegs zu heute und beziehen sich auf das Buch »Die Schlafwandler – Wie Europa in den Ersten Weltkrieg zog« von Prof. Dr. Christopher Clark, in dem er argumentiert, die damaligen Mächte seien in den Ersten Weltkrieg *„hineingeschlafwandelt".*[674] [675] Doch bei näherer Betrachtung des vorangehenden Kapitels und der Lektüre des Buches »Verborgene Geschichte« der beiden Briten Gerry Docherty und Jim Macgregor kann man zu dem Schluss gelangen, die wichtigste Parallele sei das lange Hinarbeiten von Mächten im Hintergrund zum Krieg, um sich daran schamlos zu bereichern und gleichzeitig die eigene Machtposition zu stärken.

Doch wer das Buch »1939 Der Krieg, der viele Väter hatte« von Gerd Schultze-Rhonhof, einem ehemaligen Generalmajor der Deutschen Bundeswehr, gelesen hat, kommt zwangsläufig zu dem Ergebnis, dass die Parallelen der Jetztzeit zu der Zeit vor dem Zweiten Weltkrieg weitaus größer sind. Da dieses Thema ein eigenes Buch füllen könnte, seien die Gemeinsamkeiten von damals zu heute nur tabellarisch kurz umrissen, wobei die Daten von früher aus oben genanntem Buch übernommen wurden.

Heutige Zeit	Zeit vor 1939
Der politische Status	
Russland weist mit Kaliningrad (Königsberg) eine Exklave auf.	Das Deutsche Reich hatte die ostpreußische Exklave.
In der Ukraine lebt eine russischsprachige Minderheit, die in dem seit 2014 andauernden Bürgerkrieg je nach Quelle mehr als 13.000 Mitbürger verloren hat.	In Polen lebte eine deutschsprachige Minderheit, die heftiger antideutscher Propaganda ausgesetzt war und dadurch schwere polnisch-nationale Übergriffe erleiden musste.
Es gibt Streit um den Status der Krim, die urrussisch ist und 1954 zu Zeiten der UdSSR aus Verwaltungsvereinfachung der Ukraine zugestanden wurde. Die Bewohner der Krim wollten mehrheitlich zu Russland.	Es gab Differenzen um den Status von Danzig, das sehr lange deutsch gewesen war und nach WK I als Freie Stadt Danzig unter Schutz des Völkerbunds und in polnischer Zollunion stand. Die Bewohner Danzigs wollten dem Deutschen Reich zugehörig sein.
Die Streitpunkte	
Zwischen Litauen und Russland gibt es Unstimmigkeiten über den Bahntransit für sanktionierte Güter nach Kaliningrad. Dass die baltische Flotte dort liegt, macht die Angelegenheit delikat.	Das Deutsche Reich beanspruchte von Polen einen Transitkorridor nach Ostpreußen.
Laut verschiedener Angaben wurden bis Kriegsbeginn mehr als 13.000 Menschen in den russischsprachigen Ostprovinzen getötet.	*„Terrorakte gegen Deutsche, die Zerstörung deutscher Geschäfte und Brandstiftungen auf deutschen Bauernhöfen werden zum Pogrom.“* (S. 454 des o.g. Buches)
Russland annektierte die Krim 2014 nach einem hohen prorussischen Umfrageergebnis über die politische Zugehörigkeit der Krim.	Das Deutsche Reich verlangte, Danzig gemäß dem Willen der Danziger Bevölkerung wieder in das Reich zu integrieren.
Die Eskalation	
Die USA und die Ukraine unterzeichnen Ende 2021 ein Abkommen, um Aggressionen von außen gegen die Ukraine zu verhindern.	Frankreich und Großbritannien gaben Polen ein Garantie- und Hilfsversprechen.
Die Ukraine spricht ständig davon, den Sieg zu erringen.	Polen überschätzte die eigene militärische Stärke.
Russland marschiert am 24.2.2022 in der Ukraine ein.	Das Deutsche Reich überfiel am 1.9.1939 Polen und war nach vier Wochen siegreich.
Würde Russland versuchen, den Korridor nach Kaliningrad im Falle einer Schließung durch Litauen gewaltsam wiederzuöffnen und so den NATO-Bündnisfall verursachen?	Frankreich und Großbritannien erklärten dem Deutschen Reich den Krieg.

Eine durchaus provokante Frage zum Abschluss des Kapitels: Wollen die Geostrategen der USA über einen dritten Krieg auf dem Schlachtfeld Europa die von Prof. Dr. George Friedman geäußerte Sorge der USA vor einer deutsch-russischen Zusammenarbeit für immer beseitigen?

Das Massaker von Butscha

Da in einem Krieg die Wahrheit immer das erste Opfer ist, wird es wohl schwierig zu klären, was in Butscha wirklich passierte. Da sich westliche Medien in ihrer Berichterstattung in diesem Informationskrieg auf die ukrainische Seite geschlagen haben, seien hier Argumente genannt, die gegen eine russische Verursachung sprechen.

Nach dem so vom russischen Verteidigungsministerium gemeldeten freiwilligen Abzug der russischen Armee am 30.3.2022 veröffentlichte der Bürgermeister von Butscha, Anatoly Fedoruk, eine kurze Rede, in der er laut verfügbarer Übersetzung darlegt, dass *„der 31.3.2022 in die Geschichte unserer Stadt eingehen wird, denn dies ist der Tag der Befreiung von den russischen Orks"*.[676] [677] (Das Video mit deutschen Untertiteln ist leider nicht mehr auffindbar.) Der Bürgermeister erwähnt jedoch mit keinem Wort irgendwelche Massaker mit daraus resultierenden Toten, die durch die russische Armee verübt worden sein sollen. Laut dem Journalisten Thomas Röper habe Kiew das Kriegsverbrechen erst am 3.4.2022 gemeldet und der Bürgermeister spräche plötzlich von hunderten Leichen, die er anscheinend vorher vergessen haben soll. Ferner trügen die Toten auf den Straßen weiße Armbinden, das Erkennungsmerkmal russischer Soldaten, um sich als prorussisch auszuweisen.[678]

In einem weiteren Artikel[679] berichtet Thomas Röper, dass *„die ukrainische Polizei ein Video vom 2. April veröffentlicht hat, das zeigt, wie die ukrainische Polizei in die Stadt Butscha eingerückt ist. Auf dem Video wird die Zerstörung dokumentiert, aber es ist keine Rede von einem Massaker und man sieht auch keine Toten auf den Straßen liegen. Weiterhin tauchten Videos von einem ukrainischen Blogger auf, der die Schäden in Butscha so dokumentierte."* Auf seinen Videos waren ebenfalls keine Leichen zu sehen.[680]

Gemäß einem Artikel vom 2.4.2022 der englischsprachigen Seite des ukrainischen Nachrichtenportals *lb.ua* fand in Butscha eine Säuberungsaktion der ukrainischen Einheit SAFARI statt, bei der die Stadt *„von Saboteuren und Komplizen der russischen Armee befreit wurde"*. Im Original heißt es: *„Special forces have begun a clearing operation in the city of Bucha in the Kyiv region, which has been liberated by the Armed Forces of Ukraine. The city is being cleared from saboteurs and accomplices of Russian forces."*[681] Bestätigung findet diese Aussage bei einem türkischen TV-Sender.[682] Außerdem ist ein Video veröffentlicht, in dem *„ein Soldat seinen Kommandanten (fragt), ob er auf alle schießen darf, die keine blauen Armbinden tragen, und der Kommandeur erlaubt dies. Die blauen Armbänder sind Erkennungszeichen der ukrainischen Armee und ihrer Sympathisanten, die weißen Armbänder sind Erkennungszeichen der russischen Armee und ihrer Sympathisanten."*[683]

Und leider sind auch ukrainische Soldaten nicht gerade zimperlich im Umgang mit ihren russischen Gegnern, wie ein Beitrag bei *n-tv* zeigt.[684]

Die Satellitenbilder, die von westlichen Medien als Beweis dargelegt werden, die zeigen, dass die Leichen in Butscha bereits Mitte März existent waren, stammen von der Firma Maxar[685], die sehr eng mit dem Pentagon zusammenarbeitet.[686]

Der französische Ex-Soldat Adrien Bocquet berichtet, dass ukrainische Truppen in Butscha Leichen niederlegten, um ein angebliches Massaker zu inszenieren.[687] Den Wahrheitsgehalt dessen muss nach Lektüre des Textes jeder für sich beurteilen.

Abschließend mag noch verwundern, dass Großbritannien einem russischen Antrag seine Zustimmung verweigerte, eine Sitzung des UN-Sicherheitsrates im Zusammenhang mit dem Vorfall in der ukrainischen Stadt Butscha einzuberufen. Die russische Außenamtssprecherin Maria Sacharowa wörtlich: *„Gestern hat Großbritannien, das den Vorsitz im UN-Sicherheitsrat innehat, in schlimmster britischer Tradition nicht zugestimmt, eine Sitzung des Sicherheitsrates über die Situation in Butscha abzuhalten."*[688]

Die Sanktionen gegen Russland

GTAI, die Außenwirtschaftsagentur der Bundesrepublik Deutschland, titelte am 12.5.2022 „*Russland-Sanktionen weltweit*"[689] und auch das Auswärtige Amt überschrieb seine Seite [690] mit „*Geschlossenes Vorgehen gegen Putins Krieg in der Ukraine...*". Solche Schlagzeilen suggerieren dem Leser, dass die Welt einheitlich an den Sanktionen beteiligt ist. Ein Blick auf die Weltkarte zeigt jedoch ein anderes Bild:

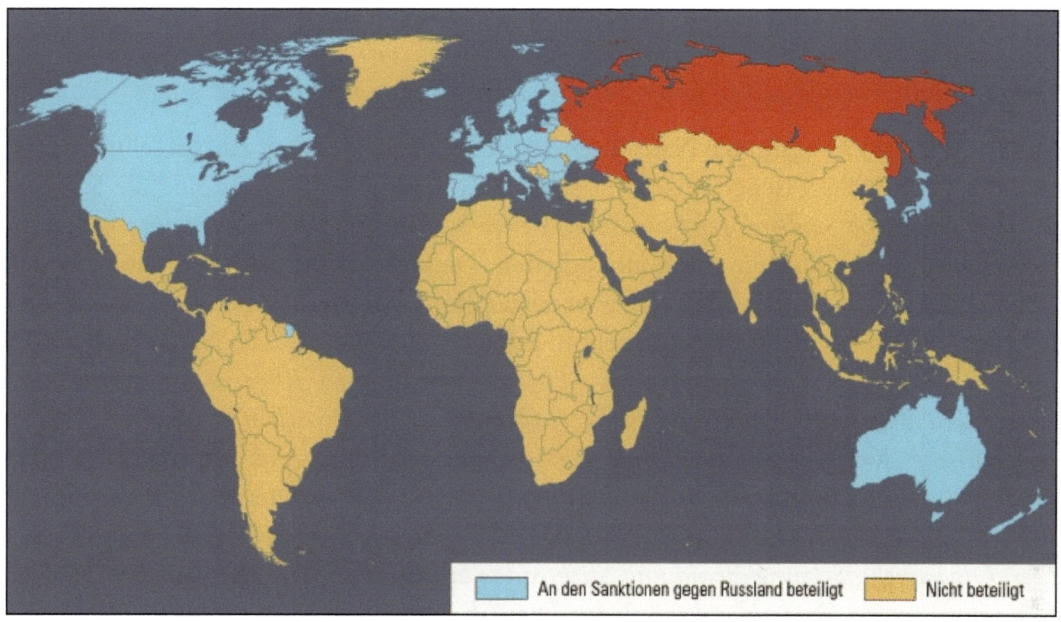

Abb. 127: An Sanktionen gegen Russland beteiligte Länder

Neben den USA nehmen lediglich deren nahe Verbündete Kanada, der größte Teil Europas, Japan, Südkorea, Taiwan, Neuseeland und Australien an den Maßnahmen teil. Warum zieht also der größte Teil der Menschheitsfamilie nicht mit? Ein Grund könnte sein, dass Vorfälle wie der derzeitige Krieg in der Ukraine gar nicht so selten passieren und daher nicht so außergewöhnlich sind, wie es die westlichen Medien penetrieren. Der Schweizer Historiker und Friedensforscher Dr. Daniele Ganser hat eine Aufstellung der völkerrechtswidrigen Kriege der jüngeren Vergangenheit grafisch aufgearbeitet:

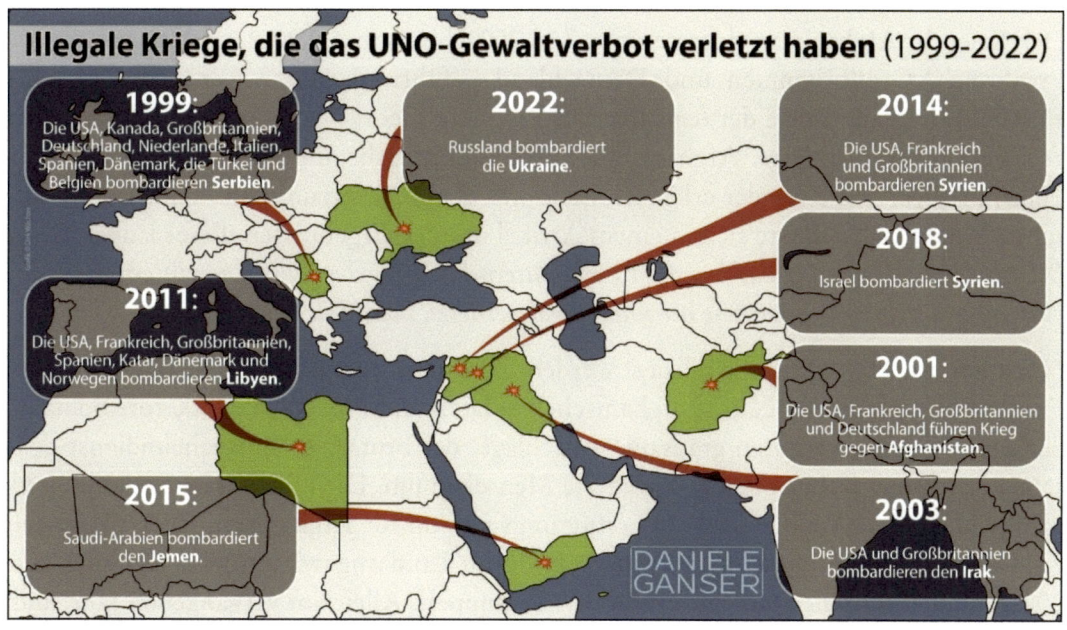

Abb. 128: Völkerrechtswidrige Kriege der jüngeren Vergangenheit

Seit 1999 kommt man also auf sage und schreibe acht illegale Aggressionen gegen einzelne Länder:

- Im Kosovokrieg bombten NATO-Verbände aus den USA, Kanada, Großbritannien, Deutschland, den Niederlanden, Italien, Spanien, Dänemark, der Türkei und Belgien vom 24.3.1999 bis zum 9.6.1999 Serbien die westlichen Werte ein. Die folgenden Ausführungen stammen aus einem Artikel in der Berliner Zeitung[691] vom 14.6.2021: *„Achtundsiebzig Tage lang bombardierte die Nato 1999 ohne Uno-Mandat serbische Krankenhäuser, Schulen, Wasserwerke und Chemiebetriebe. Dieser ... Angriffskrieg ... führte zu einer ökologischen und humanen Katastrophe. Doch Kirchen, Umweltverbände und Bündnis 90/Die Grünen schweigen bis heute."*

- Am 24. März 1999 begann die Nato ihren Luftkrieg gegen Serbien. Ausgerechnet der grüne Außenminister Joschka Fischer heizte mit seinem Kollegen Rudolf Scharping die Kriegsstimmung an. Um *„ethnische Säuberungen"*, weitere *„Vertreibungen"* und eine *„humanitäre Katastrophe"* zu verhindern, sei es dringend nötig, einzugreifen. Diese Behauptungen sind längst widerlegt, wie Oberstleutnant a.D. Jochen Scholz, ehemaliger Referent beim Generalinspekteur der Bundeswehr im Verteidigungsministerium, schon vielfach bestätigte. *„...Die Nato zerstörte oder beschädigte 60 Brücken, 110 Krankenhäuser, 480 Schulobjekte, 365 Klöster, das Fernsehzentrum, die Strom- und Wasserversorgung, 121 Industriebetriebe. 2.500 Menschen fanden den Tod. Als besonders zynisches Kriegsverbrechen gilt bis heute neben dem Einsatz von über 30.000 Urangeschossen an über 80 Orten die vorsätzliche Bombardierung der großen Chemiezentren in Pančevo, Novi Sad und Bor. ... 80.000 Tonnen Öl liefen aus, 20.000 Tonnen verbrannten. Eine riesige Wolke aus Ruß, Teer, Ölpartikeln, Schwefeldioxid und Stickoxiden lag über der Stadt. Nur ein Bruchteil davon löste im gesetzesstrengen Deutschland später den Dieselskandal aus und Debatten über jährliche Todesopfer. ... trafen computergesteuerte Raketen ... einen noch halbvollen Tank mit 450 Tonnen Vinylchlorid, dem krebserregenden Vorprodukt für die PVC-Herstellung. ... Ammoniak ... entwichen auch von diesem tödlichen Gas Hunderte Tonnen. ... Schon wenige Jahre nach Kriegsende beobachten serbische Mediziner ...einen dramatischen Anstieg der Krebsrate und Sterblichkeit. Heute liegt Serbien bei Lungen- und Brustkrebs an der Spitze Europas. ... Für die Toxikologin Ursula Stephan aus Halle/Saale ist die Bombardierung der serbischen Chemiebetriebe bis heute ein ungesühnter, vorsätzlicher Chemiekrieg, der Tausende Opfer von Langzeitschäden bewusst in Kauf nahm."*

- Welche Sanktionen wurden in diesem Fall gegen die Aggressoren verhängt? Keine!

- Der Krieg in Afghanistan dauerte vom 7.10.2001 bis zum 6.9.2021 und wurde von den USA, Frankreich, Großbritannien und Deutschland geführt. Auslöser waren die Anschläge vom 11.9.2001, in deren Folge der damalige US-Präsident George W. Bush den *„globalen Krieg gegen den Terrorismus"* erklärte. Afghanistan wurde zu Kriegsbeginn von den radikal-muslimischen Taliban regiert und eines der erklärten Ziele war deren Absetzung. Die Linksfraktion des Deutschen Bundestags befasste sich in einem Artikel mit den Ergebnissen dieses langen Krieges: *„Die Bilanz des Feldzuges für das Land fällt erschütternd aus. Weder wurde der internationale Terrorismus ausgemerzt. Er ist stark wie nie und global vernetzt, von Mali bis Indonesien."*[692]

- Noch konnte Afghanistan stabilisiert werden. Zu Buche stehen bis zu 185.000 zivile Opfer, viele Frauen und Kinder, 66.000 tote afghanische Soldaten und Polizisten, 3.600 tote Soldaten der Allianz. Die Taliban verübten grausame Anschläge, der brutale Inlandsgeheimdienst der afghanischen Regierung, NDS, brachte Hunderte Menschen um. Die humanitäre Situation ist katastrophal, wie die Berichte der UN-Unterstützungsmission für Afghanistan (UNAMA) zeigen: Die Zahl der Menschen, die auf humanitäre Hilfe im Land angewiesen sind, hat sich seit Anfang 2020 von 9,4 Millionen auf 18,4 Millionen verdoppelt. Allein im vergangenen Jahr sind laut aktuellen Zahlen von UN-OCHA knapp 380.000 Menschen innerhalb des Landes vor Kämpfen und Gefechten aus ihren Dörfern und Städten geflohen. Über 2,7 Millionen afghanische Flüchtlinge sind weltweit im Ausland registriert. Es gibt 4 Millionen Kinder, die nicht zur Schule gehen, die Korruption galoppiert und nach 20 Jahren leben 72 Prozent der Afghanen unter der Armutsgrenze.

Warum hat die jetzige Bundesregierung die aktuelle Lage in Afghanistan völlig falsch eingeschätzt und Warnungen vor einem raschen Siegeszug der Taliban so lange ignoriert? Sie hat damit tausende Menschen der Gefahr für Leib und Leben ausgesetzt. Die Fraktion DIE LINKE hatte am 24. Juni 2021 die rasche Evakuierung der Ortkräfte im Bundestag zur Abstimmung gestellt. Dieser Antrag wurde abgelehnt. In der Folge wurden die Ortkräfte im Stich gelassen.

- Der Zusammenbruch der vom Westen finanzierten Regierung in Kabul in so kurzer Zeit nach dem Verlassen der NATO-Streitkräfte zeigt: *„Sie hatte keinen Rückhalt im Land. Die Perspektive eines endlosen weiteren Krieges war weder für das afghanische Militär noch für die übergroße Mehrheit der Bevölkerung ertragbar."*

Nach dem Abzug der internationalen Kriegsparteien eroberten die Taliban (unter 80.000 Kämpfer laut [693]) das Land sofort wieder zurück. Widerstand der afghanischen Armee (Truppenstärke ca. 300.000 laut [694]) war Fehlanzeige. Dabei haben die Taliban von dieser das von den USA im Land gelassene Kriegsgerät erobert. Gemäß dem österreichischen ORF[695] erbeuteten die Taliban *„zahlreiche Waffen wie etwa US-Sturmgewehre bis hin zu schwerem Gerät"*. Weiterhin sollen sich auch *„Black Hawks, Humvees und Kampfflugzeuge"* in ihrem Besitz befinden.

Ein weiterer unschöner Effekt des Krieges war die Erhöhung der (geschätzten) Opiumproduktion im Land in Tonnen:

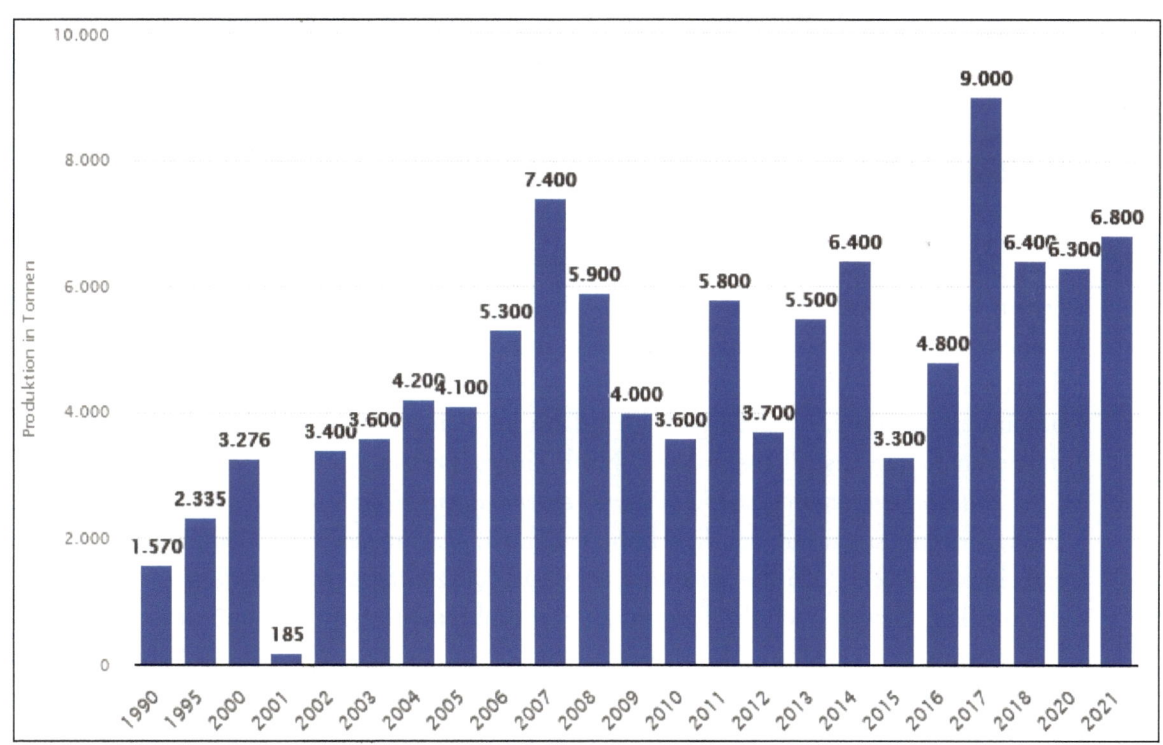

Abb. 129: Afghanische Opiumproduktion ab 1990

Welche Sanktionen erfuhren die beteiligten Kriegsparteien? Keine!

- Der Irakkrieg vom 20.3.2003 bis zum 15.12.2011 sah die USA und Großbritannien als illegale Angreifer. Dieser Angriff wurde vor allem durch *„eine wachsende akute Bedrohung durch Mas-*

179

senvernichtungswaffen des Irak und dessen angebliche Verbindung zum Terrornetzwerk Al-Qaida" begründet.[696] Wer erinnert sich nicht an den Auftritt des damaligen US-Außenministers Colin Powell am 5. Februar 2003 mit einem Fläschchen in der Hand vor dem UN-Sicherheitsrat:

Abb. 130: Colin Powell präsentierte angebliche Massenvernichtungswaffen des Irak vor den UN-Sicherheitsrat

Schon bei den Anthrax-Anschlägen[697] ab dem 18.9.2001, bei denen fünf Menschen zu Tode kamen, versuchte man, dem Irak eine Verbindung zu diesen Anschlägen zuzuschreiben, was damals allerdings misslang, da sich herausstellte, dass das versendete Anthrax aus US-Militärbeständen stammte.[698] 2003 gelang es dann endlich, den Angriff durchzuführen, welcher den mittleren Osten ins Chaos stürzte. Nach einem Bericht der Deutschen Welle[699] *„schwanken (die Todeszahlen) zwischen 150.000 und einer halben Million Toten"*. Manche seriöse Untersuchung kommt sogar auf deutlich höhere Zahlen: Das angesehene Medizinfachblatt *The Lancet* errechnete *„schon 2006 die Zahl von über 650.000 zusätzlichen Todesfällen."* Da wurden neben der blanken Gewalt auch die Folgen der zerbombten Infrastruktur und des zerstörten Gesundheitswesens berücksichtigt. Und weiter geht es im Artikel: *„Die Begründungen für diesen Waffengang wurden auf Lügen gebaut. ... All diese Behauptungen stellten sich als falsch heraus. Powell selbst bezeichnete 2005 diese Rede als Schandfleck seiner Karriere."*

Sehr interessant ist in diesem Zusammenhang ein Artikel der *Deutschen Wirtschaftsnachrichten*[700], den sie mit *„Im Jahr 2000 erklärte Saddam Hussein dem US-Dollar den Krieg"* überschrieben. Darin heißt es auszugsweise: *„Im Jahr 2000 entschied der damalige irakische Staatschef Saddam Hussein, das irakische Geschäft komplett auf den Euro umzustellen. Der US-Dollar sollte verbannt werden. Drei Jahre später führten die USA eine Invasion gegen den Irak durch und im Jahr 2006 wurde Hussein zum Tode verurteilt."*

180

Dass dieser brutale Angriffskrieg den ehemaligen US-Präsidenten George W. Bush anscheinend noch beschäftigt, erkennt man während einer Rede, in der er über Wladimir Putin und dessen Einmarsch in die Ukraine schimpft und sich wie folgt verspricht: „... *die Entscheidung eines einzigen Mannes, eine komplett ungerechtfertigte und brutale Invasion des Irak zu starten*".[701] Auch wenn er sich danach schnell verbessert, dass er die Ukraine meine, zeigt es doch, dass ihn sein völkerrechtswidriger Krieg im Irak anscheinend noch beschäftigt.

Wurden die kriegstreibenden Nationen mit Sanktionen belegt? Nein!

- Vom 19.3.2011 bis zum 31.10.2011 bombardierten die USA, Frankreich, Großbritannien, Spanien, Katar, Dänemark und Norwegen völkerrechtswidrig das erdölreiche Libyen. „*Der internationale Militäreinsatz in Libyen umfasste bewaffnete Operationen zur Einrichtung einer Flugverbotszone, zum Schutz der Zivilbevölkerung in Libyen, zur Unterstützung der Aufständischen gegen die Regierungstruppen (von Machthaber Muammar al-Gaddafi) und zur Durchsetzung des Waffenembargos durch Marineschiffe. ... Faktisch diente der Militäreinsatz auch der Unterstützung der Aufständischen und es fanden regelmäßig Konsultationen mit deren Militärführern statt. Gleichwohl erlitten Rebellen-Einheiten in einer Reihe von Fällen Verluste durch Militärschläge der Koalition.*"[702]

Das Ergebnis beschreibt die *Deutsche Welle* wie folgt: „*Die Gewalt in Libyen hörte nicht auf und mündete in einen jahrelangen Bürgerkrieg.*"[703] Krasser formuliert es die *World Socialist Web Site* in einer ihrer Veröffentlichungen: „*Unter dem Vorwand der Verteidigung von ‚Demokratie' und ‚Menschenrechten' wurde mit Libyen ein Land zerstört und geplündert, das die beste soziale Infrastruktur und das höchste Pro-Kopf-Einkommen Afrikas hatte. Die USA und die europäischen Mächte bombardierten Libyen acht Monate lang ununterbrochen, verwüsteten ganze Landstriche und setzten al-Qaida-nahe Milizen als Stellvertretertruppen ein. Der Krieg für einen Regimewechsel endete mit der Folter und Ermordung des libyschen Führers Muammar Gaddafi. Heute sind die verheerenden Folgen des Krieges unübersehbar. Früher war Libyen das wohlhabendste Land in der Region, heute ist es für die Bevölkerung die Hölle auf Erden. Zehntausende Menschen wurden im Krieg getötet, viele weitere Tausend starben in den folgenden zehn Bürgerkriegsjahren. Rivalisierende Milizen, die von ausländischen Mächten unterstützt werden, verbreiten Gewalt und Terror.*"[704] Außerdem interessant: „*Im Jahr 2009 schlug Oberst Gaddafi, der damalige Präsident der Afrikanischen Union, den Staaten des afrikanischen Kontinents vor, auf eine neue, vom amerikanischen Dollar unabhängige Währung umzustellen, das Dinar-Gold. Das Ziel dieser neuen Währung ist es, die Öleinnahmen in Fonds umzuleiten, die vom Staat und nicht von amerikanischen Banken kontrolliert werden. Kurz gesagt, um den Dollar nicht weiter für Öltransaktionen zu nutzen. Länder wie Nigeria, Tunesien, Ägypten und Angola sind bereit, die Währung zu wechseln. Im März 2011 aber intervenierte die internationale Koalition in Libyen im Namen der Freiheit ...*"[705] Libyen hatte vor dem Überfall hohe soziale Errungenschaften aufzuweisen.[706]

Und wie wurden die Aggressoren sanktioniert? Gar nicht!

- Auch die Kriege in Syrien und dem Jemen, auf die hier nicht näher eingegangen werden soll, hatten für die völkerrechtswidrigen Kriegsaktivisten keinerlei Folgen, keine Sanktionen, nichts. Ferner soll hier noch auf ein Interview mit Madeleine Albright, US-Außenministerin von 1997-2001, hingewiesen werden, das die CBS-Sendung *60 Minutes* 1996 mit ihr führte und in dem sie auf die Frage, „*ob der Tod von mehr als 500.000 irakischen Kindern durch die von den USA verhängten Sanktionen es wert gewesen sei*", antwortete: „*Ich denke, das ist eine sehr schwere Entscheidung, aber der Preis ist es wert. ... Ein UN-Bericht hatte festgestellt, dass zwischen 1991 und Ende 1995 nicht weniger als 576 000 irakische Kinder aufgrund der harten Wirtschaftssanktionen gestorben waren.*"[707] Im Video „1/2 Million tote Kinder durch Irak-Sanktionen" ist der entscheidende

Teil des Gesprächs mit deutschen Untertiteln zu sehen. Nach dem Tod von Madeleine Albright twitterte Annalena Baerbock folgende Worte:

Außenministerin Annalena Baerbock ✓
@ABaerbock
⚑ Regierungsvertreter*in aus Deutschland

Mit Haltung, Klarheit und Mut stand Madeleine Albright als erste US-Außenministerin ein für Freiheit und die Stärke von Demokratien. Mit ihr verlieren wir eine streitbare Kämpferin, wahre Transantlantikerin und Vorreiterin. Auch ich stehe heute auf ihren Schultern.

9:26 nachm. · 23. März 2022 · Twitter for iPhone

Abb. 131: Tweet von Annalena Baerbock zum Tod von Madeleine Albright

Wer nun einen entscheidenden Unterschied zwischen diesen völkerrechtswidrigen Kriegen und dem von Russland in der Ukraine feststellen kann, soll die Sanktionen gegen Russland weiter unterstützen. Nur macht diese Gegenüberstellung doch verständlich, warum die Mehrheit auf dieser Welt sich den vom Westen verhängten Sanktionen nicht anschließen will, wobei nach einer Rede von Bundeskanzler Olaf Scholz am 23.3.2022 im Deutschen Bundestag ohnehin bezweifelt werden kann, dass die Sanktionen primär mit dem russischen Überfall auf die Ukraine zu tun haben. Er sagt dabei:

> Gemeinsam mit unseren internationalen Partnern haben wir Sanktionen verhängt, die ihresgleichen suchen. Über Monate hinweg haben wir sie bis ins kleinste Detail vorbereitet, damit sie die Richtigen treffen, damit sie wirken.

Abb. 132: Ausschnitt einer Rede von Olaf Scholz am 23.2.2022 im Bundestag

Bestätigung findet Olaf Scholz' Aussage in einem Artikel des *Handelsblatts* vom 28.3.2022, wo Wirtschaftsminister Robert Habeck folgende Aussage tätigt:

> Auf die Frage nach Vorbereitungen für den Fall, dass Russland Gaslieferungen einstelle, sagte Habeck: „Wir sind auf alle Szenarien vorbereitet." Die Bundesregierung arbeite seit dem Jahreswechsel an Antworten auf Szenarien.

Abb. 133: Aussage Robert Habecks im Handelsblatt vom 28.3.2022

Doch wirken die Sanktionen so, wie es Olaf Scholz in seiner oben zitierten Rede angedeutet hat? Sanktionen schaden der Wirtschaft natürlich. In westlichen Medien ist sogar schon von einer drohenden Staatspleite Russland die Rede.[708] Doch laut Managermagazin baute Russland im ersten Quartal des Jahres 2022 seine Staatsschulden um 26,5 Milliarden Dollar oder 5,5% auf 453,5 Milliarden Dollar ab.[709] Der Grund für die Probleme Russlands, seine Auslandsschulden zu begleichen, liege vielmehr am US-amerikanischen Finanzministerium, das Moskau vergangene Woche daran hinderte, *„fällige Zahlungen von mehr als 600 Millionen Dollar an ihre Gläubiger aus den bei US-Banken gehaltenen Devisenreserven zu leisten"*.

Auch sahen wir einen steigenden Rubel. Nach einem kurzen Einbruch nach Kriegsbeginn überstieg der Rubel kurzfristig sein Vorkriegsniveau um ca. 25% zum Dollar, um dann jedoch etwas unter Vorkriegsstand abzusinken:

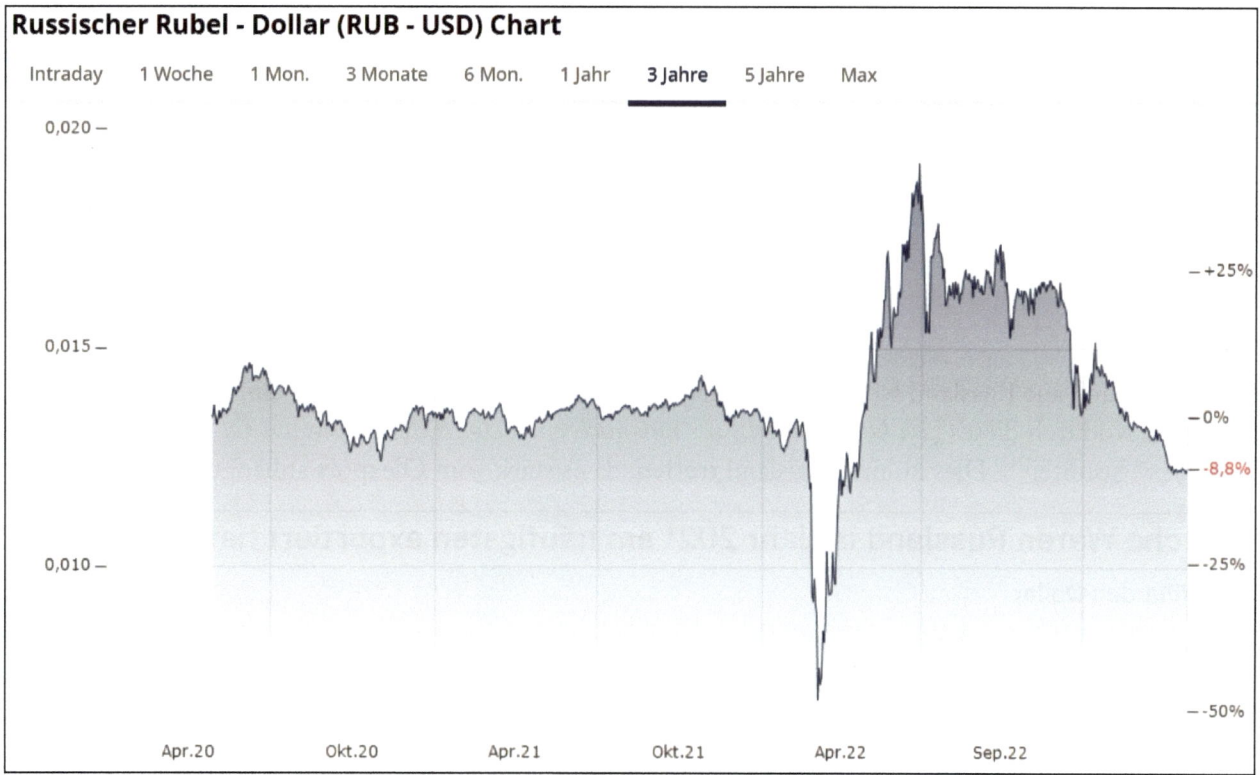

Abb. 134: Entwicklung des Wechselkurses des russischen Rubels zum US-Dollar

Ein ähnliches Bild ist beim Vergleich zum Euro festzustellen, wo der Rubel zwischenzeitlich ca. 42% über dem Vorkriegslevel lag, um danach wieder abzufallen:

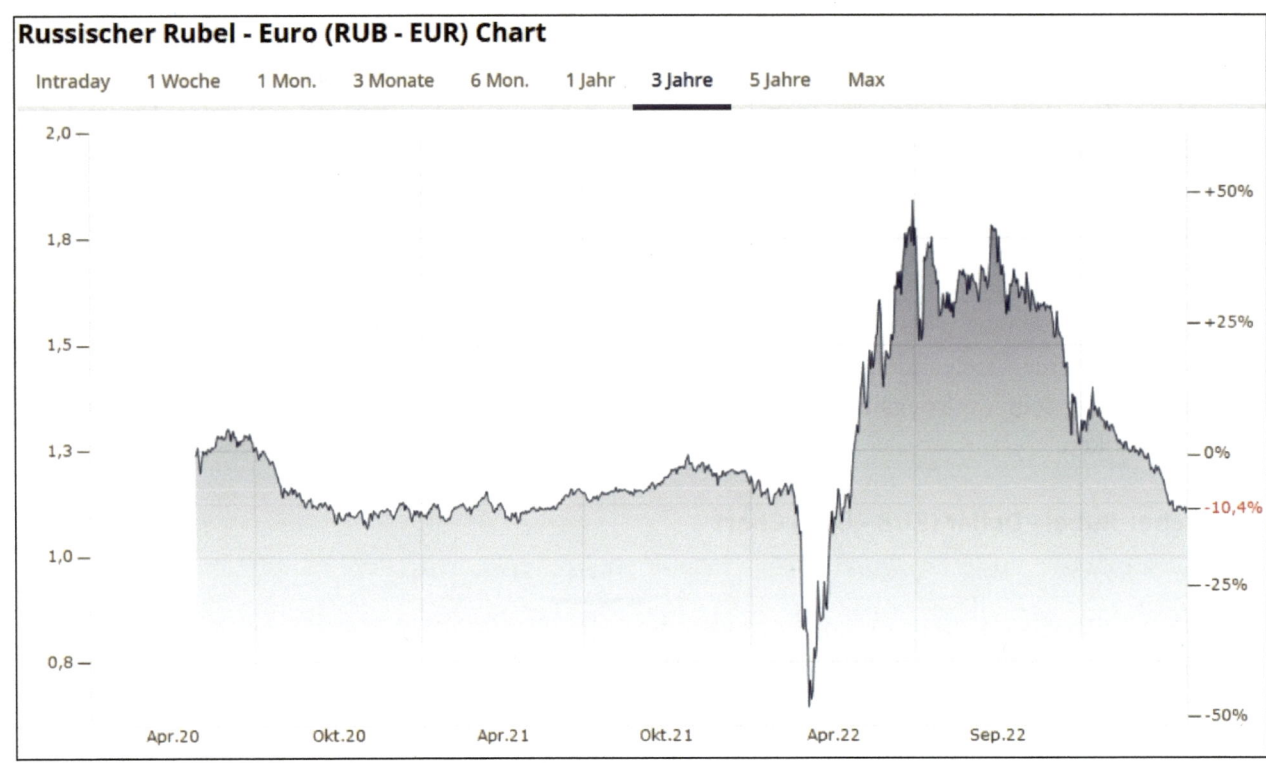

Russischer Rubel - Euro (RUB - EUR) Chart

Intraday   1 Woche   1 Mon.   3 Monate   6 Mon.   1 Jahr   **3 Jahre**   5 Jahre   Max

Abb. 135: Entwicklung des Wechselkurses des russischen Rubels zum Euro

Um den Druck auf Russland weiter zu erhöhen, beschloss die EU im Mai 2022 ein Öl-Embargo gegen Russland, wodurch dieses *„im kommenden Jahr nur noch ein Zehntel der bisherigen Öl-Menge in die EU verkaufen"* könnte.[710] Dies könnte Russland treffen, da es stark vom Ölexport abhängt:

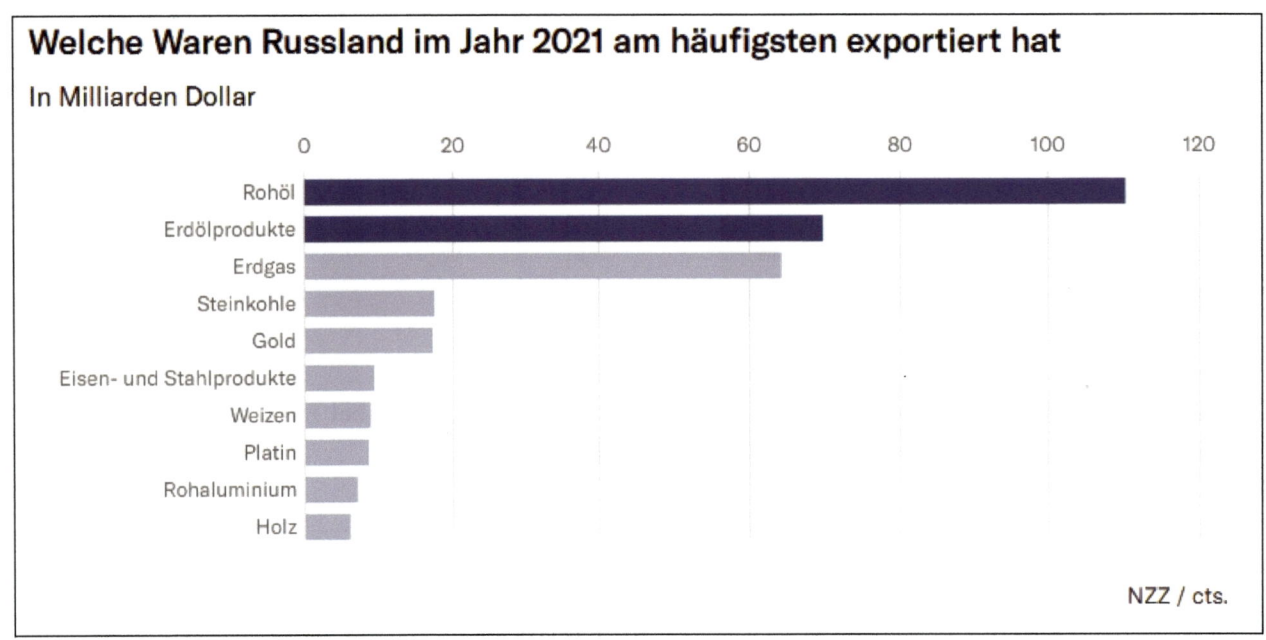

Welche Waren Russland im Jahr 2021 am häufigsten exportiert hat

In Milliarden Dollar

NZZ / cts.

Abb. 136: Russischer Export im Jahr 2021

Und fast die Hälfte seiner Erdölexporte fließen nach Europa.[711] Doch *„steigt der Preis am globalen Öl-markt – nicht zuletzt durch das EU-Embargo – hoch genug, könnte das den sinkenden Absatz der russischen Ölindustrie sogar wettmachen. Auch in den vergangenen Monaten, als der Ölexport bereits zurückging, sind die Einnahmen Russlands aus dem Öl- und Gasverkauf sogar gestiegen"*.[712] Und *„viele Ölmarkt-Analysten*

184

rechnen für die Sommermonate [2022] mit einem weiteren Anstieg der Ölpreise in Richtung 130-140 Dollar je Barrel".[713] Außerdem hat sich Russland in den letzten Jahren zunehmend unabhängiger von Öl- und Gasexporten gemacht:

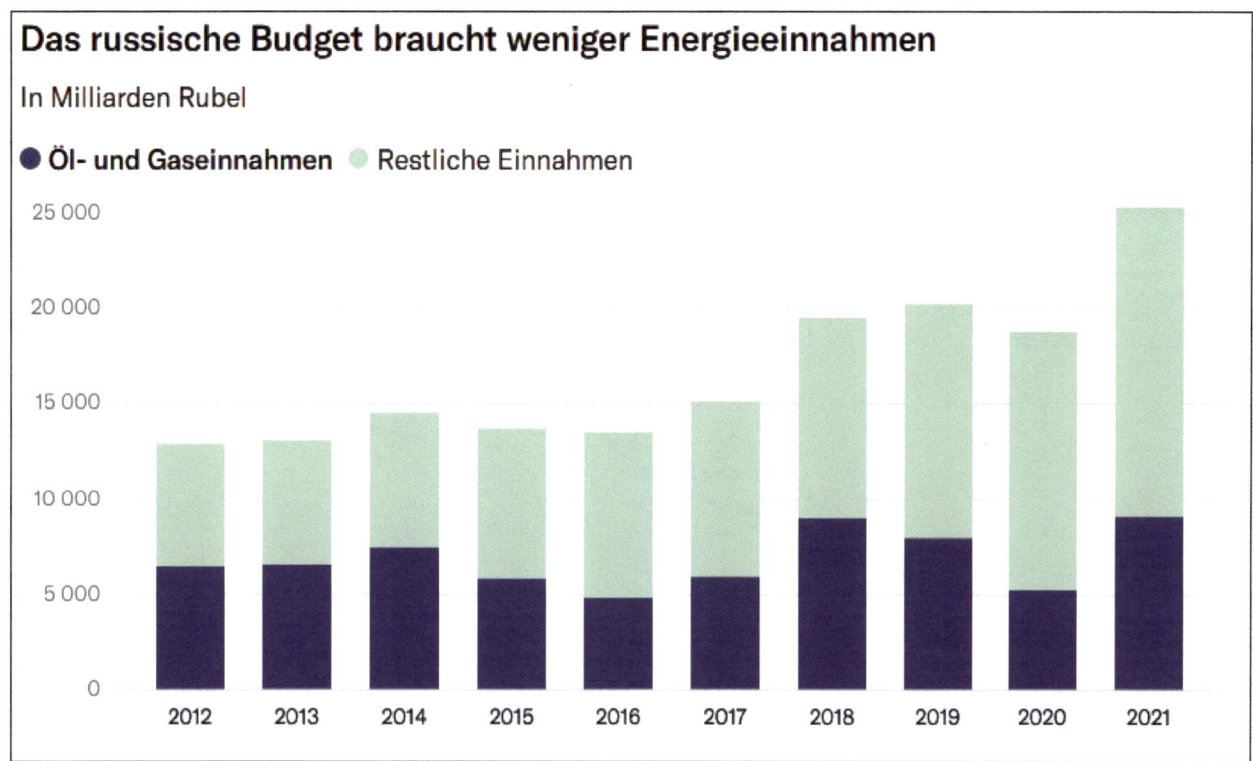

Das russische Budget braucht weniger Energieeinnahmen

In Milliarden Rubel

● **Öl- und Gaseinnahmen**   ● Restliche Einnahmen

Abb. 137: Entwicklung russischer Einnahmen

Zusätzlich scheint Russland mit der Türkei und Indien neue Abnehmer gefunden zu haben, die die Importe russischen Rohöls seit einigen Wochen kräftig steigern.[714] Im März 2022 hat Indien seine Einfuhren vervierfacht und auch mit China wurden langfristige Lieferverträge abgeschlossen.[715] Wie die westlichen Sanktionen wirken werden, bleibt also abzuwarten.

Übrigens verkauft Indien das günstig gekaufte russische Öl teuer an Europa[716] [717] So machen die Öl-Sanktionen ja richtig Sinn. Das Einzige, was Deutschland dadurch „gewinnt", ist Inflation. Und wenn man es kritisch betrachten will, bezahlt Deutschland noch einen Teil der indischen Ölimporte aus Russland, denn am 2.5.2022 sagte Bundeskanzler Olaf Scholz im Zuge der 6. deutsch-indischen Regierungskonsultationen in Berlin Indien zu, *„für die Umsetzung von Maßnahmen und Projekten im Rahmen dieser neuen Partnerschaft in den kommenden 10 Jahren 10 Milliarden Euro zur Verfügung [zu] stellen".*[718]

Doch wie wirken sich die Sanktionen auf Deutschland aus? Wirtschaftsminister Robert Habeck gab hier ein klares Statement ab: *„Wir werden uns aber natürlich selbst schaden. Das ist ja völlig klar. Der Sinn von Sanktionen ist, dass eine Gesellschaft, in diesem Fall die europäische Gesellschaft, Lasten trägt. Die Wirtschaft, die Verbraucher, die Konsumenten. Alle werden einen Beitrag leisten müssen. Es ist undenkbar, dass Sanktionen ohne Folgen für die eigene Volkswirtschaft, für die eigenen Preise sind. Wir werden höhere Inflation, höhere Energiepreise und eine Belastung der Wirtschaft haben, und wir sind als Europäer bereit, die zu tragen, um der Ukraine zu helfen. Aber kostenlos ist es nicht möglich, das hinzubekommen. Es wird Härten geben, und die Härten werden getragen werden müssen."*[719] An zwei Beispielen soll die Wahrwerdung dieser Prognose veranschaulicht werden.

Die von ihm angekündigte Inflation zeigt sich bereits deutlich:

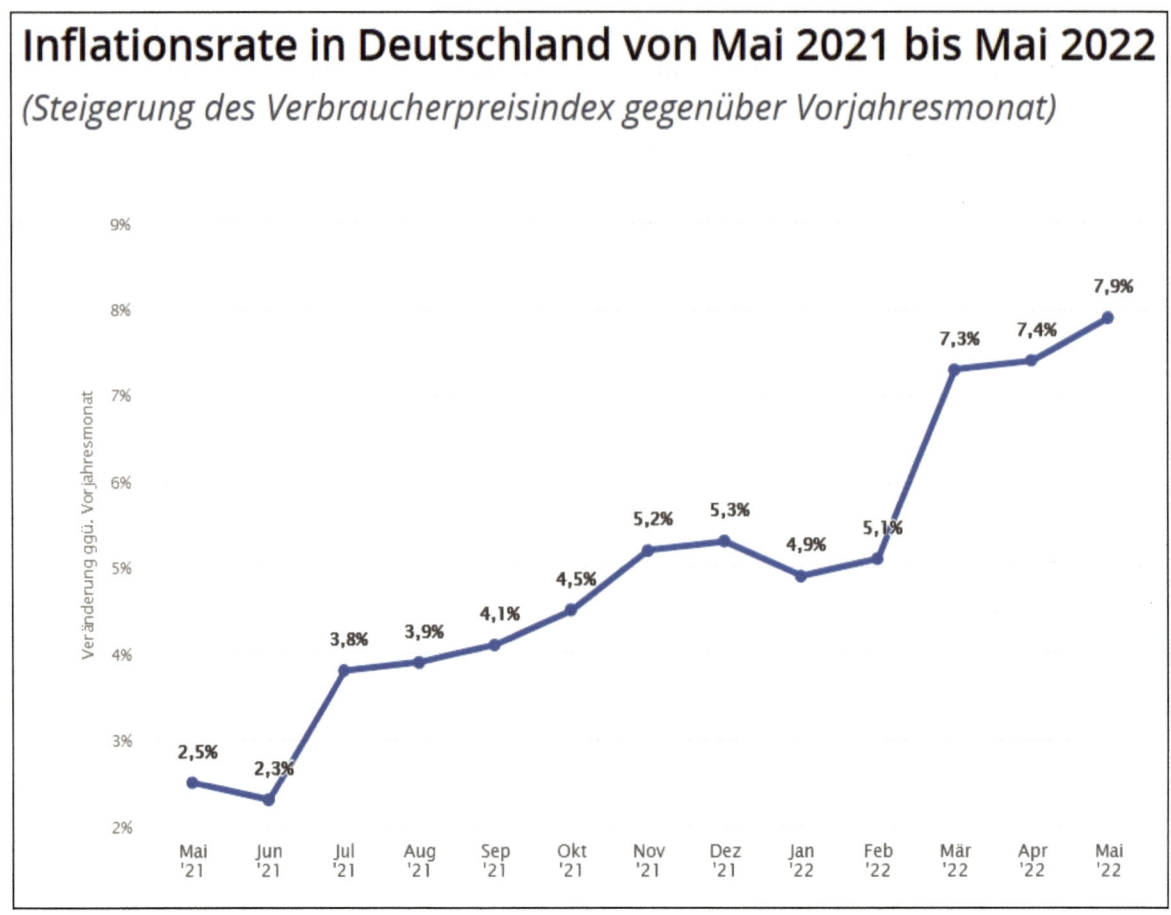

Inflationsrate in Deutschland von Mai 2021 bis Mai 2022

(Steigerung des Verbraucherpreisindex gegenüber Vorjahresmonat)

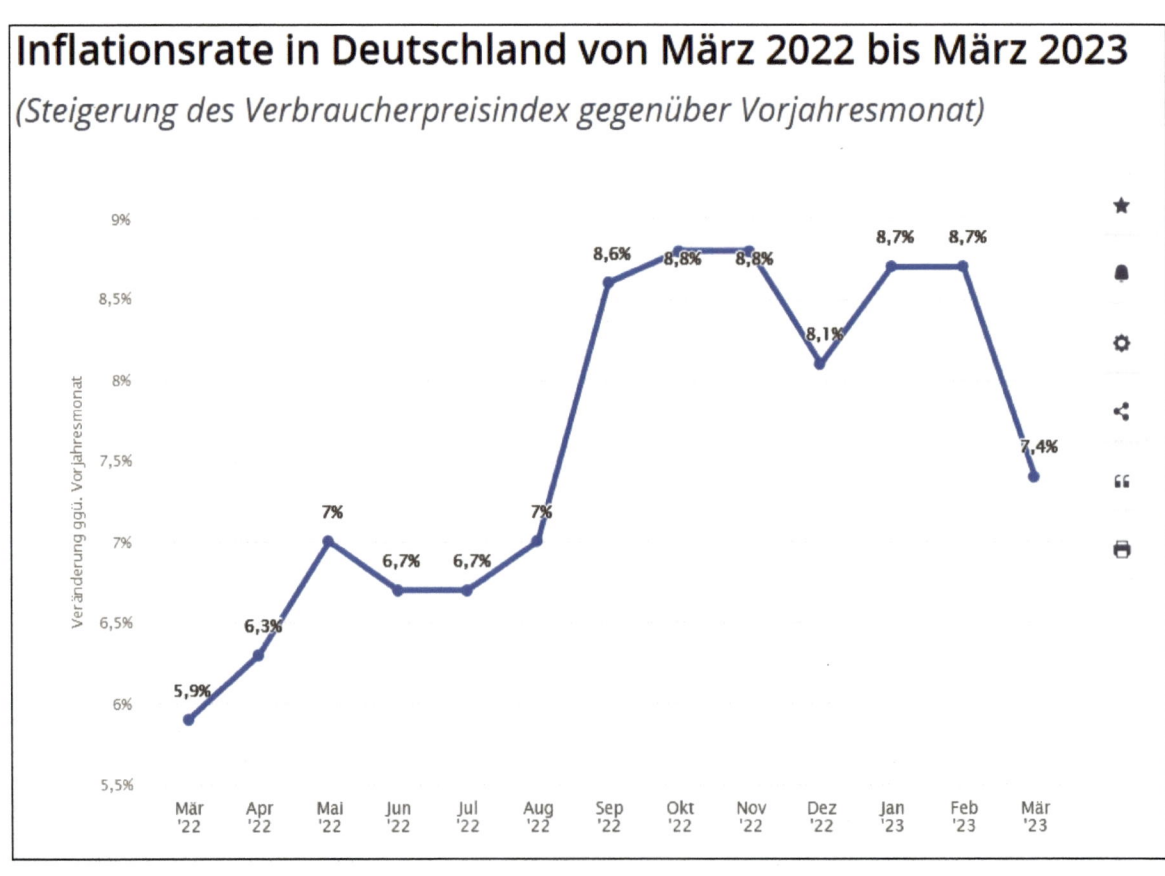

Inflationsrate in Deutschland von März 2022 bis März 2023

(Steigerung des Verbraucherpreisindex gegenüber Vorjahresmonat)

Abb. 138: Inflationsrate in Deutschland von Mai 2021 bis Mai 2022, abgerufen im Juni 2022
Abb. 139: Inflationsrate in Deutschland von März 2022 bis März 2023, abgerufen im April 2023

Vergleicht man die Werte von März, April und Mai 2022 in beiden Grafiken, so fallen gravierende Unterschiede auf, da die neuere Berechnung weniger Inflation aufweist. Der Grund ist, dass das statistische Bundesamt in Wiesbaden die Gewichtung der einzelnen Bestandteile des Warenkorbs für die Zeit ab 2022 nachträglich verändert hat. So sank die Gewichtung von Haushaltsenergie und Kraftstoffen von zehn auf siebeneinhalb Prozent, während sich z.B. der Anteil der nicht so stark im Preis gestiegenen Nahrungsmittel um zwei Prozentpunkte erhöhte. In Summe schaut die Inflationsrate dadurch niedriger aus.[(721)] Ein Schelm, der dahinter politisches Kalkül vermutet.

Auch bei der Entwicklung der Heizölpreise behielt Habeck recht:

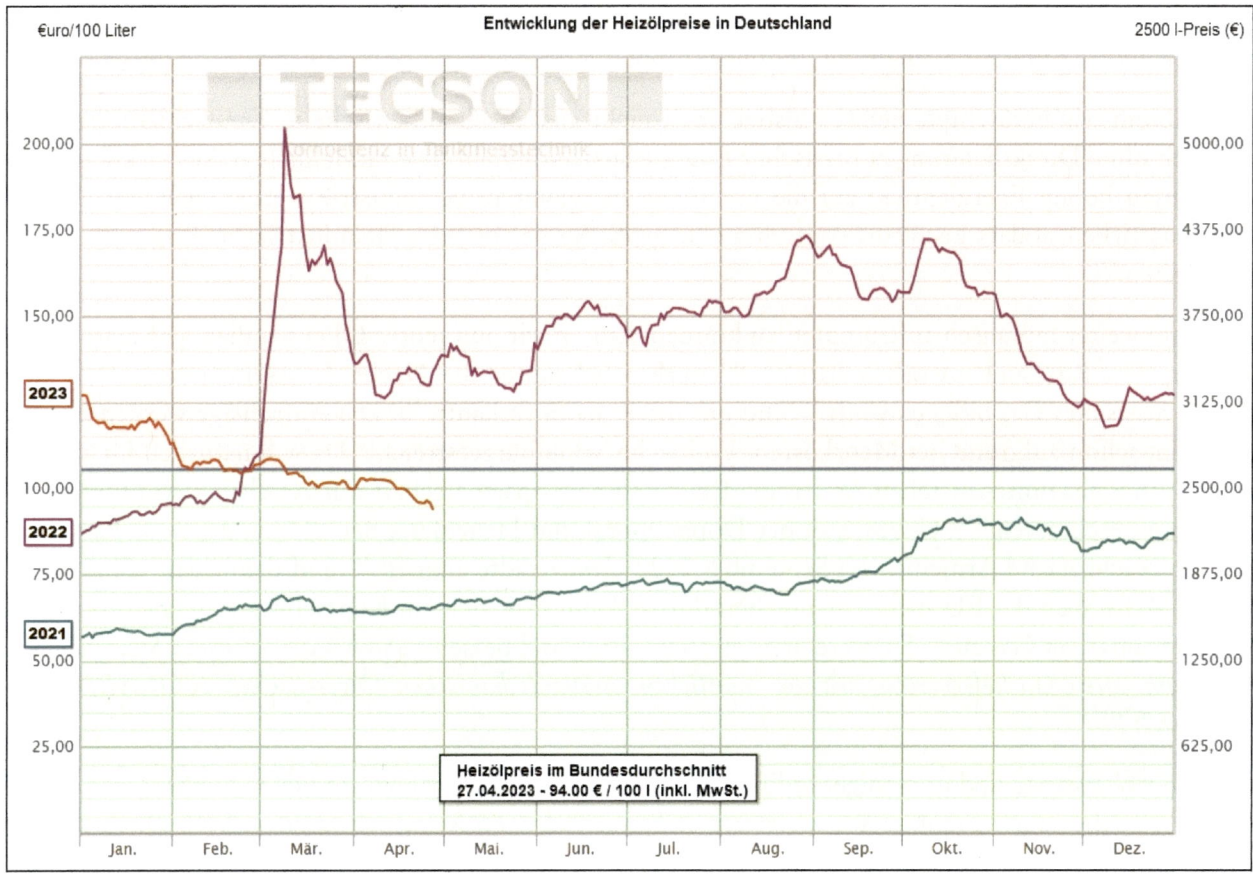

Abb. 140: Entwicklung der Heizölpreise, abgerufen am 27.4.2023

Das Nachrichtenmagazin *Der Spiegel* fragt bereits, ob Deutschland ob steigender Lebensmittel- und Energiepreise *„auf die Barrikaden"* geht. Es träfe untere Einkommensschichten besonders hart.[(722)]

Mit den Sanktionen gegen Russland stieg natürlich die Gefahr russischer Gegenmaßnahmen wie z.B. einem Stopp von Energielieferungen. So berichtete u.a. der Stern über sinkende Gaslieferungen aus Russland.[(723)] Diverse Fachleute sahen dadurch allerdings keine Versorgungsprobleme bei Gas. Doch wie sah man es bei einem kompletten Lieferstopp von russischer Energie? Manche Szenarien wie das im Nachrichtenmagazin *Der Spiegel* veröffentlichte sprachen von gravierenden Auswirkungen.[(724)] So ging der Mannheimer Ökonom Prof. Dr. Tom Krebs in einer Studie, die vom gewerkschaftsnahen Institut für Makroökonomie und Konjunkturforschung gefördert wurde, davon aus, dass die deutsche Wirtschaftsleistung um bis zu 12% einbrechen könnte. Dies entspräche *„einer Wirtschaftskrise, wie sie Deutschland seit dem Zweiten Weltkrieg nicht erlebt hat"*. Ähnlich sah es der BASF-BASF-Chef Martin Brudermüller, der auf der BASF-Hauptversammlung am 29.4.2022 vor einem Einfuhrstopp von russischem Gas warnte: *„Wenn über Nacht die Erdgaslieferungen aus Russland wegfallen, würde das zu einer irreversiblen Schä-*

187

digung der Volkswirtschaft führen. Im Extremfall müsste BASF die Produktion im Stammwerk in Ludwigshafen komplett einstellen.“ Ihm zur Seite sprang Michael Vassiliadis, Vorsitzender der Gewerkschaft IG Bergbau, Chemie, Energie (IG BCE) und Präsident des europäischen Verbunds der Industriegewerkschaften, der schlimme Folgen im Falle eines Embargos auf russisches Gas und Erdöl sah: *„Bei 50 Prozent Reduktion – also nicht 100 Prozent – würde der Standort Ludwigshafen, der größte Chemiestandort der Welt, heruntergefahren werden müssen.“* Seine düstere Prognose: Ohne Kompensation, sprich adäquaten Ersatz für russische Energien, drohen Hunderttausende Arbeitslose plus Auswirkungen in der Versorgung. Zudem würden an allen Ecken die Produkte fehlen, die in Ludwigshafen hergestellt werden.$^{(725)}$ Übrigens berichtete die *Tagesschau* bereits am 22.2.2022, also zwei Tage vor dem russischen Eindringen in die Ukraine, dass die Bundesregierung die Erdgaspipeline Nord Stream 2 mit der Begründung, *„Putin verstoße massiv gegen das Völkerrecht“*, vorerst stoppt.$^{(726)}$

So schlimm wie befürchtet, sieht es bisher noch nicht aus. Nach außen scheint Deutschland ganz ordentlich ohne Direktlieferungen russischer Energie auszukommen. Die tatsächlichen Auswirkungen der momentan hohen Energiepreise auf die vor allem energieintensive Industrie werden sich erst zeitversetzt auswirken, sodass Fachleute weiterhin eine große Sorge vor einer Deindustrialisierung in Deutschland haben.$^{(727)}$

Aber um weiter moralisch auftrumpfen zu können, kaufen wir nun teures Öl aus Indien, das dieses Land günstig von Russland erworben hat.$^{(728)}$ Weiterhin behauptet die Nachrichtenseite *report24*$^{(729)}$, dass China russisches Gas billig einkauft$^{(730)}$und uns dieses dann verkauft.$^{(731)}$ Die Aufschläge werden ordentlich sein, schon aufgrund der Mehrkosten. Politische Schildbürgerstreiche. Da will natürlich Ursula von der Leyen nicht hintenanstehen. So hat die EU eine Energiepartnerschaft mit Aserbaidschan für Gaslieferungen beschlossen.$^{(732)}$ Ungeachtet der Doppelmoral und Heuchelei der EU, da der neue Partner in seinem Nachbarland Armenien im September 2022 Grenzstädte angriff$^{(733)}$ und damit den selbst auferlegten Maßstäben der EU nicht entsprechen dürfte, kann man sich ein Kopfschütteln nicht verkneifen, da Aserbaidschan Gas aus – Sie werden es erraten – Russland bezieht. *„So hat der russische Staatskonzern Gazprom einen Gasliefervertrag mit der staatlichen aserbaidschanischen Ölgesellschaft (SOCAR) unterzeichnet.“*$^{(734)}$

Andere EU-Partner sind da weniger indirekt. Vor allem, weil z.B. Spanien *„so viel russisches Gas wie nie“* kauft. $^{(735)}$ Aber auch Frankreich *„importiert mehr russisches Flüssiggas als je zuvor“*.$^{(736)}$ Doch bezieht Frankreich auch sein Uran aus Russland.$^{(737)}$ Anderen (EU-) Ländern ist die Versorgung ihrer Bevölkerung und Wirtschaft anscheinend wichtiger als irgendwelche Sanktionen, während Deutschland Gefahr läuft, total abzuschmieren.

Doch dies scheint Wirtschaftsminister Robert Habeck egal zu sein, sagt er doch beim Treffen des Weltwirtschaftsforums in Davos 2022 Folgendes: *„Wenn Sie sich vorstellen, dass ein Teil der Menschheit Hunger erleiden wird im Laufe des Jahres oder des nächsten Jahres, dann ist das natürlich auch eine Frage, wenn wirklich ein Teil der Bevölkerung wirklich den Hungertod stirbt, (…) und deswegen ist es wirklich auch undenkbar, dass wir sagen, okay, 100.000 Menschenleben sind vielleicht verloren, aber wir gehen jetzt auf Russland einfach zu und heben die Sanktionen auf, so wie die das auch verlangen, damit die Exporte an Weizen dann wieder beginnen können.“*$^{(738)}$ $^{(739)}$ So zieht das Magazin *Compact* auch den Vergleich mit der bereits weiter oben zitierten Aussage von Madeleine Albright über die toten Kinder im Irak.$^{(740)}$ Dies zeigt doch, dass nicht nur Außenministerin Annalena Baerbock auf *„den Schultern Albrights“* steht.

Doch wie beurteilt die Staatengemeinschaft die Sanktionen? Nach dem Nachrichtenportal *Just Now News* erhielt Außenministerin Annalena Baerbock diesbezüglich eine *„Klatschende Ohrfeige“*, da der UN-Menschenrechtsrat *„mit großer Mehrheit die einseitigen Sanktionen des Westens verurteilt und auf ihren völkerrechtswidrigen Charakter hingewiesen“* hat. *„Sie verletzen zudem die universellen Menschenrech-*

te." Weiter geht der Artikel mit Deutschlands Politik hart ins Gericht: *„Noch einmal zusammengefasst: Mit ihrer Sanktionspolitik verstoßen die EU und auch Deutschland gegen das Völkerrecht. Zudem trifft diese Politik die Zivilbevölkerung und besonders hart Frauen und Kinder. Was passiert daraufhin in Deutschland? Die Antwort ist ganz einfach: nichts. Die Politik und die großen Medienhäuser ignorieren die Resolution. Die klatschende Ohrfeige für die westlichen Länder und das Entlarven der scheinheiligen Rhetorik der deutschen Außenministerin durch ein Gremium der UN bleibt in Deutschland einfach unerwähnt.*
Das passt aber insgesamt ins Bild, das man im Ausland inzwischen von Deutschland hat. Mit einer ins Monströse aufgeblähten moralischen Hybris versucht Deutschland die Tatsache zu verdecken, dass es im Hinblick auf die Ethik seines eigenen politischen Handelns ganz klar zu den Minderleistern im Kreis der Nationen gehört. Deutschlands Außenpolitik ist gerade gemessen am eigenen Maßstab von einer erschreckenden Unmoral. Sie ist willkürlich, rein ideologisch und in ihren Auswirkungen menschenverachtend. "(741)

Weitere Maßnahmen

Allein seit 2014 unterstützte Deutschland die Ukraine mit rund zwei Milliarden Euro. Auch leistet die Bundeswehr einen Beitrag zur militärischen Ausbildung in der Ukraine.(742) Außerdem finden Waffenlieferungen an die Ukraine statt.(743) Ein Problem dabei ist allerdings die Korruption in der Ukraine. So lag das Land auf Platz 67 von 124 untersuchten Ländern und ist damit das am schlechtesten bewertete europäische Land.(744) So veröffentlichte die *Süddeutsche Zeitung* unter dem Titel „Korrupt wie eh und je" im Februar 2021 einen Artikel und stellt dabei fest: *„Selenskyj führt das postsowjetische Herrschaftssystem fort und akzeptiert Korruption und Rechtlosigkeit im Austausch dafür, dass er und sein Apparat weitgehend die Kontrolle behalten. Selenskyj hat mit der Ausnahme seines Vorgehens gegen den kremlnahen Politiker und Medienmogul Wiktor Medwedtschuk nichts getan, um die Macht der Oligarchen über weite Teile der Politik, der Medien und der Wirtschaft aufzubrechen.* "(745) Selbst Präsident Selenskyj hat *„laut den ‚Pandora Papers' Unsummen an Privatvermögen gemacht, die er (steuerschonend) im Ausland bunkert. Luxusvillen inklusive. ... ‚Selenskyj verfügt über ein Vermögen: Nach verschiedenen Schätzungen beläuft sich sein Vermögen auf rund 850 Millionen Dollar. Das meiste davon hat er nach seinem Amtsantritt als Präsident angehäuft. Woher kommt das Geld? Und was noch wichtiger ist, wohin fließt es?', fragte das Forum für Demokratie am Montag in Beiträgen auf seinen Twitter- und Telegram-Konten. Die nationalkonservative und europaskeptische Partei der Niederlande hatte Selenskyjs Rede vor dem niederländischen Parlament im vergangenen Monat boykottiert und sie als Verstoß gegen eine fast zwei Jahrhunderte alte demokratische Tradition bezeichnet, die es ausländischen Staatsoberhäuptern verbietet, vor dem Abgeordnetenhaus zu sprechen. Die Partei äußerte sich auch besorgt über Selenskyjs Verbot politischer Parteien, einschließlich der wichtigsten Oppositionspartei, und über die Schließung regimekritischer Fernsehsender.* "(746) Und diese Sorge um das fehlende Demokratieverständnis Selenskyjs ist durchaus berechtigt, wie diverse Reaktionen unserer Medien nahelegen.(747) (748) Wenn dann Bundeskanzler Olaf Scholz in seiner Rede vor dem Bundestag behauptet, die Ukraine kämpft *„für Freiheit und ihre Demokratie, für Werte, die wir mit ihnen teilen"*, hat dies doch einen schalen Beigeschmack.(749) Doch die Korruption zieht sich wie ein roter Faden durchs Land. So zitiert die *Berliner Zeitung* die Deutsche Polizeigewerkschaft: *„In der Ukraine unkontrolliert ausgegebene oder verwendete Schusswaffen werden früher oder später auf dem Schwarzmarkt und im Darknet angeboten.* "(750) Verbrecher und Terroristen werden sicherlich aufrüsten. So tauchten mittlerweile *„Waffen, die in die Ukraine geliefert wurden, in Nordeuropa auf"*.(751) Außerdem befinden sich nun zwei von Frankreich der Ukraine geschenkte 155-mm-Caesar-Haubitzen in russischem Besitz. Hochkorrupte ukrainische Militärs sollen ihnen die beiden Superwaffen verkauft haben.(752) Trotz dieser Erkenntnisse fordern die USA die EU auf, Geld an die Ukraine zu überweisen. Der Hintergrund dieser Forderung ist, dass die Ukraine die von den USA gelieferten Waffen leasen musste und die USA ein Interesse daran hat, *„dass die Ukraine ihre Leasing-Verträge auch pünktlich erfüllen kann"*.(753)

189

Weiterhin wurde ein „Sondervermögen" (eigentlich Sonderschulden) aufgelegt, um die Bundeswehr wieder auf Vordermann zu bekommen,[754] da sie *in den vergangenen Jahrzehnten totgespart* worden sei.[755] Doch schauen wir uns einmal die Verteidigungsausgaben der letzten Jahre an:

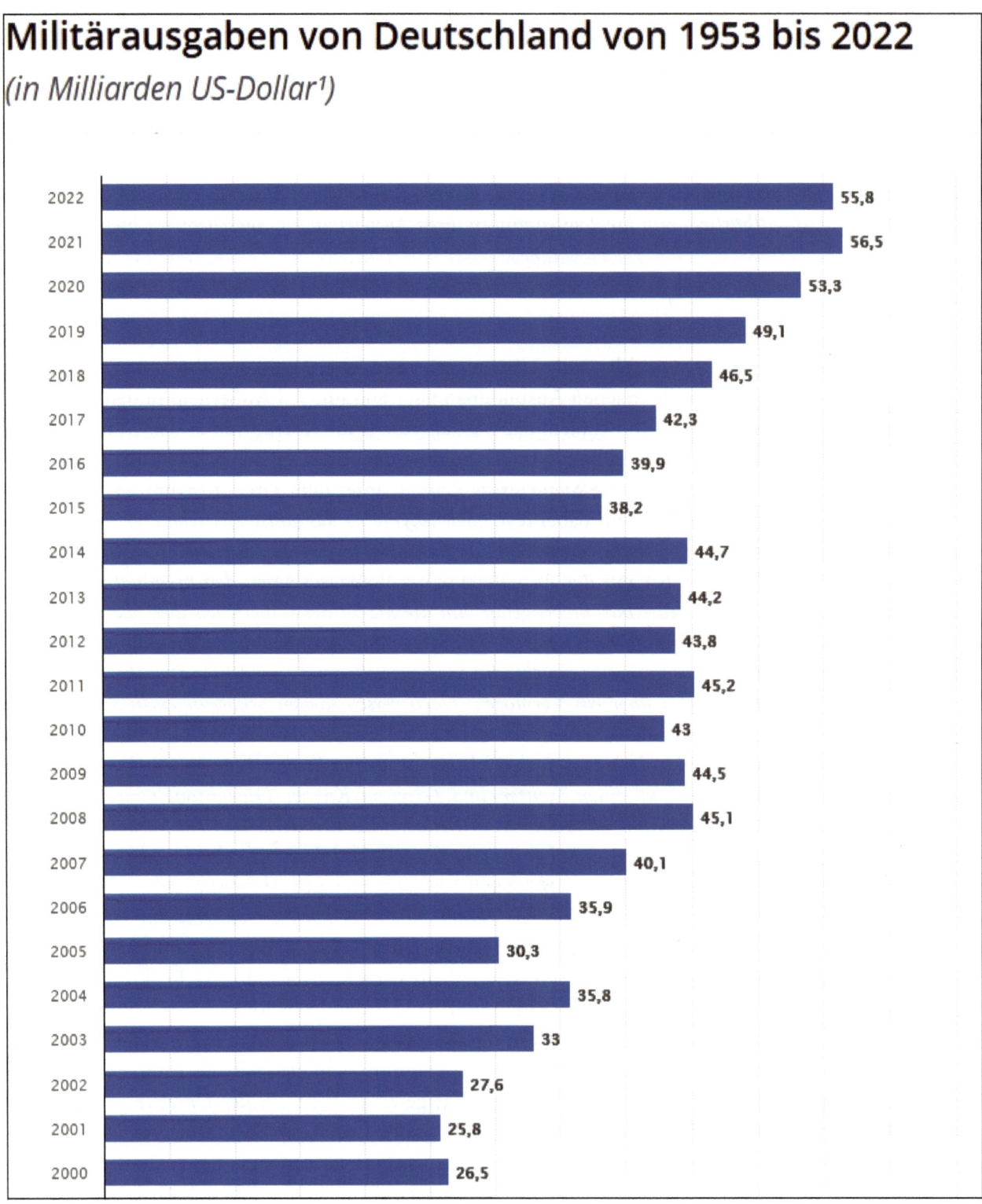

Militärausgaben von Deutschland von 1953 bis 2022
(in Milliarden US-Dollar¹)

Jahr	Ausgaben
2022	55,8
2021	56,5
2020	53,3
2019	49,1
2018	46,5
2017	42,3
2016	39,9
2015	38,2
2014	44,7
2013	44,2
2012	43,8
2011	45,2
2010	43
2009	44,5
2008	45,1
2007	40,1
2006	35,9
2005	30,3
2004	35,8
2003	33
2002	27,6
2001	25,8
2000	26,5

Abb. 141: Militärausgaben von Deutschland von 2000 bis 2022

Sicherlich hat es in einzelnen Jahren Einbrüche bei den Ausgaben gegeben, doch schaut „totsparen" anders aus. Vergleicht man die Ausgaben 2022 mit denen von 2000, so erkennt man immerhin eine Verdoppelung. Da kann man sich schon mal fragen, in welche Kanäle das ganze Geld gewandert ist. So ist

190

z.B. zu lesen, dass das Verteidigungsministerium in einem halben Jahr € 155.000.000 für externe Berater ausgegeben hat.[(756)] Die Rechnungsprüfer des Bundes sprechen sogar von Verschwendung: *„Nachlässig ausgegebene Steuergelder, mieses Projektmanagement, zu wenig Schutz vor Korruption.“*[(757)] Doch schauen wir nach vorne und beschäftigen uns mit dem „Sondervermögen“. Was kann also der Grund sein für das mediale Einstimmen der Bevölkerung für mehr Rüstungsausgaben? Die ehemalige Verteidigungsministerin Lambrecht brachte es auf den Punkt: *„Der größte Teil der Investitionen ist mit 33,4 Milliarden Euro für die ‚Dimension Luft‘ bei Luftwaffe, Heer und Marine vorgesehen: Für die Beschaffung von Mehrzweckkampfflugzeugen F-35 mitsamt Bewaffnung, Chinook-CH-47F-Transporthubschrauber in der aktuellen Variante und Eurofighter ECR, die für die elektronische Kampfführung ausgestattet sind.“*[(758)] Der größte Teil dieses Postens ist also für die Anschaffung von Mehrzweckkampfflugzeugen F-35 gedacht. Ein Modell, das *„Hunderte Fehler“*[(759)] und *„Risiken“*[(760)] aufweist, sodass das *„Kampfflugzeug in den USA in der Kritik“* steht.[(761)] Nun ja, vielleicht schaut es mit dem Chinook CH-47F-Transporthubschrauber besser aus. Dies wird erst die Zukunft zeigen, doch hoffentlich sind sie praxistauglicher als ihre Vorgängermodelle, da diese in Großbritannien nach deren Erwerb damals als *„Millionenverschwendung“* bezeichnet wurden: *„Sie sollten Sondereinsätze in Afghanistan fliegen, stehen aber seit acht Jahren wegen technischer Probleme am Boden: Acht Chinook-Helikopter hat Großbritannien gekauft, Erwerb und Wartung haben bis heute 500 Millionen Pfund verschlungen – der britische Rechnungshof ist alarmiert.“*[(762)] Wir werden sehen, ob wir für viel Geld US-amerikanisches Alteisen kaufen, um deren Rüstungsindustrie und damit deren Wirtschaft zu unterstützen.

Der Anschlag auf die Nord-Stream-Pipelines

Auch wenn dieser Anschlag nicht direkt mit dem Krieg in der Ukraine zu tun hat, ist seine Betrachtung doch interessant, ist er doch ein weiterer Mosaikstein, der den Niedergang unserer Heimat treffend aufzeigt. Nord Stream sind vier Pipelines zur Versorgung von Deutschland und Europa mit billigem Gas, die in der Ostsee verlegt wurden und Russland direkt mit Deutschland verbinden. Nord Stream 1 mit seinen zwei Röhren ging 2011 in Betrieb, während die zwei Pipelines von Nord Stream 2 2021 fertiggestellt wurden. Über Nord Stream 2 wurde jedoch nie Gas geliefert, da Bundeskanzler Olaf Scholz die Inbetriebnahme der Pipeline am 22.2.2022 gestoppt hat. Nord Stream 1 wurde Ende August 2022 von russischer Seite stillgelegt, was etwas später auf unbestimmte Zeit fortgesetzt wurde, als Reaktion der von den G7 angekündigten Preisobergrenze für russisches Gas, nachdem schon im Juli die Durchleitung stark reduziert wurde. Am 26.9.2022 wurden bei einer Sprengung drei der vier Stränge zerstört.[(763)]

Schon früh wurde in der deutschen Presse Russland für die Zerstörung der Pipelines verantwortlich gemacht, wie z.B. im *Münchner Merkur*[(764)], in der *Frankfurter Rundschau*[(765)] oder im *Spiegel*.[(766)] Aus den zuerst angedachten gemeinsamen Untersuchungen zogen sich zuerst Schweden und dann auch Dänemark zurück, sodass Deutschland alleine ermitteln musste.[(767)] Eine Spur könnten zwei auf Satellitenaufnahmen identifizierte Schiffe sein, die kurz vor den Explosionen in diesem Gebiet entdeckt wurden. Das Verdächtige an diesen Schiffen ist, dass sie ihre Ortungssysteme abgeschaltet hatten, *„was bedeutet, dass es keine Informationen über ihre Bewegung gab, und sie versuchten, ihre Standortinformationen und allgemeine Informationen vor der Welt zu verbergen“*.[(768)] Den Fortschritt der Ermittlungen wollte die Linke-Bundestagsabgeordnete Sahra Wagenknecht per schriftlicher Anfrage erfahren. *„In der schriftlichen Antwort, die der Berliner Zeitung vorliegt, versichert Staatssekretär Benjamin Strasser etwas verklausuliert, ‚Bundeskriminalamt und Bundespolizei wurden insoweit mit der Wahrung der polizeilichen Aufgaben auf dem Gebiet der Strafverfolgung betraut‘. Was das konkret bedeutet, beantwortete er nicht. Das Justizministerium verweist lediglich darauf, dass das Informationsinteresse des Parlaments ‚hinter dem berechtigten Geheimhaltungsinteresse zum Schutz der laufenden Ermittlungen‘ zurücktreten müsse. Eine Auskunft „würde konkret weitergehende Ermittlungsmaßnahmen erschweren oder gar vereiteln“*.[(769)]

191

Nach Monaten der Stille zu diesem Thema veröffentlichte der Investigativjournalist und Pulitzer-Preisträger Seymour Hersh, der *„im Vietnam-Krieg das Massaker von My Lai aufgedeckt hat"* hat und 2004 über die Folter in Abu-Ghraib berichtete, am 8.2.2023, *„dass US-Marinetaucher für die Explosionen an den Nord-Stream-Pipelines in der Ostsee verantwortlich gewesen sein sollen. Er berichtet, dass die Operation von den US-Stützpunkten Ryyge und Sola in Norwegen ausgeführt worden sein soll. Die US-Einheiten sollen von Norwegen unterstützt worden sein und die Sprengung über den Einsatz eines P8-Aufklärungsfluges ausgelöst haben. Dänemark und Schweden sollen laut Hersh informiert gewesen sein. Auch US-Präsident Joe Biden soll im Bilde gewesen sein und auf einer Fernzündung bestanden haben. Ob Bundeskanzler Olaf Scholz von der mutmaßlichen Operation Kenntnis hatte, geht aus dem Bericht nicht hervor."*(770) In einem Folgebeitrag unterstellt Seymour Hersh Kanzler Olaf Scholz eine Unterstützung der Vertuschung der US-amerikanischen Urheberschaft.(771)

Kurze Zeit nach der Hersh-Veröffentlichung erreichte eine weitere Recherche die Medien. So sollen sechs Personen (fünf Männer und eine Frau) in Polen eine Jacht gemietet haben. Die Gruppe bestand *„aus einem Kapitän, zwei Tauchern, zwei Tauchassistenten und einer Ärztin, die den Sprengstoff zu den Tatorten transportiert und dort platziert haben sollen. Die Nationalität der Täter ist offenbar unklar. Die Attentäter nutzten professionell gefälschte Reisepässe, die unter anderem für die Anmietung des Bootes eingesetzt worden sein sollen. … Die Jacht sei dem Eigentümer im Anschluss in ungereinigtem Zustand zurückgegeben worden. Auf dem Tisch in der Kabine haben die Ermittler den Recherchen zufolge Spuren von Sprengstoff nachweisen können."*(772)

Am 28.4.2023 veröffentlichte das ZDF die vorerst neuste Version über die Verursacher der Attentate auf die Pipelines Demnach soll *„sich nach Angaben des dänischen Militärs ein russisches Spezialschiff in der Nähe der Detonationsorte befunden"* haben. Laut einem schwedischen Experten sei dieses Spezialschiff *„für Unterwassereinsätze konzipiert"* worden sein.(773)

Lassen Sie uns nun eine kurze Bewertung der gewonnenen Eindrücke vornehmen. Der erste und letzte Verdächtige ist Russland. Denn welche Vorteile hätte Russland, wo es doch jederzeit den Hahn abdrehen kann, wie bereits geschehen? Die eigene, teuer erstellte Infrastruktur zerstören und sich so nach Beilegung des Konflikts Einnahmemöglichkeiten verbauen? Da wäre doch die zeitgleich zur Nord-Stream-Zerstörung eröffnete „Baltic Pipe", eine Pipeline, die norwegisches Gas über Dänemark nach Polen liefert, ein lohnenderes Ziel gewesen als die eigenen Röhren.(774) Und bezüglich der erneuten Beschuldigung Russlands findet das Nachrichtenportal *exxpress.at* die passenden Worte: *„Geschlagene sieben Monate nach den Explosionen an den Nord-Stream-Pipelines in der Ostsee fällt den Ermittlern plötzlich auf, dass ein russisches Spezialschiff kurz vor der Detonation vor Ort gesichtet worden sein soll."*(775)

Was auch gegen eine russische Urheberschaft der Anschläge spricht, ist der scheinbar fehlende Aufklärungswille hierzulande, denn könnte man Russland belasten, wäre es in der gegenwärtigen geopolitischen Lage sicherlich schon breit verkündet worden. Nach der ausweichenden Antwort, die Sahra Wagenknecht auf ihre Anfrage erhielt, ereilte die AfD das gleiche Schicksal, denn auch hier verweist die Bundesregierung *„auf Geheimhaltungsinteressen zum ‚Schutz der laufenden Ermittlungen'".*(776) Bundeswirtschaftsminister Robert Habeck wird es freuen, sagte er doch schon 2016: *„…und die Handelsbeziehungen des Gastransfers zu Russland sukzessive abbauen…"*(777) Doch auch international lahmt der Aufklärungswille derzeit etwas, denn Russland scheiterte mit einem Vorstoß, den Anschlag durch die UN untersuchen zu lassen.(778)

Kommen wir nun zu den USA als möglichen Hauptverursacher. Den USA war der Bau von Nord Stream 2 schon immer ein Dorn im Auge. So sagte der US-Außenminister Mike Pompeo schon 2018, das Projekt verhindern zu wollen.(779) Im Dezember 2019 unterzeichnete der damalige US-Präsident Donald Trump ein Gesetz, das am Bau von Nord Stream 2 beteiligte Firmen mit Sanktionen belegt.(780)

Im Januar 2023 verlautbarte „*Victoria Nuland, US-Unterstaatsekretärin für politische Angelegenheiten, was Nord Stream 2 betrifft, setzen wir den Dialog mit unseren deutschen Verbündeten fort. Lassen Sie mich unmissverständlich sagen: Falls Russland in die Ukraine einmarschiert, ist das das Ende für Nord Stream 2.*"[781], was US-Präsident Joe Biden am 7.2.2023 wie folgt bestätigte: „*Wenn Russland zum Beispiel mit Panzern und Truppen die Grenze zur Ukraine überquert, wird es Nord Stream 2 nicht mehr geben.*" Auf die Zusatzfrage einer Reporterin, wie das genau gemacht werden könne, antwortete Joe Biden: „*Ich verspreche Ihnen: Das werden wir schaffen.*"[782] Wäre die Pipeline nicht zerstört worden, wäre die Gefahr dagewesen, dass die deutsche Regierung aufgrund eines enormen Drucks aus der Bevölkerung wieder russisches Gas geordert und als Gegenleistung dafür die Sanktionen gelockert hätte. Doch jetzt muss Deutschland teures LNG-Gas auch aus den USA kaufen, was der deutschen Wirtschaft enormen Schaden zufügt.[783] Ein US-Konkurrent weniger auf dem Weltmarkt.

Wenden wir uns nun der Version mit den sechs Privatpersonen zu. Unabhängig davon, dass eine große Menge an Sprengstoff und professionelle Ausrüstung, wie eine Dekompressionskammer an Bord hätten geschafft werden müssen, ist schon die Aussage abstrus, man kenne die Personen nicht, aber es handle sich um eine Ärztin, zwei Taucher, zwei Tauchassistenten und einen Kapitän. Und woher weiß man das, wenn man die Menschen nicht identifizieren kann? Kamen die etwa im Arztkittel, in Uniform und in Taucheranzügen, um das Schiff zu mieten? Und dann hinterließen sie noch Reste von Sprengstoff und falsche Pässe? Unabhängig von technischen Details, die solch eine Aktion schon sehr unwahrscheinlich erscheinen lassen, setzt dieser Nonsens dem Ganzen die Krone auf.

Ob wir jemals wissen werden, was wirklich geschah, steht in den Sternen, doch dürfte klar sein, dass die bisherigen medial verbreiteten Versionen bis zu diesen stinken.

Fazit

Welches Fazit kann man ziehen? Sehr treffend drückt es die Politikwissenschaftlerin und Publizistin Prof. Dr. Ulrike Guérot aus: *„In der Corona-Krise will man um jeden Preis Leben retten und opfert dafür die Freiheit. Im Ukraine-Krieg will man um jeden Preis die Freiheit retten und opfert dafür Leben.“*[(784)]

Der russische Angriffskrieg ist völkerrechtswidrig und zu verurteilen. Doch beim Blick hinter die Kulissen lässt sich unschwer erkennen, dass der Ukrainekrieg viele Väter hat. Wie formulierte es Papst Franziskus in einem Interview am 3.5.2022[(785)] so treffend: *„Vielleicht war es die NATO, die vor Russlands Tor bellt, die Putin dazu veranlasste, die Invasion der Ukraine zu entfesseln. Ich kann nicht sagen, ob seine Wut provoziert wurde, aber ich vermute, dass die Haltung des Westens sehr dazu beigetragen hat. ... In Syrien, Jemen, Irak und in Afrika reihen sich Konflikte aneinander. Und in jedem von ihnen geht es um internationale Interessen. Es ist eigentlich undenkbar, dass ein freier Staat einen Krieg gegen einen anderen freien Staat entfesseln kann. In der Ukraine wurde der Konflikt von anderen Akteuren ausgelöst.“*

Man könnte auch argumentieren, dass jeder Staat frei sein müsste, selbst über seine militärische Ausrichtung zu entscheiden. Das ist jedoch eher Theorie, wie man z.B. an der Kuba-Krise 1962 sieht, als die damalige UdSSR Mittelstreckenraketen in Kuba stationierte. Die USA drohten mit schwerster Vergeltung, und wenn die Sowjets nicht eingelenkt hätten, wäre ein Dritter (atomarer) Weltkrieg wahrscheinlich geworden. Oder wenn man sich in der Gegenwart die westlichen Reaktionen auf das Sicherheitsabkommen ansieht, das China mit den Salomonen, einem Inselstaat im Pazifik, abgeschlossen hat, erkennt man schnell, welche Sprengkraft solche Abkommen haben. So warnte z.B. der Sprecher des US-Außenministeriums, Ned Price, in Washington, *„dass die weit gefasste Art der Vereinbarung die Tür offen lässt für eine Stationierung von militärischen Kräften der Volksrepublik“.*[(786)] So darf den Westen Russlands Reaktion ebenfalls nicht überraschen.

Außerdem verblüffen die scharfen Maßnahmen gegen Russland, wenn man dies mit den ausgebliebenen Strafen gegen die Akteure der beschriebenen vorangegangenen Kriege in Relation setzt. Vor allem, wenn man sieht, dass die verhängten Sanktionen den sanktionierenden europäischen Staaten mehr zu schaden scheinen als deren Adressaten. Sinn ergibt dies nur, wenn man sich an das Angebot Wladimir Putins an Europa im Jahre 2010 erinnert, als er von einem Wirtschaftsraum *„von Lissabon bis Wladiwostok“* sprach und damit sehr nahe an die EU heranrücken wollte, und gleichzeitig an die Aussagen von Prof. Dr. George Friedman denkt, dass es das Hauptanliegen der US-amerikanischen Außenpolitik sei, eine deutsch-russische Zusammenarbeit zu verhindern.[(787)]

Versuchen die USA jetzt ihr Anliegen endgültig zu lösen, indem sie Russland schwächen und Europa im Allgemeinen und Deutschland im Speziellen wirtschaftlich zerstören?

So erörterte William Webster, damaliger Direktor der CIA, schon 1989 in einer Rede[(788)] beim Los Angeles World Affairs Council, die am 29.5.2012 zur Veröffentlichung freigegeben wurde, die Auswirkungen der Reformen, die Michail Gorbatschow in der UdSSR vorgenommen hat. Unter anderem sagte er Folgendes: *„Wirtschaftliche Fragen sind bereits ein wichtiger Teil unserer Außenpolitik und unserer nationalen Sicherheitsagenda. Und mit dem herannahenden 21. Jahrhundert ist es klar, dass* **wirtschaftliche Überlegungen eine noch größere Rolle in unseren Beziehungen zu unseren Verbündeten** *und Gegnern spielen werden. ... Die anderen von mir erwähnten wirtschaftlichen Fragen – Handelsungleichgewichte und technologische Entwicklung – illustrieren einen Punkt, der immer deutlicher wird:* **Unsere politischen und militärischen Verbündeten sind auch unsere wirtschaftlichen Konkurrenten.** *... wird die Verbindung zwischen Wirtschaft und nationaler Sicherheit noch enger werden.“*

Schon 1989 erkannten in den USA also, dass ihre Verbündeten auch ihre wirtschaftlichen Konkurrenten sind und wirtschaftliche Überlegungen eine noch größere Rolle in den Beziehungen zu diesen spielen

194

werden. Ja, durch den Fall des Ostblocks hat Deutschland seine Funktion als florierender Grenzstaat, der Bedürfnisse im Osten weckt, verloren und ist nun wirtschaftlicher Konkurrent. Dazu passt auch ein angebliches Papier der RAND-Corporation, dem bereits genannten US-amerikanischen Think Tank, der Regierung und Militär berät, das derzeit diskutiert wird. Obwohl die RAND-Corporation dessen Urheberschaft negiert, ist es doch möglich, dass es über ein Leck in die Öffentlichkeit gelangte. Doch trotz dieser urheberrechtlichen Unsicherheit lohnt sich ein Blick auf dieses Papier, da es obige Fragestellung nach der Zerstörung der deutschen Wirtschaft exzellent erörtert.

Das eventuell von der RAND Corporation verfasste Dokument trägt den 25.1.2022 als Datum. Es äußert die Sorge, dass Deutschland die Fesseln seiner bisher eingeschränkten Souveränität abstreift und dadurch sukzessive unabhängiger wird. Sollte es dann zusammen mit Frankreich immer mehr die Führung in Europa übernehmen, wüchse die EU neben der wirtschaftlichen auch in politischer Hinsicht zum Konkurrenten der USA empor. Gäbe es dann noch eine Annäherung an Russland, könnte dies zu einer ernsten Gefahr werden. Da Deutschland neben französischem Atomstrom hauptsächlich von billigen russischen Energielieferungen abhängig ist, hat deren Reduzierung oder gar Abschaltung verheerende Auswirkungen auf die deutsche Wirtschaft und damit auf die ganze EU. Der Weg dazu sind aufgrund ihrer ideologischen Ausrichtung, die sich der Realität entzieht, und ihrem schwachen Führungspersonal die Grünen.[789]

Doch soll Deutschland und damit auch Europa nur wirtschaftlich zerstört werden oder kommt es gar zum Krieg? Ist Deutschland sogar bereits Kriegspartei? Die wissenschaftlichen Dienste des Deutschen Bundestags sehen dies nur mit der Lieferung von Waffen als nicht gegeben an. Erst wenn Einweisung bzw. Ausbildung an diesen Waffen erfolgte, könnte sich die Lage ändern:

> Bei Unterstützungsleistungen auf der Grundlage von *non-belligerency* bleibt der **Umfang von Waffenlieferungen,**[9] aber auch die Frage, ob es sich dabei um „offensive" oder „defensive" Waffen handelt, **rechtlich unerheblich.**[10] **Erst wenn neben der Belieferung mit Waffen auch die Einweisung der Konfliktpartei** bzw. **Ausbildung an solchen Waffen** in Rede stünde, würde man den gesicherten Bereich der Nichtkriegsführung verlassen.[11]

Abb. 142: Ausschnitt einer Arbeit des wissenschaftlichen Dienstes des Deutschen Bundestags, ab wann ein Land Kriegspartei ist

Am 29.4.2022 unterrichtete *n-tv* in einem Bericht, dass die USA in Deutschland ukrainische Soldaten im Umgang mit militärischer Ausrüstung ausbilden.[790] Nun wird Oskar Lafontaines Aussage, dass Amerika Europa in einen Atomkrieg treibt, durchaus realistisch.[791] Doch auch Bundeskanzler Olaf Scholz spricht in einem Video von der Möglichkeit eines Krieges in Deutschland: *„Wir bereiten uns auch darauf vor, dass möglicherweise ein großflächiger Angriff auf das Territorium der NATO und auch unseres Landes stattfindet und wir müssen, damit das nicht passiert, sicher zeigen, dass das nichts wird, weil wir stark genug sind."*[792]

Eine gute Zusammenfassung der Vorkommnisse gibt auch der Artikel auf den *Nachdenkseiten* wieder.[793]

Da kommt einem ein alter Ausspruch in den Sinn: *„Leute, kauft Euch Kämme. Es kommen lausige Zeiten."* Oder wir erheben unsere Stimme und lassen uns diese Kriegstreiberei nicht gefallen.

„Die Geschichte lehrt die Menschen, dass die Geschichte die Menschen nichts lehrt."

Mahatma Gandhi (1869-1948), indischer Rechtsanwalt

Kapitel 7
„Ich"

Sicherlich haben Sie sich über den Namen dieses Kapitels gewundert, doch während ich in den ersten fünf Kapiteln versucht habe, objektiv über die behandelten Tatbestände zu berichten, werde ich in diesem Kapitel persönlicher und werde meine eigene Meinung kundtun. Zum Ende werde ich auch kurz skizzieren, wie wir unsere Demokratie gestalten sollten, damit sie vor Übergriffen sicherer ist.

Anfangen möchte ich mit einem Zitat von William Casey, ehemaliger CIA-Direktor von 1981 bis 1987: *„Wir werden wissen, dass unser Desinformationsprogramm wirksam ist, wenn alles, was die amerikanische Öffentlichkeit glaubt, falsch ist."* Die Urheberschaft Caseys ist zwar umstritten, doch trifft dieses Zitat auch auf unsere Gesellschaft zu, wie wir in den vorherigen Kapiteln sehen konnten. Doch jetzt zu diesem Kapitel.

Weil man unserer politischen Kaste nicht allzu viel zutraut und auch nicht zutrauen kann, muss man als normal denkender Mensch eher davon ausgehen, dass der ganze Irrsinn, den wir gerade erleben, im Hintergrund orchestriert wird.

Doch zuerst versuchen wir, das sogenannte kapitalistische System „Welt" zu verstehen. Dazu gibt das Video[(794)] detailliert Auskunft. Schauen wir uns mal an, wie wenige große Lebensmittelkonzerne sich hinter den vielen uns bekannten Marken verbergen:

Abb. 143: Viele Marken lassen sich auf wenige Konzerne zurückführen

Das ist jetzt doch überraschend. Überall wird uns doch erzählt, dass wir in einem bösen kapitalistischen System leben. Aber sicher, könnte man dennoch denken, machen sich die Konzerne untereinander gnadenlos Konkurrenz. Um das zu prüfen, picken wir uns einige heraus und sehen uns die Eigentümerstruktur (jeweils die fünf größten Eigentümer) an. Fangen wir mit PepsiCo an:

196

Top Institutional Holders

Holder	Shares	Date Reported	% Out	Value
Vanguard Group, Inc. (The)	124,592,570	Mar 30, 2022	8.87%	21,114,702,989
Blackrock Inc.	104,077,985	Mar 30, 2022	7.41%	17,638,096,244
State Street Corporation	59,395,137	Mar 30, 2022	4.23%	10,065,693,939
Geode Capital Management, LLC	23,954,712	Mar 30, 2022	1.71%	4,059,605,071
Bank of America Corporation	21,925,469	Mar 30, 2022	1.56%	3,715,709,258

Abb. 144: Die größten institutionellen Aktionäre von PepsiCo

Diese vergleichen wir nun mit denen des direkten Konkurrenten The Coca-Cola Company:

Top Institutional Holders

Holder	Shares	Date Reported	% Out	Value
Berkshire Hathaway, Inc	400,000,000	Mar 30, 2022	9.23%	24,897,999,572
Vanguard Group, Inc. (The)	351,220,018	Mar 30, 2022	8.10%	21,861,689,645
Blackrock Inc.	279,114,132	Mar 30, 2022	6.44%	17,373,458,848
State Street Corporation	171,972,013	Mar 30, 2022	3.97%	10,704,397,765
FMR, LLC	83,088,402	Mar 30, 2022	1.92%	5,171,837,493

Abb. 145: Die größten institutionellen Aktionäre von The Coca-Cola Company

Drei der Hauptaktionäre sind identisch. Nun ja, das kann Zufall sein. Prüfen wir nun The Procter & Gamble Company:

Top Institutional Holders

Holder	Shares	Date Reported	% Out	Value
Vanguard Group, Inc. (The)	217,519,281	Mar 30, 2022	9.07%	31,427,184,789
Blackrock Inc.	155,302,223	Mar 30, 2022	6.47%	22,438,064,515
State Street Corporation	105,569,274	Mar 30, 2022	4.40%	15,252,648,256
Wellington Management Group, LLP	47,093,955	Mar 30, 2022	1.96%	6,804,134,417
Geode Capital Management, LLC	44,030,924	Mar 30, 2022	1.84%	6,361,587,711

Abb. 146: Die größten institutionellen Aktionäre von The Procter & Gamble Company

Auch hier ein ähnliches Bild. Mit Konkurrenz scheint es hier nicht weit her zu sein.

Doch andere Branche, neues Glück. So schauen wir uns jetzt ein Ranking der 20 größten Medien- und Wissenskonzerne weltweit nach ihrem Umsatz im Jahr 2021 an:

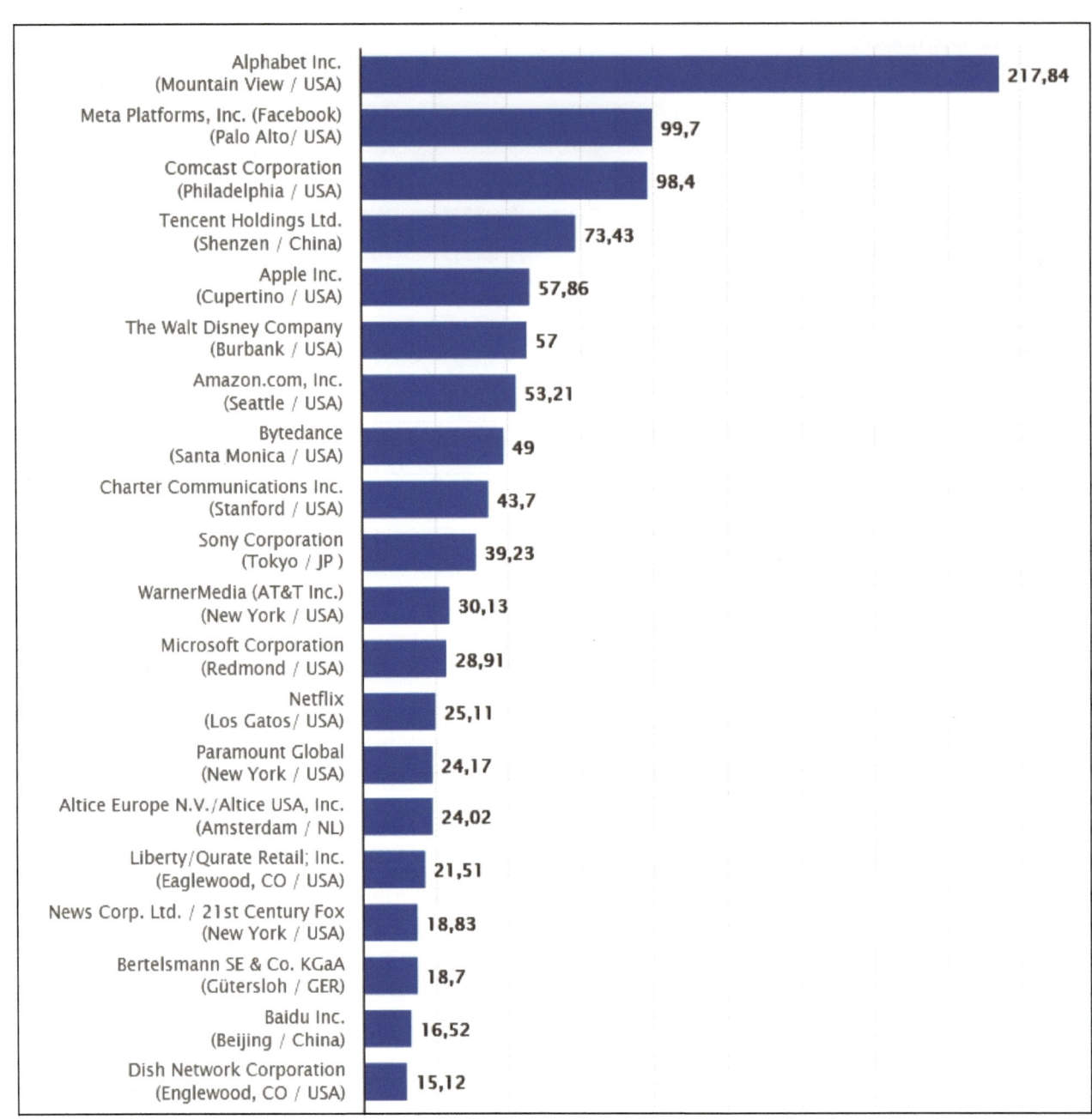

Alphabet Inc. (Mountain View / USA) — 217,84
Meta Platforms, Inc. (Facebook) (Palo Alto/ USA) — 99,7
Comcast Corporation (Philadelphia / USA) — 98,4
Tencent Holdings Ltd. (Shenzen / China) — 73,43
Apple Inc. (Cupertino / USA) — 57,86
The Walt Disney Company (Burbank / USA) — 57
Amazon.com, Inc. (Seattle / USA) — 53,21
Bytedance (Santa Monica / USA) — 49
Charter Communications Inc. (Stanford / USA) — 43,7
Sony Corporation (Tokyo / JP) — 39,23
WarnerMedia (AT&T Inc.) (New York / USA) — 30,13
Microsoft Corporation (Redmond / USA) — 28,91
Netflix (Los Gatos/ USA) — 25,11
Paramount Global (New York / USA) — 24,17
Altice Europe N.V./Altice USA, Inc. (Amsterdam / NL) — 24,02
Liberty/Qurate Retail; Inc. (Eaglewood, CO / USA) — 21,51
News Corp. Ltd. / 21st Century Fox (New York / USA) — 18,83
Bertelsmann SE & Co. KGaA (Gütersloh / GER) — 18,7
Baidu Inc. (Beijing / China) — 16,52
Dish Network Corporation (Englewood, CO / USA) — 15,12

Abb. 147: Die 20 größten Medien- und Wissenskonzerne weltweit nach ihrem Umsatz im Jahr 2021

Fangen wir mit der Google-Mutter Alphabet Inc. an:

Top Institutional Holders

Holder	Shares	Date Reported	% Out	Value
Vanguard Group, Inc. (The)	423,859,640	Mar 30, 2022	6.76%	48,019,059,003
Blackrock Inc.	380,325,860	Mar 30, 2022	6.07%	43,087,117,027
Price (T.Rowe) Associates Inc	242,696,880	Mar 30, 2022	3.87%	27,495,129,757
State Street Corporation	207,046,620	Mar 30, 2022	3.30%	23,456,311,769
FMR, LLC	151,514,860	Mar 30, 2022	2.42%	17,165,118,628

Abb. 148: Die größten institutionellen Aktionäre von Alphabet Inc.

Wieder alte Bekannte. Und bei der Facebook-Mutter Meta Platforms, Inc.?

Top Institutional Holders

Holder	Shares	Date Reported	% Out	Value
Vanguard Group, Inc. (The)	180,453,366	Mar 30, 2022	7.87%	31,456,632,082
Blackrock Inc.	149,971,299	Mar 30, 2022	6.54%	26,142,997,940
FMR, LLC	122,726,307	Mar 30, 2022	5.35%	21,393,650,735
State Street Corporation	92,712,376	Mar 30, 2022	4.04%	16,161,622,063
Price (T.Rowe) Associates Inc	74,661,117	Mar 30, 2022	3.26%	13,014,926,462

Abb. 149: Die größten institutionellen Aktionäre von Meta Platforms, Inc.

Sie werden es vermutet haben. Und bei Apple Inc.?

Top Institutional Holders

Holder	Shares	Date Reported	% Out	Value
Vanguard Group, Inc. (The)	1,269,995,750	Mar 30, 2022	7.85%	189,775,339,349
Blackrock Inc.	1,027,632,887	Mar 30, 2022	6.35%	153,559,080,695
Berkshire Hathaway, Inc	890,923,410	Mar 30, 2022	5.50%	133,130,597,064
State Street Corporation	613,852,274	Mar 30, 2022	3.79%	91,727,884,607
FMR, LLC	351,584,762	Mar 30, 2022	2.17%	52,537,276,222

Abb. 150: Die größten institutionellen Aktionäre von Apple Inc.

Gähn! Dann prüfen wir die größten Rüstungshersteller (2020):

1. Lockheed Martin, USA
2. Raytheon, USA
3. Boeing, USA
4. Northrop Grumman, USA
5. General Dynamics, USA
6. BAE Systems, Großbritannien
7. Norinco, China
8. Avic, China
9. Cetc, China
10. L3 Harris Technologies, USA
11. Airbus, EU
12. BAE Systems Inc. (Tochterfirma von BAE Systems), USA
13. Casic, China
14. Leonardo, Italien
15. Thales, Frankreich

Abb. 151: Die größten Rüstungshersteller (2020)

Schauen wir bei Lockheed Martin Corporation:

Top Institutional Holders

Holder	Shares	Date Reported	% Out	Value
State Street Corporation	38,783,268	Mar 30, 2022	14.57%	14,789,611,277
Vanguard Group, Inc. (The)	22,579,851	Mar 30, 2022	8.49%	8,610,600,297
Blackrock Inc.	17,800,565	Mar 30, 2022	6.69%	6,788,067,391
Capital World Investors	16,021,414	Mar 30, 2022	6.02%	6,109,605,956
Charles Schwab Investment Management, Inc.	5,256,069	Mar 30, 2022	1.98%	2,004,349,333

Abb. 152: Die größten institutionellen Aktionäre von Lockheed Martin Corporation

Und bei The Boing Company:

Top Institutional Holders

Holder	Shares	Date Reported	% Out	Value
Newport Trust Co	43,510,241	Mar 30, 2022	7.35%	6,686,653,518
Vanguard Group, Inc. (The)	43,355,912	Mar 30, 2022	7.33%	6,662,936,238
Blackrock Inc.	31,674,287	Mar 30, 2022	5.35%	4,867,704,194
State Street Corporation	26,602,513	Mar 30, 2022	4.50%	4,088,274,002
FMR, LLC	15,120,154	Mar 30, 2022	2.56%	2,323,665,155

Abb. 153: Die größten institutionellen Aktionäre von The Boing Company

Ich weiß, ich langweile. Nur noch ein Versuch beim Boeing-Konkurrenten Airbus SE, einem europäischen Unternehmen:

Top 10 Owners of Airbus SE

Stockholder	Stake	Shares owned	Total value ($)	Shares bought / sold	Total change
Macquarie Investment Management B...	0.12%	3,772,337	91,150,979	+284,015	+8.14%
Jennison Associates LLC	0.10%	3,158,135	76,310,016	-52,512	-1.64%
BlackRock Investment Management L...	0.07%	2,272,977	54,921,943	0	0.00%
Fisher Asset Management LLC	0.05%	1,602,669	38,725,291	+85,401	+5.63%
Macquarie Investment Management A...	0.04%	1,227,831	29,668,080	+1,227,831	--
Wellington Management Co. LLP	0.03%	1,086,446	26,251,795	+9,675	+0.90%

Abb. 154: Die größten Eigner von Airbus SE

Na, wenigstens fehlen hier Vanguard und State Street. Und glauben Sie mir, dass Sie dies quer durch alle Branchen machen können und immer wieder auf die gleichen Namen treffen werden. Probieren Sie es aus. Unter *finance.yahoo.com* können Sie sich austoben.

Jetzt ist es doch interessant, welche Topeigentümer die wichtigsten Investoren unserer Beispiele haben. Fangen wir an mit State Street Corporation:

Top Institutional Holders

Holder	Shares	Date Reported	% Out	Value
Vanguard Group, Inc. (The)	34,410,077	Mar 30, 2022	9.37%	2,310,984,310
Blackrock Inc.	27,730,795	Mar 30, 2022	7.55%	1,862,403,044
Price (T.Rowe) Associates Inc	25,297,483	Mar 30, 2022	6.89%	1,698,981,559
Dodge & Cox Inc	22,246,449	Mar 30, 2022	6.06%	1,494,073,802
State Street Corporation	18,658,100	Mar 30, 2022	5.08%	1,253,079,914

Abb. 155: Die größten institutionellen Aktionäre von State Street Corporation

Weiter zu Berkshire Hathaway Inc.:

Top Institutional Holders

Holder	Shares	Date Reported	% Out	Value
Vanguard Group, Inc. (The)	135,133,046	Mar 30, 2022	10.51%	38,823,722,466
Blackrock Inc.	102,305,819	Mar 30, 2022	7.96%	29,392,460,549
State Street Corporation	78,741,939	Mar 30, 2022	6.12%	22,622,558,113
Geode Capital Management, LLC	30,377,649	Mar 30, 2022	2.36%	8,727,498,186
Bill & Melinda Gates Foundation Trust	28,686,679	Mar 30, 2022	2.23%	8,241,682,526

Abb. 156: Die größten institutionellen Aktionäre von Berkshire Hathaway Inc.

Jetzt betrachten wir den größten Vermögensverwalter weltweit, nämlich BlackRock Inc.:

Top Institutional Holders

Holder	Shares	Date Reported	% Out	Value
Vanguard Group, Inc. (The)	12,511,310	Mar 30, 2022	8.26%	7,748,128,894
Blackrock Inc.	10,279,628	Mar 30, 2022	6.79%	6,366,070,598
State Street Corporation	6,515,828	Mar 30, 2022	4.30%	4,035,186,978
Bank of America Corporation	5,326,364	Mar 30, 2022	3.52%	3,298,563,844
Temasek Holdings (Private) Limited	5,092,825	Mar 30, 2022	3.36%	3,153,935,482

Abb. 157: Die größten institutionellen Aktionäre von BlackRock Inc.

Sie haben es sicherlich nicht anders erwartet. Doch nun zu Vanguard Group Inc., dem zweitgrößten Vermögensverwalter weltweit. Doch da wird es schwieriger, denn laut *Investopedia.de*[795] hat Vanguard *„eine ziemlich einzigartige Struktur in Bezug auf Investment-Management-Unternehmen. Das Unternehmen ist im Besitz seiner Fonds.“* Wenn Sie auf der Seite finance.yahoo.com wie bei den anderen Konzernen nachsehen, wird bei The Vanguard Group, Inc. nur „Private Company" angezeigt. Wenn dieses Unternehmen sich im Eigentum seiner Fonds befinden würde, könnte dies doch veröffentlicht werden. Wobei dies doch sehr seltsam erscheint, denn ein Unternehmen, das sich im Eigentum der eigenen Fonds befinden soll, die es doch erst gegründet hat? Das wäre so, als wären die Eier die Eltern der Henne, die sie gelegt hat. Oder gibt es da ganz andere Eigentümer? Der ehemalige Chef der Atlantik-Brücke, Arend Oetker, teilte uns Folgendes mit: *„Die USA wird von 200 Familien regiert und zu denen wollen wir gute Kontakte haben.“*[796] Auch der ehemalige Bundespräsident Richard von Weizsäcker bestätigt diese Aussage: *„Im Grunde wird Amerika von 200 Familien beherrscht.“*[797] Sind sie etwa die Eigentümer Vanguards oder mittelbar auch die der US-amerikanischen Zentralbank FED? Wer könnten diese Familien sein? Die üblichen Verdächtigen wie die Rothschilds, Rockefellers, Windsors, Vanderbilts, Du Ponts, Morgans, Bushs u.a.?

Egal, wie es bei Vanguard aussieht, von dem harten Kapitalismus, von dem uns erzählt wird, bleibt nicht viel übrig. BlackRock und Vanguard sind unmittelbar oder auch mittelbar die Haupteigentümer fast aller großen Konzerne. Es ist eigentlich wie im Kommunismus, nur dass nicht alles Volks- bzw. Staatseigentum ist, sondern in Händen weniger privater Organisationen liegt. Kapitalismus ist ein System des freien Wettbewerbs und den scheinen diese Organisationen zu meiden, wie der Teufel das Weihwasser.

Doch wie üben diese Organisationen Macht aus? Dies geschieht einerseits über Stiftungen, wie z.B. der Bill & Melinda Gates Foundation oder den Open Society Foundations von George Soros, um die wahrscheinlich bekanntesten zu nennen. Anderseits über das World Economic Forum (WEF) von Klaus Schwab. Doch warum üben sie Macht aus? Was fehlt ihnen denn noch? Meiner Meinung nach wollen diese Leute die totale Macht und Kontrolle über uns. Diese Menschen bestimmen unsere Politik durch Einsetzen unserer Politisierenden. Doch wählen wir unsere Politiker denn nicht? Doch schon, nur hat sich außer dem Tempo irgendetwas geändert, wenn sich eine Regierung geändert hat? Eher nicht. *„Wenn Wahlen etwas änderten, wären sie längst verboten“*, ist ein Zitat, das unser System wirklich kurz und prägnant beschreibt. Ob es nun von Kurt Tucholsky stammt oder nicht.

Doch nun zum erwähnten Weltwirtschaftsforum. Dieses ist eine *„im Schweizer Kanton Genf ansässige Stiftung und Lobby-Organisation, die in erster Linie für das von ihr veranstaltete Jahrestreffen gleichen Namens bekannt ist, das alljährlich in Davos im Kanton Graubünden stattfindet. Hierbei kommen zahlende Mitglieder, international führende Wirtschaftsexperten, Politiker, Wissenschaftler, gesellschaftliche Akteure und Journalisten zusammen, um über aktuelle globale Fragen zu diskutieren.“*[798] Und weiter unter dieser Quelle: *„2005 rief das Forum die Community der Young Global Leaders (YGL) ins Leben. ... Die Mitglieder unterhalten die 2030 Initiative, die einen Aktionsplan zur Verwirklichung der Vision einer idealen Welt im Jahr 2030 zum Ziel hat.“* So, so, **ein Aktionsplan zur Verwirklichung der Vision einer idealen Welt im Jahr 2030.** Ein Milliardärsclub, der sich über sein YGL-Programm willfährige Politiker heranzieht, spricht also von einer idealen Welt im Jahr 2030. Welche demokratische Legitimation hat dieser Club? Keine! Und trotzdem maßen sie sich dies an. Doch was wollen die eigentlich? Ein Artikel der *Deutschen Wirtschaftsnachrichten*[799] gibt darüber Aufschluss: *„Nach den Prognosen der ‚Global Future Councils‘ des WEF werden Privateigentum und Privatsphäre im nächsten Jahrzehnt abgeschafft. ... Die WEF-Projektion besagt, dass auch Konsumgüter kein Privateigentum mehr wären. Wenn sich die WEF-Projektion erfüllen sollte, müssten die Menschen ihre Notwendigkeiten vom Staat mieten und ausleihen, der der alleinige Eigentümer aller Waren wäre. Die Lieferung von Waren würde nach einem Sozialkreditpunktesystem rationiert. ... Jeder persönliche Schritt würde elektronisch verfolgt und die gesamte Produktion* *würde den Anforderungen sauberer Energie und einer nachhaltigen Umwelt unterliegen. ... In der neuen totalitären Dienstleistungswirtschaft wird die Regierung grundlegende Unterkünfte, Lebensmittel und Transportmittel bereitstellen, während der Rest vom Staat verliehen werden muss. ..."* Doch wie sollen die Menschen dazu gebracht werden, dies zu akzeptieren? Der Artikel gibt die Antworten: *„Der Köder, um die Massen anzulocken, ist die Zusicherung einer umfassenden Gesundheitsversorgung und eines garantierten Grundeinkommens. ... Mit der Digitalisierung aller Geldtransaktionen wird jeder einzelne Einkauf registriert. Infolgedessen hätten die Regierungsbehörden uneingeschränkten Zugang, um detailliert zu überwachen, wie einzelne Personen ihr Geld ausgeben. Ein universelles Grundeinkommen in einer bargeldlosen Gesellschaft würde die Voraussetzungen schaffen, um ein soziales Kreditsystem durchzusetzen und den Mechanismus bereitzustellen, um unerwünschtes Verhalten zu sanktionieren."* Das WEF gibt aber keine Auskunft dazu, wer diese neue Welt regieren wird. Ich denke mal, ein paar Politmarionetten aus den YGL, die die Agenda der Milliardäre (des digital-finanziellen Komplexes) umsetzen.

Zur Voraussetzung für die Einführung des neuen Systems wird derzeit anscheinend das alte zerstört oder *„kreativ zerstört"*, wie es Klaus Schwab, der Gründer und Leiter des WEF, so schön formuliert. (z.B. [800]) Diese Zerstörung sehen wir derzeit. Durch die sinnlosen Maßnahmen zur angeblichen Bekämpfung der P(l)andemie wurden die weltweiten Lieferketten zerstört. Es herrscht Mangelwirtschaft. Das ungehemmte Drucken von Geld führt uns nun in eine Inflation, die weite Teile der Bevölkerung verarmen wird. Danach wurden wir zusätzlich von russischem Gas abgeschnitten mit verheerenden Folgen für Industrie und auch Bevölkerung. Massenarbeitslosigkeit und kalte Wohnungen werden die Folge sein. Vielleicht wird es sogar Hunger im Land geben. Dies wäre der Boden, um die Menschen mit dem universellen Grundeinkommen zu „retten" und den Great Reset vorzunehmen.

Weit hergeholt? Nun, dann schauen wir uns mal so einige aktuelle Tendenzen an: Die EU plant eine digitale Identität (ID) für alle Europäer.[801] So kann jeder Schritt, den wir tun, überwacht werden. Bundesfinanzminister Lindner kündigte diese digitale ID am 31.8.2022 als *„so etwas wie ein digitaler Personalausweis"* an und bezeichnete dies als Kernprojekt.[802] Doch woanders ist man schon weiter. In Nigeria z.B. ist das Telefonieren nur noch möglich, wenn die SIM-Karte mit der nationalen Identifikationsnummer (NIN) verknüpft wird. *„Diese wird fortan jedoch benötigt, um wählen zu dürfen, ein Bankkonto zu eröffnen, die Steuererklärung abgeben zu können, eine Gesundheitsversicherung abschließen oder den Führerschein beantragen zu können."*[803] *„Nigeria und andere westafrikanische Länder sind ein Experimentierfeld für die Treiber des Überwachungskapitalismus wie Gates-Stiftung, Rockefeller-Stiftung, Weltbank und Weltwirtschaftsforum. Diese verfolgen unter anderem das Projekt ID2020, das darauf abzielt, bis 2030 jedem Erdbewohner eine digital biometrische Nummer mit zugehöriger Datenbankschublade zu geben. Die Erfassung aller Nigerianer mit einer biometrischen Bürgernummer und zugehöriger Datenbank wird von der Weltbank gefördert. Die Identitätskommission gibt auch biometrische Identitätsnachweise (eID-Cards) von Mastercard mit Zahlungsfunktion heraus. Passend dazu hat die nigerianische Zentralbank im Oktober 2021 mit Unterstützung des Internationalen Währungsfonds (IWF) als erstes großes Land (nach den Bahamas) ein digitales Zentralbankgeld herausgegeben, zu dem theoretisch die ganze Bevölkerung Zugang hat, den eNaira."*[804] Auch Australien will künftig alle Benutzer sozialer Medien mit digitaler ID eindeutig identifizieren.[805]

Und auch für Europa kommen die Einschläge näher. So unterzeichneten Klaus Schwab vom Weltwirtschaftsforum und UN-Generalsekretär António Guterres eine Vereinbarung zur Beschleunigung der Agenda 2030, die der oben beschriebenen Agenda des WEF entspricht.[806] Dazu passt, dass Kanada und die Niederlande sich als Pilotpartner für das Projekt „Known Traveler Digital Identity", einem digitalen Ausweissystem zur Bewertung der „Glaubwürdigkeit" von Reisenden, zur Verfügung stellen.[807] Laut diesem Artikel soll es laut Bill Gates eine *„Art digitalen Immunitätsausweis"* geben. In China, wo die Vorlage einer solchen Anwendung Voraussetzung sozialer Aktivitäten wie Reisen ist, soll diese bereits gegen Demonstranten eingesetzt werden.[808] Dazu passend wurde auf dem G20-Gipfel 2022 auf Bali die Einführung internationaler digitaler Impfpässe beschlossen. Der renommierte *Handelsblatt*-Journalist Norbert Häring schreibt, die *„G20 wollen digitale Gesundheitspässe auf Dauer zur Voraussetzung für Reisefreiheit machen"*. Laut Häring *„sollen digitale Impfzertifikate international dauerhaft genutzt werden, um Einschränkungen der Bewegungs- und der Reisefreiheit durchzusetzen"*.[809] Die Bundesregierung schreibt dazu: *„Wir erkennen die Bedeutung gemeinsamer technischer Standards und Methoden der Bestätigung im Sinne der IGV (2005) zur Erleichterung des nahtlosen internationalen Reisens, der Interoperabilität und der Anerkennung digitaler und nicht-digitaler Lösungen an, unter anderem in Bezug auf Impfnachweise. Wir unterstützen den laufenden internationalen Dialog und die internationale Zusammenarbeit beim Aufbau vertrauenswürdiger globaler digitaler Gesundheitsnetze als Teil der Bemühungen um eine Stärkung der Prävention künftiger Pandemien sowie deren Bekämpfung; dabei sollten die erfolgreichen bestehenden Standards und digitalen COVID-19-Impfzertifikate gewinnbringend und als Grundlage genutzt werden.*"[810]

Erste Sozialkreditsysteme werden bereits auch in Europa getestet. So soll das *„Pilotprojekt des ‚Smart Citizen Wallet' im italienischen Bologna … im September starten und ‚den tugendhaften Bürger' in den Mittelpunkt stellen"*. Doch auch in Bayern ist mit dem „Ökotoken" ein vergleichbares System in Planung. Der bayerische „Nachhaltigkeitstoken" tauchte bereits in der Langfassung der „Klimaschutzoffensive" von 2019 auf. Als Ziel wird die *„Förderung von nachhaltigem Verhalten im Alltag mittels Belohnung von umweltbewusstem Handeln"* angegeben. Der Token soll eine *„Signalwirkung für Unternehmen und Bürger."* entfalten (sprich: Es handelt sich um eine Erziehungsmaßnahme).[811] Eine Verknüpfung mit der digitalen ID der EU scheint doch nur ein kleiner Schritt zu sein. Der norwegische Staat verlangt von den vier größten Einzelhandelsketten des Landes die digitalen Kassenbelege, aus denen hervorgeht, welche Produkte die jeweiligen Bürger gekauft haben. Dies soll mit den Daten der digitalen Bezahlterminals abgeglichen werden, um die Identität des Käufers feststellen zu können.[812] [813] Bei diesem feuchten Traum der norwegischen Überwacher will auch die Stadt New York nicht hintenanstehen und zusammen mit American Express *„künftig die Kreditkartendaten von individuellen Einkäufen in den Geschäften auszuwerten, um die Wahl der Lebensmittel der Einwohner zu tracken. … Der Bürgermeister der Stadt, Eric Adams, erklärte, dass die Nachvollziehung der individuellen Wahl von Lebensmitteln ein Schritt in Richtung ‚Reduktion des CO_2-Ausstoßes' der Bürger sei. Ziel ist es demnach, bis zum Jahr 2032 die Lebensmittel-bezogenen Emissionen von Kohlendioxid der Einwohner der Stadt um ein Drittel zu reduzieren."* In Kanada gebe es ähnliche Pläne.[814]

Zu dieser CO_2-Nachverfolgung passt es, welch ein Zufall, dass das Europäische Parlament einer Reform des EU-Emissionshandels zugestimmt hat. *„Mit diesem Durchbruch werden endlich in ganz Europa auch die bislang schwierigen Sektoren Verkehr und Gebäude stärker in die Pflicht genommen."* Ein neuer Klimasozialfonds soll *„hauptsächlich einkommensschwachen Haushalten und finanziell schwächeren Kleinstunternehmen zugutekommen"*.[815] Von Gebäude und Verkehr dürfte es ein kurzer Weg sein, uns, dem Populus, ein privates CO_2-Konto zuzuweisen. Sonst machte ja die Nachverfolgung im Supermarkt keinen Sinn.

Apropos CO_2-Handel: Bei all dessen Ausweitung gibt es doch ein paar kleine unbedeutende Ausnahmen, nämlich für *„die Besitzer teurer Yachten und schneller Privatjets"*.[816] Dies war diesen armen Menschen nun auch wirklich nicht zuzumuten. Unsere EU hat wirklich ein soziales Herz.

Wenn wir schon bei unserer tollen EU sind, erkennen wir klar, wie sie sich um uns sorgt. Ja wirklich, denn *„die EU-Kommission will sämtliche Arten von Online-Kommunikation überwachen, von E-Mails über Chatnachrichten in Online-Spielen und Dating-Apps bis hin zu Messenger-Diensten wie WhatsApp oder Signal, die Nachrichten verschlüsselt übertragen"*. Da wird unsere Regierung dagegen zum richtigen Datenschützer, weil *„im deutschen Papier heißt es nun: ‚Der Einsatz von Maßnahmen, die zu einem Bruch,* *einer Schwächung, Modifikation oder einer Umgehung von Ende-zu-Ende-Verschlüsselung führen, ist durch konkrete technische Anforderungen im Verordnungsentwurf auszuschließen.' Nicht verschlüsselte Kommunikation, zum Beispiel über E-Mails oder Chatfunktionen in vielen Apps, könnten vom massenhaften Scannen aber weiter betroffen sein, genauso wie private Speicherdienste, wie zum Beispiel nichtöffentliche Backups von Fotos oder Chatnachrichten.*"[817] Es sollen also nur unverschlüsselte Nachrichten überwacht werden. Sind wir mal gespannt, wie es ausgeht. Nur bei Flüchtlingen ist das generelle Auslesen von Handydaten nicht erlaubt. *„Das Bundesamt für Migration und Flüchtlinge (BAMF) darf nicht pauschal Daten von Mobiltelefonen auslesen um bei fehlenden Ausweispapieren die Identität eines Asylsuchenden zu überprüfen. Das Bundesverwaltungsgericht in Leipzig hat am Donnerstag, den 16. Februar 2023, entschieden, dass bei Vorliegen anderer Dokumente und Anhaltspunkte zur Identität und Staatsangehörigkeit einer Person zunächst diese und nicht die Handydaten zu berücksichtigen sind (Az.: 1 C 19.21).*"[818] Das Auslesen von Daten zur Bekämpfung von Asylbetrug ist verboten, während die normale Bevölkerung anlasslos ausspioniert werden darf.

Da wirkt es dagegen ja wie eine Kleinigkeit, dass die EU die Autohersteller zur Installation eines Überwachungssystems in Neuwagen verpflichtet hat.[819]

Apropos Auto. Am 18.7.2022 veröffentlichte das Weltwirtschaftsforum einen Artikel, der unsere Zukunft mehr als andeutet.[820] Darin geht es darum, dass für *„eine saubere Energierevolution … große Mengen an kritischen Metallen wie Kobalt, Lithium und Nickel erforderlich"* sind. So werde *„ein Anstieg der Mineralproduktion um fast 500 % prognostiziert"*. Einer der Lösungsvorschläge, die der Artikel liefert, ist mit „Vom Besitzen zum Benutzen übergehen" überschrieben. Darin heißt es: *„Seien Sie ehrlich, wahrscheinlich haben Sie mindestens ein altes Mobiltelefon in einer Schublade liegen. Möglicherweise auch eine ungenutzte Festplatte, die Platz wegnimmt. Da sind Sie nicht allein. Der durchschnittliche Pkw oder Lieferwagen in England wird nur 4 % der Zeit gefahren. Während die meisten bereits ein persönliches Telefon besitzen, haben 39 % der Arbeitnehmer weltweit vom Arbeitgeber zur Verfügung gestellte Laptops und Mobiltelefone. Das ist alles andere als ressourcenschonend. Mehr gemeinsame Nutzung kann den Besitz ungenutzter Geräte und damit den Materialverbrauch verringern. Carsharing-Plattformen wie Getaround und BlueSG haben diese Chance bereits ergriffen und bieten Fahrzeuge an, bei denen man pro genutzter Stunde bezahlt. Um einen breiteren Übergang vom Besitz zur Nutzung zu ermöglichen, muss sich auch die Art und Weise, wie wir Dinge und Systeme gestalten, ändern. Carsharing wird zum Beispiel durch neue schlüssellose Entriegelungsfunktionen ermöglicht. In ähnlicher Weise werden Benutzerprofile benötigt, die eine Unterscheidung zwischen beruflicher und privater Nutzung desselben Geräts ermöglichen, um die Anzahl der Geräte pro Person zu verringern. Ein Designprozess, der sich auf die Erfüllung der zugrundeliegenden Bedürfnisse konzentriert und nicht auf den Kauf von Produkten abzielt, ist für diesen Übergang von grundlegender Bedeutung. Diese Denkweise ist für die Neugestaltung von Städten erforderlich, um die Nutzung von Privatfahrzeugen und anderen Geräten zu reduzieren."*

Wenn ich das lese, verstehe ich es so, dass diese Leute Schritt für Schritt das private Auto abschaffen wollen. Oder habe ich zu viel hineininterpretiert und „verschwörungstheoretisiert"? Schauen wir uns dazu einen WEF-Artikel vom 12.11.2016 an.[821] Darin wurden Experten des Global Future Councils des WEF befragt, wie sie die Welt im Jahr 2030 einschätzen. Unter 1. wurde Folgendes gesagt: *„Alle Produkte werden zu Dienstleistungen geworden sein. ‚Ich besitze nichts. Ich besitze kein Auto. Ich besitze kein Haus. Ich besitze keine Geräte oder Kleidung.', schreibt Ida Auken. Einkaufen ist eine ferne Erinnerung in der Stadt von 2030, deren Bewohner saubere Energie geknackt haben und sich auf Abruf leihen, was sie brauchen. Das klingt utopisch, bis sie erwähnt, dass jeder ihrer Schritte verfolgt wird und außerhalb der Stadt Schwärme von Unzufriedenen leben, die ultimative Darstellung einer zweigeteilten Gesellschaft."* Und Ida Auken ist nicht irgendwer. Sie ist Young Global Leader des WEF[822] und ab 2007 im dänischen Parlament, wobei sie vom 3.10.2011 bis zum 3.2.2014 Umweltministerin in Dänemark war.[823] Ob die Milliardäre vom WEF auch nichts besitzen wollen oder dies nur für das gemeine Volk gilt, kann sich ja jeder überlegen. Aber wahrscheinlich nehmen sie alle unglücklich machende Last des Eigentums auf sich, um uns glücklich zu sehen.

Der andere Machtkanal sind NGOs und Stiftungen. Beeindruckend sind ja z.B. auch deren prophetische Gaben. So berichtet der Artikel[824] über *„ein Planspiel über eine Pandemie mit einem ungewöhnlichen Stamm des Affenpockenvirus"*, *das die Nuclear Threat Initiative"* (NTI) zusammen mit der Münchner Sicherheitskonferenz (MSC) im März 2021 ausrichtete. Beteiligt waren die *„üblichen Verdächtigen – sprich: Vertreter der WHO, der Bill & Melinda Gates Foundation, der UN, von Pharmaunternehmen (Johnson & Johnson und Merck) sowie der Chef des eng mit der Pharma-Industrie verbandelten Wellcome Trust, Jeremy Farrar"*. Die NTI veröffentlichte die Ergebnisse auf ihrer Seite[825]. Auf Seite 10 findet sich folgende Zusammenfassung:

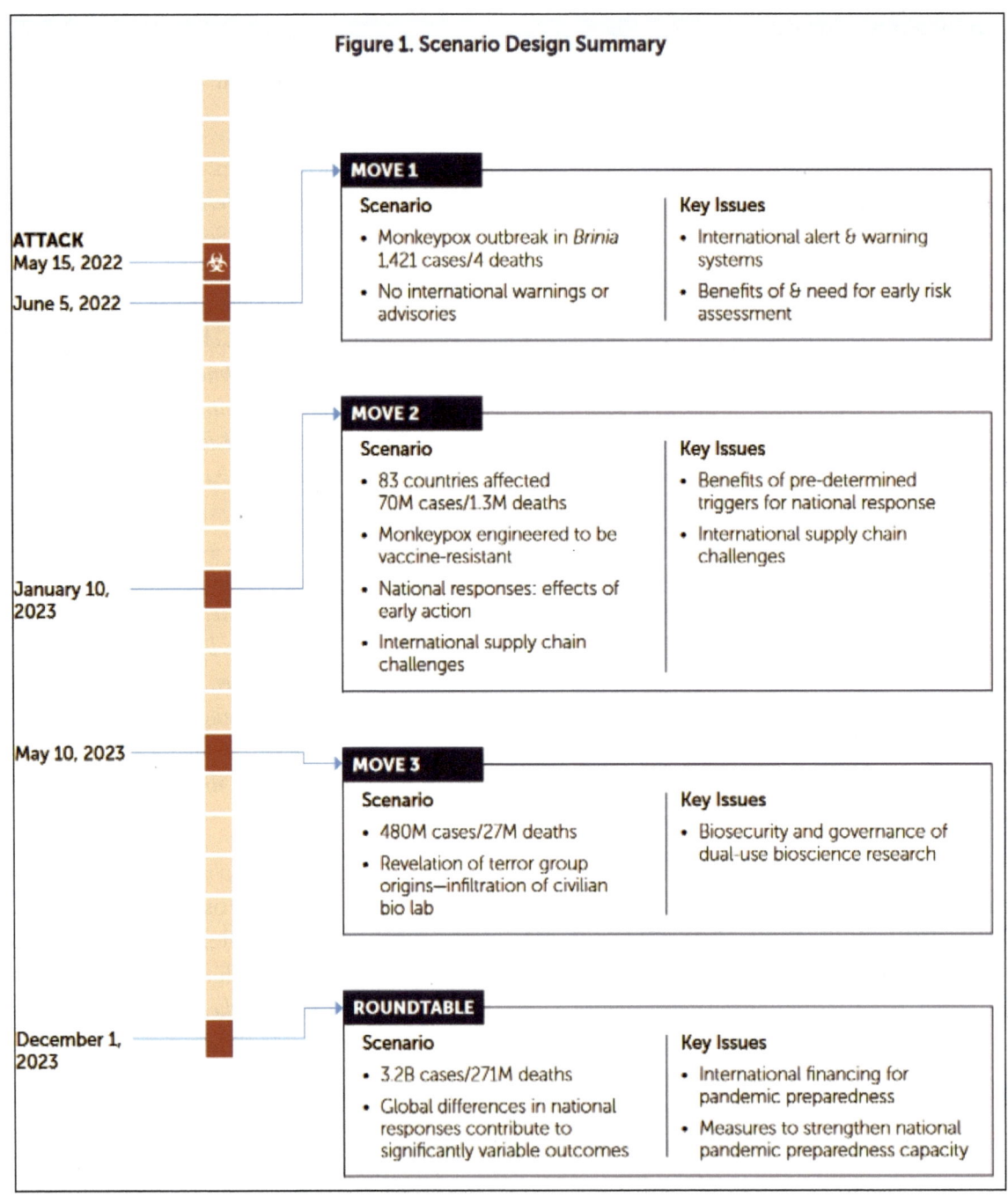

Abb. 158: Zusammenfassung eines Planspiels über eine Pandemie mit einem ungewöhnlichen Stamm des Affenpockenvirus. Der Ausbruch wurde für Mai 2022 geprobt und endet im Dezember 2023 mit 3,2 Milliarden Fällen und 271 Millionen Toten.

Interessanterweise wurden im Mai 2022 jetzt tatsächlich Affenpocken in Deutschland nachgewiesen (z.B. [826] oder [827]). Der erste Patient wurde im selben Krankenhaus (Schwabinger Klinikum) von demselben Arzt (Dr. Clemens Wendtner) behandelt wie der erste Coronapatient. Bei beiden wurde die Krankheit mittels PCR-Test diagnostiziert.[828]

Aber auch Bill Gates hatte wiederum prophetische Begabungen, denn er warnte bereits bei einer Veranstaltung des britischen Think Tanks „Policy Exchange" im November 2021 *„vor einer bioterroristischen Attacke mit einem Pockenvirus".*[829] Außerdem *„wusste"* er schon während der Coronapandemie, dass eine künftige Pandemie *„zehnmal so schlimm sein"* könnte.[830] Doch *„glücklicherweise"* haben wir schon einen am 24.9.2019 durch die US-amerikanische FDA zugelassenen Impfstoff u.a. gegen Affenpocken der Fa. Bavarian Nordic.[831] Außerdem gibt es mit Tecovirimat einen Pockenwirkstoff (auch gegen Affenpocken), der 2018 in den USA und 2022 in der EU genehmigt wurde.[832]

Doch obwohl die WHO den Ausbruch der Affenpocken als *„Notlage von internationaler Tragweite"*[833] erklärte, klappte es nicht so richtig mit einer Pandemie. Interessant hierbei ist die Formulierung, wie WHO-Chef Tedros Ghebreyesus die Entscheidung bekanntgab: *„**Ich habe beschlossen, dass der weltweite Ausbruch der Affenpocken einen gesundheitlichen Notfall von internationalem Interesse darstellt.**"* Unbestätigten Meldungen zufolge habe sich das Führungsgremium mit sechs Zustimmungen und neun Gegenstimmen dagegen entschieden.[834] Klar, bei einer Krankheit die laut einer im *The New England Journal of Medicine* veröffentlichten Studie zwischen dem 27.4.2022 und dem 24.6.2022 528 mal in 16 Ländern diagnostiziert wurde.[835] 98% waren schwule oder bisexuelle Männer, und 41% der Kranken hatten die Immunschwäche AIDS. Es schaut fast so aus, dass sich hier die Pharmaindustrie wieder etwas Zubrot verdienen wollte. In einem Interview[836] stellte der Hamberger Internist Dr. Heiko Schöning klar: *„Der Impfstoff für die Affenpocken wird von der gleichen hochkriminellen Firma hergestellt, die auch das Monopol auf den Anthrax-Impfstoff und den Covid19-Impfstoff hatte! … Bei der Herstellung der Impfstoffe, ob zu Corona oder zu den Affenpocken, taucht immer wieder ein Name auf: Der Konzern Emergent BioSolutions."*

Der Lungenfacharzt und ehemalige Bundestagsabgeordnete Dr. Wolfgang Wodarg hat außerdem den Verdacht, dass man die als Nebenwirkung der Coronaimpfung und von Herpes Zoster verursachte Gürtelrose als Affenpocken verkaufen will.[837] Wirklich clever: Geld mit Impfungen (und vielleicht auch neuen PCR-Tests) verdienen und Nebenwirkungen verstecken. Da kann man nur glücklich sein, dass die afrikanischen Länder gegen den Pandemievertrag gestimmt haben, mit dem sich die WHO im Pandemiefall, den sie selbst ausrufen kann, weitreichende Kompetenzen zusichern lassen wollte.[838] Ein Artikel auf *tkp.at* spricht im Zusammenhang mit diesem Pandemievertrag sogar von einer *„Bedrohung der Souveränität"* der Nationalstaaten.[839]

Doch ein weiterer Versuch ist schon in Vorbereitung. So soll die Formulierung *„Die Durchführung dieser Vorschriften erfolgt unter **uneingeschränkter Achtung der Würde, der Menschenrechte und der Grundfreiheiten der Menschen.**"* in Artikel 3 durch *„Die Durchführung dieser Vorschriften erfolgt auf der Grundlage der Grundsätze der Gleichheit, der Inklusivität und der Kohärenz sowie im Einklang mit den gemeinsamen, aber unterschiedlichen Verantwortlichkeiten der Vertragsstaaten unter Berücksichtigung ihrer sozialen und wirtschaftlichen Entwicklung."* ersetzt werden. Kein guter Tausch für uns Menschen. Immerhin sollen künftig in Artikel 2 *„…unnötige Beeinträchtigungen … der Existenzgrundlagen, der Menschenrechte … vermieden werden."* Doch auch die diktatorische Vollmacht des Generalsekretärs *„wird nach diesem Vorschlag drastisch erweitert von vorher ‚Risiken für die öffentliche Gesundheit' zu ‚alle Risiken, die sich auf die öffentliche Gesundheit auswirken können'."* Alles, was mit Klimawandel zu tun hat, wäre damit nach den jüngsten Verlautbarungen von Politikern ebenfalls der Regelungskompetenz der WHO und diesem Vertrag unterworfen.[840]

Vor diesem Hintergrund stellte die Abgeordnete des Europäischen Parlaments, Christine Anderson, die „Anfrage mit Vorrang zur schriftlichen Beantwortung P-000921/2022" an die Kommission, inwieweit die Kommission dafür Sorge tragen wird, *„dass die Bürgerinnen und Bürger, die in einem Gremium wie der WHO nicht direkt stimmberechtigt sind, im Entscheidungsprozess nicht umgangen werden und dass eine sich immer weiter von den Wählerinnen und Wählern entfernende Verschiebung der Kompetenzen nicht zu einer zunehmenden 'Entdemokratisierung' unserer Gesellschaft führt".* (841) Die Antwort können Sie nachlesen, wenn Sie wollen. Ich fasse sie mal mit „überhaupt nicht" zusammen.(842)

Doch ist es nicht das erste Mal, dass die Zukunft bzgl. einer Krankheit so gut getroffen wurde. Wie in Kapitel 3 bereits aufgelistet, wurde vom Johns Hopkins Center for Health Security zusammen mit dem Weltwirtschaftsforum und der Bill & Melinda Gates Foundation im Oktober 2019 mit dem Event 201 eine Pandemieübung durchgeführt, bei dem ein Coronavirus (allerdings von Brasilien aus) eine weltweite Pandemie auslöste.

Von ähnlichen seherischen Gaben berichtet der Hamburger Internist Dr. Heiko Schöning in seinem Buch »Game Over«.(843) Darin beschreibt er die Übung „Dark Winter", die vom 22. bis 23.6.2001 stattfand und in der arabische Terroristen in drei amerikanischen Städten Krankheitserreger freisetzen, und deren starke Gemeinsamkeiten, von denen der Absatz zehn Stück beschreibt, mit dem Verlauf der Anthrax-Anschläge, die weniger als drei Monate danach folgten. Und wäre dies nicht der prophetischen Gaben genug, gab Dr. Richard Tubb, der Leibarzt des damaligen US-Präsidenten George W. Bush, diesem und dessen Mitarbeitern am 11.9.2001 das Anthrax-Gegenmittel Ciprofoxacin, das starke Nebenwirkungen hat, obwohl man erst ab dem 4.10.2001 von den ausgeführten Anthrax-Terroranschlägen wissen konnte.(844)

Da wird einem bzgl. einer neuen Übung am 23.2.2022 in Brüssel Angst und Bange. Dort führte das Johns Hopkins Center for Health Security führte in Zusammenarbeit mit der WHO und der Bill & Melinda Gates Foundation die Pandemieübung „Catastrophic Contagion" durch.(845) *„Die Übung warf eine zentrale Frage auf: Wenn künftige Pandemien eine viel höhere Letalität als COVID-19 aufweisen oder beispielsweise überwiegend Kinder betreffen, würden oder sollten die Länder dann andere, stärkere und frühere Maßnahmen ergreifen, um sie einzudämmen, und wie sehen diese Maßnahmen aus?"*(846) Ich glaube, wir sollten unsere Masken aufheben.

Das nächste Gruselszenario lässt nicht lange auf sich warten. Zur Vermeidung künftiger Pandemien arbeiten Forscher an einem *„ansteckenden Impfstoff"*, also an einem Vakzin, das sich selbst verbreitet.(847) Die Risiken sind nicht kalkulierbar.

Nicht minder problematisch erscheint mir das Freisetzen von gentechnisch veränderten Stechmücken zur gewünschten Vermeidung der durch sie übertragenen schweren Krankheiten in Florida/USA, Brasilien, Panama, auf den Caymaninseln(848) und neuerdings auch in Afrika(849), da die Anzahl der Mücken zwar stark reduziert werden konnte, jedoch haben einige mit dem veränderten Genom überlebt und pflanzen sich fort mit der Gefahr, *„robuster und resistent gegen Insektizide"* zu sein.(850)

Bevor wir uns unserem Land widmen, beantworten wir uns die Frage, welchem Ziel dies denn alles dienen soll. Da wollen wir uns mal die 17 Nachhaltigkeitsziele der UNO ansehen, die übrigens nahezu kongruent mit den Zielen des WEF einhergehen. Die sind als Grafik dargestellt:

Abb. 159: Die 17 Nachhaltigkeitsziele der UNO

Svenja Schulze, Bundesministerin für wirtschaftliche Zusammenarbeit und Entwicklung, erklärt uns auf „ihrer" Seite[(851)] die einzelnen Ziele, die auf den ersten Blick doch sehr schön ausschauen. Wir wollen uns jeweils mal ein paar Punkte der einzelnen Ziele herausnehmen:

1. **Keine Armut**

So soll bis 2030 kein Mensch auf der Welt mehr in extremer Armut – das heißt mit weniger als 1,90 US-Dollar pro Tag – leben müssen. Weiterhin sollen alle Menschen durch soziale Sicherungsleistungen abgesichert sein und gleiche Rechte und Chancen beim Zugang zu grundlegenden Dienstleistungen, Vermögen und natürlichen Ressourcen haben.

Da frage ich mich, woher das Geld für das propagierte universelle Grundeinkommen kommen soll. Mit Drucken geht es nicht, wie wir derzeit am eigenen Leib spüren müssen. Also bleibt nur, es von den reicheren Ländern, also uns, zu holen. Das bedeutet, dass wir noch höhere Steuern zahlen werden und das Geld mit vollen Händen in andere Länder geht, wo es oft in korrupte Kanäle fließt, wie entsprechende Statistiken über den Korruptionsindex zeigen. Das kennen wir doch schon. Unser Mittelstand, ob im privaten oder auch unternehmerischen Bereich, ist am Limit. Wir werden ärmer. Maßnahmen zur Bekämpfung von „Pandemie" und „Klimawandel" verarmen weltweit Menschen.

2. **Kein Hunger**

Alle Menschen sollen sich gesund und ausgewogen ernähren können, und die landwirtschaftliche Produktivität soll steigen und das Einkommen von Kleinbäuerinnen und -bauern soll wachsen. Außerdem soll die Nahrungsmittelproduktion nachhaltiger werden.

Nachhaltiger bei höherer Produktivität? Nun, dazu muss man sich nur bei der Landwirtschaft informieren und man erfährt, dass der konventionelle Getreideanbau mehr als die doppelte Produktivität des ökologischen hat.[(852)] Außerdem sind im ökologischen Anbau gut 70% der Einkommen Subventionen, während es im konventionellen nur gut 40% sind. Wie vereinbart es sich ferner mit den Zielen, wenn man kleine und mittlere Bauern in Europa und Nordamerika mit Repressionen oder Geld zum Aufgeben bewegen will? Doch dazu später mehr. Wahrscheinlich werden wir uns künftig von genetisch veränderten Nahrungsmitteln, Laborfleisch und Insekten ernähren. Apropos Insekten. Laut des Artikels des Magazins *raum&zeit* „Vom Verzehr wird abgeraten"[853] trat am 1. Januar 2018 *„eine neue Verordnung des EU-Parlaments zur Einführung ,neuartiger Lebensmittel' (Novel Food Verordnung) in Kraft. Sie umfasste unter anderem auch Insekten und ihre Teile. ... Eine aktuelle Studie aus Thailand geht davon aus, dass fast 13 von 100 Menschen auf den Verzehr von Insekten allergisch reagieren. ... Ursache ... ist vermutlich Chitin, ... Chitin ist selber unverdaulich und kann die Aufnahme wichtiger Nährstoffe blockieren. Chitinase, ein Chitin abbauendes Enzym, wird in hoher Konzentration bei Darm- und Leberentzündungen, diversen Krebsarten und Asthma gebildet. Eine weitere gesundheitlich bedenkliche Rolle könnte das Hormon ECDysteron spielen, das in vielen Insektenarten wie dem in der EU-Verordnung zugelassenen Mehlwurm die Metamorphose vom Stadium einer Larve zur Imago, dem voll ausgebildeten Insekt, steuert. ... Das aber heißt, dass sie auch giftig wirken können..."* Auch untersuchten Wissenschaftler der Universität Warmia and Mazury, Olsztyn (Ermland und Masuren, Allenstein) in Polen essbare Insekten aus entsprechenden Farmen auf die Übertragbarkeit von Parasiten auf Mensch und Tier („A parasitological evaluation of edible insects and their role in the transmission of parasitic diseases to humans and animals"). Die Ergebnisse veröffentlichten sie im Juli 2019[854] und stellten fest, dass 30,33% der untersuchten Proben Parasiten enthielten, die *„potenziell pathogen für den Menschen"* sind. Trotzdem wurden bereits folgende Insekten als Nahrungsmittel in die Unionsliste der für das Inverkehrbringen in der Union zugelassenen neuartigen Lebensmittel aufgenommen:

- Getrocknete Larven von Tenebrio molitor (Larven des Mehlkäfers, auch Mehlwürmer genannt) nach DURCHFÜHRUNGSVERORDNUNG (EU) 2021/882 DER KOMMISSION vom 1. Juni 2021[855]
- Gefrorene, getrocknete und pulverförmige (gemahlene) Locusta migratoria (Wanderheuschrecke) nach DURCHFÜHRUNGSVERORDNUNG (EU) 2021/1975 DER KOMMISSION vom 12. November 2021[856]
- Acheta domesticus (Hausgrille, Heimchen), gefroren, getrocknet und pulverförmig nach DURCHFÜHRUNGSVERORDNUNG (EU) 2022/188 DER KOMMISSION vom 10. Februar 2022[857]
- Alphitobius diaperinus (Getreideschimmelkäfer) in gefrorener, pastenartiger, getrockneter und pulverisierter Form nach DURCHFÜHRUNGSVERORDNUNG (EU) 2023/58 DER KOMMISSION vom 5. Januar 2023[858]

Die Zulassung gilt jeweils für die den Antrag auf Zulassung gestellten Unternehmen für fünf Jahre. Die zugelassenen neuartigen Lebensmittel werden in der Durchführungsverordnung (EU) 2017/2470 aufgenommen und können damit auch bisherigen Lebensmitteln (z.B. Backmehl, Nudeln oder Schokolade) ohne gesonderte Deklaration beigemischt werden. Zur Vermeidung dieser Leckerlis ist daher ein Blick auf die Zutatenliste geboten. Prägen Sie sich die lateinischen Namen ein. Und weil das alles noch nicht lecker genug ist, gibt es für unsere Kleinsten dann Labor-„Muttermilch". Wohl bekomm's.

3. Gesundheit und Wohlergehen

Die Sterblichkeit von Müttern und Kindern soll sinken. Weiterhin sollen alle Menschen vor übertragbaren Krankheiten, wie Aids oder Tuberkulose und vor nicht übertragbaren Krankheiten, wie Krebs oder Diabetes geschützt werden und Zugang zu grundlegenden Gesundheitsdiensten haben, ohne in finanzielle Nöte zu geraten. Dazu zählen auch Dienste der sexuellen und reproduktiven Gesundheit, Medikamente und Impfstoffe. Auch soll das Risiko für nationale und internationale Gesundheitskrisen gesenkt werden.

Man will also Menschen vor Krebs schützen und erhöht gleichzeitig die Strahlenbelastung durch immer bessere Netzabdeckung. Und der Rest klingt für mich nach WHO-Pandemievertrag und Pharmadiktatur. Hat man ja an den glorreichen C-„Impfstoffen" gesehen, wo man die Pharma-industrie mit Steuergeld bei der Entwicklung unterstützte und sie vertraglich von allen Ver-pflichtungen befreite. Nur beim Einfahren der Milliardengewinne ließ man sie allein.

4. Hochwertige Bildung

Gleichberechtigter Bildungszugang für alle und auch Zugang zu frühkindlicher Bildung, die auf die Grundschule vorbereitet, zu einer kostenlosen, gerechten und hochwertigen Grund- und Sekundar-bildung und zu hochwertiger beruflicher Bildung und Hochschulbildung. Und zu guter Letzt: Alle Lernenden sollen Fähigkeiten für die Förderung der nachhaltigen Entwicklung erwerben.

Die Erosion unseres Bildungssystems haben wir in Kapitel 2 schon ausreichend beleuchtet. Ich glaube, der letzte Satz drückt die Intension der Verfasser dieser Agenda aus, nämlich die Indok-trinierung unserer Kinder und Jugendlichen für die Ideen der sogenannten Elite, wie wir es aus Diktaturen nur zu gut kennen. Erste Ergebnisse dessen sehen wir bei sich auf den Straßen fest-klebenden Jugendlichen.

5. Geschlechtergleichheit

Bis 2030 sollen alle Formen der Diskriminierung von Frauen und Mädchen überall auf der Welt be-endet werden. Auch sollen Kinderheirat, Früh- und Zwangsverheiratung und weibliche Genitalver-stümmlung beseitigt werden. Weiterhin soll unbezahlte Pflege- und Hausarbeit anerkannt werden. Und Politiken und Rechtsvorschriften sollen verabschiedet werden, die die Gleichberechtigung der Geschlechter fördern.

Kinderheirat, Früh- und Zwangsverheiratung und weibliche Genitalverstümmlung holen wir uns ja derzeit ins Land, und ich sehe nicht, dass es die Exekutive irgendwie verhindert. So hat das Bundesverfassungsgericht das 2017 erlassene Gesetz zur Bekämpfung von Kinderehen gekippt. Es verstoße gegen das Grundgesetz.[(859)] Na bravo. Außer Gender-Gaga wie *„Ich begrüße alle Schülerinnen und Schüler, alle Lernenden und alle Schüler:innen ..."* und das Vorantreiben einer Verweiblichung von Männern und einer Vermännlichung von Frauen sehe ich auch wirklich nichts.

6. Sauberes Wasser und Sanitäreinrichtungen

Alle Menschen sollen einen Zugang zu einwandfreiem und bezahlbarem Trinkwasser haben und Zu-gang zu einer angemessen und gerechten Sanitärversorgung sowie Hygiene erhalten. Ferner sollen wasserverbundene Ökosysteme geschützt und wiederhergestellt werden.

Die *„EU treibt Privatisierung des Wassers in Europa voran"*,[(860)] was sich allerdings nicht bewährt hat,[(861)] da auf die Konsumenten höhere Preise zukamen. Also letztendlich Abzocke der Bürger. Für ärmere Länder ist es oft Voraussetzung für den Erhalt von Krediten von Weltbank oder IWF, die Wasserversorgung zu privatisieren.[(862)] Deshalb hat der Kampf um die Rechte an den Süßwasserressourcen auch längst begonnen. *„Doch Vorsicht! Nicht nur Nestlé sorgt vor, nein, auch Milliardäre tun es. Und auch Mega-Banken und Investoren wie Goldman Sachs, JP Morgan Chase, Citigroup, UBS, Deutsche Bank, Crédit Suisse, Macquarie Bank, Barclays Bank, der Blackstone Group, Allianz und HSBC Bank, und andere sind für die Kontrolle für Wasser verant-wortlich."*[(863)]

Und bei all dem hat jetzt das Bundesumweltministerium eine „Nationale Wasserstrategie" er-stellt, in der es u.a. heißt: *„Es wird eine bundesweit anwendbare Leitlinie entwickelt, die im Fall von regionaler Wasserknappheit zum Zuge kommt. Sie hilft den zuständigen Behörden zu entschei-*

den, wer vorrangig Wasser nutzen darf (Wassernutzungshierarchie). "[(864)] Die Behörde entscheidet dann, ob Sie noch Wasser bekommen. Außerdem will Deutschland aus Klimaschutzgründen zunehmend Moore wieder vernässen.[(865)] Klingt gut, nur wird dafür Ackerland geopfert, für dessen Gewinnung damals die Moore trockengelegt wurden. Zusätzlich droht dadurch die Wiederkehr der Malaria, die wir früher auch in Deutschland hatten, obwohl es früher ja viel kälter gewesen sein soll.[(866)]

7. Bezahlbare und saubere Energie

Alle Menschen sollen Zugang zu bezahlbarer, verlässlicher und moderner Energie haben, und der Anteil erneuerbarer Energie am globalen Energiemix soll deutlich erhöht werden.

Wie bezahlbar unsere erneuerbaren Energien sind, erleben wir derzeit ja am eigenen Geldbeutel. Mehr muss man dazu nicht sagen. Und vor deren Verlässlichkeit, Blackout inklusive, warnen genug Fachleute.

8. Menschenwürdige Arbeit und Wirtschaftswachstum

Ein höheres Maß an wirtschaftlicher Produktivität und den stärkeren Einbezug von Frauen in das Wirtschafssystem und verbesserter Zugang zu bedarfsgerechten Finanzdienstungen für kleine und mittlere, insbesondere frauengeführte, Unternehmen. Auch wollen sie Wirtschaftsleistung und Wohlstand vom Ressourcenverbrauch entkoppeln. Abschließend noch eine Förderung von nachhaltigem Tourismus.

Ein stärkerer Einbezug von Frauen in das Wirtschafssystem korrelierte bisher mit einer Abnahme der Geburten, was uns in Europa in einen bevorstehenden demografischen Super-GAU geführt hat. Dies sollte man dabei bedenken. Derzeit wird kleineren und mittleren Unternehmen durch immer mehr Auflagen die Existenz erschwert, so dass viele verschwinden werden und für die breite Masse kein Geld für nachhaltigen Tourismus zur Verfügung stehen wird. Urlaub also nur noch für Reiche. Ach ja, die vom Ressourcenverbrauch entkoppelten Wirtschaftsleistung und Wohlstand: Nun, dann leben wir eben von Luft und Liebe, wobei ja Luft auch eine Ressource ist, was wir am CO_2-Preis spüren

9. Industrie, Innovation und Infrastruktur

Aufbau einer hochwertigen, nachhaltigen und widerstandsfähigen Infrastruktur und Förderung einer inklusiven und nachhaltigen Industrialisierung. Auch soll der Zugang zu Informations- und Kommunikationstechnologien erweitert und Innovation unterstützt werden.

Klingt schön, nur warum hat dies bisher nicht geklappt? Nur beim Zugang zu Informations- und Kommunikationstechnologien werde ich hellhörig, denn man kann damit natürlich auch einen Überwachungsstaat aufbauen.

10. Weniger Ungleichheiten

Ungleichheiten noch wirksamer durch armutsorientierte Sozialpolitik, Lohn- und Fiskalpolitik reduzieren und mehr Mitsprache von Entwicklungsländern in internationalen Finanz- und Wirtschaftsorganisationen. Und zum Schluss noch eine geordnete, sichere, verantwortungsvolle und reguläre Migration und Mobilität.

Wenn es uns nicht gelingt, und es wird uns nicht gelingen, die ärmeren Länder reicher zu machen, muss man eben die reichen Länder verarmen. Sehen wir in unserem Land derzeit doch aktuell. Auch werden die Hürden für Migration immer mehr gesenkt. Nur frage ich mich dabei, wie arme Menschen, die sich aufgrund der schlechten wirtschaftlichen Verhältnisse auf in reichere Staaten machen, dies bezahlen können. Viele Bürger im „reichen" Deutschland könnten dies nicht. Auch die Medien schweigen darüber. Wird dies vielleicht sogar finanziell von unseren Steuergeldern gefördert?

11. Nachhaltige Städte und Gemeinden

Alle Menschen sollen Zugang zu angemessenem Wohnraum und zu Grundversorgung und zu sicheren, bezahlbaren und nachhaltigen Verkehrssystemen haben. Die von Städten ausgehende Umweltbelastung soll mit besonderem Fokus auf Luftqualität und Abfallbehandlung gesenkt und der allgemeine Zugang zu sicheren Grünflächen und öffentlichen Räumen soll gewährleistet werden.

Derzeit wird der private Wohnungsbau durch immer mehr Auflagen für Investoren und Vermieter eingeschränkt und der Staat hat keine Möglichkeiten, dies zu tun. Und wieviel Wohnraum ist angemessen? Sollen wir alle in kleinste Wohnungen gepfercht werden? Ich weiß es nicht, nur sehe ich, dass das Einfamilienhaus nicht mehr gewünscht ist. Anton Hofreiter von den Grünen hat sich kritisch zu Einfamilienhäusern geäußert.[(867)] Wahrscheinlich sollen wir alle in Megastädten leben, da nur dort umfassende öffentliche Verkehrssysteme einen Sinn machen, und natürlich ohne privates Auto sein, was in Städten natürlich auch leichter zu verwirklichen ist. Doch dazu später mehr. Und die Sicherheit sehen wir in unseren Ballungszentren jeden Tag, besonders im Kalkutta an der Spree.

12. Nachhaltige/r Konsum und Produktion

Abfälle sollen vermieden oder recycelt, gefährliche Abfälle sicher entsorgt und die Nahrungsmittelverschwendung soll verringert werden. Die Unternehmen sollen ermutigt werden, ihre sozialen und ökologischen Risiken gering zu halten und Verbraucherinnen und Verbraucher besser über nachhaltigen Konsum informiert werden.

Und wenn es nicht von alleine geht, hilft dabei sicherlich ein Sozialkreditsystem. Und durch den sinnlosen Maskenzwang entstanden Tonnen über Tonnen von Masken im Müll.

13. Maßnahmen zum Klimaschutz

Den globalen Temperaturanstieg auf 1,5 Grad Celsius begrenzen, globale Treibhausgas-Neutralität zur Jahrhundertmitte erreichen und die politischen Rahmenbedingungen in Schwellen- und Entwicklungsländern für den Klimaschutz verbessern. Ferner den wirtschaftlichen Wiederaufbau nach der Corona-Krise für ökologische Weichenstellungen nutzen.

Dass ich das Klimageschrei für unwissenschaftliches Gedöns halte, dürfte klar geworden sein. Nun, da alle Welt den deutschen Niedergang bei der Energiewende in der ersten Reihe sitzend verfolgen kann, wird dies freiwillig keine vernünftige Regierung mitmachen, es sei denn der „Great Resetter" Klaus Schwab uns seine WEF-Kumpels stecken dahinter.

14. Leben unter Wasser

Die Meeresverschmutzung und -vermüllung durch Plastik soll deutlich verringert werden und gesunde und biodiversitätsreiche Meeres- und Küstenökosysteme sollen nachhaltig verwaltet, geschützt und wiederhergestellt werden. Fischbestände sollen nachhaltig bewirtschaftet und Überfischung, illegale, unregulierte und ungemeldete Fischerei und zerstörerische Fischereipraktiken beendet werden.

Ja, mit dem Plastikmüll räumen wir jetzt auf, oder? „Jede Minute landen weltweit drei Millionen Corona-Masken im Müll – sie sind eine Zeitbombe für die Umwelt."[(868)] Und die Coronatests sollten wir hierbei nicht vergessen. Außerdem „bereichern" wir die Küstenökosysteme derzeit mit Offshore-Windparks. Die Vermeidung der Überfischerei wäre wünschenswert, wobei bisher eigentlich nichts passiert ist.

15. Leben an Land

Intakte Landökosysteme und ihre Leistungen erhalten, wiederherstellen und nachhaltig nutzen und die Verschlechterung natürlicher Lebensräume und Biodiversitätsverlust verringern. Und eine gute Umweltgesetzgebung effektiv durchsetzen.

Dadurch verlieren wir weiter Ackerland. Ferner werden durch immer härter werdende Dünge-verordnungen viele kleinbäuerliche Betriebe zum Aufhören gezwungen.[(869)] Ich denke, wie schon erwähnt, dass wir von den Dörfern in Megastädte umquartiert werden sollen. Anders ist es nicht möglich. Wie soll eine Umweltgesetzgebung effektiv durchgesetzt werden, wenn nicht durch Überwachung?

16. Frieden, Gerechtigkeit und starke Institutionen

Alle Formen der Gewalt und die gewaltbedingte Sterblichkeit überall deutlich verringern. Die Rechtsstaatlichkeit auf nationaler und internationaler Ebene fördern und den gleichberechtigten Zugang aller zur Justiz gewährleisten. Illegale Finanz- und Waffenströme sowie organisierte Kriminalität deutlich verringern und Korruption und Bestechung in allen ihren Formen erheblich reduzieren.

Dafür rüsten wir ja weltweit auf. Wie wollen wir die Rechtsstaatlichkeit fördern, wenn der mächtigste Staat der Erde, die USA, internationale Rechtsprechung nicht anerkennt?[(870)] Wie wollen wir außerdem illegale Finanz- und Waffenströme und Korruption reduzieren, wenn wir eines der korruptesten Länder Europas, die Ukraine, in die EU aufnehmen wollen? Wie schon ausgeführt, können wir unsere gelieferten Waffensysteme mittlerweile im Darknet erwerben. Das zum Thema illegale Waffenströme. Und die Bekämpfung organisierter Kriminalität sehen wir sehr gut im Kalkutta an der Spree. Ein leuchtendes Beispiel für das restliche Land. Also Geduld haben.

17. Partnerschaften zur Erreichung der Ziele

Neben vielen Allgemeinsätzen sticht mir hier folgender Punkt ins Auge: Entwicklungspartnerschaften mit privaten Unternehmen sollen gefordert und gefördert werden.

Das ist ein springender Punkt, der so klitzeklein und versteckt am Ende daherkommt. Erinnern wir uns an die Impfstoffentwicklung, bei der die Unternehmen öffentliche, nicht rückzahlbare Fördergelder erhielten, die Gewinne jedoch komplett einstreichen konnten. Aber nein, die Politik schiebt dem doch einen Riegel vor. Glauben Sie? Nun, dann schauen wir uns ein Beispiel aus Thomas Röpers Buch »Inside Corona« an.[(871)] Demnach haben die NGOs Center for Global Development (CGC), Center for Strategic and International Studies (CSIS), COVID Collaborative und Duke Center am 3.8.2021 ein Papier mit dem Namen „US Emergency Plan for Global COVID-19 Relief: Urgent Action to End the Pandemic Globally and Accelerate US Recovery and Security" (auf Deutsch: „US-Notfallplan zur weltweiten COVID-19-Hilfe: Dringende Maßnahmen zur weltweiten Beendigung der Pandemie und Beschleunigung der Erholung und Sicherheit der USA") veröffentlicht.[(872)] Darin wurde Präsident Biden aufgefordert, im September 2021 einen weltweiten Impfgipfel einzuberufen, dessen Ergebnis eine Verpflichtung sein soll, bis Mitte 2022 mindestens 70% der Weltbevölkerung zu impfen. Wie gefordert, wurde dies vom angeblich mächtigsten Mann der Erde auch sofort umgesetzt.[(873)] 6,5 Milliarden Impfdosen à ca. € 20 bedeutet einen Umsatz von ca. € 130 Mrd. hauptsächlich für Pfizer BioNTech, wo zufälligerweise der Philanthrop und Gönner Bill Gates investiert ist, der ebenfalls zufälligerweise solche NGOs finanziell unterstützt. Zahlen tun dies hauptsächlich die USA und die EU, die kein einziges Parlament eines Mitgliedstaates gefragt hat. So geht Demokratie! Und auf diese Weise wird es dabei immer laufen. Die Konzerne und ihre Eigentümer profitieren wirtschaftlich und der Steuerzahler zahlt. Außerdem greifen diese Konzerne so unsere Daten ab, das Gold der Zukunft in der digitalisierten Welt, die sie ebenfalls gewinnbringend einsetzen können.

Und bei all den Punkten dürfen wir nicht übersehen, dass dies nur bei einer spürbaren Bevölkerungsreduktion möglich ist. Daran sollten wir immer denken.

Passend zu Punkt 11 „Nachhaltige Städte und Gemeinden" wird die sogenannte 15-Minuten-Stadt in vielen Medien propagiert. Laut *Handelsblatt* vereint dieses Konzept *„mit der Mixed-Use-Nutzung, also der Mischung aus Wohnen, Einzelhandel und Büroflächen, und der ‚Stadt der kurzen Wege' zwei stadtplanerische Ansätze, die ihre Ausrichtung an den Bedürfnissen der Stadtbewohner schon in der Realität bewiesen haben".*(874) Diese *„Vision umschreibt dabei ein Stadtmodell, das jedem Menschen ermöglicht, in jedem Viertel die tagtäglich aufkommenden Bedürfnisse innerhalb eines kurzen Spaziergangs oder durch eine kurze Fahrt mit dem Fahrrad oder dem ÖPNV von seinem Zuhause zu erledigen. Dies umfasst nicht nur Lebensmittelgeschäfte, sondern eben auch Ärzte, Erholungsräume, Fitnessstudios, den Arbeitsplatz sowie pädagogische Einrichtungen. Eben alle Dinge, die ein Einwohner im Laufe seiner Zeit tagtäglich nachfragt. Vorbei die Zeiten, in denen man morgens mindestens 30 Minuten Anfahrtszeit mit dem Auto einplanen musste, da nicht nur der Straßenverkehr unberechenbar war, sondern eben auch die Parkplatzsuche."*(875) Und weiter im Text: *„Statt Einkaufswägen sind nun fahrbare Einkaufskörbe die Praxis, statt PKW-Parkplätze werden sperrige oder einfach viele Dinge direkt bis vor die Haustür geliefert – und zwar mit Lastenrädern oder umweltfreundlichen Transportern."* Ist dies nicht schön? Da dürfen natürlich auch die Weltverbesserer des Weltwirtschaftsforums nicht fehlen.(876) Ach, wie freuen wir uns alle darauf und schauen neidisch nach Oxford, wo die Stadt ab 2024 in sechs 15-Minuten-Zonen unterteilt wird. Doch was bedeutet dies in der täglichen Praxis? So sollen Straßensperren aufgestellt werden, *„die die meisten Autofahrer daran hindern, durch das Stadtzentrum von Oxford zu fahren…"* Außerdem überwachen Kameras die Grenzen zwischen den Zonen, sodass „Grenzverletzer" ein Bußgeld bekommen, wenn sie keine Ausnahmegenehmigung haben. Nur zu Fuß, mit dem Fahrrad oder per öffentlichem Verkehr dürfen diese Grenzen passiert werden. Oder aber per Ausnahmegenehmigung, denn *„Einwohner von Oxford (und Einwohner einiger umliegender Dörfer) können eine Genehmigung beantragen, um an bis zu 100 Tagen im Jahr durch die Filter zu fahren. Einwohner, die im Rest von Oxfordshire leben, können eine Genehmigung beantragen, um an bis zu 25 Tagen im Jahr durch den Filter zu fahren."*(877)

Aber in Großbritannien geht man noch weiter. Nach einer Veröffentlichung von UK FIRES, einem von der britischen Regierung geförderten Forschungsprogramms, sollen bis 2030 alle Flughäfen außer Heathrow, Glasgow und Belfast geschlossen werden. Diese drei folgen dann bis 2050. Die benötigte Energie zum Heizen, zur Nahrungszubereitung bzw. zu deren Transport und für elektrische Geräte soll bis 2050 nur noch 60% des Bedarfs von 2020 ausmachen. Ein Verbot von Benzin- und Dieselmotoren ab 2030 und ab 2050 soll die Straßenbelastung noch 60% der Belastung von 2020 betragen. Interessierte können diese und weitere Beglückungen in der Studie nachlesen.(878) Schöne neue Welt.

Da darf Berlin natürlich auch nicht nachstehen. So hat der Berliner Senat einen Plan für den klimabewussten Stadtumbau vorgelegt. *„Die Berliner sollen sich künftig weniger zwischen den Kiezen bewegen. Das ist eine Maßnahme des ‚Stadtentwicklungsplanes Klima 2.0', den der Berliner Senat am Dienstag auf Vorlage von Stadtentwicklungssenator Andreas Geisel (SPD) beschlossen hat. Ein Kernpunkt des Plans beinhaltet die sogenannte ‚Stadt der kurzen Wege'."*(879)

Zum Thema „Nachhaltige Städte und Gemeinden" passt auch eine Initiative der EU. So sollen Gebäude energieeffizienter werden. Unter dem Titel „Fit Für 55" hat der Rat der Europäischen Union beschlossen, dass *„ab 2030 alle neuen Gebäude Nullemissionsgebäude sein"* sollen. *„Für bestehende Wohngebäude vereinbarten die Mitgliedstaaten, Mindestvorgaben für die Gesamtenergieeffizienz auf der Grundlage eines nationalen Pfads festzulegen, der an der in ihren nationalen Gebäuderenovierungsplänen dargelegten* *schrittweisen Renovierung ihres Gebäudebestands zu einen Nullemissionsgebäudebestand bis 2050 ausgerichtet ist. Der nationale Pfad würde der Verringerung des durchschnittlichen Primärenergieverbrauchs im gesamten Wohngebäudebestand im Zeitraum von 2025 bis 2050 entsprechen, wobei es zwei Kontrollpunkte geben wird, um die Fortschritte der Mitgliedstaaten festzuhalten. Dadurch würde gewährleistet, dass der durchschnittliche Primärenergieverbrauch des gesamten Wohngebäudebestands*

- *bis 2033 mindestens dem Niveau der Gesamtenergieeffizienzklasse D entspricht,*
- *bis 2040 mindestens einem national bestimmten Wert entspricht, der sich aus einer schrittweisen Verringerung des durchschnittlichen Primärenergieverbrauchs von 2033 bis 2050 entsprechend dem Umbau des Wohngebäudebestands in einen Nullemissionsgebäudebestand ergibt.* "[880]

Einerseits wird dies den privaten Wohnungsneubau entsprechend verteuern, sodass dieser für weitere Bevölkerungsgruppen sowohl im Eigenheim als auch als Mietobjekt unerschwinglich sein wird, und anderseits bestehende Mieten teurer werden lässt oder Eigentümer von Wohnimmobilien in schlechteren Lagen, die oft von einkommensschwachen Menschen bewohnt werden, quasi enteignet, da sie nach Sanierung keine Mieter für die dann erforderliche Miethöhe finden werden. Derzeit gibt es folgende Energieeffizienzklassen:

Energieeffizienzklassen in Energieausweisen für Wohngebäude ab Mai 2014

Energie-effizienzklasse	Endenergiebedarf oder Endenergieverbrauch	Ungefähre jährliche Energiekosten pro Quadratmeter Wohnfläche
A+	unter 30 kWh/(m²a)	weniger als 2 Euro
A	30 bis unter 50 kWh/(m²a)	2 Euro
B	50 bis unter 75 kWh/(m²a)	3 Euro
C	75 bis unter 100 kWh/(m²a)	4 Euro
D	100 bis unter 130 kWh/(m²a)	6 Euro
E	130 bis unter 160 kWh/(m²a)	7 Euro
F	160 bis unter 200 kWh/(m²a)	9 Euro
G	200 bis unter 250 kWh/(m²a)	11 Euro
H	über 250 kWh/(m²a)	13 Euro und mehr

Quelle: Verbraucherzentrale NRW

Abb. 160: Derzeit geltende Energieeffizienzklassen für Wohngebäude in Deutschland

Erkundigt man sich nun, wie viele Wohnungen in Deutschland älteren Baujahrs und damit nicht isoliert sind, findet man bei *Statista* folgende Verteilung:

Verteilung der Wohnungen* in Deutschland im Jahr 2018 nach dem Baujahr

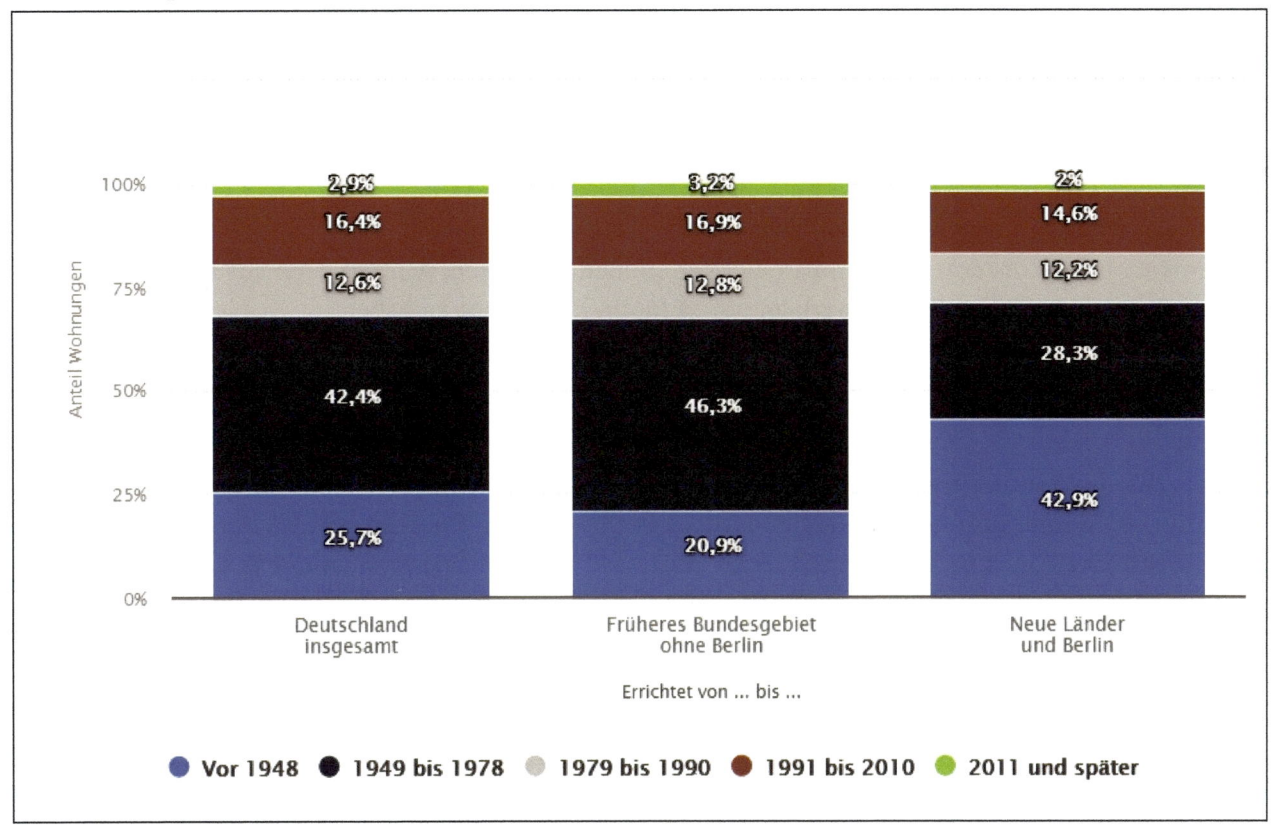

Abb. 161: Verteilung der Wohnungen in Deutschland nach Baujahr

Wann wurde in Deutschland begonnen, auf die Energieeffizienz beim Bauen zu achten? Geht man von einem Beginn Anfang der 1990er-Jahre des vorigen Jahrhunderts aus, so dürften wohl 80,7% der Wohnungen abzüglich der bereits renovierten unter den Sanierungszwang fallen, um bis 2033 Gesamtenergieeffizienzklasse D zu erlangen. Ob dies wohl zu erreichen sein wird? Oder führt es zu einem Verlust günstiger Wohnungen bei schon jetzt gravierendem Fehlbestand?

Im Wettkampf um die größten Idiotien will unsere Berliner Ruinierung sich nicht kampflos geschlagen geben. So ist der Einbau von *„neuen Gas- und Ölheizungen ab 2024 verboten ... Stattdessen sollen neue Heizungen zu 65 Prozent mit erneuerbaren Energien betrieben werden.“*[(881)] Da kommt bei Deutschlands Bürgern richtig Freude auf, *„denn das schrittweise Aus für die insgesamt 20 Millionen Öl- und Gasheizungen in Deutschland wird für Besitzer von Häuschen und Wohnungen richtig teuer. Auf bis zu 100.000 Euro taxiert der Eigentümerverband „Haus&Grund“ die Folgekosten je Wohneinheit. Die Kosten ergeben sich z.B. aus dem Einbau einer Wärmepumpe sowie Folgekosten für Fußbodenheizung, Solaranlage und möglicherweise sogar ein neues Dach.“*[(882)] Doch es wird noch besser, denn *„der Umweltausschuss des Europäischen Parlaments stimmte am Mittwoch (1. März) für einen raschen Ausstieg aus der Verwendung von fluorierten Kältemitteln. Aus dem Verband der europäischen Wärmepumpenhersteller kam darauf Kritik.“*[(883)] Dieses Verbot bedeutet das Aus von mit fluorierten Gasen betriebene Wärmepumpen ab 2026 – genau diese Wärmepumpen, auf die unsere Bundesruinierung bei ihrem Öl- und Gasheizungsausstieg so sehr setzt. So werden wir weder die Handwerker noch die erforderliche Anzahl an Wärmepumpen haben. Vom dafür erforderlichen Strombedarf ganz zu schweigen.

Ach ja, zum Thema Wärmepumpen gab es eine parlamentarische Anfrage, welchen Klimaeffekt die Umrüstung denn haben werde. Die Antwort des Wirtschaftsministeriums: *„Sagenhafte 1,4 Prozent CO_2-*

217

Emissionen werden durch das Heizdiktat der Ampel und die geplante Installation von sechs Millionen Wärmepumpen eingespart. Nicht etwa Ende 2024, wenn Habecks Harakiri Fahrt aufnehmen soll, sondern im Jahr 2030 – im Vergleich zu heute. "[884] Das kann man sich wirklich nicht ausdenken. Jedes Drehbuch fiele auch bei einem billigen C-Movie wegen Unglaubwürdigkeit damit durch.

Verschwörungstheoretiker könnten jetzt auf die Idee kommen, dass diese Programme von EU und deutscher Regierung die Kosten für Eigenheimbesitzer so in die Höhe treiben, dass diese es sich nicht mehr leisten können und noch dazu einen großen Wertverfall ihrer Eigenheime erleiden werden. Die Kommunen oder Konzerne, die dann an die Kommunen vermieten, würden dann auf Kosten der Steuerzahler diese Immobilien billig erwerben, um dadurch Wohnraum zu haben für ... Nein, man versucht es sicher nicht auf diesem Weg, nachdem der Vorschlag von Forschern des Immobilieninstituts der Universität Regensburg, Mieten so zu verteuern, dass Mieter, die in zu großen Wohnungen leben, dadurch gezwungen werden, diese zu verlassen, auf viel Kritik gestoßen ist.[885]

Doch woher kommt der Irrsinn mit den Wärmepumpen? Nun, Grundlage dafür ist die Studie „Durchbruch für die Wärmepumpe".[974] Erstellt wurde diese Studie vom Öko-Institut e.V. und dem Fraunhofer-Institut für Solare Energiesysteme ISE im Auftrag der Agora Energiewende. Für deren Umsetzung ist hauptsächlich der Staatssekretär im Wirtschaftsministerium Dr. Patrick Graichen zuständig. Die Verstrickung der Familie Graichen mit der Agora Energiewende und dem Öko-Institut wird an späterer Stelle noch näher behandelt. Hier soll es um das Finanzierungsgeflecht der Agora Energiewende gehen. Neben dem Wirtschaftsministerium mit € 1.707.954,63 und dem Umweltministerium mit € 1.356.924,21 sind die drei größten philanthropischen Geber 2022 die Climate Imperative Foundation mit € 5.929.782,31, das Aspen Global Change Institute (AGCI) mit € 4.710.658,19 und die European Climate Foundation mit € 1.579.270,08.[975]

Dringen wir tiefer in den Stiftungsdschungel ein: Die Climate Imperative Foundation wurde u.a. 2022 von dem Milliardär Lukas Walton (Walmart) mit 20 Mio. US-Dollar bedacht. Auch Sam Walton, ein weiteres Familienmitglied, gehörte zu den Gebern. Weitere 20 Mio. US-Dollar kommen von der Silicon Valley Community Foundation.[976] Diese wiederum wird von den Milliardären Mark Zuckerberg (Facebook), Brian Acton (WhatsApp-Co-Gründer), Jack Dorsey (Twitter-Gründer) oder auch Reed Hastings (Co-Gründer von Netflix) unterstützt.[977]

Das Aspen Global Change Institute (AGCI) wird neben der NASA, anderen staatlichen Institution und diversen Stiftungen auch von der William + Flora Hewlett Foundation unterstützt.[978] Der bereits verstorbene Milliardär William Hewlett war der Mitbegründer des Technologie-Unternehmens Hewlett-Packard.

Interessante Geber der European Climate Foundation sind neben vielen anderen Stiftungen die IKEA Foundation, auch hier die William + Flora Hewlett Foundation, Bloomberg Philanthropies, Rockefeller Brothers Fund oder Children's Investment Fund Foundation.[979] Besonders die Children's Investment Fund Foundation des britischen Milliardärs Christopher Hohn ist hierbei interessant, denn dahinter steht sein The Children's Investment Fund Management (TCI). Einer der Hauptgeschäftszweige von TCI betrifft das Immobiliengeschäft. ‚Real Estates'. Zitat auf der TCI Webseite: *„'Diese Fonds konzentrieren sich auf die Vergabe von Ersthypotheken und erstrangig besicherten Krediten auf hochwertige Vermögenswerte an erstklassigen Standorten mit einem Schwerpunkt auf Großstädten in Nordamerika und Europa.' Dass das Heizungsgesetz von Habeck, das von seinem Einflüsterer Graichen aus der Agora stammt, die wiederum von der ECF, und die wiederum von der CIFF finanziert wird, durchaus ganz andere Gründe haben könnte als bloßes klimapolitisches Engagement, gehört zumindest hinterfragt – vorsichtig ausgedrückt.* "[980] Da scheint die obige Verschwörungstheorie zur Hälfte wahr zu werden. Die Verschwörung könnte stimmen, die Theorie eine Lüge sein.

Viele dieser Stiftungen werden also von Milliardären unterstützt. Diese Milliardäre scheinen uns – betrachtet man nur die Quasienteignungen vieler Bundesbürger aufgrund des Wärmepumpenirrsinns – nicht wohlgesonnen zu sein. Aber wie sagte der Milliardär Warren Buffett einmal so trefflich: „*Es herrscht Klassenkrieg, richtig, aber es ist meine Klasse, die Klasse der Reichen, die Krieg führt, und wir gewinnen.*"(981)

Im Rahmen des oben genannten „Fit-für-55"-Programms hat die EU auch ein Verbot für die Zulassung neuer PKWs mit Verbrennungsmotor ab 2035 beschlossen. Ausnahme bilden lediglich Verbrennermotoren, die CO_2-frei, d.h. mit klimaneutralen Kraftstoffen (eFuels), betrieben werden können.(886) So verlieren wir eine Schlüsselindustrie, in der Deutschland weltweit führend ist.(887) In seiner Studie „Verbot des Verbrennungsmotors" aus dem Jahr 2018 kam das Münchner ifo-Institut zu dem Ergebnis, dass durch ein Verbrennerverbot „*deutschlandweit mehr als 600.000 der heutigen Industriearbeitsplätze bedroht wären – zehn Prozent der gesamten deutschen Industriebeschäftigung*". Oder monetär ausgedrückt: „*Insgesamt 13 Prozent der Bruttowertschöpfung der gesamten deutschen Industrie (rund 48 Milliarden Euro) stünden demnach auf dem Spiel.*"(888) Es handelt sich hierbei um gutbezahlte Industriearbeitsplätze, deren Wegfall sich auch auf den privaten Konsum auswirkt. Das ist für unsere Berliner Helden aber nicht so schlimm – wir haben doch Bürgergeld.

Doch auch bezüglich der anderen Ziele geraten viele Politiker in Umsetzungsaktivismus. Denken wir doch nur an den Krieg gegen unsere Landwirte. Die Bauern in den Niederlanden protestieren seit Monaten gegen die Beschlüsse der Regierung. Die *WirtschaftsWoche*(889) erklärt die Proteste wie folgt: „*Seit Wochen protestieren Bauern in den Niederlanden. Der Grund: Auflagen der Regierung, um den Schadstoff-Ausstoß drastisch zu reduzieren. Konkret ist das Ziel, die Emissionen von Stickoxiden und Ammoniak bis 2030 um 50 Prozent zu senken. Um dieses Ziel zu erreichen, soll die Viehzucht weniger werden – durch Dünger gelangt Stickstoff in Form von Nitrat beispielsweise ins Grundwasser. Nach Einschätzung der Regierung müssen etwa 30 Prozent der Viehbauern ihren Betrieb aufgeben. Neuen Berechnungen des Finanzministeriums zufolge, über die zuerst die niederländische Zeitung NRC berichtete, würde die aktuelle Stickstoffstrategie der Regierung dazu führen, dass 11.200 landwirtschaftliche Betriebe eingestellt werden müssen. Weitere 17.600 Landwirte müssten ihren Viehbestand deutlich reduzieren, um ein Drittel auf fast die Hälfte. Die Berechnungen wurden am Mittwochnachmittag veröffentlicht und zeigten erstmals, wie stark der Agrarsektor (insgesamt etwa 40.000 bis 50.000 Betriebe mit Vieh) von den Stickstoffplänen der Regierung betroffen ist.*"

Doch auch Kanada und Irland gehen mittlerweile mit harten Maßnahmen gegen die Landwirte vor.(890) Anders, jedoch mit dem gleichen Ziel, setzt man es in Großbritannien um. Dort bietet die britische Regierung „*Landwirten Pauschalzahlungen an, damit sie den Anbau von Lebensmitteln einstellen und ihr Land verkaufen*".(891) „*Steigende Preise für Dünger, Gas und so ziemlich alles andere, was sie für ihre Arbeit brauchen, haben das Angebot der Regierung verlockend gemacht*", berichtet der Artikel weiter, und dass laut einer Umfrage 75% der Landwirte ernsthaft erwägen, ihre Höfe aufzugeben. Doch was passiert eigentlich, wenn Landwirte nicht verkaufen, aber per Gesetz gezwungen werden, weniger zu düngen? Nun, in Dänemark z.B. ging aufgrund eines restriktiven Düngerechts der Proteingehalt des Weizens auf 8,4% zurück.(892) Auch in Deutschland sind die Proteingehalte des Weizens rückläufig, da „*mit der Düngereform zunächst weniger die Erträge, als vielmehr die Proteingehalte zurückgehen*". Diese Düngerreform schränkt die Stickstoffversorgung der meisten Kulturpflanzen um ca. 10% ein; „*weitere Verschärfungen drohen sogenannten ‚Roten Gebieten' mit Nitratbelastungen des Grundwassers über 50 mg/l*".(893) Dies kann dramatische Folgen für die Ernährung haben, denn für normalen Backweizen wird ein Proteingehalt von mindestens 12% gefordert.(894) Nochmal zur Verdeutlichung: Einerseits werden viele Landwirte genötigt, ihre Höfe aufzugeben, und andererseits wird durch gesetzliche Düngerreduktion der zum Brotbacken geeignete Weizen knapp. Da werden wir wohl etwas auf Diät gesetzt.

219

Doch „Lösung" naht in Form von Großkonzernen, die in der Ukraine kräftig Ackerland kaufen.[895] Die drei multinationalen Unternehmen Cargill, Dupont und Monsanto haben 17 Millionen Hektar ukrainisches Agrarland gekauft. Das ist mehr als die gesamte landwirtschaftliche Nutzfläche in ganz Italien. Zu den Hauptaktionären dieser drei Unternehmen gehören (Warum wundert mich das nicht?) Vanguard, BlackRock und Blackstone. Da darf natürlich auch der umtriebige Bill Gates nicht fehlen, der Stand 11/2021 mit knapp 100.000 Hektar mittlerweile der größte Grundbesitzer von Farmland in den USA geworden ist.[896] Doch damit nicht genug, wie ein weiterer Hinzukauf einer großen Farm beweist.[897] Außerdem investiert Bill Gates in Labor-Fleisch aus Tierzellen[898], das er dann auch medienwirksam präsentiert, (natürlich nur) *„um die Treibhausgasemissionen zu bekämpfen, die die globale Klimakrise antreiben".*[899] Der Artikel erwähnt natürlich nicht, dass er dort schon investiert ist. Aber auch an unsere Kleinsten denkt dieser Wohltäter. So ist er auch an dem Start-up Biomilq über eine seiner Stiftungen beteiligt, das Muttermilch aus menschlichen Brustzellen außerhalb des menschlichen Körpers zugewinnt.[900] Weitere Leckerli wie „Snacks aus dem 3-D-Drucker" oder Insekten stellt ein Artikel der *Süddeutschen Zeitung* vor.[901] Dazu passt es, dass ein aus dem Jahr 1930(!) stammendes Gesetz den Handel mit alten Sorten verbietet. So sind *„von beispielsweise 15.000 Tomatensorten gerade einmal 43 im Handel zugelassen".*[902]

Interessant ist in diesem Zusammenhang, dass man 2015 im WWF-Hauptquartier das Planspiel „Food Chain Reaction" durchgeführt hat, in dem eine weltweite Hungerkrise für die Jahre 2020-2030 simuliert wurde. Als Ergebnis kam heraus, dass *„sich eine Zusammenarbeit auf höherer Ebene eher bewährt als ein nicht abgestimmtes, individuelles Vorgehen. … Unter den Maßnahmen, die vonseiten der Teilnehmer erwogen wurden, war auch die Einführung einer weltweiter CO_2- sowie Fleischsteuer."*[903] Also wieder Delegation auf übernationale, demokratisch nicht legitimierte Organisationen und Verteuerung unser aller Leben.

Doch auch bei der Rettung unseres Klimas dürfen wir auf die Wohltaten Bill Gates' hoffen. So finanziert er ein Projekt mit, das daran arbeitet, die Sonne zu verdunkeln.[904] Unsere Erde soll also vor der Sonne geschützt werden. So einen Unsinn kann man sich eigentlich nicht ausdenken.

Doch schauen wir jetzt in heimische Gefilde. Bei Betrachtung unserer politischen Klasse fragt man sich wirklich, ob die das ernst meinen, was sie so von sich geben. Eigentlich zweifelt man an deren geistigen Fähigkeiten. Da kommt einem automatisch der Begriff der Ineptokratie in den Sinn. Dies ist eine Herrschaftsform, worin die Unfähigsten von den Unproduktivsten gewählt werden, wobei die Mitglieder der Gesellschaft, die sich selbst am wenigsten selber erhalten oder gar Erfolg haben können, mit Gütern und Dienstleistungen belohnt werden, die aus konfisziertem Wohlstand einer schwindenden Anzahl der Werte-Schaffenden bezahlt werden.[905] Diese schwindende Anzahl, die derzeit laut dem Ökonomen und ehem. CEO von Degussa, Dr. Markus Krall, noch ca. 18 Mio. Leistungsträger in diesem Land umfasst[906], die den Rest der gut 83 Mio. in diesem Land Lebenden „ernährt", die entweder für den Staat arbeiten oder vom Staat Transferleistungen erhalten, zeigt sich in einer seit 2016 gesteigerten jährlichen Anzahl Deutscher, die Deutschland verlassen. So haben in den Jahren 2016 bis 2021 1.530.805 oft gut ausgebildete Menschen unserem Land den Rücken zugekehrt:

Deutsche Auswanderer aus Deutschland von 2016 bis 2021						
Jahr	2016	2017	2018	2019	2020	2021
Auswanderer	281.411	249.181	261.851	270.294	220.239	247.829

Abb. 162: Anzahl deutscher Auswanderer aus Deutschland von 2016 bis 2021

Doch wie sah es noch aus in Deutschland Anfang Juli 2022? Wegen steigender Inzidenzen sprachen sich 49% der Befragten für eine sofortige Verschärfung von Corona-Maßnahmen aus.[(907)] Man kann es einfach nicht glauben.

Doch kommen wir jetzt zu den Protagonisten unserer derzeitigen Politik. Zur Einstimmung einige „grüne" Zitate:

„*Unser Land wird sich ändern, und zwar drastisch. Und ich freue mich darauf.*" (Katrin Göring-Eckardt)

„*Natürlich gehört der Islam zu Deutschland, und natürlich gehören Muslime zu Deutschland. Und ich finde, darüber können wir ganz schön froh sein. Es wäre sehr langweilig, wenn wir nur mit uns zu tun hätten.*" (Katrin Göring-Eckardt)

„*Vaterlandsliebe fand ich stets zum Kotzen. Ich wusste mit Deutschland noch nie etwas anzufangen und weiß es bis heute nicht.*" (Robert Habeck)

„*Ich bin der Auffassung, dass wir in 20, 30 Jahren gar keine ethnischen Mehrheiten mehr haben in unserer Stadt... Und ich sage Ihnen ganz deutlich (...): Das ist gut so.*" (Stefanie von Berg)

„*Wir fordern erstens die konsequente Absage an jegliche Großmachtsbestrebungen, zweitens die Anerkennung der DDR und der DDR-Staatsbürgerschaft und drittens eine grundsätzlich andere Politik für Immigrantinnen bzw. Immigranten und Flüchtlinge, um in Zukunft das zu verhindern, was derzeit noch Wahres in dem Zitat von Wolfgang Neuss steckt, den ich zum Schluss zitieren will: „Das Beste: Es lässt mich nicht ruhen: Wie kann ich wirklich was für Europa tun? Und wenn Du mich einen Landesverräter nennst – das Beste wäre für Europa, wenn Frankreich bis an die Elbe reicht und Polen direkt an Frankreich grenzt.*" (Sieglinde Frieß)

Zum Abschluss der Sammlung noch ein paar „Baerböcke":

„*Wenn alle so bei 25 Prozent stehen, dann ist das nicht mehr so große Koalition wie zu anderen Zeiten, die haben alle miteinander so 75 Prozent im Bund oder sogar 'ne Zweidrittelmehrheit.*"

„*Lasst uns dieses Europa gemeinsam verenden.*"

„*Deswegen fungiert das Netz als Speicher.*"

„*Heute ist der Moment, wo wir uns ehrlich fragen müssen: Was sind die Folgen für mein Land? Aber auch: Was sind die Folgen für mein Nachbarland oder ein Land, das Hunderttausende von Kilometern entfernt liegt?*"

Und wenn man dann das Auftreten dieser Dame erlebt, könnte manchen Mitmenschen ein kleiner Vierzeiler von Wilhelm Busch in den Sinn kommen:

> *Wenn einer, der mit Mühe kaum,*
> *geklettert ist auf einen Baum,*
> *schon meint, dass er ein Vöglein wär,*
> *so irrt sich der.*

Ich jedoch denke, dass wir nie eine bessere Außenminister**in** als Annalena Baerbock hatten.

In Anbetracht des Krieges in der Ukraine mit deutscher Unterstützung von Militärgütern und des Sonderetats für die Bundeswehr schauen wir uns noch kurz den Verteidigungsausschuss des Deutschen Bundestags an, da er eine wichtige Rolle bei Verabschiedung des Verteidigungsbudgets und der Beschaffung von Ausrüstung und Material für die Bundeswehr hat.[(908)] Aktuelle Vorsitzende des Ausschusses ist die überaus sympathisch wirkende Marie-Agnes Strack-Zimmermann von der FDP, die in den Medien eine laute Stimme für Waffenlieferungen in die Ukraine ist. Dies nicht ohne Grund, ist sie doch bei den Lobbyverbänden „Förderkreis Deutsches Heer FKH" Mitglied des Präsidiums, „Deutsche Atlantische Gesellschaft" Mitglied des Vorstands, „Deutsche Gesellschaft für Wehrtechnik DWT" Mitglied des Präsidiums und Mitglied im Beirat der „Bundesakademie für Sicherheitspolitik". Nehmen wir beispielhaft die „Deutsche Gesellschaft für Wehrtechnik", wo sie im Vorstand mit Vertretern von Lockheed-Martin, Thyssen-Krupp, Airbus, Daimler, Rheinmetall, Krauss-Maffei-Wegmann, Diehl und der französischen Thales-Gruppe zusammenarbeitet. Während ihrer Zeit als erste Bürgermeisterin von Düsseldorf (2008-2014) hat Rheinmetall, dessen Firmensitz in Düsseldorf ist, der FDP mindestens € 74.000 an Spenden zukommen lassen. Auch ihr Stellvertreter im Verteidigungsausschuss Henning Otte (CDU) ist Vorstandsmitglied beim „Förderkreis Deutsches Heer FKH" und ehemaliger Vizepräsident der „Deutschen Gesellschaft für Wehrtechnik DWT". In seinem Wahlkreis betreibt Rheinmetall eine Panzerfabrik.

Auch außerhalb des Verteidigungsausschusses verwundert das Engagement Friedrich Merz' für die Rüstungsindustrie nicht, da sein ehemaliger Arbeitgeber BlackRock wie gesehen einer der großen Aktionäre der Rüstungsindustrie ist. Außerdem hat die CDU in den letzten vier Legislaturperioden von der Rüstungsindustrie bekannte Spenden in Höhe von fast € 700.000 erhalten. Wen wundert es dann, dass Vertreter der Rüstungsfirmen von der Union Haus-Ausweise des Deutschen Bundestags erhalten haben, um die Abgeordneten jederzeit „hautnah bearbeiten" zu können. Glücklicherweise ist diese Praxis seit 2016 nicht mehr erlaubt, jedoch kommen diese Vertreter über die genannten Lobbyorganisationen weiter in den Bundestag.

Und auch die CSU erhielt von der Rüstungsindustrie hohe Spenden. Doch auch die (Oliv-)Grünen erhalten kräftig Unterstützung. So spendet die Rüstungslobbyorganisation Südwestmetall seit 2014 jährlich mindestens € 100.000 an die „Friedenspartei". Auch der parteinahe „Grüne Wirtschaftsdialog", eine auch von der Rüstungsindustrie finanzierte Lobbyorganisation, sucht die Nähe zu den „Friedensaktivisten". Übrigens sind die großen Rüstungsunternehmen auch im WEF organisiert, das, wir erinnern uns, Annalena Baerbock und Jens Spahn zu Young Global Leaders ausgebildet hat. Doch auch die SPD war früher durch ihren Bundesvorsitzenden Lars Klingbeil in den Rüstungslobbyverbänden FKH und DWT vertreten. Und auch Bundeskanzler Olaf Scholz hat als Finanzminister im Bundessicherheitsrat vielen Rüstungsexporten auch an totalitäre Staaten und in Krisenregionen zugestimmt. Sollten wir uns jetzt nicht die Frage stellen, ob Waffenlieferungen wirklich der ukrainischen Bevölkerung oder vielmehr der Rüstungsindustrie helfen?

Doch auch auf anderen Gebieten sind unsere Politisierenden aktiv. Man denke nur an die mögliche Verquickung von Bundeskanzler Olaf Scholz und Hamburgs regierenden Bürgermeister Peter Tschentscher in den Cum-Ex-Skandal im Rahmen der Warburg-Affäre. Noch dazu wurden bei Scholz' moraltriefenden Parteifreund Johannes Kahr bei einer Razzia € 214.000 in einem Bankschließfach entdeckt.[(909)] Doch Ermittlungen müssen unsere Politiker dank weisungsgebundener Staatsanwaltschaften nicht befürchten. Zumindest solange sie folgsam sind.

Aber auch bei den Grünen gibt es Vetternwirtschaft. So ist Patrick Graichen im Wirtschaftsministerium Robert Habecks verbeamteter Staatssekretär. Vorher war Graichen Direktor des Think Tanks „Agora Energiewende". Die Organisation selbst versteht sich als *unabhängiges Politik- und Denklabor*, das sich der *Erfüllung der Klimaziele verschrieben habe, die von der deutschen und europäischen Politik vorgeschrieben wurden*.[(910)] Mit Rainer Baake ist noch ein weiterer ehemaliger Agora-Direktor ins Bundeswirtschaftsministerium von Robert Habeck berufen worden.[(911)] Und was hat Rainer Baake mit den derzeitigen und früheren parlamentarischen und verbeamteten Staatssekretären Michael Theurer (FDP), derzeit im Verkehrsministerium, Oliver Krischer (Grüne), von 2021-2022 im Wirtschaftsministerium, Johann Saathoff (SPD), derzeit im Bundesinnenministerium, Norbert Barthle (CDU), von 2018-2021 im Bundeswirtschaftsministerium, Matthias Machnig (SPD), von 2014-2018 im Bundeswirtschaftsministerium, Jochen Flasbarth (SPD), derzeit im Bundesentwicklungshilfeministerium, Jürgen Becker (CDU), von 2009-2013 im Bundesumweltministerium, Susanne Henckel, derzeit im Bundesverkehrsministerium, Christiane Rohleder (Grüne), derzeit im Bundesumweltministerium, Sven Giegold (Grüne), derzeit im Bundeswirtschaftsministerium und dem von 2019-2021 im Bundeswirtschaftsministerium tätigen Andreas Feicht (CDU) gemein? Alle diese Staatssekretäre sitzen oder saßen im Rat der – können Sie es erraten? – „Agora Energiewende" bzw. „Agora Verkehrswende". Auch Bundeslandwirtschaftsminister Cem Özdemir war bei 2021 bei Agora.$^{(912)}$ Im Jahr 2021 erhielt die „Agora Energiewende" aus staatlichen Zuwendungen ca. 2.400.000 Euro (16% von 14,99 Mio. Euro)$^{(913)}$, während die Agora Verkehrswende 2022 ca. 530.000 Euro (18% von 2,93 Mio. Euro) von der öffentlichen Hand bekam.$^{(914)}$ Alles nur Zufall! Doch nun zurück zur Vetternwirtschaft. Neben Patrick Graichen ist Michael Kellner parlamentarischer Staatssekretär im Wirtschaftsministerium. So weit, so gut, doch ist Michael Kellners Ehefrau Verena Graichen, Schwester von Patrick Graichen, die „als ,Senior Researcher' beim Öko-Institut zu den Themen Klimapolitik und Emissionshandel" arbeitet und gleichzeitig „Vorsitzende des Umweltverbands BUND in Berlin" ist. Verena und Patrick haben außerdem noch einen Bruder, Jakob Graichen, der auch „als „Senior Researcher" zu Klima- und Energiefragen beim – genau – Öko-Institut, Seite an Seite mit seiner Schwester, der Ehefrau und Schwester der Staatssekretäre" arbeitet.$^{(915)}$ Allein 2022 erhielt das Öko-Institut Aufträge von Höhe von 3.500.000 Euro – aus dem Bundeswirtschaftsministerium. Ein weiteres pikantes Detail ist die Ernennung von Michael Schäfer (50, Grüne), dem Trauzeugen von Patrick Graichen, zum Chef der einflussreichen Deutschen Energie-Agentur (Dena).$^{(916)}$ Die Deutsche Energie-Agentur wurde 2021 zu 76,3% vom Bundeswirtschaftsministerium finanziert.$^{(917)}$ Die Umsatzerlöse der Dena betrugen 2021 immerhin € 37.512.267,51.$^{(918)}$ Referatsleiter der Abteilung II im Wirtschaftsministerium und damit für den Bereich „Energie: Wärme und Effizienz" zuständig, ist seit Januar 2022 Christian Maaß. Er ist direkt Patrick Graichen unterstellt und „war Mitgründer, Gesellschafter und Geschäftsführer des ,HIC Hamburg Institut Consulting GmbH', das ,Energiepolitische Analysen, Geschäftsmodelle und Strategien für Unternehmen' entwickelt und nach Außen schlicht als „Hamburg Institut" auftritt". Zwischen 2020 und 2024, also auch unter Maaß' Amtszeit, werden vom Wirtschaftsministerium im Rahmen eines Förderrahmens insgesamt ca. 700.000 Euro an die Hamburg Institut Research gGmbH ausbezahlt. Die Hamburg Institut Research GmbH ist 100%ige Tochter von der – Sie ahnen es – HIC Hamburg Institut Consulting GmbH.$^{(919)}$

Dass Graichen auch einen eigenen Eintrag bei Klaus Schwabs Weltwirtschaftsforum besitzt, dürfte wohl nicht mehr überraschen.$^{(922)}$ Wenn dies alles so weitergeht, wird RTL ZWEI wohl seine Kultserie „Die Geissens" einstellen und durch „Die Graichens" ersetzen.

Noch so am Rande bemerkt trat Dr. Hinrich Habeck, der Bruder von Robert Habeck, „zum 1. Mai 2022 in die Geschäftsführung der Wirtschaftsförderung und Technologietransfer Schleswig-Holstein GmbH (WTSH) ein".$^{(923)}$ Als solcher übergab er im April 2023 am Rande der Hannover Messe seinem Bruder den 1. „Energieküste"-Award „für dessen Einsatz für die Energiewende. ... Der jüngere Bruder des Ministers studierte, wie auch Robert Habeck, Philosophie – dazu auch Biologie. Seine Doktorarbeit schrieb er über Entwicklungsbiologie."$^{(924)}$ Ja, die Ausbildung passt zu Wirtschaftsförderung und Technologietransfer, aber immerhin hat er wie sein Bruder Robert eine abgeschlossene Ausbildung, was in grünen Kreisen ja eher die Ausnahme darstellt. Ein wahrscheinlich wirklicher Zufall ist, dass der FDP-Politiker Stefan Birkner, immerhin der Schwager von Robert Habeck, Geschäftsführer der bundeseigenen Autobahngesellschaft mbH werden soll, sollte sich nicht deren Aufsichtsrat querstellen.$^{(925)}$

Interessant ist auch die Berufung der ehemaligen Greenpeace-Chefin Jennifer Morgan zur „Staatssekretärin für weltweite Klimaverhandlungen im Auswärtigen Amt". Dafür bekam die gebürtige US-Amerikanerin die deutsche Staatsbürgerschaft im Eilverfahren. Dazu *sagt CSU-Geschäftsführer in der Unionsfraktion, Stefan Müller (46), zu BILD. ‚Normale Einbürgerungen dauern Jahre, bei Jennifer Morgan wird das Verfahren im Eiltempo durchgepeitscht. Das ist auch deshalb fragwürdig, weil sie als Chefin für die zahlreichen fragwürdigen Aktionen von Greenpeace verantwortlich war.'* [(926)] Hier sehen wir Frau Morgan bei der Arbeit:

Abb. 163: Der „Schlaf der Selbstgerechten"

Die grüne Bundestagsvizepräsidentin Katrin Göring-Eckardt setzt sich seit Jahren für Seenotrettung ein. So freut es sie sicherlich, dass der Haushaltsausschuss des Deutschen Bundestags dem Seenotrettungsbündnis „United4Rescue" bis 2026 jährlich zwei Millionen Euro Fördergelder zukommen lassen wird.[(927)] Dass Dr. Thies Gundlach, Vorstand dieses Vereins,[(928)] Frau Göring-Eckardts Lebenspartner[(929)] ist, ist sicherlich nur Zufall. Genauso zufällig ist *die fragwürdige Vergabe von Fördergeldern an Pharmaunternehmen, bei denen Heiko von der Leyen eine tragende Rolle spielt*.[(930)] Heiko von der Leyen ist der Ehemann von EU-Kommissionspräsidentin Ursula von der Leyen.

Doch auch die Hochfinanz wie z.B. BlackRock streckt ihre Finger nach der deutschen Politik aus. Nicht nur, dass CDU-Chef Friedrich Merz neben seines Vorsitzes der Atlantik-Brücke (2009-2019)[(931)] eine Vergangenheit als Aufsichtsratsvorsitzender bei BlackRock Deutschland von 2015-2020 aufweist,[(932)] auch im Bundeswirtschaftsministerium hält der Finanzriese Einzug. So holt sich Wirtschaftsminister Robert Habeck Ex-BlackRock-Frau[(933)] Elga Bartsch als Chefökonomin ins Team.[(934)] Übrigens kommt auch Elga Bartsch genau wie auch Annalena Baerbock von der London School of Economics. Eine Schlagzeile im April 2023 lautet: *Der hessische Heizungsbauer Viessmann verkauft seine Klimasparte einschließlich der lukrativen Wärmepumpen an den US-Konkurrenten Carrier Global.*[(935)] Viessmann verkauft also seine nach dem Verbot von Öl- und Gasheizungen äußerst lukrative Wärmepumpenproduktion an Carrier Global. Dass BlackRock und dessen größter Aktionär Vanguard zusammen knapp 16% an Carrier Global halten und Vanguard erst im Februar 2023 diesen Anteil aufstockte, hat natürlich nichts mit Elga Bartsch zu tun.[(936)]

Nach diesen grünen „Ergüssen" und sonstigen Erkenntnissen, die uns deutlich aufzeigen, wessen Geistes und auch wessen Intellekts unsere Politisierenden sind, soll unser System mal etwas anders durchleuchtet werden. Schauen wir doch mal bei der Bundeszentrale für politische Bildung vorbei. Unter [937] wird uns der Totalitarismus mit seinen Bestrebungen erklärt. Zuerst die Definition: *„Totalitarismus bezeichnet eine politische Herrschaft, die die uneingeschränkte Verfügung über die Beherrschten und ihre völlige Unterwerfung unter ein (diktatorisch vorgegebenes) politisches Ziel verlangt. Totalitäre Herrschaft, erzwungene Gleichschaltung und unerbittliche Härte werden oft mit existenzbedrohenden (inneren oder äußeren) Gefahren begründet, wie sie zunächst vom Faschismus und vom Nationalsozialismus, nicht zuletzt auch im Sowjetkommunismus Stalins von den Herrschenden behauptet wurden. Insofern stellt der Totalitarismus das krasse Gegenteil des modernen freiheitlichen Verfassungsstaates und des Prinzips einer offenen, pluralen Gesellschaft dar."*

Die Seite fasst die Struktureigenschaften in sieben Punkten zusammen:

- *„Totalitäre Bewegungen erheben, erstens, einen Alleinvertretungsanspruch. Sie verstehen sich als alleinige und ausschließliche Besitzer politischer, religiöser oder sonstiger weltanschaulicher ‚Wahrheiten'. Konkurrierende Bewegungen werden als Verirrungen oder Abweichungen aufgefasst, die es zu bekämpfen gilt."*
  Schauen wir uns die veröffentlichte Meinung der im Bundestag vertretenen Parteien mit Ausnahme der AfD zu den bestimmenden Themen Corona, Klima und Ukrainekrieg an, so stellen wir fest, dass es dazu eine oft einheitliche Meinung gibt, die andere Argumente beschimpft und bekämpft. Menschen, die eine andere Meinung haben, werden als Verschwörungstheoretiker, Schwurbler oder Leugner beschimpft und sozial oder ökonomisch angegriffen.

- *„Totalitäre Regime und Bewegungen sind, zweitens, hermetisch abgeschlossene ‚Weltanschauungen'. Sie sind, von innen betrachtet, rationaler Kritik nicht zugänglich. … Lehrsätze werden nicht diskutiert und selbstkritisch überprüft, Kritik an ihnen gilt als abweichlerisches und sanktionswürdiges Verhalten."*
  Dies ist insbesondere bei den durchgeführten Maßnahmen bzgl. der Coronapandemie zu sehen, die durchgezogen wurden, obwohl die Wirksamkeit dieser Maßnahmen nie positiv evaluiert wurde. Auch im Nachhinein wird keine Überprüfung gewünscht, denn *„der Bundestag hat die Forderung der AfD-Fraktion zur Einsetzung des 2. Untersuchungsausschusses der 20. Wahlperiode (Bekämpfung des Corona-Virus, 20/3706) zurückgewiesen. Gegen den Antrag votierten am Mittwoch, 19. April 2023, in namentlicher Abstimmung 577 Abgeordnete, dafür waren 71 Parlamentarier."* [938] Außer der AfD und einigen Unions- und fraktionslosen Parlamentariern wollten alle anwesenden Politiker keine Untersuchung. [939]

- *„Sie verfügen, drittens, über eine anti-aufklärerische, absolutistische Legitimationsbasis. Nicht die Vernunft des aufgeklärten Subjekts, sondern die prophetischen, charismatischen Gaben des die Weltanschauung in idealer und absoluter Weise verkörpernden Führers gelten als einzige Quelle der Legitimation. … Aus diesem Grund kann es keine demokratische Willensbildung in totalitären Bewegungen geben."*
  Man erinnere sich nur an die Aussagen eines Virologen, dass wir Hunderttausende Coronatote haben werden, oder an die des ehemaligen österreichischen Bundeskanzlers, dass jeder Österreicher jemanden kennt, der am Coronavirus verstorben ist. Oder die Aussagen des deutschen Gesundheitsministers, dass die Impfung sicher sei und keine Nebenwirkungen habe.

- *„Sie sind, viertens, geprägt von Feindbild-Rhetorik und der rigiden Unterscheidung zwischen gut und böse. Gut ist die eigene Weltanschauung, mehr oder weniger böse ist alles, was ihr nicht folgen will oder kann. … Konsequenterweise entwickelt der Totalitarismus daraus eine beachtliche Aggres-*

sivität gegen Abweichler und Feinde, häufig im Rahmen von Verschwörungstheorien. Partielle oder überwiegende Gewaltbereitschaft ist der folgerichtige Schritt, um Gegner und Feinde auszuschalten, die die eigene Weltanschauung bedrohen.“

Mediziner wie Prof. Dr. Sucharit Bhakdi, Prof. Dr. Stefan Hockertz, Prof. Dr. Andreas Sönnichsen, Dr. Wolfgang Wodarg, Dr. Bodo Schiffmann oder auch Dr. Paul Brandenburg mussten gesellschaftlichen, wirtschaftlichen und/oder sozialen Ausschluss über sich ergehen lassen. Weiterhin kam es zu fadenscheinigen Anzeigen, oftmals verbunden mit Hausdurchsuchungen. Auch der Richter des bekannten Weimarer Urteils kann ein Lied davon singen. Neustes Beispiel hierfür ist die Verhaftung von Michael Ballweg, dem Begründer der „Querdenken“-Bewegung.

Wie weit die staatlichen Organe bei der Unterdrückung alternativer Aussagen gehen, mussten schwedische Wissenschaftler der Universität Lund erfahren. In einer Studie fanden sie heraus, dass Migranten bei Vergewaltigungen in Schweden in Bezug auf ihren Bevölkerungsanteil überrepräsentiert sind. Die beiden Autoren der Studie, Frau Prof. Dr. Kristina Sundquist und Herr Prof. Dr. Ardavan Khoshnood, müssen ihren Forschungsbericht der Berufungskommission zur ethischen Überprüfung vorgelegen – einem Gremium, das dem schwedischen Bildungsministerium untersteht. Dort wird nun untersucht, ob die Verfasser der Studie *„eine ,ethische Lizenz' für den Umgang mit ,sensiblen Daten' erhalten haben“*.[(940)]

- *„Totalitäre Bewegungen entwickeln, fünftens, um die Einzigartigkeit und Unverwechselbarkeit ihrer Ideologie zu zementieren, eigene Begriffssysteme mit Umdeutungen alltagssprachlicher Begriffe oder originären Bedeutungen. Von den Fachsprachen der Wissenschaften, der Justiz, der Medizin, des Militärs, des Sports oder der Technik unterscheiden sie sich durch ihren suggestiven Charakter.“*

  Wir alle kennen den Slogan „Folge der Wissenschaft“ für die Staatsmeinung und die für Andersdenkende verwendeten Begriffe wie Coronaleugner, Klimaleugner, Putinversteher, Impfgegner oder auch nur das Schieben in die rechte Ecke.

- *„Totalitäre Bewegungen richten sich, sechstens, gegen die Idee der Demokratie als solche, sie wollen den Stand der Demokratisierung und der Liberalität zurückschrauben. Demokratie und Totalitarismus sind gänzlich unvereinbar, weil die liberale Demokratie an den unveräußerlichen Rechten des Staatsbürgers ansetzt, der Totalitarismus hingegen unter Missachtung der bürgerlichen Freiheitsrechte an den Rechten des Kollektivs.“*

  Wer erinnert sich nicht an die Streichung unserer Bürgerrechte durch Ausgangssperren, 2G- oder 3G-Regeln ohne wissenschaftliche Evidenz. Und das Kollektiv wurde in den Vordergrund gestellt; Impfen war ja gelebte Solidarität, die der Einzelne dem Kollektiv schuldete. Im Zuge weiterer Maßnahmen gegen Corona oder zum „Klimaschutz“ wird dies fortgeführt werden, wie z.B. beim Verbrennerverbot oder der Abschaffung von Öl- und Gasheizungen.

- *„Ein besonderes und für die zivile Demokratie gefährliches Problem ist das Gewaltpotential totalitärer Gruppierungen. ... Man sei bedroht und umzingelt von aggressiven Feinden, deshalb sei Gewaltanwendung ein legitimer Akt der Notwehr. ... Nach innen hingegen, als Sanktionsmittel gegenüber Mitgliedern, Anhängern und – besonders – Abtrünnigen, scheint Gewalt in vielfältigen Formen ein selbstverständliches Mittel der Auseinandersetzung, ebenso gegenüber Personen und Organisationen, die als feindlich wahrgenommen werden.“*

  Die bereits weiter oben beschriebenen brutalen Maßnahmen gegen prominente Maßnahmenkritiker fanden ihre Fortführung in ungeheuerlicher Polizeigewalt gegen Demonstranten auf Demonstrationen, die sich gegen staatliche Maßnahmen wandten. Laut unseren Politisierenden war dies jedoch nur der Schutz des Staates gegen Querdenker und Rechte.

226

Wie unsere Demokratie unterwandert wurde, schildert der grüne Politiker Benedikt Lux in einem Interview beispielhaft: „…*Wir haben die gesamte Führung fast aller Berliner Sicherheitsbehörden ausgetauscht und dort ziemlich gute Leute reingebracht. Bei der Feuerwehr, der Polizei, der Generalstaatsanwaltschaft und auch beim Verfassungsschutz. Ich hoffe sehr, dass sich das in Zukunft bemerkbar macht.*"[941] Weiterhin wurden große Summen für Prominente für Staatspropaganda wie z.B. für Prof. Dr. Eckhart von Hirschhausen ausgegeben.[942]

Ein anonymer Netzfund drückt es vortrefflich aus: „*Wer sich all ihre Lügenkonstrukte zu Klima, Corona oder Ukraine näher anschaut, wird schnell feststellen, dass sie uns wirklich für die allerletzten Vollidioten halten. Dann schaut man sich um in der Gesellschaft und stellt fest, dass sie absolut richtig liegen mit dieser Einschätzung.*" Aber wir lassen uns lieber einpropagieren, dass Putin der böse Mensch ist, der für unser Leid verantwortlich ist.

Aber wie brachte es ein Leser der Zeitung *PI-NEWS* klar zum Ausdruck:

1. „*Putin hat nicht veranlasst, dass die Deutschen die höchsten Steuern und Abgaben zahlen.*
2. *Putin hat nicht veranlasst, dass die deutschen Grenzen aufgemacht wurden und Millionen Illegaler in unser Land strömten.*
3. *Putin hat nicht veranlasst, dass tausende deutscher Frauen und Kinder von illegalen Eindringlingen sexuell belästigt, vergewaltigt und ermordet werden.*
4. *Putin hat nicht veranlasst, dass die Deutschen die wenigste Rente bekommen.*
5. *Putin hat nicht veranlasst, dass Deutsche keine bezahlbare Wohnung/Haus mehr finden.*
6. *Putin hat nicht veranlasst, dass der deutsche Steuerknecht Millionen Beamte/Politiker mit Milliarden alimentieren muss.*
7. *Putin hat nicht veranlasst, dass es auf Sparguthaben keine Zinsen mehr gibt.*
8. *Putin hat nicht veranlasst, dass der deutsche Steuerknecht Milliarden nach Brüssel abdrücken muss.*
9. *Putin hat nicht veranlasst, dass die deutsche Bundeswehr ein wehrloser Schrotthaufen ist.*
10. *Putin hat nicht veranlasst, dass Nord Stream 2 geschlossen wird und die Deutschen die höchsten Gaspreise zahlen müssen.*
11. *Putin hat nicht veranlasst, dass der deutsche Steuerknecht für Millionen Asylanten bezahlen muss.*
12. *Putin hat nicht veranlasst, dass es in deutschen Städten gefährliche No-Go-Areas mit Drogenhandel gibt.*
13. *Putin hat nicht veranlasst, dass es in unserem Land keine echte Innere Sicherheit mehr gibt.*
14. *Putin hat nicht veranlasst, dass moslemischer (besser islamistischer, der Verfasser) Terror in unseren deutschen Städten wütet.*
15. *Putin hat nicht veranlasst, dass die deutschen Altparteien hunderte Milliarden in alle Welt verschenken.*
16. *Putin hat nicht veranlasst, dass es immer mehr „Tafeln" für arme Deutsche gibt.*
17. *Putin hat nicht veranlasst, dass unsere Infrastruktur marode ist.*
18. *Putin hat nicht veranlasst, dass unsere Grenzen nicht geschützt werden.*
19. *Putin hat nicht veranlasst, dass moslemische (besser arabische oder libanesische, der Verfasser) Mafia-Clans seit Jahrzehnten unsere Städte und die deutsche Bevölkerung terrorisieren.*

Fragt euch jetzt mal, WER euer (der Deutschen) Feind ist! Putin/Russland ist und war nie der Deutschen Feind."[943]

Ist Putin deshalb unser Freund? Bitte seien Sie auch da vorsichtig. Auch Russland plant z.B. die Einführung digitalen Geldes mit all seinen Überwachungs- und Steuerungsmöglichkeiten der Bevölkerung. Außerdem ist Putin auch ein Young Global Leader des Milliardärclubs Weltwirtschaftsforum von Klaus Schwab. Auch ist sein ehemaliger Wirtschaftsminister und derzeitiger Vorstandsvorsitzender der größten russischen Bank, der Sberbank, Herman Gref,[944] im WEF aktiv, sogar als Kurator.[945]

Doch kommen wir jetzt zu Beispielen von Unfähigkeit (oder gar Böswilligkeit) deutscher Politiker. Die Bewohner des Ahrtals fühlen sich im Stich gelassen und klagen über schleppende Hilfen, da sich auch ein Jahr später noch überall die Folgen der Flutkatastrophe zeigen. Vom Wiederaufbau ist nicht viel zu sehen. So formulierte es jedenfalls die *Frankfurter Allgemeine Zeitung*.[946] Wie sagte es Bundespräsident Frank-Walter Steinmeier am Jahrestag der Katastrophe lapidar: *„Einiges ist nicht gut gelaufen.“*[947] So kann man das Desaster natürlich auch ausdrücken. Gleichzeitig verspricht aber unsere Regierung den Erdbebenopfern in Afghanistan weitere Hilfen zu.[948] Auch bereiteten erste Städte Wärmehallen für den Winter vor,[949] da sich viele Menschen in Deutschland das Heizen nicht mehr leisten werden können. Gleichzeitig will Deutschland der Republik Moldawien mit 77 Mio. Euro *„zur Abfederung steigender Energiepreise“* helfen.[950] Verstehen Sie mich bitte nicht falsch. Es ist richtig, Menschen in Not zu helfen, nur sollte man die eigenen Leute dabei nicht vergessen bzw. hintenanstellen.

Den Vogel schießen jedoch die folgenden Hilfen ab: Im gleichen Zeitraum unterzeichneten Indien und Deutschland eine *„gemeinsame Absichtserklärung über eine Partnerschaft für grüne und nachhaltige Entwicklung“*, die Indien *„im Rahmen dieser neuen Partnerschaft in den kommenden 10 Jahren 10 Milliarden (10.000.000.000) Euro zur Verfügung stellt.“*[951] Außerdem helfen wir der Ukraine mit Unsummen. Und was ist der Dank? Wir mussten uns ständig Beschimpfungen des ehemaligen Botschafters Melnik anhören. Zusätzlich klagten Ukrainer damals vor dem kanadischen Bundesgerichtshof gegen Kanadas Herausgabe der gewarteten Gasturbine an uns, die für die Instandsetzung von Nord Stream 1 benötigt wurde.[952] Wir sollten also frieren. Herr Selenskyj sollte mal bedenken, woher die Ukraine immer noch ihr Gas bezieht, nämlich aus Russland. Da will man jedoch keine Verhängung von Sanktionen. Außerdem lieferte Deutschland nach dem russischen Gasstopp für Polen eben an Polen nun das Gas über die Jamal-Pipeline, die von Russland über Weißrussland und Polen nach Deutschland verläuft, in Richtung West nach Ost.[953] Nochmals: Anderen zu helfen, sollte eine menschliche Grundeigenschaft sein, doch waren die polnischen Speicher zu diesem Zeitpunkt zu 98,64% gefüllt, während wir uns mit einem Füllstand von 67,45%[954] auf einen kalten Winter „freuten“, der glücklicherweise aufgrund eines milden Winters nicht eintraf. Doch ist es für unsere Berliner Herr:innen nicht genug, uns vom Gas abzuschneiden. Nein, um uns für alle Zeiten vom Gas abzuhalten, forderte das Wirtschaftsministerium die Stadtwerke auf, das deutsche Erdgasnetz schrittweise rückzubauen.[955] Geld ausgeben, um unsere Versorgungssicherheit für immer zu untergraben!

Und zusätzlich erlebten wir noch den Zensus 2022, in dem alle Immobilieneigentümer sehr genau zu ihrer Wohnsituation befragt wurden. Das hat ja nur statistische Zwecke, sagte man uns. Doch überlegen wir mal weiter. Unsere Blockparteien wollen die Zuwanderung legalisieren und dann weiter ausbauen. Es sollen also immer mehr Menschen nach Deutschland kommen. Und diese Zuwanderung trifft auf einen aufgrund politischer Fehlentscheidungen, der Inflation und der Rohstoffknappheit zumindest stagnierenden Wohnungsmarkt. Wo sollen diese Menschen denn unterkommen? Weit hergeholt, denken Sie? Vielleicht haben Sie Recht, nur sollten Sie bedenken, dass nach dem letzten Krieg die Flüchtlinge aus den ehemaligen deutschen Ostgebieten in Familien untergebracht wurden. Wir werden sehen, wie sich diese Angelegenheit entwickelt. Außerdem sollten wir diesbezüglich einen Blick in unser Nachbarland Niederlande werfen. Dort versucht die Regierung gerade ein altes Gesetz zur Zwangsumsiedlung ihrer Bürger im Kriegsfall so umzugestalten, dass Bürger gezwungen werden können, ukrainische Flüchtlinge aufzunehmen bzw. dafür umgesiedelt werden.[956] Das holländische *Advocatenblad* hofft in einem seiner Artikel: [957] *„Wir können nur hoffen, dass dieses (das Unterhaus) den Gesetzentwurf ‚unverzüglich' ablehnen wird."*

Übrigens versucht das Bundesumweltministerium gerade die Agenda 2030 der UNO umzusetzen. Sie nennen es „Smart City Charta".[958] Ein paar Stellen daraus:

- *„Die Charta unterstützt die Umsetzung der Deutschen Nachhaltigkeitsstrategie und die Verwirklichung der globalen Nachhaltigkeitsziele der Agenda 2030 der Vereinten Nationen (Sustainable Development Goals)." (S. 9)*
  Die Verbindung zur Agenda 2030 der UNO.

- *„Werden Foren oder andere Web-2.0-Angebote oder Aktivitäten in sozialen Netzwerken eingeführt, sollte der für schnelle Reaktion, Prüfung und Moderation fremder Beiträge erforderliche Aufwand berücksichtigt werden." (S. 12)*
  Fremde Beiträge mit einer anderen Meinung werden geprüft. Achtung, es besteht Zensurgefahr. Weit hergeholt? Aus eigener Erfahrung kenne ich dies aus dem online-Forum des Nachrichtenmagazins *Der Spiegel*, wo meine kritischen Beiträge oft nicht oder verspätet veröffentlicht werden. Erst auf Nachfrage werden diese dann meist einen Tag später hochgeladen, wenn also die Diskussion bereits vorbei ist. Aber vielleicht male ich zu schwarz. Sehen wir weiter.

- *„Hierzu müssen auch neue Finanzierungsinstrumente wie z.B. Datenüberlassung als Vergütung geprüft werden." (S. 16)*
  Hier geht es um die Finanzierung von technischer Infrastruktur und Personal zur Gestaltung der digitalen Transformation. Dazu werden Kommunen ermuntert, ihre Auftragnehmer mit der Überlassung von (unseren?) Daten zu bezahlen.

- *„Die Forschung wertet Finanzierungs- und Betreibermodelle (Public-Private-Partnerships) für z.B. öffentliche Infrastruktur konstruktiv-kritisch aus ..." (S. 17)*
  Da kommen wir wieder zu den öffentlich-privaten Partnerschaften. In der Praxis läuft dies oft so ab, dass die öffentliche Hand (also wir) bezahlt, während die Privatwirtschaft (meist Konzerne) die Gewinne abschöpft. Ein Beispiel sahen wir bei der Entwicklung der sogenannten Coronaimpfstoffe, als der Staat finanziell zur Entwicklung beisteuerte und Pfizer und BioNTech und (natürlich auch andere Konzerne) die Milliardengewinne einstrichen.

In seinem Vortrag über „Smart City in the era of Internet of NO things" stellt Roope Mokka, Gründer des finnischen Think Tanks Demos Helsinki, die Frage nach den *„Visionen eines hypervernetzten Planeten".* (S. 42 ff) Dazu stellte er sechs Punkte auf, *„die das Internet of NO things mit sich bringen kann":*

1. *Super resource-efficient society*
   Eine Gesellschaft, in der kein Gebäude leer steht, sondern die ganze Zeit optimal genutzt wird. Auch fahren keine Autos mehr leer. Neue Geräte und Maschinen generieren ihre eigene Energie. Für diejenigen, die an Energy Harvesting Sensoren arbeiten, erscheint die Diskussion über zentralisierte, große Kraftwerke sinnlos.
   Bedeutet dies, dass in unserem Wohnzimmer eine Versammlung stattfindet, während wir auf der Arbeit sind? Oder werden wir verpflichtet, andere Menschen in unseren Autos mitzunehmen?

2. *Post-choice society*
   Künstliche Intelligenz ersetzt Wahl: Wir müssen uns nie entscheiden, einen bestimmten Bus oder Zug zu nehmen, sondern bekommen den schnellsten Weg von A nach B. Wir werden auch nie unsere Schlüssel, Geldbeutel oder Uhren vergessen.

Uns wird das Denken und Entscheiden abgenommen, da dies die Künstliche Intelligenz übernimmt.

3. Post-ownership society

Dank der Information über verfügbare geteilte Waren und Ressourcen macht es weniger Sinn, etwas zu besitzen: Vielleicht wird Privateigentum in der Tat ein Luxus. Daten könnten Geld als Währung ergänzen oder ersetzen.

Jetzt wird Punkt 1 klarer. Wir werden keine eigenen Autos mehr haben, sondern sie mit anderen teilen. Und auch kein Wohneigentum werden wir mehr haben. Deshalb wird von außen bestimmt, was mit der Wohnung und dem Auto, welche wir durch Mieten benutzen, geschieht. Und zahlen können wir dafür mit unseren persönlichen (z.B. Kauf- oder Bewegungs-) Daten.

4. Post-market society

Im Grunde genommen sind Märkte Informationssysteme, die Ressourcen zuteilen. Als Informationssystem funktioniert ein Markt jedoch sehr einfach. Er übermittelt nur, dass eine Person dies oder das gekauft hat; wir wissen aber nicht, warum. Künftig können Sensoren uns bessere Daten als Märkte liefern.

Sollen hier Sensoren herausfinden und weitergeben, was wir denken und fühlen?

5. Post-energy society

Um ubiquitär genutzt zu werden, müssen Sensoren energieeffizient und energieautark sein. Wenn eine Datenrevolution stattfinden soll, muss Energy Harvesting – die Fähigkeit, Energie auf Makro-, Mikro- oder Nanoskala zu generieren und zu speichern – Alltag werden.

6. Post-voting society

Da wir genau wissen, was Leute tun und möchten, gibt es weniger Bedarf an Wahlen, Mehrheitsfindungen oder Abstimmungen. Verhaltensbezogene Daten können Demokratie als das gesellschaftliche Feedbacksystem ersetzen.

Da wir dann also gläsern sind, bedarf es auch keiner Wahlen mehr. Big Data und damit die großen IT-Konzerne bestimmen, wer die Regierung stellt, falls es dann noch eine Regierung braucht.

Im Abschnitt „Im Fokus: Lokale Wirtschaft" stehen unter der Überschrift „Stegreif-Szenario 2040 Best Case" (S. 63) die beiden Absätze „Datenökonomie" und „Arbeitsmarkt", die wie folgt lauten:

Datenökonomie

... Das Gold der Zukunft sind die Daten selbst, dann können Steuern sogar eingestellt werden. Das öffentliche Wohl wird durch den Verkauf von Daten gesichert, wobei Sozialunternehmen Daten zur Verfügung gestellt werden.

Wie schon weiter oben aufgeführt, werden unsere Daten an Konzerne verkauft, für die wir dann absolut gläsern sind.

Arbeitsmarkt

Auf dem Arbeitsmarkt gibt es keine geregelten und dauerhaften Arbeitsverhältnisse mehr, denn Produktivitätssprünge der Digitalisierung sichern das Einkommen mit einem geregelten Grundeinkommen ab. Jeder kann deshalb seine Potenziale an jeder Stelle einbringen. Leistungen für die Gesellschaft werden dabei wertgeschätzt und Lohnarbeit wird völlig neu gedacht.

Wir werden letztendlich daran gehindert, ein geregeltes Einkommen zu erzielen, und sind dadurch komplett vom Staat abhängig und diesem ausgeliefert. Und ist diese Wertschätzung in Wahrheit ein Sozialkreditsystem? Ist das beschlossene Bürgergeld ein erster Schritt dahin?

Auf S. 79 werden unter „Im Fokus: Digitale Integration und Inklusion" ein „Stegreif-Szenario 2040 Best Case" das bedingungslose Grundeinkommen und Bonus- und Anreizsysteme zur Förderung nachhaltiger Lebensgestaltung und individueller Gesundheit (Sozialkreditsystem?) nochmals thematisiert.

In Summe ist es ein Werk, das in sehr blumiger Sprache doch einige Hämmer versteckt. Ich persönlich möchte diese Zukunft so nicht haben.

Alles, was wir bisher so gesehen haben, scheint so unbegreiflich. Wir haben gravierende Währungsprobleme, tun uns schwer, die für unsere Bürger und Betriebe benötigte Energie ausreichend und/oder zu einem wettbewerbsfähigen Preis bereitzustellen. Die dadurch aufgekommene Inflation bedroht Millionen deutscher Familien, die sich Wohnen, Heizen, Ernährung und Mobilität nicht mehr werden leisten können. Und was macht unsere Politik? Gender-Gaga, LGBTQ+-Wahnsinn, jährlich möglicher Geschlechterwechsel, Rassismuswahn, immer einschneidendere Bürgerentrechtung usw. Wie formulierte Michael Klonovsky dieses ganze Politgaga so treffend: *„Halten wir fest: Es gibt Rassismus, Rassenunruhen, Rassendiskriminierung – aber keine Rassen. Es gibt Volksverhetzung, aber kein Volk. Es gibt Frauenfeindlichkeit und Frauenquoten, aber Geschlecht ist ein Konstrukt.* "(959)

Alles, was dieses Land groß gemacht hat und wofür sich unsere Großeltern und Eltern abgearbeitet haben und uns das Ausland bewundert hat, wird in kürzester Zeit zerstört. Wie formulierte der gerade zitierte Michael Klonovsky das Ganze: *„Es ist absurd zu glauben, dass alles, was die vielen Generationen vor uns leben und überleben ließ, was sie befähigte, die großartigste aller Zivilisationen zu schaffen, plötzlich überholt sei, dass diese Generationen vor uns, denen wir alles verdanken, was uns heute als Komfort dient, und die dafür entbehrt, geschuftet, geopfert, geblutet und gelitten haben, komplett falsch lagen, und ausgerechnet die Heutigen, die nichts erlitten, nichts entbehrt, nichts verehrt, nichts gelernt, nichts geschaffen haben, sondern nur alles aufzehren, kritisieren und demolieren können, dass diese Generation übergeschnappter und wohlstandsverwahrloster Mitläufer, diese Generation Fatzke berufen sei, der Menschheit den Weg zu weisen.* "(960)

Doch wie reagieren wir auf diesen uns vernichtenden Politiker-Unsinn? Ein Blick auf die auf die Beliebtheitsskala und die sogenannte Sonntagsfrage offenbart Unglaubliches:

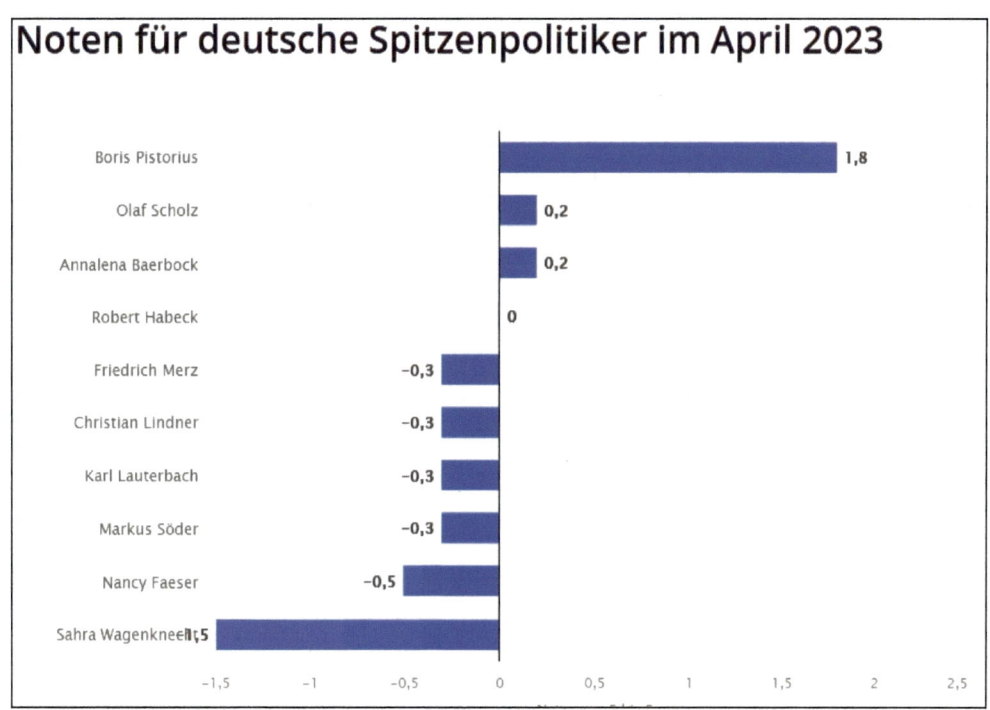

Abb. 164: Noten für deutsche Spitzenpolitiker im April 2023

231

Und die Sonntagsfrage:

Wenn am nächsten Sonntag Bundestagswahl wäre ...

Institut	Allensbach	Kantar (Emnid)	Forsa	Forsch'gr. Wahlen	GMS	Infratest dimap	INSA	Yougov	Bundes-tagswahl
Veröffentl.	26.04.2023	29.04.2023	25.04.2023	21.04.2023	04.04.2023	13.04.2023	29.04.2023	06.04.2023	26.09.2021
CDU/CSU	31 %	30 %	30 %	31 %	31 %	29 %	28 %	30 %	24,1 %
SPD	20 %	18 %	18 %	18 %	19 %	19 %	21 %	20 %	25,7 %
GRÜNE	15 %	16 %	16 %	18 %	17 %	17 %	14 %	15 %	14,8 %
FDP	7,5 %	7 %	7 %	6 %	6 %	7 %	8 %	6 %	11,5 %
DIE LINKE	5 %	5 %	4 %	4 %	4 %	4 %	5 %	6 %	4,9 %
AfD	16 %	16 %	15 %	15 %	15 %	15 %	16 %	17 %	10,3 %
Sonstige	5,5 %	8 %	10 %	8 %	8 %	9 %	8 %	FW 1 % Son. 6 %	8,7 %
Erhebung	F · 1.007 03.04.–18.04.	T · 1.426 18.04.–25.04.	T · 2.506 18.04.–24.04.	T · 1.266 18.04.–20.04.	T · 1.007 29.03.–03.04.	TOM · 1.204 11.04.–12.04.	TOM · 1.202 24.04.–28.04.	O · 1.522 30.03.–04.04.	

Für ältere Daten und weitere Details auf den Namen des jeweiligen Instituts klicken. Die zuletzt hier eingetragenen Umfragen sind farblich *hervorgehoben.*

Abb. 165: Die Sonntagsfrage, abgerufen am 30.4.2023

Nehmen wir den Durchschnitt der drei neuesten Umfragen (farblich markiert), ergibt sich folgendes Bild:

CDU/CSU	SPD	Grüne	FDP	AfD	DIE LINKE	Sonstige
29,7%	19,7%	15,0%	7,5%	16,0%	5,0%	7,2%

Addiert man nun die Ergebnisse von der Union, der SPD, den Grünen und der FDP kommt man auf 71,9%. Man beachte, dass 71,9% der Wahlberechtigten die Parteien wählten, die uns den ganzen Mist eingebrockt haben. Diese Parteien mit den „beliebtesten" Politikern verantworten das Coronadesaster, das Klimagedöns und die selbstzerstörerischen Sanktionen gegen Russland aufgrund des Ukrainekriegs. Wir laufen Gefahr, dass im kommenden Winter die Lichter im Land ausgehen, und wählen trotzdem unsere Totengräber. Es ist einfach unverständlich. Ich glaube, ich bestelle für diese Menschen eine Domina, damit sie ihre masochistischen Bedürfnisse ausleben können. Dazu fällt mir spontan ein Zitat der amerikanischen Autorin Ayn Rand ein: *„Man ist frei, die Realität zu ignorieren. Man ist ebenso frei, seinen Verstand von jeglichem Fokus zu befreien und jeden Weg hinabzustolpern, den man möchte. Aber man ist nicht frei, den Abgrund zu vermeiden, den zu sehen man sich weigert."*

Man sollte über all das einmal nachdenken. Oder wollen wir warten, bis es wirklich schlimm wird und das Volk brutalst aufsteht. Muss Alois Irlmaiers Aussage wirklich wahr werden? Der bayerische Seher sagte nämlich: *„Wenn die ganze Lumperei aufkommt, steht das Volk auf mit den Soldaten. Dann wird jeder, der ein Amt hat, an der nächsten Laterne oder gleich am Fensterkreuz aufgehängt."*[961] Manche schreiben diese Aussage auch den Feldpostbriefen Andreas Rill zu. Möge uns und vor allem den Politikern dieses Schicksal erspart bleiben.

Aber wenn man mit den Menschen spricht, sagen sie, dass man da eh nichts machen kann. Für alle, die glauben oder denken, dass die Politik es gut mit uns meint und alles noch richten wird, möchte ich die Metapher „Das Loch in der Straße" aus dem tibetischen Totenbuch vom Leben und Sterben von Sogyal Rinpoche hier aufzeigen:

232

Das Loch in der Straße

Ich gehe die Straße entlang.
Da ist ein tiefes Loch im Gehsteig.
Ich falle hinein.
Ich bin verzweifelt.
Es ist nicht meine Schuld.
Es dauert endlos, wieder herauszukommen.

Ich gehe dieselbe Straße entlang.
Da ist ein tiefes Loch im Gehsteig, ich tue so, als sähe ich es nicht.
Ich falle wieder hinein.
Ich kann nicht glauben, schon wieder am gleichen Ort zu sein.
Aber es ist nicht meine Schuld.
Immer noch dauert es sehr lange, wieder herauszukommen.

Ich gehe dieselbe Straße entlang.
Da ist ein tiefes Loch im Gehsteig. Ich sehe es.
Ich falle noch einmal hinein... aus Gewohnheit.
Meine Augen sind offen. Ich weiß, wo ich bin.
Es ist meine eigene Schuld.
Ich komme sofort heraus.

Ich gehe dieselbe Straße entlang.
Da ist ein tiefes Loch im Gehsteig.
Ich gehe darum herum.

Ich gehe eine andere Straße.

Hier fangen wir an, unser Leben in unsere Hände zu nehmen, und kommen voran! Genau deshalb habe ich dieses Werk geschrieben. Um Augen zu öffnen. Um uns aus der drohenden Knechtschaft zu befreien.

Bevor wir zu möglichen Gestaltungsalternativen für eine wirkliche Demokratie kommen, soll noch einmal eine „Schauung" des bayerischen Sehers Alois Irlmaier aufgezeigt werden, die im Jahr 1992 von einem Tiroler Pfarrer veröffentlicht wurde.[962] Irlmaier starb übrigens 1959. Doch jetzt zu seiner Aussage:

Zuerst kommt ein Wohlstand wie noch nie.
Dann folgt ein Glaubensabfall wie nie zuvor.
Darauf eine noch nie da gewesene Sittenverderbnis.
Alsdann kommt eine große Zahl fremder Leute ins Land.
Es herrscht eine hohe Inflation.
Das Geld verliert mehr und mehr an Wert.
Bald darauf folgt die Revolution.
Dann überfallen die Russen über Nacht den Westen.

Krieg? Ist das nicht etwas weit hergeholt? Auch in dem Gedicht „Wenn die Börsenkurse fallen", das wahrscheinlich fälschlicherweise Kurt Tucholsky zugeschrieben wird und wahrscheinlich von Richard G. Kerschhofer aus dem Jahr 2008 stammt[963], heißt es im letzten Absatz:

> Aber sollten sich die Massen
> das mal nimmer bieten lassen,
> ist der Ausweg längst bedacht:
> Dann wird bisschen Krieg gemacht.

Sie denken, dies sei unwahrscheinlich. So ähnlich ging es auch dem deutschen Schriftsteller Erich Maria Remarque, der sich dazu wie folgt äußerte: *„Ich dachte immer, jeder Mensch sei gegen den Krieg, bis ich herausfand, dass es welche gibt, die dafür sind, besonders die, die nicht hingehen müssen."*[(964)]

Schon beängstigend, nicht wahr? Und da die herrschende Finanzoligarchie das Problem hat, dass das derzeitige Finanzsystem kurz- bis mittelfristig am Brechen ist, da Gelddrucken wegen der steigenden Inflation immer schwerer möglich ist und höhere Zinsen in dieser hochverschuldeten Welt alles abwürgen, wäre Krieg durchaus eine realistische Variante, um dem System wieder etwas Leben einzuhauchen. Zuerst finanziert man den Krieg und danach den Wiederaufbau – und die arbeitende Bevölkerung, also wir, zahlen dies mit immer höheren Steuern und abschließend mit totaler Zerstörung. Es ginge wieder von vorne los. Und diese Leute müssten nicht selbst in den Krieg ziehen. Sie säßen in Sicherheit.

Dies würden unsere US-amerikanischen Freunde nicht zulassen? Doch wie sagte schon Charles de Gaulle: *„Staaten haben keine Freunde, nur Interessen."*[(965)] Und ein Beispiel, wie die USA ihre Interessen über Werte stellen, gab der ehemalige US-Präsident Harry S. Truman wieder, als er 1941 nach dem Angriff von Hitler-Deutschland auf die Sowjetunion sagte: *„Wenn Deutschland gewinnt, sollten wir Russland helfen. Wenn jedoch Russland siegt, sollten wir Deutschland helfen. Lasst sie sich doch gegenseitig so weit wie möglich ausrotten."*[(966)] Und wenn wir das nicht wollen, wäre es an der Zeit, sich so langsam mal zu bewegen und den Mund zu öffnen. Nur so ein Gedanke. Denn wie formulierte es der US-amerikanische Historiker und Politikwissenschaftler Howard Zinn: *„Historisch gesehen resultieren die schlimmsten Dinge – Krieg, Völkermord, Sklaverei – nicht aus Ungehorsam, sondern aus Gehorsam."*

Hier möchte ich einen kleinen Einschub vornehmen, da er meiner Meinung nach sehr gut reinpasst. So bin ich gerade beim Lesen von Gerhard Wisnewskis Jahrbuch »verheimlicht, vertuscht, vergessen – was 2021 nicht in der Zeitung stand« auf ein Kapitel gestoßen, das mir die zwischenzeitlich aus dem Fokus verschwundenen Experimente von Asch, Milgram und Zimbardo wieder in Erinnerung brachte.

Fangen wir mit dem Experiment von Solomon Asch an. Wikipedia[(967)] beschreibt folgenden Versuchsaufbau: *„Eine Reihe von Personen saß an einem Konferenztisch. Der Versuchsperson, die diesen Raum betrat, wurde gesagt, es handle sich um andere freiwillige Teilnehmer an dem Experiment. In Wahrheit waren jedoch alle Anwesenden außer der Versuchsperson Vertraute des Versuchsleiters. Auf einer Karte wurde der Gruppe eine Linie dargeboten. Neben dieser Referenzlinie wurden drei weitere Linien gezeigt, und es war die Aufgabe der Personen, einzuschätzen, welche dieser drei Vergleichslinien gleich lang wie die Referenzlinie war. Bei jedem Durchgang war eine der Linien deutlich erkennbar gleich lang wie die Referenzlinie (siehe Bild). In der Kontrollgruppe sollten die Vertrauten des Versuchsleiters ihre wahre Einschätzung in der Gruppe äußern, welche Linie die gleich lange sei. Erwartungsgemäß macht die Versuchsperson, die mit den heimlich Vertrauten am Tisch sitzt, unter dieser Bedingung kaum Fehler (unter 1%). In der Experimentalgruppe fanden jeweils 18 Schätzungen statt. Während sechs dieser Durchgänge waren die heimlichen Vertrauten instruiert, ein richtiges Urteil abzugeben (um glaubhaft zu erscheinen). Während der verbliebenen zwölf Durchgänge (zufällig unter die sechs richtigen gemischt) sollten die Vertrauten einstimmig ein falsches Urteil abgeben. Die Probanden passten sich bei etwa einem Drittel der Durchgänge trotz offensichtlicher Fehlentscheidung der Mehrheit an. Nur ein Viertel der Versuchspersonen blieb unbeeinflusst, sie machten auch in den 12 manipulierten Durchgängen keinen Fehler."*

234

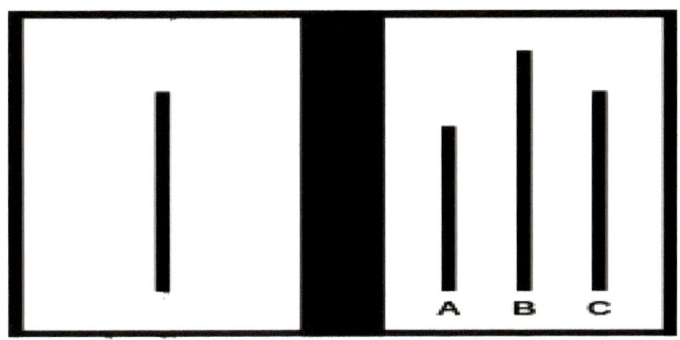

Nur ein Viertel der Versuchspersonen blieb also von der ersichtlich falschen Antwort der Mehrheit unbeeindruckt. Warum ist dies so? Ich denke, dies kommt aus unserer Entwicklungsgeschichte als Menschen. Früher bedeutete ein Ausschluss aus der Gruppe, dem Clan oder dem Stamm den wahrscheinlichen Tod des Individuums. Und diesen Umstand machen sich unsere Politisierenden heute zunutze. Erinnern wir uns an Aussagen wie *„Die überwältigende Mehrheit der Wissenschaft warnt vor dem menschengemachten Klimawandel."* oder *„Die Mehrheit der Bundesbürger ist so vernünftig, sich impfen zu lassen.".* Hatte dies Erfolg? Laut dem *Impfdashboard*[(968)] vom 8.4.2023 sind 76,4% der Bürger grundimmunisiert. Knapp ein Viertel ließ sich also nicht impfen, wobei wir damit bei dem von Asch herausgefundenen Zahlen wären.

Gehen wir nun weiter zum Experiment von Dr. Stanley Milgram, einem Schüler Aschs. Wikipedia[(969)] gibt den Aufbau dieses Experiments wie folgt wieder: *„Der ganze Ablauf des Experiments ist wie ein Theaterstück inszeniert, bei dem alle außer dem Probanden eingeweiht sind. Solch eine Experimentalanordnung übernahm Milgram von seinem Lehrer Solomon Asch. Eine Versuchsperson und ein Vertrauter des Versuchsleiters, der vorgab, ebenfalls Versuchsperson zu sein, sollten an einem vermeintlichen Experiment zur Untersuchung des Zusammenhangs von Bestrafung und Lernerfolg teilnehmen. Ein offizieller Versuchsleiter (Experimentator, V) bestimmte den Schauspieler durch eine fingierte Losziehung zum „Schüler" (S), die tatsächliche Versuchsperson zum „Lehrer" (L). Die Verabreichung eines elektrischen Schlags, mit einer Spannung von 45 Volt, sollte der Versuchsperson die körperlichen Folgen elektrischer Schläge vergegenwärtigen. Zudem wurde das an einen elektrischen Stuhl erinnernde Versuchsinventar gezeigt, auf dem der „Schüler" getestet werden sollte. Diese Versuchsanordnung mit der gewollten Assoziation wurde von den Probanden zu keinem Zeitpunkt in Frage gestellt.*

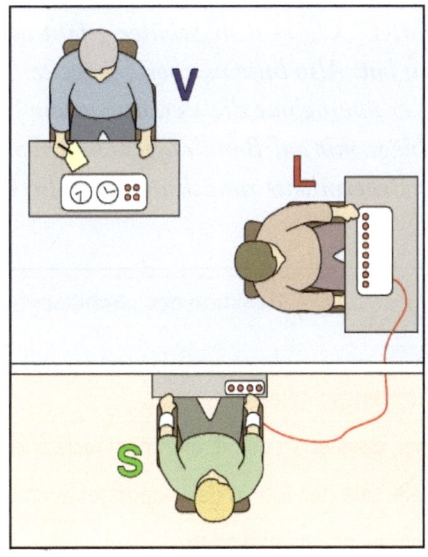

Abb. 166 bis 169: Das Milgram-Experiment

Der „Lehrer" saß beim Originalversuch vor einem beeindruckenden Apparat mit 30 Einstell-Schaltern und ebenso vielen Kontrollleuchten. Links oben auf dem Gerät war die fiktive Geräte- und Firmenbezeichnung «Shock Generator Type ZLB» der «Dyson Instrument Company Waltham, Massachusetts» sowie die Reichweite der Ausgangsspannung des Geräts «Output 15 Volts-450 Volts» eingraviert. Unter den Schaltern waren zusätzlich acht Stärkenangaben eingraviert. Fast die Hälfte der Schalter lagen ab der Angabe „Intense Shock" in einem rot beschrifteten Bereich. Unter den Schaltern der höchsten zirka 7 Schalter stand gar: „Gefahr, heftiger Stromstoß". Unter den zwei höchsten Schaltern stand ein „XXX". Rechts sah der „Lehrer" eine Volt-Anzeige. Am 19. Juli 1961 war die für 374 Dollar hergestellte Attrappe fertig gestellt.

Der Versuch bestand darin, dass der „Lehrer" dem „Schüler" bei Fehlern in der Zusammensetzung von Wortpaaren jeweils einen elektrischen Schlag versetzte. Dabei wurde die Spannung nach jedem Fehler um 15 Volt erhöht. In Wirklichkeit erlebte der Schauspieler keine elektrischen Schläge, sondern reagierte nach einem vorher bestimmten Schema, abhängig von der eingestellten Spannung. Erreichte die Spannung beispielsweise 150 Volt, verlangte der Schauspieler, von seinem Stuhl losgebunden zu werden, da er die Schmerzen nicht mehr aushalte. Dagegen forderte der dabeisitzende Experimentator, dass der Versuch zum Nutzen der Wissenschaft fortgeführt werden müsse. Wenn die Versuchsperson (der „Lehrer") Zweifel äußerte oder gar gehen wollte, forderte der Experimentator ihn in vier standardisierten Sätzen zum Weitermachen auf. Die Sätze wurden nacheinander, nach jedem geäußerten Zweifel der Versuchsperson, gesprochen und führten nach dem vierten Mal zu einem Abbruch des Experimentes seitens des Versuchsleiters. Damit die Sätze immer gleich ausfielen, wurden sie vorher mit dem Experimentator eingeübt, insbesondere auch, um einen drohenden Unterton zu vermeiden.

Satz 1: „Bitte, fahren Sie fort!" Oder: „Bitte machen Sie weiter!"

Satz 2: „Das Experiment erfordert, dass Sie weitermachen!"

Satz 3: „Es ist absolut notwendig, dass Sie weitermachen"

Satz 4: „Sie haben keine Wahl, Sie müssen weitermachen!"

Es gab noch weitere Standardsätze in antizipierten Verlaufssituationen: Wenn die Versuchsperson fragte, ob der „Schüler" einen permanenten physischen Schaden davontragen könne, sagte der Versuchsleiter: „Auch wenn die Schocks schmerzvoll sein mögen, das Gewebe (tissue) wird keinen dauerhaften Schaden davontragen, also machen Sie bitte weiter!" Auf die Aussage der Versuchsperson, der „Schüler" wolle nicht weitermachen, wurde standardmäßig geantwortet: „Ob es dem Schüler gefällt oder nicht, Sie müssen weitermachen, bis er alle Wörterpaare korrekt gelernt hat. Also bitte machen Sie weiter!" Wenn nach der Verantwortung gefragt wurde, sagte der Versuchsleiter, er übernehme die Verantwortung für alles, was passiert. Außerdem reagierte der „Schüler" auf die Stromschläge mit auf Band aufgenommenen Schmerzensäußerungen. Diese hatten Milgram in Prätestversionen des Experiments zunächst gefehlt, die Gehorsambereitschaft war dann aber so hoch, dass er sie hinzufügte.

Spannung	Reaktion des „Schülers"
75 V	Grunzen
120 V	Schmerzensschreie
150 V	Er sagt, dass er an dem Experiment nicht mehr teilnehmen will.
200 V	Schreie, „die das Blut in den Adern gefrieren lassen".
300 V	Er lehnt es ab, zu antworten.
über 330 V	Stille

236

Der „Schüler" war in diesem Fall ein unauffälliger Amerikaner irischer Abstammung und repräsentierte einen Menschentyp, mit dem Fröhlichkeit und Gelassenheit verbunden wurde. Mit dieser Auswahl sollte eine Beeinflussung der Handlungsweise durch eine mentale Disposition des Probanden vermieden werden. Zudem war es wichtig, dass die Versuchspersonen weder von dem Versuchsleiter noch von dem „Schüler" unbeabsichtigt beeinflusst werden konnten. Der „Lehrer" konnte selbst bestimmen, zu welchem Zeitpunkt er das Experiment abbrechen wollte. Der Versuchsleiter verhielt sich sachlich, seine Kleidung war in einem unauffälligen Grauton gehalten. Sein Auftreten war bestimmt, aber freundlich.

Folgende Tabelle gibt die Anzahl der Versuchspersonen (Vpn) (n=40), die in einer Versuchsvariante das Experiment abbrachen, abhängig von der Stärke der letzten applizierten „Schocks", wieder. Es treten dabei keine wesentlichen Unterschiede zwischen Geschlechtern, Nationalitäten und Kulturen auf."

Spannung	bis 300 V	300 V	315 V	330 V	345 V	360 V	375 V	390 V bis 435 V	450 V
Anzahl von Abbrüchen:	0	5	4	2	1	1	1	0	26

Ausnahmslos alle Versuchsteilnehmer gingen bei diesem Versuch bis zu einer Spannung von 300 V., obwohl die entsprechenden Schalter rot mit „intense shock" beschriftet waren. 26 von 40 Teilnehmern, also 65%, gingen bis zum vermeintlich tödlichen Schlag von 450 V. Wie kann dies passieren? Nun, einerseits hat eine höhere Instanz (Versuchsleiter) die Verantwortung übernommen und anderseits waren die Versuche ja für einen höheren Zweck. Auch daraus hat unsere Politik ihre Lehren gezogen, wenn wir uns an Corona erinnern. Die Drangsalierung der Ungeimpften wurde von Politik und „Wissenschaft" (höhere Instanz) für die allgemeine Gesundheit (vermeintlich höherer Zweck) vorgegeben und von einem Großteil der Geimpften umgesetzt.

Doch kommen wir jetzt zu Philip Zimbardo. Gemäß Wikipedia[970] war der auch Stanford-Prison-Experiment genannte Versuch ein Experiment, bei dem 24 Studenten ausgewählt wurden, die zufällig in „Wärter" und „Gefangene" aufgeteilt wurden. Um dem Versuch ein realistisches Ambiente zu suggerieren, wurden im Keller der Stanford-Universität einige Räume mit Gittertüren versehen. Die „Gefangenen" bekamen einfachste einheitliche Kleidung mit jeweils ihrer Gefangenennummer versehen, mit der sie auch angeredet wurden. Die „Wärter" wurden mit echten Polizeiuniformen, Gummiknüppeln und Sonnenbrillen ausgestattet. Wikipedia berichtet über den Verlauf des Versuchs folgendes: *„Anfangs probierten beide Parteien ihre Rollen erst aus, um zu sehen, wo ihre Grenzen lagen. Die Wärter riefen die Gefangenen zu beliebigen Tag- und Nachtzeiten aus dem Bett zu Zählappellen. Einerseits sollten die Gefangenen dadurch mit ihren Nummern vertraut gemacht werden und andererseits die absolute Macht der Wärter über die Gefangenen demonstriert werden. Außerdem setzten die Wärter zur Bestrafung gern Liegestütze ein. Bereits am Morgen des zweiten Tages brach ein Aufstand aus. Die Gefangenen blockierten die Zellentüren, rissen ihre Nummern von den Kitteln und zogen sich die Strümpfe vom Kopf. Die Wärter schlugen den Aufstand nieder, indem sie mit Feuerlöschern eisiges Kohlendioxid in die Zellen sprühten und die Gefangenen dadurch zwangen, die Türen freizugeben. Danach wurden allen Gefangenen die Kleidung und Betten entzogen. Ab diesem Zeitpunkt demütigten die Wärter die Gefangenen bei jeder Gelegenheit, alles wurde zum Privileg. So mussten die Gefangenen nach dem Zapfenstreich um 22:00 Uhr, wenn das Licht aus und die Zellen geschlossen waren, die Eimer in den Zellen für ihre Fäkalien benutzen, da die Wärter ihnen den Gang zur Toilette verweigerten. Dadurch roch das Gefängnis nach kurzer Zeit stark nach Kot und Urin, was die Atmosphäre in dem stickigen Kellergewölbe weiter beeinflusste.*

Es wurde eine ‚privilegierte Zelle' für die Gefangenen eingerichtet, die sich nicht oder kaum am Aufstand beteiligt hatten. Diese bekamen Kleidung und Betten zurück und bekamen darüber hinaus Essen in Anwesenheit der anderen, während diese nichts bekamen. Nach einem halben Tag wurden die privilegierten mit den sanktionierten Gefangenen gemischt. Dies sorgte für Verwirrung und die Rädelsführer des Aufstandes hielten die Privilegierten für Spitzel. Damit brachen die Wärter die Solidarität unter den Gefangenen und verhinderten so weitere koordinierte Aktionen der Gefangenen."

Und so kam es zur Eskalation und dem vorzeitigen Abbruch des Experiments. Dazu unsere Quelle: *„Das Experiment geriet schnell außer Kontrolle. Nach drei Tagen zeigte ein ‚Gefangener' extreme Stressreaktionen und musste entlassen werden. Einige der Wärter zeigten sadistische Verhaltensweisen, speziell bei Nacht, wenn sie vermuteten, dass die angebrachten Kameras nicht in Betrieb waren. Teilweise mussten die Experimentatoren einschreiten, um Misshandlungen zu verhindern. Nach nur sechs Tagen (zwei Wochen waren ursprünglich geplant) musste das Experiment abgebrochen werden, insbesondere, weil die Versuchsleiter feststellten, dass sie selbst ihre Objektivität verloren, ins Experiment hineingezogen wurden und gegen den Aufstand der Gefangenen agierten. Bei Beendigung des Experiments hatten vier Gefangene emotionale Zusammenbrüche erlitten und mussten infolgedessen vorzeitig aus dem Gefängnis entlassen werden. Ein anderer Gefangener bekam einen psychisch bedingten Hautausschlag, als er erfuhr, dass sein „Bewährungsgesuch" abgelehnt worden war. Der Rest der Gefangenen versuchte, die Situation durch Unterwürfigkeit zu meistern und den Befehlen der Wärter so korrekt wie möglich Folge zu leisten. Die Gruppe der Gefangenen war zerschlagen, jeder war nur noch Einzelner – auf sich allein gestellt und aufs Überleben fixiert."*

Obwohl dieses Experiment durchweg auch kritisch beurteilt wird, zeigt es doch Parallelen zur Coronapolitik, als versucht wurde, Geimpfte und auch Exekutivorgane wie die Polizei gegen Maßnahmengegner aufzuhetzen. Und leider ist dies auch gelungen, wie am Mitmachen eines Großteils der Bevölkerung an der Hetze gegen Ungeimpfte oder auch an der Polizeigewalt auf entsprechenden Demonstrationen gut zu sehen war.

Deshalb habe ich diese Versuche Ihnen auch wieder in Erinnerung gerufen bzw. vorgestellt, nämlich um zu vermeiden, dass sich die Geschichte wiederholt. Und dies passiert doch zum Teil. Auch zu jener Zeit blieben die meisten daheim auf dem Sofa. Sicherlich wurden damals die „Ungehorsamen" mit dem Verlust ihres Lebens bestraft und heute werden sie (noch?) sozial oder juristisch angegangen. Beispiele sind Prof. Dr. Sucharit Bhakdi, Prof. Dr. Andreas Sönnichsen und der Richter von Weimar oder Prof. Dr. Stefan Hockertz, Dr. Bodo Schiffmann und der Journalist Ken Jebsen, die allesamt das Land verlassen mussten. Klar ist das ein Risiko, nur wenn wir nicht um unsere Freiheit kämpfen, werden wir in der nächsten Diktatur leben. Und die hat dann Überwachungs- und Repressionsmöglichkeiten, die ein Ausbrechen fast unmöglich machen wird.

Wie formuliert es der Youtuber Tim Kellner am Ende seiner Videos so treffend: *„Vollgas Richtung Regenbogen; wir nehmen jeden Eisberg mit, wir sinken."* Apropos Eisberg: Nach der Titanic ist meines Wissens nach kein weiteres Schiff mehr gesunken, das einen Eisberg gerammt hat. Einem interessanten Artikel nach ist beim Untergang der Titanic der Mäzen des an der Gewinnung freier Energie forschenden Nikola Tesla, John Jacob Astor IV., ums Leben gekommen, sodass Nikola Tesla seine Forschungen nicht fortsetzen konnte, was bewirkte, dass wir immer noch abhängig von einem Oligopol von Stromerzeugern sind. Andere Milliardäre sollen übrigens ihre Tickets kurz vor dem Start der Reise storniert haben. Unsinn? Möglich, nur sollten Sie sich dazu mal die Vorträge von Prof. Dr. Claus Turtur (auf YouTube) ansehen, der behauptet, die Nullpunktsenergie aus dem Quantenvakuum nutzbar machen zu können. Die benötigten Forschungsgelder bekommt er jedoch dazu nicht, obwohl sie nur einen kleinen Bruchteil dessen ausmachen würden, was unsere Politiker in die weite Welt hinaustragen. Aber genug geschwurbelt. Dies ist ein anderes Thema.

Bevor ich jedoch wirklich zu möglichen Lösungsvorschlägen komme, möchte ich noch kurz skizzieren, wie ich den Plan der „Eliten" zum „Great Reset" sehe. Klaus Schwab spricht von kreativer Zerstörung als der dem großen Umbruch vorausgehenden Zeit. Und damit wurde meiner Meinung nach begonnen. Angefangen mit der Corona-Plandemie, da die Maßnahmen dagegen Lieferketten und kleine Unternehmen zerstörten, die Menschen an Gehorsam gewöhnten und erste Schritte zur Akzeptanz digitaler Überwachung darstellten. So verwundert es nicht, dass unsere Regierung jetzt die weiter oben vorgestellte ID2020 als vorgeschobenen digitalen Personalausweis präsentiert und priorisiert einführen will. Ebenso soll bis 2025 unser derzeitiges Geld durch digitales Zentralbankgeld ersetzt bzw. ergänzt werden, und auf dem G20-Gipfel in Bali wurde entschieden, ein digitales Impfzertifikat einzuführen, ohne dieses das Reisen im Pandemiefall nicht mehr möglich sein soll. Als nächster Schritt wurden nun die aufgrund des jahrelangen Klimagedöns medial verteufelten sogenannten fossilen Brennstoffe verteuert. Es fing zwar schon vorher an, doch nutzte man Sanktionen aufgrund des Ukrainekriegs, der über Jahre provoziert wurde, zu Preisexplosionen auf dem Energiemarkt und nebenbei auch für Lebensmittel. Viele arbeitende Menschen werden ihren Lebensunterhalt nicht mehr mit ihrer Arbeit finanzieren können – obwohl es teilweise Staatshilfen geben wird, die die Verschuldung der Staaten weiter erhöhen und damit die Geldmenge und als Folge daraus die Inflation treiben werden. Der Konsum wird zusammenbrechen und die meisten mittelständischen Unternehmen werden vom Markt verschwinden. Es folgen Massenarbeitslosigkeit und daraus folgend Hunger, Kälte und Dunkelheit. Die Menschen werden in ihrer Not plündern; es könnte sogar zu bürgerkriegsähnlichen Zuständen kommen. Nun wird der Staat versuchen, als Retter aufzutreten. Daraufhin halte ich zwei Szenarien für möglich.

Szenario 1:
Die Menschen akzeptieren die Bedingungen der Hilfestellung. Diese erfolgt über ein universelles Grundeinkommen, welches an Bedingungen geknüpft ist. So gibt es das Geld nur digital auf ein Konto der Zentralbank. Zusammen mit der sich extrem ausbreitenden Überwachung über die ID2020, die als Personal- und Impfausweis mit Bezahlfunktion konzipiert wird, werden all unsere Bewegungen und all unsere Bezahlungen gespeichert und ausgewertet. Sollten wir z.B. Alkohol oder Fleisch kaufen, regierungskritisch auffallen oder uns nicht „klimakonform" verhalten, bekommen wir über ein ebenfalls eingeführtes Sozialkreditsystem Minuspunkte, die sich in Form von Geldreduktion, Bewegungseinschränkungen oder Arrest niederschlagen. Außerdem wird das bis dahin nicht aufgebrauchte Geld am Monatsende gelöscht. Auch können die Bezahlmöglichkeiten regional gebunden werden. Geld für Autos oder Urlaub wird es nicht mehr geben. Unsere Immobilien werden uns über erhöhte Energiekosten, Steuern und/oder einen Lastenausgleich weggenommen. Stattdessen wohnen wir in Megastädten in großen Wohngemeinschaften ohne Privatsphäre. Eigentum wird es nicht mehr geben, da alles gemietet werden kann, wenn einem das Geld nicht gelöscht wird. *„Du wirst nichts besitzen und Du wirst glücklich sein."* Die Milliardäre werden dann die Pein des Eigentums auf sich nehmen und dadurch ein tristes Leben fristen. Wir sollten dankbar sein. Ach ja, irgendwann werden unsere Herren dann feststellen, dass dieses System nicht funktioniert, weil es zu viele „nutzlose Esser" in ihren Augen gibt. Nun, dann könnte man ganz leicht eine Impfpflicht einführen, der dann alle nachkommen müssen, wenn sie nicht verhungern wollen. Diese Impfung könnte dann schreckliche Nebenwirkungen haben, die man einem Virus in die Schuhe schiebt. Geübt dafür haben wir die vergangenen Jahre. Weit hergeholt?

Dann lassen wir den israelischen Historiker Yuval Noah Harari, Berater des WEF, zu Wort kommen: *„Die beiden Prozesse – Biotechnologie gekoppelt mit dem Aufstieg künstlicher Intelligenz – könnten im Zusammenspiel dazu führen, dass sich die Menschheit in eine kleine Klasse von Übermenschen und eine riesige Unterschicht nutzloser Homo sapiens aufspaltet. Diese ohnehin bereits düstere Lage könnte sich noch weiter verschlimmern, denn wenn die Massen ihre ökonomische Bedeutung und ihre politische Macht verlieren, dann könnte der Staat zumindest teilweise den Anreiz verlieren, in ihre Gesundheit, Bildung und Wohlfahrt zu investieren. Es ist höchst gefährlich, überflüssig zu sein. Die Zukunft der Massen wird somit vom guten Willen einer kleinen Elite abhängen. Vielleicht besteht dieser gute Wille ein paar Jahrzehnte lang. Doch im Falle einer Krise – etwa einer Klimakatastrophe – wäre es ziemlich verführerisch und nicht besonders schwer, die überflüssigen Menschen einfach über Bord zu werfen."*(971)

239

Ein herzliches Dankeschön geht an den Autor Thorsten Schulte, der dieses Zitat öffentlich gemacht hat. Doch auch der Verein „Démographie responsable" schreibt in einem Beitrag für die Zeitung *Le Monde*, dass es an der Zeit wäre, *„neue Lösungen zu finden, um die Fertilität der Menschen zu senken"*.[972]

Szenario 2:

Wir lassen uns nicht unterkriegen und revoltieren gegen die Machenschaften der „Elite". Sollten die Ausschreitungen und bürgerkriegsähnlichen Zustände von der Ordnungsmacht nicht in den Griff zu bekommen sein, wird man versuchen, einen Weltkrieg vom Zaun zu brechen. Auf der einen Seite finden wir die USA mit ihren EU-Vasallen und auf der anderen Seite Russland und China. So hat man die Bevölkerungsreduktion gleich erledigt. Hier hängt das Ergebnis vom Kriegsverlauf ab. Entweder rutschen wir in Szenario 1 oder wir bekommen Frieden und unsere Freiheit und können versuchen, es dieses Mal besser zu machen.

Keine schönen Aussichten, doch wie könnte man es besser machen?

Lassen Sie mich einen kurzen Versuch wagen, ansatzweise eine Demokratie zu skizzieren, die diesen Namen auch wirklich verdient. Gustave Le Bon, französischer Mediziner, Anthropologe, Psychologe, Soziologe und Erfinder (1841-1931), erklärte in seinem Buch »Psychologie der Massen«[973], dass er Parlamentsversammlungen für die beste Regierungsform hält, skizzierte jedoch *„die übermäßige Verschwendung der Finanzen und die zunehmende Beschränkung der persönlichen Freiheit"* als deren ernstliche Gefahren. Wachsende Staatshaushalte und die Beschneidungen unserer Freiheitsrechte während der angeblichen Pandemie veranschaulichen die Weisheit seiner Worte, weshalb dies in eine mögliche Lösung einfließen muss. Die erste Maßnahme wäre daher ein Verbot politischer Parteien und Vereinigungen. So wäre die Einflussnahme der Mächtigen auf die Politik sehr erschwert. Die Parlamentarier werden ausschließlich in Wahlkreisen direkt in den Bundestag gewählt. Bundes- und Landesparlamente erfüllen weitaus weniger Aufgaben als derzeit. Die Kommunen sollen viel mehr Autonomie bekommen. So entsteht ein Wettbewerb zwischen den Kommunen. Auf kommunaler Ebene machen dann auch Bürgerentscheide dergestalt Sinn, dass den Bürgern die direkten Kosten ihrer Entscheidung bewusst gemacht werden, da sie sie auch tragen müssen. An alle Parlamentarier von Kommunal- bis Bundesebene werden eine abgeschlossene Berufsausbildung bzw. ein abgeschlossenes Studium mit einer mehrjährigen Berufserfahrung als Mindestanforderung gestellt. Zur Aufrechterhaltung der Gewaltenteilung wird die Exekutive ebenfalls vom Volk gewählt. An diese Personen sollten noch höhere persönliche Anforderungen gestellt werden. Das Bundesverfassungsgericht dürfte nur mit Staatsrechtlern besetzt werden. Deren Bestimmung könnte durch den vom Volk gewählten Bundespräsidenten geschehen. Die EU sollte wieder ein Bund souveräner Nationalstaaten werden und ihre ganzen Rechte an eben diese zurückgeben. Außerdem muss sich das deutsche Volk eine Verfassung geben.

Unser Schulsystem sollte wieder an früher anknüpfen, als unser Land noch Wissenschaftler wie Albert Einstein oder Werner Heisenberg an der Spitze hervorbrachte, die das physikalische Weltbild nachhaltig beeinflussten. Oder lesen Sie sich alte Gedichte durch und lassen Sie sich von der Schönheit der darin verwendeten Sprache beeindrucken. Nichts von *„ey Alder ey"*.

Und wie könnte unser Finanzsystem aussehen? Jetzt begeben wir uns auf dünnes Eis. Ein Goldstandard sollte diskutiert werden. Er induzierte eine gute Geldwertstabilität, hätte jedoch den Nachteil, dass unser Wachstum von den Goldbeständen abhängig ist. Auf jeden Fall sollte der Staat wieder sein eigenes Geld herausgeben und sich nicht in die Knechtschaft der Kapitalwirtschaft begeben. Auch sollten die Menschen von der Zinstyrannei befreit werden. Aber dies sind nur Gedanken. Sollte es jemals so weit sein, müssten Finanzfachleute dies entwerfen.

„Eine Nation kann ihre Narren und sogar ihre ehrgeizigsten Bürger überleben,
aber nicht den Verrat von innen. Der Verräter arbeitet darauf hin, dass die Seele einer Nation verfault.
Er infiziert den politischen Körper der Nation dergestalt, dass dieser seine Abwehrkräfte verliert.
Fürchtet nicht so sehr den Mörder. Fürchtet den Verräter. Er ist die wahre Pest.“

Marcus Tullius Cicero (106-43 v.Chr.), römischer Politiker

Schlusswort

Es unterhalten sich eine Kuh und ein Esel. Dabei sagt die Kuh: *„Weißt Du, Esel, wir Kühe, wir sind in Indien heilig."* Darauf antwortet der Esel: *„Ganz OK, liebe Kuh. Wir Esel jedoch, wir stellen in Deutschland die Regierung."*

Ich glaube, ich nehme dieses Schlusswort wieder zurück. Nicht, dass mir vorgeworfen wird, durch Verächtlichmachung von demokratisch legitimierten Repräsentantinnen und Repräsentanten verfassungsschutzrelevante Delegitimierung des Staates zu betreiben. Sonst könnte ich noch Besuch von Haldenwangs Staats-, äh, Verfassungsschutz bekommen. Bei so vielen Gemeinsamkeiten mit früheren Staatsformen, kommt man bei der Wortwahl manchmal etwas durcheinander. Oder ich komme gleich mit § 188 StGB (Gegen Personen des politischen Lebens gerichtete Beleidigung, üble Nachrede und Verleumdung) in Berührung.

Hm, ich glaube doch, dass ich das Schlusswort stehen lassen kann, denn eigentlich delegitimiere oder verleumde ich damit doch nur die Esel. Oder? Und deshalb möchte ich mich bei allen Eseln für dieses Schlusswort herzlichst entschuldigen.

Ihr *Werner Pilipp*

Literatur- und Quellenverzeichnis

(1) https://twitter.com/hgmaassen/status/1269639001935396865?lang=de
(2) www.kloster-stiepel.de/kloster/glaubensimpulse/
(3) www.bundestag.de/dokumente/textarchiv/2023/kw11-de-bundeswahlgesetz-937896
(4) https://uncutnews.ch/die-akte-stephan-harbarth-praesident-des-bundesverfassungsgerichtes/
(5) www.bverwg.de/das-gericht/organisation/richter-und-senate
(6) www.spiegel.de/panorama/justiz/thueringen-sachsen-anhalt-und-bayern-erneut-durchsuchungen-bei-weimarer-richter-und-zeugen-a-e15c724d-7718-4535-a486-f9c55bff4abc
(7) www.science-blog.at/2019/05/ein-fall-von-gesinnungsjustiz-ij-bestrafe-einen-erziehe-hundert-mao-tse-tung/
(8) www.spiegel.de/politik/deutschland/deutschland-verschaerftes-disziplinarrecht-soll-auch-fuer-richter-gelten-a-c2c8cb15-c670-4ffb-a505-4426b5db2be2
(9) www.dhm.de/lemo/kapitel/ns-regime/ausgrenzung-und-verfolgung/arierparagraph.html
(10) www.lto.de/recht/justiz/j/eugh-unabhaengigkeit-staatsanwaltschaft-europaeischer-haftbefehl-reform-weisungsrechts/
(11) https://de.wikipedia.org/wiki/Staatsanwaltschaft_(Deutschland)
(12) www.ndr.de/nachrichten/hamburg/Cum-Ex-Keine-Ermittlungen-gegen-Scholz-und-Tschentscher-,cumex442.html
(13) https://morningstaronline.co.uk/article/w/german-journalist-faces-three-years-prison-over-reporting-donbass-region
(14) www.tichyseinblick.de/daili-es-sentials/geheimnis-der-wahl-in-berlin/, www.tichyseinblick.de/daili-es-sentials/berlin-wahl-bezirksamt-falsche-stimmzettel-strafanzeige/, www.tichyseinblick.de/daili-es-sentials/wahl-berlin-rot-rot-gruen-rotstift/, www.tichyseinblick.de/video/5-vor-12/der-wahlschwindel-von-berlin/, www.tichyseinblick.de/daili-es-sentials/chaos-groesser-als-bekannt-berliner-wahlen-ergebnisse-auswertung/ oder www.tichyseinblick.de/daili-es-sentials/berlin-wahl-manipulation-mit-daten/
(15) www.datenschutz.org/bnd/
(16) www.handelsblatt.com/politik/deutschland/von-der-leyen-baut-um-mad-untersteht-nun-direkt-ministerium/19870348.html
(17) www.bpb.de/kurz-knapp/lexika/das-junge-politik-lexikon/321310/verfassungsschutz/
(18) www.nordkurier.de/politik-und-wirtschaft/es-gab-in-chemnitz-keine-hetzjagden-3033007508.html
(19) www.verfassungsschutz.de/SharedDocs/kurzmeldungen/DE/2021/2021-04-29-querdenker.html
(20) www.faz.net/aktuell/politik/inland/studie-zu-corona-protesten-wen-die-querdenker-waehlen-17085343.html
(21) www.faz.net/aktuell/politik/inland/angela-merkel-kemmerich-wahl-muss-rueckgaengig-gemacht-werden-16620135.html
(22) www.rnd.de/politik/fdp-spuckattacken-und-anfeindungen-gegen-familie-von-kemmerich-YFDWR5QAWEFPBMHLKZ5NWMOGXQ.html
(23) https://twitter.com/kaiwegner/status/1225391761679360000?ref_src=twsrc%5Etfw%7Ctwcamp%5Etweetembed%7Ctwterm%5E1225391761679360000%7Ctwgr%5Ed595f83b0bc808c7ec8e8dd5f3814a8fed68f34d%7Ctwcon%5Es1_&ref_url=https%3A%2F%2Fpleiteticker.de%2Fnur-im-amt-wegen-der-afd-das-sagte-wegner-ueber-die-kemmerich-wahl-in-thueringen%2F
(24) www.tagesspiegel.de/berlin/darauf-lassen-wir-uns-gar-nicht-ein-hat-die-afd-wegner-ins-amt-geholfen-der-wehrt-sich-9732698.html
(25) www.sueddeutsche.de/medien/rt-de-propaganda-verbot-eu-1.5548214
(26) www.tichyseinblick.de/meinungen/veraechtlichmachung-von-politikern/
(27) www.buzer.de/gesetz/6165/al144303-0.htm
(28) https://kglaw.de/strafrecht/beleidigung-verleumdung-und-uble-nachrede-wissenswertes-bei-einer-anzeige/
(29) www.faz.net/aktuell/politik/ausland/eu-einigung-auf-digital-gesetz-gegen-hass-und-hetze-17977577.html
(30) www.youtube.com/watch?v=dOCB87649D0
(31) https://deutsche-wirtschafts-nachrichten.de/513721/Deutschlands-Eliten-erhalten-Ausbildung-beim-WEF-Die-Kaderschmiede-des-Klaus-Schwab
(32) www.younggloballeaders.org/
(33) https://en.wikipedia.org/wiki/Young_Global_Leaders
(34) www.bundestag.de/resource/blob/855616/119369c60378e929d3d597801e4c5c07/WD-1-014-21-pdf-data.pdf

(35) www.faz.net/aktuell/karriere-hochschule/hoersaal/annalena-baerbocks-studium-in-london-master-ohne-bachelor-17336848.html

(36) www.youtube.com/watch?v=DF401WkLzQg

(37) www.weforum.org/agenda/authors/ursula-von-der-leyen

(38) www.youtube.com/watch?v=KjwnJu_4cTg

(39) www.fr.de/wirtschaft/falsche-partner-13451334.html

(40) www.weforum.org/press/2021/02/world-economic-forum-appoints-new-member-to-board-of-trustees-4c1068e22b/

(41) https://de.wikipedia.org/wiki/Liste_von_Teilnehmern_an_Bilderberg-Konferenzen

(42) https://de.wikipedia.org/wiki/Council_on_Foreign_Relations

(43) https://de.wikipedia.org/wiki/Deutsche_Gesellschaft_f%C3%BCr_Ausw%C3%A4rtige_Politik

(44) https://de.wikipedia.org/wiki/Trilaterale_Kommission

(45) www.atlantik-bruecke.org/

(46) www.spiegel.de/backstage/fragen-und-antworten-zur-foerderung-durch-die-bill-and-melinda-gates-stiftung-a-dac661f6-210a-4616-b2d2-88917210fed4

(47) www.berliner-zeitung.de/news/gates-stiftung-unterstuetzt-den-spiegel-mit-weiteren-29-millionen-dollar-li.194183

(48) www.spiegel.de/ausland/mariupol-ukraine-evakuierungen-aus-dem-stahlwerk-asowstal-haben-begonnen-a-cf6d4499-2fff-41b6-bda8-fcb6eab1be17

(49) www.anti-spiegel.ru/2022/wie-leser-belogen-werden-der-spiegel-manipuliert-video-von-zivilisten-aus-asowstal/?doing_wp_cron=1651750733.2790279388427734375000

(50) www.welt.de/debatte/kommentare/plus219289186/Oeffentlich-Rechtliche-Ausgewogene-Berichterstattung-92-Prozent-der-ARD-Volontaere-waehlen-gruen-rot-rot.html

(51) https://jungefreiheit.de/kultur/medien/2023/talkshow-einladungen-afd/

(52) https://correctiv.org/faktencheck/2022/06/15/beschuss-durch-russische-oder-ukrainische-truppen-tagesschau-korrigiert-bericht-ueber-angriff-auf-einen-markt-in-donezk/

(53) Effenberger, Wolfgang (2022), Die unterschätzte Macht, 3. Aufl., Höhr-Grenzhausen, S. 167f

(54) www.handelsblatt.com/politik/deutschland/portraet-lauf-maedchen-lauf-seite-5/2511074-5.html

(55) www.handelsblatt.com/unternehmen/management/friede-springer-zum-geburtstag-gibt-es-300-millionen-euro-gewinn/7002492-2.html

(56) www.tichyseinblick.de/daili-es-sentials/15-millionen-euro-fuer-journalisten-auf-der-staatlichen-lohnliste/

(57) www.welt.de/politik/deutschland/article239214999/Thueringens-Innenminister-Corona-Leugner-und-Querdenker-klar-rechts-motiviert.html

(58) https://taz.de/Szene-der-Querdenker/!5847034/

(59) www.faz.net/aktuell/politik/inland/studie-zu-corona-protesten-wen-die-querdenker-waehlen-17085343.html

(60) www.youtube.com/watch?v=6NR5lEAvar4 ab 2:16

(61) www.rnd.de/politik/russische-staatsmedien-eu-verbietet-rt-und-sputnik-SZCTCSZ6INHZPLDG5JV43OE6PY.html

(62) www.bundestag.de/resource/blob/844922/242d8fb9fd1b6ff73170d6670e9fa634/WD-10-021-21-pdf-data.pdf

(63) https://de.statista.com/statistik/daten/studie/434014/umfrage/verwaltetes-vermoegen-von-blackrock/

(64) www.wikiwand.com/de/BlackRock

(65) www.fr.de/wirtschaft/friedrich-merz-cdu-vorsitzender-zeit-blackrock-finanzinvestor-usa-aufsichtsrat-91636488.html

(66) https://corona-transition.org/morgen-beginnen-bei-der-who-in-genf-die-verhandlungen-uber-ein-verbindliches

(67) www.swr.de/swr2/wissen/who-am-bettelstab-was-gesund-ist-bestimmt-bill-gates-100.html

(68) www.bundesgesundheitsministerium.de/ministerium/meldungen/2017/august/internationales-beratergremium.html

(69) www.graduateinstitute.ch/sites/internet/files/2019-06/GHC_IAB_Statement_030619_Rapport_1.pdf

(70) www.globalhealthhub.de/en/news/detail/internationales-beratergremium-zu-deutschlands-gestaltungsmoeglichkeiten-in-globaler-gesundheit

(71) www.ilonakickbusch.com/kickbusch/fact-file/

(72) www.weforum.org/agenda/authors/ilona-kickbusch

(73) Röper, Thomas (2022), Inside Corona, 2. Aufl., Gelnhausen Hailer, S. 119

(74) https://sif.gatesfoundation.org/portfolio/

(75) Prof. Dr. Karina Reiss und Prof. Dr. Sucharit Bhakdi (2021) Corona Unmasked, 2. Aufl., Berlin, S. 27

(76) https://de.statista.com/statistik/daten/studie/157841/umfrage/ranking-der-20-laender-mit-dem-groessten-bruttoinlandsprodukt/

(77) https://de.statista.com/statistik/daten/studie/183571/umfrage/bruttomonatsverdienst-in-der-eu/

(78) www.bpb.de/kurz-knapp/zahlen-und-fakten/datenreport-2021/private-haushalte-einkommen-und-konsum/329977/vermoegen-im-europaeischen-vergleich/

(79) www.sozialpolitik-aktuell.de/files/sozialpolitik-aktuell/_Politikfelder/Europa-Internationales/Datensammlung/PDF-Dateien/abbX26.pdf

(80) www.destatis.de/Europa/DE/Thema/Bevoelkerung-Arbeit-Soziales/Arbeitsmarkt/EUArbeitsmarktMonat.html

(81) https://de.statista.com/statistik/daten/studie/1175523/umfrage/nettojahresverdienste-in-den-mitgliedstaaten-der-eu-in-relation-zu-steuern-und-sozialabgaben/

(82) https://de.statista.com/statistik/daten/studie/234012/umfrage/preisniveauindex-in-den-eu-laendern/

(83) https://de.statista.com/statistik/daten/studie/163720/umfrage/schattenwirtschaft-in-der-oecd-2010/

(84) https://de.wikipedia.org/wiki/Liste_der_L%C3%A4nder_nach_Verm%C3%B6gen_pro_Kopf

(85) www.auswandern-handbuch.de/wie-hoch-ist-das-rentenniveau-in-europa-und-der-welt/

(86) www.oecd-ilibrary.org/sites/f3ea0425-en/index.html?itemId=/content/component/f3ea0425-en

(87) https://de.statista.com/statistik/daten/studie/155734/umfrage/wohneigentumsquoten-in-europa/

(88) https://read.oecd-ilibrary.org/taxation/taxing-wages-2019_tax_wages-2019-en#page29

(89) www.focus.de/finanzen/news/konjunktur/steigende-inflation-jeder-sechste-deutsche-kann-sich-seinen-alltag-nicht-mehr-leisten_id_187510183.html

(90) https://service.destatis.de/bevoelkerungspyramide/index.html#!y=2021

(91) www.grupp-partner.com/de/publikationen/49-ein-steuerparadies-fur-arbeitnehmer.html

(92) www.lohn-info.de/durchschnittssteuersatz_grenzsteuersatz.html

(93) www.n-tv.de/politik/Merz-fordert-mehr-Stellenstreichungen-der-Ampelkoalition-article23730032.html

(94) www.tichyseinblick.de/meinungen/insa-umfrage-meinungsfreiheit/

(95) www.facebook.com/crebellum/posts/achtung-achtung-kotzgefahr-es-gibt-hier-und-heute-in-amerika-nichts-was-man-als-/763194180420069/
     zitiert nach Richard O. Boyer und Herbert M. Morais, Labor's Untold Story, NY: United Electrical, Radio & Machine Workers of America, 1955/1979

(96) www.bz-berlin.de/archiv-artikel/ministerium-will-mutter-und-vater-durch-elternteil-1-und-2-ersetzen

(97) www.faz.net/aktuell/feuilleton/gender-sprache-ard-tagesschau-nennt-muetter-entbindende-18797543.html

(98) https://epub.ub.uni-muenchen.de/74140/1/Band_Open_Access_Vincent%20Rost.pdf

(99) www.die-tagespost.de/kultur/wer-sind-wir-eigentlich-art-158307

(100) www.elternsein.info/alltag-mit-kind/erziehung/eltern-kind-bindung-deshalb-ist-sie-so-wichtig/

(101) www.kindergesundheit-info.de/themen/entwicklung/0-12-monate/bindung/

(102) www.neurologen-und-psychiater-im-netz.org/kinder-jugendpsychiatrie-psychosomatik-und-psychotherapie/ratgeber-archiv/artikel/vernachlaessigung-durch-eltern-verursacht-bindungsstoerungen-bei-kindern/

(103) www.bmfsfj.de/resource/blob/76276/40b5b103e693dacd4c014648d906aa99/7-familienbericht-data.pdf

(104) www.welt.de/politik/deutschland/article110883849/Wie-das-Betreuungsgeld-zur-Herdpraemie-wurde.html

(105) www.spiegel.de/politik/deutschland/betreuungsgeld-in-karlsruhe-bundesverfassungsgericht-kippt-zuschuss-a-1044570.html

(106) www.campusnaturalis.de/magazin/baby-in-die-krippe-was-ist-das-richtige-kita-alter/

(107) https://fuerkinder.org/blog/elternschaft/betreuungsgeld-elterngeld-oder-herdpraemie/

(108) www.bmfsfj.de/bmfsfj/aktuelles/alle-meldungen/zahl-der-kinder-in-der-kindertagesbetreuung-steigt-weiter-198574

(109) www.bpb.de/themen/bildung/dossier-bildung/277167/die-politik-ist-gefragt-damit-alle-haushalte-vom-kita-ausbau-und-rechtsanspruch-profitieren-koennen/

(110) www.kindergartenpaedagogik.de/fachartikel/gruppenleitung-erzieherin-kind-beziehung-partizipation/mitbestimmung-der-kinder-partizipation/politische-bildung-im-kindergarten-theoretisch-und-praktisch/

(111) www.bmfsfj.de/bmfsfj/themen/kinder-und-jugend/kinderrechte/kinderrechte-ins-grundgesetz

(112) www.bz-berlin.de/archiv-artikel/wer-kinderrechte-ins-grundgesetz-schreibt-schwaecht-die-familien

(113) www.amadeu-antonio-stiftung.de/wp-content/uploads/2018/12/kita_internet_2018.pdf

(114) www.dahag.de/c/ratgeber/familienrecht/kindeswohl/kindeswohlgefaehrdung

(115) www.planet-wissen.de/gesellschaft/familie/familie_im_wandel/index.html

(116) www.svz.de/deutschland-welt/kindernachrichten/artikel/regierung-zerreisst-familien-40553481

(117) www.nzz.ch/international/europa/sorgerechtsentzug-in-norwegen-stiehlt-der-norwegische-staat-kinder-ld.18684

(118) www.tichyseinblick.de/feuilleton/buecher/bayerische-schullektuere-impfen-selbstbestimmung/

(119) www.welt.de/print-wams/article122357/Lufthoheit-ueber-Kinderbetten.html

(120) www.bild.de/politik/inland/politik-inland/studie-belegt-viele-kinder-bedeuten-hohes-armutsrisiko-81902434.bild.html

(121) www.welt.de/wissenschaft/article244127515/Ernaehrung-Die-Familien-kaufen-ja-schon-das-Billigste-vom-Billigen.html

(122) www.oedp.de/aktuelles/pressemitteilungen/newsdetails/news/oedp-familienfeindliche-politik-zerstoert-zukunftsc

(123) www.bertelsmann-stiftung.de/de/themen/aktuelle-meldungen/2021/februar/grosse-mehrheit-der-familien-ist-aus-finanziellen-gruenden-auf-kita-platz-angewiesen

(124) www.uni-hildesheim.de/media/fb1/sozialpaedagogik/Team/Scheiwe/Recht_und_Familie.pdf

(125) www.zeit.de/kultur/2019-08/kapitalismuskritik-kindererziehung-familie-abschaffung-kommunismus

(126) www.zeit.de/gesellschaft/2019-07/un-bericht-toetungsdelikte-undoc-haeusliche-gewalt-verbrechensbekaempfung

(127) www.faz.net/aktuell/gesellschaft/geschlechter-liste-alle-verschiedenen-geschlechter-und-gender-arten-bei-facebook-13135140.html

(128) www.antidiskriminierungsstelle.de/DE/ueber-diskriminierung/diskriminierungsmerkmale/geschlecht-und-geschlechtsidentitaet/dritte-option/dritte-option-node.html

(129) www.morgenpost.de/politik/article216335395/Schulklos-fuer-drittes-Geschlecht-Bayern-will-neue-Toiletten.html

(130) www.bild.de/regional/stuttgart/stuttgart-aktuell/stuttgarter-stadtraetin-plant-tampon-offensive-auf-jungen-klos-83242512.bild.html

(131) www.heute.at/s/schwul-lesbisch-trans-erste-regenbogen-kita-oeffnet-100230786

(132) https://beruhmte-zitate.de/autoren/daniel-cohn-bendit/

(133) https://icj2.wpenginepowered.com/wp-content/uploads/2023/03/8-MARCH-Principles-FINAL-printer-version-1-MARCH-2023.pdf

(134) https://report24.news/sex-mit-minderjaehrigen-gender-wahnsinn-drogen-skandaloeses-un-pamphlet-schockt-das-netz/

(135) www.thequeercoach.com/drag-queen-story-hour-berlin

(136) www.bo.de/lokales/achern-oberkirch/kappelrodecker-kindergarten-wagt-ungewohnliches-projekt

(137) https://exxpress.at/jetzt-auch-in-oesterreich-schrille-drag-queen-show-fuer-eben kinder-ab-5-jahre/

(138) www.youtube.com/watch?v=vllCUHXOj80

(139) www.swr.de/swr2/wissen/transidentitaet-bei-kindern-die-schwierige-entscheidung-der-geschlechtsangleichung-100.html

(140) https://web.archive.org/web/20200810121929/www.regenbogenportal.de/leichte-sprache/jung-und-trans-geschlechtlich

(141) https://fairplayfuerfrauen.org/schweden-pubertaetsblocker-es-ist-chemische-kastration-11-2021/

(142) www.tagesschau.de/inland/innenpolitik/neues-selbstbestimmungsgesetz-101.html

(143) www.stuttgart-pride.de/news/aktuelles/457-schirmfrau-2023-esken

(144) www.spiegel.de/wissenschaft/berlin-humboldt-universitaet-sagt-vortrag-von-biologin-marie-luise-vollbrecht-ab-a-e5ec957e-39fb-46fa-8571-8f65f7f2e6a6

(145) www.fr.de/politik/humboldt-uni-vollbrecht-vortrag-biologin-wird-nachgeholt-transfeindlichkeit-diskutieren-will-sie-nicht-91667554.html

(146) www.forschung-und-lehre.de/politik/bundesregierung-setzt-auf-genderforschung-1998

(147) www.derstandard.de/story/2000131733396/haben-sie-angst-davor-ein-alter-weisser-mann-zu-sein

(148) https://sz-magazin.sueddeutsche.de/leben-und-gesellschaft/hoert-auf-zu-jammern-alte-weisse-maenner-85975

(149) www.sueddeutsche.de/politik/zuwanderung-fremdsprachigkeit-bildung-1.5197666

(150) www.bertelsmann-stiftung.de/fileadmin/files/BSt/Publikationen/ GrauePublikationen/GP_Was_wuenschen_sich_Frauen_von_ihrer_Arbeit.pdf

(151) https://de.statista.com/infografik/27761/anzahl-eingeschriebener-mint-studentinnen-an-deutschen-universitaeten-nach-jahr/

(152) www.klischee-frei.de/dokumente/pdf/a41_klischeefrei_FB06_Frauen_und_Maenner_an_hochschulen.pdf

(153) www.zdf.de/nachrichten/panorama/stadtplanung-frauen-oeffentliches-leben-100.html

(154) www.tagesspiegel.de/politik/frauenministerin-paus-im-interview-wir-leben-nach-wie-vor-im-patriarchat-9453344.html

(155) www.ndr.de/kultur/buch/Emilia-Roig-fordert-Das-Ende-der-Ehe-,roig104.html

(156) https://familienarbeit-heute.de/die-schleichende-zerstoerung-der-familie-wollen-wir-das

(157) https://de.wikipedia.org/wiki/Albert_Einstein

(158) https://de.wikipedia.org/wiki/Werner_Heisenberg

(159) www.news4teachers.de/2022/11/internationaler-vergleich-fast-ein-viertel-der-schueler-in-deutschland-erreicht-die-mindeststandards-nicht-mehr-als-in-russland/

(160) www.iqb.hu-berlin.de/bt/BT2021/Bericht/

(161) www.welt.de/kultur/plus244402978/Wie-Gendern-das-Grundrecht-auf-Verstaendlichkeit-missachtet.html

(162) www.stuttgarter-nachrichten.de/inhalt.umfrage-des-wdr-mehrheit-der-deutschen-ist-gegen-gendern-sender-reagiert.fd26b316-6a85-41c5-acdb-e35055e0b945.html

(163) www.wiwo.de/politik/deutschland/bildungsmisere-viele-kinder-mit-nur-rudimentaeren-kenntnissen/20748096-2.html

(164) www.focus.de/politik/deutschland/mutter-spricht-ueber-zustaende-40-erstklaessler-an-einer-schule-bleiben-sitzen-viele-koennen-gar-kein-deutsch_id_192319808.html

(165) https://transition-news.org/mathe-in-nrw-geschlechtersensible-bildung-und-werteerziehung-anstatt-rechnen

(166) https://ansage.org/in-nrw-ab-sofort-auf-dem-mathe-lehrplan-politische-bildung-nachhaltigkeit-geschlechtersensibilitaet/

(167) www.welt.de/wissenschaft/article181552260/Lernen-mit-der-Fibel-ist-dem-Schreiben-nach-Gehoer-deutlich-ueberlegen.html

(168) www.bild.de/regional/bremen/bremen-aktuell/abitur-skandal-in-bremen-50-klausuren-ohne-gutachten-bewertet-83635182.bild.html

(169) www.uni-kiel.de/psychologie/mausfeld/pubs/Mausfeld_Die_Angst_der_Machteliten_vor_dem_Volk.pdf

(170) www.bild.de/politik/inland/politik-inland/aufregung-um-abi-klausur-jura-professor-haelt-neubauer-pruefung-fuer-rechtswidri-83739156.bild.html

(171) www.blick.ch/ausland/bali-reise-von-klebe-teenies-ist-kein-einzelfall-langstrecken-luisa-predigt-klimaschutz-und-jettete-um-die-welt-id18277960.html

(172) www.zeit.de/politik/deutschland/2017-09/aydan-oezoguz-alexander-gauland-deutsche-kultur-5vor8

(173) www.duden.de/rechtschreibung/Kultur

(174) https://popkultur.de/die-besten-klassischen-komponisten-aller-zeiten/, https://soclassiq.com/de/Zeitstrahl_Klassische_Musik/Die_gro%C3%9Fen_Komponisten_der_Klassik/ts/classical/#greatest, https://pannonien.tv/die-10-grosten-klassischen-komponisten-aller-zeiten/2011/, www.jugendreisen-leipzig.de/de/blog/item/8-new-york-times-kuert-bach-zum-groessten-komponisten-aller-, http://kunstop.de/top-liste-beruehmtesten-komponisten-der-welt/ und https://web.de/amp/36471852

(175) www.die-besten-aller-zeiten.de/sonstiges/die-groessten-philosophen.html

(176) www.unesco.de/kultur-und-natur/immaterielles-kulturerbe/immaterielles-kulturerbe-deutschland/deutsche-brotkultur

(177) www.geschichte-abitur.de/lexikon/uebersicht-nachkriegszeit/re-education

(178) www.documentarchiv.de/in/1945/potsdamer-abkommen.html

(179) https://profession-politischebildung.de/grundlagen/geschichte/re-education/

(180) www.dhm.de/lemo/bestand/objekt/reichstagswahl-6-november-1932.html

(181) www.dhm.de/lemo/kapitel/ns-regime/etablierung-der-ns-herrschaft/reichstagswahl-1933.html

(182) www.dhm.de/lemo/bestand/objekt/reichstagswahl-5-maerz-1933 www.geschichte-abitur.de/quellenmaterial/quellen-weimarer-republik/robert-lansing-kritik-am-versailler-vertrag

(183) www.wissen.de/lexikon/lloyd-george-david-earl

(184) www.sueddeutsche.de/politik/90-jahre-versailler-vertrag-ein-waffenstillstand-der-20-jahre-hielt-1.88960

(185) https://dserver.bundestag.de/btp/11/11069.pdf

(186) www.bayernkurier.de/inland/8411-claudia-roth-auf-abwegen/

(187) www.focus.de/politik/deutschland/bomber-harris-do-it-again-dieser-nackt-protest-gegen-pegida-schockt-dresden_id_4420184.html

(188) www.wuerzburgerleben.de/2017/02/21/bomber-harris-do-it-again-wofuer-steht-die-antifa/

(189) www.spiegel.de/politik/deutschland/nancy-faeser-streit-im-ausschuss-ueber-antifa-gastbeitrag-a-f4ad648b-e973-4cea-98e4-f3ba9d498bf2

(190) www.welt.de/politik/deutschland/article208750999/Disput-auf-Twitter-Esken-zaehlt-sich-zur-Antifa.html

(191) https://beruhmte-zitate.de/zitate/2003350-katrin-goring-eckardt-unser-land-wird-sich-andern-und-zwar-drastisch-u/

(192) https://beruhmte-zitate.de/zitate/2003151-robert-habeck-patriotismus-vaterlandsliebe-also-fand-ich-stets/

(193) https://taz.de/Kontroverse-um-Sarah-Lee-Heinrich/!5807616/

(194) https://wetzlar-kurier.de/2176-wer-die-deutsche-gesellschaft-als-eklige-weisse-mehrheitsgesellschaft-bezeichnet-die-rassistisch-durchzogen-sei-sollte-zurucktreten/

(195) www.rnd.de/politik/netzdebatte-ziemiak-wirft-habeck-fehlende-vaterlandsliebe-vor-DBVI6PCB3JAHXHWQIF2HLIVEAY.html

(196) https://de.wikipedia.org/wiki/Axel_Steier

(197) www1.wdr.de/nachrichten/rheinland/arabisches-strassenschild-duesseldorf-100.html

(198) www.faz.net/aktuell/politik/inland/berliner-stadtschloss-claudia-roth-plant-ueberblendung-von-bibelzitat-18431594.html

(199) www.spiegel.de/politik/deutschland/annalena-baerbock-trifft-aussenminister-kreuz-im-rathaus-von-muenster-wird-fuer-g-7-gipfel-entfernt-a-e3a39312-b575-4a9b-a5a4-da33f4ec07bd

(200) https://taz.de/Diskussion-um-Strassennamen/!5713124/

(201) www.tagesspiegel.de/gesellschaft/petersallee-nachtigalplatz-wenn-strassennamen-zum-problem-werden-4190731.html

(202) https://rp-online.de/kultur/winnetou-debatte-was-mit-kultureller-aneignung-gemeint-ist_aid-75583575

(203) www.br.de/nachrichten/kultur/was-kulturelle-aneignung-bedeutet-von-blackfacing-bis-winnetou,TZDwHmf

(204) www.tagesspiegel.de/politik/sind-indianer-kostume-diskriminierend-6495415.html

(205) www.stern.de/gesellschaft/regional/baden-wuerttemberg/bundesgartenschau--geplante-kostuem-show-auf-buga-sorgt-fuer-streit--33381662.html

(206) https://report24.news/abartige-paedo-kunst-und-die-lgbtq-agenda-die-spuren-dieses-skandalfotos-fuehren-bis-nach-oesterreich/

(207) www.bpb.de/shop/zeitschriften/apuz/312828/die-geschehnisse-des-septembers-2015/

(208) www.spiegel.de/panorama/justiz/koelner-silvesternacht-ernuechternde-bilanz-der-justiz-a-1257182.html

(209) www.nzz.ch/panorama/eine-14-jaehrige-stirbt-nachdem-sie-auf-den-weg-zur-schule-attackiert-wurde-der-mutmassliche-taeter-ist-festgenommen-ld.1715589?reduced=true

(210) www.focus.de/panorama/welt/toetete-zwei-menschen-im-zug-schon-drei-mal-griff-ibrahim-a-menschen-mit-dem-messer-an-und-kam-immer-wieder-frei_id_184098557.html

(211) www.tagesspiegel.de/politik/tatmotiv-bleibt-auch-drei-wochen-nach-anschlag-ratselhaft-5873485.html

(212) www.ndr.de/nachrichten/hamburg/Vergewaltigung-einer-15-Jaehrigen-im-Stadtpark-Prozess-hat-begonnen,stadtpark416.html

(213) www.merkur.de/deutschland/hamburg-gruppenvergewaltigung-maedchen-15-jaehrige-cdu-politiker-anfrage-senat-antwort-news-91121505.html

(214) www.focus.de/politik/gerichte-in-deutschland/prozess-freiburg_id_11463419.html

(215) www.infranken.de/ueberregional/gruppenvergewaltigung-einer-14-jaehrigen-in-hamburg-wie-muell-weggeworfen-art-3120711

(216) www.focus.de/panorama/welt/minderjaehrige-toeten-maedchen-der-mord-an-luise-geschah-wohl-aus-rache-taeterinnen-gestehen-nach-widerspruechen_id_188328571.html

(217) www.focus.de/panorama/welt/maedchen-von-gleichaltrigen-gequaelt-polizei-gibt-einblick-in-die-pruegel-gruppen-von-heide_id_189043931.html

(218) www.infranken.de/lk/ansbach/ansbach-maedchen-schlagen-treten-und-beleidigen-lehrer-und-schlagen-14-jaehrige-zusammen-art-5663423

(219) www.morgenpost.de/berlin/article237401001/silvester-2022-berlin-randale-ausschreitungen-attacken-polizei-feuerwehr-statistik.html

(220) www.sueddeutsche.de/panorama/jahreswechsel-berlin-faeser-verlangt-nach-silvester-krawallen-rasche-strafen-dpa.urn-newsml-dpa-com-20090101-230104-99-103508

(221) www.focus.de/panorama/welt/faeser-forderte-schnelle-verurteilung-in-berlin-steht-noch-kein-einziger-silvester-angreifer-vor-gericht_id_185259886.html

(222) https://jungefreiheit.de/politik/deutschland/2023/silvester-krawalle-anklagen/

(223) www.nzz.ch/meinung/der-andere-blick/messerattacken-deutschlands-unverantwortliche-migrationspolitik-ld.1724340

(224) www.rbb24.de/panorama/beitrag/2023/03/berlin-kriminalitaet-zahl-messerangriffe-2022-gestiegen.html

(225) www.epochtimes.de/politik/deutschland/seit-januar-gab-es-635-messerangriffe-in-berlin-a4201704.html

(226) www.bpb.de/themen/migration-integration/zahlen-zu-asyl/265708/asylantraege-in-deutschland/#node-content-title-2

(227) www.bpb.de/themen/migration-integration/zahlen-zu-asyl/265710/demografie-von-asylsuchenden-in-deutschland/

(228) www.wiwo.de/politik/deutschland/migrationsforscher-ruud-koopmans-kulturelle-distanz-ist-ein-integrationshindernis/13507626-all.html

(229) www.tagesspiegel.de/gesellschaft/psychisch-auffallig-mann-fahrt-menschen-im-parkhaus-des-kolner-flughafen-an-9555812.html

(230) www.focus.de/panorama/welt/auf-gutem-weg-normaler-mitbuerger-zu-werden-bewaehrung-fuer-syrer-nach-vergewaltigung-richter-argumentiert-mit-schmerzensgeld_id_187414162.html

(231) www.bild.de/regional/dresden/dresden-aktuell/sachsen-gefaelschte-corona-atteste-aerztin-66-verhaftet-83051694.bild.html

(232) www.bundesregierung.de/breg-de/themen/coronavirus/telefonische-krankschreibung-1800026

(233) www.strafrecht-bundesweit.de/strafrecht-blog/wie-lange-darf-die-untersuchungshaft-dauern/

(234) www.n-tv.de/wirtschaft/Vonovia-stoppt-alle-Wohnungs-Neubauprojekte-article23881873.html

(235) www.bild.de/politik/inland/politik-inland/faeser-riskiert-den-zusammenhalt-landraete-aufstand-gegen-innenministerin-83487732.bild.html

(236) www.focus.de/panorama/welt/rund-40-mieter-betroffen-stadt-in-baden-wuerttemberg-wirft-dutzende-mieter-raus-um-platz-fuer-gefluechtete-zu-machen_id_186353776.html

(237) www.focus.de/panorama/plaetze-fuer-mehrfach-traumatisierte-schutzbeduerftige-berlin-110-senioren-aus-heim-geworfen-weil-fluechtlinge-mehr-geld-bringen_id_186945741.html

(238) www.fr.de/meinung/kolumnen/corona-krise-covid-19-deutschland-denunzianten-maskenpflicht-zweite-welle-app-90076309.html

(239) www.amadeu-antonio-stiftung.de/projekte/meldestelle-antifeminismus/

(240) www.welt.de/politik/deutschland/article1212415/Birthler-Behoerde-liess-Stasi-Spitzel-einladen.html

(241) www.greenpeace.de/publikationen/Kurzanleitung%20Single%20Use%20Meldeportal_1.pdf

(242) https://osthessen-news.de/n11706094/neuer-extremismusbereich-delegitimierung-des-staates.html

(243) www.derstandard.de/story/2000129938584/impfdebatte-wider-das-staendige-schueren-von-hass

(244) www.welt.de/politik/deutschland/article193060111/Statistik-in-Berlin-Polizei-ordnet-antisemitische-Taten-Rechtsextremen-zu-ohne-Belege.html

(245) www.bz-berlin.de/berlin/antisemitische-taten-beschuldigte-meist-deutsche

(246) www.cicero.de/kultur/neue-meldestellen-in-nrw-strafbarkeitsgrenze-paul-gruene

(247) www.focus.de/politik/deutschland/helmut-markworts-tagebuch-was-passagiere-an-flughaefen-erleiden-muessen-und-wie-eine-gruene-denunzianten-sucht_id_121210084.html

(248) www.news4teachers.de/2023/03/zahl-der-kuendigungen-hat-sich-verdreifacht-immer-mehr-lehrkraefte-quittieren-den-schuldienst/

(249) www.bz-berlin.de/archiv-artikel/lehrerin-an-berliner-brennpunkt-schule-packt-aus

(250) www.lesejury.de/doris-unzeitig/buecher/eine-lehrerin-sieht-rot/9783864706264

(251) https://strassburg-europarat.diplo.de/eur-de/themen/-/2524166

(252) https://de.wikipedia.org/wiki/Ukrainische_Volksrepublik

(253) https://de.wikipedia.org/wiki/Ukraine

(254) www.bz-berlin.de/brandenburg/preussen-schloessern-droht-die-schliessung

(255) www1.wdr.de/radio/cosmo/magazin/interview-claudia-roth-100.html

(256) https://lisa.gerda-henkel-stiftung.de/joernruesen_deutschekultur

(257) www.bka.de/DE/AktuelleInformationen/StatistikenLagebilder/PolizeilicheKriminalstatistik/PKS2022/PKS Tabellen/BundTVNationalitaet/bundTVNationalitaet.html?nn=211742

(258) www.bz-berlin.de/berlin/antisemitische-taten-beschuldigte-meist-deutsche

(259) www.nzz.ch/feuilleton/der-historiker-michael-wolffsohn-sieht-in-einer-radikalisierten-muslimischen-minderheit-den-grund-fuer-wachsenden-antisemitismus-ld.1359869?reduced=true

(260) www.planet-wissen.de/video-extreme-hitze-macht-aggressiv-100.html
(261) https://de.wikipedia.org/wiki/Federal_Reserve_System
(262) www.northernpolarbears.com/site/handlers/filedownload.ashx?moduleinstanceid=471&dataid=2125&File Name=chapter+8+section+2+Taft+and+Wilson+as+Progressives.pdf
(263) www.stlouisfed.org/a-foregone-conclusion/chapter-two
(264) www.finanzen100.de/finanznachrichten/wirtschaft/die-us-notenbank-ist-nicht-so-unabhaengig-wie-viele-leute-denken_H1508456761_434128/
(265) www.wiwo.de/unternehmen/banken/us-notenbank-achse-des-boesen/9187304.html
(266) https://de.wikipedia.org/wiki/Weltwirtschaftskrise
(267) www.brandeins.de/magazine/brand-eins-wirtschaftsmagazin/2011/transparenz/das-ende-des-weltgeldes
(268) www.sueddeutsche.de/wirtschaft/nixon-schock-goldstandard-bretton-woods-1.5382041
(269) www.diepresse.com/3834421/frankreich-legt-sich-mit-dem-dollar-an
(270) www.brookings.edu/blog/up-front/2021/11/16/what-does-current-inflation-tell-us-about-the-future/
(271) https://de.wikipedia.org/wiki/Glass-Steagall_Act
(272) www.handelsblatt.com/politik/konjunktur/oekonomie/nachrichten/folgen-der-deregulierung-die-selbst-gemachte-krise/3765676-all.html
(273) www.wirtschaftsdienst.eu/inhalt/jahr/2018/heft/10/beitrag/der-us-dollar-als-leitwaehrung-alternativlos.html
(274) www.wiwo.de/politik/ausland/wertverfall-kontrollverlust-im-nahen-osten-beschleunigt-den-wertverfall-des-dollar/8756352-2.html
(275) www.diepresse.com/3834421/frankreich-legt-sich-mit-dem-dollar-an
(276) https://weltwoche.ch/daily/kampf-um-die-weltwaehrung-zerstoerer-joe-biden-ist-auf-dem-weg-den-westlichen-kapitalismus-zu-beerdigen-russland-china-und-saudi-arabien-basteln-an-einem-finanzsystem-ausserhalb-des-us-dollars/
(277) www.planet-wissen.de/gesellschaft/wirtschaft/geld/pwiewieneuesgeldindieweltkommt100.html
(278) www.bva.bund.de/SharedDocs/FAQs/DE/Buerger/Hobby/Muenze/Ausgabe-Produktion_Service_Muenze.html
(279) https://monetative.de/wie-entsteht-giralgeld-und-wie-kommt-es-in-umlauf/
(280) https://monetative.de/wie-entsteht-giralgeld-und-wie-kommt-es-in-umlauf/
(281) www.capital.de/wirtschaft-politik/die-neun-mythen-der-geldpolitik
(282) www.bundesbank.de/resource/blob/614528/ca4942c86c4f86881309fac3942c3f0a/mL/haeufig-gestellte-fragen-geldschoepfung-data.pdf
(283) https://paymentandbanking.com/privates-geld-giralgeld-der-geschaeftsbanken/
(284) https://de.wikipedia.org/wiki/Richtlinie_2014/59/EU_(Abwicklungsrichtlinie)
(285) https://sdw.ecb.europa.eu/reports.do?node=10000030
(286) www.dw.com/de/bank-run-die-angst-vor-dem-sparer/a-16019236
(287) https://paymentandbanking.com/die-sache-mit-der-geldschoepfung-wie-entsteht-eigentlich-neues-geld/
(288) www.timmgudehus.de/downloads/ZfW-Staatsfinanzierung1.0.pdf
(289) https://dejure.org/gesetze/AEUV/123.html
(290) www.dbresearch.de/PROD/RPS_DE-PROD/PROD0000000000518122/Staatsfinanzierung_durch_heimische_Banken_%E2%80%93_was_tu.PDF?undefined&realload=vApwIcLZlDhZF/lpe32CvKkPqPImDPlyEpX9hHpQyiI~Tz1Liqh8GIPJGhlD~9az
(291) www.galileo.tv/life/staatsschulden-wie-leiht-sich-ein-land-geld-und-von-wem/
(292) www.timmgudehus.de/downloads/ZfW-Staatsfinanzierung1.0.pdf
(293) https://beruhmte-zitate.de/zitate/2080627-bertolt-brecht-bankraub-ist-eine-unternehmung-von-dilettanten-wa/
(294) www.capital.de/wirtschaft-politik/expansive-geldpolitik-wo-bleibt-die-inflation
(295) www.faz.net/aktuell/wirtschaft/trotz-lockerer-geldpolitik-steigt-die-inflation-nicht-15344126.html
(296) www.wirtschaftsdienst.eu/inhalt/jahr/2019/heft/6/beitrag/wie-revolutionaer-ist-die-modern-monetary-theory.html
(297) www.handelsblatt.com/finanzen/geldpolitik/inflation-unfassbarer-preishammer-erzeugerpreise-in-deutschland-steigen-im-rekordtempo/28691838.html
(298) https://insideparadeplatz.ch/2019/11/25/banken-geben-sich-keinen-stutz-mehr/
(299) www.moneytoday.ch/news/signature-bank-wird-geschlossen-us-regierung-schuetzt-kunden-der-kollabierenden-banken

(300) www.worldofvalue.de/beitrag/die-inflation-jetzt-ist-sie-halt-da

(301) www.wissensmanufaktur.net/city-of-london/

(302) www.presidency.ucsb.edu/documents/executive-order-11110-amendment-executive-order-no-10289-amended-relating-the-performance

(303) https://famguardian.org/Subjects/MoneyBanking/FederalReserve/eo11110.pdf

(304) https://en.wikipedia.org/wiki/Executive_Order_11110

(305) www.bundestag.de/resource/blob/408364/8c49e37451be4629823517a55dc6461a/wd-4-037-08-pdf-data.pdf

(306) https://famguardian.org/Subjects/MoneyBanking/FederalReserve/eo11110.pdf

(307) www.aerzteblatt.de/archiv/149862/Die-Ermordung-John-F-Kennedys-Ein-Schuss-der-die-Welt-erschuetterte

(308) www.stern.de/lifestyle/leute/robert-f--kennedy--vor-50-jahren-starb-der-bruder-von-jfk-8112962.html

(309) www.finanzen100.de/finanznachrichten/wirtschaft/die-us-notenbank-ist-nicht-so-unabhaengig-wie-viele-leute-denken_H1508456761_434128/

(310) https://deutsche-wirtschafts-nachrichten.de/504142/Zentralbanken-als-Marionetten-Der-Puppenspieler-heisst-BlackRock

(311) www.bundesbank.de/de/presse/gastbeitraege/digitales-zentralbankgeld-gehen-notenbanken-neue-wege--803046
www.ecb.europa.eu/paym/digital_euro/html/index.de.html

(312) www.youtube.com/watch?v=E8DYPh_n92c

(313) www.youtube.com/watch?v=SSnJhHOU_28

(314) https://academic.oup.com/clinchem/article/52/7/1446/5627058

(315) Effenberger, Wolfgang (2022), Die unterschätzte Macht, 3. Aufl., Höhr-Grenzhausen, S. 259f

(316) www.arznei-telegramm.de/html/2010_06/1006059_01.html

(317) https://de.wikipedia.org/wiki/Pandemie - cite_note-1

(318) www.rki.de/DE/Content/Service/Publikationen/Fachwoerterbuch_Infektionsschutz.pdf?__blob=publicationFile

(319) https://wits.worldbank.org/trade/comtrade/en/country/All/year/2017/tradeflow/Imports/partner/WLD/nomen/h5/product/382200

(320) www.bundesanzeiger.de

(321) https://investors.biontech.de/static-files/5e4133c2-6e8f-4ca4-8a65-ffa97007d9eb

(322) https://de.wikipedia.org/wiki/SARS-CoV-2

(323) www.buzer.de/gesetz/13714/a232818.htm

(324) www.gesetze-im-internet.de/lag/BJNR004460952.html

(325) www.bgbl.de/xaver/bgbl/start.xav?start=%2F%2F*%5B%40attr_id%3D%27bgbl192s2094.pdf%27%5D#__bgbl__%2F%2F*%5B%40attr_id%3D%27bgbl192s2094.pdf%27%5D__1644093758330

(326) https://reitschuster.de/post/us-senat-erdrueckende-beweise-fuer-labor-theorie/

(327) www.faz.net/aktuell/politik/ausland/ursprung-des-coronavirus-fbi-haelt-an-laborthese-fest-18713636.html

(328) www.researchgate.net/publication/355972541_The_Lancet_Respiratory_Medicine_Role_of_exosomes_in_false-positive_covid-19_PCR_tests

(329) www.legitim.ch/post/explosive-lancet-publikation-das-corona-virus-ist-eine-fehlerhafte-computer-simulation

(330) www.naturstoff-medizin.de/artikel/warum-alles-was-sie-ueber-viren-wissen-falsch-ist/

(331) https://pubmed.ncbi.nlm.nih.gov/25226414/

(332) www.bitchute.com/video/PbwzrcSdqDn6/

(333) https://academic.oup.com/cid/article/71/10/2663/5842165

(334) https://edoc.rki.de/bitstream/handle/176904/6867/20_0316_Entlasskriterien_A3_V11.pdf?sequence=1&isAllowed=y

(335) www.tagesschau.de/investigativ/ndr-wdr/gesundheitsaemter-corona-tests-101.html

(336) www.zentrum-der-gesundheit.de/news/gesundheit/covid-19/pcr-test-unzuverlaessig

(337) www.ijvtpr.com/index.php/IJVTPR/article/view/71

(338) www.youtube.com/watch?v=c0IBU9uJB9I

(339) www.fuldainfo.de/bund-gab-bisher-53-milliarden-euro-fuer-corona-tests-aus/

(340) https://apps.who.int/iris/handle/10665/40557;
https://icdcdn.who.int/icd11referenceguide/en/html/index.html

(341) www.who.int/classifications/icd/Guidelines_Cause_of_Death_COVID-19.pdf?ua=1

(342) www.euromomo.eu/graphs-and-maps/

(343) www.thelancet.com/journals/lancet/article/PIIS0140-6736(20)31180-6/fulltext
(344) www.francesoir.fr/politique-monde/interview-exclusive-martin-landray-recovery-hydroxychloroquine-game-over-uk
(345) www.patienteninfo-service.de/a-z-liste/pq/quensyl
(346) www.dgai.de/alle-docman-dokumente/aktuelles/1283-difkm-sars-cov-2-erfahrungen-aus-f-bericht-und-empfehlungen-finale-version-pdf/file.html
(347) (www.wsj.com/articles/hospitals-retreat-from-early-covid-treatment-and-return-to-basics-11608491436
(348) https://legitim.ch/us-aerzte-geben-zu-dass-sie-waehrend-der-pandemie-zehntausende-von-patienten-mit-beatmungsgeraeten-getoetet-haben/
(349) www-genesis.destatis.de/genesis/online?sequenz=tabelleErgebnis&selectionname=12613-0007#abreadcrumb
(350) https://web.de/magazine/news/coronavirus/daten-statistischen-bundesamtes-pandemie-deutschland-36421098
(351) www.transparenztest.de/post/sterblichkeit-von-1980-2021-altersstandardisiert-von-pandemie-nichts-zu-sehen
(352) www.who.int/bulletin/online_first/BLT.20.265892.pdf
(353) www.sciencedirect.com/science/article/pii/S001393512201982X?via%3Dihub
(354) www.welt.de/vermischtes/plus237758181/Helios-Kliniken-Grossteil-der-Covid-Patienten-nicht-wegen-Covid-hospitalisiert.html
(355) www.hessenschau.de/panorama/hessens-schwerpunktkliniken-corona-haeufig-nur-begleiterkrankung-bei-intensivpatienten,patienten-mit-corona-100.html
(356) www1.wdr.de/nachrichten/themen/coronavirus/long-covid-corona-behandlung-psychologisch-100.html
(357) https://pubmed.ncbi.nlm.nih.gov/36995712/
(358) www.mpg.de/17915640/corona-risiko-maske-schutz
(359) www.public-health-covid19.de/images/2020/Ergebnisse/Gesichtsmasken_Kompetenznetz_Fact_Sheet_452020.pdf
(360) www.youtube.com/watch?v=C07NIGaRSsk
(361) www.cochrane.de/news/cochrane-review-zum-nutzen-von-masken-gegen-atemwegsinfektionen
(362) www.bild.de/politik/2023/politik/britische-corona-studie-das-haben-masken-in-kliniken-wirklich-gebracht-83491212.bild.html
(363) www.wero.de/media/pdf/5c/b7/g0/20463601_WERO_Gebrauchsanweisung.pdf
(364) www.dasein.at/gesundheit/bei-genuegend-sauerstoff-entsteht-normal-kein-krebs
(365) www.wissenschaft.de/gesundheit-medizin/sauerstoffmangel-im-tumor-foerdert-metastasierung/
(366) www.cell.com/cell-reports/fulltext/S2211-1247(20)31094-9?_returnURL=https%3A%2F%2Flinkinghub.elsevier.com%2Fretrieve%2Fpii%2FS2211124720310949%3Fshowall%3Dtrue#%20
(367) www.cell.com/heliyon/fulltext/S2405-8440(23)01324-5?_returnURL=https%3A%2F%2Flinkinghub.elsevier.com%2Fretrieve%2Fpii%2FS2405844023013245%3Fshowall%3Dtrue
(368) https://journals.lww.com/md-journal/Fulltext/2022/02180/The_Foegen_effect__A_mechanism_by_which_facemasks.60.aspx
(369) www1.wdr.de/nachrichten/themen/coronavirus/corona-aerosole-risiko-draussen-100.html
(370) www.faz.net/aktuell/politik/inland/corona-bilanz-manche-massnahmen-waren-laut-karl-lauterbach-schwachsinn-18667895.html
(371) www.tagesschau.de/wirtschaft/corona-wirtschaft-deutschland-101.html
(372) https://nationalpost.com/news/world/johns-hopkins-university-study-covid-19-lockdowns
(373) www.merkur.de/welt/corona-virus-studie-300-prozent-steigerung-suizid-versuche-kinder-corona-lockdown-schulen-91227564.html
(374) www.tagesspiegel.de/wissen/scheidender-rki-chef-wieler-schulen-hatten-in-pandemie-offen-bleiben-konnen-9245079.html
(375) www.24hamburg.de/politik/who-auswertung-zeigt-so-schlecht-ist-deutschland-durch-die-pandemie-gekommen-91535561.html
(376) www.who.int/data/sets/global-excess-deaths-associated-with-covid-19-modelled-estimates
(377) https://jungefreiheit.de/politik/ausland/2023/schweden-corona-sieger/
(378) www.youtube.com/watch?v=toKNkKUqnFE
(379) www.zeit.de/politik/2022-07/corona-pandemie-herbst-maskenpflicht-buschmann

(380) www.welt.de/politik/deutschland/article231889959/Bundesrechnungshof-Spahn-bestellte-viel-zu-viele-FFP2-Masken.html

(381) www.tagesschau.de/wirtschaft/verbraucher/zuverlaessigkeit-antigen-schnelltest-101.html

(382) https://info-medico.de/index.php/keine-asymptomatische-ansteckung

(383) www.nature.com/articles/s41467-020-19802-w

(384) www.europarl.europa.eu/doceo/document/P-9-2022-003358_DE.html

(385) www.aerzteblatt.de/nachrichten/139779/Lockdown-hat-zu-Immunitaetsluecke-bei-RSV-gefuehrt

(386) https://tkp.at/2022/07/11/un-bericht-globale-abschottungspolitik-treibt-ueber-150-millionen-menschen-in-den-hungertod/

(387) www.sueddeutsche.de/bayern/bayern-intensivstationen-staatskanzlei-coronavirus-1.5462231

(388) www.merkur.de/welt/corona-intensivstation-divi-belegung-personal-folgen-experte-ausnahmezustand-massnahmen-90457385.html

(389) www.spiegel.de/politik/corona-in-bayern-markus-soeder-zur-lage-auf-den-intensivstationen-livestream-a-68d93d8b-e5c3-404d-85ef-5c1c7f193cfb

(390) www.initiative-qualitaetsmedizin.de/ueber-uns

(391) https://intensivstationen.net/

(392) www.bundestag.de/resource/blob/850806/7bd14581e33890e68fe7d57ee67d4cbf/19_14-2_13-2-_ESV-Tom-Lausen-_Langfriste-Konsequenzen-data.pdf

(393) www.intensivregister.de/#/aktuelle-lage/zeitreihen

(394) www.berliner-zeitung.de/gesundheit-oekologie/kliniken-werden-geschlossen-obwohl-das-gesundheitssystem-vor-dem-kollaps-steht-li.132283?pid=true

(395) www.kgnw.de/presse/pressemitteilungen/2020-11-27-freihaltepauschale oder www.gkv-90prozent.de/ausgabe/23/meldungen/23_coronahilfen_krankenhaus/23_coronahilfen_krankenhaus.html

(396) www.rtl.de/cms/ueberfuellte-krankenhaeuser-wegen-grippe-patienten-werden-teilweise-weggeschickt-4146037.html

(397) www.aerztezeitung.de/Wirtschaft/Aufnahmestopps-und-Isoliermassnahmen-in-Kliniken-223634.html

(398) www.spiegel.de/gesundheit/diagnose/deutschland-grippe-legt-krankenhaeuser-und-aemter-lahm-a-1198398.html

(399) https://dserver.bundestag.de/btd/20/004/2000477.pdf

(400) www.br.de/nachrichten/deutschland-welt/intensivmediziner-marx-lage-in-krankenhaeusern-sehr-angespannt,TBG1cLh

(401) www.intensivregister.de/#/aktuelle-lage/zeitreihen

(402) www.bmwi.de/Redaktion/DE/Downloads/E/eckpunktepapier-corona-folgen-bekaempfen.pdf?__blob=publicationFile&v=6

(403) www.merkur.de/welt/coronavirus-impfstoff-drosten-forschung-virologe-ndr-podcast-news-aktuell-sars-cov-2-covid-19-zr-13638474.html

(404) Arvay, Clemens, (2021) Corona-Impfstoffe – Rettung oder Risiko?, 1. Aufl., Köln, S. 47ff

(405) www.zusammengegencorona.de/impfen/impfstoffe/erster-totimpfstoff-gegen-covid-19-alles-wichtige-zu-nuvaxovid-r-von-novavax/

(406) www.google.com/search?q=novavax+impfstoff+genetisch&client=firefox-b-d&channel=trow5&ei=sn0rYp-4NrCCi-gP9ZeQmAc&oq=novavax+genetisch&gs_lcp=Cgdnd3Mtd2l6EAEYATIFCAAQgAQyBggAEBYQHkoECEEYAUoECEYYAFDZBViUFGD5L2gBcAB4AIABgAGIAY0HkgEDMy42mAEAoAEBwAEB&sclient=gws-wiz

(407) https://ec.europa.eu/info/live-work-travel-eu/coronavirus-response/public-health/eu-vaccines-strategy_de#zugelassene-impfstoffe

(408) www.pei.de/SharedDocs/FAQs/DE/coronavirus/zulassungsprozesse-impfstoff/4-coronavirus-was-ist-bedingte-zulassung.html

(409) www.tagesschau.de/inland/biontech-corona-impfstoff-105.html

(410) www.medrxiv.org/content/10.1101/2021.07.28.21261159v1.full

(411) www.hartgroup.org/bios/

(412) https://tkp.at/2022/06/20/auswertung-der-pfizer-zulassungsstudie-durch-hart-group-wirksamkeit-null/

(413) www.thelancet.com/action/showPdf?pii=S2666-5247%2821%2900069-0

(414) https://blogs.bmj.com/bmj/2021/01/04/peter-doshi-pfizer-and-modernas-95-effective-vaccines-we-need-more-details-and-the-raw-data/

(415) www.nejm.org/doi/full/10.1056/NEJMoa2034577?query=featured_home

(416) www.bmj.com/content/375/bmj.n2635

(417) www.researchsquare.com/article/rs-35331/v1
(418) www.bundestag.de/resource/blob/883938/7d235144f04619373179440fcd21422b/20_14_0013-8-_ESV-Tom-Lausen_IfSG-data.pdf
(419) https://pathologie-konferenz.de/
(420) https://journalistenwatch.com/2022/02/25/pathologen-lassen-nicht-locker-heikle-fragen-an-biontech/
(421) hwww.berliner-zeitung.de/news/chemiker-zu-impfstoff-woher-kommt-der-grauton-li.208305
(422) www.berliner-zeitung.de/gesundheit-oekologie/qualitaet-des-impfstoffs-chemiker-stellen-fragen-an-das-paul-ehrlich-institut-li.212298
(423) www.berliner-zeitung.de/wirtschaft-verantwortung/chemiker-fragen-biontech-gibt-es-unterschiede-bei-den-chargen-des-impfstoffs-li.345576
(424) www.legitim.ch/post/fassungslosigkeit-im-radsport-95-von-154-radprofis-brechen-beim-klassiker-paris-nizza-ein
(425) www.infektionsschutz.de/mediathek/fragen-antworten/?tx_sschfaqtool_pi1%5Baction%5D=list&tx_sschfaqtool_pi1%5Bfaq%5D=4558&tx_sschfaqtool_pi1%5Bcontroller%5D=FAQ&cHash=48493c75b97e8c416c8e226a12ff9fde
(426) www.cell.com/cell/fulltext/S0092-8674(22)00076-9
(427) www.jimmunol.org/content/early/2021/10/11/jimmunol.2100637
(428) www.pei.de/DE/newsroom/pm/jahr/2021/03-gewebeschaeden-zellfusion-covid-19-rolle-spikeprotein.html
(429) https://report24.news/prof-dr-sucharit-bhakdi-zu-impfungen-wir-steuern-auf-eine-katastrophe-zu/
(430) https://pubmed.ncbi.nlm.nih.gov/33958444/
(431) www.mdpi.com/1467-3045/44/3/73
(432) https://report24.news/prof-bhakdi-erlaeutert-hintergruende-covid-impfung-und-beschleunigtes-krebswachstum/
(433) https://deutsche-wirtschafts-nachrichten.de/520841/Brisante-US-Studie-mRNA-Impfstoffe-koennten-Krebs-Risiko-erhoehen
(434) www.sciencedirect.com/science/article/pii/S027869152200206X
(435) https://web.archive.org/web/20211128154931/www.mdpi.com/1999-4915/13/10/2056/htm
(436) www.pei.de/SharedDocs/Downloads/DE/newsroom/dossiers/sicherheitsberichte/sicherheitsbericht-27-12-20-bis-31-12-21.pdf?__blob=publicationFile&v=5
(437) https://report24.news/medizinische-daten-des-us-militaers-zeigen-explosion-von-impf-nebenwirkungen/
(438) https://correctiv.org/faktencheck/2022/02/08/unbelegte-behauptungen-ueber-gesundheitsdaten-des-us-militaers-und-impfnebenwirkungen/
(439) www.jpeds.com/article/S0022-3476(22)00282-7/fulltext
(440) www.ncbi.nlm.nih.gov/pmc/articles/PMC9025013/
(441) https://reitschuster.de/post/die-nebenwirkungen-die-die-welt-nicht-erfahren-sollte/
(442) https://weltwoche.ch/daily/verbrechen-gegen-die-menschheit-expertenteam-hat-tausende-von-pfizer-dokumenten-durchleuchtet-das-ergebnis-ist-erschuetternd/
(443) www.medinside.ch/de/post/covid-19-nano-lipide-als-heikler-punkt-der-pfizer-impfung
(444) www.servustv.com/aktuelles/a/reportage-im-stich-gelassen-die-covid-impfopfer/201058/
(445) https://dailyexpose.uk/2022/03/19/distracted-russia-canada-confirmed-9-in-10-covid-deaths-triple-vaccinated/
(446) https://web.archive.org/web/20220207133342/www.corona-in-zahlen.de/weltweit/kanada/
(447) www.corona-in-zahlen.de/weltweit/kanada/
(448) www.mdr.de/wissen/corona-covid-anteil-von-geboosterten-auf-intensivstationen-nimmt-rasant-zu-100.html
(449) www.youtube.com/watch?v=toKNkKUqnFE ab 1:43
(450) www.medrxiv.org/content/10.1101/2022.12.17.22283625v1.full.pdf
(451) www.nordbayern.de/region/inzidenz-der-ungeimpften-soder-nutzte-falsche-zahlen-1.11601322
(452) www.welt.de/politik/deutschland/plus235717074/Corona-in-Hamburg-Peter-Tschentscher-die-grob-falsche-Zahl-der-Ungeimpften.html
(453) www.svz.de/regionales/mecklenburg-vorpommern/Manuela-Schwesig-verbreitete-verzerrte-Corona-Zahlen-id34928127.html
(454) www.welt.de/vermischtes/plus235844880/Corona-Daten-Inzidenz-bei-Ungeimpften-Auch-Sachsen-nimmt-es-nicht-so-genau.html
(455) www.br.de/nachrichten/bayern/corona-fast-nur-ungeimpfte-auf-intensivstationen-in-muenchen,SkJCX9p
(456) www1.wdr.de/nachrichten/corona-geimpfte-ungeimpfte-intensivstationen-100.html

(457) www.mdr.de/nachrichten/deutschland/panorama/corona-intensivstationen-ungeimpft-100.html
(458) www.youtube.com/watch?v=sahPiqbDEZ8
(459) www.bundestag.de/resource/blob/869052/8ad3e08fc55c91e8f87812e64d74f691/protokoll-data.pdf, Seite 28
(460) https://2020news.de/wir-befinden-uns-nicht-in-einer-pandemie-der-ungeimpften-erklaert-peter-doshi-waehrend-des-covid-panels/
(461) https://link.springer.com/article/10.1007/s10654-021-00808-7
(462) www.schildverlag.de/2022/05/03/pfizer-zaehlt-bei-us-boersenaufsicht-69-seiten-risiken-bei-seinem-impfstoff-auf-irische-zeitung-pfizer-wusste-das-sein-impfstoff-toetet/
(463) www.achgut.com/artikel/mrna_impfstoffe_die_katastrophalen_folgen_werden_sichtbar
(464) www.achgut.com/artikel/mrna_impfungen_der_perfekte_sturm
(465) www.epochtimes.de/wirtschaft/biontech-kann-wirksamkeit-oder-sicherheit-von-corona-vakzin-nicht-garantieren-a3797929.html
(466) https://investors.biontech.de/node/11931/html#ic5e06a05a31d4c4491031d3208cef8c2_2806
(467) https://report24.news/ard-bericht-in-deutschland-schon-eine-halbe-million-schwere-impfnebenwirkungen/
(468) www.swr.de/wissen/ansteckend-trotz-corona-impfung-forschung-100.html
(469) https://tkp.at/2023/03/28/editorial-in-lancet-herdenimmunitaet-durch-impfung-nicht-erreichbar/
(470) www.thelancet.com/journals/laninf/article/PIIS1473-3099(23)00138-X/fulltext#
(471) www.fr.de/panorama/delta-variante-impfung-corona-coronavirus-impstoffe-wirksamkeit-voller-impfschutz-usa-cdc-90894925.html
(472) www.tagesschau.de/inland/innenpolitik/impfpflicht-antraege-101.html
(473) www.tagesschau.de/inland/innenpolitik/coronavirus-pandemie-impfungen-101.html
(474) www.bundestag.de/dokumente/textarchiv/2022/kw14-de-impfpflicht-886566
(475) www.bundestag.de/presse/hib/kurzmeldungen-878074
(476) www.mdr.de/brisant/zweiter-booster-biontech-impfung-100.html
(477) www.nejm.org/doi/full/10.1056/NEJMoa2201570
(478) https://pubmed.ncbi.nlm.nih.gov/35380632/
(479) www.israelnationalnews.com/news/356245
(480) www.reuters.com/business/healthcare-pharmaceuticals/modernas-flu-vaccine-shows-promise-early-stage-study-2021-12-10/?taid=61b34851a20ea2000187e9ea&utm_campaign=trueanthem&utm_medium=trueanthem&utm_source=twitter
(481) www.tagesschau.de/faktenfinder/bhakdi-impfungen-corona-101.html
(482) www.heute.at/s/corona-kritischer-professor-andreas-soennichsen-von-med-uni-wien-gefeuert-100179350
(483) https://link.springer.com/article/10.1007/s11024-022-09479-4#auth-Yaffa-Shir_Raz
(484) www.berliner-zeitung.de/news/wissenschaftler-darum-ist-die-impfpflicht-verfassungswidrig-li.216116
(485) https://kanzlei-rohring.de/2022/03/05/allgemeine-impfpflicht-ab-oktober/
(486) https://ansage.org/zwangsimpfungen-auch-ohne-impfpflicht-moeglich-laut-infektionsschutzgesetz/
(487) https://ansage.org/hirschhausen-friends-hochbezahlte-hetze-gegen-ungeimpfte/
(488) https://weltwoche.ch/daily/gekaufte-journalisten-moderator-und-comedian-eckart-von-hirschhausen-liess-sich-waehrend-corona-von-der-regierung-finanzieren/
(489) www.stern.de/news/experte-geht-von-lang-anhaltender-wirkung-der-booster-impfung-aus-30947418.html
(490) https://deutsch.medscape.com/artikelansicht/4911289
(491) https://cme.medlearning.de/pfizer/sars_cov_2_update_impfstoffe/index.htm
(492) www.youtube.com/watch?v=_xX81rV64II ab 4:30
(493) www.europarl.europa.eu/doceo/document/E-9-2021-004558_DE.html
(494) www.tagesanzeiger.ch/pfizer-waelzt-risiken-auf-kaeufer-ab-grosse-unterschiede-bei-preisen-567658377087
(495) www.anlegerverlag.de/biontech-wird-langfristiger-partner-deutschlands-bis-zu-80-millionen-impfstoffdosen-jedes-jahr/
(496) www.anti-spiegel.ru/2022/wer-bekommt-eigentlich-all-die-milliarden-die-die-eu-fuer-den-kampf-gegen-covid-19-ausgibt/
(497) www.youtube.com/watch?v=iR_NS2s5sO4
(498) www.youtube.com/watch?v=9UlLPJYwX8c
(499) www.welt.de/wirtschaft/article244932734/Steuerausgaben-Die-Corona-Pandemie-kostet-den-Bund-bisher-440-Milliarden-Euro.html
(500) www.kla.tv/25701
(501) www.pei.de/SharedDocs/FAQs/DE/coronavirus/zulassungsprozesse-impfstoff/4-coronavirus-was-ist-bedingte-zulassung.html

(502) www.ema.europa.eu/en/about-us/how-we-work/governance-documents/funding
(503) https://de.wikipedia.org/wiki/Emer_Cooke
(504) www.who.int/publications/m/item/global-covid-19-vaccination-strategy-in-a-changing-world--july-2022-update
(505) www.juraforum.de/lexikon/nuernberger-kodex
(506) www.tagesspiegel.de/wissen/neuester-bericht-des-weltklimarats-unser-planet-schwebt-in-lebensgefahr/27494338.html
(507) www.spiegel.de/wissenschaft/mensch/klima-warum-wir-die-klimakatastrophe-nicht-wahrhaben-wollen-a-c76afd32-9dfd-417e-b710-5959c84c241f
(508) www.iwr-institut.de/de/presse/presseinfos-klima/klimaerwaermung-gab-es-schon-mal-aber-keine-7-mrd-menschen
(509) https://de.wikipedia.org/wiki/Korrelation
(510) https://eike-klima-energie.eu/2016/04/26/systematischer-fehler-bei-klimamessungen-die-aufzeichnung-der-lufttemperatur-an-der-erdoberflaeche/
(511) https://ethz.ch/de/news-und-veranstaltungen/eth-news/news/2015/06/wie-messen-wir-die-erderwaermung.html
(512) www.klimafakten.de/behauptungen/behauptung-im-mittelalter-war-es-waermer-als-heute
(513) https://eike-klima-energie.eu/2021/10/18/4-weitere-neue-rekonstruktionen-bestaetigen-dass-es-waehrend-der-mittelalterlichen-warmzeit-waermer-als-heute-war/
(514) www.youtube.com/watch?v=5HaU4kYk21Q
(515) www.youtube.com/watch?v=2cDNxTnx2xY
(516) www.youtube.com/watch?v=oB4sevIG8XU
(517) www.bmbf.de/bmbf/shareddocs/kurzmeldungen/de/2021/07_08/ozean-als-co2-speicher.html
(518) www.fr.de/wissen/sahara-ergruent-zumindest-bisschen-13551679.html
(519) https://de.wikipedia.org/wiki/C3-Pflanze
(520) https://de.statista.com/statistik/daten/studie/179260/umfrage/die-zehn-groessten-c02-emittenten-weltweit/
(521) www.physik.uni-jena.de/pafmedia/dokumente/samstagsvorlesungen/erderwaermung-zum-nachrechnen.pdf
(522) www.chemie.de/lexikon/Stefan-Boltzmann-Gesetz.html
(523) www.uni-ulm.de/fileadmin/website_uni_ulm/nawi.inst.251/Didactics/quantenchemie/html/schwK-F.html
(524) www.tec-science.com/de/thermodynamik-waermelehre/temperatur/schwarzkorper-strahlung-schwarzer-koerper/
(525) www.uni-mainz.de/presse/52970.php
(526) www.tessloff.com/was-ist-was/natur-und-tiere/vulkane/welcher-vulkan-ist-der-groesste-auf-der-erde.html
(527) www.helmholtz-klima.de/klimafakten/behauptung-vulkane-emittieren-mehr-kohlendioxid-als-die-menschen
(528) www.vulkane.net/vulkane/mauna-loa/mauna-loa.html
(529) https://climexp.knmi.nl/selectfield_cmip6.cgi
(530) https://wattsupwiththat.com/2022/10/20/50-year-u-s-summer-temperature-trends-all-36-climate-models-are-too-warm/
(531) https://eike-klima-energie.eu/2022/10/23/50-jahre-sommer-temperaturtrend-in-den-usa-alle-36-klimamodelle-sind-viel-zu-warm/
(532) www.geomar.de/entdecken/artikel/die-nordatlantische-oszillation-und-ihr-einfluss-auf-das-klima-in-europa
(533) www.geomar.de/news/article/der-nordatlantik-steuert-zyklische-klimaschwankungen
(534) www.biologie-seite.de/Biologie/Atlantische_Multidekaden-Oszillation
(535) www.mdr.de/wissen/klimawandel-bedroht-gesundheit-loesungen-in-sicht-100.html
(536) www.wsj.com/articles/climate-change-heat-cold-deaths-medical-journal-health-risk-energy-cost-fossil-fuels-11631741045
(537) www.youtube.com/watch?v=mnblIx9lkfA
(538) www.fribourgregion.ch/en/all/nature/lake-murten/
(539) www.youtube.com/watch?v=nyttHmxHUYw
(540) www.wahrheiten.org/media/pdf/Meyers-Konversationslexikon-1888-Band-9-Seite-917.pdf
(541) www.redalyc.org/journal/1816/181661081001/html/
(542) file:///C:/Users/wpi/Downloads/HandbuchderHygiene_11146590.pdf (Robert Angus Smith, Air and Rain, 1872 und A. Müntz und E. Aubin, Sur le dosage de l'acide carbonique dans l'air. Comptes Rendus des Séances de l'Académie des Sciences 92, 1881)

(543) www.e-periodica.ch/cntmng?pid=sat-003%3A1939%3A81%3A%3A799
(544) https://static-curis.ku.dk/portal/files/57867347/Artikel_4_Festskrift_til_Dronningen_small.pdf
(545) www.youtube.com/watch?v=WE0zHZPQJzA
(546) https://iopscience.iop.org/article/10.1088/1748-9326/8/2/024024
(547) www.scinapse.io/papers/2127050758#fullText
(548) http://wmbriggs.com/public/Legates.etal.2015.pdf
(549) www.welt.de/wissenschaft/article244282479/Klimawandel-So-trickste-eine-Forschergruppe-die-Kipppunkt-Warnung-in-die-Debatte.html
(550) www.pik-potsdam.de/de/institut/ueber/ueber
(551) https://de.wikipedia.org/wiki/M%C3%BCnchener_R%C3%BCck_Stiftung
(552) https://eike-klima-energie.eu/2009/11/15/anthropogene-klimaerwaermung-77-nobelpreistraeger-sind-skeptisch/
(553) www.tichyseinblick.de/daili-es-sentials/500-wissenschaftler-erklaeren-es-gibt-keinen-klimanotfall/
(554) www.welt.de/wissenschaft/article5294872/Die-Tricks-der-Forscher-beim-Klimawandel.html
(555) https://archive.org/details/derklimaschwindel
(556) https://archive.org/details/klimaglaubeersatzreligionundklimapropheten
(557) www.tichyseinblick.de/kolumnen/neue-wege/gericht-urteilt-gegen-den-schoepfer-des-klimawandel-hockeyschlaegers/
(558) https://clintel.org/wp-content/uploads/2022/06/WCD-version-06272215121.pdf
(559) https://eike-klima-energie.eu/2022/08/25/es-gibt-keinen-klimanotstand-hier-die-deklaration/
(560) www.tagesschau.de/ausland/europa/klimawandel-extremwetter-101.html
(561) https://zdfheute-stories-scroll.zdf.de/deutschland-klimawandel-hitze-starkregen/index.html
(562) www.wwf.de/themen-projekte/klimaschutz/klimaforschung-extremwetter-sind-folgen-des-klimawandels
(563) www.deutschlandfunk.de/studie-zeigt-zusammenhang-klimawandel-flut-an-ahr-und-erft-100.html
(564) www1.wdr.de/nachrichten/rheinland/flut-ahrtal-neunzehnhundertzehn-100.html
(565) https://wiki.bildungsserver.de/klimawandel/index.php/Tropische_Wirbelst%C3%BCrme_und_globale_Erw%C3%A4rmung
(566) www.youtube.com/watch?v=oB4sevIG8XU
(567) www.youtube.com/watch?v=2cDNxTnx2xY
(568) www.klima-warnsignale.uni-hamburg.de/buchreihe/die-polarregionen/kapitel-4-5-erwaermung-der-polarregionen/
(569) www.youtube.com/watch?v=ay31-KL87hc
(570) Geoengineering immer offensichtlicher, in: raum&zeit Nr. 240, 41. Jahrgang (2022), S. 74
(571) www.unendlich-viel-energie.de/themen/faq/faq-erneuerbare-energien-allgemein/faq-erneuerbare-energien-allgemein2
(572) https://doczz.net/doc/6161012/zillmer--hans-joachim-%E2%80%93-der-energie
(573) https://de.wikipedia.org/wiki/Thomas_Gold_(Physiker)
(574) www.vernunftkraft.de/strukturelles-missverhaltniss-zwischen-kapazitat-und-tatsachlicher-leistung/
(575) www.proplanta.de/agrar-nachrichten/energie/abschaltungen-von-wind-und-solaranlagen-wegen-netz-ueberlastung-nehmen-zu_article1496872992.html
(576) www.welt.de/wirtschaft/energie/article149060336/Sturmtief-Iwan-ueberfordert-deutsches-Stromnetz.html
(577) https://de.wikipedia.org/wiki/Dunkelflaute
(578) www.wiwo.de/unternehmen/energie/dena-studie-deutschland-wird-zum-stromimporteur/7039512-2.html
(579) https://dailysceptic.org/2023/03/25/eminent-oxford-scientist-says-wind-power-will-cost-trillions-trash-the-environment-and-be-entirely-unnecessary/
(580) https://eike-klima-energie.eu/2022/05/02/studie-quantifiziert-die-menge-der-benoetigten-metalle-um-die-klimaziele-der-eu-zu-erreichen/
(581) www.tichyseinblick.de/feuilleton/buecher/gruene-klimakiller-oder-von-der-maer-klimaneutraler-energiegewinnung/
(582) www.sciencedirect.com/science/article/pii/S2215016123000055
(583) www.zentrum-der-gesundheit.de/bibliothek/umwelt/klima/windenergie-heizt-erderwaermung-an
(584) https://keith.seas.harvard.edu/files/tkg/files/climatic_impacts_of_wind_power.pdf
(585) www.focus.de/finanzen/boerse/rotorblaetter-werden-zum-problem-im-massengrab-4-000-windraeder-jaehrlich-landen-auf-dem-sondermuell_id_11639296.html
(586) www.rnz.de/panorama/magazin_artikel,-klimawandel-energiewende-bringt-neue-umweltschaeden-mit-sich-_arid,647977.html

(587) www.geo.de/natur/nachhaltigkeit/21698-rtkl-artenschutz-windenergie-und-voegel-die-opferzahlen-sind-viel-hoeher

(588) www.spiegel.de/wissenschaft/natur/windkraftanlagen-toeten-im-sommer-taeglich-milliarden-insekten-a-1259462.html

(589) www.tichyseinblick.de/feuilleton/buecher/gruene-klimakiller-oder-von-der-maer-klimaneutraler-energiegewinnung/

(590) www.sonderabfall-wissen.de/wissen/wohin-mit-ausgedienten-solarmodulen/

(591) www.wiwo.de/unternehmen/auto/kobalt-und-die-kinderarbeit-der-hype-um-kobalt-koennte-schon-bald-vorbei-sein/27585126.html

(592) www.tagesschau.de/wirtschaft/technologie/lithium-abbau-geothermie-101.html

(593) www.deutschlandfunk.de/lithium-abbau-in-suedamerika-kehrseite-der-energiewende-100.html

(594) https://wfd.de/thema/lithiumabbau

(595) www.umweltnetz-schweiz.ch/themen/ressourcen/3193-das-heissbegehrte-kupfer.html

(596) www.solarserver.de/2020/09/02/batterierohstoffe-oeko-probleme-bei-lithium-und-graphit/

(597) www.expresszeitung.com/blog/energiewende

(598) www.tga-fachplaner.de/meldungen/klimaziele-bmwi-stromprognose-2030-mit-55-mio-waermepumpen

(599) www.spiegel.de/politik/deutschland/klimawandel-hoehere-benzinpreise-wird-es-auch-mit-der-union-geben-fraktionschef-ralph-brinkhaus-a-8ce519ba-389c-45d3-b765-77cdd3427192

(600) www.tichyseinblick.de/daili-es-sentials/lindner-wir-werden-alle-aermer/

(601) www.businessinsider.de/politik/notstandsgesetze-verbote-rationierung-diese-radikalen-vorschlaege-zum-klimaschutz-diskutiert-letzte-generation/

(602) www.bundestag.de/resource/blob/695840/2b5d0eb6aa1aeeb7525a96a0cfe08fb9/WD-8-147-19-pdf-data.pdf

(603) www.planet-wissen.de/kultur/inseln/malediven/index.html

(604) www.wissenschaft.de/astronomie-physik/warum-die-malediven-nicht-verschwinden-werden/

(605) www.sciencedirect.com/science/article/abs/pii/S0921818110001013

(606) www.deutschlandfunk.de/der-suedpazifik-und-der-klimawandel-inselstaat-vanuatu-will-100.html

(607) https://de.wikipedia.org/wiki/Liste_der_L%C3%A4nder_nach_Staatshaushalt

(608) www.laenderdaten.info/Ozeanien/Vanuatu/bevoelkerungswachstum.php

(609) https://rp-online.de/panorama/als-1886-die-freiheitsstatue-vor-new-york-aufgestellt-wurde-war-sie-wer-wird-millionaer_aid-20931379

(610) www.etsy.com/de/listing/205786138/usa-new-york-freiheitsstatue-um-1900

(611) www.welt.de/vermischtes/article204094148/Martha-s-Vineyard-Fuer-11-75-Millionen-Dollar-Obamas-kaufen-Luxus-Strandvilla.html

(612) www.nature.com/articles/s41612-022-00275-1

(613) www.nature.com/articles/s41612-022-00275-1

(614) https://ansage.org/studie-zu-abkuehlung-des-nordatlantiks-bringt-die-klimaschwindler-in-verlegenheit/

(615) www.ncei.noaa.gov/access/monitoring/climate-at-a-glance/global/time-series/globe/land_ocean/12/12/2015-2022?trend=true&trend_base=10&begtrendyear=2015&endtrendyear=2022

(616) https://sciencefiles.org/2021/07/31/rtl-die-theorie-der-menschengemachten-erderwarmung-ist-ein-groser-schwindel/

(617) https://next-generation-eu.europa.eu/index_de

(618) www.business-leaders.net/breakthrough-energy-und-der-green-deal-for-europe/

(619) https://ec.europa.eu/commission/presscorner/detail/en/IP_21_5586

(620) www.business-leaders.net/klimakleber-klimaaktivisten-ihre-ziele-ihre-sponsoren/

(621) https://ansage.org/follow-the-money-die-finanziellen-verflechtungen-der-klima-lobby/

(622) Schultze-Rhonhof, Gerd, (2018), 1939 – Der Krieg, der viele Väter hatte, Genehmigte Lizenzausgabe, Rottenburg, S. 15

(623) www.rubikon.news/artikel/die-andere-seite-der-wahrheit

(624) www.welt.de/politik/ausland/article236986765/Nato-Osterweiterung-Archivfund-bestaetigt-Sicht-der-Russen.html

(625) https://de.wikipedia.org/wiki/NATO-Osterweiterung

(626) www1.wdr.de/daserste/monitor/videos/video-todesschuesse-in-kiew-wer-ist-fuer-das-blutbad-vom-maidan-verantwortlich-100.html

(627) www.manager-magazin.de/politik/weltwirtschaft/ukraine-buergert-finanzinvestoren-jaresko-und-abromavicius-ein-a-1006338.html

(628) https://de.wikipedia.org/wiki/Natalija_Jaresko

(629) www3.weforum.org/docs/Media/Ukraine/New%20Vision/New_Economic_Vision_for_Ukraine_Members.pdf

(630) www.onenewspage.com/video/20220307/14466231/Pr%C3%A4sident-Poroschenko-f%C3%BChrt-Menschenverachtende-Rede.htm

(631) www.youtube.com/watch?v=LXRIuVNGmds

(632) https://de.wikipedia.org/wiki/George_Friedman

(633) www.youtube.com/watch?v=gcj8xN2UDKc

(634) www.youtube.com/watch?v=QeLu_yyz3tc

(635) www.politico.eu/article/us-senators-praise-ukrainian-marines-slam-vladimir-putin-russia-john-mccain-lindsey-graham/

(636) https://de.euronews.com/2018/11/13/ukrainische-ferienlager-schiesst-auf-alle-separatisten

(637) www.youtube.com/watch?v=fy910FG46C4

(638) www.spiegel.de/ausland/asow-regiment-wagner-soeldner-radikale-die-neonazis-die-um-die-ukraine-kaempfen-a-662b9c42-d874-4a49-844d-b80c4f96e474

(639) https://de.wikipedia.org/wiki/RAND_Corporation

(640) https://zeitpunkt.ch/der-sechs-punkte-plan-der-rand-corporation-zur-erweiterung-russlands

(641) www.anti-spiegel.ru/2022/selensky-berater-die-nationale-idee-der-ukraine-ist-es-sich-selbst-und-andere-so-weit-wie-moeglich-zu-beluegen/?doing_wp_cron=1650902199.9750919342041015625000

(642) www.mdr.de/nachrichten/welt/osteuropa/ostblogger/ukraine-oligarch-kolomojskyj-100.html

(643) www.anti-spiegel.ru/2022/kiew-hat-2019-beschlossen-minsk-ii-nicht-umzusetzen-und-krieg-mit-russland-vorbereitet/?doing_wp_cron=1666715504.2972719669342041015625

(644) www.anti-spiegel.ru/2022/wie-viele-unwahrheiten-ueber-putins-rede-passen-in-einen-spiegel-artikel/?doing_wp_cron=1652367613.7149910926818847656250

(645) www.president.gov.ua/news/prezident-zatverdiv-strategiyu-deokupaciyi-ta-reintegraciyi-67321

(646) www.president.gov.ua/documents/1212021-37661

(647) https://interfax.com.ua/news/political/292422.html

(648) https://interfax.com.ua/news/political/292423.html

(649) www.defense.gov/News/News-Stories/Article/Article/3020199/dod-leaders-say-training-ukrainian-forces-is-paying-dividends/

(650) www.state.gov/u-s-ukraine-charter-on-strategic-partnership/

(651) www.youtube.com/watch?v=s_UIe0rXP8U

(652) www.world-economy.eu/nachrichten/detail/papst-franziskus-wir-erleben-den-dritten-weltkrieg-das-eskalationsprogramm-des-us-gefuehrten-westens/

(653) www.berliner-zeitung.de/welt-nationen/selenskyj-sagt-zwischen-den-zeilen-allen-anderen-f-you-li.212916

(654) www.sevimdagdelen.de/wie-ein-verhandlungsfrieden-im-ukraine-krieg-torpediert-wird/

(655) www.rnd.de/politik/ukraine-verhandlung-russland-zieht-erste-forderungen-zurueck-durchbruch-EVANOK5LRFD33C3XJVH2KRJBMA.html

(656) www.washingtonpost.com/national-security/2022/04/05/ukraine-nato-russia-limits-peace/

(657) www.thetimes.co.uk/article/no-settlement-russia-ukraine-nato-boris-johnson-pxfkbr27g

(658) www.theguardian.com/commentisfree/2022/apr/28/liz-truss-ukraine-war-russia-conservative-power?utm_term=Autofeed&CMP=twt_gu&utm_medium&utm_source=Twitter#Echobox=1651158610

(659) www.theguardian.com/commentisfree/2022/apr/28/liz-truss-ukraine-war-russia-conservative-power?utm_term=Autofeed&CMP=twt_gu&utm_medium&utm_source=Twitter#Echobox=1651158610

(660) www.nzz.ch/international/grossbritannien-boris-johnson-harte-haltung-im-ukraine-krieg-ld.1678745

(661) www.wsws.org/de/articles/2022/05/02/ebtq-m02.html

(662) https://tfiglobalnews.com/2022/06/20/ukraines-new-masterstroke-against-russia-is-actually-ukraines-biggest-pro-russia-move/

(663) www.zeit.de/2022/51/angela-merkel-russland-fluechtlingskrise-bundeskanzler/komplettansicht#comments

(664) www.tagesspiegel.de/politik/absolut-unerwartet-putin-zeigt-sich-enttauscht-von-merkel-wegen-ausserungen-zur-ukraine-9006844.html

(665) https://kyivindependent.com/national/hollande-there-will-only-be-a-way-out-of-the-conflict-when-russia-fails-on-the-ground

(666) www.morgenpost.de/politik/article236346879/putin-annexion-gebiete-ukraine-krieg.html

(667) https://weltwoche.ch/daily/schild-der-zivilisation-kiews-verteidigungsminister-spricht-aus-was-jeder-weiss-die-ukraine-erfuellt-die-mission-der-nato/

(668) www.youtube.com/watch?v=9Oqi0oIprFg

(669) www.zeit.de/politik/ausland/2020-05/ukraine-joe-biden-telefon-mitschnitte-petro-poroschenko?mode=recommendation&page=57&utm_referrer=https%3A%2F%2Fwww.google.com%2F

(670) www.deutschlandfunk.de/trump-vorwuerfe-bidens-sohn-im-visier-der-ukrainischen-100.html

(671) www.tagesschau.de/faktenfinder/ukraine-biden-korruption-101.html

(672) www.nzz.ch/international/ukraine-hunter-biden-entlastet-doch-die-affaere-ist-nicht-vorbei-ld.1559765

(673) https://youtu.be/xvIRVHNTsr0

(674) www.weser-kurier.de/politik/gefaehrliche-parallelen-doc7e3yqxm9gbodumc4ip6

(675) www.handelsblatt.com/politik/international/100-jahre-weltkrieg/leben-im-krieg/100-jahre-erster-weltkrieg-gibt-es-parallelen-zur-situation-heute/10174524-3.html

(676) https://weltexpress.info/russische-untermenschen-und-der-buergermeister-von-butscha-der-sich-als-hetzer-und-luegner-zeigt-anatoly-fedoruk-hetzt-in-einem-video-gegen-russen-luegt-und-verliert-kein-wort-ueber-leichen-g/

(677) www.youtube.com/watch?v=9xa6oCwYPUk

(678) www.anti-spiegel.ru/2022/warum-die-meldungen-ueber-angebliche-russische-kriegsverbrechen-in-butscha-eine-luege-sind/

(679) www.anti-spiegel.ru/2022/ein-video-der-ukrainischen-polizei-bestaetigt-dass-es-in-butscha-kein-massaker-der-russischen-armee-gegeben-hat/

(680) www.anti-spiegel.ru/2022/weitere-videos-beweisen-beim-abzug-der-russischen-armee-gab-es-keine-leichen-in-butscha/

(681) https://en.lb.ua/news/2022/04/02/12441_special_forces_regiment_safari.html

(682) www.schildverlag.de/2022/04/05/tuerkisches-fernsehen-zu-bucha-massaker-die-ukraine-hat-das-massaker-begangen/

(683) www.anti-spiegel.ru/2022/ukrainische-medien-am-2-april-fand-in-butscha-eine-saeuberungsaktion-gegen-russlands-komplizen-statt/?doing_wp_cron=1649340000.6925380229949951171875

(684) www.n-tv.de/politik/Video-zeigt-Erschiessung-eines-russischen-Soldaten-article23251773.html

(685) www.anti-spiegel.ru/2022/die-firma-die-die-satellitenbilder-von-butscha-zeigt-ist-eng-mit-dem-pentagon-verbunden/?doing_wp_cron=1655222046.7500391006469726562500

(686) www.maxar.com/who-we-serve/us-defense

(687) https://uncutnews.ch/brisant-ehemalige-franzoesischer-soldat-hat-mit-eigenen-augen-gesehen-was-in-butcha-passiert-ist-und-kann-es-kaum-wiedergeben/

(688) www.compact-online.de/die-luege-vom-butscha-massaker-ticker/

(689) www.gtai.de/de/trade/russland/zoll/russland-sanktionen-weltweit-810352

(690) www.auswaertiges-amt.de/de/aussenpolitik/eu-sanktionen-russland/2515304

(691) www.berliner-zeitung.de/open-source/der-ungesuehnte-chemiekrieg-gegen-serbien-wer-verurteilt-endlich-die-nato-li.165044

(692) www.linksfraktion.de/themen/a-z/detailansicht/afghanistan-krieg/

(693) www.zeit.de/2021/27/abzug-afghanistan-bundeswehr-auslandseinsatz-truppen/komplettansicht?utm_referrer=https%3A%2F%2Fwww.google.com%2F

(694) https://de.statista.com/statistik/daten/studie/1258495/umfrage/truppenstaerke-der-afghan-national-defense-and-security-forces/

(695) https://orf.at/stories/3226716/

(696) https://de.wikipedia.org/wiki/Begr%C3%BCndung_des_Irakkriegs

(697) https://de.wikipedia.org/wiki/Anthrax-Anschl%C3%A4ge_2001

(698) www.faz.net/aktuell/gesellschaft/geheimdienste-steckt-der-irak-hinter-den-milzbrandanschlaegen-141304.html

(699) www.dw.com/de/irak-krieg-am-anfang-stand-die-l%C3%BCge/a-43279424

(700) https://deutsche-wirtschafts-nachrichten.de/516706/Im-Jahr-2000-erklaerte-Saddam-Hussein-dem-US-Dollar-den-Krieg

(701) www.zdf.de/nachrichten/video/panorama-bush-versprecher-ukraine-krieg-100.html

(702) https://de.wikipedia.org/wiki/Internationaler_Milit%C3%A4reinsatz_in_Libyen_2011

(703) www.dw.com/de/ged%C3%A4mpfte-hoffnungen-zehn-jahre-nach-der-nato-intervention-in-libyen/a-56885664

(704) www.wsws.org/de/articles/2021/03/11/pers-m11.html

(705) https://millenium-state.com/blog/de/2019/05/22/das-dinar-gold-der-wahre-grund-fur-gaddafis-mord/

(706) https://gold-dinar.de/gaddafi.htm

(707) www.nd-aktuell.de/artikel/1162459.madeleine-albright-nachruf-notfalls-auch-mit-gewalt.html

(708) www.tagesschau.de/wirtschaft/weltwirtschaft/russland-staatspleite-auslandschulden-rubel-eurobonds-gaslieferungen-staatsanleihen-101.html
(709) www.manager-magazin.de/politik/weltwirtschaft/zentralbank-russische-auslandsschulden-um-26-5-milliarden-dollar-gesunken-a-b28906c9-9bc9-4fca-af12-98ce72cf6c9f
(710) www.tagesschau.de/ausland/europa/oel-embargo-eu-103.html
(711) https://de.rbth.com/wirtschaft/86093-in-welche-laender-verkauft-russland-oel
(712) www.capital.de/wirtschaft-politik/so-will-die-eu-den-russischen-oelhandel-mit-drittstaaten-bremsen-31835558.html
(713) www.tecson.de/historische-oelpreise.html
(714) https://de.statista.com/infografik/27535/handelswert-von-rohoelexporten-aus-russland-nach-zielland/
(715) https://de.rbth.com/wirtschaft/86093-in-welche-laender-verkauft-russland-oel
(716) www.berliner-zeitung.de/wirtschaft-verantwortung/mega-deals-indien-kauft-russisches-oel-und-verkauft-es-teuer-nach-europa-li.235748
(717) www.merkur.de/wirtschaft/ukraine-news-russland-oel-embargo-eu-indien-export-raffinerie-deutschland-zr-91613020.html
(718) www.bundesregierung.de/breg-de/aktuelles/deutschland-indien-2029870
(719) https://sciencefiles.org/2022/05/03/habecks-haerten-sanktionen-zur-schaedigung-der-eigenen-wirtschaft-bettelarm-aber-gluecklich/
(720) https://de.statista.com/statistik/daten/studie/1045/umfrage/inflationsrate-in-deutschland-veraenderung-des-verbraucherpreisindexes-zum-vorjahresmonat/
(721) www.zdf.de/nachrichten/wirtschaft/inflationsrate-berechnung-statistik-preise-100.html
(722) www.spiegel.de/politik/deutschland/die-ampel-und-die-soziale-frage-verwalter-des-mangels-a-2eecfd2f-5062-45ad-9601-337536a0ab62
(723) www.stern.de/wirtschaft/news/weniger-gas-aus-russland--so-steht-es-um-die-versorgung-in-deutschland-31956606.html
(724) www.spiegel.de/wirtschaft/soziales/gas-lieferstopp-neue-studie-warnt-vor-massivem-konjunktureinbruch-a-9a2b65a8-f931-4e23-9f97-a1650a7886f7
(725) www.ludwigshafen24.de/ludwigshafen/basf-ludwigshafen-gas-russland-brudermueller-gegen-embargo-vassiliadis-warnung-91419335.html
(726) www.tagesschau.de/wirtschaft/weltwirtschaft/scholz-nordstream-101.html
(727) www.wiwo.de/erfolg/management/auf-ins-ausland-von-wegen-panikmache-die-gefahr-der-deindustrialisierung-in-drei-grafiken/29054580.html
(728) www.berliner-zeitung.de/wirtschaft-verantwortung/mega-deals-indien-kauft-russisches-oel-und-verkauft-es-teuer-nach-europa-li.235748
(729) https://report24.news/so-verarscht-man-europa-china-verkauft-uns-russengas-mit-hohen-preisaufschlaegen/
(730) www.bloomberg.com/news/articles/2022-09-08/china-snaps-up-half-price-russian-lng-as-europe-shuns-supplies?leadSource=uverify%20wall
(731) https://newseu.cgtn.com/news/2022-09-03/China-sells-surplus-Liquified-Natural-Gas-to-Europe-1d0zlxJVHAQ/index.html
(732) www.tagesschau.de/investigativ/aserbaidschan-eu-gas-101.html
(733) www.zeit.de/politik/ausland/2022-09/kaukasus-armenien-aserbaidschan-gewalt-berg-karabach
(734) www.derwesten.de/politik/putin-gas-deutschland-news-aserbaidschan-id300201812.html
(735) www.rnd.de/politik/spanien-kauft-so-viel-russisches-gas-wie-nie-5C7OHXB7I5FJFFDEIFQOWE7FQQ.html
(736) www.welt.de/politik/ausland/plus239659985/Atomland-Ausgerechnet-Frankreich-importiert-mehr-russisches-Fluessiggas-als-je-zuvor.html
(737) www.wiwo.de/politik/europa/abhaengigkeit-von-russland-warum-spricht-niemand-ueber-russisches-uran-fuer-atomkraftwerke/28308616.html
(738) www.youtube.com/watch?app=desktop&v=6MYpp-FU-Ic
(739) www.youtube.com/watch?v=5SETLcmkN_s
(740) www.compact-online.de/habeck-wuerde-100-000-hungertote-in-kauf-nehmen-und-die-sanktionen-gegen-russland-dennoch-nicht-aufheben/
(741) http://just-now.news/de/deutschland/klatschende-ohrfeige-fuer-baerbock-un-verurteilt-sanktionen-als-voelkerrechtswidrig/
(742) www.bundesregierung.de/breg-de/suche/unterstuetzung-ukraine-2003926

(743) www.bundesregierung.de/breg-de/themen/krieg-in-der-ukraine/lieferungen-ukraine-2054514

(744) www.laenderdaten.info/korruption.php

(745) www.sueddeutsche.de/meinung/ukraine-korrupt-wie-eh-und-je-1.5217924

(746) http://web.archive.org/web/20221025101738/https://report24.news/niederlaendische-partei-fragt-selenskyj-woher-haben-sie-ihre-850-millionen-dollar/

(747) www.fr.de/politik/kritik-an-selenkyjs-verbot-unliebsamer-parteien-91457194.html, www.stern.de/politik/ausland/darum-ist-wolodymyr-selenskyj-weniger-demokratisch-als-der-westen-hofft-31729786.html

(748) https://taz.de/Pressefreiheit-in-der-Ukraine/!5824760/

(749) www.bundesregierung.de/resource/blob/992814/2131062/78d39dda6647d7f835bbe76713d30c31/bundeskanzler-olaf-scholz-reden-zur-zeitenwende-download-bpa-data.pdf?download=1

(750) www.berliner-zeitung.de/news/polizisten-warnen-ukrainische-kriegswaffen-fuer-deutsche-verbrecher-li.223675

(751) www.n-tv.de/politik/Waffen-fuer-Ukraine-tauchen-in-Nordeuropa-auf-article23685074.html

(752) https://exxpress.at/macrons-super-waffen-landen-bei-putin-nicht-bei-selenskyj/

(753) www.berliner-zeitung.de/wirtschaft-verantwortung/ukraine-braucht-dringend-geld-li.271538

(754) www.bundesregierung.de/breg-de/aktuelles/sondervermoegen-bundeswehr-2047518

(755) https://taz.de/Deutsche-Waffenlieferungen/!5846551/

(756) www.manager-magazin.de/politik/deutschland/verteidigungsministerium-gab-155-millionen-euro-fuer-berater-aus-a-1280974.html

(757) www.sueddeutsche.de/politik/bundeswehr-rechnungshof-bericht-1.5561048

(758) www.bmvg.de/de/aktuelles/ministerin-wir-sorgen-fuer-voll-einsatzbereite-bundeswehr-5438596

(759) www.n-tv.de/wirtschaft/Bericht-F35-Tarnkappenjets-weisen-Hunderte-Fehler-auf-article23212493.html

(760) www.businessinsider.de/politik/fehlerhafte-triebwerke-ueber-800-maengel-neue-studie-zeigt-risiken-beim-neuen-bundeswehr-kampfjet-f-35-b/

(761) www.br.de/nachrichten/wirtschaft/f-35-mehrzweck-kampfflugzeug-in-den-usa-in-der-kritik,T03YhEA

(762) www.spiegel.de/politik/ausland/grossbritannien-millionenverschwendung-bei-chinook-hubschraubern-a-557694.html

(763) https://de.wikipedia.org/wiki/Nord_Stream#Inbetriebnahme

(764) www.merkur.de/politik/nord-stream-sabotage-terrorismus-energiekrise-russland-deutschland-ostsee-91819227.html

(765) www.fr.de/politik/russland-nord-stream-lecks-ich-sehe-nur-einen-moeglichen-akteur-und-das-ist-zr-91816040.html

(766) www.spiegel.de/politik/deutschland/robert-habeck-die-einzige-wahrheit-die-aus-russland-kommt-ist-die-luege-a-6eea7bbf-5dd8-4b54-aa02-64bd8500571a

(767) www.rnd.de/politik/nord-stream-untersuchung-deutschland-ermittelt-ohne-daenemark-und-schweden-zu-lecks-an-pipelines-OWGMYHCNLL5ATNNRHXLYBYTBTY.html

(768) www.t-online.de/nachrichten/deutschland/aussenpolitik/id_100079334/bericht-zwei-dark-ships-kurz-vor-nord-stream-explosionen-entdeckt-10458912.html)

(769) www.berliner-zeitung.de/politik-gesellschaft/nordstream-anschlag-sahra-wagenknecht-zweifelt-an-aufklaerungswillen-der-regierung-li.297432

(770) www.berliner-zeitung.de/wirtschaft-verantwortung/geopolitik-usa-sondersitzung-des-bundestags-nord-stream-anschlaege-wer-ist-der-enthueller-seymour-hersh-li.316025

(771) www.berliner-zeitung.de/wirtschaft-verantwortung/pipeline-sabotage-nord-stream-enthuellungen-us-journalist-seymour-hersh-wehrt-sich-gegen-kritiker-und-verweist-auf-neue-anonyme-geheimdienst-quellen-li.330443

(772) www.zeit.de/politik/ausland/2023-03/nordstream-2-ukraine-anschlag

(773) www.zdf.de/nachrichten/politik/nordstream-pipeline-ermittlungen-ukraine-krieg-russland-100.html

(774) www.tagesschau.de/ausland/europa/energie-polen-baltic-pipeline-103.html

(775) https://exxpress.at/neue-version-7-monate-nach-nord-stream-terror-russen-waren-vor-ort/

(776) www.bundestag.de/presse/hib/kurzmeldungen-945090

(777) www.stern.de/politik/robert-habeck--altes-video-zeigt--wie-er-klartext-in-richtung-putin-spricht-31779662.html

(778) www.berliner-zeitung.de/news/un-sicherheitsrat-russland-scheitert-mit-nord-stream-resolution-li.332261

(779) www.faz.net/aktuell/wirtschaft/mehr-wirtschaft/pompeo-amerika-will-pipeline-nord-stream-2-stoppen-15895383.html

(780) www.zeit.de/wirtschaft/2019-12/nord-stream-2-gaspipeline-usa-donald-trump-nord-stream-2-gaspipeline-usa-donald-trump-russland-sanktionensanktionen

(781) https://de.euronews.com/2022/01/28/ukrainekrise-washington-droht-moskau-mit-dem-ende-der-gas-pipeline-nord-stream-2

(782) www.bundesregierung.de/breg-de/suche/pressekonferenz-von-bundeskanzler-scholz-und-dem-praesidenten-der-vereinigten-staaten-von-amerika-biden-am-7-februar-2022-in-washington-2003648

(783) www.berliner-zeitung.de/wirtschaft-verantwortung/gasexperte-im-interview-wir-deutschen-kaufen-lng-in-usa-weil-wir-so-reich-sind-li.271812

(784) https://podcasts.apple.com/se/podcast/nutzlose-menschen-von-r%C3%BCdiger-lenz/id1582443509?i=1000566491323

(785) www.corriere.it/cronache/22_maggio_03/intervista-papa-francesco-putin-694c35f0-ca57-11ec-829f-386f144a5eff.shtml

(786) www.spiegel.de/ausland/china-schliesst-sicherheitsabkommen-mit-den-salomonen-ab-a-76c8aa7c-f3ca-4cf1-9039-25932ad37c5e

(787) www.sueddeutsche.de/wirtschaft/putin-plaedoyer-fuer-wirtschaftsgemeinschaft-von-lissabon-bis-wladiwostok-1.1027908

(788) www.cia.gov/readingroom/docs/CIA-RDP99-01448R000401640021-1.pdf

(789) www.anti-spiegel.ru/2022/mit-hilfe-der-gruenen-die-usa-planen-die-zerstoerung-der-deutschen-wirtschaft/, www.anti-spiegel.ru/2022/das-originaldokument-ueber-die-zerstoerung-der-deutschen-wirtschaft-durch-die-gruenen/?doing_wp_cron=1663496089.8738219738006591796875

(790) www.n-tv.de/politik/USA-trainieren-ukrainische-Soldaten-in-Deutschland-article23299902.html

(791) www.nachdenkseiten.de/wp-content/uploads/2022/04/WEW_17_022_SCHOLZ.pdf

(792) https://t.me/kenjebsen/8150

(793) www.nachdenkseiten.de/?p=83613

(794) https://odysee.com/@Qlobal-Change:6/Wer_beherrscht_die_Welt_Blackrock_and_Vanguard_LewRockwell:9

(795) www.investopedia.com/articles/investing/110515/who-are-owners-vanguard-group.asp

(796) www.heise.de/tp/features/Gruene-und-Linke-auf-der-Atlantik-Bruecke-3364927.html

(797) www.tagesspiegel.de/politik/viele-koepfe-eine-idee/305304.html

(798) https://de.wikipedia.org/wiki/Weltwirtschaftsforum

(799) https://deutsche-wirtschafts-nachrichten.de/509657/Keine-Privatsphaere-und-kein-Eigentum-Die-Welt-im-Jahr-2030-nach-Wunsch-des-Weltwirtschaftsforums

(800) www.blick.ch/wirtschaft/wef-gruender-klaus-schwab-ueber-die-vierte-industrielle-revolution-in-der-schweiz-fallen-200000-buerojobs-weg-id4538228.html

(801) https://ec.europa.eu/info/strategy/priorities-2019-2024/europe-fit-digital-age/european-digital-identity_de

(802) www.bundesregierung.de/breg-de/suche/pressekonferenz-von-bundeskanzler-scholz-bundesminister-habeck-und-bundesminister-lindner-zur-kabinettsklausur-der-bundesregierung-am-31-august-2022-2081252

(803) https://ansage.org/handynutzung-nur-mit-digitalem-identitaetsnachweis-afrika-als-testlabor-fuer-den-great-reset/

(804) https://norberthaering.de/macht-kontrolle/mobile-digital-id/

(805) https://tkp.at/2022/07/12/australien-will-alle-benutzer-sozialer-medien-mit-digitaler-id-eindeutig-identifizieren/

(806) www.freiewelt.net/nachricht/schwab-und-guterres-vereinbaren-beschleunigung-der-agenda-2030-10089081/

(807) https://corona-transition.org/kanada-und-niederlande-dienen-dem-wef-als-pilotpartner-fur-das-projekt-known

(808) www.n-tv.de/panorama/China-soll-Corona-Apps-gegen-Demonstranten-einsetzen-article23401067.html

(809) www.berliner-zeitung.de/wirtschaft-verantwortung/digitale-impfpaesse-fuer-reisen-was-haben-die-g20-wirklich-beschlossen-li.288922

(810) www.bundesregierung.de/resource/blob/975228/2143372/17b8004be8ecf7b48a06ef3d2849b5cf/2022-11-16-declaration-g20-deu-data.pdf?download=1

(811) https://report24.news/social-credit-system-nicht-nur-in-italien-auch-in-bayern-kommt-dieses-jahr-ein-solches-system/

(812) https://norberthaering.de/macht-kontrolle/norwegen/

(813) https://report24.news/norwegen-sammelt-detaildaten-von-jedem-einkauf-und-will-sie-unbefristet-speichern/

(814) https://report24.news/co2-tracking-new-york-macht-den-anfang-eine-weitere-verschwoerungstheorie-wird-wahr/

(815) www.bmwk.de/Redaktion/DE/Pressemitteilungen/2023/04/230418-europaisches-parlament-bestatigt-einigung-zur-reform-des-eu-emissionshandel.html

(816) www.focus.de/finanzen/news/ausgerechnet-luxusyachten-und-privatjets-duerfen-weiter-vor-sich-hin-stinken_id_184102517.html

(817) www.fr.de/politik/chatkontrolle-nancy-faeser-koalitionsvertrag-spd-92219692.html

(818) www.juraforum.de/news/generelles-auslesen-von-handydaten-von-fluechtlingen-nicht-erlaubt_258637

(819) www.wochenblick.at/allgemein/big-brother-faehrt-mit-tempo-kontrolle-im-auto-wird-pflicht/

(820) www.weforum.org/agenda/2022/07/3-circular-approaches-to-reduce-demand-for-critical-minerals/

(821) www.weforum.org/agenda/2016/11/8-predictions-for-the-world-in-2030/

(822) www.younggloballeaders.org/community?utf8=%E2%9C%93&q=auken&x=0&y=0&status=alumni&sector=&region=

(823) https://en.wikipedia.org/wiki/Ida_Auken

(824) https://report24.news/ausbruch-im-mai-2022-am-ende-270-millionen-tote-affenpocken-pandemie-wurde-schon-2021-angekuendigt/

(825) www.nti.org/wp-content/uploads/2021/11/NTI_Paper_BIO-TTX_Final.pdf

(826) www.tagesspiegel.de/gesellschaft/panorama/affenpocken-breiten-sich-aus-wie-das-virus-nach-deutschland-kam/28361700.html, www.ndr.de/nachrichten/info/Affenpocken-auch-in-Deutschland-bestaetigt-Fragen-und-Antworten,affenpocken100.html

(827) www.br.de/nachrichten/wissen/affenpocken-symptome-uebertragung-und-pockenimpfung-das-muessen-sie-wissen,T6MUI69

(828) www.bild.de/regional/muenchen/muenchen-aktuell/tourist-ist-in-muenchen-affenpocken-patient-reiste-durch-deutschland-80152660.bild.html

(829) www.t-online.de/nachrichten/panorama/menschen-schicksale/id_91094164/-bioterrorismus-bill-gates-warnt-vor-terroranschlaegen-mit-pockenviren.html

(830) www.deraktionaer.de/artikel/pharma-biotech/bill-gates-naechste-pandemie-zehnmal-so-schlimm-wie-covid-19-20224548.html

(831) www.bavarian-nordic.com/investor/news/news.aspx?news=5758

(832) www.pharmawiki.ch/wiki/index.php?wiki=Tecovirimat

(833) www.merkur.de/welt/who-affenpocken-ausbruch-ist-internationale-notlage-zr-91684699.html

(834) https://report24.news/neue-panik-internationale-affenpocken-notlage-kommen-lockdowns/

(835) www.nejm.org/doi/full/10.1056/NEJMoa2207323

(836) https://auf1.tv/stefan-magnet-auf1/heiko-schoening-zu-affenpocken-impfstoff-es-sind-die-selben-verbrecher/

(837) https://auf1.tv/elsa-auf1/dr-wolfgang-wodarg-covid-impffolgen-vertuscht-mit-neuen-alten-krankhein/

(838) https://sciencefiles.org/2022/06/01/who-bauchlandung-kein-pandemievertrag-afrikanische-laender-retten-die-freiheit/

(839) https://tkp.at/2022/03/14/weltgesundheitsrat-zum-who-pandemievertrag-unnoetig-und-bedrohung-der-souveraenitaet/

(840) https://norberthaering.de/macht-kontrolle/usa-ihr-reform-2/

(841) www.europarl.europa.eu/doceo/document/P-9-2022-000921_DE.html

(842) www.europarl.europa.eu/doceo/document/P-9-2022-000921-ASW_DE.html

(843) Schöning, Heiko (2021), Game Over, 4. Aufl., Groningen, S. 129ff

(844) Schöning, Heiko (2021), Game Over, 4. Aufl., Groningen, S. 32

(845) www.centerforhealthsecurity.org/our-work/exercises/2022-catastrophic-contagion/

(846) www.centerforhealthsecurity.org/our-work/exercises/2022-catastrophic-contagion/lessons.html

(847) www.futurezone.de/science/article290987/ansteckender-imfpstoff-herdenimmunitat.html

(848) www.spektrum.de/news/gentechnisch-veranederte-moskitos-in-florida-freigelassen/1870312

(849) www.srf.ch/news/international/das-toedlichste-tier-in-afrika-mit-gentechnik-gegen-die-malariamuecke

(850) www.3sat.de/wissen/nano/gentechnick-muecken-nano-100.html

(851) www.bmz.de/de/agenda-2030

(852) www.agrarheute.com/management/betriebsfuehrung/erfolgreich-oekolandbau-wirklich-kosten-erloese-fakten-579308

(853) Vom Verzehr wird abgeraten, in: raum&zeit Nr. 240, 41. Jahrgang (2022), S. 75

(854) www.ncbi.nlm.nih.gov/pmc/articles/PMC6613697/

(855) https://eur-lex.europa.eu/legal-content/DE/TXT/HTML/?uri=CELEX:32021R0882

(856) https://eur-lex.europa.eu/legal-content/DE/TXT/PDF/?uri=CELEX:32021R1975

(857) https://eur-lex.europa.eu/legal-content/DE/TXT/PDF/?uri=CELEX:32022R0188

(858) https://eur-lex.europa.eu/legal-content/DE/TXT/PDF/?uri=CELEX:32023R0058

(859) www.spiegel.de/panorama/justiz/bundesverfassungsgericht-gesetz-zu-kinderehen-ist-verfassungswidrig-a-1f086581-b5b9-4dac-aee9-89f81b8eb45d

(860) www.labournet.de/politik/eu-politik/wipo-eu/knallhart-eu-treibt-privatisierung-des-wassers-in-europa-voran/

(861) https://dievolkswirtschaft.ch/de/2019/05/lanz-06-2019/

(862) https://netzfrauen.org/2020/01/02/wasser-6/

(863) https://netzfrauen.org/2018/08/03/wasser-3/

(864) www.bmuv.de/fileadmin/Daten_BMU/Download_PDF/Binnengewaesser/nationale_wasserstrategie_2023_kurzfassung_bf.pdf

(865) www.klimareporter.de/deutschland/die-grosse-moor-transformation

(866) www.mdr.de/wissen/denkste-malaria-nur-in-den-tropen-100.html

(867) www.focus.de/politik/deutschland/gruenen-peitsche-oder-echte-loesung-was-verbot-des-einfamilienhauses-bringen-wuerde_id_12983044.html

(868) www.businessinsider.de/wissenschaft/corona-masken-plastik-einweg-globales-umweltproblem/

(869) www.agrarheute.com/land-leben/neue-guelleregeln-bauernsterben-klimakabinett-555464

(870) www.t-online.de/nachrichten/specials/id_90385596/wieso-die-usa-den-internationalen-strafgerichtshof-nicht-anerkennen.html

(871) Röper, Thomas (2022), Inside Corona, 2. Aufl., Gelnhausen Hailer, S. 81ff

(872) https://csis-website-prod.s3.amazonaws.com/s3fs-public/publication/210803_Covid_Emergency_Plan.pdf?u.AsSOEbxuU3frYFmUFeJs5qiE_xCJAt

(873) www.tagesschau.de/ausland/amerika/us-impfkampagne-101.html

(874) https://live.handelsblatt.com/der-kuerzeste-weg-aus-der-krise-die-15-minuten-stadt/

(875) https://digital.pwc.at/2022/05/03/15-minuten-stadt/

(876) www.weforum.org/agenda/2022/03/15-minute-city-stickiness/

(877) https://report24.news/perfekte-dystopie-oxford-teilt-stadt-in-zonen-ein-und-reguliert-bewegungen-der-buerger/

(878) https://api.repository.cam.ac.uk/server/api/core/bitstreams/75916920-51f6-4f9c-ade5-52cbf55d5e73/content

(879) www.tagesspiegel.de/berlin/bitte-im-kiez-bleiben-berlin-beschliesst-stadt-der-kurzen-wege-fur-mehr-klimaschutz-9068230.html

(880) www.consilium.europa.eu/de/press/press-releases/2022/10/25/fit-for-55-council-agrees-on-stricter-rules-for-energy-performance-of-buildings/

(881) www1.wdr.de/nachrichten/energie-heizen-oelheizung-gasheizung-gebaeudeenergiegesetz-100.html

(882) www.bz-berlin.de/deutschland/habeck-panne-buerger-muessen-viel-mehr-selbst-bezahlen

(883) www.euractiv.de/section/energie-und-umwelt/news/heat-pump-makers-worried-by-eu-crackdown-on-climate-warming-f-gases/

(884) www.cicero.de/innenpolitik/mittelschicht-ampelkoalition-wohlstand-industrie-habeck

(885) www.tz.de/wirtschaft/rente-wohnungsmangel-mieten-wohnungsmarkt-news-immobilien-mieterhoeung-rentner-news-senioren-92160267.html

(886) www.bundesregierung.de/breg-de/themen/europa/verbrennermotoren-2058450

(887) www.t-online.de/auto/technik/id_60398324/moderne-motoren-vw-bmw-und-mercedes-laut-studie-am-innovativsten.html

(888) www.focus.de/finanzen/news/arbeitsmarkt/studie-zeigt-desaster-so-sehr-trifft-es-ihr-bundesland-wenn-der-verbrennungsmotor-stirbt_id_8502570.html

(889) www.wiwo.de/politik/ausland/heftiges-ringen-um-duenge-vorschriften-oezdemir-kein-grund-fuer-radikale-bauernproteste-in-deutschland/28483932.html

(890) https://uncutnews.ch/was-ist-hier-los-irland-schliesst-sich-kanada-und-den-niederlanden-an-und-verpflichtet-landwirte-zur-senkung-der-kohlenstoffemissionen-und-verschaerft-damit-die-weltweite-nahrungsmittelknappheit-we/

(891) https://uncutnews.ch/britische-regierung-bietet-landwirten-pauschalzahlungen-an-damit-sie-den-anbau-von-lebensmitteln-einstellen-und-ihr-land-verkaufen/

(892) www.agrarheute.com/pflanze/getreide/weizen-84-prozent-protein-daenen-duerfen-mehr-duengen-517944

(893) www.topagrar.com/acker/news/bei-weizensorten-auf-den-proteingehalt-achten-11818995.html

(894) www.raiffeisen.com/pflanzen/ackermanager/weizen.html

(895) www.australiannationalreview.com/lifestyle/three-large-american-multinationals-bought-17-million-hectares-of-ukrainian-agricultural-land/

(896) www.agrarheute.com/management/finanzen/bill-gates-groesste-eigentuemer-farmland-587396

(897) www.agrarheute.com/management/agribusiness/bill-gates-kauft-grosse-farm-bauern-empoert-rechtsbruch-595180

(898) www.trendingtopics.eu/bill-gates-investiert-in-labor-fleisch-aus-tierzellen/

(899) www.t-online.de/nachhaltigkeit/id_89486022/bill-gates-reiche-laender-sollten-auf-synthetisches-fleisch-umsteigen-.html

(900) www.morgenpost.de/vermischtes/article232456939/bill-gates-muttermilch-labor-investition.html

(901) www.sueddeutsche.de/wissen/forschung-zur-ernaehrung-weniger-tier-mehr-technik-1.1898724

(902) www.wir-essen-gesund.de/handel-mit-alten-sorten-ist-verboten/

(903) www.epochtimes.de/wirtschaft/wwf-planspiel-simulierte-globale-ernaehrungskrise-2020-bis-2030-zwei-auswege-kohlenstoffsteuer-fleischsteuer-in-der-eu-a3361476.html

(904) www.fr.de/panorama/sonne-strahlung-erde-harvard-bill-gates-kalzium-staub-all-atmosphaere-zr-90469520.html

(905) https://piwords.wordpress.com/2012/04/19/ineptokratie/

(906) www.youtube.com/watch?v=HVut81yzW-8

(907) www.augsburger-allgemeine.de/politik/umfrage-fast-jeder-zweite-wuenscht-sich-eine-sofortige-verschaerfung-der-corona-massnahmen-id63158301.html

(908) www.kla.tv/22404

(909) www.tagesschau.de/investigativ/ndr-wdr/cum-ex-hamburg-warburg-bank-scholz-kahrs-101.html

(910) www.tichyseinblick.de/meinungen/agora-patrick-graichen-robert-habecks-rechte-hand/

(911) www.bmwk.de/Redaktion/DE/Pressemitteilungen/2022/07/20220711-habeck-ernennt-staatssekretar-ad-rainer-baake-zum-sonderbeauftragten-des-bmwk-fur-die-deutsch-namibische-klima-und-energiekooperation.html

(912) www.tichyseinblick.de/daili-es-sentials/agora-staatssekretaere/

(913) www.agora-energiewende.de/ueber-uns/agora-energiewende/

(914) www.agora-verkehrswende.de/ueber-uns/agora-verkehrswende/

(915) https://taz.de/Wirtschafts--und-Klimaministerium/!5822657/

(916) www.bild.de/politik/inland/politik-inland/filz-im-wirtschafts-ministerium-netzwerk-von-habecks-mr-waermepumpe-83700488.bild.html

(917) www.dena.de/ueber-die-dena/transparente-dena/finanzierung-der-dena-projektarbeit-2021-auf-einen-blick/

(918) www.dena.de/fileadmin/dena/Publikationen/PDFs/2023/2021_Geschaeftsbericht_dena.pdf

(919) https://pleiteticker.de/graichen-laesst-firma-von-seinem-engsten-mitarbeiter-foerdern/

(920) www.bundesfinanzministerium.de/Content/DE/Pressemitteilungen/Finanzpolitik/2022/12/2022-12-22-einstieg-bund-bei-uniper-vollzogen.html

(921) www.uniper.energy/news/de/dr-jutta-a-doenges-wird-neue-finanzchefin-bei-uniper

(922) www.weforum.org/people/patrick-graichen

(923) https://wtsh.de/de/dr-hinrich-habeck-wird-neuer-wtsh-geschaeftsfuehrer

(924) www.bild.de/politik/inland/politik-inland/tolle-arbeit-gut-gemacht-habeck-bekommt-preis-vom-eigenen-bruder-83677096.bild.html

(925) www.ndr.de/nachrichten/niedersachsen/Wird-FDP-Politiker-Stefan-Birkner-doch-nicht-Autobahn-Chef,autobahn3392.html

(926) www.bild.de/politik/inland/politik-inland/jennifer-morgan-turbo-einbuergerung-fuer-baerbocks-greenpeace-frau-79917606.bild.html

(927) www.focus.de/politik/deutschland/united4rescue-union-unterstellt-goering-eckardt-vetternwirtschaft-bei-staatsgeld_id_179852505.html

(928) https://united4rescue.org/de/ueber-uns/verein/vorstand/dr-thies-gundlach/

(929) www.bild.de/politik/inland/politik-inland/staatsgeld-fuer-seenotrettung-verhalf-gruenen-politikerin-ihrem-liebsten-zu-mill-81940708.bild.html

(930) https://exxpress.at/ehemann-von-eu-chefin-ursula-von-der-leyen-in-fragwuerdige-geschaefte-verstrickt/

(931) www.atlantik-bruecke.org/die-atlantik-bruecke/vorstand/vorsitzende-der-atlantik-bruecke-seit-1952/
(932) www.fr.de/wirtschaft/friedrich-merz-cdu-vorsitzender-zeit-blackrock-finanzinvestor-usa-aufsichtsrat-91636488.html
(933) www.blackrock.com/ca/investors/en/biographies/elga-bartsch?switchLocale=y&siteEntryPassthrough=true
(934) www.sueddeutsche.de/wirtschaft/blackrock-wirtschaftspolitik-habeck-1.5697178?reduced=true
(935) www.tagesschau.de/wirtschaft/unternehmen/viessmann-waermepumpen-carrier-100.html
(936) https://money.cnn.com/quote/shareholders/shareholders.html?symb=CARR&subView=institutional
(937) www.bpb.de/themen/linksextremismus/dossier-linksextremismus/33699/totalitarismus/
(938) www.bundestag.de/dokumente/textarchiv/2023/kw16-de-ua-corona-941028
(939) www.abgeordnetenwatch.de/bundestag/20/abstimmungen/untersuchungsausschuss-bekaempfung-des-corona-virus-nicht-einsetzen
(940) https://rmx.news/article/swedish-scientists-prosecuted-for-finding-that-most-rapes-are-committed-by-immigrants/
(941) www.nd-aktuell.de/artikel/1140472.rot-rot-gruen-in-der-hauptstadt-kein-fairer-boxkampf.html
(942) https://ansage.org/hirschhausen-friends-hochbezahlte-hetze-gegen-ungeimpfte/
(943) www.pi-news.net/2022/04/teilen-erwuenscht-putin-hat-nicht-veranlasst-dass/
(944) https://de.wikipedia.org/wiki/Herman_Oskarowitsch_Gref
(945) www.weforum.org/people/herman-gref
(946) www.faz.net/aktuell/politik/inland/bewohner-des-ahrtals-klagen-ueber-schleppende-hilfen-18165092.html
(947) www.rhein-zeitung.de/region/rheinland-pfalz_artikel,-jahrestag-der-flut-bundespraesident-steinmeier-spricht-mit-betroffenen-im-ahrtal-und-in-nordrheinwest-_arid,2428662.html
(948) www.sueddeutsche.de/politik/baerbock-afghanistan-hilfsgelder-erdbeben-1.5608247
(949) www.focus.de/politik/gas-knappheit-droht-fuer-alte-und-arme-erste-staedte-bereiten-waermehallen-fuer-den-winter-vor_id_113691252.html
(950) www.zeit.de/news/2022-07/15/deutschland-will-moldau-mit-60-millionen-euro-helfen
(951) www.bundesregierung.de/breg-de/suche/deutschland-indien-2029870
(952) www.berliner-zeitung.de/news/wartungen-an-gasturbine-ukrainer-gehen-vor-bundesgerichtshof-li.246152
(953) www.focus.de/finanzen/erdgas-aus-russland-gasstopp-warum-deutschland-fuer-polen-jetzt-zum-gas-vermittler-wird_id_90365652.html
www.n-tv.de/politik/Nach-Angaben-von-Gazprom-Polen-kauft-ueber-Deutschland-weiter-russisches-Gas-article23296676.html
(954) https://agsi.gie.eu/ am 29.07.2022
(955) www.welt.de/wirtschaft/plus238901851/Bundesregierung-will-deutsches-Gasnetz-schrittweise-aufloesen.html
(956) https://unser-mitteleuropa.com/hollaendische-regierung-zwingt-kuenftig-buerger-zu-migrantenaufnahme-in-den-eigenen-vier-waenden/
(957) www.advocatenblad.nl/2022/05/05/kabinet-maakt-oneigenlijk-gebruik-van-wet-verplaatsing-bevolking/
(958) www.smart-city-dialog.de/wp-content/uploads/2019/12/smart-city-charta-langfassung.pdf
(959) https://at.wikimannia.org/Volksverhetzung
(960) www.klonovsky.de/2022/03/16-maerz-2022/
(961) https://gloria.tv/post/dkMPeecHu2hw13bnSFY7f34hG
(962) www.berchtesgadener-anzeiger.de/region-und-lokal/lokales-berchtesgadener-land/berchtesgaden_artikel,-hellseher-hat-hochkonjunktur-berchtesgadener-buchautor-ueber-alois-irlmaier-und-dessen-vorhersagen-_arid,692715.html
(963) www.gedichte-lyrik-online.de/wenn-die-boersenkurse-fallen.html
(964) https://beruhmte-zitate.de/zitate/2010404-erich-maria-remarque-ich-dachte-immer-jeder-mensch-sei-gegen-den-krieg/
(965) https://braunschweig-spiegel.de/zitat-von-charles-de-gaulle-staaten-haben-keine-freunde-nur-interessen/
(966) www.fremdbestimmt.com/fremdbestimmt-das-buch-von-thorsten-schulte.html
(967) https://de.wikipedia.org/wiki/Konformit%C3%A4tsexperiment_von_Asch9
(968) https://impfdashboard.de/
(969) https://de.wikipedia.org/wiki/Milgram-Experiment
(970) https://de.wikipedia.org/wiki/Stanford-Prison-Experiment
(971) Yuval Noah Harari, 21 Lektionen für das 21. Jahrhundert, S. 133 f

(972) www.lemonde.fr/idees/article/2022/11/09/reduire-la-population-contribuerait-a-l-attenuation-du-rechauffement-climatique_6149100_3232.html

(973) Le Bon, Gustave (2021), Psychologie der Massen, 4. Aufl., Rottenburg, S 167

(974) https://static.agora-energiewende.de/fileadmin/Projekte/2022/2022-04_DE_Scaling_up_heat_pumps/A-EW_273_Waermepumpen_WEB.pdf

(975) https://static.agora-energiewende.de/fileadmin/downloads/Zuwendungen/Financial_Sources_SEFEP_2019-2022EN.pdf

(976) www.influencewatch.org/non-profit/climate-imperative-foundation/

(977) www.influencewatch.org/non-profit/silicon-valley-community-foundation/

(978) www.agci.org/about/funding

(979) https://europeanclimate.org/funding-grantmaking/

(980) www.tichyseinblick.de/daili-es-sentials/klimastiftungen-hedgefonds/

(981) https://de.wikiquote.org/wiki/Warren_Buffett

Bildquellen

1. www.verfassungsschutz.de/SharedDocs/publikationen/DE/verfassungsschutzberichte/2022-06-07-verfassungsschutzbericht-2021-startseitenmodul.pdf?__blob=publicationFile&v=2, S. 112
2. www.verfassungen.de/ddr/strafgesetzbuch74.htm
3. https://swprs.org/netzwerk-medien-deutschland/
4. www.welt.de/debatte/kommentare/plus219289186/Oeffentlich-Rechtliche-Ausgewogene-Berichterstattung-92-Prozent-der-ARD-Volontaere-waehlen-gruen-rot-rot.html
5. https://jungefreiheit.de/kultur/medien/2023/talkshow-einladungen-afd/
6. https://jungefreiheit.de/kultur/medien/2023/talkshow-einladungen-afd/
7. www.rbb24.de/politik/thema/2020/coronavirus/beitraege_neu/2020/08/corona-demonstration-berlin-senat-verbot-kommentar-sundermeyer.html
8. www.tagesschau.de/newsticker/liveblog-ukraine-krieg-montag-101.html#Buergerrechtler-Mindestens-400-Festnahmen-bei-Anti-Kriegs-Demos-in-Russland
9. www.tagesschau.de/ausland/asien/china-proteste-corona-101.html
   www.tagesschau.de/inland/corona-proteste-ausschreitungen-103.html
   https://web.archive.org/web/20211212143612/https://www.tagesschau.de/inland/corona-proteste-ausschreitungen-103.html
10. https://de-de.facebook.com/pg/Peter-Rietzschel-107750987628183/posts/?ref=page_internal
11. www.nachdenkseiten.de/?p=84804
12. https://twitter.com/TomaszFroelich/status/1590321477294751744
    www.abendblatt.de/vermischtes/article208138125/Islamgegner-stuermen-auf-das-Brandenburger-Tor-in-Berlin.html
    www.abendblatt.de/politik/deutschland/article236864739/Klimaaktivisten-demonstrieren-auf-dem-Brandenburger-Tor.html
13. www.zeit.de/news/2023-04/02/faktencheck-warum-querdenker-meinen-recht-gehabt-zu-haben?utm_referrer=https%3A%2F%2Fwww.google.com%2F
    www.rnz.de/politik/nachrichten_artikel,-Faktencheck-Warum-Querdenker-meinen-recht-gehabt-zu-haben-_arid,1087385.html
    www.rga.de/politik/faktencheck-warum-querdenker-meinen-recht-gehabt-zu-haben-zr-92187208.html?trafficsource=idTopBox
    www.freenet.de/nachrichten/politik/faktencheck-warum-querdenker-meinen-recht-gehabt-zu-haben-40460804.html
    www.allgaeuhit.de/?content=worldnews&urn=urn:newsml:dpa.com:20090101:230331-99-161105
    www.pnp.de/nachrichten/tagesthemen/faktencheck-warum-querdenker-meinen-recht-gehabt-zu-haben-10866536
    www.onetz.de/deutschland-welt/faktencheck-querdenker-meinen-recht-gehabt-haben-id4048291.html
    www.gn-online.de/deutschland-und-welt/faktencheck-warum-querdenker-meinen-recht-gehabt-zu-haben-490864.html
14. www.conviva-plus.ch/?page=3238
15. https://de.wikipedia.org/wiki/Liste_der_L%C3%A4nder_nach_Verm%C3%B6gen_pro_Kopf
    www.auswandern-handbuch.de/wie-hoch-ist-das-rentenniveau-in-europa-und-der-welt/
    www.oecd-ilibrary.org/sites/f3ea0425-en/index.html?itemId=/content/component/f3ea0425-en
    https://de.statista.com/statistik/daten/studie/155734/umfrage/wohneigentumsquoten-in-europa/
    https://read.oecd-ilibrary.org/taxation/taxing-wages-2019_tax_wages-2019-en#page29
16. https://einkommensteuerrechner.com.de/Steuersatz.php
17. www.wirtschaftsdienst.eu/inhalt/jahr/2018/heft/8/beitrag/60-jahre-einkommensteuertarif-in-deutschland-bestandsaufnahme-und-handlungsempfehlungen.html
18. www.bpb.de/kurz-knapp/zahlen-und-fakten/soziale-situation-in-deutschland/61791/armutsgefaehrdungsquoten-von-familien/
19. www.mpg.de/12041447/steigende-geburtenraten-mit-hoeheren-einkommen
20. https://pleiteticker.de/zdf-heute-familie-als-stuetze-der-gesellschaft-teil-der-antifeministischen-ideologie/
21. https://de.statista.com/statistik/daten/studie/451861/umfrage/abschiebungen-aus-deutschland/
22. https://de.statista.com/statistik/daten/studie/28347/umfrage/zuwanderung-nach-deutschland/
23. www.faz.net/aktuell/gesellschaft/geschlechter-liste-alle-verschiedenen-geschlechter-und-gender-arten-bei-facebook-13135140.html

24. https://twitter.com/GerlEddy
25. https://de.wikipedia.org/wiki/Liste_der_deutschen_Nobelpreistr%C3%A4ger
26. https://de.wikipedia.org/wiki/Liste_der_deutschen_Nobelpreistr%C3%A4ger
27. https://de.wikipedia.org/wiki/Liste_der_deutschen_Nobelpreistr%C3%A4ger
28. https://de.wikipedia.org/wiki/Liste_der_deutschen_Nobelpreistr%C3%A4ger
29. https://www.iqb.hu-berlin.de/bt/BT2021/Bericht/ (Zusammenfassung, S. 11)
30. www.iqb.hu-berlin.de/bt/BT2021/Bericht/ (Zusammenfassung, S. 13)
31. https://twitter.com/LSteinwandter/status/1604203573482594306/photo/2
32. www.nzz.ch/meinung/der-andere-blick/messerattacken-deutschlands-unverantwortliche-migrationspolitik-ld.1724340
33. https://twitter.com/exrealo/status/1538806379758100480/photo/2
34. www.destatis.de/DE/Presse/Pressemitteilungen/2022/06/PD22_237_125.html
35. www.bz-berlin.de/berlin/antisemitische-taten-beschuldigte-meist-deutsche
36. www.brookings.edu/blog/up-front/2021/11/16/what-does-current-inflation-tell-us-about-the-future/
37. https://inflationdata.com/Inflation/Inflation/Cumulative_Inflation_by_Decade.asp
38. www.theguardian.com/business/2014/nov/13/us-wealth-inequality-top-01-worth-as-much-as-the-bottom-90
39. www.dailymail.co.uk/news/article-2793029/wealth-inequality-u-s-s-highest-level-great- depression-richest-0-7-cent-control-half-money-world.html
40. www.tagesgeldvergleich.net/statistiken/bilanzsummen-der-zentralbanken.html#fed
41. www.tagesgeldvergleich.net/statistiken/bilanzsummen-der-zentralbanken.html#ezb, abgerufen am 17.04.2023
42. https://de.statista.com/statistik/daten/studie/191086/umfrage/monatliche-inflationsrate-in-den-usa/
43. https://de.statista.com/statistik/daten/studie/72328/umfrage/entwicklung-der-jaehrlichen-inflationsrate-in-der-eurozone/, abgerufen 16.7.2022 und am 17.4.2023
44. https://de.statista.com/statistik/daten/studie/72328/umfrage/entwicklung-der-jaehrlichen-inflationsrate-in-der-eurozone/, abgerufen 16.7.2022 und am 17.4.2023
45. www.leitzinsen.info/usa.htm, abgerufen am 17.4.2023
46. www.leitzinsen.info/eurozone.htm, abgerufen am 17.4.2023
47. https://wits.worldbank.org/trade/comtrade/en/country/All/year/2017/tradeflow/Imports/partner/WLD/nomen/h5/product/382200
48. www.wcoomd.org/-/media/wco/public/global/pdf/topics/nomenclature/covid_19/hs-classification-reference_edition-2_en.pdf?la=en
49. www.worldhealthsummit.org/newsletter-11-2018.html
50. https://investors.biontech.de/static-files/5e4133c2-6e8f-4ca4-8a65-ffa97007d9eb
51. www.gesetze-im-internet.de/lag/BJNR004460952.html
52. www.charite.de/klinikum/themen_klinikum/themenschwerpunkt_coronavirus/hintergrundwissen_zum_coronavirus/
53. www.charite.de/klinikum/themen_klinikum/themenschwerpunkt_coronavirus/hintergrundwissen_zum_coronavirus/
54. www.rki.de/DE/Content/InfAZ/N/Neuartiges_Coronavirus/Situationsberichte/Wochenbericht/Wochenbericht_2022-03-03.pdf?__blob=publicationFile
55. www.euromomo.eu/graphs-and-maps/
56. www.francesoir.fr/politique-monde/interview-exclusive-martin-landray-recovery-hydroxychloroquine-game-over-uk
57. www.dgai.de/alle-docman-dokumente/aktuelles/1283-difkm-sars-cov-2-erfahrungen-aus-f-bericht-und-empfehlungen-finale-version-pdf/file.html
58. https://de.statista.com/statistik/daten/studie/156902/umfrage/sterbefaelle-in-deutschland/ und www.destatis.de/DE/Presse/Pressemitteilungen/2023/01/PD22_012_126.html
59. www.transparenztest.de/post/sterblichkeit-von-1980-2021-altersstandardisiert-von-pandemie-nichts-zu-sehen
60. www.amnesty.ch/de/themen/folter/folter-im-krieg-gegen-terror
61. www.youtube.com/watch?v=toKNkKUqnFE
62. www.youtube.com/watch?v=toKNkKUqnFE
63. www.initiative-qualitaetsmedizin.de/covid-19-pandemie/ganzjahresanalyse-effekte-der-sars-cov-2-pandemie-2020
64. www.initiative-qualitaetsmedizin.de/covid-19-pandemie

65. www.bundestag.de/resource/blob/883938/7d235144f04619373179440fcd21422b/20_14_0013-8-_ESV-Tom-Lausen_IfSG-data.pdf)
66. www.bundestag.de/resource/blob/883938/7d235144f04619373179440fcd21422b/20_14_0013-8-_ESV-Tom-Lausen_IfSG-data.pdf)
67. www.berliner-zeitung.de/gesundheit-oekologie/kliniken-werden-geschlossen-obwohl-das-gesundheitssystem-vor-dem-kollaps-steht-li.132283?pid=true
68. https://dserver.bundestag.de/btd/20/004/2000477.pdf
69. https://influenza.rki.de/Wochenberichte/2022_2023/2023-10.pdf
70. www.fda.gov/media/144245/download#page=18
71. https://tkp.at/2022/03/28/zahlen-aus-neuseeland-lassen-bevorstehende-vakzin-aids-pandemie-erwarten/
72. https://dailyexpose.uk/2022/03/19/distracted-russia-canada-confirmed-9-in-10-covid-deaths-triple-vaccinated/
73. wie 73
74. wie 73
75. wie 73
76. https://web.archive.org/web/20220207133342/www.corona-in-zahlen.de/weltweit/kanada/
77. www.corona-in-zahlen.de/weltweit/kanada/
78. www.medrxiv.org/content/10.1101/2022.12.17.22283625v1.full.pdf
79. https://nebenwirkungen.bund.de/SiteGlobals/Forms/nebenwirkungen/covid-19-impfstoff/02-nebenwirkung/nebenwirkung-formular.html
80. www.iwr-institut.de/de/presse/presseinfos-klima/klimaerwaermung-gab-es-schon-mal-aber-keine-7-mrd-menschen
81. https://de.wikipedia.org/wiki/Korrelation
82. www.use-due-diligence-on-climate.org/home/climate-change/temperatures/global-temperatures/
83. www.youtube.com/watch?v=8vfTLVPqN3Y
84. https://eike-klima-energie.eu/2016/04/26/systematischer-fehler-bei-klimamessungen-die-aufzeichnung-der-lufttemperatur-an-der-erdoberflaeche/
85. www.youtube.com/watch?v=nyttHmxHUYw bei 11:21
86. www.bundestag.de/resource/blob/805260/53df18dcfba9e0b515f8c56d495fb4a1/WD-8-014-20-pdf-data.pdf
87. https://de.wikipedia.org/wiki/CO2-Kompensationspunkt#/media/Datei:Photosynthese_CO2-Konzentration.svg
88. https://eike-klima-energie.eu/2022/10/23/50-jahre-sommer-temperaturtrend-in-den-usa-alle-36-klimamodelle-sind-viel-zu-warm/
89. www.ncei.noaa.gov/access/monitoring/climate-at-a-glance/global/time-series/globe/land_ocean/12/12/2015-2022?trend=true&trend_base=10&begtrendyear=2015&endtrendyear=2022
90. www.geomar.de/news/article/der-nordatlantik-steuert-zyklische-klimaschwankungen#gallery-2
91. Ein Artikel im New York Herald vom 4.9.1921, www.newspapers.com/image/471536051
92. www.newspapers.com/image/471536051
93. www.fribourgregion.ch/en/all/nature/lake-murten/
94. www.climate4you.com/Text/1922%20SvalbardWarming%20MONTHLY%20WEATHER%20REVIEW%20.pdf
95. Medford Mail Tribune vom 29.12.1923, www.newspapers.com/clip/52579015/medford-mail-tribune/
96. The Sydney Morning Herald vom 20.01.1931, https://trove.nla.gov.au/newspaper/article/16747084/1163813
97. www.iwr-institut.de/de/presse/presseinfos-klima/klimaerwaermung-gab-es-schon-mal-aber-keine-7-mrd-menschen
98. https://notrickszone.com/2017/08/11/expert-software-engineer-calls-level-of-fraud-in-leaked-us-gov-climate-report-sickening/
99. www.iwr-institut.de/de/presse/presseinfos-klima/klimaerwaermung-gab-es-schon-mal-aber-keine-7-mrd-menschen
100. www.wahrheiten.org/media/pdf/Meyers-Konversationslexikon-1888-Band-9-Seite-917.pdf
101. file:///C:/Users/wpi/Downloads/HandbuchderHygiene_11146590.pdf
102. https://static-curis.ku.dk/portal/files/57867347/Artikel_4_Festskrift_til_Dronningen_small.pdf
103. https://iopscience.iop.org/article/10.1088/1748-9326/8/2/024024
104. http://wmbriggs.com/public/Legates.etal.2015.pdf
105. www.youtube.com/watch?v=ay31-KL87hc bei 3:52
106. www.bdew.de/service/daten-und-grafiken/jahresvolllaststunden/

107. www.bdew.de/media/documents/Kapazitaet_und_Erzeugung_D_2020_o_jaehrlich_Ba_online_10052021.pdf
108. www.vernunftkraft.de/strukturelles-missverhaltniss-zwischen-kapazitat-und-tatsachlicher-leistung
109. www.agora-energiewende.de/service/agorameter/chart/power_generation_price/28.06.2021/04.07.2021/today/
110. www.agora-energiewende.de/service/agorameter/chart/power_generation_price/27.09.2021/03.10.2021/today/
111. www.agora-energiewende.de/service/agorameter/chart/power_generation_price/27.12.2021/02.01.2022/today/
112. www.agora-energiewende.de/service/agorameter/chart/power_generation_price/28.03.2022/03.04.2022/today/
113. www.landtag-bw.de/files/live/sites/LTBW/files/dokumente/WP16/Drucksachen/7000/16_7669_D.pdf
114. www.tech-for-future.de/kosten-kwh/
115. www.tech-for-future.de/kosten-kwh/#Was_sind_Systemkosten
116. www.tech-for-future.de/kosten-kwh/#Was_sind_Systemkosten
117. www.tech-for-future.de/kosten-kwh/#Was_sind_Systemkosten
118. www.agora-energiewende.de/service/agorameter/chart/power_generation_price/16.01.2017/25.01.2017/today/
119. https://de.statista.com/statistik/daten/studie/153533/umfrage/stromimportsaldo-von-deutschland-seit-1990/
120. https://orf.at/v2/stories/2272650/2272651/
121. www.ipcc.ch/site/assets/uploads/2018/03/WGI_TAR_full_report.pdf, Seite 774 rechts oben
122. https://rp-online.de/panorama/als-1886-die-freiheitsstatue-vor-new-york-aufgestellt-wurde-war-sie-wer-wird-millionaer_aid-20931379
123. www.etsy.com/de/listing/205786138/usa-new-york-freiheitsstatue-um-1900
124. www.mrgoodlife.net/de/homes-de/das-neue-zuhause-der-obamas-ein-12-millionen-dollar-anwesen-auf-marthas-vineyard/
125. https://ansage.org/follow-the-money-die-finanziellen-verflechtungen-der-klima-lobby/
126. www.youtube.com/watch?v=gcj8xN2UDKc (11:52) STRATFOR: US-Hauptziel war es immer, Bündnis Deutschland + Russland zu verhindern
127. www.heise.de/tp/features/Sanktionen-gegen-Russland-Wie-der-Globale-Sueden-ausschert-7074581.html?seite=all
128. www.siper.ch/frieden/infografiken/
129. https://de.statista.com/statistik/daten/studie/36697/umfrage/produktion-von-opium-in-afghanistan-seit-1990/
130. www.tagesspiegel.de/politik/die-usa-und-der-nahe-osten-als-mich-ein-luegner-ueberzeugte/24457118.html
131. 1/2 Million tote Kinder durch Irak-Sanktionen
132. www.bundesregierung.de/breg-de/aktuelles/rede-von-bundeskanzler-scholz-in-der-generaldebatte-zum-haushalt-am-23-maerz-2022-im-deutschen-bundestag-2019688
133. www.handelsblatt.com/politik/international/energieversorgung-habeck-g7-staaten-lehnen-gaszahlungen-in-rubel-ab/28206994.html?nlayer=Themen_11804704
134. www.finanzen.net/devisen/russischer_rubel-us_dollar/chart
135. www.finanzen.net/devisen/russischer_rubel-euro/chart
136. www.nzz.ch/wirtschaft/rohstoffe-als-waffen-kommt-das-oel-embargo-gegen-russland-und-was-sind-die-folgen-ld.1681268
137. www.nzz.ch/wirtschaft/rohstoffe-als-waffen-kommt-das-oel-embargo-gegen-russland-und-was-sind-die-folgen-ld.1681268
138. https://de.statista.com/statistik/daten/studie/1045/umfrage/inflationsrate-in-deutschland-veraenderung-des-verbraucherpreisindexes-zum-vorjahresmonat/
139. https://de.statista.com/statistik/daten/studie/1045/umfrage/inflationsrate-in-deutschland-veraenderung-des-verbraucherpreisindexes-zum-vorjahresmonat/
140. www.tecson.de/heizoelpreise.html abgerufen am 27.4.2023
141. https://de.statista.com/statistik/daten/studie/183064/umfrage/militaerausgaben-von-deutschland/
142. www.bundestag.de/resource/blob/892384/d9b4c174ae0e0af275b8f42b143b2308/WD-2-019-22-pdf-data.pdf#page=6&zoom=auto,-274,764, Seite 6
143. www.nsonic.de/blog/wp-content/uploads/2013/11/die-illusionen-der-vielfallt.jpg
144. https://finance.yahoo.com/quote/PEP/holders?p=PEP

145. https://finance.yahoo.com/quote/KO/holders?p=KO
146. https://finance.yahoo.com/quote/PG/holders?p=PG
147. https://de.statista.com/statistik/daten/studie/182990/umfrage/die-25-groessten-medienkonzerne-nach-umsatz/
148. https://finance.yahoo.com/quote/GOOG/holders?p=GOOG
149. https://finance.yahoo.com/quote/META/holders?p=META
150. https://finance.yahoo.com/quote/AAPL/holders?p=AAPL
151. www.technik-einkauf.de/einkauf/die-10-groessten-deutschen-ruestungsunternehmen-229.html
152. https://finance.yahoo.com/quote/LMT/holders?p=LMT
153. https://finance.yahoo.com/quote/BA/holders?p=BA
154. https://money.cnn.com/quote/shareholders/shareholders.html?symb=EADSY&subView=institutional
155. https://finance.yahoo.com/quote/STT/holders?p=STT
156. https://finance.yahoo.com/quote/BRK-B/holders?p=BRK-B
157. https://finance.yahoo.com/quote/BLK/holders?p=BLK
158. www.nti.org/wp-content/uploads/2021/11/NTI_Paper_BIO-TTX_Final.pdf
159. www.unicef.de/informieren/ueber-uns/unicef-international/neue-entwicklungsziele/entwicklungsziele-verstaendlich-erklaert
160. www.effizienzhaus-online.de/energieeffizienzklasse/
161. https://de.statista.com/statistik/daten/studie/1065559/umfrage/wohnungen-in-deutschland-nach-baujahr/
162. https://de.statista.com/statistik/daten/studie/76972/umfrage/zahl-der-auswanderer-aus-deutschland/
163. https://weltwoche.ch/daily/schlaf-der-selbstgerechten-klima-abgeordnete-jennifer-morgan-schnarchte-sanft-an-der-uno-klimakonferenz-nur-aussenministerin-annalena-baerbock-hielt-wache/
164. https://de.statista.com/statistik/daten/studie/1817/umfrage/noten-fuer-spitzenpolitiker/
165. www.wahlrecht.de/umfragen/ vom 30.4.2023
166. bis 169: https://de.wikipedia.org/wiki/Milgram-Experiment